管道涂装涂层
保护技术

Coating Technology
of Pipeline

乔军平　编著

化学工业出版社

·北京·

内 容 简 介

本书主要介绍长输管道内（防腐、减阻）、外（防腐）涂层类型，成型装备和相关成型工艺，内容包含管道涂装前处理技术、装备和磨料的选择；聚脲涂层、刚性聚氨酯涂层、双层环氧粉末涂层和三层聚丙烯涂层等涂层特性与应用；3PE 涂层成型装备设计和成型工艺；液态涂料、固态涂料以及水泥衬里等内涂层类型及成型技术；钢质弯管 3PE 涂层成型装备及技术；全粉末防腐涂层（HPCC）成型技术及工艺；管道涂层补口装备与技术；管道涂层失效与维护等相关内容。

本书可作为防腐工程技术人员、工程管理人员和设备管理人员以及相关科研院所研发人员的参考书，也可供防腐专业、建筑专业等相关专业师生阅读。

图书在版编目（CIP）数据

管道涂装涂层保护技术 / 乔军平编著 . -- 北京：
化学工业出版社，2025. 2. -- ISBN 978-7-122-46679-2

Ⅰ. U177.2

中国国家版本馆 CIP 数据核字第 2024RR3488 号

责任编辑：于 水 段志兵 　　　　装帧设计：韩 飞
责任校对：宋 夏

出版发行：化学工业出版社
　　　　　（北京市东城区青年湖南街 13 号 邮政编码 100011）
印 　装：北京建宏印刷有限公司
710mm×1000mm 1/16 印张 29$\frac{1}{2}$ 字数 553 千字
2025 年 3 月北京第 1 版第 1 次印刷

购书咨询：010-64518888 　　　　售后服务：010-64518899
网 　址：http://www.cip.com.cn
凡购买本书，如有缺损质量问题，本社销售中心负责调换。

定 　价：198.00 元

序言

—

    管道运输是石油、天然气的主要运输方式，与公路、铁路、海运和航空并列为五大运输方式之一，具有运输量大、经济环保、密闭安全、便于管理、易于实现远程集中监控等优点。油气管道按管道输送的介质不同可分为原油管道、成品油管道、天然气管道；按输送距离和用途不同，可分为矿场集输管道、长距离输送管道、城镇燃气管道；按照压力管道安装许可类别可分为长输管道、公用管道、工业管道、动力管道等。

    暴露的管道金属，大气会在其表面冷凝形成水膜，水膜溶解了大气中的气体及其他杂质，起到电解液的作用，使金属表面发生电化学腐蚀。影响大气腐蚀的自然因素除污染物外，主要是气候条件，在没有湿气的情况下，很多污染物几乎没有腐蚀效应，但相对湿度超过 80%，腐蚀速度会迅速上升。因此敷设在地沟或潮湿环境的架空管道表面很容易腐蚀。输送油气的管道大部分处于复杂的土壤环境当中，土壤腐蚀环境比大气腐蚀环境复杂得多。另外，所输送的介质也都具有腐蚀性，管道内壁也可能遭到腐蚀。一旦管道被腐蚀穿孔，会造成油气漏失、运输中断、污染环境，甚至可能引起火灾，直接经济损失巨大，间接经济损失更是难以预计。防止埋地管道的腐蚀损坏是管道工程中的一个重要环节。

    实践出真知。本书作者乔军平教授级高工，长期工作在我国材料腐蚀与防护工程一线，是我国著名的管道防腐涂装专家。他是中国腐蚀与防护学会理事；中国腐蚀与防护学会化工过程专业委员会副主任委员；中国化工学会专家库专家；全国防腐蚀标准化技术委员会委员；中国石油工程建设协会管道设备保温与防护专委会防腐保温技术专家。这些头衔，是本书作者长期积累的管道涂装涂层保护及其配套技术研究方面真知灼见的反映。他将自己的长期工作获得的经验与施工单位、建设单位、科研单位乃至院校师生一起共享，不仅是对我国材料腐蚀与防护工程领域的贡献，而且相信读者一定会受益多多。期待本书能为我国材料腐蚀与防护工程学科相关领域的发展和施工水平的提高起到力所能及的推动作用。

中国腐蚀与防护学会理事长

李晓刚

2024 年 3 月

前言

—

长输管道在石油化工以及民生中占据了非常重要的地位，所以防止其发生腐蚀破坏、延长其使用寿命十分重要。而长输管道保护的最主要方式是涂装涂层外加阴极保护，其中涂层保护起到了 99% 的作用。

作者早年曾拜读美国管道腐蚀控制专家 A.W. 皮博迪编写的《管道腐蚀控制》，深受启发，但因这类书籍以管道的阴极保护为主，所以一直想编写一本介绍管道涂装涂层保护的专著，以期对阴极保护类书籍进行补充。

管道涂层保护是一个系统工程，包含了管道内外涂层、涂层补口、涂层修复等各个环节。本书内容涵盖了管道涂装的前处理及其装置、管道涂层涂装工艺、涂装技术及设备、弯管涂层及涂装技术、涂层补口以及涂层失效和修复等多个方面。涂层涂装的前处理，是影响管道涂层质量的关键性因素，本书第 3 章"钢管涂装前处理"对化学处理、抛 / 喷丸处理进行了详细论述，并对管道内 / 外抛丸设备的设计选用、设备组成等进行了阐述，也对管道外壁清理所用磨料等的配比提供了参考意见。

本书不但介绍了环氧粉末涂层（FBE）、三层聚乙烯（3PE）涂层，还重点论述了最新的全粉末涂层（HPCC）和弯管 3PE 涂层，详述了各种涂层的成型工艺、成型装备及其设计选型等。书中也对相关涂层的国内外标准规范给予较为详细的对比分析，可供相关标准规范的编写人员参考借鉴。

书中论及的全粉末涂层（HPCC）及其成型技术、弯管涂层及其成型技术在其他专著中未见详述或出现，在此一并展示给读者。书中的大部分插图结合实际进行绘制，尤其是三维图全部借鉴了工程实例，具有一定的实际应用参考价值。

因为篇幅原因，《保温管道涂层技术》和《海底管道涂层技术》单独成册，读者朋友可以选择阅读。

最后，对天华化工机械及自动化研究设计院有限公司的同仁和许多业界朋友以及化学工业出版社在编写、出版过程中的大力支持表示感谢。

作者虽经过数年之久才完成本书写作，但因为能力所限，难免有遗漏和缺失的内容，或者论述不合理的地方，敬请读者批评指正。

乔军平

2024 年元旦

目录

—

第 5 章　管道外涂层 //132

第9章 钢质弯管外涂层及涂装 //268

第 11 章　管道涂层补口　//369

第12章　管道涂层失效　　//405

1.1　腐蚀的定义

腐蚀是一个大众化的概念，特指材料与环境作用所引发的失效。本章所简述的管道腐蚀主要针对钢质管道。金属材料总是趋于以最低能量的状态存在，这就导致了钢质管道在不外加保护的状态下腐蚀是不可避免的。

长输管道，如采用的防护措施不当，短则几个月，长则几年就会因腐蚀穿孔而发生泄漏。如长距离埋地管道，埋深一般 $1 \sim 2m$，腐蚀穿孔极难被发现，并且管内流体带压输送，即使发生小的泄漏，造成的损失也是不可估量的。

我国第一条长输管道（克-独输油管道，长 147km），于 1959 年和 1960 年分两次建成投产，均在不到一年的时间内就发生了腐蚀穿孔。截至 1962 年，共穿孔 186 次，40% 的管道被腐蚀；在 1960—1962 年间，因腐蚀造成的漏油量为 1021t，停输维修 501h，少输原油 2.5 万吨。又如威-成输气干线，由于 CO_2、H_2O、H_2S 引起内壁腐蚀，分别于 1971 年 5 月和 1972 年 1 月两次发生爆炸着火事故，死亡 4 人，伤 20 多人，据统计间接损失价值 7000 万元[1]。

1.2　金属管道腐蚀的分类

金属管道在运行过程中，均伴随着腐蚀的发生，其腐蚀的现象与机理比较复杂。腐蚀分类方法多种多样，常用的分类方法如下。

（1）根据腐蚀环境分类

依据管道所接触环境的不同，分为大气腐蚀、海水腐蚀和土壤腐蚀以及管内输送介质腐蚀。

（2）根据腐蚀过程的特点和机理分类

① 化学腐蚀。金属管道与腐蚀介质发生化学反应，特点是在反应过程中没有电流产生。化学腐蚀分两种：气体腐蚀，金属管道在干燥气体中，表面上没有湿气冷凝的腐蚀；在非电解质溶液中的腐蚀，即金属管道在不导电的非电解质溶液中的腐蚀。

② 电化学腐蚀。金属管道在与介质发生反应的过程中有电流产生，反应有阳极反应和阴极反应两种。

③ 物理腐蚀。金属管道由于单纯的物理溶解作用而引起的腐蚀。

1.3 金属管道腐蚀的破坏形式

按照腐蚀破坏形式，有均匀腐蚀和局部腐蚀两大类。

（1）均匀腐蚀

均匀腐蚀也叫全面腐蚀，腐蚀分布在整个金属表面上。从质量上来说，均匀腐蚀代表了腐蚀对金属的最大破坏；从技术层面来说，这类腐蚀在生产生活中危害不是很大，因为其发生在金属表面，易于发现和控制（图 1-1）。

图1-1 金属表面均匀腐蚀　　　　　　　　图1-2 金属表面点蚀

（2）局部腐蚀

整个金属管道腐蚀仅局限于一定的区域，而其他部位则几乎未被腐蚀，是腐蚀破坏最主要的类型。局部腐蚀可分为以下几种：

① 小孔腐蚀。又称点蚀（图 1-2），在金属管道某些部位，被腐蚀成一些小而深的孔，严重时发生穿孔。有的像斑点一样分布在金属管道表面，所占面积较大，但不深。

② 电偶腐蚀。异种金属在同一介质中接触，由于金属的电极电位不等，构成腐蚀电池，有电流流动，使电位较低的金属溶解速度加快，造成接触处的局部腐

蚀。其本质是：在电解质溶液中，不同电极电位的金属构成的宏观腐蚀电流，引起电位较低的金属加速腐蚀，而同时对电位较高的金属起阴极保护作用。

③ 应力腐蚀。破裂金属材料在拉应力和介质的共同作用下所引起的腐蚀破裂，英文缩写为 SCC（图 1-3 ）。

④ 晶间腐蚀。腐蚀发生在金属晶体的边缘上，晶粒间的结合力减小，内部组织变得很松弛，从而使其机械强度大大降低。

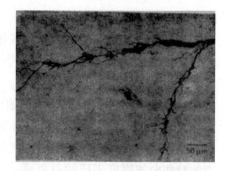

图 1-3　SCC 硫化氢应力腐蚀

⑤ 氢脆。金属在某些介质溶液中，因腐蚀或其他原因而产生的氢原子渗入金属内部，使金属变脆。随着氢原子渗入的增加，并在金属内部缺陷处聚集，形成氢分子，使该处内应力增大，形成微裂纹，自然会使韧性降低，在受到外力作用（冲击）时，瞬间断裂。

⑥ 磨损腐蚀。介质运动速度大或介质与金属管道相对运动速度大，而使金属管道局部表面遭受严重损坏的一种腐蚀形式。主要包括湍流腐蚀和空泡腐蚀。

⑦ 细菌腐蚀。指在细菌繁殖活动参与下发生的腐蚀。

⑧ 腐蚀疲劳。金属材料在循环应力或脉动应力以及腐蚀介质的共同作用下所引起的腐蚀形态。

⑨ 缝隙腐蚀。金属部件在介质中，由于金属与金属或金属与非金属之间形成很小的缝隙（ 0.025 ～ 0.1mm ），缝隙内介质处于滞留状态，引起缝内金属的加速腐蚀。

⑩ 其他。除上述腐蚀类型外，还有穿晶腐蚀、垢下腐蚀、微振腐蚀、浓差电池腐蚀、丝状腐蚀等。

1.4　腐蚀环境简述

1.4.1　土壤腐蚀

以土壤作为腐蚀介质的腐蚀称为土壤腐蚀，土壤腐蚀主要与土壤水的性质相关。

（1）土壤介质的组成 [2]

土壤组成比较复杂，一般划分为矿物、有机质、水和空气 4 个部分。

土壤中的矿物组成主要来自风化的岩石。风化岩石构成土壤的骨架，岩石由一种或多种矿物组成，风化后可形成粒度不同的矿物颗粒，所以土壤具备一定的孔隙度和渗透率。

土壤中的有机质是由动植物残体在化学、微生物等共同作用下形成的。土壤中的有机质主要是腐殖酸，它是一类复杂物质的混合物。土壤中存留的水称为土壤水，其溶解了多种可溶的有机质、无机盐和气体。土壤水存在于矿物骨架的孔隙之中，渗透并在孔隙中流动。土壤中的空气同样存在于土壤矿物骨架的孔隙之中，它与大气连通并进行物质交换。土壤水中的氧主要来自空气。

若从相组成上分析，土壤由固相、液相和气相组成，其中固相为粒度不同的矿物颗粒和分解程度不同的有机质，液相为土壤水，气相为空气。

土壤的气、液、固三相物质构成的体系复杂，还生存着数量不等的若干种土壤微生物，微生物的新陈代谢也会对材料产生腐蚀。有时还存在着杂散的电流腐蚀。

所以常见的土壤腐蚀形式有：充气不均引起的腐蚀，杂散电流引起的腐蚀和微生物引起的腐蚀。

管道一旦埋入地下，就会形成电池效应。管道穿过各种土壤层，产生浓差电池；供氧的情况各不相同，产生氧浓差电池；管道金属中所含杂质以及表面腐蚀程度的差别，可以形成腐蚀原电池；冷弯与焊接应力的存在，会产生应力电池。这些电池存在的形式不同，大小也不相同；有的腐蚀电池只有几毫伏，有的有几百毫伏；有的可能阳极面积很大，有的阴极面积很大。地下管道还受各类微生物、杂散电流的作用，所以地下管道的腐蚀非常复杂，而且具有不均匀性。管道越长则越容易受宏观腐蚀电池的作用，其腐蚀破坏的特点就是局部腐蚀，从蚀坑开始发展到穿孔，局部阳极一开始造成腐蚀，就有金属离子进入土壤介质，当这些离子与土壤中的各组分发生反应时，介质的浓度发生变化，电极电位也随腐蚀土壤中的各组分发生变化，有的部位提高，变成阴极区，少数随时间的推移变成阳极区，最终最大的阳极区由于腐蚀足够多的金属造成了泄漏。一般情况下，在任何一条管道上总有那么一个小地方，由于各种条件综合作用的结果，那里的腐蚀穿孔率最高，于是泄漏首先在该处发生。由于管子埋在地下，蚀坑通常是看不见的，随着第一个穿孔的出现，就会发生第二个、第三个，等等[3]。

（2）土壤腐蚀的影响因素[4]

① 土壤性质。土壤的孔隙度、含水量、电阻率、pH值、含盐量、含氧量以及温度等对土壤的腐蚀性有极大的影响。

② 微生物[2]。土壤中的微生物不仅会促进金属材料的腐蚀过程，还会降低非金属材料的稳定性。如厌氧的硫酸盐还原菌趋于在钢铁附近聚集，它参与电极反应，将可溶的硫酸盐转化为硫化氢，加速了腐蚀作用。若土壤水中有铁细菌（喜氧菌），它可将Fe^{2+}氧化为Fe^{3+}，还会进一步反应产生各种固体腐蚀产物。好氧菌，如硫化菌的生长，能氧化厌氧菌的代谢产物，产生硫酸，破坏金属材料的保护膜，

使之发生腐蚀。

③ 杂散电流[4]。杂散电流是存在于土壤介质中的一种大小、方向都不固定的电流。电车、电气化铁路、以接地为回路的输配电系统、电解装置等，在其规定的电路中流动的电流，其中一部分自回路中流出，流入大地、水等环境中，形成了杂散电流。当环境中存在埋地管道时，杂散电流的一部分又可能流入、流出埋地管道，产生干扰腐蚀，根据腐蚀干扰源的不同，可分为直流干扰和交流干扰。杂散电流腐蚀程度要比一般的土壤腐蚀激烈得多。

1.4.2　大气腐蚀

（1）大气腐蚀分类

管道由于大气中的水、氧、酸性污染物等物质的作用而引起的腐蚀，称为大气腐蚀[5]。通常所说的大气腐蚀，就是指金属材料在常温下潮湿空气中的腐蚀。

① 不可见液膜下的大气腐蚀。当管道表面形成一层极薄（20 ～ 30 个分子厚度）的湿气膜时，这种膜就会变成电化学腐蚀所需要的电解液膜，这种电解液膜，或是由于水分（雨、雪）的直接沉淀，或是大气的湿度或温度变化以及其他种种原因引起的凝聚作用而形成。如果金属表面只处于纯净的水膜中，一般不足以造成强烈的电化学腐蚀。大气环境下形成的水膜往往含有水溶性的盐类及溶入的腐蚀性气体。因此，大气条件下钢材的腐蚀实质上是水膜下的电化学腐蚀。

② 可见液膜下的大气腐蚀。指空气中的相对湿度为 100% 左右或在雨中及其他水溶液中产生的腐蚀。此时，水分在金属表面上已呈液滴凝聚，存在肉眼看得见的水膜。

（2）大气腐蚀的影响因素

① 水的影响。大气环境下对钢材起腐蚀作用的物质中，水是主要因素，一般湿度越大，腐蚀性就越强（表 1-1）。

表 1-1　引起腐蚀速度剧烈增加的临界相对湿度值[6]

钢铁表面状态	临界相对湿度 /%
铁干净表面在干净的空气中	接近 100
干净表面在含 0.01% 二氧化硫的空气中	70
在水中预先轻微腐蚀的表面	65
在 3% 氯化钠溶液中预先腐蚀的表面	55

② SO_2 的影响。在受工业废气污染的地区，SO_2 对钢材腐蚀的影响最为严重。以石油、天然气、煤为燃料的废气中含有大量的 SO_2，钢材的腐蚀速率随大气中 SO_2 含量的增加而增加。

③ 海洋大气的影响[7]。海洋大气环境处在海平面以上，由于海水蒸发而形成

特殊的环境区域。此区域盐雾含量高，对金属有很强的腐蚀作用。普通碳钢在海洋大气中的腐蚀速率比在沙漠大气中快 50 ～ 100 倍。海洋大气的影响范围一般界定为 20km 左右。

④ 其他影响。在石油生产的大气环境中，可能还含有大量的 Cl_2、NH_3、H_2S、固体尘粒等有害杂质，它们对钢材的腐蚀也是随含量的上升而增加的。几种物质同时存在的协同效应将导致钢材的腐蚀加剧。

1.4.3 海水腐蚀

海水是一种含有多种盐类、近中性的电解质溶液，并溶有一定量的氧，这就决定了碳钢在海水中的腐蚀电化学特征[3]。在海水中都属于氧去极化腐蚀，即氧是海水腐蚀的去极化剂。这种腐蚀称为吸氧腐蚀或耗氧腐蚀。

由于金属及其合金表面层物理化学性质的微观不均匀性，如成分的不均匀性、相分布的不均匀性、表面与应力变化的不均匀性以及界面处海水物理化学性质的微观不均匀性，导致在金属海水界面上电极电位分布的不均匀性，因此形成了无数的微电池。碳钢中铁素体中的阳极区电极电位较低，发生氧化反应：

$$Fe \longrightarrow Fe^{2+}+2e$$

而碳钢中的渗碳体相属于电极电位较高的阴极区，发生还原反应：

$$\frac{1}{2}O_2+H_2O+2e\longrightarrow 2OH^-$$

碳钢在海水中的腐蚀行为大多以这种微电池腐蚀的形式存在。

（1）海水水质的主要特点

含盐量高，盐度一般在 35g/L 左右；腐蚀性大；海水中动、植物多；海水中各种离子组成比例比较稳定（表 1-2）；pH 变化小，海水表层 pH 在 8.1 ～ 8.3 范围内，而在深层 pH 则在 7.8 左右。

表 1-2　海水中主要离子成分

成分	含量 /（mg/L）	成分	含量 /（mg/L）
Cl^-	18980	Br^-	65
Na^+	10560	Sr^{2+}	13
SO_4^{2-}	2560	NO_3^-	2.5
Mg^{2+}	1272	B^{3+}	4.6
Ca^{2+}	400	F^-	1.4
K^+	380	总含盐量约 34400mg/L	
HCO_3^-	142		

（2）海水腐蚀的特点

海水是典型的电解质溶液，金属的海水腐蚀是典型的电化学腐蚀。主要特点如下：

① 海水中氯离子含量高（氯度 1.9%），所以铁等金属在海水中不能建立钝态。海水腐蚀过程中，阳极的阻滞率（阳极极化率）很小，因此腐蚀速率相当高。在海水中采用提高阳极阻滞的方法提高钢的耐腐蚀性是很有限的。

② 钢等金属在海水中的腐蚀是依靠氧去极化反应进行的。尽管表层海水被氧所饱和，但氧通过扩散层到达金属表面的速度是有限的，小于氧还原的阴极反应速度。在静止状态或海水以不大的流速运动时，阴极过程一般受氧到达金属表面的速度所控制。所以此类金属在海水中的腐蚀几乎完全取决于阴极阻滞。由于扩散层中氧的扩散通道已被占满，通过合金化或热处理阴极相的数量和分布对腐蚀速率的影响不大，一切有利于供氧的条件，如海浪、飞溅、增加流速等，都会促进氧的阴极去极化反应，加速钢的腐蚀。对于普通碳钢管来说，海水环境因素对腐蚀速度的影响远大于钢本身成分的影响。

③ 由于海水的电导率很大，腐蚀阻滞很小，所以海水腐蚀中不仅腐蚀微电池的活性大，腐蚀宏电池的活性也大。海水与不同金属接触时很容易发生电偶腐蚀，即使两种金属相隔数十米，只要存在电位差并实现电连接，就有可能发生电偶腐蚀。

④ 海水中易出现小孔腐蚀，且孔深较深[8]。

（3）海水腐蚀的影响因素

① 盐类及其浓度。盐度是质量分数，指 100g 海水中所溶解的固体盐类物质的总克数。相同海洋中的总盐度和各种盐的相对比例基本一致，公海表层海水盐度范围为 3.20% ～ 3.75%，所以对一般金属的腐蚀无明显的差异。海水的比电导率是影响金属腐蚀速度的重要因素，其值的变化直接受海水盐度波动的影响，比电导率又因海水中含有大量的氯离子，可破坏金属的钝化，所以很多金属在海水中会遭到严重腐蚀。盐类以 NaCl 为主：一方面盐浓度增加会加强海水的导电性，使海水腐蚀性更强；另一方面，盐浓度的增大会促使溶解氧浓度下降，当其超过一定值时金属腐蚀速度反而会下降。

② pH 值。碱性环境对金属的腐蚀影响不大，而海水 pH 值在 7.2 ～ 8.6 之间，呈弱碱性。

③ 碳酸盐饱和度。在海水弱碱性条件下，达到饱和的碳酸盐会沉积在金属表面而形成保护层，若未达到饱和状态，形成不了保护层，反而增加腐蚀速度。

④ 含氧量。海水腐蚀是以阴极氧去极化控制为主的电化学腐蚀过程。海水中溶解氧的含量是影响海水腐蚀性大小的重要因素。海水的盐度和温度决定了氧在海水中的溶解度，若海水盐度增加或温度升高，氧的溶解度就会降低。如果海水中完全不含氧，金属就不会腐蚀。对于碳钢、铸铁和低合金钢等，含氧量增加，阴极过程加速，腐蚀速度增加。但对铝和不锈钢等依靠表面钝化膜提高耐蚀性的

金属，含氧量增加反而利于钝化膜的形成及修补，使钝化膜的稳定性提高，点蚀或者缝隙腐蚀的倾向减小。

所以，溶解氧的含量增加，常规金属腐蚀速度增加。对于易钝化成膜的金属，含氧量适当增加，反而有利于防止腐蚀的进一步发展。

⑤ 温度。温度升高会出现两种相反的结果：一是腐蚀速度增加，二是氧在海水中溶解度下降，腐蚀速度反而会减小。

因为时间、空间上的差异，海水的温度会在一个比较大的范围内变化。海底水温一般接近 0℃，而海水表面温度从两极到赤道，会从 0℃ 增加到 35℃，还随季节呈周期性变化。温度对海水腐蚀的影响比较复杂。从动力学方面分析，海水温度升高，会加速金属腐蚀。但海水温度升高，海水中溶解氧含量就会降低，反而促进保护性碳酸盐的生成，又会减缓金属在海水中的腐蚀。在正常海水溶解氧含量下，温度是影响腐蚀的主要因素。因为含氧量足够高时（在 5mL/L 以上），是通过氧的扩散速度来控制阴极反应速度的，而不是含氧量。对于钝化金属，海水温度升高，钝化膜的稳定性会下降，点蚀、缝隙腐蚀和应力腐蚀的敏感性增加。

⑥ 流速。金属腐蚀速度随海水流速增大而增加（表 1-3）。海水腐蚀是氧去极化的阴极控制过程，以氧的扩散速度为主，海水流速以及波浪会改变供氧条件，必然对腐蚀产生较大影响。此外，流动的海水对金属表面有冲蚀作用，当流速超过特定临界值时，金属表面的腐蚀产物膜被冲刷掉，金属表面同时受到磨损、腐蚀与磨损联合作用，促使钢的腐蚀速度急剧增加。

表 1-3　碳钢腐蚀率与海水流速关系

海水流速 /（m/s）	腐蚀率 /[g/（m² · h）]	海水流速 /（m/s）	腐蚀率 /[g/（m² · h）]
0	0.125	4.5	0.75
1.5	0.46	6	0.79
3	0.67	7.5	0.81

⑦ 海洋生物的影响。大多数情况下海洋生物会促进腐蚀，尤其是局部腐蚀。海洋生物释放出的 CO_2 会使其周边海水酸性加大，海水中的叶绿素类植物可使海水中含氧量增加，海洋生物腐烂后产生的酸性物质和 H_2S，可使腐蚀加速。此外，有些海洋生物会破坏金属表面的涂镀层，有些本身对金属就有腐蚀性。

海洋环境中，在金属附着海洋生物的锈层处，附着生物死亡后遗体黏附在金属表面以及在海泥中都会形成缺氧环境，促进厌氧硫酸还原菌的繁殖，引起微生物腐蚀。而普通碳钢抗细菌腐蚀能力很差。

1.5　钢质管道外壁腐蚀

钢质管道的腐蚀类型包括以电化学腐蚀为主的大气腐蚀、土壤腐蚀、海水腐蚀（水溶液腐蚀）、杂散电流腐蚀以及细菌腐蚀等。

电化学腐蚀（图 1-4）是指金属表面与离子导电的介质发生电化学作用而产生的破坏，其特点在于腐蚀历程可分为两个相对独立并可同时进行的过程。

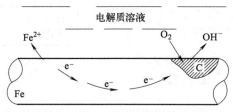

图 1-4　电化学腐蚀原理图

反应式为：

$$负极：Fe+2e^- \rule[0.5ex]{2em}{0.5pt} Fe^{2+}$$

$$正极：2H_2O+O_2 \rule[0.5ex]{2em}{0.5pt} 4HO^-$$

相关腐蚀原理简述。

（1）电偶腐蚀

电偶腐蚀是指两种不同电位的金属相接触时，耐蚀性较差（电位较低）的金属成为阳极，腐蚀加速；而耐蚀性较高的金属成为阴极，受到保护。例如，当一段新管道和一段旧管道搭接时，新管道电位低于旧管道，在电解质的作用下新管道被腐蚀（图 1-5）。

（2）浓差电池腐蚀

将同一种金属材料放在同种不同浓度的电解质中，浓度差会造成同种材料不同部位的电位不同，就可能形成浓差原电池，从而使电位低的部分被腐蚀。常见的浓差电池有氧浓差电池和盐浓差电池。前者是由于电解液中的氧含量不同使管道不同的部位产生电位差（图 1-6），后者则是由于盐含量的差异产生电位差

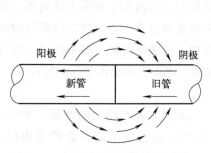

图 1-5　新旧管相连腐蚀电池原理图

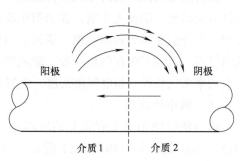

图 1-6　氧浓差电池腐蚀原理图

（图 1-7），从而发生腐蚀。

（3）应力电池腐蚀

如图 1-8 所示，管道由于不同部位的受力不同而产生电位差，进而形成应力电池腐蚀，受应力高的部位电位较低，成为被腐蚀严重的阳极。

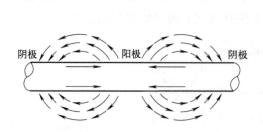

图 1-7 含盐浓度高区域的盐浓差电池原理图

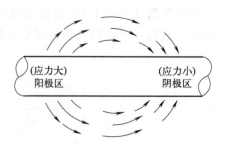

图 1-8 应力电池腐蚀原理图

（4）温差电池腐蚀

温度使管道腐蚀变得更加复杂。温度升高不仅会加快管道的腐蚀速度，而且有可能发生管道特有的腐蚀——温差电池腐蚀。当管道的不同部位所处的环境温度不同时，它们的电位也将不同，通常情况下，具有较高温度的部位将成为阳极，被优先腐蚀，这就是温差原电池（图 1-9）。

（5）杂散电流腐蚀（图 1-10）

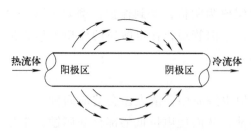

图 1-9 温差电池腐蚀原理图

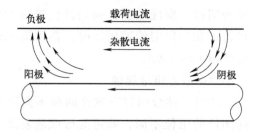

图 1-10 杂散电流腐蚀原理图

由杂散电流源产生的电流由管道的一端流入管道，再沿着管道流到其他部位，然后从管道的另一端流入土壤，在杂散电流流出管道的部位易发生杂散电流腐蚀。特别是对于有外防腐层的长输管道，流入管道的杂散电流量很大，而只能从防腐层破损点流出管道，腐蚀集中在破损点处，造成严重的腐蚀。杂散电流的主要来源是应用直流电大功率电气装置，如电气化铁道、电解及电镀槽、电焊机或电化学保护装置等。

（6）微电池腐蚀

微电池腐蚀是由于管道制造时本身有缺陷，金属内有不均匀的杂质，如焊缝、熔渣、锈、轧屑等，如图 1-11 所示，这些杂质与管道性质不同，会产生电位差，进而发生腐蚀。这种腐蚀对管道的危害性较小。

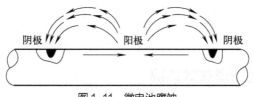

图1-11 微电池腐蚀

1.6 钢质管道内壁腐蚀

（1）输油管道内壁腐蚀

管道内壁腐蚀主要由所输送介质的腐蚀性引起，如原油、成品油输送过程中的水分以及原油采输过程中的其他特点：富含有机物，化学需氧量高，矿化度高，微生物含量高，细菌大量繁殖，生垢离子如 SO_4^{2-}、Ca^{2+}、HCO_3^-、Mg^{2+}、Ba^{2+} 和悬浮物含量高，并伴有大量的地层油砂，管内的这些介质对管道的腐蚀速度影响很大[9]。

（2）天然气输气管道

天然气主要成分是 CH_4，还含有少量 C_4H_6、CO_2、CO、H_2S 等，另外在天然气运输的过程中伴有水蒸气，流动介质的温度、压力降低可以使水蒸气液化，并与 CO、H_2S 形成酸从而腐蚀管道。电化学腐蚀也是输气管道腐蚀的重要因素。钢在气相和液相环境中会发生坑蚀，并且在含湿 H_2S 的天然气介质中还会产生硫化物应力腐蚀。气体的流速、温度、压力对管道的腐蚀速率也有影响[10]。

（3）排污管道

排污管道输送的介质成分复杂，污水中的酸碱性物质会对管道造成腐蚀；随着污水在管道内停留时间的增加，污水中的溶解氧和硝酸盐完全被消耗，管道内的厌氧环境会促进硫化氢气体的生成，H_2S 对管道会产生腐蚀；污水中的 S 经过一系列的生物化学反应还会转变成 H_2SO_4，进而与管道中的水泥基材料（衬里）发生反应，腐蚀管道[10]。

（4）输水管道

作为电解质的水，在表面属性有差异的管道内部形成电极，从而引起电化学腐蚀。电化学腐蚀是输水管道腐蚀的主要形式；流体接触的管壁表面是否清洁，有无杂质，对腐蚀的发生和扩展速率也有很大的影响；输送水中的溶解氧、CO_2、硫酸盐、氯化物、残留消毒剂等也会对管道的腐蚀有一定影响；水中如果含有 Cl^- 则会破坏钝化膜，并且 Cl^- 作为腐蚀催化剂，会诱导 Fe^{2+} 水解，进而腐蚀管道。微生物亦是输水管道腐蚀的影响因素之一，自养需氧型铁细菌（IRB）和异养厌氧型硫酸盐还原菌（SRB）是最主要的腐蚀菌种。有学者研究了水流速度对腐蚀的影响，得出水流速度与氧气到达金属表面的速度成正比，同时水流冲刷金属表面的腐蚀产物，加快了金属的腐蚀速率，进而加快管道的腐蚀。当然，水体的 pH 值也是影响管道腐蚀的因素之一[10]。

1.7 管道失效

1.7.1 世界各地区管道失效情况

（1）美国

截至 2019 年，美国油品管道长约 29×10^4 km，天然气管道长约 55×10^4 km，是世界上拥有管道里程最长的国家。近年来，美国油品管道年失效频率保持在 $0.4 \sim 0.6$ 次 /（10^3 km·a），天然气管道年失效频率由 0.04 次 /（10^3 km·a）振荡攀升至 0.14 次 /（10^3 km·a）。据统计，2010 年以来美国 432 起油品管道事故和 238 起天然气管道事故，排名前三位的失效原因分别为腐蚀（107 起，占 25%）、管体 / 焊缝材料失效（96 起，占 22%）和设备失效（75 起，占 17%）；管体 / 焊缝材料失效（56 起，占 24%）、开挖损伤（52 起，占 22%）和腐蚀（43 起，占 18%）[11]。

（2）欧洲

欧洲，截至 2018 年上半年，欧洲（包含俄罗斯）的油气管网总长度为 75×10^4 km，约占全球的 1/3，其中 3/4 为天然气管道。2004—2013 年，天然气管道事故的主要原因是外界干扰、腐蚀和施工缺陷 / 材料失效，分别占事故原因的 35%、24%、16%。主要失效形式为小孔 / 裂纹。

（3）加拿大

截至 2013 年，加拿大阿尔伯特能源与公用事业委员会（AER）管理的油气管网总长 11.6×10^4 km，其中天然气管道 6.4×10^4 km，原油管道 3.7×10^4 km，成品油管道 1.5×10^4 km。原油、天然气管道失效原因按比例高低均分别为：内腐蚀、第三方破坏和外腐蚀，其中，原油管道失效原因占比分别为内腐蚀 21%、第三方破坏 20%、外腐蚀 16%；天然气管道失效原因占比分别为内腐蚀 53%、第三方破坏 15%、外腐蚀 12%。

（4）英国

截至 2014 年底，英国陆上管道运营协会（UKOPA）管理的管道总长度为 22409km。1962—2014 年共记录了 192 起泄漏事故，平均失效频率总体呈持续下降趋势。主要失效原因包括外腐蚀、外部干扰和环焊缝缺陷。管体缺陷和制管焊缝缺陷导致的失效在 2010—2014 年没有发生，这与制管水平的提高有较大关联。外部腐蚀失效主要发生在老旧、薄壁（< 5mm）管，失效管道防腐层类型按大小比例依次为：沥青、聚乙烯和煤焦油，熔结环氧未报告失效。外部干扰失效主要发生在郊区和城乡接合处的小口径（< 245mm）、薄壁（< 5mm）管。环焊缝缺陷失效主要发生在 1985 年以前建设的管道。

（5）中国

截至 2020 年底，我国油气长输管道总里程 16.5×10^4 km，其中原油管道 3.1×10^4 km，成品油管道 3.2×10^4 km，天然气管道 10.2×10^4 km，天然气管道全球排第四。2006—2015 年共发生管道泄漏事件 134 起，打孔盗油是最主要的失效因素，制造缺陷次之，施工质量居第三位，占比分别为 50%、19%、10%。

"西气东输"工程是我国长输管道建设的典型案例，该工程采用大口径（直径 1016mm）钢管，把天然气从我国西部新疆塔里木气田输送到东部长江三角洲，途经 8 个省市，管道总长达到 4000km。工程管道绝大部分埋于土壤中，要与腐蚀性不同的 17 种土壤接触，特别是在新疆区段，不同土壤腐蚀性的差别很大，腐蚀问题十分突出。如在塔里木地段，由于土壤腐蚀性强，管道运行 3 年后就发生塑性失稳破坏，9 年后就发生了腐蚀穿孔。

我国东部输油管道在运行的 20 年中发生大小事故共 628 起，其中设备故障占比最大，达 30.3%，其次是腐蚀和违规操作，这与国外油气管道的情况不同。

由于我国原油管道多采用加热输送，加热炉事故在设备事故中占比最大。东部管道大多建设于 20 世纪 70 ~ 80 年代，受当时经济、技术水平所限，在设备、材料、施工水平及管道自动化水平、运行管理等方面与先进水平有较大差距。目前，这些原油管道运行已超过 20 年，逐渐进入了事故率增高的时期。20 世纪 90 年代后期以来，打孔盗油的人为破坏事故呈上升趋势，据中国石油管道分公司的统计，从 2000—2002 年累计发生打孔盗油事件 241 起。对输油管道安全造成了极大的威胁[12]。

包括陆地管道和海底管道在内的综合事故率在不同国家和地区间存在显著差异。以大管径长输管道为例，综合事故率在 0.2 ~ 1.2 次 /（1000km·a）。中国的管道事故率（不包括海底管道）是比较高的，达到了 2.3 次 /（1000km·a），这与中国的管道建设长度和建设维护水平（包括材质和运行管理水平）有关（表 1-4）[13]。

表 1-4　大管径长输管道的事故率统计

单位：次 /（1000km·a）

运营期	国家或地区	事故率	介质	管径 /cm
1971—1980	西欧	0.90	原油及产品	≥ 25.4
1966—1978	西欧	0.30	原油及产品	≥ 50.8
1968—1976	美国	0.90	原油及产品	≥ 25.4
1997—2001	美国	0.25	原油及产品	≥ 50.8
1967—1977	墨西哥地区	1.10	油和天然气	≥ 25.4
1967—1977	北海	0.30	油和天然气	≥ 25.4
1975—1982	加拿大	1.20	原油管道	所有
1971—1996	中国	2.30	原油	≥ 50.8

注：危险因素主要包括物料自身的危险性、管道腐蚀、施工质量、地质灾害（如地震或塌陷）、装置泄漏以及人为损坏等。

1.7.2 管道失效原因统计

各类事故所造成的管道失效，其原因统计见表 1-5 ～表 1-12，主要针对欧洲、美国、加拿大、苏联、中国等。

表 1-5　1970—2004 年欧洲输气管道事故原因统计 [14]

序号	事故原因	事故率
1	外部干扰	49.7%
2	施工和材料缺陷	16.7%
3	腐蚀	15.1%
4	地基移动	7%
5	误操作	5%
6	其他	6.5%

表 1-6　2007—2016 年欧洲输气管道事故原因统计 [14]

序号	事故原因	事故率
1	外部干扰	28.37%
2	施工和材料缺陷	19.79%
3	腐蚀	25%
4	地基移动	14.9%
5	误操作	3.85%
6	其他	10.1%

表 1-7　1991—2010 年美国输气管道事故统计

序号	事故原因	事故率
1	自身及第三方破坏	24.3%
2	误操作	6.1%
3	材料缺陷	17.1%
4	自然破坏	7.7%
5	腐蚀	18.42%
6	撞击、火灾	5.2%
7	其他	21.18%

表 1-8　美国外力事故分类

序号	事故原因	事故原因	事故率
1	人为因素	设备由外部人员操作	69%
		设备由操作者操作	4.5%
2	自然因素	地震	15.3%
		不利气候	10.2%
3	其他		1.0%

表 1-9 1987—2006 年加拿大管道失效统计

序号	事故原因		事故率
1	腐蚀	均匀腐蚀	27%
		应力腐蚀开裂	18%
2	底层滑动		17%
3	建造原因		23%
4	其他		15%

表 1-10 1981—1990 年苏联管道事故统计 [15]

序号	事故原因		事故率
1	腐蚀	外腐蚀	33%
		内腐蚀	6.9%
2	外部干扰		16.9%
3	材料缺陷		13.3%
4	焊接缺陷		10.8%
5	施工和设备缺陷	施工缺陷	8.6%
		设备缺陷	2.3%
6	违反操作规程		2.9%
7	其他		5.3%

表 1-11 1969—2003 年我国四川地区输气管道事故统计 [16]

序号	事故原因	事故率
1	外部干扰	15.8%
2	材料缺陷	10.9%
3	腐蚀	39.5%
4	施工缺陷	22.7%
5	地表移动	5.6%
6	其他	5.5%

表 1-12 1970—1990 我国东部管道事故统计 [17]

序号	事故原因	事故率
1	外部干扰	8.3%
2	设备故障	30.3%
3	腐蚀	21.3%
4	违规操作	20.5%
5	施工缺陷	8.5%
6	其他	11.1%

海底管道事故与陆地管道类似，但又有其自身的特点。根据海底管道相关安全事故的统计，对穿越航道、锚地等船舶抛锚危险区的管道，30 年设计寿命期内破坏概率只有 0.2 次（包括潜在的破坏），换算每公里管道每年破坏 0.0002 次。腐蚀和波浪力是造成海底管道事故的主要原因。以美国地质勘察局（USGS）的数据（表 1-13）为例，腐蚀造成的破坏占据重要地位。美国内政部矿物管理处对 1967—1987 年的墨西哥湾海底管道事故的调查表明，输气管道和输油管道的事故总数和腐蚀事故总数差异不大。海湾石油公司对海底管道的调查结果表明，腐蚀、第三者破坏和机械失效是最主要的三个原因。

表 1-13　USGS 统计的海底管道事故 [13]

事故原因	事故率	事故原因	事故率
腐蚀（内腐蚀和外腐蚀）	40.26%	焊口和套管卡箍	6.49%
未知（没有可引用的资料）	25.97%	穿孔、龟裂等	0
来往船只（碰撞、锚损伤）	11.69%	波浪损坏	1.3%
机械损坏（阀漏、密封件破损、阀门破裂）	6.49%	结构缺陷	1.3%
泥土滑移	5.19%	误操作	1.3%

1.7.3　管道失效事故分析

管道失效除强加的外部因素（人为故意、设备破坏）以外，属于一种逐步发展的过程，由量变最终达到质变。根据统计，大多数管道失效所引发的事故，其主因并不都是腐蚀，但在引起的因素中，腐蚀因素却并不完全可控。

文献 [18] 把管道失效分为五个大类：爆炸、断裂、腐蚀、机械损伤、过量变形。归纳起来的破坏形式就是破裂、穿孔、减薄、膨胀、延伸等形式，例如爆炸就是管道形变后达到极限而发生大面积的突然破裂，而管道的变形就是由超压、腐蚀、第三方原因等引起。所以根据美国 ASME B31.8S—2020《输气管道完整性管理》的分类方法，将管道事故原因主要分为腐蚀、第三方破坏、材料失效、人为误操作、自然灾害、其他外力损伤、不明原因等 7 类，此规范虽然是输气标准，但同样适用于石油等其他介质管道。但依据影响程度的高低，笔者更侧重于采用影响因素（风险）来对管道的破坏进行分类。

（1）管道主要失效形式（图 1-12）

① 爆炸。爆炸分为物理爆炸和化学爆炸。物理爆炸是指物理原因（溢度、压力）使管道的工作应力超过极限强度引起的爆炸；化学爆炸是指异常化学反应使压力急剧增加引起的爆炸，一般是由于可燃性物质与空气的混合超过了爆炸极限范围，或是由放热化学反应引发。

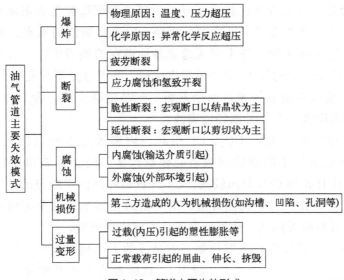

图 1-12　管道主要失效形式

20 世纪 90 年代末，四川、大庆、中原发生的几起输气站管道爆炸事故均属化学爆炸，是管道内有氧存在时管壁 Fe_xS_y 自燃所致。2010 年 7 月和 9 月，在西气东输二线东段 18 标段 EB034-2 标号管道水压试验完成后的扫水过程发生爆炸事故，是复杂地形结构导致断流弥合水击而产生的瞬时超压所致，属物理爆炸。

② 断裂。

a. 脆性断裂　当管材的断口形貌转化温度（FATT）高于管道服役温度（环境温度）时，发生的断裂即是脆性断裂。随着冶金技术和焊接技术的进步，这种失效模式已经越来越少。但应关注高寒地区站场及跨越段钢管与管件的低温脆断问题。

1960 年美国 Trans-Western 公司某输气管道的脆性破裂事故是迄今破裂裂缝最长的管道失效事故，该管道钢级为 X56，管径为 762mm，裂缝长度达到 13km。

b. 延性断裂　当前油气管道主要的断裂失效形式。对于输气管道，其断裂控制的重点是延性断裂的止裂行为。高压输气管道产生裂纹后，当裂纹扩展速度大于天然气的减压波速度时，裂纹快速长程扩展，其后果非常严重，必须有效控制。

c. 疲劳断裂　内压或外力发生变化，产生的交变应力作用于服役管道就有可能发生疲劳断裂。

d. 应力腐蚀和氢致开裂　管输天然气中 H_2S 含量超过规定值并含有水分时，易引起氢致开裂（HIC）或硫化物应力腐蚀破裂（SSCC）。近年来，高 pH 值和近中性土壤应力腐蚀开裂引起油气管道失效的事故有较多报道。

1966 年，威远气田内部集输管道通气试压时，4 天内连续发生 3 次爆裂。经失效分析和再现试验研究，确认爆裂是由于天然气所含 H_2S 在含水条件下引起的应力腐蚀开裂所致。

③ 过量变形。过量变形包括内压过载引起的管道膨胀与非正常载荷引起的屈曲、伸长、挤压，前者比较罕见且容易控制，后者是防治的重点。油气长输管道往往需要穿过地震断裂带、冻土带或遭遇各种潜在的地质灾害（滑坡、崩塌、泥石流、湿陷性黄土、冲沟等），使管道发生位移，产生过量塑性变形。

④ 腐蚀。油气管道腐蚀来自两个方面：一是输送介质，含 H_2S、CO_2 等腐蚀性物质引起的内腐蚀；二是外部环境腐蚀。

对内部集输管网，H_2S、CO_2、Cl^- 引起的内腐蚀是主要腐蚀失效类型。H_2S 或 CO_2 单独存在条件下的腐蚀问题研究相对较多，防护措施也比较明确。对于 H_2S/CO_2 存在且 H_2S 和 CO_2 分压较高、Cl^- 含量也较高的严酷服役条件下的腐蚀问题则缺乏系统性研究。对于长输管道，由于输送介质是经过净化和脱水处理、符合输送标准的石油和天然气，故外部腐蚀是主要失效类型。

⑤ 机械损伤。机械损伤主要指第三方造成的人为机械损伤（沟槽、凹陷、孔洞等）。机械损伤若不及时处理，往往会导致灾难性后果。

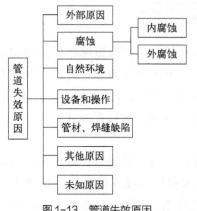

图 1-13 管道失效原因

（2）钢质管道失效原因分类

钢质管道失效有以下原因（图 1-13）。

① 腐蚀。腐蚀包括内腐蚀和外腐蚀。内腐蚀程度主要与管内输送介质的特性（腐蚀性成分的含量）、温度、流速等有关。外腐蚀主要影响因素有阴极保护失效、防腐绝缘层失效、土壤腐蚀、杂散电流等。严重腐蚀将导致管壁减薄、管道穿孔，甚至发生管道开裂。

② 第三方破坏。第三方破坏主要包括开挖损伤、其他外力损伤。主要表现为管道占压、打孔盗窃、在管道附近或者上方违章施工、水流对管沟及管道的长期冲刷等。

③ 材料失效。材料失效由管道材料存在缺陷导致，包括管材本身缺陷及后期受影响造成的材料缺陷。前者主要是管材制造、加工不当导致，后者包括运输不当、焊接质量差、安装施工过程造成的损伤。

④ 人为误操作。操作人员操作不当造成事故，主要是由于管道维护、维修人员业务素质不高、工作麻痹大意造成。

⑤ 自然灾害。包括地震、洪水、山体滑坡、雷电等，一旦发生，可能导致油气管道破裂，引发火灾等严重环境破坏大型事故。

⑥ 其他外力损伤及不明原因。其他外力损伤及尚未查明的原因。

（3）管道失效影响因素

影响管道失效的因素如下（图 1-14）。

管道运行的完整性管理以风险控制为核心，为减小和预防管道失效，采用影响因素对管道失效原因进行分类也是一种可靠的办法，可以更加明确失效原因影响因子的大小或者权重。可以把影响因素分为：完全可控因素、可控因素、不可控因素和完全不可控因素。

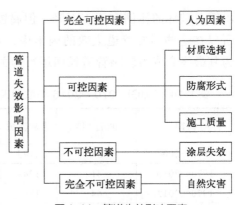

图1-14　管道失效影响因素

① 完全可控因素。在管道安全管理中，人的因素是属于完全可控的。管道失效案例中，人为因素占了一大部分，例如第二部分事故统计中，管道失效受到的外部干扰因素基本占到10%以上，有的达到30%以上，而在这些外部干扰因素中人为因素占到70%以上，主要的人为因素包含：检修开挖损伤、第三方破坏损伤（打孔盗窃）、违章施工等。而这些因素完全可控，例如提高操作人员素质、加强现场监督、制定更为合适的施工计划、严格管理（防止第三方盗采）。

② 可控因素。在管道安全管理中属于可以控制的，比如材质选择、防腐形式、施工质量等。但因为运行管道所处的特殊环境，拿管本体材料和管道保护层材料来说，并不存在完全理想化或称之为最完美的材料。我国管道技术落后于世界管道技术，就是因为管道材料选择不科学，施工操作不合理，管道焊接质量不合格。在我国管道工程中，曾出现多起因焊接质量不合格而引起管道爆破的事故。

③ 不可控因素。如涂层破坏，防腐性能降低等。管道建设中，没有一种涂层材料能达到100%的完美，因为涂层材料还需要与环境相适应，与管内输送介质相适应，长期运行必然会造成涂层失效等，即便采用辅助的阴极保护，也不可能达到完全保护，但涂层的作用却是最大的。

④ 完全不可控因素。如地震、洪水及其他自然灾害以及腐蚀等。

自然灾害是典型的不可抗力。尽管随着科学技术的进步，人类已不断提高了对自然灾害的预见能力，但自然灾害仍频繁发生。所以对于管道建设来说是一种不可控因素，只能通过经验数据、实地勘测、综合保护等方式来规避，以降低风险的发生。

只要是金属材料，在自然界中总会出现腐蚀，这是无法避免的，所以如何降低油气管道腐蚀的发生概率是重中之重。根据美国、欧洲、加拿大的统计，管道失效次数在逐年降低，但通过与欧洲管道的对比可知，1970～2004年（表1-5），外部干扰、腐蚀、施工缺陷和地面移动分别占所报告的管道事故的49.7%、15.1%、16.7%、7%，而2007—2016年（表1-6），外部干扰、腐蚀、施工缺陷和地面移动分别占所报告的管道事故的28%、25%、18%和15%。虽然从表1-14（EDGI）看出管道破坏的比例在逐年下降，但腐蚀所造成的管道失效却从 15.1% 上升到 25%。所以在这些引发管道失效的因素中，更应该关注涂层破坏和腐蚀等影响因素，因为其最终会成为影响管道长期运行的关键性因素。

表 1-14　EDGI 1970—2016 年欧洲天然气管道的数据分析（截至 2018 年 3 月）[19]

时期	间隔 / 年	事故次数	系统风险统计（10^6km/a）	每 1000km 的主要故障频次
1970—2007	38	1173	3.15	0.372
1970—2010	41	1249	3.55	0.351
1970—2013	44	1309	3.98	0.329
1970—2016	47	1366	4.41	0.310
1977—2016	40	1143	4.12	0.278
1987—2016	30	723	3.44	0.210
1997—2016	20	418	2.53	0.165
2007—2016	10	208	1.39	0.150
2012—2016	5	97	0.72	0.136

可以确定的是，腐蚀是造成管网泄漏等突发事故及次生灾害的主要原因。由此可见腐蚀严重威胁工程管网的服役安全。因此，防腐蚀是管道建设中的重点，如何正确地选择管道防腐蚀形式，需要引起我们足够的重视。

1.7.4　泄漏事故案例

管道事故每年都有发生，原因与图 1-14 一致。笔者从相关文献 [20] 或网络数据中搜索了一些管道事故案例（表 1-15）。

表 1-15　管道事故案例

序号	事故案例	原因
	国内	
1	2003 年 12 月，兰成渝管道打孔盗油泄漏	打孔盗油
2	2004 年 10 月，陕京线管道第三方施工泄漏	第三方破坏
3	2005 年 08 月，开州区输气管道破坏	泥石流压断
4	2006 年 01 月，西南油气田输气管道泄漏爆炸	焊缝裂纹
5	2007 年 11 月，海南东方海底管道泄漏起火	挖沙船作业导致
6	2008 年 12 月，浙江宁波天然气管道破裂泄漏翻爆燃	因非法占压
7	2009 年 09 月，鲁皖成品油管道因打孔盗油泄漏	打孔盗油
8	2010 年 05 月，中石化东黄复线管道破裂泄漏	第三方施工造成
9	2011 年 1 月 17 日，吉林市的中石油昆仑燃气公司某分公司发生燃气泄漏	—

续表

序号	事故案例	原因
10	2012 年 04 月，长庆化子坪原油管道发生泄漏	老化破裂
11	2013 年 01 月，湛江茂名一输油管道发生泄漏	腐蚀穿孔
12	2014 年 3 月 8 日，兰州市天然气管道破损	建设单位违规使用机械设备
13	2015 年 12 月 20 日，深圳油管破裂	山体滑坡
14	2017 年 5 月 21 日，成都市青白江区发生燃气泄漏燃烧事故	维修时施工不慎
15	2018 年 6 月 10 日，中石油天然气输气管道贵州晴隆沙子镇三合村蒋坝营处发生燃爆	—
国外		
16	1989 年 6 月 3 日，苏联巴什基尔自治共和国首都乌德市输油管破损	—
17	1999 年 6 月 10 日，华盛顿州 Bellingham 市汽油管道爆炸	挖掘损伤
18	2000 年 8 月 19 日，新墨西哥州 Carlsbad 天然气管道爆炸	管道内腐蚀
19	2000 年 8 月 19 日，美国新墨西哥州卡尔斯巴德市附近发生天然气管道爆炸	管道内壁腐蚀
20	2010 年 1 月 20 日，"东西伯利亚—太平洋"（东线）石油管道在俄联邦东北部最大的共和国——萨哈共和国连斯基区境内的一段管道破裂	—
21	2011 年 1 月 8 日，美国阿拉斯加州普拉德霍湾（Prudhoe Bay）的输油管道发生泄漏	—
22	2011 年 5 月 4 日，加拿大和平河东北部，石油泄漏造成污染	—
23	2011 年夏，埃克森美孚石油公司一条穿越蒙大拿州的输油管道突然发生爆裂事故	—
24	2011 年 8 月，壳牌石油公司位于英国北海的"塘鹅 1号"钻井平台海底管道破裂	—
25	2015 年 4 月 15 日，墨西哥东南部一条输油管破裂导致漏油并将河川污染	盗采
26	2015 年 5 月 19 日，美国加州圣巴巴拉县附近一条输油管破裂	油泵故障
27	2022 年 9 月 26 日，俄罗斯向欧洲输送天然气"北溪 -1"和"北溪 -2"管道同一天内出现泄漏	人为破坏

1.8 管道腐蚀控制

管道均需要某种形式的保护或腐蚀控制才能够满足其长期稳定的运行，这已经是个不争的事实。

管道腐蚀主要由金属管本体与外界环境或化学介质的直接接触造成,为屏蔽这种接触的可能性,采用的主要方式有:一种是为管道增加屏蔽涂层,将金属管道与周围的电解质溶液完全隔绝,从而阻止电化学反应和纯化学反应的发生;另一种是将全部管道阴极化,因为受阴极保护的管道不受损害。一般这两种方式联合使用,会对管道提供更加完善的保护[21]。

常用的管道腐蚀控制方法如下。

(1)涂装保护涂层

隔绝金属管道与腐蚀环境或腐蚀介质,是控制管道腐蚀最有效、最直接的方式。油气田长输管道腐蚀控制主要采用的方式就是涂装保护层,包括外涂层和内涂层。

(2)阴极保护

钢质管道能够避免腐蚀破坏,最好的方式就是涂装保护层,但单一的保护层方式,并不能完全杜绝金属的腐蚀破坏,所以阴极保护才能够提供最完美的保护。

图1-15所示为埋设钢管累积腐蚀渗漏所对应的时间关系曲线。可以看出,管道在提供阴极保护前,腐蚀渗漏增长速率越来越大,提供保护后,腐蚀速率则变得很小。根据经验,当为管道系统提供完整的阴极保护时,通常六个月之后腐蚀渗漏增长就停止了。

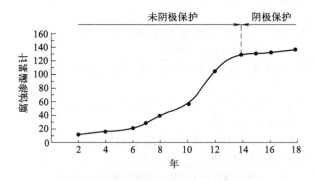

图1-15　阴极保护有利于管道保护说明图[22]

阴极保护的方法有两种,即外加电流法和牺牲阳极法。

① 外加电流法。将被保护金属(金属管道)与直流电源的负极相连,由外加电流提供保护电流,从而降低腐蚀速率的方法称为外加电流的阴极保护法。为长输管道最常用的保护方式。

② 牺牲阳极法。将被保护金属和一种可以提供阴极保护电流的金属或合金(即牺牲阳极)相连,使被保护金属腐蚀速率降低的方法称为牺牲阳极的阴极保护法。海底管道多用牺牲阳极法。

（3）管道耐蚀金属材料的选择

腐蚀控制，材料选用应该放在首位，但对于输运油气的长输管道来说，因为其他耐蚀金属材料的经济成本，没有任何一种材质能够替代碳钢管道。所以只有一些特殊的环境才会选择特殊材质的管道，从而确保整个装置的使用寿命。

（4）非金属材料管道的选用

非金属管道的应用基本不涉及大中口径的长输管道，但非金属管道却是最有前途的防腐蚀方法。耐蚀非金属材料分为有机、无机以及复合材料三大类。

有机材料，例如输送燃气、水的高密度聚乙烯，应用于化工耐酸管道的硬聚氯乙烯化工管，采暖用的 PPR、PERT 等管道。

无机材料，如排水用的混凝土管道。

复合材料，如钢骨架塑料复合管、纤维增强塑料管、陶瓷内衬复合管等，应用于油田注水等特殊环境。

（5）改变腐蚀环境

只有腐蚀环境存在，钢质管道才会发生腐蚀破坏，那么改变腐蚀环境，如降低、去除介质中的有害物质，向输送的流体中添加缓蚀剂等，即可降低管道内壁的腐蚀。所以在管输介质中，如果添加缓蚀剂的费用低，也无其他副作用，可以以此法代替管道内涂层。

1.9　小结

针对长输管道，最佳的腐蚀控制方式就是涂装保护层。但实际上，不管涂层涂装的质量如何，在运输、铺设过程中以及最终运行时，每种涂层都会有存在漏点的可能性，或涂层老化的趋势。土壤应力、海浪冲击、植物根系穿透、石块砂石挤压等，均会导致涂层损坏或涂层剥离，即便大部分管道得到了涂层的保护，但只要局部存在涂层缺陷，必然会导致钢管本体的腐蚀，进而发生泄漏或破裂。所以涂层保护很少单独用于管道，一般需要与阴极保护联合使用。

尽管单独依靠涂层并不是管道腐蚀控制的完美解决方案，但在完好的涂层管道上，涂层提供的保护将超过 99%[23]，所以涂层的涂装质量在长输管道建设中至关重要，涂层材料的选择、涂装、施工、质量检测等各个环节均需要引起人们足够的重视。

参考文献

[1]　黄春芳 . 原油管道输送技术 [M]. 北京：中国石化出版社，2003：130.

[2] 杨昭，李岳祥. 油田化学 [M]. 哈尔滨：哈尔滨工业大学出版社，2016：281.

[3] 中国腐蚀与防护学会，王光雍. 自然环境的腐蚀与防护 [M]. 北京：化学工业出版社，1997：275-276.

[4] 中国腐蚀与防护学会，卢绮敏. 石油工业中的腐蚀与防护 [M]. 北京：化学工业出版社，2001.

[5] 杜存臣，林慧珠. 天然气管道的环境腐蚀与防护 [J]. 化工装备技术，2004，25（2）：63-66.

[6] и.я.鲍戈拉德. 海船的腐蚀与保护 [M]. 王日义，译. 北京：国防工业出版社，1983：24.

[7] 刘翀. 工业大气和海洋大气环境的燃机的防腐蚀设计 [J]. 城市建设理论研究，2013（10）. DOI:10.3969/j.issn.2095.

[8] 陈勇. 油田应用化学 [M]. 重庆：重庆大学出版社，2017：139.

[9] 王庆. 钢质管道熔结内环氧粉末防腐工艺技术研究 [J]. 中国化工贸易，2013（2）：OI:10.3969/j.issn.1674-5167.2013.z2.149.

[10] 潘一，孙林，杨双春，等. 国内外管道腐蚀与防护研究进展 [J]. 腐蚀科学与防护技术，2014，26（1）：77-80.

[11] 郑洪龙. 国内外油气管道事故统计分析 [EB/OL].2017-08-07.https：//www.sohu.com/a/162890501_756480.

[12] 茹慧灵. 油气管道保护技术 [M]. 北京：石油工业出版社，2008：24.

[13] 环境影响评价工程师职业资格登记管理办公室. 交通运输类环境影响评价 [M]. 北京：中国环境科学出版社，2011：652.

[14] Gas pipeline incidents 10th report of the European gas pipeline incident data group（period 1970–2016）[EB/OL]. [2019-06-02].https：//www.egig.eu/reports.

[15] 张有林. 新疆石油学会2007年度石油化工技术应用论文集 [M]. 北京：石油工业出版社，2007：326.

[16] 张其敏，孟江. 油气管道输送技术 [M]. 北京：中国石化出版社，2008：206.

[17] 杨筱蘅. 油气管道安全工程 [M]. 北京：中国石化出版社，2005：32.

[18] 李鹤林. 油气管道失效控制技术 [J]. 油气储运，2011，30（6）：401-410.

[19] Overview developments in failure frequencies（updated March 2018）[EB/OL]. [2022-01-23]. https：//www.egig.eu/overview.

[20] 狄彦，帅健，王晓霖，等. 油气管道事故原因分析及分类方法研究 [J]. 中国安全科学学报，2013，23（7）：109.

[21] 得克萨斯大学. 石油管道建设与维护 [M]. 北京：石油工业出版社，1982：108.

[22] 得克萨斯大学. 石油管道工业导论 [M]. 汤楷孙，汤兆凯，译. 北京：石油工业出版社，1981：47.

[23] A. W. 皮博迪. 管道腐蚀控制 [M]. 吴建华，许立坤，译. 2版. 北京：化学工业出版社，2004：8.

第 2 章

管道涂层及选择

影响管道运行可靠性和使用寿命的关键因素之一就是腐蚀，管道腐蚀破坏会造成所输介质的泄漏，进而引起非常严重的后果，不但会造成直接和间接的经济损失，严重的还会造成环境大面积污染，更严重者还会造成人员伤亡，例如天然气泄漏造成的火灾爆炸、原油泄漏造成的环境污染等。

2.1 管道涂层主要功能

① 减缓腐蚀功能。涂层是用来隔绝金属管本体与外界的屏障，降低其腐蚀性。减缓管道的腐蚀是管道涂层的首要功能，也是管道涂装涂层的主要目的。

② 防护功能。防止第三方冲击或损伤，以延长防腐层的使用寿命。例如三层复合结构涂层中的聚乙烯外护壳，满足砂砾地区埋设和防止根系穿透等，双层熔结环氧树脂涂层中的外层树脂同样具备此功能。

③ 屏蔽功能。如降低吸水率，防止渗透的水接触金属基体，减小透气性，保证涂层的基本功效。如保温管的外护聚乙烯层，不仅具备防止外力损坏的作用，还具备防止水渗透而破坏管道保温层的作用。

④ 抗电解液侵蚀功能。涂层应具备长时间在电解液中运行的能力，不但要能隔离电解液侵蚀钢管本体，并且自身也要耐电解液侵蚀，从而减缓化学介质的渗透。

⑤ 联合阴极保护功能。减小材料破损的可能性，降低阴极保护电流，防止应力开裂、涂层阴极剥离以及发生阴极屏蔽。

⑥ 辅助功能。增加管道在运行过程中的稳定性，如海底管道的水泥配重涂层。

⑦ 耐候功能。抗紫外线老化，如大气环境下抗紫外线的管道聚酯涂层。

⑧ 使用功能。如市政供热、保冷和输油管道中的保温涂层以及管内壁涂装的减阻涂层等。

2.2 管道涂层分类

① 按照涂层涂装位置分类：管道外涂层和管道内涂层。

② 按照工件类型分类：钢管涂层、弯管涂层、管件（阀门、三通）涂层。

③ 按照涂层材料类型分类：金属涂层、无机涂层、有机涂层和化学转化膜涂层。

a. 金属涂层。用耐蚀的金属或合金涂镀在钢管表面。相对于铁的活性分为阳极覆盖层（例如镀锌层、镀铬层和喷铝层等）和阴极覆盖层（例如镀镍层、镀铜层等）两种，阳极涂层以牺牲涂层来保护管本体，阴极涂层活性低于管本体，所以必须保证覆盖层的整体性，出现破损会加速管本体的腐蚀。由于涂装工艺、价格等多方面因素的影响，金属涂层在长输管道建设中绝少使用。

b. 无机涂层。包括水溶性颜料的涂料、玻璃涂层、陶瓷和搪瓷涂层等。用刷涂、喷涂等方法涂覆在金属底材的表面，然后在低温或室温下固化或者在高温下烧结，或采用高温喷枪进行喷涂等。其突出特点是：工艺先进，永不老化，使用安全，耐蚀性能优越，耐磨性好，耐候性强，无毒无害无污染，造价低廉等[2]。例如玻璃涂层致密性、耐蚀性、耐磨性优异，涂层表面光滑，作为内涂层可起到减阻作用，搪瓷涂层耐各种酸、碱和盐侵蚀，其综合防腐性能是其他任何涂层无法相比的。

但因为无机涂层成型工艺复杂，材料成本高，多少年来一直未得到大面积的推广应用，并且大部分无机涂层硬度高且脆性大，容易受到冲击损坏，受温度影响小，在钢管本体受膨胀或冷缩时，容易脱落，所以只能停留在工艺管道的使用上或其他高精尖场合，无法在长距离输送管道上推广。但由于无机涂层的优点是其他涂层无法相比的，并具备巨大的发展前景，世界各国均已将其作为管道涂层重点攻关的课题，预计该技术有望取得更大的突破。

c. 有机涂层。例如沥青涂层、煤焦油瓷漆、环氧陶瓷、聚氨酯、聚脲、环氧粉末、聚乙烯等涂层以及其他复合涂层。

现阶段最新的有纳米改性有机涂层，利用纳米技术对有机涂层材料进行改性，可有效提高涂层材料的综合性能，特别是增加了其机械拉伸强度、硬度，与金属基体的附着力，提高了耐光性、抗紫外线（耐老化性）、耐候性等[3]。例如，TiO_2 纳米粒子对紫外线的散射作用，可有效增强所加入材料的抗紫外线能力，可显著提高其耐老化性；纳米 SiO_2 粒子表面配位不足，庞大的比表面积及表面欠氧等特点，使其表现出了极强的活性，加到涂料中，可大大提高涂层的拉伸强度、韧性、延展性等物理性能；纳米 $CaCO_3$ 具有空间位阻效应，可大大改善体系的触变角，显著提高涂料的附着力、耐洗刷、耐油污性，提高涂层表面光洁度[4]。

有机涂层是现阶段长输管道上使用最广、材料性能最优的涂层，是其他涂层材料无法取代的，但经过多年的发展，由于材料品种繁多、材料特性各异，在某些方面某些材料并不一定适用（表 2-1）。

表 2-1　管道常用外壁有机涂层材料的选用 [5]

类型	适合温度	适宜选择情况	不适宜选择情况
石油沥青	长期工作温度：-10 ～ 80℃；< 51℃时，可采用 10 号建筑石油沥青；≥ 51℃时，应采用管道防腐石油沥青	土壤条件适宜的管道工程	细菌腐蚀较强的地区；在水下或沼泽及芦苇等深根作物发达的地带和地形起伏较大、需冷弯的地段
煤焦油瓷漆	长期工作温度：-20 ～ 80℃	大多数土壤，特别是水下或者地下水位高、深根作物发达和细菌腐蚀较强地带	大多数土壤，特别是水下或地下水位高、深根作物发达和细菌腐蚀较强的地带以及人烟稀少的沙漠、戈壁等地区；人口稠密等环保要求较高的地段；石方段或碎石土壤、黏质土壤地段和地形起伏较大、需冷弯的地段；寒冷气候条件下施工应用
聚乙烯胶黏带	长期工作温度：-30 ～ 70℃；零星管道工程，管件	零星管道工程，管件	石方段、碎石土壤、黏质土壤地段；水下、地下水位高、土壤含水率高的地段
熔结环氧粉末	长期工作温度：-30 ～ 100℃	地形平坦、以土方为主的地段，特别适用于黏质土壤；双层熔结环氧粉末层可用于高含水和石方段	地形平坦、以土方为主的地段，特别适用于黏质土壤；双层熔结环氧粉末涂层可用于高含水或石方段；高含水或地下水位较高地段；石方段或碎石土壤环境
聚烯烃	长期工作温度：-30 ～ 100℃；≤ 50℃时，可采用常温型 PE 层；50 ～ 70℃时，可采用高温型 PE 涂层；70 ～ 110℃时，可采用 PP 防腐层	可用于各种土壤和水下地段，特别是地形起伏较大、地质状况恶劣的山地、丘陵、水网地区，腐蚀性强及管道穿越等对机械强度要求高、不易维护的特殊重要地段	可用于各种土壤和水下地段，特别是地形起伏较大、地质状况恶劣的山地、丘陵、水网地区，腐蚀性强及管道穿越等对机械强度要求高、不易维护的特殊重要地段

注：上表虽然是旧规范标准所规定的材料选用，但完全适用于现今管道涂层的选用。具体内容也可以参阅现行相应材料的规范标准。

d. 化学转化膜涂层。它是由金属经过化学方法、电化学方法处理后得到的一种保护膜。如磷化处理、发蓝处理、阳极化处理等，形成的膜有铬酸盐膜、磷酸盐膜等。在管道涂层涂装工艺中，化学转化膜不能单独作为涂层对钢管进行防护，只作为管道涂装前处理的一个工序，以增强涂层与钢管基体的黏结力，要保护管道还需要添加其他类型涂层。

④ 按照涂料形态分类：液态涂料涂层、粉末类涂层、胶带涂层和热熔涂层。

a.液态涂料涂层。涂料以液态存在，例如环氧煤沥青、环氧树脂涂料、聚脲涂料、环氧陶瓷涂料、聚氨酯（PU）涂料等。采用气力涂装或高压无气喷涂方式成膜，常温或低于高温固化。

液态涂料应该是今后管道涂层成膜材料的主要发展方向：首先容易成膜，采用高压无气喷涂方式，常温或低温固化；其次环保，现阶段已经开发出无溶剂涂料，不存在溶剂挥发污染环境、造成人身伤害等风险；再次，节省材料，液态树脂涂料成型的涂层厚度均小于1.5mm（包含加强级防腐涂层）；最后，最重要的一点，易于补口、补伤，这是其他涂层所不具备的优势。并且现阶段也采用液态方式进行补口，例如聚氨酯（PU）涂料[6]为双组分厚浆型涂料（不含任何挥发性溶剂），低温（0℃）快速固化，成膜厚度可以达到1.2mm，最高使用温度达到109℃，可以满足大部分地质状况、输送条件和防腐蚀环境要求，硬度达到HS（D）80～86，具备优异的耐划、抗拉、耐磨和韧性，抗阴极剥离，对阴极保护完全没有屏蔽作用。但现有液态涂料成型的涂层普遍存在质地软、不耐冲击、吸水率较高等缺点，这是液态涂料需要解决的问题。

b.粉末类涂层。成型前以粉末状存在，如环氧粉末、聚乙烯粉末等，采用高温固化，固化后涂层致密，保护性能好。

欧美长输管道（输油、气）以环氧树脂粉末涂层占主导地位。国内的涂塑管行业（输水）以环氧树脂粉末为内涂层、聚乙烯粉末为外涂层的管道占主导地位。

c.胶带涂层。有聚烯烃防腐胶带等，由外部基材层和底部胶层组成，基材层为聚烯烃膜，有很好的机械强度，胶层为丁基橡胶等，黏结密封性能好。可以在常温下进行施工，形成连续的搭接缠绕层。按其作用可分为防腐带（内带）、保护带（外带）、补口带。根据防腐层等级要求分为普通级、加强级和特加强级。

d.热熔涂层。有热熔沥青复合玻璃丝布涂层，加热沥青，淋涂在钢管表面并缠绕玻璃丝布。聚乙烯热挤出缠绕涂层，例如在中国、俄罗斯、印度等长输管道（输油、气）中占主导地位的三层聚烯烃复合涂层，就是在防腐层（FBE）外热挤出聚烯烃带进行缠绕。

⑤ 按照功能进行分类：防腐涂层、防护涂层、保温涂层、配重涂层和内涂层。

a.防腐涂层。是管道涂层所具备的基本功能，例如石油沥青涂层、环氧煤沥青涂层、聚乙烯冷带涂层、熔结环氧涂层、液态环氧涂层、液态聚氨酯涂层。

b.防护涂层。本质上同样起防腐作用，其目的是更好地减少外界环境对管道覆盖层的影响，例如三层聚烯烃的外防护聚烯烃，保温管道的外层聚烯烃层，双层熔结环氧的外部环氧涂层，就是防止尖锐石砾冲击和植物根系穿透。

c.保温涂层。集中供热水（蒸汽）管道、集中供冷管道、低温原油输送管道、海底输油管道等，为防止热量损耗过大，或受外界低温影响（保温），或受到热辐射影响（保冷），需要在防腐层外加保温层，保证所输送介质的温降保持在一个合理的范围内（冷热介质），或确保流体能够顺利输送，防止冷凝（原油输送）。

d. 配重涂层。海洋管道，不但要阻止海水腐蚀，还需要钢管有一定的承重力，并在受到海水冲击时稳定地敷设在海底，防止深海中钢管漂动和受到海水压力作用时而压扁管道，所以必须采用配重层。

e. 内涂层。管内输送的天然气含有 H_2O、H_2S 和 CO_2，易导致电化学或应力腐蚀；输送的原油含有硫化物、环烷酸、碱金属盐和水等物质，会产生化学或电化学腐蚀；成品油含有 O_2 和 H_2O；输水用的钢管，会产生电化学腐蚀等。因为输送的流体具备使管内产生腐蚀的条件，所以钢管内输送介质时需要涂装涂层。此外，内涂层还具备减阻作用。内涂层有液态环氧涂层、熔结环氧树脂涂层、水泥砂浆涂层、玻璃钢衬里、内翻软管、聚乙烯衬里等。

2.3　影响涂层选择的因素

管道涂层的关键性影响因素：经济性、安全性以及环境因素，其中经济性因素为主要因素，但受到其他两大因素的制约。长输管道已经成为介质输送的重要途径，是其他任何方式无法取代的。国内外已经建设了上百万公里的长输管道，采用的防腐蚀涂层类型各式各样，有成功案例也有失败案例，有长期运行良好的管道也有短期即出现问题的管道。随着管道建设里程的不断增加，各种失败案例不断出现，在管道建设、管道运行、涂层选择、涂装工艺改进、联合防腐等方面积累了相当多的建设和使用经验，并且管道防腐涂料类型、涂层的种类、涂装工艺等选择余地也越来越大，由此总结出一些直接影响管道涂层选择的因素，具体如下 [7]。

2.3.1　环境因素

管道通过区域的环境直接影响了管道涂层的选择。

（1）土壤特性

长输管道建设中，超过 95% 的陆地管道以直埋方式为主。管道直接埋入土壤中，不再采用管沟方式进行敷设，管道涂层直接接触的环境为其周围的土壤，土壤的性质、岩性以及石方段、砾石方段回填细土的充裕程度等均影响管道涂层的使用寿命。

钢管性柔、壁薄，对于地质状况尤其敏感，管道涂层直接接触不同的土壤，因此土壤缺陷或其受外界变化引起的地质灾害会直接影响到管道涂层及其自身的稳定、长期运行。地质灾害形成的基本条件：地形、地层岩性、地质构造、切割密度等，为主要因素；诱导因素包括降雨强度、地震强度、侵蚀强度等，起到辅助作用，加速了地质灾害的发生。不良土壤的类型主要有：软黏土、杂填土、冲填土、膨胀土、红黏土、泥炭质土、岩溶、湿陷性黄土等。其中，湿陷性黄土地区在我国土地面积中占相当大的比例[8]。

① 湿陷性黄土。由于湿陷性黄土的特性，在此地区管道发生事故的主要原因是地基塌陷、振动、失稳或不均匀沉降。主要影响到钢管涂层以及钢管自身。

湿陷性黄土代表了松软、塌陷、易受外界影响的土质状况，没有完全匹配的管道涂层可以消除上述地质灾害所引起的损坏和失效，需要在管道建设期按照最严要求进行地基处理，加强地基稳定性来消除地质灾害所引发的管道破坏，对于此类土质状况钢管可以采用熔结环氧涂层、三层聚烯烃复合涂层等。

② 岩性土。岩性土是指在一定的环境条件下，由于某些岩石的性质对土壤形成起了很大的延缓作用，使土壤仍然较多地保持着岩石的某种特性，与环境条件不完全协调的一些土壤[7]。

岩性土对管道防腐层影响最大，土壤中所含的尖锐、有棱角的岩砾、砂石等，会在外界自然条件变换时，如雨水冲刷、重载荷作用、地质偏移等，直接作用于管道外防腐层，防腐层在冲击、挤压过程中发生破损、减薄，造成化学介质侵蚀或渗透等，引起防腐层剥离和管本体腐蚀。

对于抗冲击地段，需要选用的防腐层要具备强的抗冲击性，抗穿透性，例如双层熔结环氧涂层、三层聚烯烃复合涂层。一般土壤则可以选用单层熔结环氧涂层等。

③ 地下水位。不同涂层具有不同的吸水率，涂层长时间受水的浸泡，水分子会通过涂层材料的微小空隙侵蚀到管本体，引起涂层剥落和钢管腐蚀。相关实验表明[9]，普通熔结环氧涂层，在水中浸泡 1 年以后，其绝缘电阻值明显下降，说明其抗溶液渗透能力逐渐变差，涂层的吸水率逐渐放大。地下水位的高低影响到管道涂层的选择，管道常年浸泡在水中，应尽量避免选择吸水率高的涂层，如石油沥青、单层熔结环氧涂层、液态涂料涂层（聚脲、液态环氧等）等，建议选用双层熔结环氧涂层、三层聚烯烃复合涂层；高于水位敷设的管道可以选用常规材料进行管道防腐层涂装，例如单层环氧涂层等。

④ 土壤电阻率。土壤电阻率决定了防腐层结构的选择，电化学腐蚀性主要依据土壤电阻率分级，土壤电阻率的影响因子有[10-11]：土壤性质，含水量，温度，含盐量，土壤的紧密程度等。因此不同土壤和水的电阻率不同（表 2-2）。一般应根据土壤电阻率分级（表 2-3）大小来确定防腐层的等级。

表 2-3 只是旧标准针对土壤电阻率的一般分级。实际土壤腐蚀性分级是土壤电阻率、土壤含盐量、土壤含水量、pH 值、Cl⁻ 含量、土壤质地、自然腐蚀电位、氧化还原电位等各项指标的综合值，具体可以参阅《金属和合金的腐蚀　土壤环境腐蚀性分类》（GB/T 39637—2020）。

表 2-2　土壤和水的电阻率表[12]

类别	名称	电阻率近似值 / （Ω·m）	不同情况下电阻率变化范围 /（Ω·m）		
			较湿（一般地区、多雨区）	较干（少雨区、沙漠区）	地下水含盐、碱
土	陶黏土	10	5 ～ 20	10 ～ 100	3 ～ 10
	泥炭、泥灰岩、沼泽地	20	10 ～ 30	50 ～ 300	3 ～ 30
	捣碎的木炭	40	—	—	—
	黑土、田园土、陶土、白垩土	50	30 ～ 100	50 ～ 300	10 ～ 30
	黏土	60	30 ～ 100	30 ～ 300	10 ～ 30
	沙质黏土	100	30 ～ 300	80 ～ 1000	10 ～ 30
	黄土	200	100 ～ 200	250	30
	含沙黏土、沙土	300	100 ～ 1000	＞ 1000	30 ～ 100
	河滩中的沙	—	300	—	—
	煤	—	350	—	—
	多石土壤	400	—	—	—
	表层上岩石，下层砾石	500（30% 湿度）	—	—	—
	上层红色风化黏土，下层红色质岩	600（15% 湿度）	—	—	—
	海水地区土壤	0.01 ～ 1	—	—	—
沙	沙、沙砾	1000	250 ～ 1000	1000 ～ 2500	—
	砂层深度大于 10m，地下水位深度草原	1000	—	—	—
	地面黏土深度大于 1.5m，地层多岩石	1000	—	—	—
岩石	砾石、碎石	5000	—	—	—
	多岩山石	4000	—	—	—
	花岗岩	200000	—	—	—
混凝土	在水中	40 ～ 55	—	—	—
	在湿土中	100 ～ 200	—	—	—
	在干土中	500 ～ 1300	—	—	—
	在干燥的大气中	12000 ～ 18000	—	—	—
矿	金属矿石	0.01 ～ 1	—	—	—
水	海水	1 ～ 5	—	—	—
	湖水、池水	30	—	—	—
	泥水	15 ～ 20	—	—	—
	泉水	40 ～ 50	—	—	—
	地下水	20 ～ 70	—	—	—
	溪水	50 ～ 100	—	—	—
	河水	30 ～ 280	—	—	—

表 2-3　一般地区土壤腐蚀性分级标准 [13]

等级	强	中	弱
土壤电阻率/(Ω·m)	< 20	20 ～ 50	> 50

文献 [7] 按照以下土壤电阻率分级选择防腐层等级（表 2-4），笔者未从其他文献中查询出相关数据，在这里列举，只作探讨，不作为采纳依据。

表 2-4　防腐层等级选择

序号	土壤电阻率/(Ω·m)	防腐层等级
1	> 20	普通级
2	> 5 且 ≤ 20	加强级
3	≤ 5	特加强级

⑤ 土壤化学性质。土壤的化学性质决定着土壤的酸、碱、盐度大小。土壤酸、碱性，以 pH 值作为标记，在埋地管道建设的土壤类型中，土壤的 pH 值各不相同，例如有 pH 值为 8.7 的灰钙土，pH 值为 5.4 的砖红壤等，土壤中的酸、碱性和盐分含量对涂层性能会产生极大的影响，含盐量越高，土壤导电能力越强。相关实验室根据环氧底漆涂层在盐水中的浸泡实验 [14] 得出：在 3.5% NaCl 溶液的连续浸泡下，环氧底漆涂层试样的涂层电阻持续下降，而涂层电容明显持续增大，涂层的孔隙率和吸水体积百分数均逐渐增加。随着浸泡时间的延长，环氧底漆涂层表面孔洞增加，涂层保护作用减弱；涂层内氧元素含量逐渐增加，碳元素含量逐渐减小；涂层内有羟基生成和 C—O 键的断裂发生。当长时间浸泡后，环氧底漆涂层出现明显鼓泡现象，腐蚀介质渗入。涂层渗透率在盐作用下增大后，碱性、酸性电解液浸入钢管本体，引起钢管的化学腐蚀。化学腐蚀性根据酸碱性分级，酸性介质引起析氢腐蚀，碱性介质造成吸氧腐蚀。所以应根据土壤中化学介质的种类及其含量来选择涂层，因为不同涂层耐化学介质的能力不同。

（2）植物根系因素

20 世纪 80 年代初期我国就开始关注管道防腐层的根系破坏问题，并发现多起事故。例如 1976 年投产的大港 - 沧州管道，发现多处芦苇根系刺透防腐层（石油沥青）现象 [15]。20 世纪 70 年代建设的秦京输油管道迁安 - 宝坻段，该段腐蚀点超过其他地段腐蚀点总和的 2 倍。结果分析表明，此严重腐蚀系芦苇根系穿透沥青防腐层所致 [16]。此外，防腐层是否受到根系破坏或受根系破坏的程度，与植物种类和生长情况、防腐层类型、植物与管道距离及管道埋深等均有关系，不可一概而论。如 10 年生黄角，树与管道距离达 4.5m 之远，仍会产生压痕。15 年生花椒树尽管与管道距离只有 1.5m，但对管道防腐层基本无影响。红柳、梭梭、膜果麻黄等沙漠植物在新疆、甘肃、内蒙古等西部沙漠地区广泛分布，其根系发达，大部分主根深达 2m 以上，最深者可进入 4 ～ 5m 以下的地下水层。沙漠下的红柳，根扎得更深，其最深、最长可超过 30m[17]，这类植物对于钢管涂层的影响尤为严重。国内外报道的植物根系对防腐层的破坏多见于石油沥青涂层，而熔结环氧涂层和三层聚烯烃涂层未见报道。对于一些常规涂层，虽然埋设初期能够抵抗植物根系的刺透，但在长期运行过程中受外界环境变化，如吸水率增大或被生物降解等，极易被植物根系刺透。所以在上述区域优先推荐的管道涂层为三层聚烯烃涂层，或在管道建设时尽量避开上述区域。

（3）建设期间环境温度因素

长输管道的建设周期比较长，管道在下沟敷设前，已经完成涂层的钢管在施工现场环境中会堆放很长时间，这期间受到太阳照射、温度变化等，会对气温比较敏感的涂层产生较大影响。气温高有可能导致材料软化，甚至流淌；气温低有可能使涂层脆化或开裂，都将导致涂层失效。对于早晚温差大或施工期跨越几个季节的情况，不应使用对气温比较敏感的涂层，如石油沥青等。在国内外大型管道建设工程中，已经绝少采用石油沥青等这类受温度变化影响比较明显的涂层。

温度冲击也是建设期间涂层破坏的主要因素之一，例如 2009 年的漠大管道，采用的涂层是钢管涂装三层聚乙烯涂层外加保温涂层和聚乙烯防护壳，在建设期间，发生多根管道的聚乙烯外护壳和聚氨酯层破裂。发生此类情况的主要原因之一就是涂层受到了温度的冲击：现场早晚温差超过 20℃，尤其太阳直射的管面和阴影中的管面温差有可能超过 40℃，温度冲击直接造成涂层开裂，所以需要选用更耐温度冲击的涂层材料。

（4）大气环境因素

钢管建设有时会地面运行或架空，直接受大气环境的影响，如紫外线、温度、湿度、大气所含的化学介质以及风、雨等自然条件。大气环境的腐蚀性主要从温度、湿度和腐蚀介质三个方面进行定性，大气腐蚀性分级见表 2-5，并且针对碳钢所采用的不同防护体系在表 2-6 中进行了列举，对于大气管道的涂层涂装提供了一定的参考依据。

表 2-5 大气腐蚀性分级 [18]

腐蚀性等级	腐蚀性	典型环境
C1	很低	干旱寒冷地区、极低的污染和湿润时间短的大气环境，如特定的沙漠、北极、南极
C2	低	温带、低污染浓度（$SO_2 \leq 5\mu g/m^3$）的大气环境，如乡村、小镇。干旱寒冷地区，润湿时间短的大气环境，如沙漠、亚北地区
C3	中	温带、低污染浓度（$5\mu g/m^3 \leq SO_2 \leq 30\mu g/m^3$）或低盐度的大气环境，如城市、低盐度海滨区域、亚热带和热带地区、低污染的大气环境
C4	高	温带、高污染浓度（$30\mu g/m^3 \leq SO_2 \leq 90\mu g/m^3$）或高盐度的大气环境，如污染较重的城市、工业区、中度盐度海滨地区或暴露于除冰盐的区域。亚热带、热带地区，中度污染的大气环境

续表

腐蚀性等级	腐蚀性	典型环境
C5	很高	温带和亚热带、极高污染浓度（$90\mu g/m^3 \leqslant SO_2 \leqslant 250\mu g/m^3$）或极高盐度的大气环境，如工业区、海滨地区、沿海遮蔽处
CX	极端	亚热带和热带（非常长的湿润时间），极高污染浓度（$SO_2 \geqslant 250\mu g/m^3$）和极高盐度的大气环境，如极端工业区、海滨和近海地区，偶尔接触盐雾

注：此表腐蚀等级选自规范 ISO 9223-2012 Corrosion of metals and alloys — Corrosivity of atmospheres -Classification, determination and estimation（金属与合金的腐蚀大气腐蚀性分类、测定和评估）。

表 2-6 不同腐蚀性环境中低合金碳钢的涂装系统 [19]

底层				面层			耐久性											
							C2			C3			C4			C5		
漆基	类型	道数	干膜厚度/μm	漆基	道数	干膜厚度/μm	L	M	H	L	M	H	L	M	H	L	M	H
AK, AY	Misc.	1~2	100	—	1~2	100	√	√										
EP, PUR, ESI	Zn(R)	1	60	—	1	60	√	√	√	√	√							
AK	Misc.	1~2	80	AK	2~3	120	√	√		√								
AK	Misc.	1~2	80	AK	2~4	160	√	√	√	√	√							
EP	Misc.	1	160	AY	2	200	√	√	√	√	√		√					
EP, PUR, ESI	Zn(R)	1	60	AY, CR, PVC	2~3	160	√	√	√	√	√		√					
EP, PUR	Misc.	1~2	120	AY, CR, PVC	3~4	200	√	√	√	√	√					√		
EP, PUR, ESI	Zn(R)	1	60	AY, CR, PVC	2~4	200	√	√	√	√	√	√	√					
EP, PUR, ESI	Zn(R)	1	60	AY, CR, PVC	4~5	320	√	√	√	√	√	√	√	√	√	√	√	√
EP	Misc.	1~2	80	EP, PUR	2~3	120	√	√		√								
EP, PUR, ESI	Zn(R)	1	60	EP, PUR	2~3	160	√	√	√	√	√	√	√					
EP, PUR, ESI	Zn(R)	1	60	EP, PUR	3~4	240	√	√	√	√	√	√	√	√				

注：① AK 为醇酸；CR 为氯化橡胶；AY 为丙烯酸；PVC 为氯化乙烯聚合物类；EP 为环氧；ESI 为硅酸乙酯；PUR 为聚氨酯。② Zn（R）为富锌底漆；Misc. 为采用其他防锈颜料的底漆。③ L 表示低（2～5a）；M 表示中（5～15a）；H 表示高（15a 以上）。

大气环境中管道有机涂层的光老化是涂层失效最为普遍的一种原因，涂层使用一段时间后会出现失光、褪色、开裂、粉化等状态，聚合物的光氧化降解，太阳紫外线起决定性作用。分子吸收光能得到激发，从而由基态变为激发态，激发态的分子具有足够的能量，能实现化学反应。一般当高分子链吸收的能量大于键的离解能时，就会发生分子链断裂。表 2-7 列举了几种耐候涂料，仅供参考[20]。

表 2-7　几种耐候性涂料

序号	涂料	优点	缺点	备注	其他
1	有机硅改性醇酸涂料	常温固化，耐力学性能、耐热、耐紫外线、耐水	—	—	—
2	丙烯酸树脂面漆	高耐候性，耐黄变性能远远高于环氧漆和醇酸漆	热塑性涂料，适合温度较低的环境	具有脆性，需加入氯化石蜡作为增塑剂	—
3	丙烯酸聚氨酯涂料	很好的硬度、柔韧性、耐腐蚀性，突出的耐候性，漆膜光亮丰满，干燥性好	—	是目前工业防腐涂装体系中的首选面漆	—
4	溶剂型氟碳面漆	性能优于丙烯酸聚氨酯面漆	价格较贵	主要用于高耐候要求和不便维护的场合	所用涂装体系为：无机富锌底漆＋环氧底漆＋氟碳中间漆＋氟碳面漆
5	聚硅氧烷涂料	不受大气中的氧气和大多数氧化性物质的影响	价格非常高	目前耐候性最好的面漆	—

管道在大气环境下采用有机涂层，只能通过改变其分子结构、添加助剂、选用多层体系降低紫外线的侵蚀，但并不能完全消除。所以选用其他材料涂层（如无机涂层等）才有可能完全屏蔽紫外线的光老化作用。

（5）海洋环境因素

海里运行的海洋管道，受到海水冲刷、海水中所含的化学介质酸碱浓度、海底土壤性质影响等。

海水的平均盐度为 3.5%，加上其他一些杂质和 Na^+、Mg^{2+}、Ca^{2+} 等金属离子与 Cl^-、S^{2-} 等非金属离子的存在，海水本身就是一种较强的电解质，只要有适当的电极存在，就会形成化学电池，使钢铁等材料受到电化学作用而腐蚀，而且海水中的各种介质也会与钢铁基体等直接作用形成化学腐蚀[21]。并且海洋里钢铁构件还会受到海水冲刷、深海中海水压力、海洋浮游生物等的作用。因此海洋管道外涂装防护体系一般不同于土壤埋设管道。目前海洋管道多采用三层聚烯烃外加配重体系，三层聚烯烃复合保温外加配重体系，多层粉末（一般为三层）涂装聚烯烃体系（HPCC）外加配重（或保温层、配重层），多层（五层或七层）聚丙烯涂层体系等。

2.3.2 材料性能因素

总结几十年管道建设的经验，管道腐蚀控制就是把使用良好的涂层与阴极保护相结合作为基本防护。良好的涂层可以对钢管的腐蚀防护起到99%的作用，剩余的1%可以由阴极保护来完成，可以看到涂层保护对于管道防腐是何等的重要。涂层一般直接与外界环境、腐蚀介质、多样性腐蚀环境接触，所以涂层防护中，材料性能占据第一位。因为只有优良的材料性能才能屏蔽腐蚀介质的侵蚀，防止外界敷设物的冲击等，这里包含了材料的化学性能、物理性能等多个方面，一般通过如下几点进行描述[22-23]。

① 化学稳定性。涂层在化学因素作用下保持原有物理化学性能的能力称之为化学稳定性，涂层材料最重要的特性就是化学稳定性。管道涂层的整体性决定了管道受到腐蚀介质侵蚀后的防护能力。管道涂层接触的环境中有水、酸、碱、盐以及其他化学介质，在这类或弱或强的腐蚀环境中，如果管道材料在使用过程中，能够不因所处环境的影响而发生改变（如吸水率降低、老化、粉化、变性、变软等），才能保证管道涂层自身不发生破损，确保涂层的整体性。

② 黏结强度。涂层起到防腐蚀作用最重要的一点是其黏结强度，只有与钢管本体表面牢固黏结，才能达到涂层材料所必须具备的防护性能。否则电解液、水等腐蚀介质极易在涂层与钢管基体表面间随意穿行，引起层下腐蚀，而且在外加阴极保护时容易造成阴极屏蔽。并且当涂层与钢管基体表面黏结力降低时，涂层不能承受相对土壤运动时造成滑移的运行应力和土壤应力，会引起涂层损坏并最终造成管道的腐蚀。

③ 抗冲击性能。完成后的管道涂层在堆垛、转运、短（长）途运输、二次搬运、吊装等过程中不可避免地会对涂层造成冲击，操作不当还会造成涂层的机械等外力损伤。管道在敷设过程中，回填土、石块也会冲击损坏涂层。管道在运行过程中，涂层也会受到岩性土中的石砾等的挤压，或植物根系的挤刺等，这时涂层抗冲击能力尤为重要。对于热固性涂层，其抗冲击的能力小于热塑性涂层。不同涂层抗冲击能力相差很大，对于一般土壤，抗冲击性能最低应大于5.0J，石方或碎石抗冲击性能最低应大于17J[7]。

④ 抗弯曲性能。管道在吊装、下沟前摆放、下沟、铺设、焊接及运行等过程中，不可避免地会产生弯曲，附着在管壁的涂层随动产生弯曲，而这种弯曲会引起涂层在弯弧上部的拉升和下部的挤压，这就要求涂层能够经得起这种拉升延展和挤压皱缩，并且某些弯管涂层的成型是直管涂装涂层后进行冷弯的，要求涂层的拉升延展和挤压皱缩性能更好，所以涂层弯曲性能的好坏产生的影响贯穿于涂

层涂装、施工、运行整个过程，因此要求在弯曲状态下涂层不得撕裂或脱落。

⑤ 耐阴极剥离。多个文献中提到，管道运行若要得到完整的防腐蚀保护，必须采用涂装涂层后外加阴极保护，这就要求所涂装的涂层必须与阴极保护兼容。阴极保护所需的电流量与涂层的质量和完整性有直接关系。并且阴极保护所需的电流量与涂层的类型存在对应关系（表 2-8）。

表 2-8　不同防护涂层最小保护电流密度[24]

保护层类型	不同使用期限要求的最小保护电流密度 /（mA·m²）		
	5a	5～15a	15～30a
石油沥青 /6mm	0.040	0.100	0.200
丁基橡胶胶带	0.040	0.100	0.200
石油沥青玛蹄脂	0.040	0.100	0.200
熔结环氧粉末 /0.3mm	0.010	0.020	0.050
液态环氧涂层	0.010	0.020	0.050
环氧煤焦油	0.010	0.020	0.050
聚乙烯 /2.0mm	0.002	0.005	0.010
聚丙烯 /2.0mm	0.002	0.005	0.010

阴极剥离，管道涂层在涂装过程中，不可避免地会出现漏点，并且在运输、铺设或运行等过程中，也会损坏防腐层，造成破损，埋地后由于电解质溶液和外加阴极保护电位作用会使防腐层破损处产生新的漏点或在漏点处产生电解液渗透从而扩大破损，所有类型的防腐层在一定程度上都会产生剥离。所以剥离与扩散现象有关，扩散主要是渗透扩散和阴极保护产生的扩散，扩散的最终结果会使防腐层溶胀或鼓泡，最后剥离甚至脱落。

例如，长输管道最初采用的石油沥青防腐层，吸水率相对较高，在高水位环境中使用时，涂层电阻就会因为吸水而下降，阴极保护电流密度增大，扩散引起涂层剥离的可能性增大，同时，由于最初的表面处理工艺所限，钢管表面的氧化皮清除不彻底，而氧化皮的电极电位比钢管高，防腐层损伤处的钢管表面成为电化学腐蚀的阳极，生成体积更大的铁锈，加剧涂层的剥离，失去防腐作用。

⑥ 电绝缘性能。钢管腐蚀绝大多数是一个电化学过程，管道涂层通过隔离金属管道与其周围环境之间腐蚀电流的流动而起到防腐作用。因此，涂层应能够维持恒定的电绝缘性，否则会影响管道阴极保护系统的正常运行。

埋地钢质管道的腐蚀属于电化学腐蚀，环境中的电解质离子只有通过防腐涂层到达金属表面构成电流的循环回路才能引起腐蚀，因此涂层的电绝缘性非常重要，石油沥青涂层、聚乙烯胶黏带防腐和硬质聚氨酯泡沫塑料防腐层的绝缘电阻和耐击穿电压均非常高，这些防腐层均能满足油气集输管道对涂层电绝缘性能的要求。

埋地管道外防腐层的绝缘性电阻一般应不小于 $10000\Omega \cdot m^2$。表 2-9 给出了不同防腐层的最小绝缘电阻。

表 2-9　不同涂层类型对应最小电阻值[25]

覆盖层类型	最小电阻值 /（$\Omega \cdot m^2$）
石油沥青、煤焦油瓷漆	10000
塑料覆盖层	50000
环氧粉末	50000
三层复合结构	100000
环氧煤沥青	5000

⑦ 硬度与耐磨性。管道防腐完成后，在储存、搬运、布管、吊装下沟等过程中，涂层与周围环境（例如坚硬石块等）有很多接触，并在管道施工过程中，不可避免地对管道产生拖拉。因此，涂层必须有抵抗动载荷能力，即管道涂层要有一定的硬度和耐磨性。

⑧ 抗形变能力。反映涂层抗静载荷的能力，管道本身存在自重，同时回填土对管道也有压力。一般情况下，管道自重和回填土引起的涂层变形不得大于涂层厚度的 10%。

⑨ 耐温性。管道涂层耐温性能应与建设期间自然环境温度、管道运行温度相匹配。

涂层耐温性分为耐热性和耐低温性，它是确定输送介质温度界限的主要参数，耐热性确保在使用温度下不变形、不流淌、不加快老化速度，与软化点有关。而耐低温性确保其在低温下堆放、拉运和施工中不产生裂纹、不脱落。

石油沥青防腐层耐高温性能较差，管道输送介质温度不超过 80℃。聚乙烯胶黏带防腐层耐热性一定程度上取决于底胶的耐热性，若底胶的耐温性差，黏结性能也差，其上限与石油沥青防腐层相当。硬质聚氨酯泡沫塑料防腐层的泡沫塑料作为一种很好的保温材料，也具有良好的耐高温性能。高分子材料在较高的温度下易断链，例如加热输送的管道在距热泵站出口处较近地段的防腐层老化速度加快。

⑩ 吸水率。一般来说，涂层吸水率越低，越有利于维持涂层的完好性，吸水率高的涂层在地下水丰富的区段，由于吸水过多，可能导致涂层开裂，而影响涂层的完好性。

水解老化，埋地输油管道服役一定年限后，防腐层逐渐趋于老化，与钢管的黏结性、柔韧性、电绝缘性等性能指标逐渐下降。其主要原因有：防腐层与氧化性介质接触时发生氧化反应；埋地管道的防腐层长期处于潮湿的环境中，其大分子降解时发生水解反应。

⑪ 抗老化性能。在管道运行环境中，因受到环境因素的影响，涂层质地逐步下降的过程称为涂层老化，腐蚀介质的渗透是涂层老化的主要原因。

涂层老化过程中就是其化学稳定性丧失和物理性质衰变的过程。缺陷的存在将加快涂层的老化，老化的涂层更容易产生新的缺陷。

⑫ 抗微生物性能。土壤中存在各种各样的微生物，微生物会不同程度地对各种物质产生腐蚀和降解，尤其在海洋环境中。

⑬ 抗土壤应力。抗土壤应力差的涂层管道埋设在干湿交替的黏性土中时，受到土坡应力会引起变形和损坏，管道周围的黏土由于吸水而膨胀，失水干燥而收缩，黏结性很强的黏土在收缩、膨胀期间涂层会产生很大的牵引力，抗牵引力差的涂层（剪切强度差）将会发皱或脱落。

⑭ 耐植物根系穿透性。我国土地资源非常宝贵，为充分利用土地，在管道敷设带上，不禁止土地耕作或草场恢复，因此在这些场景下敷设的管道涂层必须具备良好的耐植物根系穿透性能。

⑮ 抗冲刷性能。对于水底裸管穿越，或者由于河流对河床的冲刷作用，导致穿越段管道裸露在河流中时产生冲刷腐蚀。当流速较低时，腐蚀性产物积聚在管道表面，形成蚀坑，导致穿孔发生；当流速较高时，由于腐蚀产物及时剥离，蚀坑反而难以形成，但是此时冲刷和腐蚀存在明显的协同加强作用，一方面加速管道的腐蚀性反应物进入管道壁，另一方面加速管道壁的腐蚀产物向原油中扩散。

⑯ 易于修复。管道涂层在涂覆、存储、运输、布管、焊接等过程中，不可避免地存在机械损伤，需进行涂层修复。因此，管道涂层应具有易于修复的特性。

⑰ 对环境、人体无毒害作用。由于环境和健康原因，某些材料已经被要求改进、限制甚至禁止使用。例如煤焦油瓷漆含有苯丙芘等致癌物质，环氧煤沥青涂料中含有蒽等光感物质，极易造成身体伤害，所以此类材料应该列入禁用行列。石棉带和某些涂料所含的苯、二甲苯等挥发性溶剂被要求用玻璃丝、改性溶剂来代替，而熔结环氧粉末成分的改变可以消除致癌物质，这是目前管道涂层最大的改变。

2.3.3　建设工程因素

管道线路工程是一个涉及多种管道敷设方式的综合性工程，不同的管道敷设方式决定了在同一个工程中选择不同材料的涂层，或同种涂层材料采用不同的涂层结构。根据敷设方式一般可以划分为线路工程和穿越工程两大类。

（1）线路工程

线路工程一般分干线工程和支线工程。对于干线工程，根据工程特点、土壤电阻率、土壤岩性以及化学性质，可以选择同一种防腐材料、不同级别的涂层结构或两种及两种以上的不同涂层的组合。例如，涩-宁-兰管道工程中，选择两种不同的涂层，在施工条件差、岩石或砾石段采用3PE涂层；施工条件好，一般土壤段采用煤焦油瓷漆涂层。同时，又根据同一涂层在不同的土壤电阻率下选择使用普通级或加强级两种结构。

而单一的支线工程，如果是短距离管道，只选用一种涂层，长距离管道工程则依据具体情况确定。

但为便于涂层施工和管理，一般情况下不推荐两种以上的不同涂层的组合使用。

（2）穿越工程

穿越工程是管道工程的难点和重点。由于其特殊性，如不同穿越方式采用不同的施工方法不利于抢修，并且投资高，容易受自然灾害的影响等，对管道的施工、使用寿命和安全平稳运营有极大的影响。因此穿越管道涂层选择十分重要。

① 穿越工程都存在可维护性能差的特点，许多穿越方式要求免维护，如定向钻穿越、施工完成后充水的隧道穿越等，要求涂层在整个管道使用寿命内具有完好的防腐性能。

② 特殊施工方法可能对涂层造成破坏，影响涂层的使用效果。如定向钻穿越管道回拖时可能造成涂层损伤，因此应选择耐磨性、抗冲击性、抗穿透性比较好的防腐材料。

2.3.4 输送介质因素

一般情况下，除介质温度外管道输送介质的特性对管道外涂层的选择不起决定性影响。但是介质温度、介质特性对管道内壁涂层涂装具有决定作用。

① 介质温度。不同介质由于其物性不同，在管道运输过程中输送温度有很大差别，如高黏度原油热输送、天然气管道压气站下游管道高温运输、液化石油气和其他化学品临界温度下低温运输等，都将直接影响涂层材料的选择和使用。高温或低温运输的管道，其涂层应根据具体的介质输送温度来选择适当的防腐材料。

② 介质特性。指的是介质中所含的杂质、化学元素、化学介质等，例如天然气输送中所含的 H_2S、SO_2 等，液体输送所含的泥沙等，均对内涂层提出了特殊要求。

此外还有介质输送的速度等，也同样影响内涂层的选择。

对于管道工程建设，管道涂层应选择技术成熟、质量标准和控制体系完整的材料。一般情况下不应在整个项目中对某种涂料进行试验性质的应用。对于新型涂料，可以在得到业主允许的情况下，在小范围内进行试用，等技术成熟后再推广使用。

2.3.5 其他因素

影响涂层选择的其他因素包括：技术熟练程度、质量控制、施工经验等。优质涂层的选择很重要，但是恰当的施工技术和质量控制也是非常重要的因素。很多管道涂层失效的主要原因是由于不良的施工或质量控制不当造成的。优质的防腐材料，不良的施工对管道防腐来说是毫无价值的，直接影响管道的使用寿命和运行维护工作量，甚至会造成极大的资源和金钱上的浪费。对油、气管道而言，可能还会存在危险。因此，管道涂层的选择必须同现有施工技术、经验等实际情况相结合，同时采用相应标准来控制施工质量，应考虑以下几点。

① 经验。研究、试验和教训成就每一种涂层的发展，是施工方、涂料制造商、设备制造商和用户紧密合作的结果。

② 声誉。由长期优良表现所赢得的一种资产，不仅是好的质量，解决问题和纠正错误也有助于建立良好的声誉。

③ 可靠性。许多因素影响涂层的施工。可靠的施工队伍、良好的维护设备和一贯稳定的工作质量是施工方所必须具备的。

④ 与防腐材料制造商规范的一致性。应满足制造商所建立的材料最低检测要求。

⑤ 现代化的施工设备。对自动化施工设备的资金投入是成功的重要组成部分，通过自动化控制，消除人为误差是改善管道涂层质量的重要因素。

⑥ 质量控制。对规范的执行情况必须定期检查，施工方在材料、施工过程和最终产品质量控制程序方面的知识是选择施工最为重要的因素。

⑦ 交通运输状况。管道运输是指管道涂层涂装完成后钢管的二次运输，一般运输方式采用汽运、火车或轮船。钢管在二次吊装、堆垛、捆扎、运输颠簸过程中，因为捆扎、隔离措施不当，涂层极易受到损伤，这不仅增加了涂层补伤的工作量，而且也影响整个管道的防腐效果。因此对于运输距离长、道路交通条件差的管道，其涂层应该选择抗冲击、抗穿透性能比较好的材料。如果现场具备条件，建议在管道区域周边合理距离范围内建设管道涂层涂装厂，就近完成涂层涂装，减少管道二次输送的距离。

对于管道工程，涂层应选择技术成熟、质量标准和控制体系完整的材料。一般情况下不应在整个项目中对某种涂料进行试验性质的应用。对于新型涂料，可以在得到业主允许的情况下，在小范围内进行试用，等技术成熟后再推广使用。

2.4　影响涂层质量的因素

根据管道输送的多项条件，选择确定管道涂层后，就需要进行涂层的涂装，而涂层的涂装质量是确保涂层长期运行的先决条件，完美的涂层才能保证管道长期运行而降低发生腐蚀泄漏的概率。影响涂层质量的因素有材料、设备、人员等多个方面。

① 材料因素。通过管道运行的外部环境、工况条件以及所输介质，选择利于

上述条件的材料。原材料要求纯净，防止材料交叉污染，影响涂层的外观质量，甚至内在缺陷；原材料要求干燥，防止材料吸水造成结块等；原材料的储运方式要合理。对于粉料，按照标准进行粒度选择，防止粉末飘散污染管表面；对于塑性颗粒料，粒度要求一致，防止颗粒料塑化后影响涂层。谨慎换料，不同批次、不同厂家的原料其性能可能不同，进场后必须经过检验合格后方可使用。减少或禁止使用再生料，避免涂层缺陷的产生。

② 设备因素。管道涂层涂装设备一般由几十或上百台单元设备组成，包含前处理设备：除油系统、预热系统、除锈系统、除尘装置、加热装置、涂覆装置等。在满足涂装工艺的前提下，涂装设备需要完善的设计、精确的加工以及质量可靠的传动、控制系统。管道涂装单台设备需要满足稳定运行，还要考虑与成套设备的匹配性等。

③ 人为因素。工人的熟练程度、自身素质、学习能力等决定了涂层的涂装质量。例如，人工直接干预的管道预处理，包括电器功率的设定、加热、供气、供砂、冷却水温度等，以及受人为因素影响的设备定期检验维护、产品最终质量检验等。

④ 形式检验因素。进厂钢管的检验、原材料进厂的检查验收以及存放、表面前处理中合理的丸砂配比、表面预处理的检验检测、涂层涂装在线监测、涂层最终质量检测等，要求定批次、定班次、定数量。以确保涂层的最终质量，防止涂层的内在缺陷。

因此需要建立一个严格的质量管理体系：进厂原材料严格检验制度；文件的编制，包括质量手册、程序文件、质量计划、作业指导书、质量记录表、设备运行详细参数记录表等；定期进行人员素质的继续教育和培训，明确与质量有关人员的职责、权限和相互关系；生产过程以及成品管道严格检验制度；定期设备维护和保养制度；出厂产品的跟踪调查制度；质量管理体系须持续改进，预防不合格产品。

2.5 地下管道涂层的选择

选用涂层时需要考虑管道经过的土壤条件、运行条件、涂层施工作业条件、涂层的造价和运行维护费用等，需对涂层的各方面情况进行综合考虑[26]。

① 根据涂层所处的环境及运行工况进行选择。如沼泽、水网地带，选择煤焦油瓷漆、3PE 等有良好憎水性、抗水性的涂层；热输管道，则选择 FBE 等有较强耐温性的涂层。

② 根据涂层施工作业条件进行选择。如山地施工，防腐层容易受到磕碰，管道防腐层宜选用抗冲击损伤的 3PE 涂层；戈壁地段宜选用抗碴伤能力强的 FBE 涂层。

③ 根据经济性进行选择。选择涂层时，不仅要考虑涂层材料的价格，还要考虑施工费用；不但要考虑涂层的一次性投资，还要考虑运行维护费用；涂层费用还应和涂层寿命结合考虑。长寿命涂层造价高，所以涂层寿命不是越长越好，而应采用适当寿命的涂层以最大限度地节省费用。

④ 根据涂层的应用实例进行选择。这一点往往被忽略，涂层的品种很多，同一品种还有很多型号，生产厂也很多，实验室测试数据还不能完全确定涂层在实际运行中的表现以及涂层的寿命；涂层的应用实例对涂层的选择很重要，应当选择实际运行时间长且性能良好的涂层材料。

2.6　涂层涂装装备选用原则

长输管道建设包含钢管等主材的选择、涂层材料的选择、涂层涂覆、管道运输、焊接、铺管施工、阴极保护、穿越、补口等各个环节。虽然涂层涂覆装备及其材料在管道建设中的投资比例占整个管道投资的五分之一或更小，但其在管道长期运行中起到99%以上的保护作用，而偏偏被投资方当作可以降低成本的一个方面，使得涂层涂装设备、材料选用的投资额度逐年降低，已经接近成本或低于成本在运行。

经济性是获得最佳管道涂层的主要因素。管道涂层的经济性分析包含管道涂层的选择、管道的长期运行、管道涂层寿命与输送介质的综合评价等，却忽略了管道涂层成型装备的投资和涂层材料的质量控制，所以应该明确，管道涂层中经济性的另外一个关键点，就是管道涂装设备的投资和涂层材料的质量控制，而在国内外公开出版的所有文献中，均未将涂层涂装设备投资作为影响涂层涂装质量的一分个关键点来考虑。

2.6.1　涂装装备投资的合理性

装备投资不能只考虑节约性，其关键环节是投资的合理性、设备的匹配性等。

（1）涂装前处理装备性能要求

涂装前表面处理对涂层质量的影响程度≥55%。管道前处理后钢管表面除锈等级、粗糙度、锚纹特征、表面清洁度等级、是否含油含水以及含盐率等因素，均会影响涂层与钢管表面的黏结力，任何一个环节都不能忽视。

要达到前处理的最终要求，前处理设备选择及其配置需要完全满足管道表面处理的要求，例如预热、除油、除锈以及酸洗、水洗、除盐等环节的设备，均需要考虑性价比，不能一味地追求廉价而忽略性能。

（2）装备功率匹配性要求

管道涂层涂覆设备的功率包括传动设备功率、加热装备功率、挤出装备功率等，功率越高设备造价越高，所以需要根据管径范围和生产速度来确定装备之间功率的匹配性。例如以钢管的传输速度（钢管涂覆的生产效率）来确定传动功率，如塑料膜挤出机、无污染加热中频等，并经核算达到最佳匹配性。

（3）设备承载能力要求

涂层涂装设备须满足系列管径要求，而非单一管径，所以要求满足中口径管道能否兼容到的最大管径（装备承载），并满足小口径管道的生产。

（4）检测检验要求

确定入场材料是否合格，钢管表面前处理程度的检验，涂层成型过程中的检验以及成品管道质量的检测检验是否达到标准规范的要求。

例如钢管表面处理的除锈等级、锚纹深度、锚纹覆盖率、涂层的黏结性、抗阴极剥离能力等都与选用设备的合理性有关，也与选择的磨料、涂覆材料有关，而这些的判定均需要通过检验检测来完成。

2.6.2　影响设备投资的环节

涂装设备需要完成钢管从除锈、表面处理检验到涂层涂装、涂层检验的整个过程，设备的性能、质量、控制精度贯穿于整个过程。所以管道涂层涂装设备的投资应从涂层类型开始，贯穿于涂层成品管道的堆放，甚至运输和建设环节。

①　涂层材料。涂层材料特性决定与钢管等的黏结形式，也就决定涂层的涂覆方式。

②　涂层成型工艺。由涂层类型、涂层材料特性、管径范围、生产速度以及实际场地状况决定。涂层成型工艺决定了设备的布置形式、占用场地的大小，钢管以及成品管堆放场地等。

③　非标设备。通过涂装的管道直径、管道清理速度、涂层涂装速度、涂层涂覆工艺等来设计涂装设备中的非标设备，如钢管传动滚轮、钢管升降装置、钢管除静电装置、钢管消磁装置等，来满足管道涂层涂装的参数或消除影响钢管涂装的不利因素等。

而非标设备又分为必备设备和辅助设备，例如传动滚轮是满足管道进出管传输的必备设备，而除静电、水洗酸洗、钢管消磁、涂层贴纸、焊缝补偿装置等为辅助设备，虽然不影响涂层成型工艺的完整性，却影响到生产效率或者产品质量。

④　大型装备。大型装备是指在涂层涂覆中，不可缺少的、功率以及占地面积比较大的设备。功率越大设备占地越大，投资越大，设备的功率由涂层涂装的效率、管径决定。

以 3PE 涂层涂装装备为例，包含中频加热装置、挤塑机等。而一些加工厂对这类装备基本按照经验来确定，或者完全照搬照抄。其实设备选型有一套完整的计算方法，例如中频感应加热装置，就可以通过计算得出对应钢管所需的中频功率。因此计算是设备选择的关键依据，并且计算完成后，须再根据整条生产线的匹配性进行校核。

⑤ 设备的匹配性。匹配性是指设备功率、生产效率、钢管传输速度等精确匹配，不会出现大马拉小车或超负荷运转的现象。所以确定工艺后，涂装设备必须进行匹配性确定，需要通过管道传输速度、管径范围进行核算。例如，3PE 涂层涂装设备生产线建设中，钢管传输速度与管径决定加热速度，从而决定了挤出缠绕速度等，确定设备的匹配性。

⑥ 设备效率。设备效率越高，设备投资越合理，合理即为最佳。

⑦ 检验检测设备。检验检测设备的配置与否不影响管道涂层涂装工艺的完整性，但却影响到涂层的最终质量。例如涂层生产过程中的在线与离线监测，在线如钢管锚纹、灰尘、电火花等；离线包含涂层的黏结力、耐阴极剥离等。这里还有涂层材料、除锈磨料的进场复检设备等。检验检测设备能够更快、高效地完成涂层现场缺陷的检测、跟踪，以期更好地完成工艺改进，提升涂层涂装质量。

国家标准《钢管涂层车间工艺设计规范》（GB 50714—2011）对防腐涂层涂装车间的建设进行了严格的规定，但涂层的涂装过程一般由涂装工人自己去把关，所以对涂层的质量需要更详尽的规范去约束。

涂层涂装设备的选择对涂层的质量有重要影响。因为涂层涂装生产线，要由钢管传动的稳定性、设备的可靠性、负荷的匹配性、机械设计的合理性、工艺的完整性、布局的合理性、环保的强制性、设计的前瞻性、投资的理智性、安全性、计算的最优结果等来确定和选择。

2.7　小结

国内长输管道的建设，业主一味要求价格低廉的涂层涂装设备和原材料，认为涂层涂装只是长输管道建设中的辅助工序，因此严重挤压设备和原材料投资。因此涂层涂装设备的投资需要引起建设者足够的重视，不管大型或小型管道，装备投资和原材料选用都需要专业人员进行掌控，才能把国内长输管道的建设的质量提高到一个新台阶。

参考文献

[1] 杨昭，李岳祥 . 油田化学 [M]. 哈尔滨：哈尔滨工业大学出版社，2016：283.

[2] 张宝岭，陈玉华，孟凡刚，等 . 管道无机非金属防腐涂层研究现状 [J]. 管道技术与设计，2008（2）：55-57.

[3] Williamson G, Bonn M W. Evaluation of ultrasonic intelligent pig performance: Inherent technical problems as a pipeline inspection tool: Part 1[J]. Corrosion Prevention & Control, 1994, 41 (6): 148-152.

[4] 高伟, 王小红. 管道防腐层现状与展望 [J]. 管道技术与设备, 2012 (4): 32-34.

[5] SY/T 0061—2004. 埋地钢质管道外壁有机防腐层技术规范 [S].

[6] 李远利, 雍歧卫, 刘志. 管道防腐涂层新发展 [J]. 涂料工业, 2007, 37 (2): 55-57.

[7] 胡士信, 廖宇平, 王怀冰. 管道防腐层设计手册 [M]. 北京: 化学工业出版社, 2007: 251-252.

[8] 牛建平, 陈嘉桐, 马新东. 不良地质条件下管道基础处理与施工 [J]. 广东科技, 2006, 27 (3): 103-104.DOI:10.3969/j.issn.1002-8471.2001.08.024.

[9] 宋晓平, 金富根, 于宁, 等. SEBF 熔融结合环氧粉末防腐层 [J]. 管道技术与设备, 2006 (3): 44-46.

[10] 李志江, 刘文奇, 孙俪. 防雷设计中土壤电阻率及其测量 [J]. 辽宁气象, 2001 (4): 36-38.

[11] 孙永福, 宋玉鹏, 董立峰. 海底土的电阻率特征及其腐蚀性分级评价 [C] 渤海湾油气勘探开发工程技术论文集 (第十集) // 北京: 中国石化出版社, 2005.

[12] 水利电力部水利水电建设总局. 水电厂通信设计技术规定. SDJS 8-84[M]. 北京: 水利水电出版社, 1985.

[13] 国家石油和化学工业局. 钢质管道及储罐腐蚀控制工程设计规范: SY 0007—1999[S]. 北京: 石油工业出版社, 1999.

[14] 方志刚, 贾芳科, 左禹, 等. 25083 铝合金环氧涂层盐水浸泡失效研究 [J]. 表面技术, 2015, (7): 86-91.

[15] 王悦. 埋地输气管道腐蚀缺陷分析及修复对策 [J]. 石油工程建设, 2009, 35 (3): 41-44.

[16] 王书浩, 孟力沛, 肖铭, 等. 秦京输油管道腐蚀机理分析及腐蚀检测 [J]. 油气储运, 2008, 27 (2): 36-39.

[17] 罗锋, 王国丽, 刘俊峰, 等. 植物根系对管道防腐层的影响及对策 [J]. 油气储运, 2013, 32 (11): 1175-1178.

[18] 孙飞龙, 蒋荃, 刘婷婷, 等. ISO 9223 大气环境腐蚀性分级标准更新解读 [J]. 环境技术, 2015 (1): 78-81.

[19] 王玲, 牟献良, 朱蕾, 等. 大气环境腐蚀性分类分级研究综述 [J]. 装备环境工程, 2010 (6): 24-27.

[20] 韩文礼, 徐忠苹, 王雪莹, 等. 紫外线对有机涂层的破坏机理及应对措施 [J]. 石油工程建设, 2007, 33 (2): 18-20.

[21] 刘晓建. 海洋环境中的防腐蚀涂层技术及发展 [J]. 现代涂料与涂装, 2010, 13 (4): 20-22.

[22]　A. W. 皮博迪 . 管道腐蚀控制 [M]. 吴建华，许立坤，译 . 2 版 . 北京：化学工业出版社，2004：8.

[23]　龚树鸣 . 长输天然气管道外防腐涂层选择 [J]. 天然气与石油，2001（1）：24-30.

[24]　王春生，余越泉 . 阴极保护时电流密度的确定 [J]. 防腐保温技术，2003，11（1）：26-29.

[25]　国家石油和化学工业局 . 埋地钢质管道强制电流阴极保护设计规范：SY/T 0036—2000[S]. 北京：石油工业出版社，2000.

[26]　张大船 . 西南成品油管道工程防腐材料选用 [J]. 炼油技术与工程，2004，34（8）：3.

第 3 章

钢管涂装前处理

延长钢管运行寿命的最基本手段为在表面涂装涂层。而涂层失效基本从涂层与金属基体的剥落开始，附着力是涂层与金属表面结合性能的直观表现，涂层与基体、涂层与涂层之间的界面结合力是决定涂层性能的主要因素之一。所以涂装前处理对涂层质量起决定性作用。

不同的有机高分子材料与金属基体表面的黏结力本质上是一样的，都是一种界面作用力[1]，涂层与金属基体表面一般通过化学键力、（次）极性键力和机械结合力（锚固）结合，两者之间不发生化学反应。

3.1　涂装前表面处理的目的

要想在高分子材料与钢管基体界面形成作用力，首先要确保界面间不能存在第三种物质，因为涂层与基体之间的间隙越小（一般要求几埃），涂层与金属基体的结合力就越强；其次，涂层与基体表面的接触面积要足够大，化学键、极性键等形成的力就越大；第三，基体表面一定量以及一定深度的锚纹（空穴），可以确保高分子材料密实地填充空穴，形成牢固的机械锚固力。这就要求必须进行钢管涂装前的表面处理。

一般认为，在影响涂层寿命的诸因素中，表面处理质量的影响占55%。表面处理所起的主要作用如下。

（1）增加涂层与金属基体之间的结合力

涂层与金属基体形成紧密的物理接触才能实现非常强的黏结力。而涂料在金属基体表面扩散并与之紧密接触的过程为润湿，如果基体表面含有隔离层，就会阻止涂料的润湿。

图 3-1 所示为钢管基体表面可见状态。钢管在加工、运输和储存过程中，受到外部条件的作用，会黏附异物，如氧化皮、铁锈、油污、水汽、盐分、灰尘等，这些物质的存在容易在涂层与基体之间形成隔离层，影响涂层与基体的黏结力。

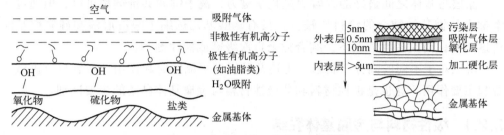

图 3-1　金属实际表面状态示意图[2-3]

（2）防止涂层剥离

涂层表面因为外力作用造成微小破损时，因为异物的存在，容易造成腐蚀介质的渗入，涂层不断向四周剥离扩展，电解质溶液也很快沿界面向剥离处扩散，造成钢管腐蚀。此外，如果金属表面不足够清洁，如含有局部盐残留物时，极易发生强阴极极化作用，使涂层完全剥离。

（3）防止形成阴极保护屏蔽

涂层虽然对钢管提供了完美保护，但只有辅助阴极保护才能达到最佳效果。当涂层与钢管间有空隙存在，或其黏结力不足以阻止腐蚀介质的渗入，并且涂层的透气性又很弱时，腐蚀介质容易从与钢管的黏结处渗入，而阴极保护电流却不能透过，无法对钢管起保护作用，这时就发生了阴极保护屏蔽。

而钢管在加工储运等过程中，也容易形成不能满足涂层涂装的焊接缺陷或表面磕碰缺陷，影响涂层成型，造成涂层长期运行的隐藏缺陷。上述情况也会造成材料的浪费。

表面预处理的目的就是在涂装前进行焊缝（表面）修磨和清除钢管物体表面附着的异物，并形成一定的表面粗糙度和锚纹特征，提供适合涂装要求的金属基底，保证涂膜具有良好的附着力和耐蚀性，提高钢管寿命，降低运行成本。

3.2　有机涂层与钢管基体黏结机理

用于钢质管道涂装的高分子材料，作为涂层与钢管基体表面牢固黏附，因此，涂层需要黏结或箍紧在管本体表面。

目前，关于高分子与金属附着的机理有以下理论[4]：①机械锚合，高分子材料熔融与钢管基体表面所形成的锚纹空穴嵌合形成牢固的机械互锁力；②分子间吸附，高分子材料与金属基体通过氢键和范德华力及路易斯酸碱相互作用；③化学键结合，高分子与金属之间形成化学键结合。

对于钢管等筒形结构的外涂层，塑性高分子材料与钢管基体附着除上述理论以外，还有一种是：涂层整体紧箍在钢管的外壁，称之为箍紧结合。

涂层与基体之间最好的附着力是化学键力，离子键和共价键都可以。但通过化学键力与钢基体结合的涂料比较少，只有磷酸基乙烯缩丁醛洗底漆和硅氧烷基涂料这两种。而大多数情况下，结合力来自次级键或极性键[5]。

所以对于不同的高分子材料，上述几种机理可能同时起作用，或者只有机械锚合起主要作用，这也是极性材料和非极性材料与金属基体黏结的主要区别。

3.2.1 极性材料与金属基体黏结

次级化学键最主要的是极性相互作用力，如氢键和范德华力。这些力因为电荷分布不均而产生偶极子，这样分子带正电荷的部分会被邻近带负电荷的部分分子所吸引。由原子构成的官能团，如羟基（—OH）、氨基（—NH$_2$）具有显著的电负性，含有此类官能团的涂料更趋于与基体形成极性键[5]。

例如环氧树脂与金属基体的黏结（图 3-2），在环氧树脂的结构中具有羟基（—OH）、醚基（R—O—R′）和极为活泼的环氧基—CH（O）CH—，羟基、醚基极性大，使得环氧树脂分子与邻近界面产生了电磁引力，而环氧极性基团与金属表面上的游离键起反应，形成化学键，因而环氧树脂的黏合力特别强。此外，环氧树脂在熔融过程中嵌入钢管基体表面的锚纹空穴中，形成机械锚合力。

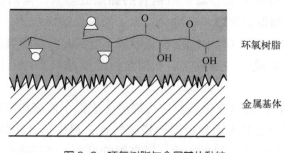

环氧树脂

金属基体

图 3-2　环氧树脂与金属基体黏结

3.2.2 非极性涂层与金属基体黏结

非极性材料（如聚乙烯），与钢管基体表面的化学键、氢键等结合力很小，为实现层间的黏结，必须采用机械锚合。前处理过程就是在钢管表面形成一定数量和一定深度的锚纹，塑性聚乙烯熔融后会渗入锚纹坑，并在钢管外包覆的筒形聚乙烯层成型后收缩应力的作用下填充锚纹空穴，整体紧箍在钢管表面，形成的涂层不易从钢管表面剥离。所以机械锚合是非极性材料与钢管表面黏结的重要因素。

3.3　钢管涂层涂装性能影响因素

（1）异常焊缝及不规则表面

针对直焊和螺旋焊钢管，正常的焊缝形式，对粉末和液态涂料的涂装影响比较小，可以通过微粒填充作用填满焊缝根部，并在基体、根部与焊缝顶部形成平滑过渡。

而三层聚烯烃涂层（如 3PE）热挤出胶黏剂和聚烯烃涂层包覆或缠绕时，不可避免地存在焊缝处涂层减薄的情况。为满足涂层良好的防护性能，钢管基体的涂层厚度势必比焊缝处涂层厚度大，造成材料的浪费，而这种多层聚烯烃涂层是目前世界上最优化的涂层类型，虽然造成材料的浪费，但也在标准要求的范围内进行推广。对于异常焊缝，就会影响到涂层的黏结性以及自身的完整性，包括粉末涂料或者液态涂料成型的涂层。

这种异常一般存在两种情况。

一是焊缝锐角过渡。焊缝根部形成的内锐角容易导致空穴，对于热挤出熔融热塑性涂料缠绕时，为填补空穴，当根部包裹压缩空气时，容易形成空鼓，而无空气时，根部容易形成强烈收缩，引起焊缝顶部涂层减薄量过大，造成材料浪费。

焊缝顶部局部存在锐角（或尖刺），挤出缠绕多层聚烯烃热塑性涂层，在进行冷却时，由于应力作用，收缩顶部的尖角容易切割黏结层，造成涂层撕裂而产生废管。

二是焊缝余高过高，容易造成挤出热塑性缠绕涂层过度减薄或撕裂等。虽然热挤出缠绕热塑性涂层的焊缝处撕裂也存在其他原因，如材料、冷却等，但焊缝异常是影响其主要原因之一，所以在涂层涂装前，有必要进行焊缝的修磨处理。

另外，由于焊接、切割等操作而导致的不规则表面，如焊接气孔、飞溅、焊渣、凹坑、麻点、翘皮、轧制层、夹灰等外来物、机械损伤或其他成型不好的钢材表面，也要进行表面处理，一方面可以将能够导致涂层有效期缩短的附着物清除掉，另一方面，如果不对这些不规则表面进行处理，这些部位的涂膜就会太薄，很容易受流动液体的腐蚀，从而降低涂层的寿命。对于上述缺陷，规范 ISO 8501-3 中有明确规定。

（2）表面氧化皮[6]

钢管在轧制和焊接等过程中不可避免会受到高温的影响，产生氧化皮，其主要成分是铁的氧化物，从钢管基体向外依次为 FeO、Fe_3O_4 或 Fe_2O_3，氧化皮的存在会对涂装的防腐层产生极大的破坏作用：首先这些氧化物的电极电位较高（比钢材正 $0.15 \sim 0.26V$），腐蚀介质中的氧化皮会形成一个大阴极，因氧化皮覆盖造成的不连续钢基体表面会形成小阳极，加速钢管的电化学腐蚀；其次这层氧化皮表面看起来非常致密，实际上存在许多微观的缝隙，容易渗透水和氧气，与钢管表面接触的 FeO 非常不稳定，与水作用生成氢氧化合物，所以水解和腐蚀从缝隙处开始，沿金属和氧化皮界面深入，从而引起氧化皮表层的变化，氧化皮本身无延展性，会带动与其黏结的涂层一起剥落，氧化皮裂缝处会浸入水汽，若存在的二氧化硫溶于水生成硫酸亚铁，增加电解质的导电性，会加速腐蚀。并且氧化物的晶格常数比较大，脆性大，受温度和外力等物理作用，同样会剥落。因此去除氧化皮后进行涂层涂装，涂层的附着力以及对金属基体的保护效果会更好，这一点毋庸置疑。

（3）表面浮锈

钢基体的铁元素活泼性较强，即便在常温常压下也能与空气中的 O_2、H_2O 等发生交互作用而使钢铁材料被腐蚀，生成 Fe_3O_4 和 $FeOOH$。其他（如 SO_2 和 Cl^-）在潮气的作用下，与铁反应生成铁性覆盖物，也会造成铁锈产生，加速了钢铁的腐蚀。

这类表面浮锈覆盖物的存在，会在涂层与钢基体表面形成隔离层，造成涂层黏结力减弱，如果表面前处理清理不彻底，遗留浮锈或者点蚀坑，会引起层下腐蚀，造成涂层下隐藏缺陷。

（4）杂质及油污

管在存放、运输、传输以及抓举等过程中，受到各种外界环境因素的影响，不但会产生浮锈，还会沾染灰尘或磨损胶粒等覆盖物，在含有这类物质的钢管表面直接进行涂层包覆，首先会加速钢管的腐蚀，或者影响涂层的外观，并且会造成涂层与钢管基体的隔离，降低涂层附着力，从而影响了涂层和钢管的使用寿命。更有甚者造成局部腐蚀。

一般情况下，钢管表面很少沾染油污，但在钢管存放、运输过程中，受到运输工具、现场环境的影响，不可避免地存在，油污点的存在会造成涂层与金属基体点的缺陷，造成涂层与基体附着力的降低。

钢管表面预处理后，表面的清洁度直接决定了涂层与钢管基体的黏结力，如果基体表面存在灰尘或其他杂质层，会在涂层与钢管基体表面形成隔离层。

（5）可溶性盐

锈蚀产物对涂层保护性能的影响主要来自其中所含的可溶性铁盐，空气中的 SO_2 和 Cl_2 在潮气的作用下，侵蚀钢基体生成可溶性铁盐 $FeSO_4$ 或 $FeCl_2$。这些铁盐一方面水解、氧化成大量的铁锈，另一方面又起到催化作用，使钢材继续腐蚀，这一过程若发生在涂层下面，会很快引起涂层锈蚀穿透，形成早期的蚀点，使涂层过早起泡。

渗透压起泡现象发生的主要原因是界面处存在杂质。界面处可溶性盐杂质的存在，产生浓度很高的盐溶液，那么腐蚀介质中的水和界面处水因为浓度差产生渗透压，使腐蚀介质水不断地渗透到界面处，这时的涂层相当于一个渗透过程的半渗透膜，在有机涂层附着力弱的区域，涂层就会从基体处脱开，从而形成鼓泡[7]。

由于涂层材料性能各异，材料的吸水能力会在长期或短期内显现出来，因为涂层的内外渗透压不同，而涂层下的钢管基体表面存在可溶性盐时，空气中的水分将透过涂层渗入基体表面，与可溶性盐结合造成腐蚀而剥离涂层。在可溶性盐中氯化物是最主要的，其渗透能力最强。

这里需要明确的是对于海运的钢管、沿海存放一段时间的钢管、需要使用海边生产的除锈钢砂、在近海防腐厂生产的防腐管等，可溶性盐尤其要引起重视。

钢管经过抛丸除锈，能够去除钢管表面的氧化皮和铁锈等，但氯化物等却难于去除，受到环境影响（海边）、磨料等，除锈后钢管的氯化物含量普遍增加，而氯化物的存在，影响到钢管表面涂层的阴极剥离，现在标准要求氯化物含量低于 $20mg/m^2$。

（6）粗糙度

涂装前钢管本体表面的粗糙度和清洁程度是保证涂层质量的先决条件，有机涂层在一定粗糙度状态下才能保证涂料与钢管基体的离子结合力，且锚纹达到一定数量和深度（图 3-3），才能增加涂料与基体的物理嵌合能力。

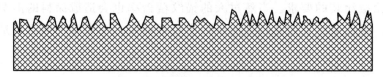

图 3-3　钢管表面锚纹结构形式

钢管表面在经过抛（喷）射磨料处理后，表面粗糙度明显增大，甚至可增大金属表面积 20 倍，与钢管表面的附着力就会相应增加。当喷出的磨料具有棱角时，经它处理过的金属表面不仅增加了表面积，同时还会给覆盖层的附着提供一个合适的表面几何形状，利于分子吸引和机械锚固作用。

对于外防腐涂层，表面处理后钢管外表面的粗糙度通常为 20 ～ 40μm，锚纹特征或达到 100μm。对于减阻内覆盖层，钢管内壁的表面粗糙度为 15 ～ 20μm，锚纹特征或达到 50μm。锚纹特征不宜过大，否则要填平锚纹的"波谷"所需涂料的量也随之增大，太深的波谷还容易造成气泡，直接影响涂层质量。另外，当涂层较薄时，波峰的尖端容易露出表面，破坏涂层的完整性，导致腐蚀的发生。

除增加与涂层的接触面积、加强锚固力的作用外，粗糙的表面还有消除涂层内应力、防止涂层开裂（液态涂层或热固性涂层）的作用。与钢管表面接触所形成的涂层结构为：外表面光滑，内表面与钢管粗糙面接触形成粗糙状态，这种粗糙状态导致涂层内残余应力的作用方向发生改变，促成涂层残余应力相互抵消而不是叠加，降低了涂层的内应力，减缓了涂层开裂的趋势。并且因为钢管表面粗糙度的存在，液体涂料填充并渗入锚纹坑，增加了涂层与金属基体间的分子作用力，降低了涂层流挂现象的出现概率。

但当粗糙度超过一定值时，随着基体表面粗糙度的增大，反而不利于涂层与基体的结合[8]。所以不同的涂层、不同的涂装工艺要求不同的粗糙度。

粗糙度大小取决于磨料的粒度、形状，喷射的速度、时间等工艺参数。

（7）锚纹覆盖率

任何标准或文献都未完整地描述锚纹覆盖率，只在相关文献中的钢管表面处理过程中提到了喷丸覆盖率[9]，可谓是对锚纹覆盖率的一个很好的注解。在实际使用金属磨料进行钢管表面击打清理时，金属磨料所起的作用有两个：一是清除表面覆盖的杂质；二是形成一定量和一定深度的粗糙度（锚纹），所以金属磨料一般都是钢丸和钢砂（或钢丝切丸）按照一定的比例混合。

按照表面清理等级 Sa2½ 级的要求，存在 5% 的瑕疵区域，瑕疵区域并非金属磨料完全不覆盖造成的，而是金属磨料在击打钢管表面的过程中重复叠加次数减少，最终造成微瑕疵的存在。我们可以以此确认钢管表面处理的金属磨料覆盖率为 95%，然后按照钢丸和钢砂掺混比例为 3∶1 进行计算，钢丸形成圆形锚纹坑，钢砂形成涂层锚固所要求的不规则锚纹坑，则锚纹（不规则）覆盖率应该 ≥ 30% 才能满足涂层涂装的要求。当然过大的锚纹覆盖率也会造成涂料的浪费，其最佳值和最高、最低量值只能在相关的试验中进行确定。注意以上描述只是一个理论说法。

3.4 金属防腐表面清理等级

为完成钢管基体表面涂装前的杂质清理，并形成一定程度的粗糙度，采用抛（喷）射磨料的方式最为可行，这是钢管表面获得一定清洁度和锚纹最直接的方式。

金属表面清理等级，代表性国际标准有两种：一种是美国钢结构涂装协会（SSPC）制定的；另一种是瑞典制定的，它分为四个等级：Sa1、Sa2、Sa2½、Sa3，为国际惯常通用标准，详细介绍如下。

Sa1 级：相当于美国 SSPC-SP7 级。采用一般简单的手工刷除、砂布打磨方法。这是四种清洁度中最低的一级，对涂层的保护仅仅略好于未采用处理的工件。Sa1 级处理的技术标准：工件表面应不可见油污、油脂、残留氧化皮、锈斑和残留油漆等污物。Sa1 级也称手工刷除清理级（或清扫级）。

Sa2 级：相当于美国 SSPC-SP6 级。采用喷砂清理方法，这是喷砂处理中最低的一级，即一般的要求，但对于涂层的保护要比手工刷除清理提高许多。Sa2 级处理的技术标准：工件表面应不可见油腻、污垢、氧化皮、锈皮、涂料、氧化物、腐蚀物和其他外来物质（疵点除外），但疵点限定为不超过每平方米表面的 33%，可包括轻微阴影；少量因疵点、锈蚀引起的轻微脱色；氧化皮及油漆疵点。如果工件原表面有凹痕，则轻微的锈蚀和涂料还会残留在凹痕底部。Sa2 级也叫商品清理级（或工业级）。

Sa2½ 级：工业上普遍使用的并可以作为验收技术要求及标准的级别。Sa2½ 级也叫近白清理级（近白级或出白级）。Sa2½ 级处理的技术标准：同 Sa2 要求前半部一样，但疵点限定为不超过每平方米表面的 5%，可包括轻微暗影；少量因疵点、锈蚀引起的轻微脱色；氧化皮及涂料疵点。钢管涂覆前要求的清理等级即为 Sa2½ 级。

Sa3 级：相当于美国 SSPC-SP5 级，是工业上的最高处理级别，也称白色清理级（或白色级）。Sa3 级处理的技术标准：与 Sa2½ 级一样，但 5% 的阴影、疵点、锈蚀等都不得存在。

我国依据等效国际标准 ISO 8501-1（最新为 2007 版），制定相关国家标准 GB/T 8923（最新为 2011 版），对于标准的四个等级进行了如下描述。

Sa1 级——轻度喷砂除锈。在不放大的情况下观察时，表面应无可见的油、脂和污物，并且没有附着不牢的氧化皮、铁锈、涂层和外来杂质。

Sa2 级——彻底的喷砂除锈。在不放大的情况下观察时，表面应无可见的油、脂和污物，并且几乎没有氧化皮、铁锈、涂层和外来杂质。任何残留污染物应附着牢固。

Sa2½ 级——非常彻底的喷砂除锈。在不放大的情况下观察时，表面应无可见的油、脂和污物。并且没有氧化皮、铁锈、涂层和外来杂质。任何污染物的残留痕迹应仅呈现为点状或条纹状的轻微色斑。

Sa3 级——喷砂除锈至钢材表面洁净。在不放大的情况下观察时，表面应无可见的油、脂和污物。并且应无氧化皮、铁锈、涂层和外来杂质。该表面应具有均匀的金属色泽。

上述等级标准，无法采用文字形式进行更进一步的具体描述，技术人员也无法依据上述描述，进行基准判断。所以 GB/T 8923-1—2011 附有 28 张典型 1：1 样板照片，在进行清理质量等级评定时，采用照片进行比对，确定清理质量是否达到涂装设计规定要求，并且这种比对只能采用标准所附照片，任何影印、网络图片均不得作为评判依据，当标准附有图片发生纸张变质时，不得采用。

针对专门涂层，钢管涂装前的表面处理质量在相对应的标准中已经有明确规定，最终清理质量检验由防腐蚀工程师（一般为现场监理）现场进行。相对于抛（喷）处理的四种清理等级其应用描述如下（具体采纳依据相关标准）。

Sa1 级：此等级为非彻底清理级，对于工业性涂装，不推荐使用。

Sa2 级：较彻底清理级适用于轻度腐蚀环境中使用的钢结构件或涂装设计规定的场合。

Sa2½级：很彻底清理级是工业性涂装中使用相当普遍的清理等级要求，使用高性能涂料的涂装设计和施工大多规定选用这种等级。船舶、化工设备、海上工作平台、港口机械、码头设施、冶金机械、采油设备、市政工程、航天航空等都会要求涂漆前的表面达到很彻底清理级。管道涂装要求采用此清理等级。

Sa3级：最彻底清理级，是最高级别的清理等级要求，清理成本最高，只有在一些使用特殊材料的场合和特别重要的工程和零部件涂装施工中采用，例如核电站、汽轮机和海上平台的重要部件。使用无机锌涂料和金属喷涂的工件也往往会要求表面清理达到最彻底清理等级[10]。

在现实情况下，清理等级不但与钢管表面的清洁程度有关，还与基体表面的原始状态有关，GB/T 8923-1—2011将清理前的钢材表面的原始状态分为四个等级（图3-4，标准图片需要参阅标准的附图），分别用大写英文字母A、B、C、D标识。其文字叙述如下：

图3-4（a）全面地覆盖着氧化皮而几乎没有铁锈的钢材表面；

图3-4（b）已发生锈蚀，并且部分氧化皮已经剥落的钢材表面；

图3-4（c）氧化皮已因锈蚀而剥落，或者可以刮除，并且有少量点蚀的钢材表面；

图3-4（d）氧化皮已因锈蚀而全面剥落，并且已普遍发生点蚀的钢材表面。

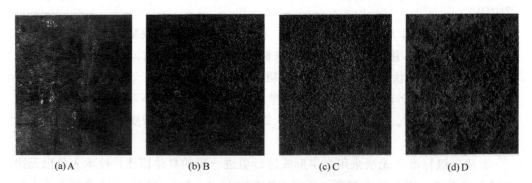

(a) A　　　　　　(b) B　　　　　　(c) C　　　　　　(d) D

图 3-4　钢材表面锈蚀等级参照图片

钢材涂装前钢铁表面的锈蚀和除锈等级参照：瑞典标准 SIS SS 05 5900《涂装前钢材表面除锈标准》和国际除锈标准 ISO 8501-1 以及等效的国家标准 GB/T 8923.1—2011《涂覆涂料前钢材表面处理 表面清洁度的目视评定》[11]。为了判别锈蚀程度与质量等级，我国的 GB/T 8923.1—2011 将钢材的各种表面状态和除锈质量等级用彩色照片清楚地对照说明，受检验的表面与用作对比的标准照片应在无反射、无阴影和均匀的光照下进行比对，尽可能垂直地进行观察，但不可用放大镜对比。

在评定锈蚀等级和除锈等级时，待检查的钢材表面应与相应的照片应进行目视比较，并且照片应尽量靠近待查表面。如果评定钢材的原始锈蚀等级，应以相应锈蚀较严重的等级照片所标识的锈蚀等级作为评定结果；如果是评定除锈等级，则以与钢材表面外观最接近的照片所标示的除锈等级作为评定结果。例如，一块钢板的锈蚀状态与锈蚀等级照片相比，其实际锈蚀程度与标准中相关图片不同，介于照片 B 和 C 之间，则该钢材的锈蚀等级应定为 C 级。

对于不同的锈蚀等级，采用抛（喷）射除锈，所得到的清洁度等级、锈蚀等级需要进行对应标注，例如原始锈蚀等级分别为 A 和 B，清理等级要求为 Sa½ 级，则标注方式为 ASa½ 和 BSa½。

对于需要进行涂料涂装的钢管，如果锈蚀严重（图 3-5），不建议进行涂覆，例如钢管外壁锈蚀超过 100μm，钢管内壁锈蚀坑超过 35μm。

图 3-5　钢材表面严重锈蚀图

3.5　焊缝及不规则表面缺陷处理等级

钢管的焊缝缺陷或不规则表面，容易引起钢管的涂层缺陷，造成涂层开裂、减薄、微孔、层下缺陷、气泡等。

焊缝缺陷包含未焊透、未熔合、气孔、夹渣、裂纹等，也包含焊缝的几何突变以及自身缺陷，如余高过高、尖锐的凸起焊瘤、毛刺、鱼鳞状焊波、收弧坑、咬边和焊缝气孔等[12]。

钢管的不规则表面，包含焊接飞溅物、底切、末端焊口、卷边、麻点、焊口、结疤（毛刺、锯齿状缺陷）、起皮（分层）、机械作用形成的破损痕（槽、凿痕、辊压）。

在国际标准 ISO 8501-3 和国标 GB/T 8923.3 中，对于上述缺陷等的说明及其涂装前处理都有明确的规定（表 3-1）。

表 3-1　缺陷及处理等级

缺陷类型		处理等级		
名称	图示	P1	P2	P3
焊缝				
焊缝飞溅物	(a)　(b)　(c)	表面应无任何疏松的焊接飞溅物，图（a）	表面应无任何疏松的和轻微附着的焊接飞溅物，图（a）和图（b）。图（c）显示的焊接飞溅物可保留	表面应无任何疏松的焊接飞溅物

续表

缺陷类型		处理等级		
名称	图示	P1	P2	P3
焊缝				
焊缝波纹 / 表面波形	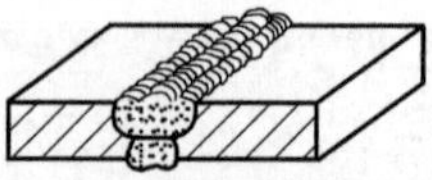	不需处理	表面应去除（如采用打磨）不规则的和尖锐边缘部分	表面应充分处理至光滑
焊渣		表面应无焊渣	表面应无焊渣	表面应无焊渣
咬边	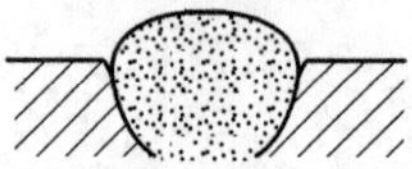	不需处理	表面应无尖锐的或深度的咬边	表面应无咬边
气孔	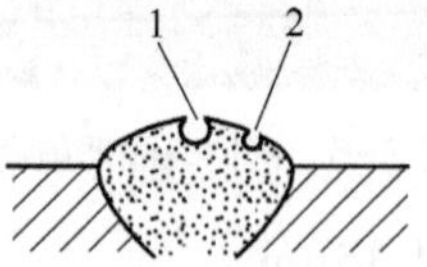 1—可见孔； 2—不可见孔(可能在磨料喷射清理后打开)。	不需处理	表面的孔应较充分打开，以便涂料渗入，或孔被磨去	表面应无可见的孔
弧坑（端部焊坑）	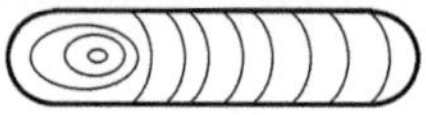	不需处理	弧坑应无尖锐边缘	表面应无可见的弧坑
边缘				
辊压边缘	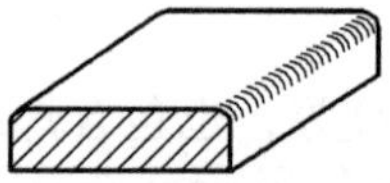	不需处理	不需处理	边缘应进行圆滑处理，半径不小于2mm
冲、剪、锯、钻、切边缘	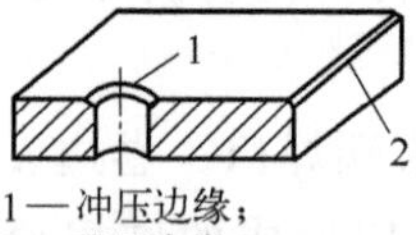 1—冲压边缘； 2—剪切边缘。	无锐边，边缘无毛刺	无锐边，边缘无毛刺	边缘应进行圆滑处理，半径不小于2mm
热切边缘	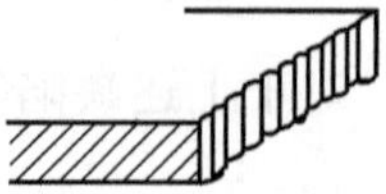	表面应无残渣和疏松剥落物	边缘应无不规则粗糙度	边缘应进行圆滑处理，半径不小于2mm
一般表面				
麻点和凹坑	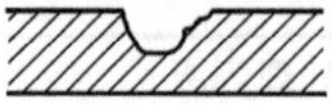	麻点和凹坑应被充分地打开，以便涂料渗入	麻点和凹坑应被充分地打开，以便涂料渗入	表面应无麻点和凹坑
剥落		表面应无翘起物	表面应无可见的剥落物	表面应无可见的剥落物
轧制翘起 / 夹层	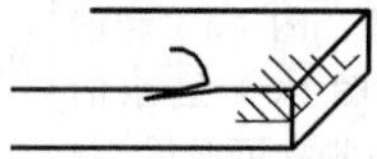	表面应无翘起物	表面应无可见的轧制翘起 / 夹层	表面应无可见的轧制翘起 / 夹层

续表

缺陷类型		处理等级		
名称	图示	P1	P2	P3
一般表面				
碾压杂质	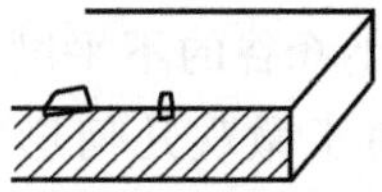	表面应无碾压杂质	表面应无碾压杂质	表面应无碾压杂质
机械性沟槽	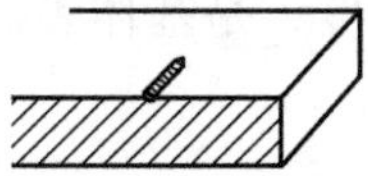	不需处理	凹槽和沟半径应不小于 2mm	表面应无凹槽，沟的半径应大于 4mm
凹痕和压痕	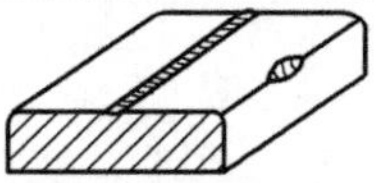	不需处理	凹痕和压痕应进行光滑处理	表面应无凹痕和压痕

上述缺陷会在表面进行金属磨料击打处理前或处理后显现出来，上述缺陷中的任何一种都会影响到涂层涂装的质量。对于上述表中列举的缺陷，一般都需要采用 P2 处理等级（表 3-1）进行处理，以满足涂料的渗入。

3.6　表面粗糙度要求

钢管表面涂层的性能，不但由钢管表面的清洁度决定，而且还与钢管表面的粗糙度有关，一定程度的粗糙度，才会使涂层在钢管表面上具有更好的附着力。

适当的表面粗糙度值与正确的清洁度两者同等重要。如前文所述，增大涂层涂覆面积并采用机械锚固方式，在涂层黏结中起主要作用。所以如果钢管表面没有足够程度的粗糙度，涂层就不能很好地附着在清理后的钢管表面上，涂层就会提前失效。

钢管表面抛（喷）丸清理时，无论何种清洁度等级，表面粗糙度都会同时产生，但清洁度达标时，表面粗糙度并不一定能够达到标准。而忽略粗糙度，往往是技术人员容易犯的一种错误，在进行表面处理质量检验时，这种失误，可能恰恰是引起涂层失效的更为直接的原因。因此有些学者认为，表面粗糙度对涂层附着力的作用甚至大于表面清洁度的作用，这足以说明表面粗糙度在保证涂层寿命中的重要性。

3.6.1　金属表面粗糙度

在进行抛（喷）丸处理后，管表面在金属磨料击打作用下产生表面粗糙度。因为管表面在每一个金属磨料颗粒的冲击、磨削等作用下，会在金属表面产生大量的空穴或凸起，空穴即为表面粗糙度的波谷，凸起为波峰。

金属表面粗糙度在管道行业是一个模糊的概念，主要表征的是满足管道涂层涂装的表面锚纹深度，但也包含着表面的粗糙程度这部分内容。所以金属表面粗糙度实际包含两个概念：表面粗糙度和锚纹特征。

（1）表面粗糙度

表面粗糙度是指被处理表面具有的较小间距和微小峰谷的不平度。其两波峰或两波谷之间的距离（波距）很小（在 1mm 以下），属于微观几何形状误差。表面粗糙度越小，表面越光滑。图 3-6 所示 R_a 为表面粗糙度，是基体表面在取样长度 l 内轮廓偏距的平均值。

$$R_a = \frac{1}{n}\sum_{i=1}^{n}|y_i| \qquad (3-1)$$

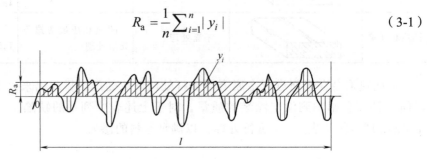

图 3-6　表面粗糙度 R_a

（2）锚纹特征

锚纹特征是指管道表面经过处理后，形成的具有一定粗糙度的剖面形状，主要表征为锚纹深度 R_z 和最大粗糙度 R_y。

R_z 又称为十点平均粗糙度，是基体表面在取样长度内 5 个较大轮廓峰高的平均值与 5 个较大轮廓谷深的平均值之和（图 3-7）。

$$R_z = \frac{\sum_{i=1}^{5}y_{pi} + \sum_{i=1}^{5}y_{vi}}{5} \qquad (3-2)$$

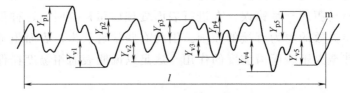

图 3-7　十点平均粗糙度 R_z

R_y 为最大粗糙度，从曲线上沿平均线方向选取基准长度 l，在这部分中，最高峰高度 R_p 与最低谷深度 R_v 的和以微米表示的值（图 3-8）就是 R_y 值。在 ISO 8503-4：2012 中提出了 R_{y5} 的值，在 5 段取样长度中所取得的 R_y 值的平均值（图 3-9）。

$$R_y = R_p + R_v \tag{3-3}$$

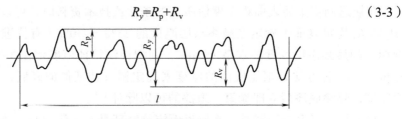

图 3-8　最大粗糙度 R_y

$$R_{y5} = \frac{R_{y(1)} + R_{y(2)} + R_{y(3)} + R_{y(4)} + R_{y(5)}}{5} \tag{3-4}$$

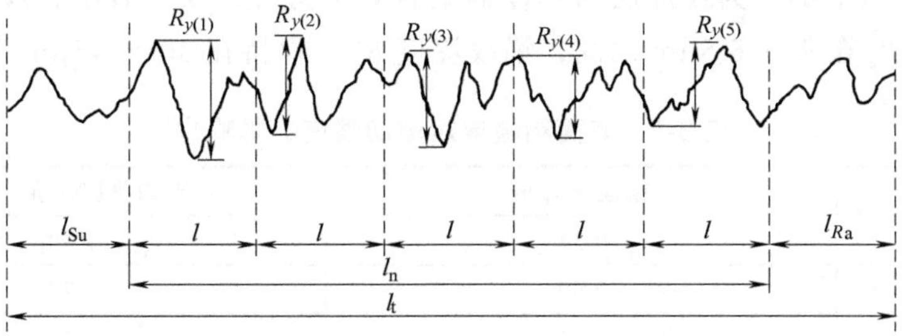

图 3-9　R_y 值平均所得值

　　一般，钢管表面粗糙度的表征值为：R_a、R_y 和 R_z。R_a 表征钢管表面的粗糙程度，R_y 和 R_z 主要描述钢管表面的锚纹特征。

3.6.2　表面粗糙度的作用

　　① 随着表面粗糙度的增大，涂层与基体实际接触面积成倍增加，有利于在接触界面上发生各种物理和化学作用，以提高涂层与金属表面层的黏结力。

　　② 由于粗化后表面凹凸不平，同时分布着许多不规则形状的凹坑，可打乱涂层部分收缩力的方向，减小沿基体表面方向的应力，从而使涂层与基体表面间的结合强度高于与光滑表面的结合强度[13, 14]，防止涂层开裂。

　　③ 粒子撞击基体表面后发生变形，会随着大的凹槽上下起伏，从而改善涂层的结合强度，减弱了涂层产生开裂的倾向[8]。

　　④ 由于表面凹凸不平，熔融颗粒冲击到基体表面之后，撞击成薄片，使变形粒子之间形成相互镶嵌连锁的层叠结构[8]，增加涂层与钢管基体之间的锚固结合能力，增加层间界面力。

　　⑤ 表面粗糙度的存在可以支撑一部分涂料的质量，有利于消除流挂现象，对于垂直涂装的表面，作用尤为明显[15]。

　　对锚纹的深度提出要求，一般也要由腐蚀工程师（或现场监理）根据涂装要求来检测，一般来说决定表面粗糙度值大小的主要依据是涂层的种类和最终涂层的厚度。

在缺乏制定金属表面粗糙度值所需的条件或技术资料时，可以暂时把锚纹特征（R_y 和 R_z 均可表征）确定在最终涂层厚度的 25% ~ 30%（有待进一步实验判定）。例如，如最终涂层厚度要求是 150μm，则把锚纹特征值确定在 38 ~ 45μm 范围内即可；另一种方法是根据底漆的厚度来确定锚纹特征值的高低，其值不能大于底漆厚度，喷涂底漆后立即涂第二道漆的可以除外[10]。

在进行管道表面处理时，基体表面锚纹特征是影响涂层与基体结合强度的重要因素。锚纹深度 R_z 和轮廓间隔 R_{sm} 同时影响基体的表面粗糙度 R_a，过小的 R_{sm} 或过深的 R_z 都会影响涂层与基材的结合，因此涂层的附着力并不随着基体表面粗糙度 R_a 的增大而增加。为使涂层与基体的结合效果最佳，实验表明，应保证基体的表面粗糙度 R_a 在 4 ~ 6.5μm 之间，锚纹深度 R_z 应保持在 30 ~ 45μm 之间[15, 16]。

表 3-2　表面粗糙度对剪切强度的影响[17]

试验号	粗糙度 /μm	平均剪切强度 /MPa
1	0.34	1.30
2	0.69	1.75
3	1.21	1.96
4	2.58	3.12
5	3.02	3.48
6	4.84	4.50
7	5.21	5.02
8	6.94	4.78
9	7.57	4.58
10	8.02	2.95

具有不同表面粗糙度的试样胶黏涂层剪切强度也不相同。从表 3-2 中可以看出，随着 R_a 值的增大，剪切强度逐渐上升；当 R_a 值为 5.21μm 时，剪切强度达到最大值；当值继续增大，剪切强度开始下降。随着 R_a 值的增大，试样的真实表面积成倍增加，黏结面积增大，浸润角变小，浸润性增大。从机械黏合理论来看，有一定粗糙度的表面，胶液易渗入凹孔中，固化后生成无数的小胶钩子，起嵌合作用。所以在一定范围内，R_a 值增大，剪切强度增加；但当 R_a 值超过一定值后，试样就变得"凹凸不平"，两片试样不能很好地啮合黏合时易出现裂隙。在凹处容易残留污物和空气而产生气泡，形成应力集中点；在凸处由于缺胶而出现胶层的不连续，黏结面积减小，造成黏附强度下降。因此，R_a 值过高，剪切强度反而下降。

上面两个实验结论已经明确指出，表面粗糙度存在一个合理的范围值，当达到这个值时，涂层与金属基体的黏结力以及剪切应力达到最佳，所以合理的表面粗糙度值 R_a 在 4 ~ 6.5μm 之间，而针对涂层所要求的锚纹深度应该在金属基体表面的单位面积内按照一定数量存在，并且不能超过限值。这就是所谓的标准与实验理论的矛盾，我们无法一一证明其正确与否，所以涂层涂装应该以相关标准为准，当无标准规定时，才可把上述的相关参数作为参考，可以取下限进行操作。

上述实验结论，所针对的是特定涂层，对于其所得出的结论并不一定适合钢管基体表面附着的高分子涂层，所以得出的锚纹深度值与涂层相关标准并不相符，但对钢管涂层涂装前的表面处理，同样具有指导意义：粗糙度值并非越大越好，锚纹深度值也并非越大越好，合理即为最佳。

我们得出以下结论，表面粗糙度偏低，肯定会影响涂层的附着力；反之，表面粗糙度偏高（超过标准规定的锚纹深度限值），设计规定的涂层厚度就有可能无法把粗糙度中的所有波峰全部遮盖住，造成局部点涂层厚度急剧降低，长时间运行会出现点蚀，导致涂层失效。

对于液态涂料，标准《水工金属结构防腐蚀规范》（SL 105—2016）给出了相关参考值（表 3-3），在实际涂层涂装中，可以作为参考。

表 3-3　涂层类别与锚纹特征选择范围参考关系

涂层类别	非厚浆型涂料	厚浆型涂料	超厚浆型涂料	金属热喷涂料
锚纹特征 $R_z/\mu m$	$40 \sim 70$	$60 \sim 100$	$100 \sim 150$	$60 \sim 100$

3.7　表面清洁度等级

清洁度决定了涂层与基体的黏结能力，涂层出现的黏结力问题以及阴极剥离不合格问题均与此有关。

钢管表面的清洁度与钢管的预处理以及预处理后的存放有极大关系，如钢管在击打清除浮锈氧化皮后，会产生二次落灰和黏附胶粒（传动轮胎表面磨损胶粒）等，并且表面处理后未能在规定时间内涂覆也会产生新锈蚀。

钢材表面清理后的灰尘度等级共分 5 级（GB/T 18570.3—2005），并进行了如下（表 3-4）描述。

表 3-4　灰尘尺寸等级

等级	灰尘等级描述
0	10 倍放大镜下看不见的微粒
1	微粒用 10 倍放大镜可见，但以正常或矫正视力看不见（通常颗粒直径小于 $50\mu m$）
2	以正常或矫正视力刚刚可见（通常微粒直径在 $50 \sim 100\mu m$ 之间）
3	以正常或矫正视力清晰可见（微粒直径可达 0.5mm）
4	微粒直径在 $0.5 \sim 2.5mm$ 之间
5	微粒直径大于 2.5mm

虽然表面灰尘度在标准中采用文字形式进行描述，但在实际生产的监督检验过程中，杜绝采用上述文字描述来进行清洁度的评判。当进行钢管涂层涂装时，首先依据涂层的相关标准（GB/T 18570.3—2005）确定清洁度，然后由防腐蚀工程师（或现场监理）采用标准中的等级对应参考图进行清洁度的比对确认。

3.8 前处理工艺过程

前处理是采用物理或化学方法去除待涂钢管表面的锈皮、轧制鳞片、污泥、油污、水分、可溶性盐等影响涂层黏结力物质的过程，也为了形成满足涂层结合力所需要的表面粗糙度等。一般需要几种工艺配合才能完成钢管涂装前所要求的金属涂装基体质量。

管表面的前处理工艺中，以金属磨料击打除锈方式为主，化学预处理方式为辅。钢管涂装的前处理工艺为：脱脂、水洗—预热—除锈—除尘—酸洗、水洗—铬酸盐钝化。

3.8.1 脱脂、水洗

除油脱脂是钢管进行涂层涂装除锈工艺前的重要处理环节，目的是去除钢管表面的油脂、灰尘、可溶性盐（如果环境、磨料中含有盐分，除盐一般在涂层包覆前完成）等。

油脂存在，即便完成除锈也可能在油渍处形成微薄膜，这些薄膜的存在容易造成钢管基体与涂层形成隔离点，导致涂层空鼓，形成运行缺陷。

一般情况下钢管表面不可能存在大面积油污，但在钢管加工、储运、堆放过程中，极有可能沾染少量油污或油渍，虽然存量或面积小，但这些油污的存在，通过击打等方式无法清理干净，就会造成涂层与钢管基体局部有隔离层，导致涂层运行缺陷。所以进行钢管除锈前，需要对所存在的油污进行清理，一般采用脱脂液加水洗的方式（表 3-5）。

表 3-5　脱脂处理相关参数表[18]

工序名称	处理功能	喷射处理方式		备注
		时间 /s	温度 /℃	
热水预清洗	钢管预热	60	60～70	—
预脱脂	除去油污	60	45～60	脱脂液＋水洗 1
脱脂	除去油污	120	50～60	硅酸钠、磷酸钠、表面活性剂配制的清洗液

需要明确的是，对于油脂去除，不能一概而论全部采用脱脂水洗，对于油污面积较大的钢管，脱脂水洗产生的效果优于明火燃烧；油渍较少的钢管，明火方式

则更为适合和经济。

内涂覆钢管由于管内部沾染油污的概率小，一般不进行碱洗水洗。

3.8.2　预热

除锈前对钢管进行预热的目的：去潮气，并使表面活化干燥，附着层疏松，有利于钢砂击打钢管表面。在钢管抛丸除锈前，标准 GB/T 23257 规定钢管表面的温度需要达到露点温度以上 3℃。

（1）钢管外壁预热方式：无污染中频电源和火焰加热

① 中频电源加热。钢管通过相应尺寸的加热圈感应加热，在钢管自身热作用下，除去钢管表面的水分。对于含有油污点的钢管，感应加热无法去除。

功率选取计算举例：

$$P=(C \times G \times T)/(0.24 \times t \times \eta \times 1000) \tag{3-5}$$

式中　P——额定功率，kW；

　　　C——金属比热 [注：钢的比热为 $0.12 \times 10^3 J/(kg \cdot ℃)$]；

　　　G——加热工件重量，kg；

　　　T——加热温度，℃；

　　　t——工作节拍，60s；

　　　η——设备综合热效率（一般情况下，取 0.68 左右）。

钢管：φ813mm，δ=11mm，L=12.2m。相应计算取值见表 3-6（仅作参考）。

表 3-6　中频功率计算表（透热壁厚 7mm）

钢管直线运行速度 /（m/min）	G/（kg/min）	T/℃	P/kW
3.50	484.54	60	356.3
3.00	415.32	60	305.4
2.50	346.10	60	254.5
2.00	265.88	60	203.6
1.50	207.66	60	152.7
1.00	138.44	60	101.8

② 火焰加热。火焰方式是去除钢管外表面少量水分和微小油污点的最佳方法。一般采用天然气或燃油燃烧器对除锈前的钢管进行预热，去除钢管表面水分和油渍（轻量），将钢管表面加热至所需温度。采用火焰预热须防止吸附性较强的碳残留。

（2）钢管内壁预热：中频感应加热、强热风干燥和天然气火焰除湿

① 中频感应加热 [图 3-10（a）]。耗电量大，通过特殊设计加热圈结构，伸入钢管内壁，通过感应预热钢管内壁，经过热风机抽出蒸发热气，完成内加热。主要通过感应加热钢管，依据本体热量蒸发水分。

 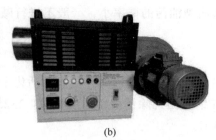 

(a)　　　　　　　　　　　(b)　　　　　　　　　　　(c)

图 3-10　钢管内壁预热的几种形式

② 强热风干燥 [图 3-10（b）]。在管内吹入热风，使空气流动加快。干燥装置的鼓风机鼓入的冷风经过电加热的加热装置，把冷空气加热，并通过出风口鼓入内表面需要干燥的钢管。由于鼓风机的作用，使热风作用于钢管内表面，并通过另一管口排出，受到管道长度的影响，除湿效率较低。

③ 天然气火焰除湿 [图 3-10（c）]。设计专用火嘴，伸入钢管内壁进行预热。工作过程为：伸臂把安装在其上的烧嘴送入钢管内壁，达到管端时，点火燃烧，钢管旋转，伸臂后退匀速加热钢管内壁表面。采用火焰预热是去除管内湿气的最佳方式，但在除湿过程中，须防止火焰燃烧后的碳残留。

3.8.3　除锈

除锈是钢管表面处理最重要的一个环节，钢管表面覆盖的氧化皮、铁锈等只能通过除锈方式清除，并且只有除锈方式才能在钢管表面形成均匀的粗糙度。

钢管除锈的最佳方式有抛射和喷射两种。其工作原理是：采用压缩空气或离心方式驱使磨料冲击钢管表面，依照强大的撞击力和摩擦力去除氧化皮和铁锈。击打除锈不但可以清除钢管表面的附着物、形成均匀的粗糙度，还可以消除钢管表面的残余应力、焊缝内应力。

（1）钢管外壁除锈

采用抛射方式，针对相应管径选择合适的通过式抛丸清理机。当钢管通过安装有抛丸器的清理室时，金属磨料在抛丸器高速旋转过程中，离心甩出击打在钢管表面。清除钢管表面的氧化皮、铁锈等杂质，并形成深度为 $50 \sim 90\mu m$ 的粗糙度。

（2）钢管内壁清理

受到管径大小的影响，钢管内壁的清理一般采用喷丸和抛丸两种方式。

喷丸技术。采用压缩空气把金属磨料通过专用喷丸枪嘴送入钢管内壁，用压缩空气的气压带动金属磨料击打钢管内表面，去除钢管表面的浮锈。由于受到效率的影响，一般内喷丸装置所适用的钢管管径为 $\varphi 59 \sim 426mm$。

抛丸技术。采用液压电机带动抛丸器高速旋转，把金属磨料离心甩出击打在钢管内壁表面，清除内表面浮锈，并形成 30 ～ 50μm 的粗糙度。实际应用过程中，内抛丸效率要高于内喷丸装置，适用的管径范围≥φ426mm。

金属磨料的品种对钢管表面处理的质量影响很大，对于钢管除锈一般采用金属磨料，极少使用非金属磨料，金属磨料主要采用钢丸、钢砂和钢丝段三种，须根据实际粗糙度的要求进行两种磨料的配比混合。

3.8.4　除尘

钢管经过击打去除了表面浮锈等杂物，但在管表面还积存一定量的灰尘，需要采用吹扫装置清扫钢管内表面、滚刷装置去除钢管外表面的灰尘，并把飞扬的灰尘通过吸尘装置吸离钢管表面，这样才能清理干净钢管表面以及锚纹坑内的灰尘，达到涂装前钢管的清洁度。

按 GB/T 18570.3 规定的方法进行表面灰尘度评定，要求表面灰尘度不低于 2 级。

3.8.5　酸洗、水洗

当钢材表面接触到水和氧气时，就会生锈腐蚀。很多化学物质存在于大气和海水中，比如可溶性的氯化物和硫酸盐等，有很强的腐蚀促进性，这些物质会形成多种的水溶性铁盐。涂层下面存在着氯化物能导致起泡。

酸洗主要是为了除去钢管表面的 Cl^-。Cl^- 存在于氧化层下面，来源很多，有时高有时低；可能来自长时间的存放，可能来自热轧，可能来自制管，可能来自运输等。Cl^- 在钢管表面也不是均匀分布的。钢管表面氯化物大多存在于氧化皮下面的缝隙内，无法采用表面接触的机械方式进行清除，或除锈后因含氯金属磨料的影响，所产生的氯离子嵌合聚集在锚纹坑内。因此酸洗通常放在钢管除锈后进行。

要维持涂层附着在钢管上，除去钢管表面所有的可溶性盐分是很重要的。磷酸洗辅助高压水冲洗是最有效的方法。这个过程能够除去所有水溶性盐分，同时也除去了粉尘以及磨料击打后残留在钢管表面的其他碎屑杂质，为涂层的附着提供了一个活性表面。

钢管外表面酸洗过程：采用低压泵、喷枪及喷嘴，在已进行抛丸的钢管外表面喷淋热水与磷酸溶液，在溶液与钢管进行化学反应一段时间后，用高压泵打出去离子水对钢管表面进行清洗，去除酸液残留，使钢管表面基本达到中性。

钢管涂层涂装的相关标准要求氯化物含量不能超过加 20mg/m²，氯化物含量可通过盐分测量仪测定。

酸洗、水洗工艺过程如图 3-11 所示。设备布置简图如图 3-12 所示。

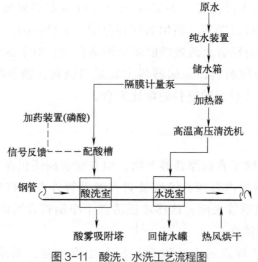

图 3-11 酸洗、水洗工艺流程图

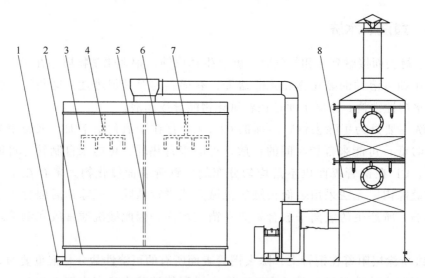

图 3-12 酸洗、水洗设备布置简图

1—废液收集管；2—废液槽；3—酸洗箱；4—酸洗喷头；5—隔板；6—水洗箱；

7—高压水洗喷头；8—酸雾吸附塔

中海油所提供的酸洗、水洗基本数据如下，可作为实际应用的参考依据。

（1）酸洗

所选用的酸洗液为磷酸、溶剂和表面活性剂混合液。混合液的密度（20℃近似值）1345g/L，黏度（20℃）为 34 ～ 40mPa·s。

① 酸液浓度：5% ～ 20%；②喷淋时间：≥ 20s；③喷淋流量：0.1 ～ 0.15L/m²；④酸洗液压力：100 ～ 200kPa；⑤钢管表面温度：40 ～ 60℃。

（2）高压水洗

①喷淋压力：≥ 1250psi（8.6MPa），最低不能低于 1000psi（6.9MPa）；②喷淋流量：≥ 1.5L/m²；③ pH 值：水洗后，钢管 pH 值应介于 6 ～ 7（精密 pH 试纸或工业 pH 计测量）；④水温：室温～ 80℃；⑤水质：去离子水（纯水）。

一般酸洗从开始到结束需要 30s 左右，水洗后利用压缩空气和热风清除残留水分，保证钢管表面干燥。使用后的酸洗溶液须处理后排放，有条件的情况下，水溶液可以进行去离子后二次利用。

（3）酸洗、水洗前后盐分测定数据比较（表 3-7）

表 3-7　酸洗试验现场钢管表面盐分的检测（温度：27℃；湿度：30%）

编号	钢管表面盐分 /（mg/m²)		
	喷砂除锈前	喷砂除锈后	酸洗 + 水洗后
1	93.6	37.8	12.0
2	82.8	36.0	13.2
3	94.8	32.4	10.8
4	80.4	39.3	10.8
5	98.4	32.4	14.4
6	93.6	39.6	10.8

3.8.6　铬酸盐钝化

在阴极保护与防腐涂层结合应用的情况下，防腐涂层是主要的防腐系统，而阴极保护是辅助防腐系统。虽然管道有许多性能指标，但从附着的角度，抗阴极剥离与附着力是最重要的性能。失去附着力是管道事故根本原因之一，因此，需要努力改进附着力与抗阴极剥离性能[16]。

除酸洗外，改善附着力的另一种方法是用促进附着的化学剂处理钢管表面。铬酸盐就是这样的表面活性剂，但由于铬酸盐含有重金属离子，容易造成人体伤害和环境污染，所以铬酸盐处理不像磷酸洗那样普遍采用，但是，一些国家（俄罗斯、印度等）要求钢管涂覆前必须采用铬酸盐钝化。

美国杜邦公司针对铬酸盐钝化的环氧粉末涂层进行了一系列试验，过程见表 3-8[16]。

表 3-8　杜邦公司铬酸盐试验步骤

工序	步骤	内容
1	钢板前处理	喷砂除锈、磷酸洗、去离子水冲洗
2	涂刷铬酸盐溶液	铬酸盐应用温度分别为 25℃、50℃、80℃；铬酸盐溶液浓度 0%、5%、10%、25%

工序	步骤	内容
3	涂装环氧涂层	钢板加热到230℃左右，厚度分别为250μm[①]和500μm
4	阴极剥离试验	典型的阴极剥离试验装置，分别在25℃和80℃下进行，共计28d

试验样片：24片；最终实验数据：48个[②]

①杜邦公司试验以250μm代表三层聚烯烃厚度，实际上在国内和国际上涂层标准中，环氧涂层的厚度远低于此值。

②实际试验过程中，多个试验样片，重复进行。

在25℃进行阴极剥离实验，铬酸盐钝化对于涂层（环氧粉末，厚度250μm）实验数据影响并不大，未钝化也能够满足阴极剥离的涂层质量要求，例如不经过钝化，阴极剥离值最大为3.9mm（标准规范要求：24h或48h阴极剥离 ≤ 8mm，28d阴极剥离 ≤ 10mm）。

80℃进行阴极剥离实验时铬酸盐钝化与否，对于涂层（环氧粉末）实验数据影响非常大。例如不经过钝化，阴极剥离值最小值为12mm左右，最大可达20mm；在浓度25%、溶液温度55℃的工况下进行钝化后的涂膜，阴极剥离平均值为8.7mm（FBE涂层厚度275μm）；采用浓度25%、溶液温度25℃工况下进行钝化后的涂膜，阴极剥离平均值为7.9mm（FBE涂层厚度500μm），其值与采用浓度10%、溶液温度80℃工况下进行钝化后的涂膜阴极剥离平均值一样。

所以如果要采用铬酸盐进行钢管表面钝化，需要采用浓度10% ~ 25%的铬酸盐，铬酸盐的温度要求为25 ~ 80℃，并且需要参照FBE涂层厚度。

美国杜邦公司经过一系列的实验，筛选了最佳的适用于实际应用的铬酸盐钝化条件，希望对于已经采用或即将采用铬酸盐钝化的单位有一定的帮助，也希望相关机构能够进行进一步的试验验证，以得到更加充分的证明。

但在实际应用中，有一种新型的熔结环氧粉末，其性能已经不需要采用铬酸盐钝化就能达到涂层最佳结合性能。

3.9　前处理后的钢管表面评定方法

3.9.1　除锈等级评定

钢管表面除锈等级的评定主要采用目视检查加标准照片比对。

目视检查法即由人工直接用眼睛在显微镜下对零件可以看到的外表面或内腔表面进行检查。调节显微镜的照明亮度和放大倍数，人工可以判断污染颗粒是金属、非金属还是纤维以及尺寸大小。目视检查可以检查残留在零件表面的比较大而且明显的颗粒、斑点、锈斑等污染。

标准照片比对，是把通过眼睛或其他放大工具所观测的处理后的表面与标准照片进行比对，选择外观最接近的与钢管除锈前钢管锈蚀程度匹配的除锈等级图片，判定除锈等级。

参照标准中的标准典型样板照片进行比对，主要由防腐蚀工程师（现场监理）完成，检查的结果受人为因素的影响很大。

3.9.2　粗糙度测定方法

表面粗糙度测定方法有比较法、触针法、光切法和干涉法等。钢管表面粗糙度的现场测定，最快捷的方式为比较法和触针法。

（1）比较法

将表面粗糙度比较样块根据视觉和触觉与被测表面比较，判断被测表面粗糙度，或测量其反射光强变化来评定其表面粗糙度。比较时，可以肉眼判断、手指触摸或借助放大镜（放大镜的放大倍率不超过 7 倍）以及比较显微镜。

样块是一套具有矩形面的金属块，表面有经抛（喷）丸加工所产生的表面粗糙度特征。有时可直接从工件中选出样品经过测量并评定合格后作为样块。样块表面只应呈现其所要表征的金属材质和加工方法[19]，为无方向性的纹理特征。

图 3-13 所示即为采用喷丸方式（ISO 8503、GB/T 13288 的"S"样板）制作的表面粗糙度比较样块（英国易高 elcom-eter125-2 样块），在一块面板上表征 25μm、40μm、70μm 和 100μm 四种表面粗糙度。采用喷砂方式（ISO 8503、GB 13288 的"G"样板）制作的样板，表征的是 25μm、60μm、100μm 和 150μm 四种表面粗糙度，以上粗糙度标注的是 R_y 值，比较样块携带方便，比对简捷。

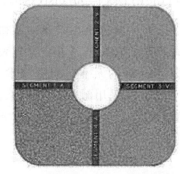

图 3-13　英国 PTE R2006/R2007/ 英国易高 Elcometer125 表面粗糙度比较板

样块比较法是现场钢管表面粗糙度测量采用的最简单、直观、便捷的方法。一般常用于中等或较粗糙表面的测量。

利用样块根据视觉和触觉评定表面粗糙度的方法虽然简便，但会受到主观因素的影响，常不能得出正确的表面粗糙度数值。

比较时所采用方法的选择依据：$R_a > 1.6μm$ 时用目测；$0.4μm ≤ R_a ≤ 1.6μm$ 时用放大镜；$R_a < 0.4μm$ 时用比较显微镜。

表面粗糙度与表面清洁度相比，不但依据标准（GB/T 13288.1—2008）给出了标准比较样块（图 3-13），并且针对比较样块给出了一个明确的书面描述，包括粗糙度等级范围（表 3-9）和粗糙度标称值和公差（表 3-10）。

表 3-9   粗糙度等级范围

等级	描述	粗糙度参数值	
		砂粒磨料（G）	丸粒磨料（S）
细	粗糙度相当和超过区域 1 的标称值，但不到区域 2 的标准	25 ～＜ 60	25 ～＜ 40
中	粗糙度相当和超过区域 2 的标称值，但不到区域 3 的标准	60 ～＜ 100	40 ～＜ 70
粗	粗糙度相当和超过区域 3 的标称值，但不到区域 4 的标准	100 ～＜ 150	70 ～＜ 100

表 3-10   ISO 表面粗糙度比较样块各区域表面粗糙度的标称值和公差

砂粒磨料喷射后的比较样块			丸粒磨料喷射后的比较样块		
区域	标称值 /μm	公差 /μm	标称值 /μm	公差 /μm	
1	25	3	25	3	
2	60	10	40	5	
3	100	15	70	10	
4	150	20	100	15	

注：标称值采用显微调焦法（参见 GB/T 13288.3—2009/ISO 8503-31988）标称值参见 $\bar{h}_y$，采用触针法（GB/T 13288.4—2013/ISO 8503-4-2012）标称值参见 $\bar{R}_{y5}$。

其中 $\bar{h}_y$ 值，是用规定的显微镜测定规定的观察区域上最高峰处与最低谷处的距离，记录为 h_y 值，并在试样表面上不同的观察区域，重复上述步骤共 20 次，记录 20 个不同的 h_y 值，计算算术平均值，作为平均最大峰谷高度 $\bar{h}_y$。

$\bar{R}_{y5}$ 值是采用触针法在选取的 10 个不同测试区间，所测定的 R_{y5} 值的算术平均值，记作最大峰谷高度 $\bar{R}_{y5}$。所以标准粗糙度比较样块以最大峰谷高度值作为标准值。

（2）触针法

抛（喷）丸除锈后，钢管表面形成一个个微小的锚纹坑，这种坑的深浅代表了钢管表面粗糙度的基本特征。而常用的指针式粗糙度仪（图 3-14），就是采用触针方式测量特征表面的锚纹深度，以此来表征粗糙度。

现场测量钢管表面的粗糙度，这种仪器最为直接、可靠、便捷，并且能以数值方式去记录。使用时，首先在玻璃面板上对表面粗糙度仪进行校准归零，然后在待测钢管表面上确定一个具有典型性的范围，再用粗糙度仪的指针接触测定锚纹坑，在表显或数显屏幕上读取相应数值并记录，一般需要测定 10 个数值，这 10 个数值的平均值可以视为此范围内的粗糙度值（R_z 值）。触针法还可以测出锚纹基坑的最浅和最深数值，并把测定的值与相关涂装标准比对，所以应该是钢管涂层涂装工序中表面粗糙度检测的最佳方式。

图 3-14　英国易高 Elcometer 表面粗糙度仪（表显，数显）

英国易高 Elcometer 表显表面粗糙度仪：0 ～ 1000μm（0 ～ 40mils），用于测量喷射处理表面的峰顶到谷底高度。

英国易高 Elcometer 数显表面粗糙度仪：测量范围 0 ～ 500μm（0 ～ 20mils），可以连接电脑以及手机等，进行数据记录。可以显示最后 20 个读数趋势图；所记录的粗糙度数据有：数标准、平均值、读数个数、标准偏差、最大限值、最小限值等。可以存储多达 2500 批次，150000 个读数。

3.9.3　盐分测定

（1）可溶性铁盐检测方法（ISO 8502-1）《可溶性铁腐蚀产品的现场试验》

选一标准钢管待测区域，用去离子水（蒸馏水）清洗，并将可溶性铁腐蚀产物溶于水中，用 2，2′- 联吡啶作为氧化还原指示剂，通过比色对所收集的洗液进行测定。标准中提出了较为苛刻的评定标准：钢管表面铁离子含量 ≤ 10mg/m²，但也认为当钢管表面的铁离子含量低于 150mg/m² 时，也在标准许可范围内。

（2）氯化物实验室测定

采用硝酸汞滴定法，应用原理为：汞离子与氯离子反应生成固形物氯化汞，反应式如下：

$$Hg^{2+}+Cl^-=HgCl^-$$

首先选取标准大小面积的处理后的待测钢管表面，用一定量的去离子水（蒸馏水）对其进行清理，并收集洗液，以苯卡巴腙 - 溴苯酚蓝作为指示剂，对收集的洗液中所含的氯离子进行分析测定。

具体方法为：取一定量的洗液并加入定量的指示剂，然后用硝酸汞滴定混合液，汞离子与氯离子反应生成固形物氯化汞，当氯离子消耗完，多余氯离子就会在含有指示剂的溶液中呈现紫色，表明滴定结束，从而可以计算出氯离子含量。

具体实验方法参见 ISO 8502-2（对应国标 GB/T 18570.2）《清理过的表面上氯化物的实验室测定》。

（3）涂装现场盐分测定

实验室测定氯离子含量的过程比较复杂，并需要专门的实验人员才能得到准确的数据，一般人员无法完成，测试时间也比较长，所以并不适合现场快速测定，因此并不推荐。最为简单、可靠、快捷的方法是采用便携式仪器进行测定。

涂装现场盐分浓度取样分析基于两个国际标准：ISO 8502-6，对应国标（GB/T 18570.6）《可溶性杂质的取样—Bresle 法》；ISO 8502-9，对应国标（GB/T 18570.9）《水溶性盐的现场电导率测定法》。

常用 A-1250 规格的 Bresle 盐分贴片有：英国易高 Elcometer135Bresle 盐分贴片和荷兰 TQCLD6504 盐分测试贴片。

常用表面盐分测试套装有：英国易高 Elcometer138 盐分测试套装（图 3-15）和荷兰 TQC SP7310 盐分测试套装以及英国 PTE P2004 BRESLE 盐分测试套装。

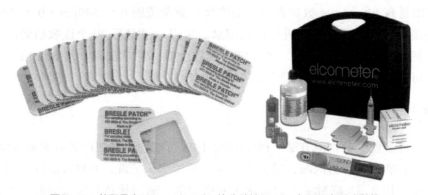

图 3-15 英国易高 Elcometer135 盐分贴片和 138 表面污染测试套装

盐分贴片的结构为四周涂有黏性材料、中间为空腔的薄片。使用时，将贴片粘贴在待测试的钢管表面，其中间空腔不与钢管表面接触，然后用注射器向间隙内注入一定量的蒸馏水（溶剂）并反复吸出/注入多次，使贴片所包围的面积上的盐类全部溶解在蒸馏水中。最后用注射器将溶液全部吸出，用导电计测定该溶液的含盐浓度，从而测出钢管表面单位面积上可溶性盐类的浓度。测定步骤如图 3-16 所示。

采用测试套装测试电导率的方法及步骤（符合 ISO 8502-6 暨 GB/T 18570.4，ISO 8502-9 暨 GB/T 18570.4）。

① 熟悉电导仪的使用方法（具体见相关设备操作说明）、熟悉实验操作步骤并能熟练进行测定。

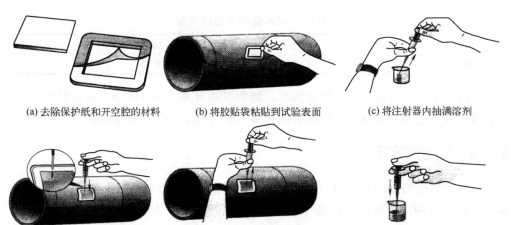

(a) 去除保护纸和开空腔的材料　　(b) 将胶贴袋粘贴到试验表面　　(c) 将注射器内抽满溶剂

(d) 将溶剂注入到胶贴袋空腔　(e) 将溶剂从胶贴袋空腔内抽回　(f) 将溶剂转移到一个适当的容器内进行分析

图 3-16　施工现场钢管表面可溶性盐度测定步骤[20]

② 在每次测试前要测试一下使用的水的电导率 L_0。

③ 电导率对水的零校正。

取一支新的 25mL（或其他标称值）的塑料杯，用注射器吸取 15mL（也可选用标准取水量，见表）蒸馏水放入杯中。

打开电导率仪开关并将其插入杯中，稍微移动一下并等待几分钟，便于电导率仪完成自动温度补偿。当读数稳定时读出测量值并记录。

④ 测试操作。

a. 选择钢管的表面上一小段面积（选择多段重复）来做盐分测试，要保证这一段表面干燥，并没有灰尘、未被破坏，这样贴纸才能完全贴在被测物体表面上。

b. 撕掉盐分贴纸上面的保护膜，把它紧紧地贴在被测钢管表面。

c. 取 3mL 或 5mL 经过 0 校正的水（15mL 蒸馏水）注入盐分贴纸上（在注入水之前用空的注射器吸出贴纸样品内的空气）。

d. 用注射器来回抽吸稀释测试表面的盐分（这个操作过程需要持续 3～5min，每分钟注射器来回抽动 2～4 次）。

e. 完成后，用注射器吸掉所有的水分，再将水注入 25mL 的塑料杯中（杯子中的水应该有 15mL）。

f. 测量杯子中的水的电导率，并记录下测量值 $L_{样品}$。

g. 计算公式：

$$S = T \times (L_{样品} - L_0) \tag{3-6}$$

式中，S 为表面含盐量，mg/m² （毫克每平方米）；T 为取水常量（与取水量相关，见表 3-11）；$L_{样品}$ 为水样测得的电导率，μs（微西）；L_0 为取样前蒸馏水所测得的电导率，μs（微西）。注：所有盐都可以当作是氯化钠。在测试以后要完全清洗掉仪器表面的盐分样品。

表 3-11 取水量和常量的关系

取水量 /mL	10	15	20	50
常量	4	6	8	20

h.检测举例：当取 20mL 的蒸馏水，测得其电导率为 6μs；经过盐分贴纸取样，得溶液，测其电导率为 8μs；根据公式计算：8 ×（8μs-6μs）=16mg/m²。

3.9.4 灰尘度测定

表面灰尘度测定的方法有：验油试纸法（GB/T 13312 规定）、硫酸铜法、自由能测试法、目测法和压敏粘带法（GB/T 18570.3 规定）。最直接、简单、快捷的方法为目测法和压敏粘带法。这两种方法中，目测法容易受到人为因素的影响，而压敏粘带法最可靠，在涂层涂装现场的钢管表面灰尘度检测中推荐使用。

（1）目测法

洁净的钢管基体表面可以采用目视、放大镜或显微镜进行观察比对，当然这样的目视要由有经验的检验工程师来完成，并且受到人为因素的影响，有可能出现大的偏差。

（2）压敏粘带法

把压敏粘带压贴在经过表面处理后的钢管基体表面，取下粘有灰尘的压敏粘带，放到一块与灰尘颜色有反差的单色显示板上，目视检查，评定粘在压敏粘带上的灰尘数量和颗粒尺寸，并与灰尘度等级图进行比较，从而确定表面清洁等级。

与灰尘度等级图进行比较，需要经过防腐蚀工程师（现场监理）确认最终结果，虽然也存在一定的人为影响因素，但因为选用的是比对判定标准等级图，所以出现误差概率比较小。

灰尘测试套装有英国易高 Elcometer142 与装荷兰 TQC SP3200 灰尘测试套装（图 3-17）。

图 3-17 英国易高 Elcometer142 与荷兰 TQC SP3200 灰尘测试套装
（ISO 8502-3/GB/T 18570.3）

3.9.5　除油效果评定

对于钢管防腐层涂装前部分表面参数的检定，现场测定为主要方式，因此对于除油效果的评定，油渍法和擦拭法最为直接和简便。

（1）目视法

本方法最为简单直接，通过目视观察清洁后的钢管表面，若存在微弱油渍薄膜，则为清理不干净。

（2）油渍法

将除油剂滴在需要检测的钢管表面，待除油剂蒸发干燥后，无痕迹，说明没有油污；若有圆环，则说明除油不干净。

（3）擦拭法

使用白绸布或滤纸擦拭处理后的钢管表面，若擦拭物表面没有油渍污染，则说明除油效果良好。

需要说明的是，以上检测方式并不能完全判断钢管表面的油渍已清除干净，因为钢管油渍的分布不会是大面积地存在，除非在表面处理前进行油污点标记，并在处理后能够准确找到污渍点所在位置，才能准确测定。即便是找到油污点，由于目测方式受到人为因素影响最大，一般不建议采用。

3.9.6　表面凝露评定

依据《涂覆涂料前凝露可能性的评定导则》（GB/T 18570.4）中的规定方式进行测定。

凝露测定需要用到的仪器有：吸气式湿度计、旋转式湿度计或电子湿度计，前两种需要依据湿度计算表（ISO 4677-1/2），后一种可以直接显示；钢管表面温度测定采用数字式电子温度计。

评定过程：第一步采用数字式电子温度计测定钢管表面的温度，每 $10m^2$ 的表面至少测 1 点。第二步采用温度计和湿度计测定空气温度和相对湿度，温度精确到 0.5℃。第三步用测定的数值计算露点，计算露点时采用钢管表面所测定温度的最低值。需要注意的是，选择表面测量温度点时，应考虑钢管的厚度变化和阴影的影响。

3.9.7　预处理应符合的规定

① 在涂覆前，应先清除钢管表面的油脂和污垢等附着物，并在对钢管预热后进行抛（喷）射除锈。在进行抛（喷）射除锈前，钢管表面温度应不低于露点温度 3℃。

② 除锈质量应达到 GB/T 8923 中规定的 Sa2½ 级，锚纹深度应达到 50 ～

90μm（或按照相关涂层标注要求，确定锚纹深度）。钢管表面的焊渣、毛刺等应清除干净。表面锚纹深度应每班至少测量两次，每次测量两根钢管。

③ 应将抛（喷）射除锈后的钢管表面灰尘及磨料清扫干净。钢管表面灰尘度等级应不低于 GB/T 18570.3 规定的 2 级。钢管表面灰尘度应每班至少检测 2 次，每次检测 2 根钢管。

④ 抛（喷）射除锈后的钢管应按 GB/T 18570.9 规定的方法或其他适宜的方法检测钢管表面的盐分含量，钢管表面的盐分不应超过 20mg/m²。每批进厂的钢管在表面处理后应至少抽测 2 根钢管表面的盐分。

⑤ 钢管表面处理后应防止钢管表面受潮、生锈或二次污染，需要清理除锈钢管的堆放平台、送管车、传动滚轮等表面的浮尘。对于与钢管接触的传动轮等橡胶面需要采用耐磨材料，防止钢管表面与橡胶面磨损后产生胶粉污染。应在室内进行涂层涂覆，防止外部环境飘散的灰尘污染钢管表面。

⑥ 表面预处理检验合格的钢管，应该在规定时间内完成钢管涂层的涂覆。一般规定应该在表面处理后 4h 内进行涂覆，超过 4h 或当出现返锈或表面污染时，应重新进行表面处理（GB/T 23257）。

SL 105《水工金属结构防腐蚀规范》对于时间间隔又进行了如下描述：表面预处理与涂装之间的间隔应尽可能缩短，在潮湿或工业大气等环境条件下，应在 2h 内涂装完毕。而相关标准规范[21]对于时间间隔进一步明确（表 3-12），应该说更为合理。

表 3-12　打砂与涂覆的最大允许时间间隔

相对湿度 /%	最大允许间隔时间 /h
＞ 80	2
71 ～ 80	3
≤ 70	4

⑦ 在开始生产时，应先用试验管段在生产线上分别依次调节预热温度及各层厚度，待各项参数达到要求后方可开始涂层涂覆的生产。

参考文献

[1] 翟兰兰 . 纳米改性高分子与钢铁附着机理的研究 [D]. 杭州：浙江大学，2008.

[2] 徐滨士，刘世参 . 中国工程材料大典 // 材料表面工程（上）[M]. 北京：化学工业出版社，2005：128.

[3] 王一建，钟金环，黄乐，等 . 金属工件涂装前处理技术的现状与展望 [J]. 涂料工业，2009（12）：24-27.

[4]　翟兰兰，凌国平，郦剑．金属 / 高分子涂层附着机理的研究方法 [J]. 材料导报，2006（20）：274-277.

[5]　德怀特·G·韦尔登．涂层失效分析 [M]. 杨智，雍兴跃，译．北京：化学工业出版社，2017.

[6]　胡士信，廖宇平，王冰怀．管道防腐层设计手册 [M]. 北京：化学工业出版社，2007：169-170.

[7]　Leidheiser H. Corrosion of painted metals：A review[J]. Orrosion，1982，38（7）：374-383.

[8]　杨晖，潘少明．基体表面粗糙度对涂层结合强度的影响 [J]. 热加工工艺，2008（15）：123-126.

[9]　王守仁，王瑞国．抛（喷）丸清理工艺与设备 [M]. 北京：机械工业出版社，2012：2-3.

[10]　沈国良．喷丸清理技术 [M]. 北京：化学工业出版社，2004：10.

[11]　中华人民共和国国家质量监督检验检疫总局，中国国家标准化管理委员会．涂覆涂料前钢材表面处理　表面清洁度的目视评定　第 1 部分：未涂覆过的钢材表面和全面清除原有涂层后的钢材表面的锈蚀等级和处理等级：GB/T 8923.1—2011[S]. 北京：中国标准出版社，2011.

[12]　乔军平．全面分析管道三层 PE 防腐层缺陷（二）焊缝防腐层缺陷 [J]. 全面腐蚀控制，2009（2）：41-44.

[13]　陈学定，韩文政．表面涂层技术 [M]. 北京：机械工业出版社，1991：72-73.

[14]　杨辉，潘少明．基体表面粗糙度对涂层结合强度的影响 [J]. 金属铸锻焊技术，2008（8）：118-121.

[15]　李睿，侯宇，刘淑聪，等．锚纹特征对管道外防腐环氧涂层附着力的影响 [J]. 油气储运，2011，30（5）：355-358.

[16]　Kuruvila Varughese，Edmondson. 磷酸洗和铬酸盐处理对熔结环氧粉末涂层抗阴极剥离和附着力的作用 [C]// 第 16 届国际管道防护会议．2005.

[17]　韩树强，刘泽年，刘军．不同表面处理方法对环氧胶粘涂层剪切强度影响 [J]. 辽宁石油化工大学学报，2009，29（3）：55-57.

[18]　王锡春．涂装车间设计手册 [M]. 2 版．北京：化学工业出版社，2013：40-41.

[19]　刘如伟，李胜利，张来斌，等．钢结构抛丸（喷丸）清理用金属磨料的对比分析 [J]. 钢结构，2004（2）：70-71.

[20]　中华人民共和国国家质量监督检验检疫总局，中国国家标准化管理委员会．涂覆涂料前钢材表面处理　表面清洁度的评定试验　第 6 部分：可溶性杂质的取样：GB/T 18570.6—2011[S]. 北京：中国标准出版社，2011.

[21]　French standards association steel tubes external triple-layer polyethylene based coating application by extrusion: NF A49-710-88[S].

第 4 章

钢管表面抛（喷）丸清理设备

抛（喷）丸表面清理，是磨料（钢丸／砂）在风力或机械动力作用下，高速撞击钢管表面，使金属基体上的氧化皮、轧制鳞片或锈蚀层脱落并露出金属本体的过程。

抛（喷）丸清理的特点：①磨料高速冲击可以清理钢管表面强力贴附的结合物（轧制鳞片、氧化皮以及锈蚀产物等）；②针对钢管的涂层涂装，可以采用在线清理方式，满足钢管涂层涂装短时间施工的要求；③满足不同管径钢管表面的清理要求；④能够形成一定覆盖率的锚纹坑，增加钢管基体的表面积，增加涂层与钢管基体的结合强度；⑤可以根据需要，调整钢管表面锚纹的覆盖率，以满足涂层材料的最佳结合与材料的最大利用率；⑥针对不同类型的涂层，通过调整钢丸（砂）粒径和掺混比例，可形成不同规则和深度的锚纹特征；⑦钢丸（砂）可以重复利用，经济性好，废料回收满足环保要求。

针对钢管的内外表面处理设备，现阶段应用最广的是外抛丸清理机、内抛丸清理机和内喷丸清理机。

4.1 钢管外抛丸清理机

抛丸是一种机械行业的表面处理工艺，指在高速离心力作用下的金属磨料击打工件表面，去除其表面覆盖物，露出所要求的基材本体，并使工件的表面达到一定的粗糙度，以提高工件漆膜附着力的过程。

抛丸机种类较多，主要包含：通过式抛丸机（整长、规整形状，可以连续通过的构件）、履带式抛丸机（适用于小型异形件）、悬链式抛丸机（适用于小型铸铁件、钢铸件、锻件及冲压件）、转台式抛丸机（适用于铸锻件及热处理后的扁平、薄壁怕碰撞零件）以及筒式抛丸机、活塞环专用抛丸机、路面抛丸机等。

钢管外表面附着物去除和粗糙度的形成，采用通过式抛丸清理机来完成。

4.1.1　通过式钢管外抛丸机

钢管外抛丸是钢管涂装前除去钢管表面的浮锈、轧制鳞片等可剥离物质的主要操作方式。工作方式：电动机带动叶轮旋转，在离心力的作用下，将一定量的金属磨料抛向连续通过的钢管表面。通过金属磨料的击打，去除钢管表面的浮锈、轧制鳞片以及其他附着物，也可以在钢管表面形成一定数量和深度的锚纹，以增加钢管与涂层接触的表面积，提高钢管与涂层之间的锚固能力（图 4-1）。

图 4-1　通过式钢管外壁抛丸清理机三维视图

其工艺过程为：钢管在传动轮组上螺旋或直线向前传动，匀速通过抛丸室，置于抛丸室顶部（顶抛）、侧部（侧抛）或底部（底抛）的抛头在电机的带动下高速旋转，金属磨料通过抛丸器的离心作用，抛向钢管表面，在高速击打作用下去除钢管表面的锈皮等覆盖物。外接的除尘设备满足抛丸过程中洁净空气的排出。

4.1.2　工作原理与设备组成

4.1.2.1　工作原理

通过式钢管外抛丸清理机工作原理如图 4-2 所示。金属磨料通过安装在斗形提升机 9 上的提升斗送入抛丸机顶部流道，再由螺旋输送机 1 送入丸渣分离器 5（螺旋输送机构与分离器一般合称为螺旋分离器），经分离后的合格金属磨料在重力作用下，经调节阀 4（砂量调节）通过送砂管 3 送入抛丸器 10，抛丸器在电机带动

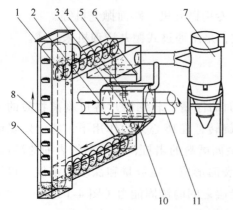

图4-2 通过式钢管外壁抛丸清理机工作原理图
1—磨料螺旋输送机；2—抛室清理室；3—送砂管；
4—砂量调节阀；5—分离器；6—储砂斗；
7—除尘设备；8—金属磨料下螺旋输送机；
9—提升机；10—抛丸器；11—钢管

下高速旋转，把金属磨料离心甩出，击打连续向前传输的钢管表面11，清理室2的作用是防止金属磨料飞溅，击打钢管后散落的金属磨料流入回收箱中，由下螺旋输送机8送入提升机9内（由于受到场地空间的限制，外抛丸一般不采用下螺旋输送机，采用的方式为主清理室设置倾斜排砂口，金属磨料直接流入提升机底部），形成金属磨料的循环利用。

金属磨料在击打钢管表面后，金属磨料破碎达到一定程度并且无法二次利用的细砂颗粒和灰尘，通过除尘装置7进行回收，经过过滤的洁净的空气排到空气中。

4.1.2.2 设备组成

（1）清理室

抛丸机清理室（图4-3）是金属磨料击打钢管的主要工作空间，是一个由钢板（板厚一般建议5mm以上）焊接的板式结构大型空腔，具备工作过程中进行密封、隔音并防止金属磨料飞溅的功能。由前后辅室和主清理室组成。

主清理室内壁挂装可以拆换的分片耐磨防护钢板（护板），护板多采用高铬铸铁（ZCr5，板厚10mm）或高锰材质的轧制钢板（高耐击打护板），例如ZGMn13，使用寿命超过12000h，但由于材料以及铸造工艺等原因，国内外高锰钢质量相差较大。每块护板之间接触部分采用叠压方式，并分别用高铬（锰）包铸螺母固定。当护板出现裂纹，应该马上更换，即便焊接后使用，也只能做暂时代用，否则金属磨料容易击破清理室，损坏设备或造成人员伤害。

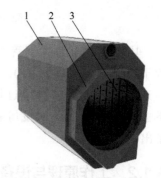

图4-3 外抛丸清理室
1—主清理室；2—辅室；3—护板

变护板安装角度，使弹丸作用在护板上的冲击力方向与护板呈45°角，而不是垂直作用在护板上。在改变护板安装角度的同时，利用反射原理和垂直镜面二次反射原理，将弹丸进行二次反射后再次作用在工件上，有利于能量的二次利用。

利用弹丸冲击，就像是一粒砂子高速地打在砂堆上，而不是垂直冲击在护板上，将护板制作成直角 V 字形，平行安装在抛丸清理室内墙板上和地面上，使其能够沉积一定量的磨料，接收高速运动弹丸的冲击。底面 V 字形护板平行固定在水平支架上，护板之间要留有大于弹丸直径的缝隙，以利于弹丸进入提升机的回收斗中进行再次抛射。其原理是：在抛丸除锈机工作时，离速运动的弹丸直接冲击在 V 字形护板内弹丸堆中，使高速运动的弹丸不冲击护板，达到了降低设备运行成本的目的[1]。

清理室的钢管进出位置开有圆形孔（孔径满足所清理最大钢管直径），为防止金属磨料飞溅，设置前后辅室，辅室外壁与主室外壁间距一般为 200 ～ 300mm，室内不安装护板，同样开有与进出钢管管径相适应的圆形孔，目的是增设防止工作过程中金属磨料飞溅而设置的双道密封，密封是指在主清理室与辅室圆形孔上安装有防止金属磨料飞溅的胶板或其他密封材料。

清理室底部下砂口用于排砂，箱体上安装的风管与回收系统相连，便于抛丸过程中灰尘的排出。

（2）提升机

抛丸器所需要的一定量的金属磨料通过提升机 [图 4-4（a）] 进行自动加料并循环，确保钢管表面清理的连续性。提升机是把金属磨料从底部加料段连续提升输送至顶部送料段的装置，由上下转轮、上下转轮张进的传送带以及安装在传送带上的多组送砂斗组成。与上转轮连接的减速机提供动力，确保传送带连续运转。送砂斗及其传送带安装在折弯钢板组装的罩壳内，罩壳顶部的可拆装盖板，满足送砂斗的更换、皮带维修等。在罩壳中下部的加砂口满足人工加砂的要求，罩壳下部侧方盖板可以清理底部拥塞的金属磨料。

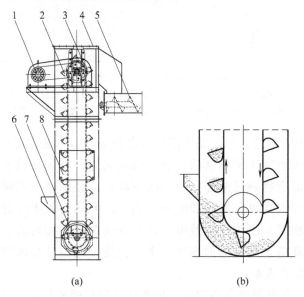

(a)　　　　　(b)

图 4-4　提升机示意图

1—电机减速机；2—送砂斗；3—上转轮；4—上盖板；5—滚筒筛；6—加砂口；7—下转轮；8—人孔

抛丸机的提升机要求垂直安装，并且要便于磨料加装，所以其牵引采用带式机构，满足平稳传输和垂直升降的要求。料斗取料采用掏取式［图4-4（b）］，满足粉末状、颗粒状、小块状的无磨琢性或半磨琢性的散状物料的输送。由于在掏取物料时不会产生很大的阻力，所以允许料斗的运行速度较高，为0.8～2m/s。

（3）分离器

分离器（图4-5）是抛丸清理设备的关键部件之一，目前分离器主要分为风选和磁选两种，由于经过磁选的钢砂表面会有一定量的剩磁，造成钢砂流动性差，同时会在钢砂表面吸附一定量的铁粉和氧化皮，这部分杂质在运行过程中会进行累积，造成风选困难[2]，而采用消磁器又会造成设备复杂程度增加、设备高度增高等缺点，所以钢管抛丸装置的分离器主要采用风选形式的帘幕式分离器。

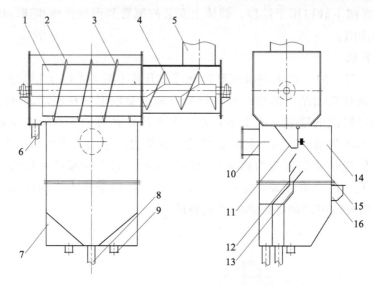

图4-5　帘幕分离器结构示意图

1—滚筒筛；2—壳体；3—外螺旋；4—内螺旋；5—进砂口；6—排渣口；7—储砂斗；8—废料口；9—下砂口；10—风管；11—闸板；12—一级滤板；13—二级滤板；14—分离壳；15—重锤；16—加砂口

钢砂在击打钢管的过程中，完好钢砂与自身受冲击力的作用产生破损，并且产生大量从钢管表面剥离下来的锈渣、杂质以及灰尘，受到抛射效率的影响，部分完好钢砂与这些混合物通过清理室底部的下砂口，经钢砂下螺旋输送到提升机底部存砂段，并通过提升机完成钢砂的循环利用。但混合砂中所含的灰尘会造成钢管表面灰尘大量积聚，影响除尘效果，且其所包含的清理后的杂质和细小无作用效果的破损钢砂降低了抛丸器的清理效率，会使抛丸器叶片的磨损加快，降低其使用寿命，增加维护成本。

因此必须采用分离器将合格钢砂（包含部分虽已破碎但可以使用的钢砂）与废砂、杂质以及灰尘等分离出来。其工作原理是：混合砂由提升机提至进砂口，并送入分离器滚筒筛中，滚筒内外均布有螺旋叶片，内螺旋叶片将大块杂物经排渣口排出；过筛后的砂粒及粉尘混合物经滚筒筛的外螺旋叶片和螺旋布料器推送，使其沿分离器长度上均匀布料，并形成流幕，流幕受到水平气流（洁净风或带磁风）对颗粒的推力（风选），形成偏斜的曲线运动轨迹，因颗粒的密度和粒径的差异，其偏斜程度不尽相同，从而使丸渣得以分离，粉尘被吸入除尘器进行净化处理，碎砂、细小杂质等通过废料口进入废料储斗，合格钢砂和部分小块杂物经再次筛分进入储砂斗以供循环使用。

（4）输砂管

输砂管与储砂斗相连，根据抛丸器的数量进行设置并一一对应，是确保钢砂输送至抛丸器的通道，可以根据钢管管径的大小和清理速度，由安装在输丸管中间的气动调节阀控制的闸门来调节钢砂的输送量，满足清理要求。

输砂管会受到管径、倾斜度和管内光滑程度等的影响，在运行过程中可能会出现钢砂拥塞、气阻等现象，造成钢砂输送不畅，所以在设计加工时需引起注意。

（5）抛丸器

抛丸器（图 4-6）是抛丸机的关键部件，主要由转动机构、叶轮、罩壳、定向套、分丸轮、护板等组成，其中叶轮采用高铬铸铁或高锰钢材质锻造而成，叶片、定向套、分丸轮及护板均采用高铬铸铁。

抛丸器中的双圆盘铆接成一体，构成叶轮体，叶轮上装有八片（或六片）叶片，叶轮与分丸轮一起装在由电机驱动的主轴上。外罩内装有高铬或高锰钢材质的内衬板和侧护板，罩壳上装有定向套及进砂管。

设计抛丸器的关键是选择并确定合理的技术参数，如叶轮直径、转速、叶片宽度以及电机功率等，以获得清砂工艺所要求的弹丸抛射速度和抛丸量。

图 4-6　抛丸器总装示意图

1—电机直连或皮带轮连接法兰；2—防尘圈；3—传动法兰；4—叶轮；5—叶片；6—内衬板；7—分丸轮；8—侧护板；9—外罩；10—顶护板；11—盖板；12—定向套支撑圈；13—定向套；14—进砂管

① 工作原理。依靠高速旋转的叶片将磨料颗粒以最大速度抛向工件表面，抛丸器内部装有六或八片对称布置的叶片。钢砂由进砂管以机械重力方式流入抛丸器的分丸轮内，跟叶片做同步旋转的分丸轮使钢砂得到初速度，钢砂经分丸轮外面的定向套窗口飞出，抛到定向套外面的高速旋转叶片上，由于离心力的作用，钢砂沿着叶片的长度方向加速，直到到达叶片的顶端以极高的速度撞击工件表面。因为分丸轮和叶片做同步旋转，保证了钢砂向叶片的无振动传递，从而降低了对

叶片的磨损。

② 抛丸器关键组件。

a. 分丸轮。分丸轮的作用是将钢砂按一定的要求正确地分布到叶片上，国内及

进口抛丸器均采用薄壁八窗口的分丸轮（图 4-7），能够更加均匀地分布钢砂，减少磨损。某些厂家也采用六窗口或四窗口分丸轮，一般当叶片回转半径 ≤ 380mm 时，采用四窗口。分丸轮的开口处一旦严重磨损，磨料就会撞击叶片的端头，造成叶片非正常磨损，磨料的发散流将变得没有规则。

图 4-7 分丸轮示意图

抛丸器分丸轮的尺寸和形状对抛丸量有直接影响，因此采取以下措施增加抛丸量。

选取较大的分丸轮内径，以扩大窗口通过截面。弹丸进入分丸轮内腔并非直接进入窗口，而是被携带旋转一圈乃至若干圈后，靠离心惯性力进入分丸轮窗口。由于内径加大，分丸轮内壁的圆周速度也相应加大，弹丸随之旋转的离心力也相应增大。分丸轮内径是影响抛丸量的主要因素。

分丸轮叶片截面内侧设计为圆弧形，相当于扩大了分丸轮内侧窗口面积，并且减少了弹丸进入的阻力。

分丸轮进丸口设计为圆锥形收口。圆筒状进丸口的分丸轮，当出现堵塞时，弹丸被离心惯性力压向轮壁，形成坚固的环形堆积。这个附着在分丸轮进口内壁上的弹丸环，即使在堵塞消失后也依然存在，阻碍弹丸顺利地进入分丸轮内腔，使抛丸量显著下降。而这个弹丸环只有在停车后，速度降到很低时，才会突然瓦解。圆锥形进丸口则可以避免这种不利情况，由于入口处不能形成堵塞入口的弹丸环，可使得抛丸量成倍增加。

分丸轮与定向套之间的间隙及定向套与外叶片内端的间隙，根据经验按大于或等于弹丸直径的二倍来确定，以保证不挤碎弹丸。也有文献提出分丸轮与定向套之间的间隙应为弹丸直径的 3～5 倍以上才能达到较好的耐磨性和较高的生产率[3]。

分丸轮为易损件，当发现分丸轮窗口有 4mm 以上或外径磨小 10mm 左右就应更换。

b. 定向套。定向套是固定在分丸轮外的零件，它的作用是使飞出的钢砂形成固定角度的导向流，在分丸轮内初步被加速的弹丸只能从定向套窗口飞出，除窗口以外的弹丸被定向套内壁阻挡住，避免外飞。

定向套（图 4-8）是开口宽度为 54mm、角度为 60° 的正三角形，抛丸器工作时，弹丸沿叶轮旋转平面呈扇形抛出。其角度即为扇形角，扇形角一般在

图 4-8 定向套示意图

55°～ 70°之间，当定向套窗口因磨损而变大时，扇形角也变大。一般扇形角要比定向套开口角大 10°左右。

定向套开口的位置决定弹丸被分丸轮喂到叶片的位置。而定向套上开口的形状会影响弹丸的发散形状和热区的大小。所谓的热区，即是弹丸发散面上弹丸比较集中的区域，这是由于弹丸在叶片上分布不均造成的。定向套的定位可以根据开口的磨损情况进行适当的调节，保证抛头在良好的运行状态下工作。以下举例说明定向套的调整（图 4-9）。

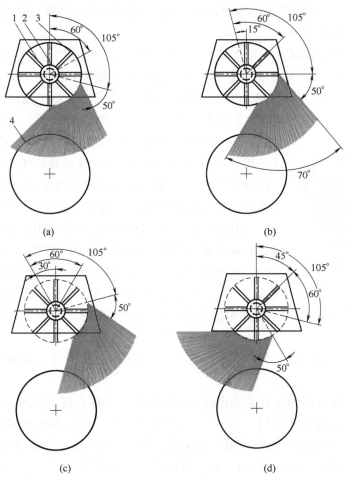

图 4-9　定向套角度调整示意图
1—定向套；2—分丸轮；3—叶片；4—钢管

定向套的调整通常以下列几个参数值为定值：通过钢砂最右侧出砂位置点与分丸轮中心的直线与丸轮开口左沿呈 105°夹角；钢砂离心抛射角为 50°（钢砂右极限出砂位与通过分丸轮中心和出砂位置点的直线夹角）；钢砂抛扇形角为 70°（分完轮开口角度加 10°）。

定向套开口一般按照轮开口左沿与轮心垂直线的夹角值进行调整，当左沿与轮心垂线夹角呈 0° 时，抛射效率最高 [图 4-9（a）]；当左沿与轮心垂线夹角呈 15° 时（逆向），抛射区偏右 [图 4-9（b）]。对于大口径钢管效率基本不受影响，对于小口径钢管容易形成散射，降低抛射效率；当左沿与轮心垂线夹角呈 30° 时（逆向），抛射区偏右 [图 4-9（c）]，并且受到叶轮护板干涉大，钢砂散射严重；当左沿与轮心垂线夹角呈 45° 时（顺向），抛射区偏左 [图 4-9（d）]，散射非常严重，角度比较小时，满足大管径管道除锈效率，小口径管同样会降低效率。因此在实际使用过程中，应根据叶片与钢管的距离、钢管直径合理调整分丸轮开口位置，以达到更高的抛射效率。

抛射过程中，钢砂抛射扇形角（70°）基本不变，但使用过程中因定向套磨损，使钢砂扩散角增大，导致抛丸器和清理室的其他护板磨损加快。因此，定向套的磨损超过 10mm 时，应更换新的定向套，也有文献进一步做了描述：定向套窗口磨损超过 15mm，内周局部地方磨损超过 5mm（二者满足其一），须进行更换。

图 4-10 叶轮盘示意图

c. 叶轮盘。叶轮盘形式现有两种：双圆盘和单圆盘。一般采用双圆盘（图 4-10），双圆盘的优点是叶片受力情况较单圆盘好，弹丸轴向散射较小，采用圆柱销式固定方式，方便叶片更换；其缺点是制造工艺复杂。

用双圆盘结构，使叶片稍向外伸出，避免了不伸出圆盘的外沿靠叶片处，钢砂击打冲刷圆盘，造成圆盘报废。

双圆盘叶轮盘，减少合金钢（一般采用 40Cr 锻钢）材料的消耗；减轻圆盘重量（约减少 20%）和缩小回转半径，从而减少了转动惯性，使电机的启动转矩，起动电流和启动延续时间都随之减少，有利于延长电机寿命。

例如，采用双圆盘结构在保证叶片外径 508mm 的条件下，圆盘直径可以缩小到 450mm。

d. 叶片。抛丸器的叶片是磨损最快的易损件，叶片有直、前曲、后曲三种，目前广泛采用的是直叶片（图 4-11）[3]。对于前曲叶片，钢砂抛出的速度和对叶片的磨损都增大，抛出速度增大，抛丸效率高，但需要的动能增加，对于抛丸器寿命影响较大，对抛丸器寿命不利。对于后曲叶片，由于其曲率是按弹丸对叶片的正压力为零而设计的，抛丸器任何速度，其正压力都接近零（考虑到制造误差），弹丸对叶片的磨损减轻了，但抛丸效率也降低了。虽然后曲叶片有一定的优点，但能耗、磨损、效率等多方面匹配性比较，直叶片是最好的选择。曲线叶片（圆弧曲线叶片）不但抛出速度低（不到出口就自由飞出），而且磨损比直线叶

图 4-11 直线叶片示意图

片严重（因曲线改变速度大小和方向，而直线叶片只改变大小），不适宜用于抛丸器[4]。

叶轮叶片长度确定。在叶轮外径确定的条件下，为了提高抛丸器抛丸量，就要缩短叶片长度，以加大分丸轮直径。于是可得到最小叶片长度的叶轮外径是叶轮内径的 2.53 倍[3]。

抛头中的叶片与磨料直接接触，其质量好坏与抛头的性能密切相关，叶片的耐磨性直接决定叶片的寿命和抛丸机的运行成本，抛头的叶片都要使用高耐磨材料制成，叶片的耐磨性除了与叶片的材料有关外，与抛丸机的工况条件密切相关。叶片出现深沟或一半以上要及时更换，并且成对更换，每对叶片重量相差不得超过 5g。

③ 抛丸器部件的质量及安装要求如下[5]。

a. 抛丸器的叶片、分丸轮、定向套及护板的硬度不应小于 55HRC。

b. 每台抛丸器中的叶片、分丸轮、定向套及护板各自的硬度最大或最小与平均值之差应在 ±3HRC 范围内。

c. 叶片、分丸轮、定向套的使用面和进丸管内部表面应平整、光滑，其尺寸公差不应大于 GB/T 6414《铸件尺寸公差、几何公差与机械加工余量》的 CT13 级，并符合有关规定。

d. 定向套与分丸轮之间的间隙应符合设计要求，因偏心导致的间隙变化量应不大于 1mm。

e. 抛丸器必须安装在牢固的基础上，钢板厚度不能低于 10mm，还要配抛丸器底座，厚度也不能低于 10mm。

f. 皮带式抛丸器电机主轴承每运行 2000h 左右，应更换润滑脂一次；抛丸器电机主轴承每运行 50h 左右，补充润滑脂一次；润滑脂为 ZL-3 锂基润滑脂。

g. 直连式抛丸器罩壳的厚度要增大，电机端不低于 12mm，对于 15kW 以上的电机要配电机座。

h. 抛丸器在每班工作后应检查抛丸机配件的磨损情况，及时更换抛丸机配件。

i. 抛丸器叶轮没有完全停止转动前，不允许打开护罩盖，打开护罩盖时应将电源总闸拉断。

j. 装配后，抛丸器叶轮的端面圆跳动（最大直径处）不大于 0.12mm。

k. 装配后，抛丸机叶轮的径向圆跳动不大于 0.12mm。

l. 同一叶轮上安装的叶片之间的质量差，不应大于叶片质量的 0.3%

m. 相对位置每对叶片之间的质量差，不应大于叶片质量的 0.2%。

n. 抛丸器的抛丸量应符合设计要求，允差应在 -10% ~ 10% 范围内。

o. 禁止抛丸器长时间过载运行，并且空载运行也不得超过 4h。

④ 叶片、分丸轮与定向套关系（图 4-12）。

以直径 500mm 抛丸器为例。在定向套位置处，分丸轮扇形体工作表面安装位置应比叶片工作面超前 15°或 6mm[图 4-12（a）]，保证钢砂从分丸轮飞入叶片时，避免撞击叶片根部甚至叶片背部 [图 4-12（b）]，从而降低叶片损坏概率和功率损耗。

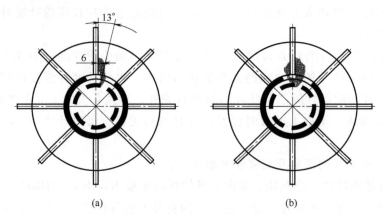

(a)   (b)

图 4-12　叶片、分丸轮、定向套关系图

⑤ 抛丸器布置。抛丸器在清理室中的布置，常规有顶抛、底抛和星形抛三种。

a.顶抛 [图 4-13（a）]。

抛丸器安装在清理室的顶部。钢管螺旋通过清理室时，抛丸器带动钢砂从上向下击打钢管表面，下落的钢砂直接通过口进入底部钢砂循环系统，不会出现抛丸器内钢砂拥塞、造成电机过流等状况的出现。

抛丸器顶置，电机与抛丸器一般采用直连方式，不适用于大抛丸器和大功率电机的安装，并且清理室过大，会造成抛丸器与清理室底部距离增大，当进行小管径钢管清理时（钢管与清理室底部距离不因钢管直径改变而发生变化），抛射效率过低，所以顶抛抛丸机，只适用于中小管径，管径范围为 $\varphi 57 \sim 406$mm。

b.底抛 [图 4-13（b）]。

抛丸器安装在清理室的底部或侧下部。钢管螺旋通过清理室时，抛丸器带动钢砂从下向上击打钢管表面，因为钢管在传输过程中管底高度保持不变，钢砂的抛

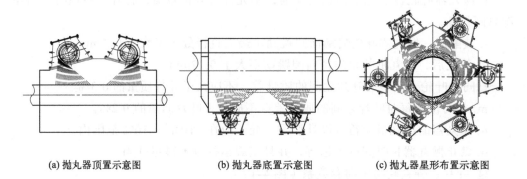

(a)抛丸器顶置示意图　　(b)抛丸器底置示意图　　(c)抛丸器星形布置示意图

图 4-13　抛丸器常规布置位置图

射距离一致，在不考虑钢管直径所影响到的钢砂接触面积的因素时，喷射效率最佳，适用于管径范围变化较大的钢管外壁的清理，例如 ≥ φ159mm 的钢管。

底抛抛丸器的布置多采用双抛头，受其影响双抛头间距需进行动态模拟，防止钢砂抛射时出现交错区域或空抛以及钢砂回落造成的抛丸器拥塞。

c. 星形抛 [图 4-13（c）]。

对于直线传输钢管，采用四周星形布置抛丸器，抛丸器安装在清理室周向位置，电机与抛丸器一般采用直连方式，不适用于大抛丸器和大功率电机的安装。多为四或六布置方式，抛丸器的布置经过计算机三维动态模拟，所有布置的角度、位置均由计算机设计确定，而且根据多次的实践经验总结，达到一种比较理想的抛射效果。每组抛丸器都跟工件运行方向呈一定角度，保证对待清理工件进行全面的抛丸清理，并在覆盖所有需清理工件的基础上，尽量减少钢砂的空抛，从而最大限度地提高了钢砂的利用率，减少了对清理室内防护板的磨损。

抛丸器星形布置，由于横向截面只布置一台抛丸器，清理室间距小，主要应用于弯管和短钢管的外壁清理。

⑥ 抛丸器与电机连接。抛丸器与电机的连接方式有两种：一种采用皮带式的连接 [图 4-14（a）]，另一种是抛丸器与电机直连 [图 4-14（b）]。

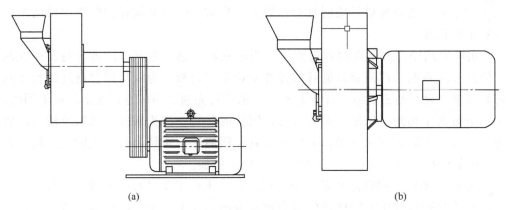

(a)　　　　　　　　　　　　　　　　(b)

图 4-14　抛丸器与电机传动示意图

皮带式连接是抛丸器与电机常见的连接方式，这种方式的优点是，抛丸器的剧烈振动不会直接传给电机，电机可以在一个相对平稳的工作环境下运转，而抛丸器抛出的钢砂也不容易对电机造成损坏，这样电机的故障率就下降了。但它也有缺点，就是对抛丸器的实际转速无法准确检测。由于电机与抛头通过皮带盘和皮带进行连接，电机的转速通过皮带以及皮带盘的转速比传递给抛丸器，这样皮带的松紧程度以及皮带盘的磨损程度不同，会造成传递速度的损失。速度等各个参数都是检测电机的，并且由于其工作场合的特殊性，无法额外在抛丸器上安装检测开关以检测实际的抛头运行状态。也就是说只能通过电机的运转频率、转速、电流等连接监控，存在一定的不确定性，并且因为占用空间大，不适合抛丸器上置和星形布置。

抛丸器与电机直连，优点是电机的旋转速度可以立即传给抛丸器，功耗小，可以很好地检测抛头旋转的情况。同时这种连接方式节省空间，设备设计时，只需要设计抛丸器位置，几乎不需要预留电机安装位置。不过此连接方式有明显的缺点：抛丸器在运行时震动很大，带动直连的电机振动，如此大的震动会使电机线圈相互摩擦、导线与外壳之间摩擦，容易造成绝缘破损使电机线圈损坏，并且电机外壳也会由于长时间的震动造成不同程度的损伤，甚至断裂，使电机存在报废的可能。抛丸器在工作过程中，往往会有钢砂飞溅出来，这些钢砂又容易磨损电机的壳体，甚至进入电机内部磨损电机的线圈，使绝缘破坏，电机报废。并且使用电机功率≤15kW 的抛丸器，抛丸器下置并存在积砂时，容易过流而烧毁电机，仅适合小功率的抛丸器上置或星形布置。

抛丸器有大有小，常用的抛丸器直径在 400～500mm 范围内，功率在 11～55kW 之间，最大功率可以达到 110kW，甚至更高。

⑦ 进出口密封。钢管外壁的除锈清理是在其通过抛丸清理室时完成的，抛丸器高速抛射的钢砂，在抛射或击打钢管、护板的过程中均会造成向清理室外飞溅，而飞溅不但会造成环境污染而且会造成人员伤害，所以必须在钢管进出口的位置设置密封装置。

实际应用中，外抛丸清理过程中采用辅室和主清理室共计两道密封，即在两室的开孔位置贴装抗撕裂性能好的弹性聚氨酯密封板。为满足钢管通过以及达到密封效果，聚氨酯密封板上开孔方式为：钢管首先通过挤压方式在密封板上划线，然后进行人工切割，以适应对相应管径钢管的包裹，防止钢砂沿聚氨酯板与钢管间隙飞溅。为满足不同管径，采用不同直径钢圈进行聚氨酯板固定圈的更换，以防止聚氨酯板管外面积过大，造成强度降低而撕裂。

⑧ 除尘系统。钢管除锈是一个物理过程，不止工作过程中钢砂带有灰尘，在击打钢管外壁过程中，同样产生因为钢管表面的泥土、锈皮掉落的尘渣，以及钢砂破损产生的细沙等，因此在钢管除锈清理过程中，均需要一套收集装置，收集颗粒大的尘渣，并通过过滤功能过滤空气中的灰尘才能达到环保要求的排放标准。而收集排尘装置一般采用配置有布袋式或滤芯的除尘器，而为保证大颗粒尘渣的收集，还需要配置沉降筒等，因此除沉降筒外，除尘器、风机、风筒等均为除尘系统的标配装置。而为满足相对应设备的有效除尘和排放，需要根据设备的相关参数进行核算，选择合理风机型号，避免大马拉小车造成钢砂浪费，或小马拉大车，造成钢管表面灰尘超标。也需要计算除尘器布袋或滤芯的面积以及采用相关质量标准配置布袋或滤芯，保证排尘的环保要求。

⑨ 电气控制。抛丸机为机械击打装置，所涉及的控制系统不但要满足设备的

正常启停，而且对于操作人员来说，危险源比较多，所以在进行电气控制设计时，保护开关的设置必不可少。

抛丸机操作时，分离器与提升机以及横向螺旋和纵向螺旋（如果安装有），需按顺序依次启动，方可运转起来。

分离器、提升机、横向螺旋、纵向螺旋，以上四部分若其中一个在运转中发生故障，则其后面的所有部分也会随之停车。

除尘系统独立运作，但一般在主机启动前首先启动除尘系统。开启砂量调节阀，必须首先启动相对应的抛丸器。工作过程中，需要观察每个抛丸器所对应的电流表，出现过流，需要立即停车。

安全保护，清理室各个检修门上必须设有安全保护开关，抛丸器盖板上同样安装检测开关，当任何一个检修门或盖板打开后，抛丸器不能启动。并设有多处急停开关，方便紧急关机，防止事故扩大。

4.1.3　选型计算

4.1.3.1　抛丸主机选型计算

抛丸主机选择的主要依据是抛丸器的抛丸量，因为抛丸机标配功率所对应的抛丸量基本成为一个定值（国内抛头形式、效率已经定型），比如 22kW 电机配置的抛丸器，有效出砂量一般为 150kg/min；75kW 电机配置的抛丸器，有效出砂量一般为 550kg/min，基本确定为单位功率（kW）的抛丸量为 7.5kg（此配置对于国外进口设备和新型结构抛丸机需要重新进行设定，但计算公式不变）。所以可以作为选择抛丸机的一个初步判定依据，首先计算出抛丸量后进行电机功率的选择，从而确定相应规格的抛丸机。一般按照以下公式计算。

出砂量：

$$Q_n = \frac{Q}{n} = \frac{v\pi D\lambda}{n\eta} \tag{4-1}$$

式中，Q_n 为单抛丸器有效出砂量，kg/min；Q 为有效出砂量，kg/min；n 为抛头数量，个；v 为钢管传输线速度，m/min；D 为管径，m；λ 为抛射密度，kg/m²；η 为效率80%。

电机功率：

$$N = \frac{Q}{q} \tag{4-2}$$

式中，N 为电机功率，kW；Q 为有效出砂量，kg/min；q 为抛丸比能，kg/（kW·min）（取值为 7.5）。

对于涂装防腐层的钢管，其表面的达到除锈等级必须达到 Sa2½，每平方米所需抛丸量 130 ～ 150kg，所以抛射密度 λ 取值取 140kg。如果出现新型抛丸器，抛丸效率可按照最新值来确定。

计算举例：φ820mm 钢管中等浮锈新制钢管，钢管螺旋向前传输，采用双抛丸器。表 4-1 为抛丸器选型计算参考表。

表 4-1 抛丸机抛丸器功率选取表（双抛丸器）

钢管传输速度 /（m/min）	抛射密度 /（kg/m²）	效率 /%	有效出砂量 /（kg/min）	总电机功率 /kW	单台电机功率 /kW
0.8	140	80	360	48	24
1	140	80	451	60	30
1.2	140	80	541	72	36
1.5	140	80	676	90	45
2	140	80	901	120	60
2.5	140	80	1126	150	75

注：根据钢管要求的除锈速度选择抛头功率，根据功率选择对应抛丸机，如果选用多台抛丸器，同理按照选用台数核算单电机功率。

4.1.3.2 提升机选型计算

钢管外抛丸机的物料提升机构，选用带式提升机[6]。

输送量：

$$Q = \frac{Q_j}{k} = \frac{3.6 V v \rho \psi}{ki} \tag{4-3}$$

式中，Q 为有效出砂量，t/h；Q_j 为实际出砂量，t/h；k 为供料不均匀系数，1.2；V 为料斗容积，m³；v 为料斗运行速度，m/s；ρ 为物料松散比重，t/m³；ψ 为料斗填充系数，0.85（按照细颗粒料选取）；i 为料斗间距，m。

提升机轴功率：

$$N = \frac{N_0 k'}{\eta_1 \eta_2} = \frac{QH(1.15 + k_1 k_2 v_t)k'}{367 \eta_1 \eta_2} \tag{4-4}$$

式中，N 为电动机功率，kW；Q 为实际输送量，t/h；N_0 为电动机轴功率，kW；H 为提升机提升高度，m；k' 为功率备用系数，1.1；k_1 为系数，0.5（系数选用参照参考文献[6]）；k_2 为系数，1.6（系数选用参照参考文献[6]）；v_t 为提升机提升速度，m/s；η_1 为减速机传动效率（按照实际减速机型号选取）；η_2 为链传动传动效率，0.95。

计算举例：φ820mm 中等浮锈新制钢管，螺旋向前传输，采用双抛丸器，提升机速度 1.5 m/s。表 4-2 列举出提升机功率参考选型表。

表 4-2 抛丸机提升机功率计算表格

钢管传输速度 /（m/min）	有效出砂量 /（kg/min）	计算电动机功率 /kW	取整电动机功率 /kW
0.8	360	1.25	1.5
1	451	1.56	2
1.2	541	1.87	2
1.5	676	2.34	3
2	901	3.12	4
2.5	1126	3.9	4

4.1.3.3 螺旋送进机选型计算

螺旋输送机磨料输送能力计算，采用如下近似公式。

磨料输送能力：

$$Q = \frac{60k\pi\,(D^2 - d^2)\,nS\rho}{4} \tag{4-5}$$

式中，Q 为磨料输送能力，T/h；k 为填充率系数（钢砂磨料颗粒选取 0.35）；D 为螺旋直径，m；d 为中轴直径，m；n 为转速，r/min；S 为节距，m；ρ 为磨料密度，T/m³（按照钢砂磨料选取 1.4）。

电机功率：

$$P = k'\left(\frac{\lambda Q}{367} + \frac{D}{20}\right)\frac{L}{\eta} \tag{4-6}$$

式中，P 为电机功率，kw；k' 为功率备用系数，一般取 1.1；λ 为阻力系数，一般取 $1.2 \sim 4$（钢砂磨料颗粒选取 3）；Q 为磨料输送能力，T/h；D 为螺旋直径，m；η 为减速机传动效率（按照减速机选取 0.9）；L 为输送长度，m；

计算举例：$\varphi820mm$ 中等浮绣新制钢管，螺旋向前传输，采用双抛丸器，提升机速度 1.5m/s。因为受到整体设备的影响，螺旋传送长度一般为 2m 左右，所以选用填充系数 $k=0.8$，设计螺旋参数：$D=0.3m$，$d=0.08m$，$S=0.25m$，$n=70r/min$，$L=2.2m$。计算功率见表 4-3。

表 4-3 螺旋输送机功率计算表

钢管传输速度 /（m/min）	有效出砂量 /（T/h）	计算输送量 /（T/h）	计算电动机功率 /kW	取整电动机功率 /kW
2.5	68	80	2.5	3

4.1.4 质量控制

钢管抛丸除锈的目的是满足最终涂层的涂装要求，表面处理的质量对于涂层质量的优劣占到总影响因子的 55% 以上，也就是说，除锈质量的好坏直接决定了涂层涂装的最终质量。

① 表面预热，除锈前钢管表面的温度不得低于露点温度 3℃ 以上，否则必须采用无污染明火或中频等其他热源进行预热。

② 清除表面可见油等污染物（可采用碱洗、水洗等工艺），如果钢管表面的锈蚀比较严重或有较重的灰尘，需要采用钢丝刷轮进行预清理。

③ 除锈后钢管不得沾附灰尘，传动轮、放置平台等必须清理干净，传动轮不得有磨损胶粒二次污染钢管，涂装前采用微尘处理装置清扫和吸出灰尘，有条件的可采用酸洗和高压水进行清洗。

④ 钢管表面处理后应防止钢管表面受潮、生锈或二次污染。表面处理后的钢管应在 4h 内进行涂覆，超过 4h 或当出现返锈以及表面污染时，应重新进行表面处理。除锈后钢管表面应达到以下处理要求。

实验证明表面粗糙度在 4 ~ 6μm，锚纹特征保持在 30 ~ 45μm [7]，但在实际应用中锚纹特征应保持在 50 ~ 90μm [8] 或 40 ~ 100μm [9]，应该说对应的锚纹特征大于上述值，但粗糙度相关标准中没有明确规定。灰尘度采用目测法确定，要求灰尘等级以正常视力可见（通常微粒直径在 50 ~ 100μm）以及标准中的灰尘数量等级参考图中的 2 级 [10]，并且满足钢管涂装质量要求。任何锈蚀等级的钢管，其除锈等级要求达到钢管基体的表面无可见油垢物，氧化皮、铁锈等附着物基本清除，其残留物应是牢固附着的，也就是 Sa2½ 级（工业上普遍使用的并可以作为验收技术要求及标准的级别）。Sa2½ 级处理的技术标准：疵点限定为不超过每平方米表面的 5%，可包括轻微暗影，少量因疵点，锈蚀引起的轻微脱色；氧化皮及油漆疵点 [11]。钢材表面均匀布置抛丸形成的抛射凹痕，抗滑的系数要达到 0.35 ~ 0.45。

⑤ 含盐量要求。相关国外标准和新国标 GB/T 23257 规定了钢管表面的盐分不应超过 20mg/m²，所以必要时需要抛丸除锈后采用酸洗、水洗。

4.1.5　金属磨料分类及选择配比

抛丸处理工艺和抛丸处理设备根据需要处理的钢管表面状态，通过三个参数来控制处理后的表面状况：选择丸料的大小、形状和配比，设备的行走速度，丸料的流量大小（冲击速度），以上三个参数互相配合，可以得到不同的处理效果，确保抛丸处理后表面的理想除锈效果和粗糙度。

钢管抛丸除锈前，需根据钢管的钢号、种类、原始锈蚀程度、涂料的类型、涂装所要求的表面粗糙度、锚纹深度等选择相应的金属磨料。金属磨料在使用前必须保持清洁干燥。

4.1.5.1　金属磨料的分类

金属磨料是钢丸、钢砂以及钢丝段（或钢丝切丸）的总称。

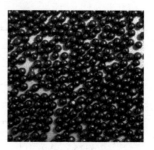

图 4-15　钢丸

（1）钢丸（图 4-15）

钢丸为球形，分白口铸铁丸、脱碳退火铸铁丸、高碳铸钢丸、低碳铸钢丸、低贝铸钢丸。钢丸型号标注取英文第一个字母 S，如 S330，粒度范围为 1.0mm。铸钢丸的硬度一般是 HRC40 ～ 50，加入一些比较硬的金属，可将硬度提高到 HRC57 ～ 62。它们的韧性较好，使用寿命是铸铁丸的几倍，应用范围广泛。

铸铁丸的硬度为 HRC58 ～ 65，这类钢丸的硬度高，质量就很脆，非常容易破碎，寿命短，应用不是很广泛。主要用于要求喷丸强度很高的地方。

对于钢管来说，表面的杂质清理和表面粗糙度的形成主要由钢丸击打形成。铸钢丸规格及参数见表 4-4。

表 4-4　铸钢丸规格及参数

型号	粒度 /μm	平均硬度 HRC	最小密度 /（g/cm³）
S780	2.0 ～ 2.8	常规：40 ～ 50 特殊：52 ～ 56 特殊：57 ～ 62	7.2
S60	1.6 ～ 2.24		
S550	1.25 ～ 2.0		
S460	1.7		
S390	1.0 ～ 1.6		
S330	0.8 ～ 1.25		
S280			
S230	0.6 ～ 1.0		
S170	0.4 ～ 0.8		
S110	0.3 ～ 0.6		
S70	0.2 ～ 0.4		

（2）钢砂（图 4-16）

硬度适中、韧性强、抗冲击，可反复使用，寿命长，反弹性好，附着力强，清理速度快，耗砂低，不破碎，清理工件亮度大，技术效果好。锚纹特征达 25 ～ 150μm，从而增加了金属表面的接触面积，提高了涂抹的表面附着力，对细化金属表面、强化金属结构具有十分显著的经济效益，是理想的清理喷抛、除锈和强化材料。钢砂为多边形棱角状，分为白口铸铁砂、高碳铸钢砂、铸钢砂等。铸钢砂型号：钢丸型号标注取英文第一个字母 G，例如 G25 钢砂，粒度范围为 1.0mm。钢砂在钢管抛丸工作过程中，多掺混在铸钢丸中，主要起形成一定量的锚纹数量和深度的作用。铸钢砂规格及参数见表 4-5。

表 4-5 铸钢砂的规格及参数

型号	粒度 /μm	平均硬度 HRC	平均密度 / (g/cm³)
G10	2.0 ～ 2.8		
G12	1.6 ～ 2.24		
G14	1.25 ～ 2.0		
G16	1.0 ～ 1.6		
GI8	1.0 ～ 1.6	GP：42 ～ 52	
G25	0.8 ～ 1.25	GL：53 ～ 60	7.6
G40	0.6 ～ 1.0/0.4 ～ 0.8	GH：60 ～ 64	
G50	0.3 ～ 0.6		
G80	0.2 ～ 0.4		
G120	0.16 ～ 0.3		
G200	0.1 ～ 0.2		

（3）钢丝段（图4-17）

钢丝段（又称钢丝切丸）是圆柱形的，圆柱的长度接近直径。钢丝切丸型号采用 CW 标注，其标注的数字一般为钢丝段的公称直径值，如 CW1.0。钢丝段的规格及硬度见表 4-6。

图 4-16 钢砂

图 4-17 钢丝段

表 4-6 钢丝段的规格及其硬度

公称直径		最低硬度 /HRC	平均密度 / (g/cm³)
标准值 /mm	直径允许的偏差 /mm		
1.6	± 0.06	36	
1.4	± 0.04	39	
1.2	± 0.04	41	
1.0	± 0.04	42	
0.9	± 0.03	44	7.0
0.8	± 0.03	45	
0.7	± 0.03	46	
0.6	± 0.02	48	
0.5	± 0.02	48	

4.1.5.2　金属磨料选择、配比

为使钢管基体表面形成良好、均匀的清洁度和粗糙度分布，抛丸机钢丸、钢砂的粒径及配比设计相当重要。粗糙度太大易造成防腐层在锚纹尖峰处变薄，同时由于锚纹太深，在防腐过程中防腐层易形成气泡，严重影响防腐层的性能。粗糙度太小会造成防腐层附着力及耐冲击力降低。对于严重的内部点蚀，不能仅靠大颗粒钢丸、钢砂的高强度冲击，还必须靠小颗粒钢丸、钢砂打磨掉腐蚀产物来达到清理的效果，同时合理的配比设计不仅可减缓钢丸、钢砂对管道及抛丸机叶片的磨损，钢丸钢砂的利用率也可大大提高。

除除锈后表面质量、除锈程度、灰尘度等级等直观因素外，锚纹深度和表面粗糙度等需仪器检测的因素同样重要。而这些因素完全由钢丸、钢砂等金属磨料的粒度、硬度、混配比例等决定，因此金属磨料的正确选择非常重要。

相关专业人员对钢管基体表面的粗糙度对环氧粉末涂层的黏结性进行了研究，得出了以下结论：满足环氧粉末涂层的最佳粗糙度值（R_a——轮廓算术平均差，数值为加工表面微观峰谷之间的差值，单位为 μm）为 4 ～ 6μm[7]，也就满足了现阶段长输管道最好的涂层类型环氧粉末或 3PE（三层聚乙烯）涂层。文献 [12] 也给出了抛射速度为 60m/s 时，钢丸粒度与抛射后钢基体表面粗糙度的关系（表 4-7）。

表 4-7　抛射速度 60m/s 时，钢丸粒度与表面粗糙度的关系

内容	钢丸粒度						
	S110 /0.5mm	S170 /0.6mm	S230 /0.8mm	S280 /1.0mm	S330 /1.2mm	S390 /1.4mm	S460 /1.7mm
钢丸密度 /（g/cm³）	7.6						
粗糙度（R_a）/μm	5	6	8	10	12	14	17

相关标准[13] 中也给出了金属磨料产生的代表性锚纹深度（表 4-8）。

表 4-8　常用金属磨料产生的代表性锚纹深度

磨料	筛网孔径尺寸范围 /mm	典型锚纹深度 /μm	
		最 大	平 均
钢丸	0.6 ～ 0.71	74 ± 5	55 ± 7
	0.71 ～ 0.81	89 ± 7	63 ± 10
	0.81 ～ 0.97	96 ± 10	71 ± 12
	0.97 ～ 1.2	116 ± 12	88 ± 17
钢砂	0.31 ～ 0.4	56 ± 7	40 ± 7
	0.4 ～ 0.73	86 ± 10	60 ± 12
	0.73 ～ 0.97	116 ± 12	78 ± 17
	1.46 ～ 1.67	165 ± 20	129 ± 22

注：1. 本表所指锚纹深度是响应磨料在循环抛丸机中已经稳定的混合磨料所产生的，如果为新磨料所产生的锚纹会显著增加；2. 本表中的典型锚纹深度是在良好抛射条件下（定径套、分丸轮、叶片等最佳角度）、预期达到的最大及平均锚纹深度。

按照上述分析，对于满足现在应用的外防腐涂层（环氧粉末和3PE），钢管抛丸清理的金属磨料应该选用0.6mm左右的钢砂或钢丸。

但在实际操作中，情况并不是这样。上述实验可能是在实验室的一种理想状态，在实际工作中，钢管表面并不是理想的钢基体表面。因为钢管的锈蚀等级并不相同，理想的钢管只附着一层加工过程中的氧化皮，但表面状态比较差的钢管不但有灰尘、泥沙，可能还会有锈皮，因此抛丸清理的实质是去除钢管表面的泥沙和氧化皮，还原钢基体表面，达到洁净程度；其次才形成所要求的粗糙度和锚纹深度。由于不同钢管的钢号等级、锈蚀程度等不同，要达到质量等级要求，选择0.6mm粒度的磨料已经不能满足要求。

按照磨料的冲击动能公式：$E=0.5mV$，冲击动能值越大，冲击力越大，在钢管基体表面留下的弹痕越深，因而得到的表面粗糙度值越高。而冲击动力与金属磨料的质量和抛射速度呈正比。因此在相同的抛射速度下，钢丸粒度越大，所清理的工件表面粗糙度值越大。并且同一粒度的钢丸，抛射速度越大，得到的表面粗糙度值越高。

实际操作与理论往往有较大的差距，要达到好的清理效果，选择金属磨料时，需要考虑以下因素。

（1）磨料粒度

对于同一台抛丸设备，磨料粒度大小决定了钢管基体表面粗糙度的程度，选择磨料粒度时，在满足表面粗糙度要求的前提下，尽可能选用较大的钢丸，以提高清理效率，最好使用混配（不同型号）磨料（在钢管表面清理中极少采用级配磨料，级配指的是同种型号不同粒度的磨料）。混配磨料由50%左右的名义尺寸磨料和逐渐变小的磨料组成，兼顾了冲击力和覆盖率，可以得到最高的清理效率和较低的表面粗糙度（同样达到级配效果）。

（2）加料量

在生产过程中，每一个磨料都是一个不断磨损变小的过程，因此每个钢丸的粒度都在不断发生变化。如果一次加料过多，铸件表面将立即变得粗糙；长时间不加料，虽然钢基体表面质量有所提高，但清理效率将大幅度下降。

（3）钢丸的硬度

如果钢丸或钢砂太软，会使清理速度减慢，降低工作效率。喷丸强化时，太软的钢丸不能产生适合的残余应力，低硬度钢丸的作用力不可能通过增加撞击时间来补偿。硬度过高，会产生不理想的表面形貌，增加弹丸的破碎概率，使消耗量过高，并且对设备的磨损较大，增加设备维护费用。因此适当的硬度也很关键，一般磨料硬度需高于待处理钢管表面HRC5～15[14]，才能在抛丸过程中获得较好的效果。

（4）磨料补充

定时补充加料，且每次加料不超过钢丸总量的 10%，在生产过程中经常检查钢丸的粒度分布，确保磨料粒度级配不变，才能保证清理效率和铸件表面质量的稳定。但应注意在实际操作中，磨料中钢砂和钢丸的理想比例很难达到，原因是硬而易碎的钢砂比钢丸的破碎率高。为此，在操作中应不断抽样检测混合磨料，根据粒径分布情况，向除锈机中掺入新磨料，而且掺入的新磨料中，钢砂的数量占主要。

实际应用中，用 S280 或 S330 的钢丸即可达到 Sa2½ 的清洁度，如果想增加锚纹特征，再进行涂装，可加一部分钢砂或者钢丝段。而相关标准[13]也给出了一个磨料选择范围值：新钢管采用硬度 HRC40 ～ 50、粒径 0.6 ～ 1.4mm 的钢丸或粒径 0.4 ～ 1.0mm 的钢砂，已经腐蚀的钢管采用 0.4 ～ 1.0mm 的钢砂，硬度 HRC55 ～ 60。

因此钢管外抛丸清理的金属磨料的选用和配比，我们提供了以下经验数据，供参考。

S280 与 CW1.0 的钢丸与钢丝段配合使用，混合比为 7∶3；或 S280（S330）与 G18（G25）的钢丸和钢砂配合使用，混合比 3∶1，也就是说钢丸粒度按照 0.8 ～ 1.0mm 选用，钢砂或钢丝切丸粒度按照 1.0 ～ 1.2mm 选用。

磨料中混配有钢砂或钢丝段，会加重抛丸器叶片的磨损。

4.1.6 故障分析及排除

表 4-9 列举了管道外抛丸机的一些常见故障及排除方法，以供参考[15]。

表 4-9 外抛丸机常见故障归类

故障原因分析	故障排除方法
设备出现不正常响声	
空转时发出碰撞声，一般是叶片高速运转时与防护衬板相互摩擦导致	应停机，打开防护罩，检修侧护板间隙应不小于 5mm，或调整分丸轮与定向套位置，使他们同心
运转后，加入弹丸发出声音，一般分丸轮与定向套不同心，分丸轮偏心，与定向套或弹丸导入管端面挤压导致	应停机，拆掉导入管，检查分丸轮，使分丸轮与定向套同心。定向套、分丸轮、弹丸导入管之间的间隙应保证为最大弹丸直径的 2 ～ 2.5 倍
清理效率低	
弹丸扇形抛射角没有对准清理工件	调整定向套窗口位置，使弹丸能抛射到清理工件上
弹丸供应不足，清理时间拖长	加足弹丸，并检查弹丸循环系统
弹丸不纯，混进杂质，堵塞弹丸通道	清除弹丸中的杂质，加入弹丸后应过筛
定向套出口磨损过大	定期检查定向套，发现磨损严重及时替换
分丸轮磨损过大，降低出丸效率	定期检查分丸轮，发现磨损严重及时替换
弹丸含废砂、灰尘太多	疏通除尘系统管道，提高吸尘及丸砂分离效率
抛头皮带松弛，使抛丸轮转速低于额定转速，降低抛丸量和弹丸动能	应调整抛头皮带，使抛丸轮达到额定转速

故障原因分析	故障排除方法
运转中出现严重震动	
叶片磨损程度不同，使叶片轮出现偏重	每班应检查叶片磨损情况，换叶片时，每片叶片的质量差不得超过 3 ～ 4g，同一直径上，两叶片质量差不得超过 3g
叶片与结合盘连接的两结合面没有贴紧，螺丝固定不均匀，叶片发生偏移	叶片与结合盘连接时，两结合面要贴紧，螺钉紧固要均匀
定向套松动，与叶片相摩擦，严重时打碎叶片	调整并固定定向套，使之与分丸轮、叶片同心
轴承温升过高	
轴承缺少润滑油	用 2 号钙基润滑油按时进行润滑
润滑脂太多，当润滑脂加满整个轴承空间时，轴承运转迫使润滑油在滚珠间急剧串动，摩擦产生大量热，导致轴承发热	润滑油加入量要适宜，一般为轴承空间的 1/3
安装不规范、疲劳磨损、外力损坏等	进行校准和检修
电动机发热	
运转中出现叶片摩擦护板或防护罩，使电机过载	A 叶片与护板间隙应不小于 5mm
供丸量过大，使电机过载	供丸量应仔细调整，供丸闸门应固定在一适当位置上
电源系统故障使电机缺相，电机声音异常	应立即停机并检查电源系统
电机本身故障	应检修电机
弹丸循环不畅	
提升机皮带松弛，使提升机皮带打滑	调整提升机上滚筒两边螺栓，使皮带张紧
弹丸储存舱有漏洞，使弹丸循环量减少	检查弹丸循环系统的漏洞，并修补
弹丸回收刮板磨损	替换刮板或调整刮板间隙
弹丸输送管因弹丸结块而堵塞	疏通管道，补加弹丸应过筛，注意设备基础防护
螺旋输送器卡死	螺旋输送器两端轴承因进灰尘或弹丸而卡死，使螺旋输送器不能运转，须更换轴承，并注意密封轴承
滚筒筛中杂质太多，堵塞筛孔，影响弹丸过筛	经常清理滚筒筛中的杂质
提升机中提升皮带上的铁斗过度磨损或铁斗脱落	更换提升皮带或修补皮带，配齐铁斗
丸砂分离不良	
分离器通风量不足	应配备足够风量的风机
分离器丸砂定量阀门调节不当，丸砂不能形成一定要求的丸砂薄幕帘	应反复调节分离器丸砂定量阀
分离器、分离筛有杂物堵塞	及时清除分离器、分离筛杂物

续表

故障原因分析	故障排除方法
除尘器除尘效率低	
除尘器风机接线错误，风机反转	重接线
除尘器内滤筒（布袋）安装不牢或有破损，或缺少滤筒（布袋）	检查滤筒（布袋），重装、清理或更换
除尘管道连接处密封不好	保证各部件的密封
除尘器反吹机构未启用或启用次数少，灰尘堵死滤筒或布袋	检查反吹机构
除尘器灰尘含弹丸过多，分离器风量过大	适当调节风口挡板
斗形提升机不运转	
提升机堵塞	去掉提升机底部过大颗粒的渣料
皮带打滑	调整传动轮张紧装置，张紧皮带
螺旋输送器不运转	
丸料堵塞	按顺序停机并清除丸料
螺旋轴弯曲	校正或打磨叶片外径
螺旋轴头焊缝断裂	重新焊接
分离器分离效果差	
流幕不均	调节流量控制板，达到满幕帘
分离区的风速异常	调整分离器风口的蝶阀，使分离区风速达到 4 ～ 5m/s，并调整一、二级调节板的位置
下落钢砂含有应分离除去的细小丸粒	①检查分离器，调节挡板增加分离器风量；②分离器的滑动斜坡位置偏，应适当调节斜板位置使风量扩大；③除尘器总风量低，应调节总阀开大风量
排出的废丸中含有较粗的可用丸粒	风量过大

4.2　钢管内抛丸清理机

国内管道建设的内壁涂装涂层应用已经从天然气输送逐步拓展到瓦斯气、输水等工业与民用领域。而涂装前管内表面锈皮等杂质的清除以及一定量锚纹的形成，已非采用手工喷砂等简易方式能够满足。管道内壁采用机械化方式进行清理，最好的方式就是内喷丸技术和内抛丸技术。

目前内壁抛丸技术是中大口径钢管内表面覆盖物清理的最佳形式。通过液压电机带动抛丸器高速旋转，离心甩出钢砂击打钢管表面，满足管本体表面清理和锚纹的形成。

内抛丸装置（图 4-18）的特点：

① 满足中大口径钢管的内壁除锈要求；

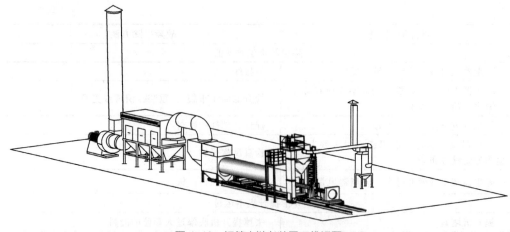

图 4-18 钢管内抛丸装置三维视图

② 采用钢丸高速离心甩出方式击打钢管表面，完成覆盖物清理要求；

③ 形成的锚纹深度与外抛丸一致，高于采用压缩空气带动钢丸清理的方式；

④ 与外抛丸技术的区别是，其动力由液压系统提供，通过液压电机转换；

⑤ 受到设备自身条件限制，只能采用单台抛丸器，清理效率低于单台 75kW 电机带动的外抛丸器；

⑥ 受限于内除锈工艺，钢管内壁只能采用单根清理方式；

⑦ 设备构造复杂，对液压系统要求高，关键设备液压电机依赖进口；

⑧ 设备对于除尘系统要求较高，不但要求其满足环境排放要求，而且除尘风机的压力等级和风量能够满足管内壁清理室沉积钢丸的排除；

⑨ 整套设备占地面积大，二次搬迁不容易。

对于中大口径（≥ φ426mm）的钢管，钢管内部空间有限，而减速机、电机这类动力源由于受到体积的限制，与抛丸器直连后已无可能伸入管内，采用皮带进行动力传动，又受到钢管长度的影响，也不是一种可行的方式。所以采用液压电机把液压能转换为动能，是驱动钢管内抛丸器高速旋转产生钢砂离心抛出所需动力的一种最佳方式。

高速旋转的抛丸器离心抛出钢砂，可以去除钢管内表面的浮锈、轧制鳞片以及其他附着物，通过合理的钢砂配比，也可以在钢管内表面形成一定数量和深度的锚纹，以增加钢管与涂层接触的表面积，提高钢管与涂层之间的锚固能力。

4.2.1 工作原理与设备组成

4.2.1.1 工作原理

钢管内壁内抛丸除锈及工作原理如图 4-19 所示。

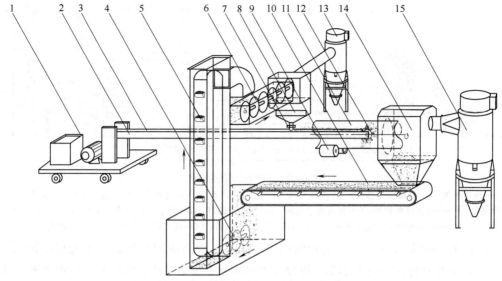

图 4-19　钢管内壁内抛丸机工作原理图

1—液压系统；2—抛丸器悬臂杆；3—钢砂输送带；4—螺旋回料机；5—斗形提升机；
6—丸渣分离及螺旋送料机；7—砂量调节阀；8—下砂箱；9—转辊；10—钢砂回送带；
11—钢管；12—内抛丸器；13—分离除尘装置；14—抛丸清理室；15—除尘装置

内抛丸机主要作用是清理钢管内壁的覆盖物，但除满足清理要求外，还需要满足清理用钢丸的连续供给、钢丸的二次利用、废渣的清理回收、灰尘的清洁排放等。

其主要工作原理是：内壁待处理钢管 11 放置在减速机带动的并且速度可调的转辊 9 上，按照设定的速度顺时针或逆时针旋转，前后抛丸清理室 14 移动密封钢管两端，小车推动端部装有内抛丸器的悬臂杆 2 伸入钢管，同时通过斗形提升机 5 将加装好的钢砂提升至丸渣分离及螺旋送料机 6 工位，并经传输至下砂箱 8，钢砂通过砂量调节阀下落至直线传输并连续运行的钢砂输送带 3，送至安装在悬臂杆前端的内抛丸器 12，抛丸器由与液压系统 1 连接的液压电机提供高转速动能，把钢砂离心抛出，击打在旋转的钢管表面。

抛丸过程中，落入抛丸清理室 14 的钢砂经斗式下砂口落入传送的钢砂回送带 10，送入积砂坑，并通过螺旋回料机 4 输送至斗形提升机 5。丸渣分离过程中，破损砂砾和灰尘经过分离除尘装置 13 抽出，并经过滤排放洁净空气，在管内表面清理过程中，灰尘以及管内钢砂、破损细砂经过与抛丸清理室连接的除尘装置 15 抽出，并经过滤排出洁净空气。

离心抛砂过程为从内抛丸器伸入钢管起始至管尾端，然后从管尾端退出至进管口往复两个过程，等于钢管内表面被击打了两次。

4.2.1.2　设备组成

钢管内壁抛丸清理机（图 4-20）主要部件如下。

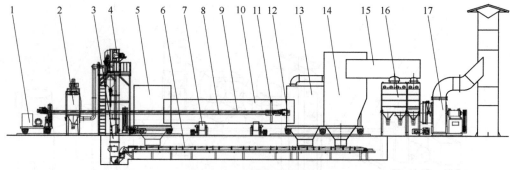

图 4-20 内抛丸设备组成图

1—液压系统；2—分离除尘器；3—斗形提升机；4—丸渣分离器；5—前清理室（移动清理室）；6—丸渣回收传送带；7—钢管支撑旋转轮；8—抛丸器悬臂杆；9—钢砂传输带；10—钢管；11—管内支撑；12—内抛丸器；13—后清理室（固定清理室）；14—沉降室；15—风管；16—管内钢砂除尘；17—除尘风机

① 前后抛丸清理室。即钢管两端的护罩，一个为固定护罩，一个为移动护罩。

② 带有悬臂杆的行走小车。可分为前部小车（包括车体、清理室、行走电机、悬臂杆支撑等）和进给小车（包括车体、液压站、行走电机、控制台、输送臂支撑等）。

③ 抛丸器悬臂杆。主要包括旋转支撑、伸臂、输送皮带及电机等。

④ 内抛丸器。主要包括叶轮、叶片、分丸轮、定向套、主动轴、液压电机、皮带及带轮等。

⑤ 钢丸循环系统。主要包括提升机、分离器、贮料斗、下料阀、底部输送皮带等。

⑥ 除尘回收系统。主要包括布袋除尘器、风机、管路等。

⑦ 液压系统和电气控制系统。

⑧ 转管台。用于钢管进入和退出清理工位以及驱动钢管旋转。主要包括车体，旋管电机，行走电机，液压上、下管机械手和转管机构等。

（1）抛丸清理室

抛丸清理室的作用：防止钢砂飞溅、进行丸渣回收、防止灰尘污染环境、隔音等。因为内抛丸清理的是钢管内壁，因此需要前清理室和后清理室两个室体，确保钢管在工作状态下，其两端同时密封。清理室为由钢板焊接的板式空腔结构。前清理室为单一结构主清理室，后清理室一般情况下需要增加一个辅助的钢砂沉降室。一般前清理室设计成移动式，根据钢管长度和上管方式，密封管端；后清理室设计成固定式，需要清理的钢管一端先期套入清理室软密封开口。

① 前清理室（移动清理室，图 4-21）。

清理室前端依照钢管的最大口径开圆形管端承接口，并通过不同开口口径的钢圈密封以适应不同管径的变化，并在圆周孔的四周安装柔性密封装置，防止工作状态下的钢砂飞溅。为确保抛丸器悬臂杆通过并伸入钢管内部，在箱体背侧开有一个形状为长方形的孔洞，并在箱壁外侧安装带滚轮可升降支座，满足悬臂杆前后滑动和管径互换时，确保抛丸器置于管道中心位置，并在长方形的孔洞四周安

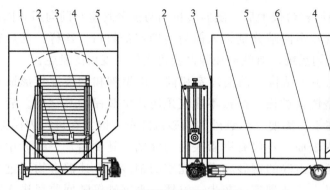

图 4-21　前清理室（移动清理室）

1—斗形下砂口；2—抛丸器枪杆升降支撑；3—抛丸器枪杆进口密封橡胶；4—钢管承接口；
5—清理室箱体；6—行走车轮

装柔性密封结构防止工作时钢砂飞溅。

清理室内壁挂装可以拆换的分片耐磨防护钢板（护板），护板一般采用高铬铸铁，因为抛丸器离心钢砂直接作用于护板上的时间很短，所以不会对清理室舱壁造成很大的破坏，没有必要采用 Mn13 这类高耐磨护板。每块护板之间接触部分采用叠压方式，并分别用高铬包铸螺母固定。当护板出现裂纹应焊接后使用，用顶部护板更换钢砂直接作用的侧壁护板，可以继续使用，但如果出现无法修复的损害，需要及时更换，防止钢砂冲击破坏清理室，损坏设备或造成人员伤害。

清理室底部斗形下砂口排出的钢砂落入底部钢砂回送带。无论中间放置钢管的转辊是固定结构还是移动结构，前清理室均为由减速机控制的移动结构。前清理室一般不设置灰尘回收装置，因为清理过程中钢砂以及灰尘的被动排除由后清理室连接的回收清理装置完成。

② 后清理室（固定清理室，图 4-22）。

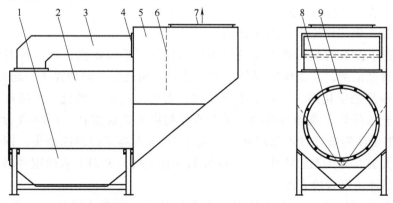

图 4-22　抛丸后清理室（固定清理室）

1—斗形下砂口；2—清理室箱体；3—室体与沉降箱连接风管；4—沉降箱进风口；5—沉降箱；
6—沉降箱隔流板；7—除尘装置风管连接口；8—沉降箱回砂口；9—钢管承接口

钢管放置到回转台架上后，随回转机构与前密封室一同向后（固定）清理室方向移动，使钢管左右两端分别进入前后清理室密封口，这样，前后密封室与钢管一起形成一个密闭系统，有效避免弹丸及粉尘外溢现象的发生。

后清理室的主体结构与前清理室相同，由型钢和钢板焊接形成空腔，同样在腔体内挂装高铬铸铁护板，护板不建议采用造价高昂的高锰钢。后清理室与前清理室不同之处在于，需要一个额外的钢砂沉降室，因为在进行内抛丸清理过程中，钢砂击打钢管内表面，不仅有钢管表面的浮锈、轧制鳞片、钢砂中的灰尘、钢管表面的灰尘，还有击碎的钢砂和大量完整的钢砂，上述混合物通过大功率风机的风力作用，被吸入后清理室，灰尘、浮锈、废钢砂等随回收风进入除尘系统，大量的钢砂和块状锈皮、鳞片等在清理室和沉降室内落入下砂口，通过传送皮带送入斗形提升机，钢砂通过分离器二次利用。沉降箱进风口安装有隔流板，防止钢砂等在吸尘风机作用下直接进入回收系统，钢砂在隔流板的作用下通过下砂口进入传送皮带。

为保证钢管内不积存钢砂，工件在前密封室的顶部设有抽风口，强大的吸力将抛丸后的弹丸吸入后清理室并沉降到室体底部的下砂口，落入到收丸皮带，沉降箱体上安装的风管与回收系统相连，便于抛丸过程中灰尘的排出。

对于超大口径管道，两个清理室都可以设计成移动室体。

（2）内抛丸器

① 内抛丸器组成。

内抛丸器是该设备的核心部件，通过连接体与抛丸器内伸臂连接，并通过内伸臂送入钢管内壁，液压电机带动旋转抛头高速旋转，将钢砂离心甩出，击打钢管内壁进行管内壁清理。

内抛丸器结构示意图如图 4-23 所示，抛头工作采用液压电机驱动，抛头转速的调整依据液压系统的压力进行。

② 内抛丸器工作原理（图 4-24）。

抛丸器中抛头的旋转动力由液压电机通过液压系统提供，是一种液压能转换成动能的典型示例。其工作原理是：专用的管内抛丸器与内伸臂 1 一起伸入管端，置于钢管中呈悬空状态，并处于水平位置，首先启动液压系统，液压电机 6 驱动主动皮带轮 5 旋转，带动与被动带轮 8 直连的抛头高速旋转，同时启动钢砂输送皮带 3，把工作钢砂连续不断地通过落丸斗 10 送入高速旋转的抛头，钢砂通过分丸轮送至安装在抛头上的叶片 9，高速旋转的抛头叶片 9 对落入的钢砂形成离心作用，甩出后冲击钢管内表面。

内抛丸器所用的钢丸由内伸臂 1 上安装的送丸皮带 3 供给，由落丸斗 10 导入抛丸器内，再抛射至钢管内表面。所采用的液压电机 6 与主、被动轮按速比（5～8）分配增速，由于抛丸叶片 9 切线速率要达到 80m/s，动力源液压电机 6 转

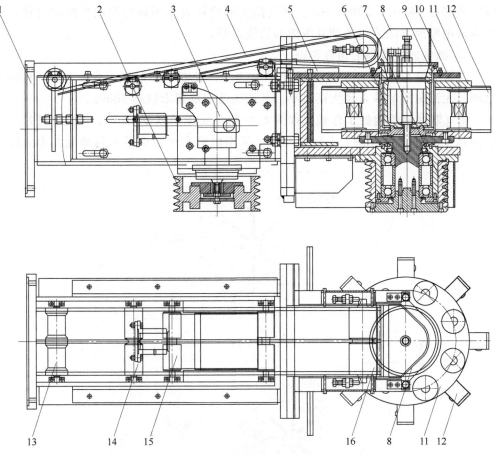

图 4-23 内抛丸器结构视图

1—与抛丸器枪杆的连接体；2—小皮带轮；3—液压电机；4—输砂皮带；5—张紧架；6—分丸轮；
7—大皮带轮；8—挡丸钢板；9—定向套；10—抛头顶板；11—叶轮；12—叶片；13—输砂皮带压轮；
14—输砂皮带上托轮；15—输砂皮带下托轮；16—输砂皮带导向轮

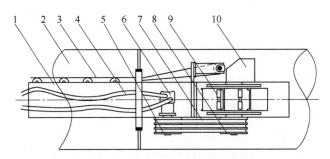

图 4-24 钢管内抛丸器传动及结构示意图

1—内伸臂；2—钢管；3—钢砂输送皮带；4—液压油管；5—主动轮；6—液压电机；7—三角带；
8—被动轮；9—抛丸叶片；10—落丸斗

速一般都在 1800 ～ 2700r/min，而且抛头随管径大小不同需要改变叶轮直径，所以须采用增速方法才可达到其所需的切线速率。

③ 抛丸器最佳抛射角度调整。

内抛头叶片的直径要随钢管直径而定，一般要求抛射距离在 400 ～ 1000mm 之间，无论抛头叶片直径大还是小，其切线速率都要求达到 80m/s。

抛丸器在钢管内的工作模式如图 4-25 所示（以俯视图展示），抛丸器叶片在钢管内水平旋转，钢砂抛射方向的调整（采用定向套进行调整）与外抛丸中的原理

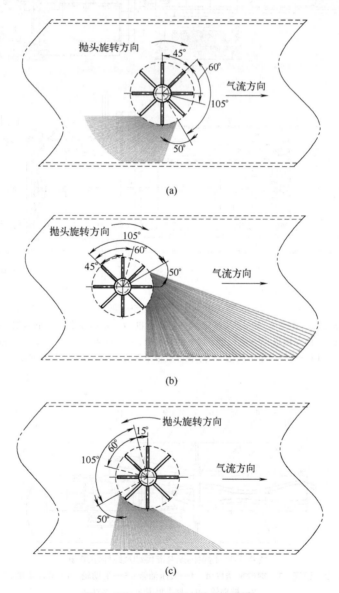

图 4-25 内抛丸器抛射角度示意图

一样，只是受到钢管直径和钢砂排出气流的影响，最佳调整方式稍有不同。如图 4-25（a）所示，钢砂抛射角度向左后侧，虽然针对相应管径的清理效果比较好，但因为抛射角度与气流方向相反，钢砂极易在钢管内部积存，所以针对任何管径此种角度调节方式均不可取。如图 4-25（b）所示，针对小管径，采用右中抛射，抛丸器直径较大，叶片距离钢管壁距离适中；采用右后抛射［图 4-25 中（c）］，钢砂的高效动能未达到最佳时已接触钢管壁面，造成效率低下。因此，采用图 4-25（a）方式抛射，容易积砂；采用图 4-25（b）顺气流方式，抛射距离可以达到最佳，并且不会受到气流干扰，钢砂也不会积存。但当抛丸器距离钢管内壁较近时，采用图 4-25（b）角度抛射，抛射带受气流影响较大，因钢丸反弹不可避免地造成抛丸器零部件的自损；对于大管径，情况恰恰相反，建议采用图 4-25（c）方式，抛丸器逆时针旋转，钢砂顺气流方向，可确保最佳清理距离，并且抛射带受气流影响较小，效率最高。

④ 内抛丸器应用管径分类。

受到钢管内径、抛射速度、抛射距离、抛头转速、液压电机连接形式等的影响，内抛丸机的初始抛丸器能满足 ≥ ϕ720mm 钢管的内壁除锈，国外开发出满足管径 ≥ ϕ426mm 的抛丸器，国内相关厂家又开发出 ϕ300mm 以上的抛丸器，因此当前有三种抛丸器，分别满足 ϕ320 ～ 426mm、ϕ426 ～ 720mm、≥ ϕ720mm 以上管径的内抛丸器。

（3）钢砂皮带输送机

钢砂皮带输送机就是抛丸器在工作过程中，把钢砂连续不断地输送到抛头的传送机构，安装在与抛丸器连接的内伸臂上，并延伸至内抛丸器上（图 4-20 标注 12），丸料供给通过供料系统下砂口连续不断地输送到回转传动的皮带上。

钢砂皮带输送机由前部动力轮、尾部导向轮（安装在内抛丸器上）、输砂皮带上托轮、输砂皮带下托轮、输砂皮带等组成。

动力轮采用最新式滚筒做驱动装置，占用空间小，安装维修方便，输砂皮带采用山字形结构，输砂皮带上托轮采用张紧皮带的山字形凸起进行皮带固定，安装方便，可防止输砂皮带跑偏。输砂皮带的张紧通过动力轮和上、下托轮进行调整。

（4）供丸、丸渣分离及回收系统（图 4-26）

针对每一根被清理管道，清理过程为连续过程，直至管道内表面完成清理。在清理过程中，抛丸器的钢丸供给通过钢丸输送带进行连续不断的输送，这必须保证输丸装置在长距离的钢丸输送带上不间断地落料。针对新加钢丸，通过供砂斗送入后经过斗形提升机送入顶部螺旋输送机，到达砂箱，通过砂箱底部的砂阀开启不断地落入连续传动的钢砂传送带上。清理过程中产生的丸渣料，则通过清理室底部的斗形下砂口落入钢砂回收传送带，经过传送皮带送入供料斗，经过提升机和螺旋传送机送入丸渣分离器，丸渣分离后，废渣进入废料斗，良好的钢丸落入砂箱进行二次利用。

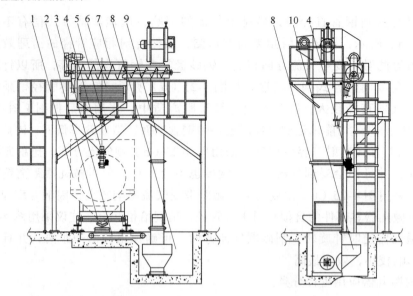

图 4-26 供丸、丸渣分离及回收示意图

1—抛丸清理室；2—钢砂回收输送带；3—钢砂转送皮带；4—供丸闸门；5—钢丸储存箱；6—分离器；
7—螺旋输送机；8—积砂坑；9—提升机；10—供砂斗

① 斗形提升机[16]。斗形提升机由摆线针轮减速机、上下滚筒、输送胶带、料斗、封闭料筒和张紧装置等组成。提升机板材焊接成箱形结构，设置的检修门可维修及更换提升料斗。下部罩壳封闭的检修门开启后，可以维修下滚筒以及传送带、提升斗等以及排除底部堵塞的弹丸。进料口与下砂料斗相通，出料口与螺旋分离器相连。

丸料提升采用平皮带传动，均匀布置的料斗固定在平带上。运行时，料斗将提升机底部的丸料刮起装入，然后在提升电机的驱动下，将丸料送至提升机顶部螺旋输送机，最后靠离心重力方式落料，将丸料送入丸砂分离器。

上下滚筒采用笼形结构，增加与传送皮带之间的摩擦力。通过张紧装置防止皮带松弛，并通过提升机下部轴上的脉冲轮来检测提升机的工作状态，一旦出现提升机转不动等故障，可及时将信号反馈至 PLC 处理，保证设备的安全运转。

② 丸渣分离器[16]。钢管抛丸机丸渣分离器由弹丸螺旋输送机和风选系统两大部分组成。分离器分选区的设计尺寸直接影响分离器的分离效果，如果分离效果不好，将使抛丸器叶片的磨损加快，缩短其使用寿命，增加维护成本。

丸渣分离器的工作原理：清理过程中的丸渣混合物由斗形提升机提升至分离器滚筒筛中，滚筒内与外均布螺旋叶片，内螺旋叶片将大块杂物经排渣口排出。过筛后的丸粒、砂粒及粉尘混合物经滚筒筛的外螺旋叶片和螺旋布料器推送，使其沿分离器均匀布料，并形成流幕，通过调整重锤的位置，可以保证整个分离器长度方向上形成满幕帘，使丸渣得以充分分离。

抛丸渣混合物在下降过程中，受到水平气流对颗粒的推力，从而形成偏斜的曲线运动轨迹，因颗粒的密度和粒径的差异，其偏斜程度不尽相同，从而使丸渣得以分离，粉尘被吸入除尘器进行净化处理，碎丸、砂子、氧化皮等进入废料储斗，合格弹丸和部分小块杂物经再次筛分进入储丸斗以供循环使用。

分离器的最佳分离效果靠调节闸板上的重锤位置、一级和二级滤板上的调节板位置以及管道上的蝶阀来实现。

4.2.2　内抛丸清理的工艺过程

钢管内抛丸清理机是满足中大口径钢管内壁清理的主要设备，通过液压控制的液压电机驱动抛头离心甩出磨料进行清理。

工艺过程为：钢管通过上管装置把钢管送入转管小车→清理室密封管端→启动转管小车，驱动钢管旋转→启动回收风机和分离风机→启动液压装置→启动小车，推动抛丸器进入管内→启动输砂皮带给抛头输砂→开启液压电机，启动抛丸器→抛丸器持续延伸至管另一端→停止小车并后退→抛丸器继续工作→抛丸器至管口完成清理→小车退回原工位→停止上料→停止回收风机等。

① 清理前准备工作。调节转辊，适应待清理管道旋转要求，清理舱根据管径安装调节圈和橡胶密封，抛丸器上安装适应管径的内支撑，开启提升机进行磨料添加，检查液压系统。

② 上管。采用液压小车或液压拨臂把待处理管道送入，并放置在轨道上的转管辊道。

③ 清理室管端密封。转管辊道在轨道上移动，把管道一端送入固定清理室 500 ～ 800mm 深度，启动移动清理室把密封口套入管道另一端 500 ～ 800mm。针对超大口径管道，放置在轨道上的转管辊道在钢管旋转时，存在不稳状态，可以把固定清理室设计成移动清理室，转管辊道为地面固定形式。

④ 清理工作。开启转管辊道驱动钢管旋转，启动回收风机和回收系统，启动丸渣回砂传送带，开启抛丸器悬臂杆上的输料传送带，开启移动小车推动抛丸器送入钢管，同时启动提升机以及料斗下砂阀，通过传送带进行供料，启动液压系统，通过液压电机驱动抛头旋转，磨料高速离心清理管内壁，清理过程丸渣通过输送带回收，管内丸渣通过风机吸出。管道清理过程为双向往复式，小车退出过程中，同样进行工作。

⑤ 清理完成。停止液压电机，关闭抛头，钢管继续旋转，吸尘风机继续工作，小车退回原位，关闭吸尘风机，关闭转管辊道，丸渣分离器和提升机在清理完成后停止工作。

⑥ 下管。移动清理室退回原工位，转管辊道把钢管送至中间工位，离开固定清理室，通过液压小车或液压拨叉把钢管送入堆放平台。

⑦ 质量检测。检查管表面清洁度、锚纹深度、锚纹覆盖率、除锈等级等。

4.3 钢管内喷丸清理机

中小管径（≤400mm）钢管内壁进行涂层涂装前，同样需要去除内壁表面的浮锈、氧化皮等影响涂膜结合力的物质，而受管径的限制，无法采用离心抛射进行处理（高速旋转的抛丸器因为结构较大，无法进入或在狭小的空间内工作），而只能采用压缩空气作为动力，把金属磨料和压缩空气混合，通过管状枪杆送到特殊处理的喷嘴，利用瞬间释放压力，使得磨料形成锥形扩散，对钢管内表面进行冲击，达到清理中小口径钢管内表面的目的。

采用上述高速射流清理管内表面覆盖物的过程称之为喷射内处理，在这里我们做一个区分，采用非金属磨料（如石英砂等）称为喷砂，处理玻璃面、不锈钢、塑料或其他金属等装置。采用金属磨料则称为喷丸，主要清除氧化皮、锈皮。而钢管内壁除锈多采用内喷丸（采用金属磨料，如钢砂、钢丸或钢丝段）技术，所以喷丸是进行中小口径钢管内表面涂装前表面处理的唯一方式。通过金属磨料的冲击和切削作用，基体表面获得一定程度的清洁度和粗糙度，增加了它和涂膜之间的附着力，延长了涂膜的耐久性。

喷丸清理的特点。可以使用金属弹丸（钢砂）来清理钢管表面覆盖的杂质；通过喷丸处理，在管内表面形成一定深度和数量的锚纹坑；满足中小口径钢管内壁清理的要求；必须配备大功率的空压站；在清理效果相同的条件下，消耗的能量较大；根据喷枪数量确定清理效率；间断式工作；清理效率低。

影响喷丸的基本参数。影响喷丸强度的工艺参数主要有：弹丸直径、弹流速度、弹丸流量、喷丸时间等。喷丸覆盖率的影响因素：钢管材料的硬度、弹丸直径、喷射角度及距离、喷丸时间等。表面粗糙度和锚纹特征的影响因素：弹丸直径、喷射角度及速度、丸砂混合比、钢管内原始表面的粗糙度。

表面粗糙度和表面清洁度是同时产生的，确定适当的表面粗糙度与确定正确的清洁度同样重要。

4.3.1 工作原理与设备组成

喷丸以压缩空气为动力获得高速运动，按照弹丸的运动方式分为三种：重力式、吸入式和直接加压式。

（1）重力式［图 4-27（a）］

借助钢丸的自重，自动流入混合室与压缩空气混合，然后在压缩空气的作用下，带动钢丸通过喷枪，以高流速冲击工件，进行表面清理或强化。重力式的压缩空气的作用单一，即带动钢丸进行工作，所以冲击力强，效率高。但采用此种方式，喷头不能移动，工件只能置于喷砂枪下方。

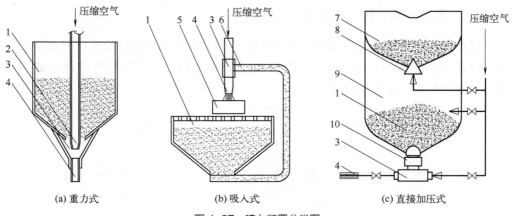

图 4-27　喷丸装置分类图

1—砂罐；2—压缩空气嘴；3—混合室；4—喷枪；5—工件；6—砂管；7—加料舱；
8—气控锥形阀门；9—加压舱；10—砂阀

（2）吸入式［图 4-27（b）］

采用真空喷射泵原理，高速流动的压缩空气在喷嘴处形成负压，通过砂管抽吸砂罐中的钢丸进入混合室，钢丸（砂）在混合室与压缩空气混合，并在压缩空气气压作用下，以一定的流量带动钢丸通过喷枪口，形成冲击射流，冲击工件表面，完成喷丸工作。吸入式喷丸虽然结构简单，但对混合室负压要求较高，吸丸量小，只能喷射 $\varphi1mm$ 以下的金属丸（砂）。

（3）直接加压式［图 4-27（c）］

砂罐采用密封加压舱结构，通过锥形阀门进行砂罐密封，并通过压缩空气形成内部气压，加压舱内的气压与输砂管路的气压基本等同，砂罐内的钢丸在自身重力和气压作用下通过打开的砂阀落入混合室，并与横置管路内的压缩空气进行混合，并得到一定的输送速度，在喷枪口压缩空气迅速膨胀，形成钢丸与空气高速冲击射流。直接加压式能量被充分利用，射流速度高，控制方便，适用于大面积作业，是钢管内壁除锈自动化唯一采用的形式。

加压式喷丸结构的砂罐分为单室和双室两种，单室（图 4-28）为间歇工作，双室可以连续工作。钢管内抛丸采用单室结构，每一个砂罐可以连接 1 组、2 组或 4 组喷砂枪，每组喷砂枪管路、砂阀、混合室均为一套独立的系统。单室结构为间歇性工作，加砂过程中无法进行工作，但这种结构正好满足了钢管内壁的清理要求。

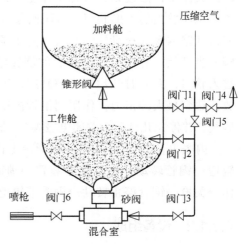

图 4-28　砂罐单室结构示意图

4.3.1.1 工作原理（图4-29）

喷丸技术以压缩空气为动力，带动钢丸（砂）磨料以50m/s的速度冲击钢管表面，清除表面的锈蚀层和氧化皮、轧制鳞片等覆盖物，并在钢管内表面得到一定数量的锚纹坑和一定的粗糙度。

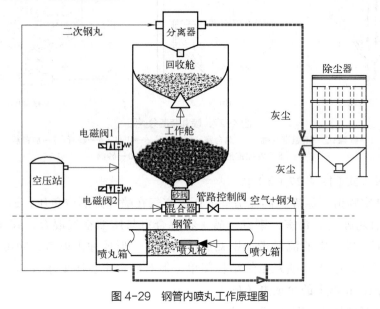

图4-29 钢管内喷丸工作原理图

喷丸是针对钢管内表面覆盖物的清理技术，是钢管内壁进行除锈的最好方式之一，它的除锈等级可达Sa2½级。

钢管喷丸喷枪伸入钢管内部，小车整体带动喷丸机构，推动喷丸枪在管内向前移动。具体工作过程为：砂罐工作舱预先装入定量的钢丸（砂），然后电磁阀1开启，关闭工作舱内的锥形阀门，封闭回收舱的加砂口，关闭管路控制阀，开启电磁阀2，使得管路内预先充满压缩空气，防止预先落入的钢丸（砂）阻塞管路，然后开启砂阀。当开始工作时，启动钢管的旋转辊道，驱动钢管旋转，喷砂枪在小车驱动下，进入管口，并同时开启管路控制阀，钢丸和压缩空气混合气流通过喷砂枪口迅速释放，达到最大冲击力，作用到钢管内壁表面，进行除锈作业。除锈完成，首先关闭砂阀，并停止几秒后，关闭电磁阀2，最后关闭管路控制阀，然后进行加砂工作。

内喷丸除锈工艺流程：钢管→上内喷丸工位→管端头密封舱密封→启动旋转辊道→钢管转动→开启除尘装置→喷砂枪伸进管内→进枪喷砂工作→退枪喷砂工作→关枪→钢管停止转动→钢管下辊道→检测清理质量→堆放。

4.3.1.2 设备组成

钢管内壁喷丸清理机由喷丸气动密封室、喷砂罐、喷砂枪、提升机、弹丸分离器、弹丸循环系统、弹丸控制系统、自动上料系统、移动小车、除尘系统、空压系统、电控系统等组成（图 4-30 和图 4-31）。

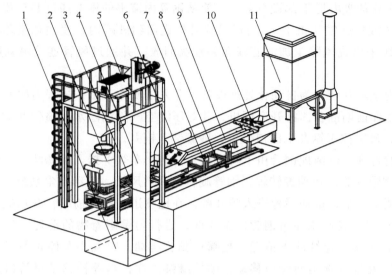

图 4-30　内喷丸设备组成三维图

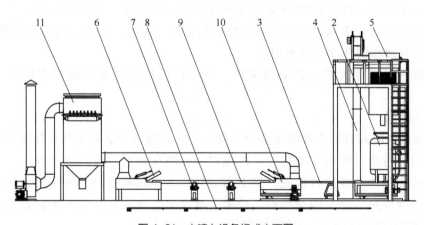

图 4-31　内喷丸设备组成立面图

1—积砂坑；2—砂罐；3—喷丸枪；4—提升机；5—丸渣分离器；6—近端喷丸舱；7—钢管转台；
8—钢丸传送带；9—钢管；10—远端喷丸舱；11—除尘装置

整套设备分为三个工作位：第一工位为丸砂分离、钢砂提升、钢砂灌装；第二工位为钢管除锈；第三工位为除尘系统。

喷丸小车。喷丸小车上安装有硬质管状的喷枪和与喷枪相连的砂罐，喷枪前端设置有枪嘴，喷枪可伸入钢管内壁到达管道另一端。喷枪在非工作状态由支撑轮支撑悬空。

钢丸回收装置的分离器安装在提升机顶部的下方，由提升机将回收的丸渣送入分离器，喷丸小车可移动到分离器下方，分离器将分离和过滤出来的钢丸送入喷丸小车的砂罐内。分离器通过管路连接除尘器。

钢丸工作的喷丸舱下部设有漏斗，使从钢管内流出的钢丸通过漏斗落入下方的输送带上（或螺旋输送机上），再通过提升机送回到砂罐内，使钢丸循环利用。灰尘回收系统采用旋风除尘加滤芯或布袋双级回收，并通过风管连接喷丸舱和丸砂分离器。

管道内壁喷丸装置为自动化处理设备，非人工操作。工作过程为如下。

喷丸工作前期准备。打开空压机，并对压缩空气除油除水。喷砂丸小车处于非工作工位，砂罐位于钢丸下砂口位置，砂罐装入钢丸。

喷丸舱打开，待清理钢管由上料机构（传送小车等）送入除锈清理工位的传动辊上，封闭喷丸舱。启动旋转辊，钢管旋转，开启风机，启动除尘系统。

启动喷丸小车，推动喷枪进入喷丸舱，在枪嘴进入钢管前端，开启喷丸枪，用压缩空气和钢丸混合流冲击钢管内壁表面，进行内壁附着物的清理。喷枪从管前端延伸至管尾端，连续冲击清理，枪嘴达到管尾端，喷丸小车停止前行，开始倒退，拖动喷丸枪从管尾向管口移动，喷枪继续工作，当喷枪移动至管口，停止喷枪工作，喷丸小车退回至原工位。

喷丸工作中，钢管内的钢丸通过压缩空气清理干净，进入喷丸舱，并通过喷丸舱的漏斗落料口落入回料传送带或螺旋输送机，输送至丸渣分离工位的提升机，进行提升分离和钢丸的二次利用。

钢管内壁清理完成，开启喷丸舱，用送料机构把钢管从清理工位送入存放平台。

（1）砂罐

砂罐是内喷丸机的主要组成部分，带压装砂容器由普通碳钢板焊接而成，设计和制造均应符合《钢质压力容器》的规定。砂罐在加料口设自动封闭阀，在自动封闭阀的圈锥体外部应衬橡胶，便于和加料口下部的喇叭口部分压紧，起密封作用。砂罐顶部封头便于添加磨料。砂罐上应设手孔或人孔，要求装拆容易，便于自动封闭阀的更换和筒内杂质的清理。

砂缸的容积根据不同的场合及生产的需要，尺寸结构不同。目前主要有以下几种类型。

① 按尺寸分类（表 4-10）。

表 4-10　砂罐尺寸分类表

分类	尺寸
直径 /mm	300、400、600、700、800、900、1000、1150、1500、1800
容积 /m³	0.05、0.3、0.5、0.7、1.0、1.5、2.16、3.0、6.0
高度 /mm	800、1200、1450、1800、2100、2700、3100

② 按外观形式分类。

上、下封头结构不同，上封头分为内凹式和外凸式；下封头分为标准椭圆和锥形。内凹式上封头，砂缸的容量较小，高度低，使用移动的场合比较多；外凸式上封头一般使用在固定的场合，高度高，容量大，一般为自动加砂。下封头的标准椭圆一般使用在多枪喷砂机上，三枪及以上，而锥形封头一般使用在 1～2 枪的喷砂机上。

③ 按结构形式分类。

砂罐除了容积大小不同之外，还分为单缸体砂罐（图 4-32）和双缸体砂罐（图 4-33）。单缸体结构，喷砂机只有一个工作舱，必须停机加砂后才能工作，为间断式作业方式；而双缸体结构，喷砂机有一个工作舱和一个压力室，工作时，压力室与工作舱密封隔离，完成压力室加砂任务，当工作舱需要加装钢丸时，压力室与加料舱密封隔离，加压室与工作舱密封打开，可以持续加料，保证工作舱始终有砂，因此，喷砂机可以连续作业。

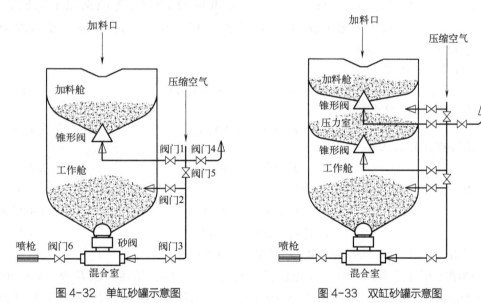

图 4-32　单缸砂罐示意图　　　　　图 4-33　双缸砂罐示意图

④ 按喷枪数量分类。

分为单枪和多枪（图 4-34）。单枪为一个砂罐只安装一套喷丸枪；多枪结构为一个砂罐安装 2 把或 4 把喷枪。可以满足单根、两根或四根小口径管道的内壁除锈。或者两把喷丸枪满足一根或四把枪满足一根管道的内壁除锈要求。

⑤ 砂罐容积计算（图 4-35）。

砂罐容积计算公式[17]：

$$V_t = kVs \tag{4-7}$$

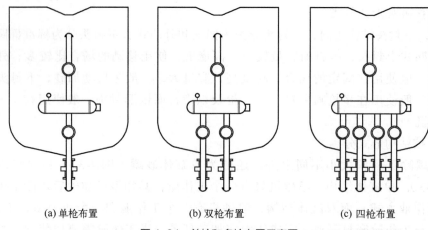

(a) 单枪布置　　　　　　(b) 双枪布置　　　　　　(c) 四枪布置

图 4-34　单枪和多枪布置示意图

$$V_s = t \times q / (n\rho_m) \qquad (4-8)$$

式中，V_s 为钢丸体积（m^3）；t 为连续喷丸时间（h）；q 为喷丸量（kg/h）；n 为罐底连接喷枪数量（把）；ρ_m 为钢丸堆密度（kg/m^3），钢丸（砂）堆密度为 $4.01kg/m^3$；k 为容积系数。

k 容积系数计算公式：

$$V_s = \pi D^2 h/4 + \pi D^2 s/12 + \pi D^2 l/12 \qquad (4-9)$$

当 $s=D/2$，$l=D/4$ 时：

$$V_s = \pi D^2 (h + D/4)/4 \qquad (4-10)$$

罐容积计算公式：

$$V_t = \pi D^2 (H + s/3)/4 \qquad (4-11)$$

当 $s=D/2$ 时：

$$V_t = \pi D^2 (H + D/6)/4 \qquad (4-12)$$

$$k = V_t/V_s = (H + D/6)/(H + s/3) \qquad (4-13)$$

当 $H=1$、$D=1$ 时，$H=1+D/4$。计算得：$k=1.13$。

砂罐容积计算举例：如果喷枪连续喷丸时间为 1.5h，喷嘴直径 $D=9.5mm$、铁丸堆密度 $\rho_m=4400kg/m^3$、喷丸率 $q=1900kg/h$、每只砂缸使用一把喷枪时，喷丸缸的容积和铁丸体积为：

$$V_s = 1.5 \times 1900/(1 \times 4400) \approx 0.65m^3$$

$$V_t = 1.13 \times 0.65 \approx 0.74m^3$$

⑥ 缸体厚度（图 4-36）计算。

筒壁厚度计算公式：

$$\delta_1 = Dp/(2[\sigma]) + C \qquad (4-14)$$

式中，D 为缸体直径（cm）；p 为压缩空气最大压力（kg/cm^2）；$[\sigma]$ 为材料许用应力（kg/cm^2）；C 为锈蚀附加厚度（取 0.2cm）。

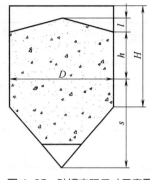

图 4-35　砂罐容积尺寸示意图

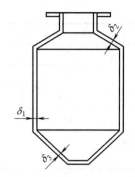

图 4-36　砂罐壁厚结构示意图

如果砂罐的直径 D=90cm、压缩空气最大压力 p=7kg/cm²，计算得出：δ_1=0.615cm（取值 0.8cm）。

⑦ 顶盖与锥底壁厚度。

元件系数 y 取 0.8 时，σ_b=0.8$[\sigma_b]$。计算得出：δ_2=δ_3=0.615/0.8=0.766cm（取值 0.8cm）。

（2）喷丸枪

喷丸枪由喷丸连接管、连接接头、喷嘴组成。

① 喷丸连接管。因为钢管内喷丸必须满足管内壁从一端到另一端的整体清理工作，必须用长距离送丸管把空气流和钢丸送至待清理的管道另一端，以确保喷砂嘴喷出的钢丸能够在理想距离内清理管道的内表面。所以需要采用钢质管道或者胶管安装喷枪嘴进行钢丸送出。

所以钢管的内壁喷丸是空气流与钢丸经过长输喷枪管瞬间压力释放后从喷嘴喷出，形成空气与钢丸的混合流高速冲击钢管的内表面，进行清理工作。

钢丸输送过程中，钢丸和空气流高速通过长输管，在管壁面形成非常大的摩擦力，并且钢丸中混合的尖锐钢砂会对管内表面不可避免地造成磨削，所以需要长输管具备一定的耐磨性。而钢管的内壁喷丸枪嘴的连接管，工作时需要强力推入管内，所以连接喷枪嘴的长输管一般采用硬管，如无缝钢管等，或用胶管辅助连接硬管。如果完全采用胶管需要外加硬质支架。胶管规格和基本参数如下（表 4-11 和表 4-12）。

表 4-11　喷砂软管的技术参数 [18]

类划	内径 /mm	外径 /mm	最大工作压力 /MPa	每 15m 质量 /kg
四层夹布喷砂软管	20	38	0.86	15
	25.4	48	0.86	20.4
	32	55	0.86	25.9
	38	60	0.7	29.1

续表

类划	内径/mm	外径/mm	最大工作压力/MPa	每15m质量/kg
两层缠绕喷砂软管	12.7	29	1.2	10.4
	20	38	1.1	15
	25.4	48	1.1	24.1
	32	55	1.1	28.6
两层火布 SUPA 喷砂软管	32	48	1.2	15.9

表 4-12　喷丸用胶管规格 [19]

内径/mm		12	15	18	21	25	28	31	38	44	50
结构	夹布层数	2	2	2	2	2	3	3	3	4	4
	内胶厚度/mm	3.4	3.4	3.9	3.9	4.4	4.4	4.4	4.4	4.9	4.9
	外胶厚度/mm	1.2	1.2	1.3	1.3	1.4	1.4	1.4	1.4	1.4	1.4
耐压强度/[MPa(kgf/cm²)]		0.7 (7)	0.6 (6)	0.6 (6)	0.6 (6)	0.6 (6)	0.6 (6)	0.7 (7)	0.6 (6)	0.6 (6)	0.6 (6)

注：常用内径为18mm；常用胶管长度20m。

② 喷嘴。喷枪嘴决定了空气与钢丸混合流的形状、均匀度以及角度等，喷嘴的结构形式和形状是影响钢管内壁清理质量的关键因素，枪嘴为最易受磨损的部件，因此为降低生产成本和提高枪嘴的使用寿命，喷嘴的材质选用是关键。喷嘴结构形式有以下几类。

a.直筒型喷嘴。直筒型喷嘴结构简单，分为两种：一种为初期采用的完全平直的结构 [图4-37（a）]，结构单一，在国内小口径管内喷丸设备中被采用，内径与输丸管一致，压力损失大；另一种为收缩段加平直段结构 [图4-37（b）]。内部结构只有收缩段和平直段两部分，收缩段与输丸管连接，压缩空气与钢丸混合流突然加压进入喷嘴平直段释放，相比于完全平直结构的喷嘴，压力更大，但这种形式的喷嘴无法克服进口端存在的涡流现象，压力损失大，磨料在 0.7MPa 的压力条件下流速不足 100m/s（按照一定的喷嘴直径和钢丸直径核算）。

直筒型喷嘴，磨料集中在发散区域的中心位置，管内表面接触磨料距离远，磨料冲击力减弱。

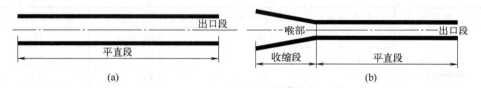

图 4-37　直筒型喷嘴

b. 普通文丘里型喷嘴。文丘里型喷嘴在结构上分为收缩段、平直段和扩散段三部分（图 4-38），制作难度显著增加。气体动力学性能远优于直筒型喷嘴，涡流现象明显改善或不复存在，与直筒型喷嘴相比，工作效率提高 15% ～ 40%，磨料消耗降低 20%。

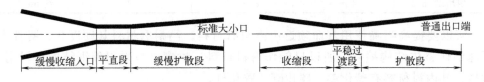

图 4-38　普通文丘里型喷嘴

c. 特大口径喷嘴。标准型喷嘴进口端直径为 25mm，而特大口径喷嘴（图 4-39）（直径 32mm）在 0.69MPa 工作压力下，磨料出口速度可达到 201m/s，比标准型文丘里型喷嘴提高 12.5%，其效率更高，但喷嘴口径的选择必须与输丸管直径相匹配，并非刻意选择大口径喷嘴。

d. 双文丘里型喷嘴。双文丘里型喷嘴中间和后部有两个喷嘴，一大一小、一前一后布置，二者之间间隔四周有几个小孔（图 4-40）。这种喷嘴形式，在高速气流的作用下产生一个足够大的负压，将周围的空气吸入到喷嘴内，使喷出的空气量大于进入喷嘴的压缩空气，磨料的出口速度进一步提高。另外，双文丘里型喷嘴的出口端直径比普通文丘里型喷嘴要大一些，磨料流的发散面要比普通文丘里型喷嘴大 35%，清理效率比普通文丘里型喷嘴更高。

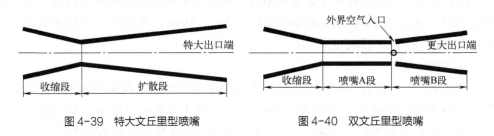

图 4-39　特大文丘里型喷嘴　　　　　图 4-40　双文丘里型喷嘴

喷嘴口径与磨料粒度相适应，表 4-13 列举了相应的规格参数。

表 4-13　喷嘴口径选用

磨料粒度 /mm	0.8 ～ 1.0	1.0 ～ 1.5	1.5 ～ 2.0
选用口径 /mm	8 ～ 10	10 ～ 14	14 ～ 16

e. 喷嘴材料[19]。作为喷丸设备的关键部件，喷嘴受到的高速钢丸的摩擦力更大，所以除喷嘴结构外，喷嘴的材质选用是影响其寿命的又一关键因素。

喷嘴材料特指与钢丸和空气混合流接触部分的材料，因为喷嘴可以采用整体结构或内衬结构。对于普通的材料制成的喷嘴，其寿命均偏低。表 4-14 列举了相应材料做喷嘴的耐用度。

表 4-14　喷嘴材料的耐用度

喷嘴材料	白口铸铁	陶瓷	普通钢	锰钢
耐用度 /h	4 ~ 6	8 ~ 10	20 ~ 24	约 60

所以要提高喷嘴使用寿命须选用高耐磨材料。高耐磨材料其硬度高、脆性大，不能制作整体结构喷嘴，所以只能作内衬材料。喷嘴一般采用外钢结构内衬耐磨材料，其内衬材料有碳化钨、碳化硼、碳化硅。

碳化硼硬度最高，碳化硅次之，碳化钨第三。三者使用寿命之间的比较见表 4-15。

表 4-15　不同喷嘴内衬材料比较

喷嘴内衬材料	使用寿命 /h
碳化钨	300
碳化硅	500
碳化硼	750

20 世纪 80 年代初碳化硅喷嘴被开发出来，使用寿命比碳化钨喷嘴更长，但价格却低 20%，其质量更轻，只有碳化钨喷嘴的 60%。碳化硼作内衬材料的喷嘴是在 1958 年出现的，使用寿命最长。采用石英砂作磨料，碳化硼喷嘴的使用寿命可达到 750h，用钢砂或钢丸作磨料时寿命达到 1500h。

对于以氧化铝或碳化硅作磨料的喷丸作业，只有碳化硼喷嘴才能胜任，使用寿命为 300h，而碳化钨喷嘴的使用寿命只有 50 ~ 100h。在我国，用氧化铝制作内衬的喷嘴应用广泛，性能也不错。

（3）喷丸舱

在喷丸清理工作过程中，必须采用密封的室体结构，来约束钢丸和清理后管内壁杂质的飞溅，并对产生的钢丸、破损磨料、清理的废渣进行清理和回收。对于产生的灰尘通过风管输送到除尘系统进行清理。喷丸舱在实际设计和应用中，主要采用两种结构形式：一种为针对管端封闭的前后两个独立的喷丸舱；另一种为把整根钢管置入其中的整体式喷丸舱。上述两种喷丸舱，设计时都满足多管同时密封的要求。

① 分体式喷丸舱（图 4-41）。

密封管端的前后两台喷丸舱由钢板焊接而成，结构轻而坚固，落砂斗接收喷丸枪喷出的全部钢丸和废渣，使其顺利流入皮带输送机或螺旋输送机，两台喷丸舱顶部设有活动顶盖，用来装卸钢管和密封钢管端部，舱体活动盖由汽缸控制，且活动顶盖与喷丸器联锁，只有当活动顶盖关闭后，喷丸器方能进行工作。前端喷

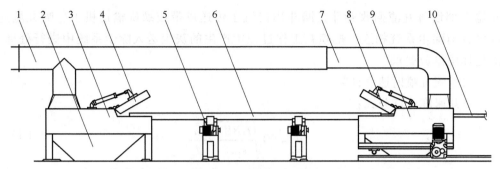

图 4-41　分体式喷丸舱

1—风管；2—落砂斗；3—喷丸后舱；4 和 8—喷丸舱气动活动顶盖；5—钢管旋转辊道；
6—钢管；7—承插风管；9—喷丸前舱；10—喷丸枪

丸舱为可移动式，可以在钢轨上由减速机进行控制，以适应不同长度钢管的清理。前后抛丸舱通过风管与除尘系统相连，防止灰尘污染环境，移动抛丸舱风管连接采用承插式。

② 整体式喷丸舱（图 4-42）。

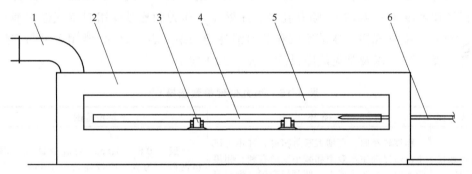

图 4-42　整体式喷丸舱

1—风管；2—喷丸舱；3—钢管旋转辊道；4—钢管；5—钢管进出通道；6—喷丸枪

整体式喷丸舱是按照钢管长度设计的。工作时，在舱体内可以放置多根钢管，对钢管整体密封，可以避免采用分体式舱体而出现活动顶盖与管端的密封不严造成灰尘外溢的现象。

整体喷丸舱可采用全钢结构，也可采用轻型材料或混凝土进行制作，只是在管端部位，采用钢板进行防护，防止钢丸冲击造成破坏。

喷丸舱的横向设置钢管进出口，并采用厚棉制门帘和活动门进行密封，防止灰尘外溢或钢丸飞溅，进枪部位设置带胶皮密封的进枪口，并按照喷枪数量设置进枪口数量。

喷丸舱内根据管工作工位数量，设置钢管旋转辊道，并设计安装链传动来传送多根钢管横向进入喷丸舱，并置于转动辊道上。喷丸舱底部设置丸渣传动皮带或螺旋传输机构，确保工作过程中产生的丸渣输送至丸渣分离器进行分离处理，喷丸舱下部设置丸渣回收漏斗，漏斗出口置于传送皮带或螺旋输送机上。喷丸舱通过风管与除尘系统相连，把喷丸工作过程中产生的灰尘送入除尘系统中进行处理，满足环境排放要求。

（4）喷丸喷射速度计算

喷丸速度计算公式：

$$v_s = 90\sqrt{\frac{HBW}{k_1 k_2} \times \frac{h}{d_r}} \qquad (4-15)$$

式中，HBW 为钢管表面布氏硬度；k_1 为弹丸材料系数，铁丸 $k_1=1$，钢丸 $k_1=1.07$；k_2 为动能损失系数，一般高碳钢、钢级铸铁、低碳钢、普通铸铁 $k_2=0.36 \pm 0.15$；h 为要求的表面粗糙度（μm）；d_r 为弹丸直径（mm）。

4.3.2　内喷丸机处理参数

本节以喷丸处理参数为主，主要包括喷丸处理参数选择（表4-16），喷丸清理参数与清理效率的关系（表4-17），不同工件适宜的砂粒尺寸、压缩空气压力、丸料直径和硬度（表4-18），喷丸孔径、压缩空气压力和连续使用时空气最大消耗量（表4-19）。喷丸规格、压缩空气和磨料消耗的关系（表4-20），常用喷嘴与空压机规格（表4-21）以及常见故障排除（表4-22）等。

表 4-16　喷丸处理参数选择 [19]

参数名称	描　述	选用范围
磨料颗粒粗度	粗度较小时，可增大喷射密度，冲击力减小，对提高生产效率和减小变形有利；粗度较大时，冲击力增大，使薄板变形，但对厚板和较厚的锈，清理较彻底	一般以 0.8～1.5mm 的混合铁丸（钢丸和钢砂）为宜，厚板建议≥1.6mm。小于 0.6mm 时，易发生形变
风压	风压增高时，可提高生产效率和清理质量，但风压过高易使板材变形，并使表面粗糙度增大	一般取 0.5～0.7MPa，最大 0.75MPa，不低于 0.4MPa
喷嘴口径	口径增大时，生产效率可提高，但磨料和压缩空气消耗量均增大；过小则降低生产效率	一般选用口径 8～10mm，特殊情况下也选 11～12mm
喷射距离	喷嘴与工件表面距离过小时，生产效率降低；过大时则冲击力减小	按照喷嘴压力、出丸量、工件厚度、表面锈蚀程度等因素加以调节，一般为 150～250mm
喷射角	角度过小时，冲击力减小，影响除锈效果。过大时造成丸粒反射	一般以 50°～70° 为宜
移动速度	速度过快时，清理不彻底；过慢时则生产效率降低	以一次除尽锈层为准

表 4-17　喷丸清理参数与清理效率的关系 [19]

| 喷嘴直径 /mm | 功耗 | 有效压力 /MPa | | | | | 清理效率 / (m²/h) |
		0.42	0.49	0.56	0.63	0.7	Sa2 ～ Sa3
6.5	空气消耗量 / (m³/min)	1.44	1.63	1.82	1.98	2.16	5.7 ～ 11.6
	功率消耗 /kW	8.32	9.39	10.49	11.41	12.48	
	磨料消耗 / (kg/h)	149.4	169.4	195.3	214.3	236.3	
8	空气消耗量 / (m³/min)	2.56	2.90	3.25	3.62	2.94	10 ～ 20
	功率消耗 /kW	14.79	16.75	18.78	20.91	22.76	
	磨料消耗 / (kg/h)	246.10	278.30	310.00	341.8	374.6	
9.5	空气消耗量 / (m³/min)	3.56	4.04	4.55	4.89	5.54	11.9 ～ 23.8
	功率消耗 /kW	20.54	23.32	26.26	28.22	31.98	
	磨料消耗 / (kg/h)	345.9	391.1	434.7	476.5	521.9	
11	空气消耗量 / (m³/min)	4.72	5.38	6.07	6.66	7.05	16.9 ～ 33.8
	功率消耗 /kW	27.27	31.08	35.07	38.48	40.73	
	磨料消耗 / (kg/h)	440.80	502.1	560.2	618.3	676.5	
12.8	空气消耗量 / (m³/min)	6.34	7.16	7.98	8.76	9.85	23.4 ～ 46.6
	功率消耗 /kW	37.29	42.86	48.81	51.48	56.28	
	磨料消耗 / (kg/h)	608.2	698.2	768.2	848.6	928.6	

表 4-18　不同工件适宜的砂粒尺寸、压缩空气压力、丸料直径和硬度 [19]

工件类型	砂粒尺寸 /mm 及丸粒直径 /mm	空气压力 /MPa
厚度大于 3mm 的钢铁喷砂工件	2.5 ～ 3.5	0.25 ～ 0.4
厚度小于 3mm 的钢铁喷砂工件	1.0 ～ 2.0	0.15 ～ 0.25
清除轻氧化皮至需要磷化的工件	直径 0.2 ～ 0.71，30 ～ 66HRC，钢丸或铸铁丸	0.25 ～ 0.4
清除重氧化皮至需要磷化的工件	直径 0.71 ～ 2.0，45 ～ 66HRC，钢丸或铸铁丸	0.25 ～ 0.4
钢铁铸件	直径 0.43 ～ 2.0，30 ～ 66HRC，钢丸或铸铁丸	0.25 ～ 0.4
厚度 2 ～ 2.5mm 结构钢板	直径 0.5，铸铁丸	0.25 ～ 0.4
厚度 3 ～ 4mm 结构钢板	直径 0.8，铸铁丸	0.25 ～ 0.4
厚度 4.5 ～ 6mm 结构钢板	直径 1.0，铸铁丸	0.25 ～ 0.4
厚度 7 ～ 12mm 结构钢板	直径 1.5，铸铁丸	0.25 ～ 0.4

表 4-19　喷丸孔径、压缩空气压力和连续使用时空气最大消耗量（自由空气容积）[20]

| 喷嘴孔径 /mm | 压缩空气压力 /MPa | | | | | |
	0.1	0.2	0.29	0.39	0.49	0.59
	压缩空气最大消耗量 / (m³/min)					
2	0.07	0.11	0.15	0.18	0.23	0.26
3	0.16	0.25	0.33	0.42	0.50	0.58
4	0.28	0.44	0.59	0.75	0.90	1.05

续表

喷嘴孔径 /mm	压缩空气压力 /MPa					
	0.1	0.2	0.29	0.39	0.49	0.59
	压缩空气最大消耗量 / (m³/min)					
5	0.44	0.69	0.94	1.16	1.42	1.62
6	0.64	0.99	1.33	1.68	2.04	2.32
7	0.87	1.35	1.81	2.28	2.77	3.16
8	1.14	1.75	2.36	2.78	3.62	4.12
9	1.44	2.23	2.99	3.75	3.75	4.58
10	1.78	2.75	3.69	4.63	5.65	6.44
11	2.15	3.33	4.47	5.61	6.84	7.99
12	2.56	3.96	5.31	6.67	8.14	9.27
13	3.00	4.65	6.24	7.83	9.55	10.90
14	3.48	5.39	7.24	9.03	11.80	12.62
15	4.00	6.18	8.30	10.53	12.72	14.49

表 4-20　喷丸规格、压缩空气和磨料消耗的关系 [18]

项目名称	喷嘴直径 /mm	排气压力 /MPa					
		0.48	0.56	0.59	0.62	0.66	0.7
压缩空气消耗量 / (m³/min)	5	0.93	1.02	1.10	1.16	1.22	1.27
磨料（砂）流量 / (kg/h)		88.9	98	103	88.9	!00.3	119.8
清理效率 / (m²/h)		3.62	3.99	4.18	4.37	4.46	4.92
压缩空气消耗量 / (m³/min)	6.4	1.73	1.93	2.01	2.09	2.18	2.29
磨料（砂）流量 / (kg/h)		160.6	185	194.1	203.2	215.5	227
清理效率 / (m²/h)		6.60	7.62	7.99	8.36	8.82	9.29
压缩空气消耗量 / (m³/min)	8	2.86	3.20	3.40	3.57	3.71	3.88
磨料（砂）流量 / (kg/h)		274	303	318.9	335.7	349.3	363
清理效率 / (m²/h)		11.24	12.6	13.1	13.75	14.30	15
压缩空气消耗量 / (m³/min)	9.5	4.05	4.56	1.73	4.90	5.21	5.55
磨料（砂）流量 / (kg/h)		392	436	456	477	499	522
清理效率 / (m²/h)		16.1	17.8	18.7	19.5	20.4	21.4
压缩空气消耗量 / (m³/min)	11.1	5.50	6.14	6.45	6.79	6.96	7.19
磨料（砂）流量 / (kg/h)		533	596	626	657	687	719
清理效率 / (m²/h)		21.8	24.3	25.6	26.9	28.2	29.5
压缩空气消耗量 / (m³/min)	12.7	7.13	7.93	8.35	8.75	9.14	9.57
磨料（砂）流量 / (kg/h)		686	762	802	842	873	907
清理效率 / (m²/h)		28.1	31.2	32.9	34.5	35.8	37.2

注：压缩空气额定排气量为喷嘴消耗量的 1.5 倍。

表 4-21　常用喷嘴与空压机规格 [18]

清理效率要求 / (m²/h)	喷嘴直径 /mm	清理效率 / (m²/h)			空气压缩机规格 (0.7MPa) / (m³/min)
		0.7MPa	0.63MPa	0.56MPa	
≈9	6	9.29	7.90	6.50	5

续表

清理效率要求 /（m²/h）	喷嘴直径 /mm	清理效率 /（m²/h）			空气压缩机规格 （0.7MPa）/（m³/min）
		0.7MPa	0.63MPa	0.56MPa	
9～15	8	14.86	12.63	10.40	7
15～21	9.5	21.36	18.11	14.95	10
21～30	11.1	29.45	25.08	20.62	13
30～37	12.7	37.16	31.58	26.1	17

表 4-22　喷丸箱常见故障及其产生原因和排除方法 [18]

常见故障	产生原因	排除方法
没有压缩空气，没有磨料	压缩空气没有打开	打开气源
	调压阀调定的压力太低	把压力调高到 0.5MPa 以上
	喷嘴或磨料喷嘴堵塞	清理喷嘴或磨料间，必要时重新调整磨料阀
	安全气路被切断	检查安全气路上的阀，必要时更换
	主调压阀坏了	检查主调压阀，必要时更换
	控制用调压阀坏了	检查控制用调压阀，必要时更换
有压缩空气，没有磨料	磨料用完	添加用料
	磨料阀堵塞	清理磨料阀并分析堵塞的原因
	喷丸机中的封闭阀没有打开，磨料不能进入喷丸机	检查封闭阀
	回收器中的滤网堵塞	消除滤网中的杂质
磨料时断时续	压缩空气压力不稳	原因 1：压缩空气管路不畅
		原因 2：控制用调压阀失灵
		原因 3：喷丸用调压阀失灵
	磨料被污染	更换新磨料，若磨料污染严重，有必要清理喷丸箱和回收器
	磨料/压缩空气比例不当	调整
喷丸箱内灰尘浓度高	喷丸箱内风速偏低	检查除尘器的布袋或滤芯
	磨料粒度太小	更换磨料或调整回收器内的风速，提高分离效率
风速偏低或没有气流	风机不工作	检查风机和电机的转动情况
	风机反方向旋转	改变风机的旋转方向
	风机转速不对	检查电流电压
		检查电机中的轴承是否磨损
		检查风叶是否脱落
	风机磨损	更换风机
	除尘布袋中积满灰尘	清洁除尘布袋或滤芯

续表

常见故障	产生原因	排除方法
风速偏低或没有气流	除尘器工作不正常	更换失去作用的布袋或滤芯
	喷丸箱上的进风口不畅	消除进风口上的堵塞物
	除尘器进口处的调节阀关闭	调整好调节阀
	喷丸箱和回收器之间的软管磨穿、压扁或堵塞	更换或清除堵塞物
	回收器和除尘器之间的风管开裂或磨穿	更换
回收器工作不佳（磨料中有粉尘）	磨料不干净	更换磨料
	回收器中的吹风效果不佳	调节阀节管位置
	风速太低	参见以上有关内容
	回收器中的挡板磨损	更换挡板
磨料污染	压缩空气不洁净	经常排净过滤器集水杯中的积水
		在压缩空气管路上安装空气过滤器
	压缩空气中有油	在压缩空气管路上安装过滤器
	被处理件上有油或溶剂	被处理工件上必须事先做好清洁工作
	空气湿度太高	要事先注意喷丸箱周围的环境

参考文献

[1] 冯瑾. 抛丸除锈机护板的技术改进 [J]. 齐齐哈尔大学学报：自然科学版，2004（4）：77.

[2] 上官丽萍，李长春，刘玉磊，等. 抛丸清理设备中的丸砂分离器结构分析 [J]. 铸造设备与工艺，2013（3）：3-5.

[3] 徐金鸿. 抛丸机中抛丸器的优化设计 [J]. 铸造设备与工艺，2007（3）：6-11.

[4] 徐金鸿. 抛丸器的叶片和分丸轮结构分析 [C]// 铸件清理与后处理装备技术交流会论文集，洛阳. 2011：108-113.

[5] 中华人民共和国国家质量监督检验检疫总局，中国国家标准化管理委员会. 抛丸器：GB/T 32567—2016[S]. 北京：中国标准出版社，2016.

[6] 稽焕章. 斗形提升机的设计与计算 [J]. 矿山机械，2011，38（1）：54-57.

[7] 李睿，侯宇，刘淑聪，等. 锚纹特征对管道外防腐环氧涂层附着力的影响 [J]. 油气储运，2011，30（5）：355-358.

[8] 中华人民共和国国家质量监督检验检疫总局，中国国家标准化管理委员会. 埋地钢质管道聚乙烯防腐层：GB/T 23257—2017[S]. 北京：中国标准出版社，2017.

[9] 国家能源局. 钢质管道熔结环氧粉末外涂层技术规范 [S]. 北京：石油工业出版社，

2014.

[10]　中华人民共和国国家质量监督检验检疫总局，中国国家标准化管理委员会．涂覆涂料
　　　前钢材表面处理　表面清洁度的评定试验　第 3 部分：涂覆涂料前钢材表面的灰尘评
　　　定（压敏粘带法）：GB/T 18570.3—2005[S]．北京：中国标准出版社，2005.

[11]　中华人民共和国国家质量监督检验检疫总局，中国国家标准化管理委员会．涂覆涂料
　　　前钢材表面处理　表面清洁度的目视评定　第 1 部分：未涂覆过的钢材表面和全面清
　　　除原有涂层后的钢材表面的锈蚀等级和处理等级：GB/T 8923.1—2011[S]．北京：中
　　　国标准出版社，2011.

[12]　杨清林，武炳焕，刘永安．钢丸粒度对铸件抛丸清理效率和表面粗糙度的影响 [J]．中
　　　国铸造装备与技术，2002（6）：10-13.

[13]　国家能源局．涂装前钢材表面处理规范：SY/T 0407—2012[S]．北京：中国标准出版
　　　社，2012.

[14]　高慧，黄振华，王新涛，等．抛丸清理用金属磨料的选择 [J]．现代涂料与涂装，2012
　　　（12）：50-53.

[15]　全国标准化委员会抛丸喷丸（喷砂）分技术委员会．钢丸、钢砂、抛丸机抛丸清理覆
　　　盖度、清洁度与抛丸时间的影响 [S]．北京：中国标准出版社，2010.

[16]　丁仁相，冯美苏，韩伟．钢管内壁抛丸清理机的开发与应用 [J]．中国铸造装备与技术，
　　　2010（1）：56-58.

[17]　许宏高．船体抛丸除锈 [M]．北京：国防工业出版社，1979：52-53.

[18]　王守仁，王瑞国．抛（喷）丸清理工艺与设备 [M]．北京：机械工业出版社，2012.

[19]　黄浩．船体工艺手册 [M]．北京：国防工业出版社，2013：1376-1381.

[20]　张允诚，胡如南，向荣．电镀手册 [M]．北京：国防工业出版社，2011：746-747.

第 5 章

管道外涂层

5.1 前言

管道外涂层是指用涂料均匀致密地涂敷在经除锈清理的长输管道外表面、使其与所处环境中的各种腐蚀介质隔绝的保护层。外涂层在管道建设中十分重要，是延长管道使用寿命的关键手段之一：如防腐蚀，防止外界侵袭，降低输送功耗等（钢管保温涂层）或者起到辅助作用（如海底管道的水泥配重涂层等）。

所以管道涂层按照功能分为防腐性涂层、防护性涂层和功能性涂层三类。按照涂料类型主要分为有机涂层和无机涂层，而有机涂层的应用最为普遍。

5.1.1 国外管道外涂层发展

世界第一条油气输送管道是在 1865 年由美国人 S. V. 锡科尔在宾夕法尼亚修建的原油输送管道（管径 φ50mm，长 9756m）[1]。1886 年美国建设了世界第一条工业规模的长距离输气管道，该管道从宾夕法尼亚州的凯恩到纽约州的布法罗，全长 140km，管径 φ200mm[2]。最先采用的涂层材料是煤焦油沥青及改性的煤焦油瓷漆，并且一直使用到 20 世纪 70 年代末 [3]。

20 世纪 40 到 70 年代，石蜡、石油沥青、胶带、聚烯烃胶带等应用于管道各种涂层的材料被开发出来，因其他涂层材料的各种缺陷，在此期间，煤焦油沥青在管道涂层涂覆中占据主导地位。

美国 Saumel Mcore 公司在 20 世纪 50 年代初，研制出二层聚乙烯（2PE）防腐技术，采用底层沥青 / 丁基黏合剂外加热挤出聚烯烃外层结构，使得挤出聚乙烯防腐技术逐步在世界各地得到发展和应用，尤其是在欧洲，如德国等把 2PE 涂层作为首选管道涂层[4]。

　　熔结环氧粉末涂层（简称 FBE）于 1961 年由美国研发成功，并应用于管道防腐工程。20 世纪 70 年代，美国的阿拉斯加管道建设中就采用了熔结环氧粉末涂层。在北美地区，熔结环氧粉末防腐涂层是管道外防腐的首选，1997 年美国 *Pipeline Digest* 报道的统计结果表明，在 14 次管道防腐涂层用量年度调查中，FBE 防腐涂层的用量 10 次居首位[5]。

　　20 世纪 80 年代，结合环氧粉末和聚烯烃双重优势发展而来的三层聚烯烃涂层 [三层 PE（3LPE 或 3PE），三层聚丙烯（3LPP 或 3PP）] 研制成功，并与环氧粉末一道成为管道涂层的主要涂层，取代了其他管道防腐体系。在国内外，目前在防腐涂层的选用上有两种明显不同的观点：北美地区一般倾向于环氧粉末涂层，欧洲各国、印度、俄罗斯、中国则侧重于三层聚乙烯涂层（3LPE）。

　　1992 年美国 DUPONT-OBRIEN 公司的 John D. Bethea 研发出双层熔结环氧粉末[6]，并应用到天然气管道上，这种双层熔结环氧粉末防腐涂层系统简称为 DPS，也称耐磨外涂层（ARO）。

　　因此，按照年份划分的阶段，1940—1960 年，管道涂层主要是煤焦油沥青或煤焦油磁漆、石油沥青及乙烯基胶带；1960—1970 年为煤焦油、沥青、高密度聚乙烯及 PE 带；1980—1990 年为高密度聚乙烯夹克、环氧粉末，1990 年后主要是三层 PE、熔结环氧粉末涂层、双层熔结环氧粉末防腐涂层系统。沥青类和 PE 胶带类涂层因易诱发 SCC 而退出历史[3]。以上是加拿大国家能源局《加拿大油气管道中的应力腐蚀开裂》报告统计的加拿大防腐材料的使用情况，同样适用于美国和欧洲的涂层材料发展历史。

　　目前国外的涂层发展趋势是改进 3LPE 以及在 DPS（双层环氧粉末）上下功夫，同时也有一些新型涂层出现，例如加拿大 SHAW 公司的 HPCC 涂层，在三层 PE 基础上，改用全粉末。HPCC 涂层同样为三层结构，与 3LPE 涂层相比所用材料和涂层结构并未有实质性的更新和改变，只是在原有涂层技术上进行材料和工艺的改进。

　　100% 固含量弹性体，也在管道涂层可选中提及了多年，例如聚脲弹性体材料和 100% 固含量聚氨酯涂料。

　　聚脲弹性体在 20 世纪 80 年代末由美国研发成功，并在 1992 年就已用于埋地管道防腐涂层的修复，例如西伯利亚的石油液化气管道，美国阿拉斯加原油管道涂层的修复等。1993 年美国的阿拉斯加北部 SLOPE 管道项目采用了聚脲涂层，1994—1997 年，美国 Cherry Point Refineries 管道项目等，在美国阿拉斯加北部石油管道的应用中曾经在 -28℃ 的低温环境下进行聚脲涂层的现场补口作业，而且实现了正常的固化，充分展示了聚脲低温下的可施工特性。美国在 1999 年已由美国水工协会发布了美国水工协会标准，即 ANSI/AWWA C222-99《钢质水管道及管件用内外聚氨酯类（聚氨酯／聚脲）涂层》的 AWWA 标准。此标准明确规定了聚脲可用于钢质水管道的内、外防护，即聚脲可作为管道的内外涂层。

100% 固含量聚氨酯涂料于 1973 年在北美开始用于管道涂层，除用于油气管道系统外，还用于饮用水系统管道的内、外涂层以及其他钢结构设施的腐蚀防护。除 100% 固含量聚氨酯涂料外，还有改性的聚氨酯涂料，如关于采用聚氨酯焦油涂料用于三层聚乙烯涂层的补口补伤工程实例，采用德国工业标准 DIN 30671 和 DIN 30677 测定的该涂层作为现场补口的性能进行评价。

上述两种弹性体涂料，虽然在一些管道项目上进行了应用，但只是作为管道涂层补口体系中的一种，并只在输水管道上推荐使用（美国自来水的相关标准）。按照发展来说，应该在大型管道项目中得到大面积应用，但在油气管道输送项目上未见应用案例，所以此种涂层的应用需要论证 [7]。

5.1.2 我国管道外涂层发展

20 世纪 30 年代，中国出现了在管道上使用涂层的案例，少量应用于沿海城市租界区内的地下管道外防腐，材料为纯煤焦油沥青，加强物为麻布，并且这种涂层，直到 50 年后再调查，防腐效果依然很好。尽管有上述涂层案例，但国内的管道防腐涂层材料与技术的研究和应用还是在 20 世纪 50 年代以后 [8]。

20 世纪 40 到 60 年代，我国油气管道防腐大部分模仿苏联的防腐方法，即用沥青、玻璃布。这种涂层的主要缺点是不耐寒，适应性能差，冬季施工破损严重，细菌腐蚀快，使用寿命短，大修周期短（一般为 5～8 年）。

1958 年冬，我国引进了苏联的石油沥青防腐技术，我国第一条长距离输油管道——克拉玛依至独山子输油管道正式投产（管径 φ159～273mm，长 147km）[9]。20 世纪 60 年代末，我国基本实现了石油沥青涂层的工厂化预制，20 世纪 70 年代大港油田完成自动化预制生产线（φ48～630mm）。当时，石油沥青涂层是国内主要管道防腐涂层技术，从单一的石油沥青结构发展到与玻璃布复合的多层结构。

从 20 世纪 70 年代开始，借鉴国外的管道防腐涂层技术，国内先后开展了环氧煤沥青涂料、聚乙烯胶黏带、煤焦油瓷漆等管道防腐材料的研发和应用工作，打破了石油沥青防腐一统天下的局面。

1980 年从华北油建一公司和北京化工研究院联合研制出第一条聚乙烯夹克涂敷作业线起，聚乙烯夹克开始得到应用，应用范围主要是油田中小口径管道 [4]。

1993 年，中国海洋石油总公司在南海的崖城 13-1 气田至香港和三亚、总长达 900km 的海底输气管道工程中大规模使用了煤焦油瓷漆涂层，效果很好。虽然全部使用国外的材料和涂敷作业线，但也极大地推动了其在国内的使用 [10]。

1995—1996 年间，煤焦油瓷漆分别用于新疆沙漠管道（塔中 4- 轮南）、塔里木油田的轮南至库尔勒输油复线和塔中至轮南的两条沙漠输油、输气管道。

中国石油天然气集团公司大规模使用煤焦油瓷漆是从 2000 年开始的，2001 年建成的涩 - 宁 - 兰输气管道（中国在青藏高原上建设的第一条长距离）约 50% 的管道外涂层采用煤焦油瓷漆。

2002 年 9 月 24 日开工建设，2003 年 9 月 29 日竣工投产供气的长庆气田 - 呼和浩特输气管道工程，干线 485.86km，直线 88.53km，大部分采用煤焦油磁漆防腐，穿越、石方采用三层 PE，冷煨弯管采用环氧粉末[11]，是煤焦油磁漆防腐用量最大的管道工程。

20 世纪 60 年代，大庆油田与上海某塑料厂合作研制 PVC 塑料带试用。20 世纪 70 年代胜利油田在现场机械化推广方面做了大量工作，使得胶带得到大面积推广。1979 年，胜利油田在常温输气、水管道上推广了 43.7km 的胶黏带。20 世纪 90 年代引进国外先进技术，对 PE 基材进行辐射处理，并研制开发丁基橡胶黏结剂，使得 PE 胶带涂层有了较大的发展。

20 世纪 80 年代初期，国内开始研制开发和应用挤压聚乙烯涂层（2PE）技术以及聚氨酯泡沫聚乙烯外防护的防腐保温层技术。

国内于 1981 年在华北油田建成第一条两层 PE 防腐作业线[8]。

20 世纪 80 年代，国内开始研究并在石油行业应用熔结环氧粉末防腐涂层技术，到 20 世纪 90 年代得到了大规模应用。1997 年，国内首次颁布了《钢质管道熔结环氧粉末外涂层技术标准》（SY/T 0315—1997）。

国内最早在管道上应用环氧粉末的案例是 1986 年，黄河濮阳段穿越工程中，1.3km 的穿越工程中采用环氧粉末涂层（美国生产的环氧粉末涂料）。

1988 年，石油天然气总公司石油气管道局，建成我国第一条环氧粉末管道涂装生产线。1988 年底使用该生产线为宁夏马惠线黄河段穿越工程涂敷了 3km 管道[12]。

从 2000 年开始，双层熔结环氧粉末防腐涂层体系在国内逐步应用到天然气和其他管道建设工程中。如 2001 年，萧山油库杭州康桥成品油管道输送工程（管道总长 41km，钢管规格 $\varphi 273mm \times 6.4mm$，材质为 L290）在钱塘江穿越、山区石方段直管和特殊地质的穿越采用了双层环氧粉末防腐体系。宁波市城市燃气管网工程长 166km，管道直径 $\varphi 327mm$，该埋地管道采用双层熔结环氧粉末防腐体系。在金山 - 扬子管道（长 60km，管径 $\varphi 273mm$ 和 $\varphi 159mm$）、中石化物资装备部管道工程（长 55km，管径 $\varphi 273mm$）中，均应用了双层熔结环氧粉末防腐体系[6]。

1996 年 3 月 5 日动工，1997 年 9 月 10 日建成的陕京一线输气管道（干线全长约 847km，管径 $\varphi 660mm$）是我国第一条采用 3PE 涂层的长输管道，标志着 3PE 涂层在我国的涂层建设中正式投用。

过去几十年，油气管道采用了不同类型的涂层，例如煤焦油磁漆、环氧粉末涂层、三层聚烯烃涂层（聚乙烯或聚丙烯）等。图 5-1 表明不同地区不同的管道涂层均占有一定的比例，但在中国三层 PE 所占比例最大。

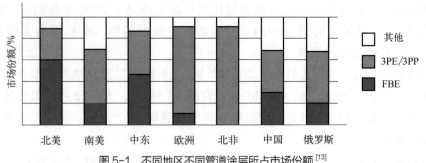

图 5-1　不同地区不同管道涂层所占市场份额 [13]

5.1.3　外涂层应用类型

美国腐蚀工程师协会 NACE-RP0 169 标准中列出的管道外防腐涂层体系有：煤焦油类（coal tar）、石蜡类（wax）、预制薄膜（冷缠胶带）类（prefabricated films）、熔结环氧涂层（fusion-bonded epoxy coatings）、聚烯烃涂层（polyolefin coatings）等。这些管道外防腐涂层技术，除了石蜡以外，在我国都得到了开发和应用，并实现了防腐材料的国产化。

目前，国内针对油气管道外防腐涂层技术已经制定了一系列的国家、行业标准规范，如聚烯烃防腐层、熔结环氧粉末（FBE）防腐层等。这些标准规范的制定和实施，促进了相应防腐涂层技术的应用，但有必要针对实际应用效果和存在的问题不断加以完善，进一步确保防腐钢管的长期使用寿命。

我国油气行业经过几十年的研究、开发及引进，在管道外涂层应用技术上已系列化，建立了七大钢质管道外涂层应用技术：石油沥青、煤焦油瓷漆、环氧煤沥青、聚乙烯胶黏带、熔结环氧粉末、两层聚乙烯涂层、三层聚乙烯涂层等。因为石油沥青等逐渐被淘汰，本章只论述聚脲等在用涂层，其他章节则重点论述熔结环氧粉末和三层聚乙烯涂层。

5.2　聚脲弹性体涂层

聚脲（Polyurea）弹性体涂料 [7] 是一种高性能、100% 固体含量的环保型双组分液态涂料，可快速施工，快速固化成型。聚脲双组分涂料在专用的喷涂设备内经过加温、高速碰撞、均匀混合并高速喷涂，成型后的聚脲弹性体涂层具有优异的防水、防腐蚀、耐磨、耐冲击等性能，并且与多种物面，尤其是混凝土、水泥和钢质管道的金属表面具有很强的附着力。

聚脲弹性体涂层的涂装工艺条件由喷涂设备来保证，对环境条件没有苛刻要求，在 -20℃高寒气候条件下以及 95% 以上的高湿环境中都可以进行喷涂聚脲的施工，而且照样可以保持其独特的快干性能。喷涂聚脲弹性体涂层可以具备塑料（橡胶）的弹性、防水、防渗性，又具备玻璃钢的刚性和强度，因此其优点显而易见。

5.2.1　涂层性能要求

喷涂聚脲弹性体采用双组分体系，由多异氰酯组分 A 和活泼氢组分 B 组成。A 组分多为 MDI 与低聚物多元醇的半预聚体，B 组分是低聚物多元醇（胺）与液态胺类扩链剂及色浆的混合物[15]。按 ASTM 标准所测得的聚脲弹性体的性能指标见表 5-1。

表 5-1　聚脲弹性体的物理性能和测试方法

项目名称		指标	检测方法
硬度（25℃）		＞ 80（肖氏）	ASTM 132240
抗张强度		＞ 170kgf/cm²	ASTM D412
撕裂强度		＞ 60kgf/cm²	ASTM D412
断裂伸长率		30% ～ 800%	ASTM D412
耐磨性能		＜ 100mg（1kg 载荷，CS17 轮，转动 1000 次）	ASTM D4060
抗冲击性能		0.91J（23℃）	ASTM D3763
		0.08J（-40℃）	
吸水率		0.5%（23℃，24h）	ASTM D570
水汽渗透率		＜ 5.0g/m²（24h）	ASTM E96
剥离强度	膜间剥离	＞ 25kgf/cm²	ASTM D4541
	与干混凝土剥离	＞ 10kgf/cm²	
	与涂过底漆的混凝土剥离	＞ 25kgf/cm²	
	钢（锚纹深度 50μm 左右）	＞ 35kgf/cm²	

为了探讨其作为管道涂层的效果，国内研究机构将纯聚脲弹性体涂层按埋地管道涂层的检测要求进行检测，所测得的技术性能指标如表 5-2 和表 5-3 所示。

表 5-2　聚脲弹性体片材性能指标

项目	性能指标	试验标准
拉伸强度 /MPa	≥ 20	GB/T 1040
断裂伸长率 /%	≥ 350	GB/T 1040
脆化温度 /℃	≤ -50	GB/T 5470
电气强度 /（MV/m）	≥ 25	GB/T 1408.7
体积电阻率 /（Ω·m）	≥ 1 × 10¹²	GB/T 1410
耐紫外线老化（336h）/%	≥ 80	SY/T 4013 附录 D

项目	性能指标	试验标准
耐磨性能 CS17 滚筒，1kg 重每 11300 转损失 /mg	≯ 100	ASTM D4060
吸水性 /%	≯ 3.0	ASTM D570
耐化学介质腐蚀（浸泡 7d）/%	HCl 10%	≥ 80	SY/T4013 附录 C
	NaOH 30%	≥ 80	
	NaCl 30%	≥ 80	

注：耐化学介质腐蚀的数据代表实验后的拉伸强度和断裂伸长率的保持率。

表 5-3　聚脲管道涂层的性能指标

项目		性能指标	试验方法
剥离强度 /（N/cm）	（20±5）℃	≥ 70	SY/T 4013-95 附录 F
	（50±5）℃	≥ 50	
阴极剥离 /mm（65℃，48h）		≤ 8	SY/T 4013-95 附录 A
冲击强度 /（J/mm）		> 8	SY/T 4013-95 附录 C
抗弯曲 /2.5°		聚脲层无开裂	SY/T 4013-95 附录 H
压痕（23±2）℃ /mm		≤ 0.2	SY/T 4013-95 附录 E

表 5-3 中的数据是按照三层 PE 聚乙烯涂层性能作为比较对象所做的技术检测数据，数据表明聚脲弹性体涂层的力学性能、耐化学性能、耐阴极剥离性能等都可以与之媲美。

根据美国水工协会的规范 AWWA C222-99 推荐聚脲作为管道的外涂层时，其涂层的厚度可以按表 5-4 的规定。

表 5-4　涂层推荐厚度

涂层级别	最小厚度 /μm
普通级	650
加强级	1500
特加强级	2000

管道聚脲涂层应用产品的测试技术指标如表 5-5 和表 5-6。

表 5-5　管道聚脲涂层技术指标（架空）

项目			技术指标	测试方法
1	表观		平整、无气泡	目测
2	附着性	黏结力 /MPa	> 8	GB/T 5210
		剥离强度 /（N/cm）	> 35	SY/T 0413 附录 G
3	耐冲击（25℃）/J		≥ 5	SY/T 0040

	项目		技术指标	测试方法
4	抗弯曲（−20℃）/2.5°		无剥离，无开裂	SY/T 0413 附录 J
5	阴极剥离（28d）/mm		≤ 12	SY/T 0094
6	干燥时间 （25℃）/min	表干	≤ 0.5	GB/T 1728
		实干	≤ 8	
7	耐化学介质 （25℃），30d	30% NaOH	合格	Q/CNPC-GD 0273
		10% H$_2$SO$_4$		
		30% NaCl		
		2 号柴油		
8	硬度（邵氏 D）		≥ 65	GB/T 2411
9	耐磨性（1kg/1000r）/mg		≤ 100	GB/T 1768
10	电气强度/（MV/m）		≥ 25	GB/T 1408.1
11	耐盐雾性（500h）/级		1	GB/T 1771
12	耐紫外线老化（500h）		优	GB/T 14522
13	冻融循环（5 循环，120h）		优	SY/T 0320 附录 B

表 5-6　管道聚脲涂层技术指标（埋地）

	项目		技术指标	测试方法
1	表观		平整、无气泡	目测
2	附着性	黏结力/MPa	＞ 10	GB/T 5210
		剥离强度/（N/cm）	＞ 70	SY/T 0413 附录 G
3	耐冲击（25℃）/J		≥ 7	SY/T 0040
4	抗弯曲（−20℃）/2.5°		无剥离，无开裂	SY/T 0413 附录 J
5	阴极剥离（28d）/mm		≤ 12	SY/T 0094
6	干燥时间 （25℃）/min	表干	≤ 0.5	GB/T 1728
		实干	≤ 8	
7	耐化学介质 （25℃），30d	30% NaOH	合格	Q/CNPC-GD 0273
		10% H$_2$SO$_4$		
		30% NaCl		
		2 号柴油		
8	吸水率/%		≤ 3	Q/CNPC-GD 0273
9	硬度（邵氏 D）		≥ 65	GB/T 2411
10	耐磨性（1kg/1000r）/mg		≤ 100	GB/T 1768
11	电气强度/（MV/m）		≥ 25	GB/T 1408.1

5.2.2　涂层涂装工艺

聚脲弹性体为 100% 固含量的双组分涂料，只能采用无气喷涂机进行涂装。

工艺过程为：钢管表面击打除锈—钢管表面除灰—钢管上专用工作台—物料准备—钢管旋转—涂料喷涂—固化—下线。

（1）钢管除锈和表面清洁

聚脲弹性体与钢管表面有良好的黏结性能，要求钢表面预处理达到 Sa2½ 级（磨料击打完成），表面锚纹深度在 40 ～ 75μm，因涂料的润湿性和扩展性不好，容易成片整体剥离，因此要求处理后的钢管表面干燥，无杂质、灰尘或者油污。

（2）喷涂准备

聚脲 A、B 双组分涂料在涂装前，不得进行混合，严格按照材料供货厂家的要求，调整无气喷涂机的双组分涂料的吸入和混合比例，如有需要，要对料罐、管路进行加热和保温，或对物料进行搅拌。并依据涂层的密度、厚度、聚脲凝胶时间、物料的初始黏度（A/B）等相关参数对涂层厚度进行核算。防止涂层过厚，反应中的热量对涂层质量有不利影响。

对设备进行参数调整：如流量、喷幅（根据管径范围）、压力、枪距（垂直钢管表面，400 ～ 600mm）、温度等。

（3）钢管上线涂装

钢管首先放置在管两端支撑的旋转装置（钢管旋转工作台）上，并在动力作用下进行自旋转，在旋转的钢管表面进行喷涂。

聚脲弹性体在钢管表面的涂装，可以采用手工方式（图 5-2）或机械自动涂装（图 5-3）。但不建议采用纯手工涂刷进行涂装作业。

图 5-2　人工涂装

图 5-3　机械自动涂装

人工涂装，指高压无气喷涂机的喷涂枪由人手持，在旋转的钢管表面，往复行走进行喷涂，此方式简单易用，但涂层厚度往往出现较大差别，适用于小批量管道本体、焊接处补口或异形件（三通、弯头、阀门等）的涂装，大批量管道涂装不建议采用。

机械自动涂装，与人工涂装的直接区别是，喷涂枪安装在一个电气自动控制行走的枪架上，根据钢管的速度和直径以及涂层要求的厚度，可以调整枪头距钢管表面的距离、喷枪的行走速度、喷涂物料的整幅搭接（螺距）等，得到的涂层表面平整、厚度均匀（物料整幅搭接）、效率高。

机械自动喷涂的缺点是，双组分涂料在喷枪前段混合，每喷涂一根钢管，必须采用压缩空气或稀料，甚至人工进行清洗，防止堵枪，并且最为关键的是这种间断式喷涂效率往往十分低下，不适用于大批量钢管涂装。

针对上述间断喷涂缺陷，建议采用多组钢管旋转工作台配合一套无气喷涂系统，采用机械手满足多工作台之间的转换，优点是杜绝了停枪换管的工作间歇，喷枪可以连续工作，是推荐的一种新工艺。

聚脲喷涂会产生飞溅性物料，所以在工作区必须设置排风及过滤系统，防止污染环境，操作人员需要佩戴防护口罩。

（4）固化

喷涂完成的钢管，采用吊装方式在固化区进行固化，注意须保证固化区的环境整洁，防止飞蛾、灰尘等二次黏附，聚脲材料的一般特性是 10s 凝胶，10min 达到步行强度。

5.2.3　喷涂设备要求

①吸料集气管路输送物料平稳，不得有喘动、脉动以及偷停现象；②要求的物料计量系统精准，推荐采用电子计量，并采用电子控制无极混合比调整；③优化设计枪前混合系统，确保物料均匀混合以及反应；④选择合适压力等级以及适合的型号和结构的枪嘴，保证良好的物料雾化；⑤满足短期停泵或长期停用时，可以方便快捷、经济合理的管路、混合系统以及喷枪的清洗方式和系统。

5.2.4　涂层缺陷

聚脲弹性体涂层有以下缺陷[16]。

（1）涂层颜色不均匀或涂料不固化

不均匀的颜色主要是因为相分离与颜料沉淀．并且在喷涂之前材料没有被搅动或者循环，也有可能是由于在喷枪混合室或者滤网里被堵塞，特别是含颜料与添加物的多元醇组分。此外，异氰酸酯组分完全或者部分堵塞也会造成不均匀的颜色和不固化的区域。

（2）鼓泡

这是施工中最常见的问题之一。鼓泡一般由以下一种或几种原因造成：喷涂体系的配方反应性不佳；施工设备问题；底材预处理不理想；在未固化的底漆表面施工。

（3）针孔

针孔也是喷涂聚脲施工中最常见的现象，空气或潮气被封闭在所要涂装的基材表面，反应热导致潮气或空气膨胀，在快速固化的涂层下面形成一定压力，在涂层固化之前气体会顶破涂层逸出，在已固化涂层表面形成很多小针孔。可采用如下解决方法：涂底漆，封闭毛细孔；使底材充分干燥，减少底材中所封闭的气体量。

（4）阴影效应

由阴影效应引起的涂层空缺现象有时可能会与针孔相混淆。阴影效应通常发生在不干净底材或者存在过喷的情况下。当在一个方向施工时，快速固化的涂层会在质点或者过喷形成的颗粒上快速固化，不能完全将基材表面覆盖，实际上围绕着质点或者过喷形成的颗粒的阴影产生了涂层空白点。

解决方法如下：底材表面清理干净，喷涂施工前最好用吸尘器将底材彻底清理一遍；喷涂过程及时清理所要喷涂区域可能出现的渣子和杂质；使用合适的喷枪，掌握正确的喷涂方式，减少过喷现象；喷涂时采用纵横交替，多道喷涂，减少阴影现象造成的影响；每一道喷涂结束后，都要及时进行检查，及时清理掉质点和杂质。

（5）过喷

过喷也是一个常见的问题，它是由于喷枪没有调整好或者喷涂时喷枪离基材距离过大造成的。当颗粒在没有喷涂的区域内形成时就说明有过喷现象。

解决过喷问题有以下两种方法：选择使用输出量合适的喷枪；垂直喷射，距离为 0.5～0.6m。

（6）分层

分层有以下两种情况：①聚脲涂层与底材脱离。一般它会发生在底材处理很差的地方或者底材被污染的地方。②层间分离。对已施工涂层的表面进行修补或维护常会造成这种现象。另外，两组分比例失调也可能造成这种现象。

（7）缩孔

缩孔或凹坑可能是施工问题，也可能是原料问题，或者两个问题都存在。材料的表面张力过高或者过低都可能产生这种问题，硅树脂或者油污是基本根源。

涂层上出现的鱼眼则是底层过湿引起的。此外压缩空气中的油常常会污染底材表面。定期地清洁空气压缩机以及使用干燥器会获得清洁的空气，从而消除这种现象。

5.2.5 展望

高压喷涂聚脲弹性体施工时，双组分涂料在喷涂设备中自行加热，而被涂管件不需加热。涂敷设备简单，移动方便，也便于管件、阀门、弯头、三通等异形件的喷涂，同时使现场管道涂层的补口补伤不再是一件令人头疼和不易得到质量保证的难题。

现阶段也有手刷级聚脲，一种极为方便的施工修补手段和现场修复手段。也可以为山区或复杂地形和地区管道施工的补口补伤提供方便。

可以说，聚脲涂层的喷涂作业灵活机动，不像熔结环氧粉末涂层和二层聚乙烯涂层那样，需要一套复杂的生产线和设备。一次施工就可以达到涂层的设计厚度（从几百微米到数毫米）。

但需要进一步明确的是，在聚脲弹性体的涂层缺点中我们提出，其在工程实践中未得到大量的验证，并且在我国迄今为止也未有相关的针对管道涂层的标准进行支持，所以在长输管道建设中并不推荐聚脲弹性体涂层，国外的相关标准也只是侧重于管道的补口。即便如此，弹性体也是涂层发展的一个方向，对其特性可以做深入了解。

5.3 聚氨酯防腐涂层

100% 固体聚氨酯防腐涂料（PU）又称液态聚氨酯涂料或无溶剂型聚氨酯涂料，是指不含任何挥发性溶剂、两个组分混合后可以 100% 转化为固体的厚膜型涂料。这种涂料属于多元醇化合物和异氰酸酯双组分溶液，通过低分子量树脂调节黏度。主要用于化工设备、海上设备、石油架空管道及储罐外涂层。

100% 固体聚氨酯防腐涂料可以涂刷、喷涂，形成的覆盖层可以是弹性体或刚性体。弹性体为线性结构，具有良好的抗冲击性和韧性。刚性体中化学键是交联的网状结构，因而密度大、硬度高，耐化学性和防潮湿性好。而涂装过程涂料不需要加热，一次喷涂完成，喷涂过程中无溶剂挥发，无粉尘排放。人工或简单机械即可完成。

100% 固含量聚氨酯涂料，综合性能好，适应性强，与其他树脂相比，它更易通过分子设计的方法获得较广泛的防腐性能和较好的物理力学性能，可以同时使耐化学介质腐蚀和附着力、硬度与弹性、耐磨性与抗渗透性等相互矛盾的要求达到平衡，以适应复杂多变的条件和防腐要求。

聚氨酯与环氧树脂比较，耐候性优良，耐油性稍优，耐碱性不如环氧树脂；聚氨酯低温固化优于环氧树脂，并具有更好的综合性能；环氧树脂属于刚性涂料，而聚氨酯涂料通过调节配方可制成弹性体到刚性体的涂料，聚氨酯在弹性、韧性和耐磨性方面均优于环氧涂料。两者之间有很好的互补性，聚氨酯对钢铁的附着力稍差于环氧树脂，但加入环氧树脂改性，可以提高与钢铁的黏结性能。

100%固体聚氨酯防腐涂料在埋地钢质油气管道、海上油田腐蚀保护方面，取得了良好的应用效果，仅2000～2001年，欧洲用于补口的数量就达到16700个，用于管道防腐32km[17]。

5.3.1 涂层特点

100%固体含量聚氨酯涂料性能主要体现在以下方面[18, 19]。

① 成膜性好。聚氨酯弹性体涂料一次成膜厚度不小于1.2mm，1min即可达到步行强度，在垂直面不会产生流挂，6～9s达到不粘手程度，30min可以投入使用。并且对湿度、温度不敏感，可以在-40℃环境下成膜。

② 凝胶速度快，便于施工。经喷涂设备高温高压状态下喷涂施工，几秒内就可凝胶，其固化不受湿度或温度影响。

③ 涂层具备良好的物理性能。聚氨酯涂层是柔韧、牢固、一体无缝的弹性薄膜，具有良好的防水、耐化学腐蚀、抗冲击和耐磨性能。同时，又具有高抗张强度和良好的柔韧性以及延伸率，能避免因管材移动而产生开裂现象。

④ 抗阴极剥离性能强，涂层有一定的吸水率，年久失效后仍能够导通阴极保护电流，避免了阴极屏蔽作用，管体仍能得到阴极电流的保护。

⑤ 良好的补口性能。低温（0℃）快速固化，可配成弹性体或刚性体，既能与熔结环氧粉末黏结，也能与三层聚乙烯黏结。

⑥ 施工工艺简单。液态聚氨酯无溶剂、施工简单、涂层质量好，并且有利于环保，作为防腐涂料具有明显的技术经济优势，尤其适用于补伤、补口及旧涂层的修复，最高使用温度可达109℃，寿命可达50年，成本低。

⑦ 涂层附着力好。涂层与钢材、水泥、铸铁等多种材料有着极强的附着力。

⑧ 涂层具有良好的耐磨性。刚性涂层硬度高达HS（D）80～86，具有优异的耐磨性能，耐划伤、耐拖拉性能好，有一定韧性。可以满足任何地质状况、输送条件及环境防腐蚀要求，施工性能好，抗装卸运输过程中的损伤。

⑨ 突出的物理力学性能。拉伸强度14～21MPa，拉伸率240%～520%，断裂伸长率可在30%～800%之间，通过配方调整可得到从软到硬的各种聚合体涂层，其硬度从邵氏A30到D65可调节。

⑩ 抗弯曲性。涂层弯曲性可评价涂层对涂敷后的钢管加工弯曲出现断裂或其他机械损坏的抵抗能力。抗弯曲性好也是100%固体含量聚氨酯涂层有别于其他防腐涂层的重要特性。

⑪ 涂层抗渗性能好。涂层非常致密，无针孔。水汽渗透率指标为4.08mg/（cm^2·24h），优于普通防腐涂料。

⑫ 化学性质稳定。涂层是高交联度的聚合体，它的化学性质非常稳定。

⑬ 优异的抗冲击性能。抗冲击力表示涂层抵抗与另一物体直接碰撞损坏的能力。在抗冲击力要求较高的情况下，可通过实验测试得到管道涂层抗冲击力指标，用于预测涂层耐损坏性能。

⑭ 耐温差变化。涂层经过 30 个循环（−40 ～ 70℃）的冻融实验无变化。热稳定性达 177℃，−50 ～ 150℃下长期作业可承受 350℃的短时冲击。

⑮ 抗紫外线辐射。涂层表面涂敷 Actylathane 脂肪族聚氨酯防腐涂料后，抗紫外线辐射能力大大提高。经过 500h 的强紫外线光老化试验，涂层不变色，无粉化，优于目前广泛采用的环氧粉末、液体环氧树脂涂料及其他抗紫外线涂料。

⑯ 无污染。100% 固含量不含溶剂、零 VOC，为环保产品。

5.3.2　涂层及涂料性能参数

无溶剂聚氨酯涂料外涂层应用于使用温度不大于 80℃的埋地和表层涂敷抗紫外线涂层的地上钢质和铸铁管道。用于管道外涂层的厚度如表 5-7 所示。不同标准规范规定的聚氨酯涂料涂层的性能指标（表 5-8 ～表 5-12）。

表 5-7　管道外无溶剂聚氨酯涂层的厚度[20]

外涂层厚度 /μm		
A 级	B 级	C 级
≥ 650	≥ 1000	≥ 1500

注：焊缝处涂层厚度不得低于管本体涂层厚度的 80%。

表 5-8　管道外防腐用聚氨酯应用温度[21]

等级	A 级	B 级	C 级
厚度 /μm	≥ 1000	≥ 1500	≥ 1500
温度 /℃	−20 ～ 40	−20 ～ 60	−20 ～ 80

表 5-9　管道外防腐用聚氨酯涂料性能指标要求[20]

序号	项目			指标	测试方法
1	细度 /μm			≤ 100	GB/T 1724
2	固体含量 /%			≥ 98	GB/T 1725
3	干燥时间	喷涂型	表干 /min	≤ 30	GB/T 1728
			实干 /min	≤ 90	
		刷涂型	表干 /min	≤ 90	
			实干 /min	≤ 360	

表 5-10　管道外防腐用聚氨酯涂层的技术指标要求 [21]

序号	项目	性能指标	试验方法
1	附着力 /MPa	≥ 10	SY/T 0315
2	阴极剥离（65℃，48 h）/mm	≤ 12	SY/T 0315
3	阴极剥离（23℃，28h）/mm	≤ 12	SY/T 0315
4	耐冲击力 /J	≥ 5	SY/T 0315
5	抗弯曲 /1.5°	涂层无裂纹和分层	GB/T 1768
6	吸水性（24h）/%	≤ 2	GB/T 1304
7	硬度（Shore D）	≥ 65	GB/T 2411
8	耐盐雾（1000 h）	涂层完整、无起泡、无脱落	GB/T 1771
9	电气强度 /（MV/m）	≥ 20	GB/T 1408.1
10	体积电阻率 /（Ω·m）	1×10^{13}	GB/T 1410
11	耐化学介质（10%H_2SO_4、30%NaCl、30%NaOH、常温，28d）	涂层完整、无起泡、无脱落	GB 9274

表 5-11　聚氨酯材料性能要求 [22]

特性	要求	试验方法
阴极剥离（30d）	≤ 12mm	ASTM G8
抗弯曲	无开裂或分层	ADTM D522
抗冲击性	≥ 8.5N·m	ASTM G14
耐磨性	≤ 100mg（每 1000r/s 损失）	ASTM D4060
耐化学介质（10%H_2SO_4、30%NaCl、30%NaOH、2 号柴油，30d）	质量、长度或宽度变化 5%	ASTM D543
介电强度	≥ 250V/mil	ASTM D149
吸水率	≤ 2%	ASTM D570
硬度	≥ 65 肖氏硬度	ASTM D2240
黏附力（钢表面）	≥ 1500psi（10350kPa）	ASTM D4541

表 5-12　涂层特性要求 [22]

特性		要求	测试方法
外观		光滑，无气泡、裂纹、气泡、分层或其他可见缺陷	—
干膜厚度	外涂层	≥ 635μm	SSPC-PA 2
	内涂层	≥ 508μm	
电火花检漏		无漏点	NACE SP0188/NACE SP0274
黏结力（钢表面）（基底温度 18 ～ 29℃）		≥ 1500psi（10350kPa）	ASTM D4541

5.3.3　涂层成型工艺

与其他类型的液态涂层涂装工艺一样，在钢管涂层涂装前必须进行涂覆工艺的评定，并且需要根据内外涂层的不同分别进行各自符合条件的评定，然后根据试验条件确定涂层的涂覆规程。

（1）钢管表面前处理

除锈前，去除钢管表面的残留物：油脂、可溶性污染物以及焊渣、突出物等。预热钢管表面（如果需要），采用喷射清理法，使钢管表面的清理等级达到 Sa2½级，锚纹深度达到 50 ~ 100μm（AWWA C222 规范推荐锚纹深度 64 ~ 127μm），灰尘度等级 2 级，并去除表面的水溶性盐，盐分含量低于 30mg/m²。

（2）钢管涂覆

标准要求的涂装工艺为刷涂和高压无气喷涂，针对钢管的涂层要求，一般不推荐刷涂形式。

涂覆温度要求。聚氨酯涂料的流动性、均匀度等均与温度有直接关系，并且双组分涂料混合后的反应也会受到温度的影响，所以需要根据材料特性加热钢管表面或进行涂料的加热保温，为更好地发挥材料特性，涂料温度一般保持在 30 ~ 40℃，钢管表面预热到 35℃左右。对于管道的加热，只要不污染表面任何方式均可，并满足露点要求，加快反应速度，缩短聚氨酯固化时间。

根据涂料的特性选用压缩比、混合比等合理的无气喷涂设备，并采用枪前预混技术（因聚氨酯涂料为 100% 固含量，不宜采用预混后喷涂）进行涂装。涂装后的涂层因表干时间较长，只能采用单根管道间断式涂装，具体方式参见聚脲涂层相关内容。

（3）涂层端面

按照要求修磨成 30°的坡面。SY/T 4106—2016 标准中未规定钢管管端非涂装预留段长度，这应该是标准失误之处，按照钢管焊接热影响，至少预留 80mm 的光管区，焊后进行补涂。

5.3.4　涂层比较

常用管道涂层涂料与聚氨酯涂料比较结果见表 5-13。

表 5-13　几种常用的管道涂料与 100% 固体硬质聚氨酯的比较

涂料系统	优点	缺点	使用
沥青瓷釉	易于使用，所需的表面处理最少，长期记录，可渗透阴极保护	易氧化和开裂，土壤应力一直是一个问题，在低温应用有限制，环境和暴露问题，与腐蚀和应力裂纹失效有关	外涂层，使用减少

涂料系统	优点	缺点	使用
胶带	非常经济，应用简单	抗剪应力差，许多记录的失效，易损坏，易生物降解的黏合剂，仅适用于外部，对阴极保护的屏蔽作用不可接受	外涂层，水与废水管道
2LPE	良好的记录，良好的操控性	有限的温度范围，抗剪应力差	外涂层，大多油气主管道
FBE	优良的耐腐蚀性	抗冲击性低	外涂层，大多油气主管道，内涂层
溶剂型或100%固含量环氧树脂	经济，历史悠久，多数采用传统的无气设备，可刷涂	固化缓慢，低温固化能力差，多层涂层，抗冲击性和柔韧性差	管道和接头，内涂层
聚乙烯套	应用成本低，简单	限制阴极保护的后续使用，易损坏	外部，球墨铸铁管
100%固含量聚氨酯	低温固化，快速凝固，优异的耐磨性和抗冲击性，黏合性好	需要使用多组分系统，应用复杂，对水分敏感	所有工厂，现场涂装的主管道

5.4 双层熔结环氧粉末涂层

为提高熔结环氧粉末涂层的耐水性和耐磨性，双层熔结环氧粉末涂层（DPS）的内层采用单层环氧体系的粉末环氧，外层采用添加了约15%聚烯烃的粉末环氧[23]。

5.4.1 防腐涂层体系应用

在某些特殊的工程中，管道涂层承受着更大的土壤应力以及更多的被破坏因素，因此需要使用比单层环氧粉末涂层（FBE）更加坚韧的环氧涂层防腐体系，但要求这种体系成本低于三层 PE 涂层，成型工艺接近 FBE 涂层成型。

截至 2001 年，双层熔结环氧粉末防腐体系已在美国哥伦比亚、俄克拉荷马、阿拉斯加等地的天然气管道工程的连接头、河流穿越、海底管道和管道修复中得到了广泛应用，如 BP 阿拉斯加公司在布里斯托尔海湾长 16km、水深 12m 的输气管道工程和 Tucker Constrrction/Concco 的俄克拉荷马输气管道工程以及 Eupec Welspun/Soconord 的哥伦比亚输气管道工程。

在粉末材料方面，外层环氧粉末决定了涂层的韧性和耐冲击性，所以外层环氧粉末的生产和工艺是双层熔结环氧粉末防腐体系的技术关键。要求根据不同的地理环境和工况要求，开发适应类型的外层粉末涂料，成膜后的抗冲击、抗弯曲、耐划、耐磨、耐热等性能要求很高[6]。

　　单层环氧粉末涂层（FBE）在北美应用比较广泛，而在我国的用量远远低于三层 PE 涂层，根本原因就是 FBE 涂层的脆性和不耐冲击性。而开发的双层环氧技术，底层采用防腐普通环氧粉末，面层采用改性的环氧粉末，使得涂层不仅具有单层环氧涂层的耐腐蚀性，还具备了三层 PE 涂层的良好机械强度和良好的抗渗透性[24]。

　　双层熔结环氧（简称 DPS）涂层它将底层熔结环氧粉末涂层的防腐性能与表层环氧粉末涂层的抗机械损伤性能结合在一起，到目前为止，熔结环氧粉末表现出的优异防腐性能和钢材的良好黏结性能是目前任何一种材料所无法取代的，并且面层同样采用了改性的环氧树脂，所以这种涂层不但表现出强的黏结性能和高使用温度（$-60 \sim 115\,℃$），而且还表现出耐土壤应力、耐冲击能力和抗阴极剥离性等三层 PE 涂层所具备的良好特点。

　　DPS 涂层涂装过程与 FBE 涂层一致，底层和面层都采用静电喷涂技术一次喷涂成膜，底层环氧树脂提供防腐性能，外层为改性的塑性环氧粉末层，主要用于抗外力冲击、划伤、根系穿透或者机械损伤。

　　DPS 涂层可适用于各种口径钢管的涂装要求，并可应用于补口、弯头、异形构件的防腐。也可根据不同使用环境、不同需要，设计选型不同的 DPS 涂层结构，例如山区、水网地带和海底环境的双层管道涂层。DPS 涂层的耐冲击性能和阴极保护电流密度与 3PE 相当，但它是唯一能用于阴极保护系统并完全兼容而无屏蔽的多层防腐系统，且具有失效安全性，所以更加优越。DPS 涂层的价格比三层 PE 便宜，随着工艺技术的发展和成熟，其成本还在降低。由于双层 FBE 优良的综合性能和不断提高的经济性，它必将得到更广泛的应用[19]。双层环氧的优越性已经引起我国管道防腐行业的重视。

5.4.2　涂层特点

　　双层熔结环氧粉末防腐体系具备了单层 FBE 涂层的全部优点，如与基材黏结强度高、抗阴极剥离性能好等特点，因为采用了塑性外层，也具备一些 3PE 涂层的优点和 FBE 涂层和 3PE 涂层所不具备的优点，其主要表现如下[25]。

　　（1）抗根系穿透、冲击、机械损伤等性能优越

　　试验证明，双层环氧粉末的增塑环氧粉末外层的抗划伤及抗拖拉性能均明显优于目前广泛应用的其他涂层，尤其适用于石方段的施工环境和条件。

　　（2）简化了涂层成型工艺

　　DPS 涂层采用的底层和面层粉末均为极性的熔结环氧粉末，所以可采用静电喷涂方式在加热的钢管表面涂覆，并且其过程连续，所以可一次涂敷成膜，不必单独进行外防护层的作业，也不需增加特殊的设备，涂层质量容易控制。

　　（3）整体防腐性能提高

　　DPS 涂层两种材料的基料均为环氧树脂，分子结构相同，熔融后不会出现分

层现象，其涂层断面结构应该为底层环氧粉末层+中间过渡环氧粉末层+外部塑性环氧粉末层，这样外层与内层有机结合成一个整体，完全有别于3PE涂层清晰界面的三层结构，所以结合力更强，既提高了涂层的整体防腐性能，也避免了内、外层的剥离，为管道提供了可靠、长久的保护。

（4）运行温度的适应性较好

因为环氧树脂的特殊性，涂层整体耐温可以达到115℃，如果有材料的特殊设计可以超过115℃[26]，对温度的适用范围较单层环氧粉末宽，在耐热老化方面则比聚烯烃（3PE）类涂层具有明显优势。

（5）具有多效安全性

由于环氧粉末涂层具有一定的吸水率，可以导通阴极保护电流，当环氧粉末涂层失效后，管体依然得到阴保电流的保护，避免了阴极屏蔽的发生，具有多效安全性，是目前唯一能与阴极保护系统完全兼容而无屏蔽的多层防腐体系。

（6）耐水性增加

DPS涂层外层采用改性的塑性环氧粉末，相比较FBE涂层而言，由于厚度增加和外层材质改性，提高了涂层整体耐水性。

（7）对环境适应性好

由于外层具有良好的韧性，加之涂层厚度增加，改善了其抗机械损伤能力，尤其是大大提高了抗冲击、抗划擦能力。双层环氧粉末涂层广泛应用于各类施工环境和条件，特别是穿越施工和山区施工。

（8）易于补口、补伤

现场补口施工工艺成熟，可保证补口处涂层与主体管道涂层的性能一致，补口施工不会对原涂层造成破坏，从而保证了管道的整体防腐质量。补伤采用环氧类热熔棒或冷涂料，补伤处与主体涂层可融为一体，保证了补伤后涂层的完整性。

（9）满足异形件涂装

对于热煨弯管等可以采用双层环氧粉末体系，使其涂层性能超过单层环氧粉末涂层，接近三层PE涂层。

5.4.3 涂层参数及材料性能

（1）涂层厚度

图5-4直观地表现出双层环氧粉末涂层的整体结构，中间过渡层厚度只是一个估算数值，不做涂层的实际给定数据，但在涂层性能检测中必须对中间过渡层的各参数进行检测。

双层环氧粉末涂层厚度见表5-14，涂层分类见表5-15。

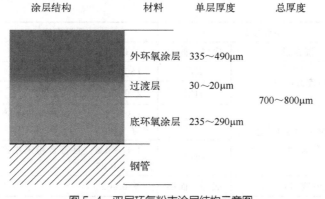

图 5-4　双层环氧粉末涂层结构示意图

表 5-14　双层环氧粉末涂层厚度[27]

序号	涂层等级	涂层厚度 /μm		
		底层	面层	总厚度
1	普通	250	350	600
2	加强	300	500	800

表 5-15　双层熔结环氧粉末涂层分类[26]

序号	涂层类型	涂层结构及厚度		
		底层	外涂层	
1	双层	防腐涂层	保护涂层	
2	双层	防腐涂层	耐磨涂层	≥250μm（防腐涂层）
3	双层	防腐涂层	防滑涂层	

注：标准中未明确的涂层厚度，要求参照订货要求或材料方规范。Z245.20 标准中未明确双层环氧粉末涂层的厚度，只规定了涂层的最小厚度。

（2）环氧粉末特性

环氧粉末特性见表 5-16 ～表 5-18。

表 5-16　熔结环氧粉末涂料性能[27]

序号	检验项目		质量指标	试验方法
1	外观		色泽均匀，无结块	目测
2	固化时间 （230±3）℃/min	底层	≤2 且符合厂商给定范围值	附录 A
		面层	≤1.5 且符合厂商给定范围值	
3	胶化时间（230℃）/s	底层	≤30 且符合厂商给定范围值	附录 D
		面层	≤20 且符合厂商给定范围值	
4	热特性	$(\Delta H)/(J/g)$　底层	≥45 且符合厂商给定范围值	附录 B
		$T_{g2}/℃$　面层	≥最高使用温度 +40℃，且 ≥95℃	

续表

序号	检验项目		质量指标	试验方法
5	湿含量	底层、面层	≤ 0.6	附录 C
6	粒度分布 /%	底层	150μm 筛上粉≤ 3.0	GB/T 21782.1
		面层	250μm 筛上粉≤ 0.2	
7	密度（23±3）℃ /（g/cm³）	底层	1.3 ～ 1.5，且符合粉末生产商给定值 ±0.05	附录 E
		面层	1.4 ～ 1.8，且符合粉末生产商给定值 ±0.05	
8	磁性物含量 /%	底层、面层	≤ 0.002	GB/T 6570

表 5-17　实验室双层环氧粉末涂覆试件的涂层质量指标 [27]

序号	试验项目		质量指标	试验方法
1	外观		平整、色泽均匀、无开裂及缩孔、允许轻度橘皮状花纹	目测
2	热特性	$\lvert\Delta T_\mathrm{g}\rvert$ /（J/g）	≤ 5（底层、面层）	附录 B
		固化百分率 /%	≥ 95（底层、面层）	
3	耐阴极剥离（65℃或最高运行温度 ±3℃，28d，1.5V）/mm		≤ 15	SY/T 4113.3
4	耐阴极剥离 [（65±3）℃，48h，1.5V]/mm		≤ 5	SY/T 4113.3
5	黏结面孔隙率 / 级		1 ～ 4	附录 F
6	断面空隙率 / 级		1 ～ 4	附录 F
7	抗弯曲（订货规定最低实验温度 ±3℃）		3° 弯曲，无裂纹	附录 D
8	抗冲击 /J		10（23℃），无漏点	附录 E
9	附着力（24h）/ 级		1 ～ 3	附录 G
10	附着力（28d）/ 级		1 ～ 3	附录 G
11	耐划伤（30kg）/μm		≤ 350，无漏点	SY/T 4113
12	电气强度 /（MV/m）		≥ 30	GB/T 1410.1
13	体积电阻率 /（Ω·m）		≥ 1×10¹³	GB/T 1410
14	弯曲后耐阴极剥离（28d）		1.5°，无裂纹	附录 J
15	耐化学腐蚀		合格	附录 J

表 5-18　环氧粉末涂料性能 [26]

试验项目	质量指标	测试方法
固化时间	厂商规定范围值	12.1 条
胶化时间	厂商规定范围值	12.2 条
含水率	厂商规定范围值	12.3 和 12.4 条

续表

试验项目	质量指标	测试方法
粒度	厂商规定范围值	12.5 条
密度	厂商规定范围值 ± 50g/L	12.6 条
热特性	厂商规定范围值	12.7 条

（3）涂层性能（表 5-19）

表 5-19　产品涂层性能测试 [26]

试验	测试类型	验收标准	试样数量	试验方法
固化 ΔT_g①	B	≤ 5℃	1	12.7 条
阴极剥离（65℃，24 h）	A	≤ 11.5mm	1	12.8 条
界面夹杂物	B	≤ 30%	1	12.9 条
横截面孔隙率②/ 级	B	1 ～ 4	1	12.10 条
断面空隙率 / 级	B	1 ～ 4	1	12.10 条
1.5°抗弯曲	A	无开裂	3	12.11 条
3.0 J 抗冲击③	A	无漏点	1	12.12 条
黏结力（75℃，24h）/ 级	A	1 ～ 3	1	12.14 条
表面粗糙度④	B	> 50μm（峰谷值）	1	12.16 条

注：①底层应该完成层间界面测试；②除防滑涂层外的所有涂层；③针对所有涂层，带防滑涂层的防腐涂层采用 1.5J；④只测试防滑涂层。

在加拿大 CSA Z245.20-2018 标准中，明确提出了防护涂层，虽未注明其应用范围，但根据涂层特性，可以明确其应用于防腐保温管和防腐配重管领域，这可能是国内相关领域可以借鉴的地方。

5.4.4　涂层成型工艺

双层环氧粉末涂层涂装流程与单层环氧粉末涂层涂装流程基本一致，均采用静电喷枪的静电发生器在钢管和喷枪之间形成静电场，带静电的环氧粉末在压缩空气和静电场的作用下飞向钢管表面，并在其加热的表面沉积熔融形成涂层。唯一的区别是，底层粉末和面层粉末在相邻的工作区由两套功能结构完全一致的喷枪进行喷涂。

（1）表面清理

清除灰尘、油脂，须采用抛（喷）丸方式除去浮锈，并形成 40 ～ 100μm 的锚纹深度，表面盐分含量要求 ≤ 20mg/m²。

（2）双层环氧粉末涂装

加热钢管，确保达到粉末胶化和固化所需温度，但不得超过 275℃。以两套独立供粉的静电喷枪进行粉末涂装，第一套喷枪系统喷涂底层环氧粉末，在粉末胶化的同时采用第二套静电喷枪喷涂最外层环氧粉末，并熔融，在水冷确定型前完成涂层99%的固化。

（3）管端预留

标准 GB/T 39636—2020/CSA Z245.20-2018 中未明确涂覆过程中的管端预留长度（规定按照订货条件），但为避免热影响区的影响，一般要求80～150mm的管端预留。

5.4.5 DPS涂层与FBE涂层以及3PE涂层试验比较

在国内，双层环氧粉末涂层属于边缘化的涂层结构，应用数量不仅落后于三层PE涂层，也落后于单层环氧粉末涂层，其涂层性能到底如何，相关文献中给出了部分实验结果。因为双层环氧粉末涂层的底层结构是与FBE和3PE同样的熔结环氧粉末，所以与基体的黏结力、阴极剥离等检测数值不会低于这两种涂层，而其主要的不同是外部结构，所以相关试验主要针对涂层的划伤和冲击。

（1）划伤试验[28]

中油相关单位就涂层体系进行了试验，实验操作按照 NACE SYG35/TG034 管道外涂层划伤测试方法以及表 5-20 中测试条件进行。

表 5-20　实验测试条件

影响因素	测试条件		
温度 /℃	−20	23	60
重量压力 /kg	30，现场一般划伤	40，现场较重划伤	50，引起重划伤
速度 /（mm/min）	50	250	500

① 试验结果分析。

双层环氧粉末涂层。划伤试验结果的显著因素按照从重到轻的排序为：划伤头配重＞试样温度。划伤速度在一定范围内对双层环氧粉末涂层的抗划伤性影响不大。

三层聚乙烯涂层。划伤试验结果的显著因素按照从重到轻的排序同双层环氧粉末涂层，但划伤速度的影响更显著，说明PE层划伤速度对其抗划伤性有一定的影响，而温度对其抗划性能影响比对双层环氧粉末涂层更明显，表明对于PE涂层，控制划伤速度比较重要，但环境温度的影响作用更大。

双层环氧粉末涂层和三层聚乙烯涂层可以分别代表较硬涂层和软质涂层。对所有的涂层划伤物体的重量是影响划伤深度的主要因素，但不同温度对其影响程度也不尽相同。表明在温度较高地段施工要注意聚乙烯涂层抗划伤性能的变化。

② 具体数值分析。

相同类型的涂层材料生产厂家或配方不同，其性能差异较大。划痕损伤的具体实验，必须选用不同厂家或配方的材料进行多次试验，文献中就 FBE、DPS、3PE 涂层选择不同材料厂家，分别得出如表 5-21～表 5-23 的结果。

表 5-21　单层熔结环氧涂层（FBE）划伤测试结果

粉末厂家	涂层厚度 /μm	实验条件和划痕深度 /μm		
		30kg	40kg	50kg
1 号	470～490	207	263	产生漏点
2 号	580～600	210	467	产生漏点
3 号	505～565	193	227	产生漏点
4 号	595～620	303	产生漏点	产生漏点
5 号	500～630	产生漏点	产生漏点	产生漏点
6 号	565～595	230	290	产生漏点
7 号	585～620	280	490	产生漏点

表 5-22　双层环氧粉末涂层（DPS）划伤测试结果

粉末厂家	涂层厚度 /μm	实验条件和划痕深度 /μm		
		30kg	40kg	50kg
1 号	835～900	112	280	456
2 号	935～112	100	245	379
3 号	795～890	118	151	262
4 号	865～990	158	242	378

表 5-23　三层聚乙烯涂层（3PE）划伤测试结果

聚乙烯厂家	涂层厚度 /μm	实验条件和划痕深度 /μm		
		30kg	40kg	50kg
1 号	2770～2920	585	1007	1391
2 号	2840～3010	596	1021	1500

比较试验数据可以发现，DPS 涂层和 FBE 涂层的抗划伤方式和划痕基本相同，但 DPS 在较小压力下，表面基本上只产生擦痕，只有在较大压力下才出现较深的划痕，也仅限于双层环氧粉末涂层的表层受到损伤，表层与底层之间无剥离现象出现，划痕表面宽度同划伤头尺寸相当，不易产生漏点。

同环氧粉末类涂层相比，温度和划伤速度对聚乙烯涂层的抗划伤性能影响较大；以不同使用条件为变量分析 PE 的可靠度，认为在施工环境温度高、抗划伤要求高的条件下施工 3PE 涂层最低可靠厚度要＞2.6mm，聚乙烯涂层抗划伤性只同聚乙烯层的厚度有关，如减小聚乙烯层的厚度，其抗机械损伤性将降低，如聚乙烯层的厚度在 1mm 左右，在相同条件下其抗划伤性能远不及 DPS 涂层，只和部分抗划伤性能较好的 FBE 层的性能相当。

因此，DPS 涂层同 FBE 涂层相比，抗划伤性能明显优于 FBE 涂层，同 3PE 涂层相比，相同条件下划伤深度为其 1/4 左右。双层环氧粉末涂层的抗划伤性能比单层环氧粉末涂层有较大的提高，相同条件下比三层聚乙烯涂层划伤深度浅，具有实际应用价值。

（2）冲击试验[25]

中石油天然气管道科学研究院为推广弯管双层环氧体系的应用，曾经做过两种涂层的冲击试验，具体结果见表 5-24。

表 5-24　DPS 和 3PE 涂层冲击试验测试结果

冲击能量 /J		13.7	15.7	17.6	19.6	23.5
冲击高度 /mm		700	800	900	1000	12000
破损情况	DPS 涂层	内外层均无破损	内外层均无破损	内外层均无破损	外层破损	外层破损，内层轻度破损
	3PE 涂层	PE 层被击穿	—	—	—	—

注：文献中相关参数条件是 φ660mm 弯管，双环氧涂层厚度 ≥ 825μm，三层 PE 未明确涂层厚度，暂且以 φ660mm 的 2.5mm 涂层为基准。

从冲击试验数据可知，双环氧的抗冲击性高于 3PE，但需要明确的是，试验结论还需要多次实验结果进行验证，因为文献中未列出三层 PE 涂层的厚度，而冲击后 PE 被击穿与涂层厚度有直接关系，因此该结论还需要进一步验证。

5.5 三层聚丙烯涂层

三层聚丙烯涂层（3PP）借鉴了三层聚乙烯涂层防腐的优点，即底层（FBE 层）、中间层（改性胶黏剂层），选择聚丙烯材料作为外涂层。

我国输油 / 气管道工程中没有大规模采用三层聚丙烯涂层的实例，仅在克拉玛依管道工程中有过应用实例。

5.5.1 涂层特点

聚丙烯是结晶型高聚物，在熔点以下可以保持很好的结晶结构。在没有外力作用时，聚丙烯甚至在 150 ～ 160℃还能保持不变形，推荐的聚丙烯最高使用温度为 110 ～ 120℃。未改性的聚丙烯耐寒性较聚乙烯差，当温度低于 0℃以及接近玻璃化温度（-10℃）时开始变脆，耐冲击性能显著下降。聚丙烯经改性后低温性能得到改善，曾报道，在 -30 ～ 120℃时也可以获得较满意的效果。聚丙烯不仅具有优异的物理力学性能，而且具有优良的耐蚀性能，无机物除氧化性介质外，对聚丙烯都没有破坏作用。室温下，所有的有机溶剂都不能溶解聚丙烯。

三层聚丙烯涂层较三层聚乙烯涂层有以下优点：耐高温性能好、耐腐蚀性能好、不易发生环境应力开裂。

以聚丙烯作为管道涂层的特点是低温易脆，因此聚丙烯涂层不适用于严寒地区，这也限制了聚丙烯涂层的应用。表 5-25 给出了三层 PP 涂层的预估年限。

表 5-25　三层 PP 涂层使用寿命[29]

操作温度 /℃	预计最短使用年限 /a
23	50
60	50
80	30
90	16
100	8

注：涂层使用温度交替，预计寿命按照上述使用寿命进行推断。

5.5.2　涂层性能参数

三层聚丙烯涂层特性应该有别于三层聚乙烯涂层，并且国内的相关工程案例非常少，基本以国外市场为主。

（1）德国安全认证标准规定

环氧涂层厚度和底层技术要求等相关参数，见表 5-26、表 5-27[30]。

表 5-26　涂层厚度参数

P_m /（kg/m）	环氧粉末涂层 /μm	黏结剂涂层 /μm	涂层厚度	
			普通级	加强级
$P_m \leqslant 15$	80 ～ 150	≥ 200	1.3	2.1
$15 < P_m \leqslant 50$			1.5	2.4
$50 < P_m \leqslant 130$			1.8	2.8
$130 < P_m \leqslant 300$			2.2	3.2
$300 < P_m$			2.5	3.8

注：陆上或海上运输管道。

表 5-27　环氧底层技术要求

特性	方法	可接受值
吸水性 /%	粉末：20g 温度：105℃ 时间：30min	0.5（max）
玻璃化转变温度 /℃	差示扫描量热仪（DSC）	100℃完全固化材料的最低温度≥使用温度
弯曲试验	弯曲 2.5°（最低温度）	无漏点
吸水率（除盐水，质量分数）/%	厚度：（500 ± 50）μm	＜ 15%（28d，80℃）

（2）国际标准化组织规范规定

规范中规定了三层结构中，底层树脂可以采用液态环氧涂层，涂层设计应用温度 -20 ~ 100℃。涂层厚度和材料性能相关参数，见表 5-28 ~ 表 5-33[31]。

表 5-28　三层 PP 涂层厚度参数

P_m / (kg/m)	液态环氧涂层 /μm	环氧粉末涂层 /μm	黏结剂涂层 /μm	涂层厚度		
				等级 C1	等级 C2	等级 C3
$P_m \leqslant 15$				1.3	1.7	2.1
$15 < P_m \leqslant 50$				1.5	1.9	2.4
$50 < P_m \leqslant 130$	25	125	150	1.8	2.3	2.8
$130 < P_m \leqslant 300$				2.2	2.5	3.2
$300 < P_m$				2.5	3.0	3.8

注：等级 1——温和条件下的沙土埋设；等级 2——适中条件下黏质土壤、无回填；等级 3——极限条件下岩性土壤或近海；黏结剂可以采用喷洒方式；涂层设计温度：-20 ~ 110℃

表 5-29　环氧树脂性能要求（双组分液态环氧）

特性	测试方法	要求
密度 / (g/cm³)	ISO 2811	制造商规定值的 ± 0.05 范围内
固含量（质量分数）/%	ISO 3251	制造商技术规范
最低玻璃化温度（T_{g2}）/℃（DSC 分析）	附录 D	最低玻璃化温度 95℃，至少高于最高设计温度 5℃
胶化时间（205 ±3）℃ /s	制造商规范	制造商规定值的 20% 以内

表 5-30　环氧树脂性能要求熔结环氧粉末（FBE）

特性	测试方法	要求
含水量（质量分数）/%	附录 K	≤ 0.6
最低玻璃化温度（T_{g2}）（DSC 分析）/℃	附录 D	最低玻璃化温度 95℃，至少高于最高设计温度 5℃
粒度分布 /%	ISO 21809-2	150μm 筛上粉末≤ 3.0%；250μm 筛上粉末≤ 0.2%
胶化时间（205 ±3）℃ /s	附录 J	制造商规定值的 20% 以内
密度 / (g/cm³)	附录 M	制造商规定值的 ± 0.05 范围内

表 5-31　黏结剂性能要求（颗粒或粉末状共聚或接枝的胶黏剂）

特性	测试方法	要求
断裂伸长率（23 ±3）℃ /%	ISO 10350-1 ISO 527-2	≥ 400
屈服强度（23 ±3）℃ /MPa	ISO 10350-1 ISO 527-2	≥ 12

续表

特性	测试方法	要求
密度 /（g/cm³）	ISO 1183	制造商规范
MFR/（g/10min）	ISO 1133-1	制造商规范
夏比冲击强度 /（kJ/m²），缺口在最低等级温度下	ISO 179-1 或 179-2	≥3
维卡软化温度（A/50）/℃	ISO 306	≥115
含水量（质量分数）/%	ISO 15512（颗粒或粉末） ISO 8130-7（颗粒或粉末）	≤0.05

表 5-32　聚丙烯涂层最低规范要求

特性	试验方法	要求
基础树脂密度（不含炭黑）/（kg/cm³）	ISO 1183 ASTM D792 ASTM D1505	≥0.890
MFR/（g/10min）	ISO 1133-1	制造商规范
断裂伸长率（23±3）℃/%	ISO 10350-1 ISO 527-2	≥400
屈服强度（23±3）℃/MPa	ISO 10350-1 ISO 527-2	≥10
夏比冲击强度 /（kJ/m²），缺口在最低等级温度下	ISO 179-1 ISO 179-2	≥3
维卡软化温度（A/50）/℃	ISO 306	≥130
含水量（质量分数）/%	ISO 15512（颗粒或粉末） ISO 8130-7（颗粒或粉末）	≤0.05
肖氏 D 硬度	ISO 868	≥60
氧化诱导期（用正切发截取）/min	ISO 11357-6	≥30（220℃）
抗紫外线和抗热老化 /%	附录 G	ΔMFR≤35

表 5-33　3PP 涂层性能要求

特性		试验方法	要求
涂层连续性		附录 B	无缺陷、无分层、无漏点、无分离、涂层连续
抗冲击强度（23±3）℃/（J/mm）		附录 E	>10
压痕强度	（23±3）℃/nm	附录 F	≤0.1
	最高设计温度 /nm		≤0.4
断裂伸长率（23±3）℃/%		ISO 527-3	≥400
剥离强度 /（N/mm）		附录 C	≥25（≥23℃）；≥6（≥90℃或超过90℃的最大操作温度），环氧与钢管无脱离

续表

特性		试验方法	要求
环氧固化度 ΔT_g/℃		附录 D	$-3.0℃ \leqslant \Delta T_g \leqslant +3.0℃$
聚丙烯涂覆过程中产品稳定性 /%		ISO 1133-1	$\Delta MFR \leqslant 35$（同批次涂覆前的颗粒和涂覆涂层之间的比较）
阴极剥离 /nm	23℃ /28 d、−1.38 V	附录 H	≤ 5.0
	65℃ /24h、−3.38V		≤ 4.0
	最高操作温度（≤ 90℃）/28d、−1.38V		≤ 15.0
柔韧性		附录 F	按等效管径长度弯曲 2°，不开裂
热水浸泡实验 /nm		附录 L	平均 ≤ 2.0，最大 ≤ 3.0

（3）德国标准规定

涂层的设计使用温度 −20 ～ 110℃，底层环氧树脂采用粉末涂料，中间胶黏剂可采用粉末或挤出方式，外聚丙烯涂层可通过烧结或包覆或片材挤压进行涂覆。涂层厚度见表 5-34，熔结涂层特性和挤出涂层特性见表 5-35、表 5-36[29]。

表 5-34 三层聚丙烯涂层最小厚度

管径 DN/mm	涂层最小厚度 /mm
DN ≤ 100	1.8
100 < DN ≤ DN250	2.0
250 < DN ≤ DN500	2.2
DN > 500	2.5

表 5-35 熔结涂层性能

特性	要求	方法	备注
固化度	ΔT_g 制造商规定	DIN 30678 附录 B	—
阴极剥离（3 层）	23℃ /8d 或 60℃ /2d，最大 10mm	附录 C	—
剥离强度①	单层方法： 150N/cm，23℃ 50N/cm，70℃ 30N/cm，90℃ 或 > 90℃最大设计温度 三层方法： 200N/cm，23℃ 60N/cm，70℃ 40N/cm，90℃ 或 > 90℃最大设计温度	附录 D	对于系统测试，单个值应不低于标准值所要求平均值的 25%
连续性	无漏点	附录 E	25kV 测试
断裂伸长率（23±2）℃	min，300%	附录 F	—

特性	要求	方法	备注
抗冲击 （23±2）℃	单层方法： ≥ 8J/mm 三层方法： ≥ 10J/mm	附录 H	25kV 测试无漏点
低温抗冲击 [（0±2）℃或 最低设计温度]	单层方法： ≥ 2J/mm 三层方法： ≥ 5J/mm	附录 H	25kV 测试无漏点
一层抗压痕	最大 0.1mm（23℃） 最大 0.4mm（90℃） 或＞ 90℃最大设计温度	附录 I	—
三层抗压痕	最大 0.1mm（23℃） 最大 0.4mm（90℃） 或＞ 90℃最大设计温度	附录 I	—
特种电气涂层电阻 （23±2）℃	≥ 108Ω·m^2	附录 J	—
抗 UV	ΔMFR ± 35%	附录 K	—
耐热老化	ΔMFR ± 35%	附录 L	—

① 对于单层熔结环氧粉末涂层，应评估聚丙烯与钢基材的附着力水平。

表 5-36　挤出涂层特性

特性	要求	方法	备注
固化度	ΔT_g 制造商规定	DIN 30678 附录 B	—
阴极剥离（3 层）	23℃ /28d/1.5V，最大 7mm 65℃ /24h/3.5V，最大 9mm 90℃ /28d/1.5V，最大 15mm	附录 C	—
剥离强度	250N/cm，23℃ 40N/cm，90℃或＞ 90℃ 最大设计温度	附录 D	防止断裂见附录 D 3.3
连续性	无漏点	附录 E	25kV 测试
断裂伸长率（23±2）℃	min，400%	附录 F	—
MFR 材料交付 / 应用后	ΔMFR ± 20%	附录 G	—
抗冲击（23±2）℃	≥ 10J/mm	附录 H	25kV 测试无漏点
低温抗冲击 [（0±2）℃ 或最低设计温度]	≥ 5J/mm	附录 H	25kV 测试无漏点
抗压痕	最大 0.1mm（23℃） 最大 0.4mm（90℃） 或＞ 90℃最大设计温度	附录 I	—
特种电器涂层电阻 （23±2）℃	≥ 108 Ω·m^2	附录 J	—
抗 UV	ΔMFR ± 35%	附录 K	—
耐热老化	ΔMFR ± 35%	附录 L	—

（4）壳牌石油公司标准

涂层厚度参数见表 5-37[32]。

表 5-37　涂层厚度参数

钢管公称直径 DN/mm	环氧涂层厚度 /μm	胶黏剂厚度 /μm	涂层最小总厚度 /μm 聚丙烯
≤ 100	150 ～ 250	200 ～ 300	1.8
100 < DN ≤ 250			2.0
250 < DN < 500			2.2
DN ≥ 500			2.5

对于深水应用，涂层系统的平均最小总厚度应为 3.4mm，单个厚度读数不得小于 3.2mm。

（5）法国标准

在相关资料参数中，只查询到 NF A49-711-1992 年的规范标准，未显示最新修订的标准规范。规定涂层厚度见表 5-38[33]。

表 5-38　规定涂层厚度

管径范围（D）/mm	环氧涂层（粉末或液态）	黏结剂（挤出或粉末涂装）	总厚度 /mm 1	总厚度 /mm 2
D ≤ 114.3	≥ 50μm	≥ 150μm	1.2	1.2
114.3 < D ≤ 273			1.2	1.5
273 < D ≤ 508			1.2	1.8
508 < D ≤ 762			1.5	2.0
D > 762			1.7	2.5

（6）中国行业标准

中国行业标准 SY/T 7041 参照三层 PE 标准编制。涂层厚度见表 5-39，材料特性见表 5-40 ～表 5-42[34]。

表 5-39　三层聚丙烯涂层厚度

钢管公称直径 DN	环氧层厚度 /μm	胶黏剂层 /μm	防腐层最小厚度 /mm 普通级（G）	防腐层最小厚度 /mm 加强级（S）
≤ 100	≥ 150	≥ 170	1.8	2.5
100 < DN ≤ 250			2.0	2.7
250 < DN ≤ 500			2.2	2.9
500 < DN ≤ 800			2.5	3.2
DN > 800			3.0	3.7

设计温度：-20 ～ 110℃（高温型）焊缝减薄 30%。

表 5-40 环氧树脂性能要求熔结环氧粉末（FBE）

特性		测试方法	要求
不挥发物含量 /%		GB/T 6554	≥ 99.4
热特性	ΔH/（J/g）	附录 A	≥ 45
	T_{g2}/℃		≥ 98，且至少高于设计温度 5℃
粒度分布 /%		GB/T 6554	150μm 筛上粉末 ≤ 3.0；250μm 筛上粉末 ≤ 0.2
胶化时间 /s		GB/T 6554	≥ 12，制造商规定值的 ±20%
固化时间 /min		GB/T 23257	≤ 3
密度 /（g/cm³）		GB/T 4472	1.3 ～ 1.5，且复合厂商给定值 ±0.05

表 5-41 胶黏剂的性能指标

项目	性能指标	
密度 /（g/cm³）	0.89 ～ 0.91	
熔体流动速率（230℃，2.16kg）/（g/10min）	1.0 ～ 5.0	GB/T 3682
维卡软化点（A_{50}，9.8N）/℃	≥ 120	GB/T 1633
脆化温度 /℃	≤ − 30	GB/T 5470
氧化诱导期（200℃）/min	≥ 10	GB/T 23257
含水率 /%	≤ 0.1	HG/T 2751
拉伸屈服应力 /MPa	≥ 12	GB/T 1040.2
断裂标称应变 /%	≥ 400	GB/T 1040.2

表 5-42 聚丙烯专用料的性能指标

项目	性能指标	试验方法
密度 /（g/cm³）	0.89 ～ 0.93	GB/T 4472
熔体流动速率（230℃，2.16kg）/（g/10min）	0.5 ～ 1.5	GB/T 3682
含水率 /%	≤ 0.05	HG/T 2751
氧化诱导期（220℃）/min	≥ 30	GB/T 23257
耐热老化（150℃）/%	≤ 35	GB/T 3682

5.5.3 涂层成型工艺

涂层成型工艺与三层 PE 完全一致，成型装置也基本相同。

（1）涂覆前钢管表面处理

除锈等级 Sa2½ 级，要求锚纹深度 50 ～ 100μm[31]，R_z40 ～ 80μm[33]。除锈前钢管表面除油、除湿，除锈后保持表面干燥和清洁，盐分含量小于 20mg/m²。

采购方要求时，可采用去离子水、磷酸、铬酸盐进行预处理。

如 X80、X100 或 X120 等高强度等级管道，则需要采用较硬的磨料，以达到所要求的钢管表面清洁度和表面轮廓。

特别注意：采用不锈钢和 13%Cr 制成的双相耐腐蚀合金管道，应使用不锈钢磨料或氧化铝等磨料喷砂清理。对于内衬合金的碳钢管，应注意防止管道内部受到碳钢磨料的污染。

法国标准[33] 规定，除锈后钢管放置时间：相对湿度 HR > 80%，2h 内；相对湿度 70% < HR ≤ 80%，3h 内；相对湿度 HR ≤ 70%，4h 内。

（2）涂层涂覆

按照工艺要求进行环氧粉末层、底胶、外层聚丙烯的逐层涂装。禁止使用再生涂料；涂敷时，根据生产管径在生产线上分别依次调节预热温度及防腐层各层厚度，达到要求后开始正式涂覆；采用中频电源加热钢管至合适的涂敷温度，最高加热温度低于 273℃；胶黏剂涂敷要求在环氧粉末胶化过程中进行；采用包覆法涂敷，要求一定的负压，防止胶黏剂层和聚丙烯层之间包裹空气；采用侧向缠绕工艺时，采用肖氏硬度 10° 左右的橡胶软辊碾压搭接段，以确保搭接部分的聚丙烯及焊缝两侧的聚丙烯完全粗压密实；水冷却前，确保环氧粉末层达到 99% 的固化率；采用水冷却聚丙烯包覆层，最终达到钢管温度不高于 60℃；防腐层涂敷完成后，应除去管端部位的防腐层。管端预留长度宜为 100 ～ 150mm。

（3）聚丙烯层端面处理

聚丙烯层端面应形成不大于 30° 的倒角，聚丙烯层端部外宜保留 10 ～ 30mm 的环氧粉末涂层。

特别注意的是，采用钢刷轮进行打磨时，聚丙烯容易黏附刷轮，所以建议采用中频预热后用车刀进行车削来形成倒角。

5.5.4 3PP 涂层与 3PE 涂层性能参数比较

（1）3PP 与 3PE 涂层性能参数比较（表 5-43 ～表 5-46）

表 5-43　涂层最小抗剥离性能

操作温度 /℃	测试温度 /℃	抗剥离性 /（N/10mm）	
		聚乙烯涂层	聚丙烯涂层
< 20	23 ± 2	> 150	> 250
20 ～ 50	50 ± 2	> 80	> 100
50 ～ 60	60 ± 2	> 30	> 80
60 ～ 80	80 ± 2	> 30	> 80
> 80	操作温度 ± 2	> 30	> 40

表 5-44　涂层最小抗冲击性能

DN	抗冲击性 / J		
	PE（23℃）	PP（0℃）	PP（23℃）
≤ 100	17.5	6.5	18
＞ 100 且≤ 250	19	8.5	20
＞ 250 且≤ 500	20.5	11.0	22
≥ 500 且＜ 800	22.5	12.5	25
＞ 800	26	12.5	25

表 5-45　涂层抗压痕性能

操作温度 /℃	测试温度 /℃	最大压痕 /mm	
		聚乙烯涂层	聚丙烯涂层
＜ 20	23 ± 2	＜ 0.2	＜ 0.1
20 ～ 50	50 ± 2	＜ 0.3	＜ 0.2
50 ～ 60	60 ± 2	＜ 0.3	＜ 0.2
60 ～ 80	80 ± 2	＜ 0.3	＜ 0.3
＞ 80	操作温度 ± 2	＜ 0.4	＜ 0.4

表 5-46　涂层抗阴极剥离

操作温度 /℃	测试温度 /℃	最大阴极剥离半径 /mm			
		聚乙烯涂层		聚丙烯涂层	
		28d	48h	28d	48h
＜ 20	23 ± 2	7	3	3	1
20 ～ 50	50 ± 2	10	5	5	2
50 ～ 60	60 ± 2	10	5	7	3
60 ～ 80	80 ± 2	15	7	7	3
＞ 80	操作温度 ± 2（最高温度 95 ± 2）℃	15	7	7	3

（2）3PP 涂层的优越性 [19]

从 DIN 30678 标准要求的性能指标以及上述比较表，3PP 涂层的有些性能是 3PE 无法相媲美的。

① 高温下涂层的寿命。DIN 30678 标准称 3PP 涂层在 80℃环境下运行时寿命为 30 年，90℃时寿命为 15 年，100℃时为 8 年，而 3PE 涂层在温度大于 80℃时就会软化。在土壤应力的作用下一些砂砾必然会陷入涂层，甚至穿透涂层，从而破坏涂层，因此很难保证管道的运行寿命。

② 高温下涂层的剥离强度和压痕硬度。DIN 30678 标准规定（90 ± 5）℃时涂层的剥离强度≥ 80N/cm，（90 ± 5）℃时涂层的压痕硬度≤ 0.3mm，上述两个指

标也是 3PE 涂层不可能达到的。就 3PE 涂层而言，90℃时已达到有关标准规定的 3PE 黏结剂的维卡软化点。即黏结剂已经软化。它的剥离强度非常小，几乎为零。PE 属结晶性热塑性树脂，随着温度的上升而软化，90℃已接近其熔点，涂层的压痕硬度必然很大。

③ 涂层的耐冲击强度。D1N 30678 标准规定，3PP 涂层的冲击强度 ≥ 5J/mm，GB/T 23257—2017 标准规定 3PE 的冲击强度 ≥ 8J/mm。但 DIN 30678 标准要求冲击条件为（0±2）℃的环境温度。而 GB/T 23257—2017 标准尚未对环境温度作出要求，一般是在常温下进行。两者的冲击条件不同，无法单从数值上进行比较。但可以肯定的是环境温度对冲击强度有较大的影响，温度越低，冲击强度越小，可见 3PP 涂层的耐冲击性能在一定的温度条件下并不比 3PE 涂层差，不会因为冲击性能影响涂层寿命。

④ 涂层的电性能。DIN 30678 标准规定，涂层的电阻率 ≥ 108Ω·mm，尚未规定电气强度。但 PP 材料压制片实测体积电阻率 ≥ 1×1015Ω·mm，电气强度 ≥ 25MV/m，体积电阻率比 GB/T 23257—2017 标准规定的 PE 压制片的体积电阻率（1×1015Ω·mm）还要大，电气强度与 PE 压制片相近，PP 与 PE 同为聚烯烃材料，电绝缘机理相同，所以 3PP 涂层的电性能与 3PE 相似，不会因为涂层电性能而影响防护性能和阴极保护的配置等。

⑤ 涂层的拉伸性能。DIN 30678 标准规定涂层的断裂伸长率 ≥ 300%，尚未对拉伸强度作出规定。标准规定 PE 层的拉伸强度 ≥ 20MPa，断裂伸长率 ≥ 600%。从标准规定的技术指标看，PP 涂层要求的断裂伸长率比 PE 涂层低，但对 PP 材料进行拉伸性能检测可知，PP 的断裂伸长率与 PE 接近，拉伸强度比 PE 高，说明 PP 涂层材料具备 300% 的断裂伸长率就能满足防腐管道的要求。

⑥ 涂层的热老化性能。DIN 30678 标准规定，涂层在经受100℃×100d的热历程后，涂层不脆化。GB/T 23257—2017 标准规定 PE 颗粒经受100℃×100d的热历程后，熔体流动速率的变化率 ≤ 35%，两者用于描述老化的性能项虽然不同，但需经历的热历程相同。也就说明了 PP 与 PE 在经受上述相同的热历程后，都仍具有使用价值，从而可以说明在 100℃×100d 的条件下，PP 涂层和 PE 涂层的热老化性能均能满足要求。

从上述几项主要性能的分析可以得出，在有些运行条件下 3PP 涂层的性能优于 3PE 涂层。

（3）3PP 涂层应用范围

① 用作输送较高温度介质的防腐管道；

② 用作地表温度较高、日照时间较长的沙漠地区的防腐管道；

③ 用作加压站附近的防腐管道；

④ 用于防腐管道的地下穿越。

5.6　常用外涂层使用和参数比较

（1）涂层材料发展过程中涂层使用条件（表 5-47）

表 5-47　管道外涂层使用条件 [35]

序号	涂层	开始使用时间	适用温度/℃	优点	不足	备注
1	石油沥青	20 世纪 50 年代	-20～80	抗水、盐、碱，无毒，设计施工技术成熟，原料充足，价格便宜	抗有机溶剂，油性差，耐温差，机械强度低，施工条件差，易受根系穿透，不耐紫外线	不宜使用在水下、沼泽或芦苇地带，使用寿命 10～15 年
2	煤焦油瓷漆	20 世纪 70 年代	-25～80	耐化学介质、抗植物根系，抗细菌，优良的抗水性，价格低，易修补，针孔少，与钢材黏结力高，抗阴极剥离	耐温差，易机械损伤，施工条件差，不耐紫外线，对健康和空气质量有影响	地下水位高、沼泽地段土壤，80 年以上的使用寿命
3	环氧煤沥青	20 世纪 70 年代	-20～100	耐潮湿环境，耐酸、碱、盐，附着力好，价格低，耐细菌和植物根系强	有低温脆性，抗冲击性差，不耐紫外线	适用盐渍、沼泽土壤环境
4	两层聚乙烯	20 世纪 70 年代	-40～70	力学性能强，耐低温和电绝缘性强	与钢管表面黏结性能差，补口质量要求高	适用多石地段，一般盐渍土壤
5	熔结环氧粉末	20 世纪 70 年代	-30～100	黏结性能强，耐温，抗阴极剥离，耐蚀性能好	施工质量要求高，价格较高，易机械损伤	适用腐蚀性高、盐渍土壤和穿越管道
6	聚乙烯胶黏带	20 世纪 70 年代	-30～70	力学性能好，较好的黏结性能，施工方便，价格便宜，针孔少	需提高产品性能，焊缝处施工质量待提高，屏蔽土壤中的阴极保护电流	适用地下水位不高，土壤腐蚀性不强，少风沙地区，30 年以上的使用寿命
7	三层聚乙烯	20 世纪 80 年代	-30～70	黏结性能好，非常好的抗力学性能和电绝缘性能	成本高，施工质量要求高，补口质量低于管本体	适用于腐蚀性高的土壤和石方区，50 年以上的使用寿命
8	三层聚丙烯	20 世纪 80 年代	-30～140	黏结性能最好，抗冲击，耐磨，应用温度范围宽	成本高，施工质量要求高，补口质量低于管本体	海底管道，温度要求特殊的管道
9	沥青/丁基黏合剂加十字头挤压聚烯烃涂层	1956 年	—	最低漏点敏感性，最低阴极保护电流密度，易于施工，无污染，施工能耗低	对钢附着力较小，储存期较短（除含炭黑者），沿管道长度方向易于撕裂扩展	使用寿命 40 年以上

序号	涂层	开始使用时间	适用温度/℃	优点	不足	备注
10	丁基黏合剂加侧向挤压聚烯烃涂层	1972年	—	最低漏点敏感性，最低阴极保护电流密度，对钢有良好的附着力，易于施工、无污染，施工能耗低	涂层去除困难，施工队伍有限	使用寿命25年以上
11	双层熔结环氧	1992年	−30～100	针孔少，与钢材黏结力强，抗阴极剥离	施工温度高，准确的施工参数，对钢管表面缺陷敏感，抗冲击、磨损能力较低，吸湿率高	50年以上的使用寿命
12	HPCC	2010年左右	−30～80	更高的抗冲击性能	材料性能要求高，更复杂的施工工艺	适用于腐蚀性高的土壤和石方区，50年以上的使用寿命
13	聚脲涂层	1992	−40～110	整体性好，高弹性，耐化学介质	易吸水	补口
14	100%固含量聚氨酯涂层	1992	≤100	力学性能好，防腐性能好，刚性好，耐冲击，抗磨性能好，对环境影响小	需要使用多组分系统，应用复杂性，对水分敏感	输水、补口

（2）常见外涂层性能比较（表5-48）

表 5-48　几种管道外防腐涂层性能比较[35]

性能	煤焦油瓷器	冷缠胶带	环氧粉末	二层聚乙烯	三层聚乙烯	三层聚丙烯
电绝缘性	中	优	良	优	优	优
耐水性	中	优	良	优	优	优
耐阴极剥离	中	优	良	中	优	优
黏结性能	中	中	优	良	优	优
耐老化	中	中	良	优	优	良
耐土壤应力	差	差	优	中	优	优
抗冲击	中	良	差	良	优	优
抗弯曲	差	差	良	中	优	良
抗穿透	差	中	优	良	优	优
耐温/℃	80	70	100	70	70	105

（3）现阶段常用涂层特性比较（表 5-49）

表 5-49　2PE、3PE、FBE、DPS 涂层特性对比

特性	2PE	3PE	FBE	DPS
适应环境	大部分土壤环境，特别是机械强度要求高、土壤应力破坏作用较大的地区。不适用于架空和温差较大的地区	各种环境，特别是碎（卵）石土壤、石方段，土壤含水率高、植物根系发达地区。不适用于架空和河流穿越带	各种土壤环境，不适用于山区石砾地带	大部分土壤环境，特别是山区的穿越及黏土地段，热煨弯管防护等
适用温度 /℃	−30 ～ 80	−30 ～ 100	−30 ～ 100	−60 ～ 115
涂层厚度 /mm	1.8 ～ 3.7	2.5 ～ 3.7	0.3 ～ 0.5	0.6 ～ 1.0
国外应用 / 年	约 50	约 20	约 40	约 15
国内应用 / 年	约 20	约 10	约 20	10
使用寿命 / 年	40 ～ 50	40 ～ 50	40 ～ 50	40 ～ 50
造价 /（元 /m²）	65	100	65 ～ 70	95 ～ 100
优点	较长的、优秀的使用跟踪记录；绝缘性能好；机械强度高；吸水率低，抗透湿性强；耐土壤应力好；国内材料充足	优秀的使用跟踪记录；综合性能优异，既有 FBE 的强黏结、良好的耐阴极剥离和防护性能，又有 PE 良好的力学性能、抗透湿性和高度绝缘性	黏结力强、绝缘性能好、机械强度高、耐温度变化、耐化学腐蚀；弯头和补口的防护质量好；与阴极保护的匹配性好	黏结力强、使用温度范围较宽、具有极好的耐土壤应力和耐阴极剥离性能；弯头和补口的防护质量好；与阴极保护的匹配性好；不产生层间分离
不足	胶黏剂质量有待提高；黏结力较差，失去黏结后易造成阴极保护屏蔽，与焊缝较高的钢管结合较差；易老化；严重损伤后修复困难；低温易脆等	弯头、补口性能差；较难与阴极保护协调工作；涂覆工艺复杂；工艺控制不当时，易产生分层	耐紫外线性能差；易受冲击破坏，运输、安装时易损坏；吸水敏感等	国产环氧树脂粉末质量有待提高

（4）常用涂层性能参数比较（表 5-50）

表 5-50　涂层性能参数对比表 [36, 37]

性能	煤焦油瓷漆	FBE	2PE	3PE
抗拉强度 /MPa	85	47	105	111
附着力 /MPa	56	76	76	76
圆柱轴弯曲	未通过	通过	通过	通过
最大延伸率 /%	8	13	13	13
最高温度 /℃	80	100	100	100

续表

性能	煤焦油瓷漆	FBE	2PE	3PE
阴极剥离强度 /mm	未知	< 5.0	< 5.0	< 5.0
耐热水性	未知	1 级	未知	未知
热震	未知	通过	未知	未知
冲击 /（J/mm）	2.5	1.5	6.2	7.4
含水量 /%	未知	< 0.5	未知	未知
压缩强度 /（kg/cm³）	未知	10000	未知	未知
渗透性 /mm	< 2	< 2	< 2	< 2
绝缘性 /V	未知	550	550	550
介电常数 /MHz	未知	2.7	2.7	2.7
体积电阻率 /（Ω·m）	未知	6.9@10^{15}	6.9@10^{15}	6.9@10^{15}
巴氏硬度 /HBa	35 ～ 45	50 ～ 60	35 ～ 45	35 ～ 45

参考文献

[1] 赵跃华. 运输管理实务 [M]. 郑州：河南科学技术出版社，2009：90.

[2] 严大凡，张劲军. 油气储运工程 [M]. 北京：中国石化出版社，2003：128.

[3] 徐小兵. 油气长输管道工程施工技术手册 [M]. 北京：石油工业出版社，2011：261.

[4] 孙慧珍，胡士信，谬宇平. 地下设施的腐蚀与防护 [M]. 北京：科学出版社，2001：223.

[5] 李鹤林. 中国焊管 50 年 [M]. 西安：陕西科学技术出版社，2008：260.

[6] 杨晓鸿. 天然气管道双层熔结环氧粉末防腐体系的应用 [J]. 油气储运，2005，24（1）：43-46.

[7] 高瑾，米琪. 防腐蚀涂料与涂装 [M]. 北京：中国石化出版社，2007.

[8] 龚树鸣. 油气管道外防腐现状和发展方向 [J]. 防腐保温技术，2003，11（3）.

[9] 张其滨，张丽萍，赫连建峰，等. 管道外防腐涂层技术的发展与应用现状 [J]. 防腐保温技术，2005，13（3）：34-39.

[10] 汤星朝，任新民. 煤焦油瓷漆涂敷作业线基本要求 [J]. 管道技术与设备，1997（3）：13-14.

[11] 国家环境保护总局环境工程评估中心. 全国环境影响评价工程师职业资格考试系列参考教材 - 环境影响评价案例分析（下册）[M]. 北京：中国环境科学出版社，2005：1243.

[12] 章雷. 环氧粉末的性能及其在国内外的发展 [J]. 城市燃气，1995（7）：17-19.

[13] Shiwei William，Nick Gritis，Adam Jackson，et al. 先进的陆地和海底管道涂覆技术 [J]. 油气储运，2005，24：110-114.

[14] 黄微波，陈酒姜，王宝柱，等 . 喷涂聚脲弹性体技术在管道防腐蚀领域中的应用 [EB/OL]. http://www.polyurea.cn/static/upload/download/pipe.pdf.

[15] 刘新 . 电力工业防腐涂装技术 [M]. 北京：中国电力出版社，2009：27.

[16] 中国大唐集团科技工程有限公司编 . 火电厂脱硫烟囱防腐技术 [M]. 北京：中国水利水电出版社，2010：75.

[17] 郭生武 . 埋地钢质管道外防腐层的选择与应用 [J]. 油气储运，2003，22（2）：31-35.

[18] 李远利，雍歧卫，刘志 . 管道防腐涂层新发展 [J]. 涂料工业，2007，37（2）.

[19] 管锡珺 . 市政公用工程新技术概论 [M]. 青岛：中国海洋大学出版社，2008：194-195.

[20] 国家能源局 . 钢质管道及储罐无溶剂聚氨酯涂料防腐层技术规范：SY/T 4106—2016[S]. 北京：石油工业出版社，2016.

[21] Steel tubes and fittings for onshore and offshore pipelines-External liquid applied polyurethane and polyurethane-modified coatings：EN 10290：2002[S].

[22] American Water Works Association. Polyurethane coatings for the interior and exterior of steel water pipe and fittings：AWWA C222-2018[S].

[23] 宋德琦，苏建华，任启瑞，等 . 天然气输送与储存工程 [M]. 北京：石油工业出版社，2004：298.

[24] 万德立，朱殿瑞，董家梅 . 石油管道、储罐的腐蚀及其防护技术 [M]. 北京：石油工业出版社，2000：169.

[25] 张瑛，侯铜瑞，张庆书 . 双层环氧粉末覆盖层在钢质弯头上的应用 [J]. 油气储运，2001，20（6）：25-26.

[26] Canadian Standards Association. Plant-applied external fusion bond epoxy coating for steel pipe：CSA Z245.20-18[S].

[27] 国家市场监督管理总局，国家标准化管理委员会 . 钢质管道熔结环氧粉末外涂层技术规范：GB/T 39636—2020[S]. 北京：中国标准出版社，2020.

[28] 冯庆善，方海涛，王德增，等 . 埋地钢质管道外防腐层抗划伤试验研究 [J]. 油气储运，2002，21（8）：34-37.

[29] Normenausschuss Gastechnik（NAGas）im DIN，Normenausschuss Wasserwesen（NAW）im DIN. Polypropylene coatings on steel pipes and fittings-Requirements and testing：DIN 30678-2013[S].

[30] Totalenergies. Three layer polypropylene external coating for pipelines：GS EP COR 221-2010[S].

[31] International Organization for Standardization. Petroleum and natural gas industries. External coatings：ISO 21809-1-2018[S].

[32] Shell International Oil Products B.V.& Shell International Exploration and Production B.V.External polyethylene and polypropylene coating for line pipe：DEP 31.40.30.31-Gen（2011）[S].

[33] French Standards Association. Steel tubes. External coating with three polypropylene layers coating. Application by extrusion: NF A49-711-92[S].

[34] 国家能源局. 钢质管道聚丙烯防腐层技术规范: SY/T 7041—2016[S]. 北京: 石油工业出版社, 2016.

[35] 中国腐蚀与防护学会主编, 卢绮敏. 石油工业中的腐蚀与防护 [M]. 北京: 化学工业出版社, 2001: 256.

[36] 唐谊平, 李建新, 黄子阳, 等. 长输管道外防护涂层技术的现状与发展探讨 [J]. 腐蚀与防护, 2009, 30 (12): 860-864.

[37] Nukote Coating Systems. Pipeline coating comparisons[Z].USA: Las Vegas Nevada, NCSI, 2002: 20-33.

6.1 熔结环氧粉末涂层的发展

钢管涂装环氧粉末涂层（图 6-1）是把环氧粉末在高温下熔融后涂覆在钢管表面，固化冷却后形成一定厚度的可以抵抗化学介质侵蚀和防止异物冲击等的保护膜，用来延长钢管的使用寿命。

环氧粉末涂料以双酚 A 型环氧树脂、线性酚醛改性环氧树脂和脂肪族环氧树脂等为主体，加入多种助剂后在一定的温度下混炼，冷却后粉碎形成，并在常温下以粉末态存在。环氧粉末涂层成型是熔融后的结合方式，并在热熔固化后形成高分子量交联结构涂层，所以其形成的涂层又称为熔结环氧涂

图 6-1　熔结环氧粉末（FBE）
涂层管道示意图

层（fusion bonded epoxy coating，FBE），固化后的涂层具有优良的化学防腐性能和较高的力学性能，尤其耐磨性和附着力最佳，是埋地钢质管道的优质防腐涂料。涂层提供了一个光滑的耐磨损和耐化学腐蚀的表面。适合于大部分土壤环境、定向钻穿越黏质土壤[1] 以及海洋环境。

环氧粉末属于热固性的重防腐涂料，粉末利用率可达 95% 以上，无毒，无污染，涂膜坚固，流平性好，熔融黏度低，不需要底漆涂膜，力学性能好，有优异的反应活性和贮藏稳定性、耐腐蚀性、耐化学药品性，涂料的配色好，固化剂选择范围宽，应用范围广。普通 FBE 应用温度在 -30 ～ 100℃，成为国内外管道内外防腐的主要体系之一。涂覆 FBE 的管道上还没有发现应力腐蚀开裂的案例，并

且涂层坚韧，当发生安装损伤时，易于检查和修复。FBE 涂层为环形焊缝（补口）的现场涂覆提供了与工厂涂覆材料同样的保护。

FBE 涂层最早于 1953 年被引入电力设备，在 20 世纪 60 年代初又被引入到小口径的输水和输油管道，20 世纪 60 年代中期又被引用于大口径管道，在 20 世纪 70 年代后期作为管道防腐涂层已经大面积在美国、加拿大、沙特阿拉伯和英国得到了应用[2]。保守估计现今世界上适用涂覆 FBE 涂层的管道已经超过几十万公里。

我国熔结环氧粉末技术起步较晚，20 世纪 80 年代才引进国外先进的环氧粉末工艺及设备。20 世纪 90 年代中期才在国家重点工程上得到应用，取得了明显的经济效益和社会效益。

6.2 环氧粉末涂料特性

（1）经济性好、低污染

环氧粉末为 100% 固形物，不含任何有机溶剂，在生产、贮存、运输、使用过程中不会因有机溶剂的存在对人体造成大的伤害、对环境造成污染。

（2）应用效果好

环氧粉末涂料熔融黏度低，流平性好，涂膜坚硬，外观平整，针孔和缩孔等缺陷概率小于溶剂型涂料；因为环氧树脂本身为极性材料，在与钢铁基体黏结时，不仅可以采用锚固方式，还可以通过极性键增加结合力。

（3）涂层物理化学性能好

涂料性能优于液态涂料，高温熔融固化后形成高分子交联结构，涂层致密，超过一般液态涂料形成的涂层。力学性能、抗划伤性能和耐冲击、耐腐蚀和耐化学性能均优于液态涂料形成的常温固化涂层。

（4）涂料添加剂可选择范围大

涂料具备非常好的配色性能，满足各类型介质输送管的颜色要求，并且固化剂等类型添加剂的选择范围广，可以满足钢管涂层涂覆所需的各种类型的涂料配制，如超大口径的低温涂料、钢管内涂长时间固化涂料、普通外防腐用极速水冷固化粉末等。

（5）利用率高

环氧粉末以粉末状态进行涂层涂装，涂装过程中涂料利用率可以达到 95%，涂装基体黏附的涂料利用率可以达到 100%，并且在涂装过程中只有少量的散发粉尘可以完全回收再利用。静电冷涂膜厚度可以达到 50 ~ 75μm，一次静电热涂可以达到 300μm，二次静电热涂可以达到 600μm 以上。

（6）涂装工艺多样

静电冷喷，冷涂后加热熔融固化方式；静电热喷，钢管先期通过无污染热源进行加热，并经过粉末静电喷枪喷涂环氧粉末，粉末在热的钢管表面进行熔融并固化；流化床涂装，加热的钢管整体浸入大于管长的流化床内，让沸腾的粉末涂料黏附在钢管表面，在钢管连续旋转过程中，粉末进行逐层熔融并加厚；火焰喷涂，采用专用的粉末火焰喷枪，喷涂过程喷枪外圈火焰加热钢管，火焰内圈喷出的粉末熔融在热管表面。

工厂连续化钢管环氧粉末涂装，一般采用静电热喷方式来完成。

6.3　环氧粉末涂层特性

6.3.1　环氧粉末涂层优点

环氧粉末涂层具有以下优点[3-4]。

（1）极佳的附着力

黏结力决定了涂层与钢管基体抵抗外部的物理剥离能力，是涂层十分重要的指标。环氧粉末涂层与钢管基体的黏结强度达到 40 ～ 100MPa，是聚乙烯粉末涂层的 4 ～ 10 倍。两者之间良好的附着力是形成复合管道的必备条件，另外两者之间良好的附着力还可以克服渗析和电渗析等物理作用导致的涂层起泡和开裂现象。

（2）良好的抗弯曲能力

钢质管道在吊装、运输、埋设、运行过程中，不可避免地受到挤压，导致弯曲并发生变形等，而与钢管结合的涂层需要优异的抗变形能力和伸长率，否则会从基体表面滑移并脱落。环氧粉末涂层具有良好的韧性，其伸长率可达 3% ～ 5%。扁平试验结果更能说明这个问题。CJ/T 120《给水涂塑复合钢管》等相关标准规范中，将一段涂层钢管平放在压力机下压，钢管外径压缩 20%，亦即扁平率为 4/5，环氧粉末涂层不会开裂。SY/T 0315《钢质管道熔结环氧粉末外涂层技术规范》等标准规定环氧粉末涂层抗 3° 的弯曲无开裂等。

（3）较好的抗力学性能

环氧粉末以熔融结合方式成膜，并与钢管基体黏结。由于其具有非常高的分子网络交联密度以及与颜填料和钢管基体的亲和力，可以提高涂层的机械强度和黏结力，能有效防止施工中的机械损坏及使用过程中的植物根系和土壤环境应力的破坏。

（4）涂层具有良好的绝缘性

能在阴极保护作用下抵抗化学腐蚀，达到长期保护的目的。

（5）优良的耐冲刷和耐气蚀性

由于环氧粉末涂层为极性的高温烧结涂层，内聚强度高，坚固耐磨，因此其具有优良的耐冲刷性和耐气蚀性。例如，冲刷实验中，用含有 10%120 目沙粒的

1%NaCl 溶液冲刷涂层样板，临界流速达 7m/s 而不损坏涂层。

（6）良好的减阻效果

环氧粉末涂层钢管表面平整光滑，摩阻系数小，长距离输送介质时，输送效率可提高 5% ～ 10%，近几年，我国多个大型输水工程的管道内壁的减阻层即为环氧粉末涂层。

（7）优良的抗阴极剥离性和阴极屏蔽性

环氧粉末涂层钢管在运输、安装、使用过程中不可避免地会出现小的损伤，导致该处形成小阳极、大阴极的局部腐蚀，故工程上往往采用阴极防护的方法来弥补。在阴极保护电流的作用下，管道作为阴极，当水、氧等渗入涂层中时，作为阴极的管壁处于高碱性环境，碱性物质沿管壁渗透，易导致涂层与管壁剥离（阴极剥离）。

涂层抗阴极剥离要求其具有优异的黏结能力和耐热、耐碱性能，而涂层一定的渗透性又能防止阴极保护时阴极屏蔽现象的产生，环氧粉末涂层恰好具备这样的特性。

我国现在某些优异的环氧粉末涂层的抗阴极剥离已经 ≤ 4mm，远小于国外用于重腐蚀防护的 6mm 标准。

（8）较优良的抗水渗透性

液态环氧涂层长期与水接触一般会发生软化、溶胀、起泡及附着力下降等现象，这与涂层的抗渗透能力不佳直接相关。有机涂层是一种半透膜，水分子绝对不渗透是做不到的，优良的涂层应具备长期浸泡在溶液中不发生明显的吸水和溶出性能。

在无机物水溶液中，水分子是体积最小的液体介质，渗透性比一般的水合离子强。有机涂层的一般规律是在海水中抗渗水性最好，自来水次之，在蒸馏水中最差。所以涂层在蒸馏水中的渗透能力直接反映了涂层的致密性。

（9）良好的耐化学腐蚀性

环氧粉末涂层具有良好的耐碱、耐酸及耐盐腐蚀性能。常温下可抵抗下列介质的侵蚀：25% 盐酸、40% 硫酸、30% 硝酸、20% 的氢氧化钠水溶液、乙醇、甲醛、汽油、柴油、水、原油等。并能长期接触含盐地下水、海水、土壤中微生物产生的各种有机酸等腐蚀物质。

（10）良好的可修补性

涂层钢管在安装运输过程中，一旦发生损坏，必须及时修补。环氧粉末涂层是强极性物质，与修补材料黏结强度高，修补方便。

（11）无毒性

对于输水管道的内涂层，要求所采用的涂层材料无毒。环氧粉末涂料组成复杂，但只要正确选择材料完全可以制成无毒的环氧粉末涂层。2001 年中国船舶工业总公司船舶工艺研究所已率先研制出无毒的环氧粉末涂料。

（12）长的使用寿命

环氧粉末涂层附着力高，耐老化性能及耐环境开裂性好，因此，其使用寿命较长。据资料介绍，环氧粉末涂层的使用寿命可超过 50 年。

（13）良好的施工性能

环氧粉末涂料施工方便、无需底漆、固化迅速，可实现高效率的流水线作业。

（14）宽泛的适应温度

涂层具有很高的玻璃化温度，应用温度范围宽，能在 -30 ～ 100℃之间保持最佳性能。

6.3.2　环氧粉末涂层缺点

相比挤压聚烯烃涂层，水汽渗透率高，单层 FBE 涂层（400 m 左右）且相对较脆，机械强度低，耐冲击性较差，运输、施工过程中极易产生贯穿性损伤[5]。相比较液态涂料涂层，防腐层的修补和环焊缝补口相对难度较大。

6.3.3　环氧粉末涂层性能体现机理

环氧粉末涂料之所以有上述优良特征，与原材料的选材和加工工艺是分不开的[3, 6-7]。

① 环氧树脂粉末涂料含有高极性和活性的环氧基，能与金属表面形成化学键，且有很强的附着力，固化剂采用胺类或酚类物质，固化属于加成反应，没有小分子挥发物放出，不会形成针孔而影响防腐性，这一点对于防腐涂料是非常重要的。

② 抗机械能力。以带功能性基团的环氧树脂（称之为改性环氧树脂）为成膜树脂，酚醛树脂固化剂以及硅烷偶联剂改性的热稳定性和化学稳定性高的无机颜填料进行配方试验，能显著提高粉末涂层对底材的附着力、抗冲击性等物理性能。

③ 环氧粉末涂料涂层固化后不会生成酯键，所以不会产生逆反应而降低防腐效果。

④ 颜填料。涂层除具有很好的防腐性能外，还须对涂膜与钢管之间的气泡有良好消除作用。考虑到阴极保护，颜填料的使用尽量避免磁性及导电物质的引入。颜填料主要有超细石英粉、云母、三聚磷酸铝等惰性功能填料，适当加入有利于降低涂膜收缩和膨胀系数，并能大大提高涂层防腐性能，填料一般要用偶联剂处理，这样偶联剂分子一端与无机填料成为一个整体，提高了涂层的致密性及附着力，降低了吸水性，增强了耐盐雾、耐海水及耐阴极剥离能力。

加入颜填料的目的是提高涂层的屏蔽作用，增强涂层 / 金属间的附着力，降低固化过程中的内应力，因此选择适当的颜填料可以提高涂层的耐阴极剥离性能。

⑤ 环氧粉末涂料在管道应用中一般会加入不同种类的助剂，用来调整加热熔化时的流变学性能和胶化时间，消除膜内及界面气泡，提供良好的耐水性。

⑥ 固化剂对涂层性能的影响。固化剂也是影响涂层性能的关键因素之一，以酚醛类固化剂固化的环氧粉末涂层力学性能和防腐性能比其他的固化剂要好。但是固化剂和树脂的用量必须根据当量定律严格控制，固化剂用量超过 5%，将对涂层的力学性能造成不良影响。

⑦ 助剂对涂层性能的影响。为了改善粉末施工性能及涂层的综合性能，提高耐磨性和力学性能，往往需要加入适量的助剂，如流平剂、促进剂、增韧剂、抗磨剂等。对于管道防腐用环氧粉末涂料，由于涂膜较厚（350～450μm），且常在 230～240℃/3min 的条件下固化，因此为了改善粉末在厚涂情况下的脆性，配方中加入了 1%～10% 的增韧剂；为使粉末能实现高温快速固化，达到高效节能的目的，配方中还加入了 0.1%～1.5% 的固化促进剂。

⑧ 管道用环氧粉末涂料与普通装饰型粉末涂料相比加工工艺复杂，生产条件要求严格，而且粉末涂料要经过处理，这样可以防止粉末堵枪、拉丝、结块等现象，不致影响粉末的施工性和储藏性。

6.4 环氧粉末涂层与钢管基体黏结机理

涂层要想有效地保护钢管金属基体，除其自身的优异化学和物理性能外，还必须在使用期内与金属基体长期牢固黏附，主要表现即为黏结力。

涂层黏结力主要依靠固化的黏结剂实现对被黏结表面的黏附，通过界面的相互作用产生，有分子间范德华力（如取向力、诱导力和色散力等），或者化学键合作用（如离子键、金属键和共价键等），还可以是界面上微观的机械嵌合（锚固）作用。

环氧树脂中的醚键和极性基团对基材有很好的附着力，而且交联密度高，固化时收缩率小，能消除内应力，极易提高与金属基体的附着力。因此 FBE 涂层与经表面处理合格后（无污染物、无油、氯离子含量不超标、具有一定的粗糙度）的钢管表面具有优异的附着力。

经研究表明，涂层与金属基体的黏结有机械作用、化学键结合、极性键结合、氢键结合等多种方式。参考相关文献，举出以下三种涂层与金属基体附着形式。

（1）涂层 - 底材极性键附着力 [8]

氢键是一种强烈的分子间作用力。干净的钢铁表面是以单层存在的含结晶水的氧化铁，树脂分子上的羟基基团与钢铁表面的氧化物生成氢键促进附着。如图 6-2 所示，环氧树脂中的羟基与金属表面活泼氢离子形成氢键。

添加了硅烷偶联剂的液态环氧涂料，与反应性的易水解基团和金属基体表面的羟基（或表面的水层）形成氢键，然后缩聚而成，这样在湿态条件下，有机材料对金属基体表面具有很高的黏结强度 [9]。其形成过程如图 6-3 所示。

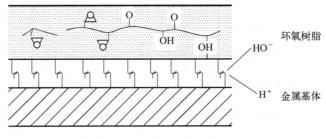

图 6-2　极性键附着示意图

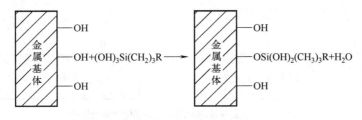

图 6-3　硅烷偶联剂与金属基体的相互作用[10]

（2）涂层 - 底材化学键附着力

化学键主要是环氧基团与金属表面活泼原子反应。在高分子与金属界面作用中存在化学键的作用，而且化学键的键能比次价键的键能要大得多，对界面强度往往起决定性作用。高分子若含有极性基团，可提高其附着能力。环氧树脂中所含环氧基的高度极性，使其与金属的黏结力特别强（图 6-4）。

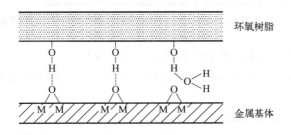

图 6-4　环氧基团化学键结合示意图

环氧树脂中的环氧基能够与金属表面的游离键形成牢固的化学键，是黏结力的主要来源，而不同的环氧树脂中环氧基团的数量是不同的，因此环氧基团的数量影响了涂层的附着力，同时也是影响抗阴极剥离性能的一个重要因素。哈尔滨工程大学试验表明，酒石酸改性环氧树脂（图 6-5），羟酸基团易与金属基材表面的羟基发生化学键合形成 COOM[11]，烷氧基硅改性环氧树脂（图 6-6）与金属基体的结合以及添加纳米 TiO_2 后的环氧树脂和金属界面作用（图 6-7）均属于化学键结合。

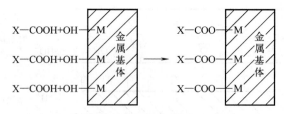

图6-5 羧酸基团与金属基材表面化学键合示意图

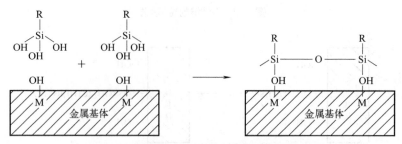

图6-6 烷氧基硅与金属基材表面化学键合原理

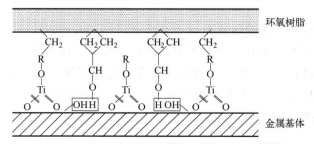

图6-7 添加纳米 TiO_2 后的环氧树脂和金属界面的作用力示意图[12]

（3）涂层-金属基体表面的机械结合（图6-8）

主要是金属表面所形成的粗糙度锚纹起作用，可以称之为锚纹锚固、机械互锁或机械嵌合等。

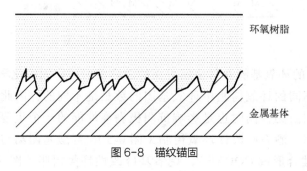

图6-8 锚纹锚固

钢管金属基体表面经过机械振打等方式处理后具有一定的粗糙度，形成凹坑、微孔以及凸起等，使钢管表面积增大数倍甚至数十倍，而在基体上附着的涂层会渗入这些凹坑、微孔中，不但增大涂层与金属基体的接触面积，而且因为锚纹的锚固作用，增加了涂层与界面的吸引力。可以肯定的是，锚纹锚固在涂层与金属基体的黏结中所起的作用超过 50%，对于非极性材料（例如聚乙烯）会超过 95%。但如果所采用的涂料无法渗入锚纹凹坑、微孔中，就无法实现锚纹锚固，附着力就会大大降低，因此在环氧涂料中会加入硅烷偶联剂等表面活性剂，以促进涂料的渗入。

6.5　不同标准规范对环氧粉末涂层性能及技术要求

国内外相关环氧涂层的标准规范对于环氧涂层的要求各不相同，这里只做参数比较，具体实施一定要参照相关地区、国家的标准规范或者依据建设方的要求进行。

6.5.1　涂层结构分类及厚度要求

钢管外表面应用环氧粉末涂层并不是通常认知的单层涂层，还包括双层粉末涂层以及三层粉末涂层，具体见表 6-1。

表 6-1　熔结环氧粉末涂层分类 [13]

序号	涂层类型	涂层分类或结构			涂层厚度 /μm
		底层	中间层	外涂层	
1	单层	使用温度≤ 115℃	—	—	≥ 300
2	单层	使用温度> 115℃	—	—	
3	双层	防腐涂层	—	保护涂层	≥ 250（防腐涂层）
4	双层	防腐涂层	—	耐磨涂层	
5	双层	防腐涂层的两层	—	防滑涂层	
6	三层	防腐涂层	保护涂层	防滑涂层	

不同国家地区的标准规范对环氧粉末涂层所要求的厚度均存在差异，具体见表 6-2。

表 6-2　涂层厚度要求

标准	涂层结构	涂层厚度 /μm					
		总厚度		底层厚度		面层厚度	
		普通	加强	普通	加强	普通	加强
GB/T 39636—2020	单层	≥ 300	≥ 400	—	—	—	—
	双层	≥ 600	≥ 800	≥ 250	≥ 300	≥ 350	≥ 500
Q/CNPC 38—2002	双层	≥ 620	≥ 800	≥ 250	≥ 370	≥ 300	≥ 500

续表

标准	涂层结构	涂层厚度 /μm					
		总厚度		底层厚度		面层厚度	
		普通	加强	普通	加强	普通	加强
CSA Z245.20—2018	单层	最小允许厚度 300					
	双层、三层	推荐或买方要求，厚度≥250					
ISO 21809.2—2014	单层	≥350 或买方要求					
API 5L9—2015	单层	≥305 或买方要求					
ANSI/AWWA C 213—2022	单层	≥305 或买方要求					
DEP 31.40.30.32—Gen	单层	（475±75），水泥配重（725±75）弯管接头（≥400，≤1000）					
NACE SP0394—2013	—	平均≥350，单独 300，工作温度超过 65℃、水泥配重、抗冲击、机械损伤等，不得小于 350					
DIN 30671—1992	单层	350					

注：CSA Z245.20—2006 单层体系：玻璃转换温度≤110℃或＞110℃（高温 FBE）；两层体系：防腐层＋保护层、防腐＋耐磨、防腐＋防滑；三层体系：防腐＋保护＋防滑。Q/CNPC38—2002 特殊要求：底面层厚度比为 1∶1.5～2。

6.5.2 不同标准规范环氧粉末材料性能要求

环氧粉末由专门的材料厂家供货，可以根据业主要求选用任何一个国家熔结环氧涂层的标准规范。不同国家地区标准规范针对环氧粉末的材料性能参数见表 6-3～表 6-5。

表 6-3 环氧粉末特性（一）

标准	涂层结构	固化时间 /min	胶化时间 /s	固化时间 /min	胶化时间 /s	固化时间 /min	胶化时间 /s	温度条件 /℃
				内层		外层		
GB/T 39636—2020	单层	≤2	≤30	—	—	—	—	230±3
	双层	—	—	≤2	≤30	≤1.5	≤20	230±3
Q/CNPC 38—2002[①]	双层	≤2	≥12	—	—	—	—	230±3
CSA Z245.20—2018	单层、多层	供货方	供货方	—	—	—	—	230±3
ISO 21809.2—2014[②]	单层	供货方	供货方	—	—	—	—	—
API 5L9—2015	单层	供货	供货方	—	—	—	—	固化实验温度＜260
ANSI/AWWA C 213—2022	单层		≥7	—	—	—	—	204±2

续表

标准	涂层结构	固化时间 /min	胶化时间 /s	固化时间 /min	胶化时间 /s	固化时间 /min	胶化时间 /s	温度条件 /℃
				内层		外层		
DEP 31.40.30.32—Gen	单层	供货方	供货方	—	—	—	—	
NACE SP0394—2013	—	供货方	供货方（±20%）	—	—	—	—	

① 固化时间符合供货方给定时间，且不超过 260℃，胶化时间须符合厂家给定值的 ±20%；
② 固化、胶化时间为厂方给定值范围内。

表 6-4 环氧粉末特性（二）

标准	粒度分布 /%		密度 /（g/cm³）			磁性物含量 %
	150μm 筛上粉末	250μm 筛上粉末	单层	双层		
			—	底层	面层	—
GB/T 39636—2020	≤ 3	≤ 0.2	1.3 ～ 1.5	1.3 ～ 1.5	1.4 ～ 1.8	≤ 0.002
Q/CNPC 38—2002	≤ 4	≤ 0.2	—	—	—	≤ 0.002
CSA Z245.20—2018	≤ 3	≤ 0.2	< 50	—	—	—
ISO 21809.2—2014	—	供货方规范	—	—	—	—
API 5L9—2015	—	≤ 0.1	供货方规范	—	—	—
ANSI/AWWA C 213—2022	≤ 2	—	1.2 ～ 1.8（23℃）	—	—	—
DEP 31.40.30.32—Gen	供货方		供货方	—	—	—
NACE SP0394—2013	供货方		供货方	—	—	—

表 6-5 环氧粉末特性（三）

标准	不挥发物含量 %	水含量 /%		热特性	玻璃化转变温度
GB/T 39636—2020	> 99.4	—		$\Delta H \geq 45$ J/g	—
				$T_{g2} \geq$ 最高使用温度 +40℃	
Q/CNPC 38—2002	> 99.4			供货方规范	—
CSA Z245.20—2018	—	≤ 0.5（滴定法）	≤ 0.6（失重法）	供货方规范	—
ISO 21809.2—2014	> 99.4	≤ 0.6		供货方规范	—
API 5L9—2015	> 99.4	≤ 0.5		供货方规范	供货方规范
DEP 31.40.30.32—Gen	—	≤ 0.5		供货方规范	供货方规范
NACE SP0394—2013	> 99.4	≤ 0.5		—	—

6.5.3 涂层性能要求

标准规范不同，熔结环氧粉末涂层性能测试有一定差异，具体见表 6-6 ～表 6-10。

表 6-6　涂层性能及测试（一）

标准	电火花	热特性	抗弯曲（无裂纹）	其他
NACE SP0394—2013	5V/μm	$T_g \leqslant 5℃$	3°（-30℃）	—
GB/T 39636—2020	5V/μm	$\lvert \Delta T_g \rvert \leqslant 5℃$	2.5°（试验温度 ±3℃） 双层：普通级 2°，加强级：1.5°	化学侵蚀：无开裂、起泡、凸起、脱色、附着力降低、软化剥离[（20±3）℃，90d]
Q/CNPC 38—2002	5V/μm	厂家	普通级：2°（0 或 -30℃）；加强级：1.5°（0 或 -30℃）	—
ANSI/AWWA C 213—2022	—	—	—	抗剪切：20685kPa；渗透性：< 10%（60℃）体积电阻率：≥ 1.1×10^15Ω·m
API 5L9—2015	125V/25.4μm	—	3°（-18℃）；2.5°（0℃，偶尔弯曲）；2°（0℃，永久弯曲）	化学侵蚀：无裂纹、剥离[（20±3）℃，90d]
CSA Z245.20—2018	5V/μm，< 5kV	厂家	3°，1A；2°，1B；0℃、-18℃、-30℃	—
ISO 21809.2—2014	5V/μm	最小 5℃	2°（0℃）（涂层厚 350 ～ 500μm）	—
DEP 31.40.30.32—Gen	475μm，2.2kV，725μm，3.6kV，速度 0.3m/s	$-2 \leqslant \Delta T_g \leqslant 3$	2% 拉伸（0℃）；3% 拉伸（20℃）	—
DIN 30671—1992	10V/μm	—	5%[（20±2）℃]	①抗压痕：厚度变化 ≤ 30%（> 48h）；≤ 5%（24 ～ 48h）（70±2）℃；②热老化：（100±2）℃，30d、60d、90d；③耐低温

表 6-7　涂层性能及测试（二）

标准	抗冲击（无漏点）/J	附着力	耐划伤（无漏点，划伤深度）/μm	黏结面孔隙率 /%	断面孔隙率 /%
NACE SP0394—2013	≥ 1.5	1 ～ 3（75±3）℃，48h 1 ～ 2（75±3）℃，28d	—	1 ～ 4（5 级图片）	1 ～ 4（5 级图片）

续表

标准	抗冲击（无漏点）/J	附着力	耐划伤（无漏点，划伤深度）/μm	黏结面孔隙率 /%	断面孔隙率 /%
GB/T 39636—2020	单层（-30℃）：1.5 / 双层（23℃）：10	1～3（75±3）℃，24h/28d	双层：普通级（30kg）≤350；加强级（50kg）≤500	1～4（5级图片）40 倍	
Q/CNPC 38—2002	普通级：10，（20±5）℃ 加强级：15，（20±5）℃	1～2（24h/48h）		1～4（5级图片）	
ANSI/AWWA C 213—22	11.3，RP 0188—90	1～3（95℃）	—	1～3（图片）	1～3（图片）
API 5L9—2015	≥1.7	1～3		1～4（图片）	1～3（图片）
CSA Z245.20—2018	≥1.5J，单层（20±5）℃；≥3J，多层（20±5）℃	1～3（24h/28d）	50 kg	1～4（5级图片）	
ISO 21809.2—2014	≥1.5	1～2（65±3）℃，24h / 1～3（65±3）℃，24d	—	对比（单张照片）	
DEP 31.40.30.32—Gen	1.8	85℃，5h		5级图片	
DIN 30671—1992	—	—	—	—	

注：1. 表中等级请参阅相关标准相关条目描述；2. 对于外防腐管不建议测定耐磨性，表中未列及的其他孔隙率、电阻率、电气强度贮存期、渗透性等在各标准中均有描述；3. 试样与涂层试验要求与项目不一定相同（不进行区分）。

表 6-8　实验室涂层耐阴极剥离

标准	耐阴极剥离 /mm			弯曲涂层耐阴极剥离 /mm
	24h/48h	28d		
NACE SP0394—2013	6.5，（65±3）℃，3.5V，24h	8，（20±3）℃，1.5V	15，（65±3）℃，1.5V	无开裂、分层、剥离（20±3）℃，1.5V
GB/T 39636—2020	≤8（65℃，24h，3.5V）	≤6.5（65℃，48h，1.5V）	≤15（65℃，1.5V）	无裂纹（65℃，1.5V）
Q/CNPC38—2002	≤6，（65±3）℃，1.5V（48h），3.5V（24h）	≤8，（65℃，1.5V）		—
ANSI/AWWA C 213—22	≤15			
API 5L9—2015	≤8，（66+3）℃，3.5V，24h	—		—

续表

标准	耐阴极剥离 /mm		弯曲涂层耐阴极剥离 /mm
	24h/48h	28d	
CSA Z245.20—2018	≤ 11.5，≤ 6.5（高温 FBE）[（65±3）℃，3.5V（24h）]	≤ 8.5，（20±3）℃，1.5V；≤ 20，（65±3）℃，1.5V；≤ 20，（95±3）℃，1.5V，高温 FBE	2.5°，（-30±3）℃；1.5°，（-30±3）℃；多层、高温 FBE
ISO 21809.2—2014	≤ 8，（65±3）℃，3.5V，24h	≤ 8，（20±3）℃，1.5V ≤ 15，（65±3）℃，1.5V	没开裂（20±3）℃，1.5V
DIN 30671—1992		（23±2）℃，30d；（65±2）℃	

表 6-9   FBE 管道涂层阴极剥离

操作温度 /℃	实验温度 /℃	最大剥离半径 /mm	
		28d	48h
< 20	20±5	5	3
20～60	60±5	10	5
60～80	80±5	10	5

注：GB/T 39636—2020 规定弯曲试样制作条件：单层，（30±3）℃，弯曲2.5°；双层，（30±3）℃，弯曲1.5°。实验室试片与产品试样的实验值不同，例如 CSA Z245.20—2006，常规单层粉末涂层阴极剥离20℃，实验试片数据最大弯曲半径6.5°，试样弯曲半径为11.5°。

表 6-10   对应 FBE 涂层电火花检测电压推荐值 [14]

涂层厚度 /μm	检测电压 /V	涂层厚度 /μm	检测电压 /V
250	1650	380	2050
280	1750	410	2100
300	1800	510	2350
330	1900	640	2650
360	1950	760	2900

6.5.4   涂装前处理要求

不同规范要求的环氧粉末涂层涂装前处理要求见表 6-11 和表 6-12。

表 6-11   涂层涂装前钢管表面处理要求

标准	除锈等级	清洁度等级	除锈预热	表面盐分 /（mg/m²）	加热温度 /℃
GB/T 39636—2020	Sa21/2	2	露点温度小于3℃进行预热	20	≤ 275

续表

标准	除锈等级	清洁度等级	除锈预热	表面盐分 /（mg/m²）	加热温度 /℃
Q/CNPC 38—2002	Sa2$_{1/2}$	—	预热到 40 ～ 60℃	50	≤ 260
NACE SP0394—2013	—	2	露点 3℃以上	20	≤ 260
ANSI/AWWA C 213—22	—	—	—	20	< 260
API 5L9—2015	—	—	露点 3℃以上	20	≤ 274
CSA Z245.20—2018	—	—	露点 3℃以上	20	≤ 275
ISO 21809.2—2014	—	—	露点 3℃以上	20	≤ 275
DEP 31.40.30.32—Gen	Sa2$_{1/2}$	ISO 8505-1	露点 3℃以上，高于 5℃，湿度＜ 85%	50	≤ 280

注：任何标准规定的加热温度均需要满足材料性能要求。ISO 21809.2—2014 注明对于钢号高于 X80 的钢材，最高固化温度能够影响钢管特性。NACE 0394—2013 规定表面盐分超标要求采用磷酸、水洗。

表 6-12　粗糙度及管端留头要求

标准	锚纹特征 /µm	磨料及参照标准	管端留头 /mm
GB/T 39636—2020	40 ～ 100	—	—
Q/CNPC 38—2002	40 ～ 100	—	85 ± 5
NACE SP0394—2013	50 ～ 100	—	买方指定
ANSI/AWWA C 213—2022	38 ～ 102	—	≥ 76
API 5L9—2015	38 ～ 100	G40，HRC 55 或更高	—
CSA Z245.20—2018	40 ～ 110	SSPC SP 5 标准	—
ISO 21809.2—2014	50 ～ 100	—	留头按照采购要求
DEP 31.40.30.32—Gen	锚纹轮廓中等	ISO 8503-2 标准	80 ± 15
DIN 30671—1992	—	—	≤ 150

6.6　钢管环氧粉末涂层涂装工艺及设备

6.6.1　粉末涂料涂装方法

（1）空气喷涂法

该方法首先将钢管表面进行处理，并预热到粉末涂料的熔融温度以上，然后用空气粉末喷枪把粉末涂料直接喷涂到钢管表面，这种方法设备结构简单，主要应用于钢管内表面涂装。

（2）流化床浸涂法

流化床浸涂法是把预热的钢管在自旋转状态下半浸入到粉末涂料流化床中，使粉末涂料熔融附着到预加热的钢管上面，然后将涂覆粉末的钢管整体放入加热炉中，使粉末涂料熔融流平、交联固化成膜。该方法一次涂装涂膜厚度可以达到几百微米，设备简单，损失比较少。但对于热固性的环氧粉末，因为热涂过程中，预热容易加热散落的粉末，形成固化的粉末颗粒，二次涂装时容易在钢管表面形成质点，所以常用于热塑性粉末涂料的涂装。

管道流化床结构如图6-9所示，由流化槽、进气管、粉末、微孔板以及均压板组成。

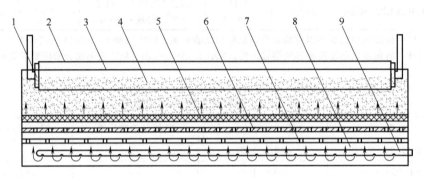

图6-9　钢管流化床涂覆示意图

1—钢管旋转动力卡盘；2—钢管；3—流化槽；4—流化粉末；5—微孔隔板；6—均压板1；
7—均压板2；8—气室；9—进气管

流化床设备中气室的作用是将净化的压缩空气分散，经均压板进一步降压后，形成均匀的上升气流。气室下部有进气管，气孔开在进气管下部，压缩空气进入气室后碰撞底板反射向上，达到均化目的。均压板在进气管上部，为两块水平放置的带孔压板，板间距为30～40mm，其作用是进一步使压缩空气均匀和降压。

微孔透气隔板是保证粉末涂料在流化床中均匀悬浮流动的关键部件，要求孔径均匀、透气率高、机械强度好。可用多层帆布或陶瓷等制造。在流化床气室的下方加上振动机构就成了振动流化床，可以使粉末悬浮流化性更好，涂膜均匀，还能减少粉末飞扬。

流化床涂装工艺过程，首先用加热炉加热钢管到粉末熔融所需的最低温度（需考虑管道出炉后的环境散热），出加热炉的钢管通过带动力卡盘进行端头卡装，并启动旋转电机使钢管旋转，升降装置把钢管浸入粉末流化床，管道浸入粉末包裹深度要求1/2到1/3管径范围，钢管旋转过程中，热吸附粉末熔融黏结，热吸附粉末的时间长短根据管径范围和粉末层厚度计算确定，涂装完成的管道送入固化炉进行二次流平固化，形成成品管。

（3）静电粉末喷涂法

1962 年法国 Sames 公司研究成功了粉末静电喷涂装置，粉末静电喷涂法是静电涂装施工中应用得最为广泛的涂装工艺，它采用静电粉末喷枪，借助静电库仑力将粉末吸附于被涂物表面。

其工作原理是：粉末涂料在压缩空气的作用下，由供粉系统经粉管进入喷枪，再经过喷枪电晕放电形成的负电荷区，使粉末涂料捕获电荷带上负电，从而使工件与喷枪之间形成静电场。在压缩空气和静电场力的双重作用下粉末离开喷粉枪并形成粉末雾进入电场。在静电场中，粉末在静电场力的作用下飞向接地的钢管表面，并吸附到极性相反的钢管上，熔融流平后形成环氧涂层。未被利用的粉末可通过粉舱的回收系统回收过筛后，循环利用。

静电粉末喷涂具有以下优点。

① 雾化充分，涂膜外观效果好。在静电喷涂过程中，经过空气送粉雾化的涂料颗粒带上负电荷后相互排斥而变得更分散、更均匀，所以形成的涂膜很细。

② 涂料利用率高。由于电场的吸引作用，带电的漆雾有效地被吸附在钢管表面，不仅附着率高，而且在整个表面均匀分布，涂料的利用率达到 95% 以上，节省涂料。

③ 粉末飞散少。粉末颗粒的流动速度慢，飞散少，所以作业环境条件得到改善，有利于工人身体健康。

④ 涂装生产效率高。适合于自动化大批量生产，钢管连续传动，满足连续生产的要求，适合于任何口径的管道外涂。

（4）真空吸引法

该方法适用于流化床涂装和静电粉末喷涂无法涂装的小口径管内壁涂装，可以分为 Pro-vac 法和 Lurgi 法。这种方法仍然需要将表面处理过的管子预热到适当温度。内壁吸涂工艺流程如图 6-10 所示。

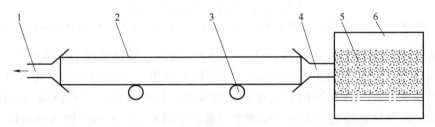

图 6-10　真空吸涂示意图
1—负压喇叭口；2—钢管；3—旋转滚轮；4—进粉管；5—粉末；6—流化床

真空吸涂属于热涂覆技术。粉末与空气混合后进入管道内，与高温管壁接触时熔融黏附于管壁表面。抽吸过程空气流带走管壁部分热量使其温度下降，粉末黏附量也随之减少，甚至黏附不上。因此管道预热温度的高低对涂膜厚度影响很大。

6.6.2 静电粉末喷涂成套设备

钢管表面进行环氧粉末涂装，其目的就是把粉末沉积在加热的钢管表面，熔融后形成一定厚度的环氧涂层，因此除加热设备以外，粉末喷出的静电喷涂系统、防止粉末散失的工作舱（或喷涂舱）以及散失粉末的回收利用装置是钢管粉末涂装设备的主要组成部分。

（1）静电喷涂系统

环氧粉末带静电。喷枪与钢管之间形成电场，须采用带有静电发生器的静电喷枪，其基本原理（图6-11）是：粉末涂料由供粉系统借压缩空气送入喷枪，在喷枪前端加有高压静电发生器产生的高压，由于电晕放电，在其附近产生密集的电荷区或称为高位负电场，粉末由枪嘴喷出时，在高位负电场形成带电涂料粒子，它受静电力的作用，被吸到与带有正电荷的钢管上去，随着喷上的粉末增多，电荷积聚也越多，当达到一定厚度时，由于产生静电排斥作用，便不继续吸附，从而使整个工件获得一定厚度的粉末涂层，然后经过加热使粉末熔融、流平、固化，即在工件表面形成坚硬的涂膜。

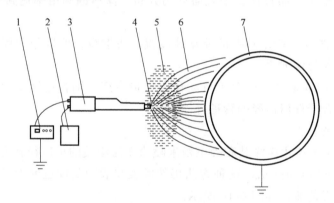

图6-11　钢管环氧粉末静电喷涂原理

1—静电发生器；2—供粉箱；3—静电喷枪；4—放电针；5—高电位负电场；6—环氧粉末流；7—钢管

加热钢管粉末涂装分为五个过程（图6-12）：一静电场吸附［图6-12（a）］，喷枪电极与接地钢管之间形成电场，粉末粒子带电；二带电粒子在电场作用下，吸附到钢管表面，在热的钢管表面熔融形成第一层粉末层；三在静电场作用下粉末继续吸附在热熔粉末层表面，形成多层叠加［图6-12（b）］；四飞溅的粉末在压缩空气作用下黏附在熔融粉末层表面，增加厚度［图6-12（b）］；五排斥力部分粉末无法吸附［图6-12（c）］。热熔固化完成粉末层涂装。

钢管表面粉末喷涂涂装采用一定的压缩空气为动力，把环氧粉末通过喷枪送出后在钢管表面沉积，而为满足涂装要求，粉末必须以一定的粒度存在，当粉末离开喷枪后，以压缩空气为动力离枪飞向钢管表面，但因为粉末粒子自身的重力作用会向下飘散，此时为保证钢管表面粉末的沉积量，必须使得压缩空气的量和压力达到一个均衡值以保证粉末不向下散失，而此时出现一个矛盾：粉末中部分轻质粉末会跟随压缩空气向四周散射，反而会加大粉末的散失。因此最佳的解决办法是给粉末粒子带上电荷，在正负电场的作用下，自动飞向钢管的表面，此时在压缩空气和静电场力的作用下，粉末会以高利用率在钢管表面沉积，完成涂装要求。

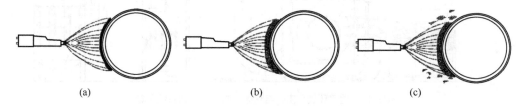

(a)　　　　　　　　　(b)　　　　　　　　　(c)

图 6-12　钢管粉末涂装吸附过程

钢管进行环氧粉末涂装，一般采用在线连续加热后涂装方式，属于批量次、大面积施工，任何手动式喷枪、旋杯自动喷枪均不适合于钢管在线涂装，而对于连续涂装，需要钢管与喷枪距离一定，要求设计使用固定式远端控制自动静电喷枪。

（2）静电粉末喷涂系统

一套完整的静电喷涂系统由远端静电发生器、自动静电喷枪、通过式粉末回收房、供粉箱、大旋风以及滤清系统组成（图 6-13）。

① 钢管通过式喷粉房。喷粉房是安装喷枪和粉末涂装的主要工作区域，依据钢管的传送进行喷枪布置，钢管螺旋传输，喷枪为一侧布置（图 6-14），钢管直线行走的粉末喷枪为 360° 圆周布置。粉房连接回收风管，满足粉末回收，并

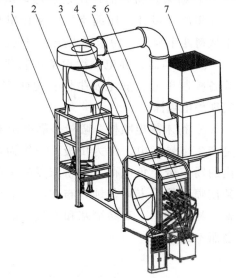

图 6-13　钢管环氧粉末在线喷涂系统三维视图
1—粉末回收蠕动泵；2—旋风回收系统；3—静电喷枪发生器；4—钢管通过式粉末回收房；5—流化床供粉箱；6—静电喷枪；7—滤清系统（与正文不对应）

设计安装成箱形结构，防止工作过程中的粉末飞溅。喷粉房壁板所用的材料可以是塑料材料，如有机玻璃、聚丙烯、聚四氟乙烯等，也可以是金属材料，如不锈钢等。

② 流化床供粉箱。流化床供粉箱采用进口微孔板制成，流动效果好，出粉均匀，采用不锈钢等金属板材，通过文丘里泵与静电喷枪连接。

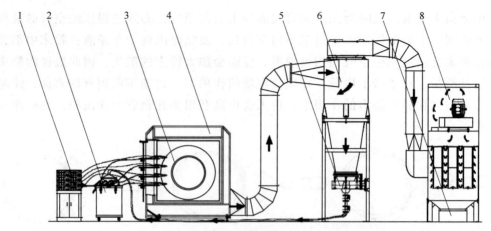

图6-14 钢管环氧粉末静电喷涂粉末运行回收系统示意图

1—静电发生器；2—供粉箱；3—钢管；4—通过式粉末回收房；5—蠕动粉末回收装置；
6—大旋风；7—回收粉箱；8—滤清系统

③ 粉泵。粉泵的作用是以均匀恒定的速度将粉末送至喷枪，其输送工艺采用文丘里原理设计。压缩空气与文丘里吸取方向垂直，从而产生压差或真空，把粉末从料斗中吸出。粉末进入压缩空气流后沿着软管向前送至喷枪。

④ 控制器。静电喷涂设备控制器包括静电发生器，电源控制器、供粉控制器等各控制单元。静电发生器：也叫控制器或者主机，通过高压模块产生电场力，实现静电喷涂。

⑤ 粉末静电喷枪。喷枪是静电粉末喷涂最重要的设备（图6-15），其主要作用是产生电晕发电，作为负极，与作为正极的钢管之间形成静电场，使从它里面喷出的粉末带上负电荷。该粉末受静电场力的作用吸附于工件上。另外，喷枪还必须使喷出的粉末均匀地分布在工件表面上。喷枪必须具备结构简单、粉末通道宽畅、易于清理、不易堵塞和重量轻的要求。粉末静电喷枪的作用是对物料进行分散而不是雾化。

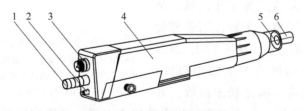

图6-15 粉末静电喷枪外形图

1—清洁气接头；2—送粉管接头；3—高压电缆接头；4—枪壳（内置高压电缆）；5—极化电极；6—枪嘴

喷枪构造原理与普通空气喷枪一样，结构简单，但其对精密度要求极高。须采用耐腐、耐磨、抗电击等要求极高的材料确保使用寿命。采用优质的喷嘴、喷帽、涂料阀、特殊处理的枪针等。

⑥ 粉末涂料回收设备[15]。粉末涂料回收设备种类很多，有旋风分离式、袋滤式、弹筒式、滤芯式、传送带式、薄膜式等。在钢管环氧粉末涂装中，采用旋风分离器加滤芯式复合型回收清洁装置。

a.旋风分离器。旋风分离器是旋风分离式回收系统中的关键设备，利用螺旋风原理制成。当高速带粉末的废气气流通过倒锥形分离器上部圆筒部分时（以切线方向进入该分离器），气流就在圆筒内部高速旋转，同时在倒锥形内部产生离心力。当待回收的粉末涂料随气流被带进分离器时，借助离心力的作用，粗粒子粉末涂料就沉积于倒锥形筒的底部。得以回收，过细的粉末随气流从上部带出。

b.滤芯过滤器。滤芯过滤器采用脉冲反向滤芯技术回收粉末涂料，是目前应用较为广泛的粉末回收装置。带有轻质粉末涂料的废气通过滤芯时，粉末涂料被留在滤芯表面，废气得到过滤。在经过一定的周期后，采用反向脉冲压缩空气对滤芯进行反吹，粉末涂料被压缩空气从滤芯上吹下，进入回收管路。滤芯通常采用纸或合成纤维制作。粉末回收、循环利用及空气过滤完整流程如图6-14所示。

c.粉末静电喷涂设备常见故障和排除方法（表6-13）。

表 6-13　粉末静电喷涂设备常见故障和排除方法[16]

常见故障	产生原因	排除方法
无粉末供应	压缩空气开关未打开或压力太低	检查压缩空气的供应和压力
	电磁阀损坏	更换或检查
	粉末压力低	检查粉末调压阀或增加压力
粉末供应不流畅	粉末供料泵堵塞	清洁供料泵
	文丘里管磨损变形	更换文丘里管
	喷嘴堵塞	清洁或更换喷嘴
	供粉泵雾化压缩空气压力太高	降低供粉泵的雾化压缩空气压力
	喷枪上粉末连接管堵塞	更换粉末连接管
喷雾图形不均	喷枪电缆线连接不良	检查电缆线的连接
	喷枪电缆线破损	更换电缆线
	启动开关故障	更换开关或扳机
	高压发生器故障	更换或检查修理
	熔丝损坏	更换熔丝
粉末涂覆不良	工件未接地	检查输送设备是否接地良好
	设定输出电压太低	检查接地线，提高输出电压
	电极磨损或损坏	更换电极
	喷嘴型号不对	检查喷嘴
	高压发生器故障	检查修理高压发生器

6.6.3 涂装设备及涂覆工艺

钢管涂装环氧粉末，采用静电喷涂方式，在螺旋或传输的加热钢管表面喷涂环氧粉末，沉积在钢管表面，熔融、固化、水冷后形成FBE涂层。具体三维视图如图6-16所示。

图6-16　FBE涂层成型装备三维视图

6.6.3.1　设备组成

钢管外环氧粉末涂层成型装备由管道外壁清理装置，管道外壁粉末涂装设备以及水冷系统组成（图6-17）。

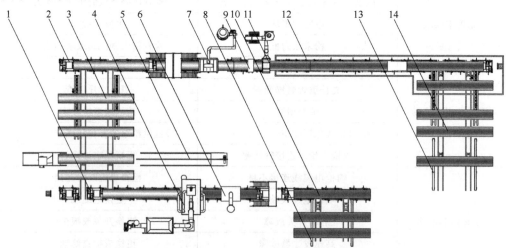

图6-17　钢管环氧粉末外涂层涂装设备组成三维示意图

1—抛丸钢管传动滚轮；2—粉末喷涂钢管传输滚轮；3—除锈后钢管；4—外抛丸除锈机；5—管内吹扫；
6—除锈前预热；7—酸洗水洗；8—除锈存管平台；9—加热中频；10—未除锈钢管；
11—环氧粉末静电喷涂装置；12—水冷系统；13—成品管存放平台；14—成品管

（1）管道外壁清理装置

管道预热装置用来除去管道表面的湿气或管道表面黏附的油污（需要采用明火装置）。

管道外表面抛丸装置。采用离心抛头带动钢丸（砂）来击打钢管表面，清除表面的浮锈以及轧制鳞片等。

钢管传输装置。为满足钢管抛丸机击打要求，采用螺旋传送滚轮驱动钢管向前螺旋传输，一次通过预热装置和抛丸装置，完成钢管表面的清理。

管道内吹扫装置。通过高压风机把压缩空气送入钢管内壁，清除管道在抛丸过程中内壁残留的钢砂或灰尘。

（2）管道粉末涂装设备

钢管传输装置。为满足钢管粉末涂装要求，采用螺旋传送滚轮驱动钢管向前螺旋传输，依次通过表面灰尘处理装置、预热装置、粉末静电喷涂装置、水冷却系统，完成钢管表面的粉末涂装。

表面灰尘处理装置。采用毛刷和吸尘装置，对传输的钢管表面进行清扫，对清扫下来的灰尘进行吸尘处理，达到钢管表面的清洁度等级，满足粉末涂装要求。

中频加热装置。粉末涂装前，必须依照环氧粉末的要求对钢管进行预热，一般采用感应加热方式，在特定的时间内，加热钢管表面到 $180 \sim 240^{\circ}C$，以进行环氧粉末的涂装。

环氧粉末静电涂装设备。由通过式粉末回收舱（满足多余粉末的回收），一定数量的静电喷枪（要求采用外置高压静电，数量根据管道直径和涂层厚度确定），粉末流化系统以及压缩空气系统组成。

水冷却系统。满足热涂覆涂层的固化结束反应，达到成品所要求的质量。

6.6.3.2 成型工艺

环氧粉末涂装工艺流程如图 6-18 所示。

表面覆盖物清理。对于钢管来说，新管或短期堆放钢管，管表面不会积存大量灰尘、重度锈皮。而对于覆盖此类物质的管道，为满足涂层的涂装要求，可直接采用抛丸清理方式去除。但抛丸除锈时影响效率，造成钢管表面灰尘超标、钢丸用量增大等，必须采用火焰加热，钢丝刷磨、大功率除尘等去除管体表面的重度杂质层。

除油。钢管表面因为储存运输等表面沾染油污，对于轻质易燃烧的油污通过明火燃烧即可清除，重质油或重度油污染，需要采用碱洗系统进行清除。

除湿。钢管在外抛丸除锈前，需要进行预热以除去钢管表面的水分，这对于湿度比较高的环境尤为重要。

除锈。通过抛头离心作用，钢砂击打钢管表面，除去钢管表面的锈皮以及轧制鳞片等，使得钢管表面达到 Sa2½ 的标准，要求管表面的锚纹深度达到 $50 \sim 70\mu m$。

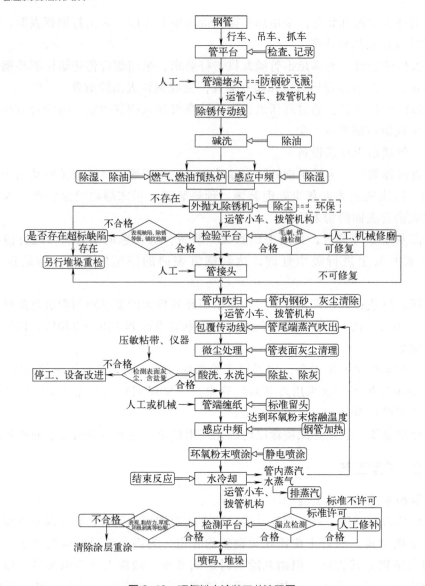

图 6-18 环氧粉末涂装工艺流程图

　　钢管在除锈过程中，须采用管堵装置封闭管口，减少管内钢砂灰尘等的进入。并对除锈过程中产生的灰尘等漂浮物通过回收装置等进行回收，防止二次污染钢管表面。

　　除灰。采用高压风机等对钢管内表面遗留的钢砂和灰尘等进行清理，防止污染传动滚轮和堆放平台以及环境等。

　　除锈完成的钢管通过毛刷及吸尘装置对钢管表面进行二次清理，防止灰尘等污染传动和管平台。

加热。中频感应加热，针对管道环氧粉末的涂装要求，对钢管先期进行加热至粉末熔融温度，一般要求 180 ～ 240℃。

粉末静电涂装。采用静电喷枪在螺旋传输的钢管表面喷涂环氧粉末，按照要求形成所需的粉末涂层。

待粉末固化度达到 90% 以上时进行水冷，完全固化并结束反应，完成粉末涂层涂装。

采用涂层检漏仪检测涂层漏点，检查涂层其他缺陷。

成品管堆放。

6.7　环氧粉末材料及涂层发展

6.7.1　低温固化环氧粉末涂料

大口径或超大口径钢管，采用环氧粉末在线涂装。在线传动时，不能无限加速，在一定的传动速度下，经过中频加热的钢管，管径越大，钢管旋转一周的速度越慢，热损失就越多。为满足环氧粉末熔融的最低温度，钢管初始的加热温度要求越高，越容易改变钢管的金相结构，因此钢管的加热温度只能限定在一个特定的、不影响钢级的范围内，所以低温固化粉末的开发势在必行。一般来说，固化温度每降低 10℃，涂装过程即可节省 10% 的能量。

郝胜勇等 [17] 以双酚 A 型环氧树脂为成膜物质，加入多种助剂，研制开发了具有特殊性能的低温固化重防腐环氧粉末涂料。在环氧树脂的改性方面，Tullos 等 [18] 采用玻璃化温度 < 105℃的苯乙烯 - 马来酸酐共聚物和热固性环氧树脂复合，得到的涂料可以在低温下固化形成光泽较低的面漆，其可固化温度范围较宽，且固化后光泽稳定。经过粉末行业的努力，3PE 粉末最低可在 180℃涂覆而不影响性能。

6.7.2　环氧粉末的改性

（1）涂层的耐磨与增韧

在长距离输水工程上或油气田的减阻内涂管道上，内涂层不但要求有非常好的光洁度，还要求有好的耐磨性。目前 FBE 涂层的耐磨特性，与 100% 固体聚氨酯涂料或环氧陶瓷涂料成型的涂层耐磨性尚存在一定的差距。

（2）提高涂层耐温性

FBE 越来越多地应用在高温条件下的输送管道上。例如，管道在 100 ～ 150℃下运行，要求涂层必须满足其长期运行的要求。对于玻璃化温度 ≤ 100℃的环氧粉末，很难满足高温长期运行的要求，尤其海底高温管道，涂层在潮汐的作用下极易与管道基体剥离，从而失去防腐效果。

（3）氟碳改性技术

涂层的良好性能不仅表现在黏结力以及防腐上，在某些特殊环境中，更表现在涂层的耐高温、耐候性以及抗水渗透性上，而环氧粉末改性中采用共混或共聚技术引入的氟碳链段，能够大大提高成型 FBE 涂层的这些特性。这是因为环氧粉末分子中高键能 F—C 键的引入，极大地降低了环境中 Cl⁻ 对涂层的影响。

（4）自愈合功能性

利用微胶囊技术，将 5 ～ 200μm 的功能填充物（如防腐剂或缓蚀剂）封闭在胶囊中，封闭液态功能填充物是一种固态，不会影响涂层的其他功能。功能填充物胶囊壳厚 1 ～ 2μm，在腐蚀环境作用下（如酸碱、冲击、化学介质等）产生涂层裂纹破坏时，胶囊自动破壁释放填充物，而后在 FBE 涂层内部有微裂纹时进行修复。

利用纳米技术或石墨烯技术可以对环氧粉末涂料进行改性，以增加成膜 FBE 涂层的韧性、耐热性或者其他新的性能 [8]。

6.7.3 环氧粉末的最新进展

经过几十年的不断发展和完善，国内 FBE 经历了从无到有、从差到优、从弱到强、从单一到系列化的几次大的飞跃，产品向着高性能化、多功能化、无公害化、应用简单化、使用宽泛化、节约能源化方向发展。最终目的是延长管道使用寿命，防止涂层过早失效。图 6-19 给出了 FBE 涂层生产线三维视图。

（1）复合涂层

环氧粉末涂料与涂层的优异性能，在钢管涂覆上目前还没有替代产品。应用在钢管上，不仅可采用 FBE 涂层，还可采用 FBE 涂层复合其他功能性涂层（耐候性、增韧性、抗机械能力、耐磨性等），使得涂层功能更加完善，适合于多种环境的应用。如双环氧涂层、3PE 涂层、环氧＋聚酯涂层、环氧＋丙烯酸涂层、环氧＋聚氨酯涂层等。

（2）内外防腐层组合应用

同样采用环氧粉末，管道内外涂层质量、功能要求与侧重不完全一样，一般内外涂层所用涂料区别选择，以达到各自最佳的综合涂覆效果。如内环氧外环氧涂层、内环氧外单 PE 涂层、内环氧外 3PE 涂层、内环氧外双环氧涂层等，使钢管内外涂层应用达到最优。

（3）耐高温粉末涂层

高玻璃化转变温度，内在的高交联密度涂料，使得成型的涂层致密性更高，涂层的耐高温、耐热水性更加优越，从而可应用于一些特殊的、苛刻的高温环境中。

（4）特殊功能要求涂层

涂层满足特殊场合的导电、阻燃、绝缘等要求，如消防管道、煤矿瓦斯管道等。

（5）满足加工工艺的粉末

例如某些特殊类管道需要采用沟槽式连接，一般的涂装方式为先压槽后涂装涂层。但在现场以及某些特殊场合进行施工时，需要截取涂层成型管段后压槽。涂层在压槽过程中因为挤压作用，会造成挤压破坏或运行过程的内应力剥落。这就要求后加工的涂层，必须要有非常好的附着力以及韧性。所以需要完全能够满足后加工工艺的粉末涂料[19]。

图 6-19　FBE 涂层生产线三维视图

参考文献

[1]　Mohinder L. Nayyar. 管道手册 [M]. 李国成等译 . 北京：中国石化出版社，2006.

[2]　Kuruvila Varughese. Improving functional powder coatings[J]. Products Finishing，2000（1）：49-54.

[3]　李桂林 . 环氧树脂与环氧涂料 [M]. 北京：化学工业出版社，2003.

[4]　肖善红 . 环氧粉末钢管 [C]// 第十届全国内河船舶与航运技术学术会议论文集，2006：210-216+228.

[5]　宋德琦，苏建华，任启瑞，等 . 天然气输送与储存工程 [M]. 北京：石油工业出版社，2004：298.

[6]　毕学振 . 环氧粉末涂层发展趋势 [C]// 2005 中国粉末涂料与涂装年会，2005.

[7]　赖广森 . 提高管道防腐用环氧粉末涂料力学性能的技术初探 [J]. 涂料工业,1995(6)：4.

[8]　师立功 . 管道用熔结环氧粉末涂层长效防腐的关键 [J]. 涂料工业，2017，47（2）：73-80.

[9]　姜其斌，陈宪宏 . 硅烷偶联剂 WD-60 在环氧防腐涂料中的应用 [J]. 涂料工业，2007，

37（1）：27-28，32.

[10] L. J. Calbo. 涂料助剂大全 [M]. 朱传棨，段质美，王泳厚，译. 上海：科学技术文献出版社，2000：194-199.

[11] 赵丹. 环氧树脂 / 金属基体、环氧树脂 / 颜填料界面改性研究 [D]. 哈尔滨：哈尔滨工程大学，2011：18-35.

[12] 翟兰兰. 纳米改性高分子与钢铁附着机理的研究 [D]. 杭州：浙江大学，2008：25

[13] Canadian Standards Association. Plant-applied external fusion bond epoxy coating for steel pipe: CSA Z245.20-18[S].

[14] NACE International. Holiday detection of fusion-bonded epoxy external pipeline coatings of 250 to 760μm（10 to 30 mils）：NACE-RP0490-2013[S].

[15] 冯素兰. 粉末涂料 [M]. 北京：化学工业出版社，2006.

[16] 李熙. 建筑涂装技术（下册）[M]. 2 版. 长春：吉林出版集团有限责任公司，2010.

[17] 郝胜勇，郑逢仁. 重防腐蚀环氧粉末涂料的研究与应用 [J]. 材料保护，2003（8）：58-59.

[18] Tullos T L，Tullos G L. Powder coating composition，method for the curing there of and articles derived therefrom: EP 1302517[P]. 2003-07-03.

[19] 毕学振. 熔结环氧粉末涂料涂层的失效分析 [J]. 涂料技术文摘，2016，37（3）：2-9.

第 7 章

管道三层聚乙烯涂层及涂装

7.1 三层聚烯烃涂层的发展

长输管道接触的环境各种各样，为保证涂层的长效性，涂层材料及涂装后性能需要克服苛刻环境的影响。但涂层材料的发展，并非完全满足这种理想状态。20世纪60年代在管道涂装行业大面积使用的熔结环氧粉末涂层（简称FBE），也存在这样或那样的缺陷，如前处理要求极为严格，否则易造成涂层剥落；水汽渗透率高，在水环境中，容易产生鼓包；抗冲击能力差，一般单层涂层的冲击功只有10J左右，尤其对于薄涂层，极易造成冲击开裂；材料性能要求严格，如果材料性能不达标，所造成的缺陷更多。

对于长输钢质管道，涂层抗冲击性是保证涂层完整和长期运行的首要条件，抗冲击的材料包括：合金材料、其他金属材料、无机材料（如陶瓷等）、有机材料等。上述材料中，因为各种各样的材料性能、成型工艺、涂层黏结以及物理化学性能、经济性等因素，只有有机材料能成为最佳的防冲击材料，尤其是聚烯烃柔性材料，因其具备一定的柔性和韧性，并且结合致密，所以不仅适合抵抗冲击，也具备绝缘电阻率低、能更好地防止水汽渗透等优点。

1965年，欧洲最先开始使用挤出聚烯烃两层结构涂层。聚烯烃是一种非极性材料，只能通过锚固形式紧箍在钢管表面，一处出现破损，水等介质渗透后会出现大面积剥离，因为材料性能的影响，长时间使用后会出现应力松弛的情况，促使涂层与钢管之间出现滑移而整体脱落，并且因其致密性极好，透气性差，产生绝缘屏蔽效应，脱离涂层下的钢管得不到充分的阴极保护，极易发生腐蚀。因此需要采用既能与钢管黏结，又能与聚烯烃形成整体涂层的黏结剂，即两层聚烯烃结构。黏结剂最早采用沥青玛蹄脂，与钢管黏结性非常差，涂层经常失效，后来发展成为 EVA（乙烯-醋酸乙烯酯共聚物，ethylene-vinyl acetate copolymer）和丁氰基热熔胶，但也因极性材料的特性，同样出现失效的情况，所以单纯的聚烯烃涂层虽然能够经受住外界环境的考验，但又偏偏缺少环氧粉末涂层与钢管基体黏结牢固的优异特性，应该说最优异的涂层必须具备环氧粉末与聚烯烃的特性，而这种单一的涂层并不存在。

20 世纪 80 年代中期，德国曼内斯曼（Mannesmann）公司与巴斯夫（BASF）化学工业公司经过 10 年的研制，终于开发完成挤压聚乙烯三层结构涂层，即今天在全球范围内占据长输管道外涂层半壁江山的 MAPEC 涂层，并在 1989 年由加拿大 SHAW 公司申请了美国专利（Method and Apparatus for Applying Thermo-Plastic Protective Coating to Pipes）。

MAPEC 涂层克服了环氧粉末涂层和聚烯烃涂层单独使用时性能上的不足，既能满足与钢管的黏结，又能克服外界环境对涂层的冲击破坏，还能减小水汽渗透等，为目前全球性能最佳的管道外涂层。MAPEC 涂层分适合应用最高温度为 70℃的三层聚乙烯涂层（简称 3LPE、3PE 或者三层 PE）和适应最高温度为 110℃的三层聚丙烯涂层[1]（简称 3LPP、3PP、三层 PP），现在在曼内斯曼公司的网站上还可以看到，基于三层聚烯烃涂层所拓展的其他新型涂层，如适合于海洋的多层聚烯烃涂层，适合于海洋管的防滑多层聚烯烃配重涂层等。三层聚烯烃涂层正是发挥了环氧粉末与聚乙烯的双重优势，并且三层聚乙烯涂层已经在欧洲、亚洲等钢管涂层中占据绝对优势，在北美也占据管道涂装的一半市场。

鉴于 3PE 涂层的优越性，1994 年中国石油天然气集团公司，为即将开工建设的陕京输气管道和库鄯输油管道决定引进 3PE 涂装生产线和技术，并于同年 12 月，组织中石油基建局、管道局、四川石油设计院、西北管道指挥部的专家联合组团赴美国、意大利、土耳其等国考察 3PE 涂装生产线以及专业技术公司。

1995 年 5 月，由辽河油建一公司负责招标，从加拿大根劳公司引进了我国第一条 3PE 涂覆作业线。1996 年初投入正常生产。

1996 年意大利索克萨姆公司与哈尔滨塑料六厂合资建设朔州防腐厂，经改造于 5 月投入正常生产。

1995 年西北管道指挥部与港商合资从荷兰引进 3PE 涂覆作业线，于 1996 年在宝鸡亚东防腐公司建成投产。

1998 年，由原化工部化工机械研究院承建的我国第一条包覆式小口径 3PE 生产线在成都煤气公司投产。

1999 年，由天华化工机械及自动化研究设计院（原化工部化工机械研究院）

国产化的第一条侧下缠绕生产线在四川石油管理局建成投产。

2016—2017 年，管径 φ3048mm 的 3PE 生产线由天华化工机械及自动化研究设计院在山东滨州建成投产。

2018 年，管径 φ3048mm 由天华化工机械及自动化研究设计院承建的国外 3PE 生产线在阿尔及利亚建成。

2021 年当时国内最大口径的 3PE 生产线在山东曲阜建成投产（φ3600mm）。

所以从 1995 年起，3PE 涂层涂装技术及涂层在中国得到大面积推广和应用，并且逐步实现了 3PE 防腐材料、技术和装备全部国产化，使得 3PE 涂层的造价大幅度降低。从涩宁兰管道建设开始，长输管道西气东输、西气东输二线、西气东输三线、川气东送、中缅管道、漠大管道等国内重大油气输送工程以及南水北调、2014 年 APEC 峰会北京怀柔雁栖湖生态供水直饮水项目、重庆自来水供水及长距离输水管道等关乎民生的输水项目中大面积采用 3PE 涂层，管径范围从最小的 φ25mm（环形挤出包覆法和侧挤出缠绕法）到最大的 φ3048mm（侧缠绕法），在国内 3PE 涂层占据了长输管道涂层的绝对优势。对于钢管外涂层，目前还没有一种新的涂层能够替代 3PE。

7.2　三层聚乙烯涂层

3PE 涂层是钢管三层聚烯烃涂层中的一种，以最外层聚乙烯命名。3PE（图 7-1）是由与钢管直接黏结的环氧涂层、外部聚乙烯涂层以及黏结环氧涂层和聚乙烯涂层的中间黏结剂三种涂层组成。

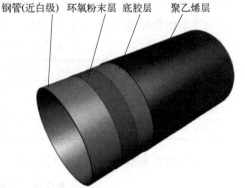

钢管(近白级)　环氧粉末层　底胶层　聚乙烯层

7.2.1　不同国家标准规范涂层参数

涂层参数这里主要指三种涂层结构的独立以及总的厚度指标，其厚度指标受到所埋设环境、钢管管径范围或单位米重的限制。在国内能够查询的 3PE 标准对涂层厚度指标都有各自的规定，大部分规范是以管道直径进行分类的，少数以管道重量进行分类，聚乙烯材料也有不同的要求，如低密度、中密度和高密度，环氧涂层分液态环氧和粉末环氧涂层，胶黏剂分为粉末熔结和挤出方式。笔者归纳整理的 3PE 涂层厚度参数见表 7-1 ～表 7-10。

图 7-1　三层聚乙烯涂层结构示意图

（1）中国国家标准（GB/T 23257）（表 7-1）

表 7-1　三层聚乙烯涂层厚度 [2]

钢管公称直径 DN	环氧层厚度 /μm	胶黏剂层 /μm	防腐层最小厚度 /mm	
			普通级（G）	加强级（S）
≤ 100	≥ 120	≥ 170	1.8	2.5
100 < DN ≤ 250			2.0	2.7
250 < DN < 500			2.2	2.9
500 ≤ DN < 800	≥ 150		2.5	3.2
800 ≤ DN ≤ 1200			3.0	3.7
DN > 1200			3.3	4.2

最高设计温度：≤ 60℃（常温型）；≤ 80℃（高温型）。焊缝减薄 ≤ 20%。

（2）德国（DIN 30670）标准（表 7-2）

表 7-2　三层聚乙烯涂层厚度 [3]

钢管公称直径 DN/mm	环氧层厚度 /μm	胶黏剂层 /μm	防腐层最小厚度 /mm	
			普通级（G）	加强级（S）
≤ 100	≥ 60	≥ 140	1.8	2.5
100 < DN ≤ 250			2.0	2.7
250 < DN < 500			2.2	2.9
500 ≤ DN < 800			2.5	3.2
DN ≥ 800			3.0	3.7

涂层设计温度：- 20 ～ 60℃（N）；- 40 ～ 80℃（S）。黏结剂层采用粉末涂装或挤出方式。

（3）伊朗标准（IPS-G-TP-335）（表 7-3）

表 7-3　三层聚乙烯涂层厚度 [4]

钢管直径 /mm	环氧层 /μm	胶黏剂层 /μm	聚乙烯层 /mm
DN ≤ 250	60	300	2.5
250 < DN ≤ 500	60	300	3.0
DN > 500	60	350	3.0（普通），3.5（加强）特别指定

（4）荷兰壳牌标准（DEP 31.40、30、31-Gen）（表 7-4）

表 7-4　三层聚乙烯涂层厚度 [5]

钢管公称直径 DN/mm	防腐层最小厚度 /mm	
	聚乙烯	聚丙烯
≤ 100	2.5	1.6
100 < DN ≤ 250	2.7	2.0
250 < DN < 500	2.9	2.2
500 ≤ DN < 800	3.2	2.5
DN ≥ 800	3.7	2.6

（5）法国标准（NF A49-721）（表 7-5）

表 7-5　三层聚乙烯涂层厚度[6]

钢管直径 D/mm	环氧涂层①	胶黏剂层	涂层厚度 /mm		
			1	2	3
≤ 114.3	≥ 50μm	连续平整	1.2	1.8	2.5
114.3 < D ≤ 273			1.5	2.0	2.5
273 < D ≤ 508			2	2.2	3
508 < D ≤ 762			2.2	2.5	3.5
> 762			2.2	3	3.5

①环氧涂层为液态涂料或固态粉末。

（6）国际标准化组织规范（ISO 21809-1）（表 7-6）

表 7-6　三层聚乙烯涂层厚度[7]

P_m/（kg/m）	液态环氧涂层/μm	环氧粉末涂层/μm	黏结剂涂层/μm	防腐层厚度 /mm								
				等级 A1	等级 A2	等级 A3	等级 B1	等级 B2	等级 B3	等级 C1	等级 C2	等级 C3
$P_m \leq 15$	25	125	150	1.8	2.1	2.6	1.3	1.8	2.3	1.3	1.7	2.1
$15 < P_m \leq 50$				2.0	2.4	3.0	1.5	2.1	2.7	1.5	1.9	2.4
$50 < P_m \leq 130$				2.4	2.8	3.5	1.8	2.5	3.1	1.8	2.3	2.8
$130 < P_m \leq 300$				2.6	3.2	3.9	2.2	2.8	3.5	2.2	2.5	3.2
$P_m > 300$				3.2	3.8	4.7	2.5	3.3	4.2	2.5	3.0	3.8

焊缝减薄≤ 10%；
等级 A 底层采用液态环氧、环氧粉末，外层采用 LDPE；
等级 B 底层采用环氧粉末，外层采 MDPE/HDPE；
等级 C 底层采用环氧粉末，外层采用 PP；
等级 1 温和条件下的沙土埋设；
等级 2 适中条件下黏质土壤、无回填；
等级 3 极限条件下岩性土壤或近海；
黏结剂可以采用喷洒方式；
涂层设计温度：LDPE（-20 ~ 60℃），MDPE/HDPE（-40 ~ 80℃），PP（-20 ~ 110℃）

（7）欧洲 GS 认证标准（GS EP COR 220）（表 7-7）

表 7-7　三层聚乙烯涂层厚度[8]

钢管重量/（kg/m）	最小厚度 /mm	
	普通级	加强级
$W \leq 15$	1.3	2.3
$15 < W \leq 50$	1.5	2.7

续表

钢管重量 /(kg/m)	最小厚度 /mm	
	普通级	加强级
$50 < W \leqslant 130$	1.8	3.1
$130 < W \leqslant 300$	2.2	3.5
$W > 300$	2.5	4.2

（8）加拿大标准（CSA Z245.21-18）（表 7-8）

表 7-8　三层聚乙烯涂层厚度 [9]

管径 /mm	环氧层厚度 /μm	胶黏剂层 /μm	聚乙烯层最小厚度 /mm		
			LD 或 LLD	MD	HD
DN < 100	≥ 120	≥ 100	1.8	1.0	0.85
100 ≤ DN ≤ 250			2.0	1.15	1.0
250 < DN ≤ 500			2.2		
500 < DN ≤ 800			2.5		
DN > 800			3.0		

注：LLD 线性低密度、LD 低密度、MD 中密度、HD 高密度。

（9）挪威标准（DNV GL-RP-F106）（表 7-9）

表 7-9　三层聚乙烯涂层厚度 [10]

管径	环氧涂层 /μm	黏结剂 /μm	聚烯烃 /mm	总厚度 /mm
未明确	正常值 250 ~ 400，最小 200	≥ 150	2.2	正常值 3.0 ~ 4.0，最小 2.5

（10）英国标准（EN 10285）（表 7-10）

表 7-10　三层聚乙烯涂层厚度 [11]

钢管直径 D/mm	环氧涂层	胶黏剂层	涂层厚度 /mm			
			1	2	3	4
D ≤ 114.3	≥ 20μm① ≥ 60μm②	≥ 140μm③ ≥ 20μm④	1.5	1.8	2.5	2.5
114.3 < D ≤ 273			1.6	2.0	2.7	3.0
273 < D ≤ 508			2.0	2.2	2.9	3.5
508 < D ≤ 762			2.2	2.5	3.2	3.5
D > 762			2.5	3.0	3.5	4.0

①液态环氧涂层；②环氧粉末底层；③粉末涂装；④挤出缠绕；焊缝涂层减薄≤ 10%。

7.2.2　涂层参数分析

针对各国标准，最终涂层要求的参数存在差异。在实际生产中或供货时，涂层涂覆只需要参照业主提供的相应标准规范去执行，没有必要参照如此众多的标准。

因为各国标准存在明显差异，这里提及：一是为相关涂层设计人员、涂层制造商、业主提供参考意见；二是为国内相关标准的修订提供可查看的依据。

（1）涂层结构及材料性能要求

与钢管接触的环氧粉末层，中国国家标准（GB/T 23257）规定只采用环氧粉末，其他国家标准，如英国标准（EN 10285）、国际标准化组织（ISO 21809-1）、法国标准（NF A49-710）以及荷兰壳牌标准（DEP 31.40.30.31-Gen）等，明确规定了环氧涂层材料可以采用液态环氧。

中间黏结剂层，中国国家标准（GB/T 23257）规定只能采用塑料颗粒热挤出方式，荷兰壳牌标准（DEP 31.40.30.31-Gen）提出可采用粉末涂装和热挤出缠绕（包敷）方式。

外部聚乙烯壳，中国国家标准（GB/T 23257）规定采用高密度聚乙烯，加拿大标准（CSA Z245.21）、国际标准化组织（ISO 21809-1）等明确规定了可采用线性低密度或中密度聚乙烯。聚乙烯壳成型除采用挤出缠绕、包覆方式外，也可采用粉末涂装方式，如荷兰壳牌标准（DEP 31.40.30.31-Gen）。

（2）涂层厚度

各国标准中，涂层厚度差异明显，一是底层环氧涂层（只说明环氧粉末涂层），其次为总厚度。环氧粉末层厚度，伊朗标准（IPS-G-TP-335）要求最薄为 $60\mu m$，英国标准（EN 10285）、法国标准（NF A49-710）、德国标准（DIN 30670）、挪威标准（DNV GL-RP-F106）的规定值为 $250\sim400\mu m$（不小于 $200\mu m$）。二是中间黏结剂层厚度，伊朗标准的参数达到 $300\ \mu m$，其实按照实际操作，笔者建议参看法国标准（NF A49-710），涂层连续挤出包覆无缺陷是对黏结剂的最基本要求，只要满足产品检验要求，可以确定黏结剂涂层越薄越好，如果达到上述要求，不小于 $100\mu m$ 应该为一个最合理的值。

中国国家标准（GB/T 23257）提出按照管径不同的两种环氧涂层厚度。如果按照钢管外壁处理基准，大小管径的除锈等级、灰尘度等级、粗糙度并未因为管径的不同而出现差异，所以两种不同环氧涂层厚度让人无法理解，如果按照环氧涂层功用性解释涂层厚度，也不能明确环氧涂层在 3PE 涂层中是作为黏结层还是防腐层，并且各国标准也未提出两种环氧涂层厚度的说法，此值得商榷。

涂层总厚度不同是因为涂覆条件不同，涂层厚度肯定会出现差异，首先有普通级与加强级之分（针对同一标准规定），加拿大标准（CSA Z245.21）规定采用高密度聚乙烯涂层，聚乙烯的最小厚度为 1.0mm，远低于其他国家涂层要求。涂层划分等级绝大多数标准按照钢管的管径进行，但欧洲 GS 认证标准（GS EP COR 220）、国际标准化组织（ISO 21809-1）按照钢管的米重进行划分，如果按照国内长输管道建设要求，米重划分应该更为合理，例如输水工程与油气工程的钢管壁厚就有明显的差距。

GB/T 23257 把焊缝防腐层减薄量最高值提升为 20%，ISO 21809-1、NF A49-710、EN 10285 均为 10%，DIN 30670 为 30%。中国国家标准（GB/T 23257—2017）提升了涂层焊缝减薄值，如果按照比值进行取值，是否可以降低管本体涂层厚度，值得商榷。

所以对于长输管道涂层设计人员应多方参考，确定合理的三层涂层参数。对于标准的修订，某些涂层参数并非一成不变，参考相关标准规范是一个方面，相关的实践经验和实验室数据的支持应该是标准修订的重要依据。例如挪威标准 [DNV GL-RP-F106（2017）] 在修订前，文中未明确环氧粉末和聚烯烃层厚度，总厚度聚乙烯为最小 2.0mm，PP 为 2.5mm，修订后明确了各涂层的厚度，并增加了总厚度值。

所以选择防腐层厚度时，应考虑运输、装卸、管道敷设条件、土壤条件、操作条件、敷设环境和预期的环境条件、自然变化、地质状况等。

7.3 3PE 防腐涂层层间黏结

3PE 涂层中环氧树脂与钢管基体的黏结以及三种材料之间的黏结，决定了涂层整体性能以及涂层对钢管保护的长效性。

3PE 涂层结合了环氧树脂与聚乙烯的双重优势。在管道防腐涂层材料中，环氧树脂的地位在目前还没有另一种材料能够取代，主要因其能够牢固地附着在金属上，形成连续的保护膜，同时具有非常优异的耐化学介质侵袭能力和极好的抗阴极剥离性能等。但因为涂层材料的脆性以及较高的水汽吸收率，在某些复杂的埋地环境中无法更好地发挥作用。聚乙烯材料具有较高的结晶度，分子间结合紧密，所成型涂层具备良好的韧性，电绝缘性和极低的吸水率，这也是环氧树脂类热固性或常温固化涂料所不具备的，但作为非极性材料与钢管基体表面的结合力非常弱，容易整体剥落，造成阴极屏蔽。因此把环氧树脂与聚乙烯两种涂层黏结起来，才是目前管道涂装行业最佳的涂层结构形式。而这两种涂层材料性能，无法直接黏结为一个整体，必须采用一种过渡材料把它们黏结在一起，这种材料就是 3PE 涂层中的黏结剂。三种涂层的有机结合是保证涂层性能的关键，因此不但要求涂层材料满足成型工艺条件，还要求三种涂层之间的黏结或融合达到最佳状态，这样三种各自独立的涂层才能形成一个统一的整体。

7.3.1 成型工艺匹配

对于 3PE 涂层，三种涂层各自独立成膜并通过界面结合，而非三种材料混合涂装，3PE 涂层涂装过程中，材料与成型工艺相辅相成，互为前提条件。德国曼内斯曼（Mannesmann）公司与巴斯夫（BASF）化学工业公司一家由材料开发工艺，一家由工艺改进材料，这样经过了 10 年的努力才研制成功 3PE 涂层。

3PE 涂层成型工艺过程，由三种材料依次涂装并相互叠加完成。3PE 包覆段三维视图如图 7-2 所示。

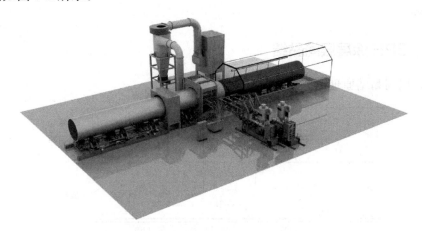

图 7-2　3PE 涂层成型包覆段三维视图

涂装方式：静电环氧粉末喷涂加挤出直线包覆或侧向缠绕（黏结剂和聚乙烯）。一种方式为，钢管直线传输的包覆法，360°环形布置的粉末静电喷枪，喷出的环氧粉末在钢管表面沉积熔融，挤出机通过 T 形塑料模具挤出黏结剂和聚乙烯筒形膜依次包覆已经熔融的环氧粉末表面。另一种方式为，钢管螺旋传输缠绕法，侧向布置的粉末静电喷枪喷出的环氧粉末在螺旋传输的钢管表面均匀沉积熔融，通过板式模具挤出片材形式的黏结剂膜和聚乙烯膜缠绕在已经沉积环氧涂层的钢管表面。

加热温度：环氧粉末熔融凝胶化、固化温度为 170 ～ 230℃（依据管径范围）。黏结剂和聚乙烯膜材料在 170℃完全可以熔融挤出，最高熔融挤出温度可以达到230℃以上，所以三种材料的涂装包覆温度完全可以匹配。

涂装速度：对于任意直径的钢管，环氧粉末的材料性能完全取决于 3PE 的涂装速度，其关键因素就是环氧粉末加热熔融后的凝胶化和固化时间，凝胶化时间要求进行黏结剂涂装时环氧粉末熔融并必须处于凝胶化状态，才能确保粉末与黏结剂的黏结，固化时间要求环氧粉末熔融到完全涂装完成并进入涂层定型的水冷却前，必须达到 99% 以上的固化率。从当前三种材料性能来看以及随意可调的钢管传输速率，可以完全满足涂装速度要求。

涂层冷却：钢管 3PE 涂层涂装是一个连续的生产过程，尤其在三种材料依次涂装过程中，每根钢管首尾相连，一根接一根进行传输，而在涂装区间，因钢管长度限制，不可能无限处于悬臂状态，需要有传输滚轮进行接引，而此时的涂装后材料如聚乙烯呈黏弹态，接触接引滚轮容易破坏涂层，因此采用水进行冷却定型。对于黏结剂和聚乙烯类塑性材料来说，突然急冷，不会引起涂层性能改变，只会加速晶格细化，而环氧粉末因为添加了固化、增韧等多种填料，并且水冷却时粉末固化接近完成，因此完全不会造成环氧涂层的物理性能（裂纹等）和化学性能改变。

7.3.2　3PE 涂层层间黏结

3PE 层间黏结原理图如图 7-3 所示。

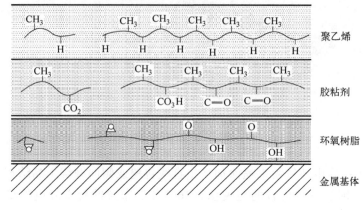

图 7-3　3PE 层间黏结原理图[12]

7.3.2.1　环氧粉末层与钢管基体的黏结

环氧树脂涂料是与钢管基体黏结性能最好的一种材料，作为 3PE 最底层，厚度从 50μm 到 400μm（各国标准不同），最厚的涂层接近或超过我国标准规定的单层环氧层的厚度，也可以看出各国标准中对 3PE 中环氧涂层的作用都是一种含糊的理解，一般按照国内涂装经验来说，满足在钢管表面连续无缺陷涂装涂层一般应该在 80μm 以上，这种厚度涂层的漏点检漏要求采用湿海绵检漏仪，但在实际操作中即便是低的检漏电压，也会击穿涂层，反而造成漏点，所以可以理解为连续、无缺陷、薄的环氧涂层只是作为辅助涂层出现，作为满足与钢管黏结以及与黏结剂黏结的辅助涂层，通过黏结其他涂层得到致密的防腐涂层。如果采用 250～400μm 厚涂层，可能的另外一种解释就是环氧涂层不但起到辅助黏结作用，还需要起到优先防腐的作用，而聚乙烯层只起到防护外界环境的损坏以及水、化学介质的渗透作用。

不管如何理解，可以明确的是，最底层的环氧涂层最基本的作用就是与钢管基体的牢固黏结。

（1）化学键结合

环氧粉末是以环氧树脂为基料，添加了固化剂、催化剂、促进剂、改性剂、填充剂、流平剂、颜料、触变剂等辅料，并经混合、熔融挤出、研磨、筛分等工序制成。在粉末熔融过程中，通过辅料完成了环氧树脂从线性结构到优异性能三维结构的转换，并且满足了涂层所要求的固化、流平、增韧等物理和化学特性。而环氧树脂中所含的环氧基团，在固化剂固化反应中，因其种类的不同，有的使环氧基团开环产生羟基，有的与环氧基团及环氧树脂分子中的羟基发生酯化反应，产生酯基[13]。正是由于环氧粉末中的这些活性基团能够与金属及其氧化物形成离子键，犹如一个个小小的吸引力把涂层吸附在钢管表面，才使它牢固地附着在金属底材上。

（2）物理嵌合

进行 3PE 涂层涂装前，钢管表面要求进行杂质的清理，并必须采用钢砂（丸）击打方式在钢管表面形成一定数量和深度的锚纹，在进行环氧粉末涂装过程中，熔融的环氧粉末渗透进先期形成的众多不规则的锚纹坑内，当在形成一个连续整体的涂层过程中，无数个大大小小不规则的锚纹坑由熔融凝胶化的环氧粉末填充，形成无数个锚固点，通过这种物理嵌合力紧紧地包箍在钢管表面，形成连续致密的涂层，应该说物理嵌合力在环氧涂层与钢管表面黏结力中占到40%以上的作用。

7.3.2.2　黏结剂与环氧粉末层及聚乙烯层的黏结

（1）中间黏结剂

两种有机材料黏结过程中主要采用物理黏结、化学黏结和熔融结合（熔接）等方式。黏结效果依次为：熔接＞化学黏结＞物理黏结。物理黏结是通过材料层间接触分子之间的相互作用力，如范德华力、氢键力黏结在一起的，涂层界面明显，仅仅通过这种微弱的吸引力结合在一起；化学键主要包含离子键力、共价键力、金属键力、配位键力等，指两种材料在一定条件下存在能够共同参与反应的物质，会在层间界面形成牢固的新的化学键结合层，结合强度高；熔接是在熔融状态下分子主体结构相同的两种物质的层间界面在一定的压力下互相渗透熔融在一起，在两种材料的界面层之间形成互相渗透的过渡层，使得两种材料形成可靠的整体涂层，结合力最为牢固。

因此共聚黏结剂应该优先选用化学黏结和熔接方式将环氧粉末涂层和聚乙烯涂层结合到一起。环氧粉末是极性材料，涂层形成过程是一个熔融、流平、增韧、固化等的化学反应过程。聚乙烯为非极性材料，涂层成型为纯粹的熔融、塑化、挤出、包裹的物理过程，所以可以明确黏结剂要完成黏结作用，应该与底层环氧粉末层通过化学键结合，并辅以物理黏结；而与聚乙烯涂层只能通过熔接方式进行。因为环氧树脂涂料是极性材料，无法通过熔接等常规方式把两者通过渗透方式熔融结合在一起，而外护聚乙烯层又是极性材料，所以共聚物黏结剂必须具备黏结两种材料的性能。

要使中间层黏结剂具备上述特征，其分子结构主链必须与聚乙烯一样（或十分相近），即—CH—长链，分子结构侧链必须含有可参与环氧粉末固化反应的活性基团。环氧粉末固化反应是环氧树脂与固化剂之间的反应，因此凡能与粉末中环氧树脂或添加的固化剂在成型条件下反应的基团均可作为中间层黏结剂分子的侧链，但可以接入聚乙烯分子中形成侧链的基团却很少。目前国内外多采用马来酸酐化学改性聚乙烯的工艺制备 3PE 黏结剂，所制黏结剂能够具备与底层环氧粉末反应及与外层聚乙烯熔合的特性。如环氧粉末部分所述，酸酐本身就是环氧树脂的固化剂，在一定温度条件下会参与环氧粉末的固化反应，使胶黏剂层与环氧粉末形成一体，而酸酐化学改性聚乙烯的过程中基本上没有改变聚乙烯的分子主链结构，仍能与聚乙烯熔合，所以酸酐成功地用在了 3PE 涂层黏结剂上。

除酸酐及其衍生物可作为活性分子制作 3PE 涂层黏结剂外，含有环氧基团可进行化学改性聚乙烯的单体物质也可以用来制作 3PE 涂层黏结剂，其反应过程是黏结剂中的环氧基团与环氧粉末中的固化剂反应，同样可使黏结剂层与环氧粉末层形成一体。而且含有环氧基团的单体挥发性较小，不像酸酐那样有刺激性气味，可以说是一个很有前途的制作 3PE 涂层黏结剂的途径。

（2）黏结剂层与环氧粉末层黏结

中间黏结剂与环氧粉末底层的反应性结合如前所述，中间层黏结剂的分子结构中含有反应性分子侧链酸酐，酸酐本身就是环氧树脂的一类固化剂，在温度大于 70～80℃时就会与环氧树脂反应。反应过程一般为，叔胺类催化剂使酸酐开环，开环后再使环氧基团形成酯。如果环氧树脂中含有羟基，酸酐首先会与羟基反应形成酯和羧酸基，羧酸基再进行酯化反应。这样通过中间层黏结剂分子链中的酸酐与环氧粉末中的环氧基团和羟基的反应，使两层通过化学反应形成的酯键有机地结合在一起。如按界面破坏、内聚破坏等剥离界面状况分，两层的剥离应为内聚破坏。

（3）黏结剂层与聚乙烯层黏结

中间层黏结剂与聚乙烯外层是由聚乙烯改性制得，分子结构主链基本保持聚乙烯的分子结构，两者均属于热塑性材料，加工性能上仍具有聚乙烯的特征，加热熔融，挤压流动。在达到熔化温度时，熔融的两层在一定的外加压力作用下分子间会相互渗透，相互缠绕，冷却时结晶、硬化，而且两者的分子能够共结晶，因此两层间能够完全结合成一体，不会有分离的界面。温度和压力是两者充分熔接的必要条件，如果没有一定的压力，两层间不会很好地熔合，必然要分层。

对于 3PE 生产线而言，胶辊的压力既可赶出层间气泡，又可给熔融的聚乙烯加压。另外，层间的压力来自外层聚乙烯遇水冷却收缩给予里层尚处于熔融状态的聚乙烯收缩力，从而使胶黏剂各层、胶黏剂与聚乙烯以及聚乙烯各层间完全熔融为一体。胶黏剂与聚乙烯两层间无分离界面，两者不可剥离。

7.4　3PE 成型技术

钢管上涂装 3PE 涂层，是一个连续的工艺过程，其包含了除锈、清灰、加热、涂装环氧粉末、包裹热挤出的中间黏结剂和热挤出的聚乙烯、水冷却、防腐层端口处理、检验整个过程。为达到满足 3PE 相关标准或建设方所要求的质量标准，涂层涂装的任何方面都需要详细了解，包括详尽的工艺流程、满足要求的材料选择和储存、涂层成型设备的设计计算和选型、详细的检验过程以及最终产品的存放、运输和埋设整个过程。因为任何一个环节都会造成涂层缺陷或运行隐患。

7.4.1　成型工艺

成型工艺（图 7-4）进行了 3PE 成型的全过程细描述，从进厂光管开始一直贯穿于最终涂层成型和检验整个过程。

（1）光管进厂

钢管进厂有多种形式。20 世纪 90 年代，我国开始引进 3PE 涂装生产线，采用以下几种形式建厂，一钢管厂内建设 3PE 生产线，钢管制作完成与涂层涂装厂衔接，减少了钢管的二次搬运。二长输管道项目铺设现场建厂，一般把长输管道建设按照距离进行分段，根据管道公里数和工程建设周期建设一个或多个管道涂层涂装厂，每个防腐厂建在管道分段建设的中段，钢管从特定的制管厂运输至现场防腐厂进行涂层涂装。第三种形式为固定防腐厂（无钢管生产线），这种防腐厂区别于一般的钢管厂所建的防腐厂，建厂初期可能为了满足建设项目，便于就近拉运等；后期就需要远距离运输钢管和防腐管，主要目的是利用现有资源和人力等，便于管理，降低防腐厂运行成本，但增加了管道二次搬运及其运输成本，也会对长途运输过程中钢管或已经成型的防腐层造成损伤。一般防腐厂与制管厂各自独立经营，归属不同的经营者，进厂钢管的质量是否按照标准要求，防腐厂为保证自己的防腐产品质量会进行二次检验。对于制管厂所建设的防腐厂，与钢管企业有千丝万缕的关系，如果三方监理人员把关不严，就会出现利用不合格钢管进行防腐的情况，所以防腐层涂装前，钢管的进场方式其实也决定了防腐层的质量，当然随着监督检验的强化，这种现象将不会再出现，所以一般建议在制管厂建设钢管防腐层涂装厂，但因为越来越多的制管厂出现，会造成资源的浪费。

（2）进厂钢管检测

对于输送任何介质的钢管，如天然气、石油、水、泥浆等，其外在质量要求在

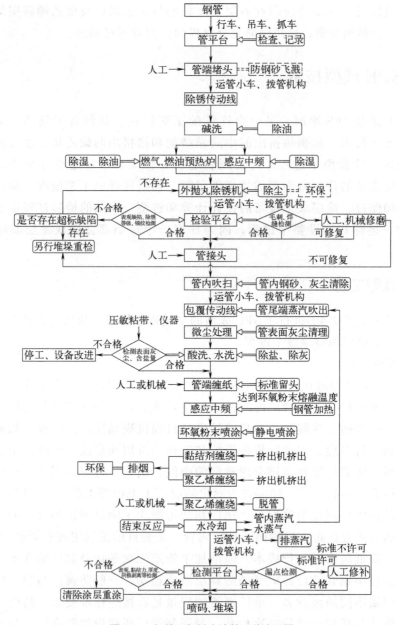

图 7-4　钢管环氧粉末涂装工艺流程图

涂层涂装质量中占据非常重要的地位，而钢管自身质量，如材质、焊接、内部缺陷等需要在钢管出厂时完成检测。

① 钢管的椭圆度。钢管涂层涂装是一个连续过程，在涂装工作区钢管首尾衔接，因此在 3PE 的黏结剂和聚乙烯包覆过程中，接头处不能出现大的错口或波动，否则会造成挤出膜的不均匀拉伸，或者造成碾压空气的橡胶平辊无法碾压密实、

产生空气包裹、引起涂层分离、端头涂层出现翘边、涂层减薄的严重缺陷。

②　焊接钢管的焊缝余高和焊缝缺陷。3PE 涂层涂覆分为包覆形式和缠绕形式，尤其采用缠绕法，为防止在黏结剂或聚乙烯层之间包裹空气，采用特定的软碾压辊挤碾排除空气，虽然根据钢管的波动，辊具备一定的随动性和软度，但焊缝毕竟高于钢管本体，碾压会造成凸起的焊缝处所包裹的流动性塑料膜出现减薄，GB/T 23257 中规定了最大 20% 的减薄量，但如果焊缝余高过高，减薄就会超过标准规定的范围，造成废管或材料的浪费。焊接钢管的焊缝缺陷，主要指焊缝顶部的锐角过渡和焊缝根部的空穴：锐角过渡，容易割裂包裹的黏结剂和聚乙烯层，造成涂层撕裂；根部空穴容易造成根部涂层包裹空气，导致涂层黏结缺陷。

③　钢管表面缺陷。例如飞溅、焊渣、机械损伤、分层等，均会影响到涂层涂装，直接导致涂层撕裂或减薄，间接导致下夹气等，造成长期运行缺陷。所以钢管涂装前的外在质量检验是一个重要环节，如果出现不合格产品，需要报废或者修磨，例如焊缝余高、钢管表面的毛刺等。这样的检验分为钢管预处理前检测和表面处理后检测，主要以预处理后检测为主，经过预处理充分暴露钢管表面杂质覆盖层下的缺陷。

（3）除锈前钢管表面碱洗水洗

钢管涂覆 3PE 涂层前的碱洗水洗，与普通意义上的清洗方式完全不一样，因为钢管所附着的油脂等，只是在运输、堆放等过程中偶尔沾附的离散型油滴和小面积油污渍，这类油、脂类物质如果污染比较严重，就无法采用加热（中频、火焰）方式进行清除，需要采用碱洗水洗方式进行清除，其方式主要采用通过式淋洗、喷洗、冲洗方式进行。

（4）除锈前预热

钢管表面的氧化皮、浮锈等覆盖物的清除，须使用金属磨料击打完成，为防止覆盖物湿气黏结，必须采用加热方式确保钢管表面的干燥度。

钢管堆放的区域，受外部环境温度和湿度的影响，容易在钢管表面结露，从而把钢管表面的灰尘等二次覆盖的污染物润湿后黏附在钢管表面，并且湿润环境下，钢管的氧化皮等原覆盖物、覆盖层间隙中容易浸入水分，造成采用钢磨料击打钢管表面时清理不干净，并且飞溅的磨料尘渣二次沾染钢管表面，所以需要采用外部热源对钢管进行预热，以蒸发水分，干燥表面。

各国标准所规定除锈前钢管表面预热温度均不得低于露点温度 3℃，也有的标准规定了预热温度上限，例如加拿大标准（CSA Z245.21）规定高于露点温度 3℃，但不得高于 150℃；有些国家（地区）标准明确规定温度范围值，例如欧洲 GS 认证标准（GS EP COR 220），预热温度 47～70℃。规定的上限温度，大多数企业并不会执行，因为高的预热温度势必会造成成本的增加，除非表面某些覆盖物要求较高温度下形成松散的结构，否则不具备说服力，并且世界上绝大多数国家

（地区）的相关标准均以露点温度以上 3℃为基准，所以应为最合理的加热温度。

（5）钢管外表面处理

钢管外表面在进行涂层涂装前，必须去除钢管表面的氧化皮、轧制鳞片、焊渣、外表面泥土、灰尘等覆盖物。但这里的表面处理，不仅仅是钢磨料的击打清理过程，还包括满足底层涂料（环氧粉末以及油漆类物质）黏结的粗糙度，因此所谓的钢管外表面击打处理包括：

① 抛射击打去除表面腐蚀氧化层、坚硬轧制鳞片、焊渣等可见覆盖物；

② 通过磨料击打方式清理钢管表面的毛刺以及其他可以用磨料击打来消除的缺陷；

③ 采用带有一定尖角的磨料（钢砂、钢丝切丸），通过击打方式形成一定的粗糙度（一定数量和一定深度的锚纹），以增加涂层与钢管基体表面的黏结面积并形成无数个锚固点，增加黏结力；

④ 采用干燥空气或真空吸附清除表面二次附着的灰尘和磨料尘渣等。通过上述的清理过程，才能基本满足钢管进行涂层涂装的要求，各国标准统一认定钢管外表面的清理等级满足 Sa2½（表面近白级），表面灰尘度等级满足 2 级。而粗糙度值，各国标准的规定不完全一致（表 7-11），其值与涂层厚度存在一定关联性。

表 7-11　相关标准所对应的锚纹深度值

序号	标准目录	锚纹深度 /μm
1	GB/T 23257	50 ~ 90
2	DIN 30670	40 ~ 90（Rz）
3	ISO 21809-1	50 ~ 100
4	EN 10285	40 ~ 90（Rz）
5	NF A49-710	40 ~ 80
6	IPS-G-TP-335	40 ~ 75

对于表面的损伤、划伤、尖角等无法用磨料击打方式消除的缺陷，需要在除锈后进行人工修磨。另外因为直缝焊管和螺旋焊管焊缝的余高会影响到涂层的减薄，如有必要也需要进行修磨。

除锈后的钢管，如果检测清理不合格部分超过一定范围，就需要进行二次除锈，例如挪威标准 DNV GL-RP-F106 和 ISO 21809-1 规定沿管长超过 $10cm^2$ 或超过总面积 0.5%，不合格区域需要重新喷砂，但在 GB/T 23257 和其他一些标准中未进行规定。

相关标准规定了除锈过程中环境湿度必须低于 85%，实际上等同于涂装要求的环境湿度，但在 GB/T 23257 中却无此规定。表面清理后的钢管，并不能一次性涂装完成，各国标准均规定了存放周期，一般为 4h 内，但这种时间限制，笔者认为是一种比较笼统的说法,所以说一定要强调环境湿度,法国标准(NF A49-710)就提出了一个相对详细的存放时间要求:湿度 RH > 80%,2h 内涂装;湿度 70% < RH ≤ 80%,3h 涂装;RH ≤ 70%,4h 内涂装,并且确保钢管温度大于露点温度 3℃。笔者认为更加合理,希望涂层设计单位和相关标准修订者能够借鉴。

(6)酸洗水洗

钢管表面含有超标的盐分,容易增大水的渗透压,提高传导腐蚀电流离子,有可能对腐蚀造成催化作用,例如水汽通过涂层表面或接缝处渗透进钢管基层,与可溶性盐结合造成腐蚀。我国最早的 3PE 行业标准 SY/T 0413 中没有规定涂装前钢管表面的盐分含量要求,酸洗水洗工艺只在国内承担的某些国外项目中出现,新国标 GB/T 23257(2017 版)中对盐分含量进行了明确规定,并与其他国家标准规定等同:表面盐分含量 ≤ 20mg/m²。

有些国家的标准不仅规定了酸洗水洗,还规定了铬酸盐钝化,例如 ISO 21809-1(2018 版)规定采用磷酸洗、去离子水洗以及铬酸盐钝化。但因为六价铬为重金属污染物,并且极易对人体造成危害,所以不建议使用铬酸盐进行钝化。酸洗水洗装置均为通过式操作方式。

(7)钢管涂装前加热

3PE 涂层中的底层为热固性环氧粉末,成型过程为加热熔融流平,加热指的是对钢管基体加热到环氧粉末熔融的温度,然后采用喷涂方式进行环氧粉末在待涂钢管表面的沉积、熔融、叠加、流平,最终形成环氧粉末涂层。3PE 涂装是一个钢管相互衔接的连续涂装过程,所以要求加热温度必须在规定的时间内达到,最高不允许超过 275℃[14]。随着钢管直径的逐步增大,GB/T 23257 提出了低温粉末概念,因为加热后钢管受外界环境温度影响较大,常规熔融、固化的粉末已经无法满足要求,所以钢管的最低加热温度应控制在 170℃。

(8)环氧粉末静电喷涂

作为 3PE 涂层的最底层,环氧粉末涂层的作用并未进行过充分的论述,所以出现了各国标准规定的不同厚度值(60 ~ 400μm),但不管采用何种厚度,连续涂装的最佳方式为静电喷涂,钢管在传输过程中通过产生高压静电的喷枪,在喷枪与钢管之间形成静电场,并且从喷枪中飞出的环氧粉末在电场中带上负电荷,在静电场、重力以及压缩空气的作用下,飞向钢管表面并在其表面沉积熔融,形成所需要的环氧粉末涂层。

(9)黏结剂和聚乙烯挤出包覆

黏结剂和聚乙烯外层材料是以颗粒形式存在的,对于这种塑性材料,要使之以一定的厚度包裹在钢管表面,必须通过螺杆挤出机加热熔融,并通过一定形式的模具挤出成为定厚度的膜,这种膜可以通过缠绕方式或套袖方式依次包裹形成钢管涂层,与环氧粉末层形成 3PE 涂层。但也有黏结剂涂层采用粉末涂装形式,如国际标准化组织 ISO 21809-1、英国 EN 10285、德国 DIN 30670，规定黏结剂层可以采用粉末涂装方式。

（10）涂层水冷却定型

粉末涂装与黏结剂、聚乙烯包覆完成后，涂层处于挤出后高温黏弹状态，无法接触连续传动滚轮，为保证生产的连续性，需要采用水冷却方式使涂层硬化达到无形变状态，并且急速水冷却可以使得聚乙烯材料晶格细化，GB/T 23257 规定涂层温度低于 60℃，其实应确保钢管本体温度低于 60℃，防止钢管余温软化已经硬化的聚乙烯涂层，造成涂层形变和减薄。

（11）端部处理及检测

3PE 涂层涂装完成，为降低管道焊接时热影响区对涂装涂层的影响，需要去除离管端对口焊接处的涂层，并预留一定长度的环氧涂层或环氧加聚乙烯黏结剂涂层，防止涂层翘边。并在防腐层端部的管轴向方向上形成一定的角度（坡度）。

（12）涂层质量检测

涂层质量检测包含涂层厚度、外观、针孔、皱褶等检测，以及拉伸试验、电火花检漏、阴极剥离试验等。这里需要对焊缝涂层厚度给予高度关注，因焊缝涂层在涂覆、碾压和冷却收缩过程中，有较大的减薄量，而涂层预留角度、管端去除长度、预留环氧层等相关标准的规定不尽相同（表 7-12）。

表 7-12　涂层基本参数值

标准目录	涂层预留角度	端部涂层去除长度	聚乙烯层端部预留环氧涂层	焊缝涂层减薄量
ISO 21809-1	≤ 30°	—	—	≤ 10%
GB/T 23257	≤ 30°	100 ～ 150mm	10 ～ 30mm	≤ 20%
EN 10285	—	150 ± 20mm	—	—
CSA Z245.21	—	≥ 50mm	—	—
DIN 30670	$\delta \leq 2.2mm$，≤ 45° $\delta > 2.2mm$，≤ 30°	$\varphi \leq 600$，≤ 150 $\varphi > 600$，150 ± 20mm 环氧和底胶层至少大于焊接端口 80mm，	至少留出 20mm 环氧或环氧与底胶层，	≤ 10%
GS EP COR 220	40 ～ 45°	150 ± 20mm		
IPS-G-TP-335		≤ φ500，100+20mm > φ500，150+20mm		
NF A49-710	—	—		≤ 10%

可明显看出，德国标准 DIN 对预留角度根据涂层厚度有明确的规定，对涂层预留长度也有详细描述，而焊缝减薄，GB 规定相对宽松，为上限的 20%，NF 和 ISO 规定 10% 的上限更为苛刻。笔者认为如果焊缝涂层减薄值发生变化，钢管本体涂层厚度值也应相应发生改变。

（13）堆放及标识

各国标准中对成品管堆放期限均未有详细说明，其实成品管堆放期限越长，涂层受外界环境影响越大，例如太阳光等有可能松弛涂层，造成涂层端部翘边。所以对于堆放钢管首先明确一个堆放期限，GB/T 23257 给出了 6 个月期限，超过 6 个月的，给出塑料布遮盖方案。笔者觉得应该如除锈后钢管一样根据外部环境的变换确定时间；其次堆放钢管需要对端部涂层涂装液态或其他保护层；最后明确堆放条件，例如避免太阳直射等，所以应在相关标准中给予更加详细的说明。

涂层外标识已经明确了防腐层类型、日期等常规条目，还需增加批次编号，可以追溯材料、施工班组、施工时间、环境温度等，一可以保证涂层质量，二当涂层出现质量缺陷时，可以提供涂层涂装时受条件变化影响大小的具体参数值。

7.4.2 成型设备

综上所述，3PE 涂层成型由几个相互独立的工艺过程组成（图 7-5），分别是：①确保涂装质量的钢管外表面清理工序；② 3PE 涂层成型工序；③ 3PE 涂层检测及其端头处理工序。①和②工序为流线型布置，从初始至尾端线性传输并完成各自的工序过程，③工序为纵向传输。每个工序均包含各自独立的工装设备，满足各自的最终要求，三个工序和诸多的工装设备组成 3PE 涂装生产线。

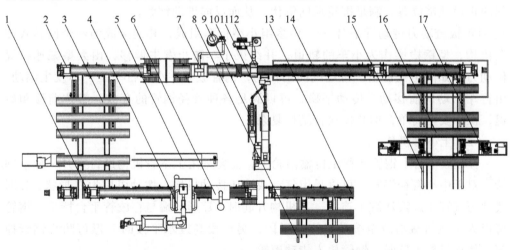

图 7-5　钢管外 3PE 涂层涂装设备组成三维示意图

1—除锈传输滚轮；2—包覆传输滚轮；3—除锈后钢管；4—除锈抛丸机；5—内吹扫装置；6—抛丸预热；7—酸洗水洗；8—除锈上管台架；9—底胶挤出机；10—加热中频；11—聚乙烯挤出机；12—环氧粉末喷涂设备；13—除锈前钢管；14—水冷却系统；15—下管平台；16—成品管道；17—防腐层坡口机

（1）管存放平台

为保证各工序之间连续，一般情况下采用三个存放平台进行供需过程的接续。一，为保证前处理（碱洗水洗、预热、表面击打处理等）连续，钢管进管区需要放置在一个与前处理工序搭接的存放平台，随前处理钢管的向前传动存放多根钢管的平台逐根移动送入前处理传动线。二，在前处理与涂装工序同样需要设置存放平台，将前处理完成的钢管送入涂装连续工序。三，涂装完成的钢管下管区同样设置存放平台，主要为满足涂层检测和涂层端口处理。钢管存放平台主要有以下三种。

① 普通存放管平台。由固定型钢结构焊接而成，两列或三列组成，包含支腿和在支腿上放置的型钢横梁，放置在型钢横梁的钢管采用人工方式拨动钢管向前滚动。大口径钢管，横梁需要设置 100∶1（或 200∶1）满足工艺过程走向的坡度，但从操作人员安全角度和防止设备损坏角度考虑，管平台不建议设置坡度，因为当钢管自身旋转前行后，采用人工方式一般无法阻止其滚落，如果需要采用坡度，就必须在钢管向下滚动方向设立机械挡管装置。

② 往复式动力传动管平台[15]。管平台横梁中间安装有减速机带动的多组往复式推轮机构，钢管在管平台上的传动，采用往复式的推轮推动钢管，在管平台上以滚动形式向前传动，推轮以步进方式往复运动。因钢管以滚动方式传动，传动阻力小，满足各种管径钢管的传动，尤其对于大口径钢管，并且推轮单向作用，倒退时在钢管表面阻尼和推轮自重作用下，落入钢管底部，并返回至推管初始位置，所以钢管无法反转，安全可靠。若钢管需反向传动，则需要改变推轮连杆底部的止退柱销位置，满足推轮反向倒伏，从而反向推动钢管。

③ 板链动力传动管平台[16]。由多组小型行车组成，并连接成为一个回转式传动机构，型钢横梁作为小车的轨道，并约束小车防止发生偏移，由大型减速机提供动力，如同坦克链轨。可连续向前传动，钢管放置在小型行车上，不发生滚动，由行车驮动向前移动，传动平稳。可以满足各种管径钢管的存放、整体前移和后退，操作安全简单，但整体设备结构复杂。

（2）上下管机构

管存放平台上钢管转移至传输滚轮上，需要采用上下管机构进行举升、放落钢管。对于中小管径钢管，可以采用气动或液压拨动机构，拨动机构为 L 形状。L 形底部与气缸（或液压缸）连接，当机构升起时，L 形一端与存放管平台持平，钢管可以人工或机械滚放至拨动机构水平段，另一段高过水平段的 L 形可防止钢管掉落。拨动机构下落时，钢管放入传动滚轮。

对于大口径钢管，上下管装置一般采用液压升降小车，液压小车分连体式和分体式两种：连体式为一整体结构，车体宽度与钢管长度以及管存放平台相适应，车体比较笨重；分体结构为两台独立的液压升降小车，整体控制独立升降，小巧灵活，便于现场布置。工作时在导轨上运行的小车（液压缸在原始低位），运行至平台的钢管下面，升起与液压缸连接的 V 形举管机构，把钢管抬离平台表面，运送至传动滚轮位置并落下液压升降机构，把钢管放置在传动线上。

（3）钢管表面化学处理装置

在国内生产线上，一般化学处理设备采用的厂家比较少，但因为国外订单逐渐增多，要求在钢管磨料击打前和涂层涂装前必须采用化学处理。装置主要包括：钢管表面前处理前的碱洗水洗装置、3PE 涂装前的酸洗水洗装置和铬酸盐钝化装置，这些装置均采用钢管通过方式进行工作，当钢管通过这些装置时，相关液流通过淋涂、喷洒、带压射流方式作用在钢管表面。

① 碱洗水洗除油和除灰装置。一般由碱洗箱体和水洗箱体组成，并分别具备加热功能，碱洗液可以加热到 80℃，并以一定的压力喷射到钢管表面，纯水水洗液可以加热到 60℃，采用 20MPa 的压力冲击钢管表面，清除残留碱液、泥沙等。

② 酸洗水洗。在磨料击打后进行涂装前完成，由酸洗箱体和水洗箱体组成，配酸装置配备的酸洗液通过泵送入酸洗喷嘴，在钢管表面形成一层薄薄的酸液层，与钢管表面的盐分离子反应以清除盐类附着物，酸洗后的钢管表面，迅速采用加温 60℃的高压纯净水进行冲洗，去除表面沾附的盐分和酸液，水压要求达到 6～12MPa，并用干燥风迅速吹干表面水分，为保证水洗连续运行，纯净水采用纯水发生器制备。

③ 铬酸盐钝化。含有六价铬的酸液采用带有滚涂刷的装置，通过浇涂和滚刷，均匀地涂抹在钢管表面，形成铬酸盐层，增强涂层与钢管的黏结，钝化设备一般由配酸槽、工作箱、喷淋嘴、酸液泵和滚刷等组成。

（4）磨料击打前钢管预热装置

钢管表面附着的氧化皮（浮绣）、轧制鳞片或其他无法采用水冲洗的覆盖层必须采用磨料击打方式才能清除，钢管表面如果水分较大，覆盖物会黏附在钢管表面，在击打过程中，磨料的灰尘渣会二次黏附在钢管表面，形成二次污染。

预热装置一般采用中频感应加热，钢管通过加热线圈加热钢管表面。或采用天然气加热或燃油加热装置进行明火加热，明火可以去除一些残留的油污。

中频预热装置为完全成熟的装置，安全可靠，采用电能，钢管升温速度快，但其结构复杂，需要专业人员维修，无法去除油类物质。

明火燃烧装置，为简单燃烧炉形式，可以迅速蒸发钢管表面的水汽，也可以燃烧油脂类残存物，但需要洁净能源，否则容易产生黑烟污染钢管表面，并且采用明火燃烧器，安全要求远高于中频加热装置，明火燃烧排出高温烟气，排烟烟囱穿过车间厂房需要加装隔离装置，防止损坏车间隔墙，为防止烟囱烧黑变色，需要设计成特殊双层隔离结构。

明火通过式加热装置由通过式燃烧炉、耐火层、燃烧器以及排烟烟囱组成。例如采用利雅路燃烧器、耐火砖、碳钢炉体等组成预热装置。

（5）钢管外表面抛丸清理装置

钢管表面的硬质覆盖物（氧化皮、鳞片、毛刺、细小尖角）等需要通过金属磨料、在高速离心力作用下击打钢管表面进行清除，并在一定比例的混合钢磨料（钢砂和钢丸混合）作用下，在钢管表面形成一定量的粗糙度，来增大涂层黏结力。

抛丸设备由通过式工作室、磨料离心抛射机构、磨料提升机构、磨料筛分及下料机构、高速电动机、灰尘回收机构等组成。

（6）3PE涂装前钢管加热装置

国内外的3PE生产线涂装加热区域全部采用中频感应加热装置（图7-6）。中频感应加热装置，是利用电磁感应原理和电流热效应的焦耳-楞次定理，通过交变电流在工件中产生涡流来加热工件的，可以快速将钢管加热至所需温度，是其他加热装置无法替代的。

中频加热是一种将工频50Hz的交流电转变为中频（300Hz以上至20kHz）的电源装置，原理如图7-7所示。把三相工频交流电整流后变成直流电，再把直流

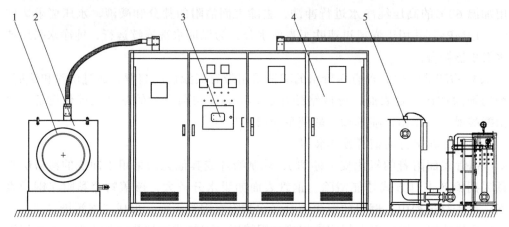

图7-6　中频加热设备组成图

1—钢管；2—通过式感应电炉；3—中频电源；4—动态补偿柜；5—纯水冷却

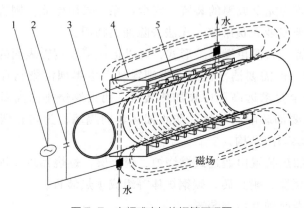

图7-7　中频感应加热钢管原理图

1—电源；2—电容；3—钢管；4—感应电炉保护罩；5—感应电炉

电变为可调节的中频电流，供给从电容和感应线圈里流过的中频交变电流，在感应线圈中产生高密度的磁力线，并切割感应圈里的金属工件，在金属工件中产生很大的涡流（感应电流），闭合的感应电流产生热量。

感应加热具有加热效率高、可控性好及易于实现自动化等优点，与其他的加热方式不同，它把电能直接送入工件内部变成热能，将工件加热。钢管在加热过程中，最大的感应电流密度集中在钢管表面，称之为集肤效应，因此钢管加热过程中是从外向内透热。实际操作过程中，如果受外界环境温度影响较小，厚壁钢管没有必要进行全壁厚加热，例如壁厚 22mm 的钢管可以加热 8mm 或 10mm，并且钢管在加热过程中钢管是分段前进逐次加热的。

钢管加热的通过式感应电炉与钢管外壁之间有一个钢管通过的间隙，称之为空气气流间隙。当间隙过大时，大量的热量会通过气流间隙被带走，并且间隙越大，磁场越弱，感应电流就越小。而钢管是连续通过感应电炉的，如果间隙过小，设备的安装精度以及钢管的挠曲度等，可能会造成钢管与炉体的碰撞，所以通过间隙一般取值范围为 20 ~ 50mm，多数情况下的取值为 50mm。

中频电源和感应电炉的加热铜管采用通水冷却，确保一定的水压和流速，否则容易烧坏电源和电炉，严重会引起火灾，需要在通水管路上安装电接点压力表，随时监控水压及其流速。

中频补偿，中频炉为典型的非线性用电负荷，工作过程中会产生大量的高次谐波，谐波以 5 次、7 次、11 次、13 次为主，大量的高次谐波会严重影响同母线其他用电设备及电容补偿装置的安全稳定运行。用普通电容补偿柜进行补偿，容易造成补偿柜中电容电流的谐振，轻则电容器发热频繁跳闸，引起电容快速减容，重则导致电容器爆炸起火，引起严重事故。此外还会影响到变压器的稳定运行，甚至导致变压器因过热而损坏。所以在对中频炉做无功功率补偿时需要注意消谐处理，避免补偿装置放大高次谐波。

噪声污染，3PE 涂装过程中，中频啸叫噪声达到或超过 90 分贝，严重影响操作人员的身心健康，但当前阶段并没有什么好的方式来降低中频噪声，但可以采用隔音房来遮蔽噪声，但因中频加热为通过式的，隔音房无法完全遮蔽或降低噪声到允许值范围。

（7）粉末静电喷涂装置

喷涂装置由内置高压粉末静电喷枪、通过式粉末喷涂舱、静电发生器、粉末回收装置组成（图 7-8）。

粉末静电喷枪与电控系统连接，并通过流化床供粉箱文丘里管连接供粉管，电控系统调节风量风压，文丘泵形成的负压把粉末送入喷枪，喷枪内置的静电发生器与接地的钢管之间形成静电场，使得粉末粒子在电场等作用下沉积在钢管表面并熔融。多余的粉末通过回收系统进行回收，安装的旋粉系统可以回收 99% 的粉

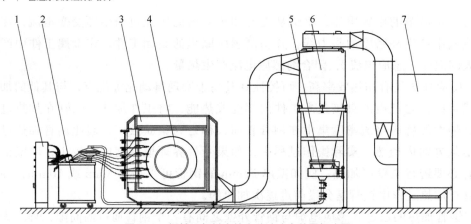

图 7-8　钢管环氧粉末静电喷涂成套装置组成图
1—电控系统；2—流化床粉箱；3—通过式粉末喷涂工作舱；4—钢管；5—粉末蠕动回收系统；
6—旋风粉末回收系统；7—空气滤清系统

末再利用，超细粉末或灰尘通过滤清装置进行过滤，并排出洁净的空气。与大旋风连接的蠕动泵把可以利用的粉末按照一定的时间间隔定比例送入流化床供粉箱进行二次利用。

静电喷涂系统中，静电喷枪枪嘴、文丘里泵等属于磨损件，所以静电粉末喷枪为全开方式（300～400g/min），容易造成磨损件大量损耗，并且大喷涂量容易造成钢管上粉不均匀，粉末浪费严重。压缩空气的含水量、气压、气量等均影响喷枪的出粉量和粉末雾化程度，需要在粉末静电喷枪的一定距离设置冷冻干燥机降低压缩空气的含水量，并设置一定容积的空压罐以稳定气压和压缩空气量，均化每一支喷枪的出粉量，达到非常均匀的程度。

（8）黏结剂与聚乙烯挤出成型成套装置

黏结剂与聚乙烯为乙烯基树脂，均以颗粒料形式存在，常规的成膜方式为单螺杆挤出机通过专用模具挤出套袖膜或片材膜，依次包裹在成型的环氧粉末层和包裹的黏结层上。因黏结剂层与聚乙烯层厚度不同，选用适合不同挤出量的挤出机。

成套挤出机组成：挤出机主机、真空上料系统、控制系统、模具与主机连接体以及塑料膜挤出成型模具。

① 大长径比大挤出量小型机。例如克劳斯玛菲、辛辛那提等国外公司生产的 φ90mm 长径比 38：1 或 40：1 挤出机，挤出量达到 1300kg，与普通国产 33：1 φ220mm 挤出机等同，而占地面积更小，精度更高，功耗也低。

② 双机并联技术。3PE 涂装生产线，适应管径范围越来越大，例如从直径 φ219mm 兼容到 φ1820mm，或直径 φ426mm 兼容到 φ3600mm，如果按照最大管径计算，需要挤出量大的挤出机。但对于小管径生产，因受到钢管环氧粉末涂层固化时间的限制，挤出机挤出量往往会很小。例如 φ426mm 钢管挤出聚乙烯往往 500kg 就可以满足，而生产 φ1800mm 钢管可能需要 1000kg，虽然挤出机可以降速

运行，但对于功率损耗、螺杆螺筒低速磨损均不可避免，所以采用双机并联就可以很好地解决此类问题。双机并联有同型号双机，如采用双 $\varphi150mm$ 挤出机，单机挤出量为 700kg，双机就可以达到 1300kg，大小挤出机并联，如 $\varphi100mm$ 挤出机与 $\varphi180mm$ 挤出机并联，$\varphi100mm$ 挤出机挤出量可以达到 400kg，而 $\varphi180mm$ 挤出机可以达到 900kg，双机并联达到 1200kg，适用的管径范围更广。

（9）水冷却系统

为防止防腐层涂装后，柔性的涂层材料接触传动滚轮发生形变，造成涂层减薄、褶皱、错裂等，需要采用水冷方式加速涂层硬化，以使其接触传动轮而不发生形变。管径不同，所要求的冷水水量不同，一般在涂装生产线设计时是以最大口径的钢管进行水量计算的。水冷却目的有三个：一，钢管接触第一个滚轮时，聚乙烯层迅速冷却硬化，防止碾压形变；二，传输过程中，迅速冷却钢管焊缝，使之与钢管本体蓄热保持一致，防止焊缝处涂层撕裂；三，钢管传输后，钢管本体的余热不足以引起涂层温度高于 60℃，引起软化，造成二次形变。

水冷却方式分为：上淋式，水流从传输运行的钢管上部均匀流下形成水幕，包裹在钢管涂层外壁，形成一层均匀水膜进行冷却，防止产生水积点，在涂层表面形成颗粒状；下喷式，水从下方喷射钢管涂层，要求水量稳定均匀，不得出现溅射状态；管内灌水式，采用向钢管内部灌水方式，冷却钢管本体，减少热传递，一般这种方式只能在脱管工区实施，否则容易引起水流倒灌，造成中频加热温度不均。

水冷却系统组成：送水泵、防水飞溅的通过式水冷房、水回流系统、上（下）喷淋冷却管、大型水冷池、水蒸气排除系统。

（10）防腐层端头处理装置

为避免焊接热影响区，已经包覆的涂层需要去除特定长度（80～150mm），一般采用钢丝刷轮进行打磨，并预留一定长度的环氧涂层（20mm）。处理后防腐层形成一定的角度，满足涂层补口要求。

7.4.3　3PE 涂层包覆形式

3PE 涂层成型，包覆工位是最主要的，成型工艺中包覆工位决定了涂层 80% 以上的质量，依照管径范围和涂膜挤出形式，包覆工艺分为圆形模具负压包覆法和板式模具挤出缠绕法；以缠绕位置的不同，板式模具挤出缠绕法又分为上缠绕形式和下缠绕形式。

目前国内已有上百条 3PE 涂覆作业线，具备涂覆直径 $\varphi25～3600mm$ 钢管 3PE 涂层的能力。具体区分为管径 $\varphi25～426mm$ 可以采用圆形模具负压包覆形式；管径 $\geqslant\varphi159mm$ 多采用挤出缠绕方式，因为再小的管径虽然可以采用缠绕方式，但成型的涂层厚度远大于标准规定，容易造成材料浪费。实际应用中，除少数几个厂家在小管径生产中采用圆形模具负压包覆形式外，绝大部分厂家3PE成型均采用板式模具挤出缠绕法。

7.4.3.1 圆形模具负压包覆法

圆形模具又称为T形模具，在3PE成型装置中，黏结剂挤出的圆形模具和聚乙烯挤出的圆形模具分别与黏结剂和聚乙烯挤出机相连，挤出机挤出圆筒形膜片，钢管穿过T形模具并直线前行，带动圆形膜片延伸，并包覆在钢管表面，冷却收缩箍紧。

图 7-9　圆形模具负压包覆成型

圆形模具负压包覆法（图 7-9），是通过聚氨酯保温管道的"一步法"成型工艺拓展而来，是国内独创的一项技术，更好地适应了中小管径（≤φ426mm）3PE涂层的生产。

成型原理（图7-10）：清理完成后的钢管直线行进，通过中频加热装置加热至环氧粉末涂装所需温度（例如200℃），当通过环形布置喷枪的箱体时，喷枪周向均匀喷涂环氧粉末，并熔融沉积，挤出机挤出的圆形黏结剂膜片和聚乙烯膜片分别包裹在环氧粉末层和黏结剂层表面，并通过各自的负压装置，抽出钢管与圆形膜片之间的空气，使膜完整地贴附在钢管表面，并通过水冷却，收缩涂层箍紧在钢管表面，形成3PE涂层。

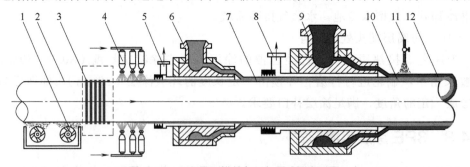

图 7-10　3PE圆形模具负压包覆成型原理图

1—钢管外壁抛丸清理；2—钢管；3—中频加热；4—环氧粉末静电喷涂；5—黏结剂膜负压装置；
6—黏结剂挤出包覆模具；7—环氧粉末层；8—聚乙烯膜负压装置；
9—聚乙烯挤出包覆模具；10—黏结剂层；11—水冷却系统；12—聚乙烯层

因为圆形膜片以整体膜形式包裹在钢管表面，形成一个整体的筒形结构，整体膜的厚度比较均匀，采用负压贴附膜片，对于焊接钢管不存在碾压成型可能造成的焊缝膜过度减薄，也不存在缠绕方式导致的涂层厚度不均匀，造成材料的浪费。尤其对于小口径（无缝）钢管，采用圆模包覆法，涂层厚度可以满足标准要求的最低厚度。但采用此成型方式，黏结剂和聚乙烯挤出膜内叠加，无法检测黏结剂膜片是否存在缺陷，并且采用负压法，并不能完全抽出层间空气，如果采用强力气压，则容易造成膜片缺陷，所以负压难以控制，因此在设计时和操作时需严加控制其结构和气压。

7.4.3.2　板式模具挤出缠绕法

板式模具挤出缠绕法（图 7-11），是国内外 3PE 涂层成型通用的一种方式，通过平板式模具挤出片状膜，缠绕在螺旋传输的钢管表面，形成涂层。因为挤出片状膜宽度的限制以及涂层厚度的要求，挤出缠绕工艺采用多层缠绕并搭接形成整体的黏附膜。

图 7-11　板式模具挤出缠绕

成型原理（图 7-12）：抛丸除锈后的钢管螺旋向前传输，经过中频等无污染加热装置加热至环氧粉末熔融所需温度，侧向布置的环氧粉末静电喷枪喷涂环氧粉末在螺旋传输的钢管表面均匀沉积熔化，在粉末层胶化状态下，通过与黏结剂挤出机连接的模具挤出片状黏结剂膜缠绕在环氧涂层表面并黏结，同时聚乙烯挤出机挤出聚乙烯片状膜缠绕在黏结剂表面，并采用软胶型压辊碾压密实，最终经水冷却定型形成 3PE 涂层。

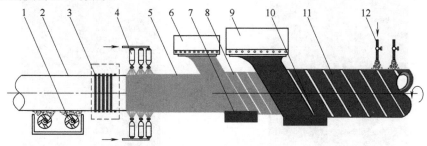

图 7-12　3PE 板式模具挤出缠绕成型原理图

1—钢管外壁抛丸清理；2—钢管；3—中频加热；4—环氧粉末静电喷涂；5—环氧粉末层；
6—黏结剂挤出平板模具；7—黏结剂碾压辊；8—黏结剂层；9—聚乙烯挤出平板模具；
10—聚乙烯碾压辊；11—聚乙烯层；12—水冷却系统

为保证黏结剂涂层的整体性，黏结剂片状膜缠绕层需要一个搭接过渡层，因为黏结剂为过渡层，所以此搭接层搭接宽度越小越好，以确保涂层平滑，避免出现不必要的棱台状。聚乙烯涂层是保证 3PE 涂层整体涂层厚度的关键，如果采用单一挤出厚度层，采用单层缠绕，则涂层厚度难以控制，涂层搭接棱台更加明显，并且板式模具模唇间隙开口过大，涂层挤出均匀度难以控制，因此在实际操作中，一般采用聚乙烯薄膜片挤出，多层叠加缠绕，最终形成所要求的涂层厚度。缠绕过程中，依据膜片缠绕层数、涂层最终要求厚度，均匀叠加。涂层缠绕过程中，黏结剂与钢管、黏结剂与聚乙烯之间不可避免地包裹入空气，并且塑性涂层之间如果不采用外力，缠接叠加的密实度不够，所以需要采用硬度较低的碾压辊碾压密实。一般碾压辊采用耐高温的软橡胶制成，橡胶硬度要求小于肖氏硬度10°。

7.4.3.3 上、下缠绕成型技术的比较

缠绕成型是以挤出塑性膜片形式包裹在钢管表面形成3PE涂层的方式，按照挤出模具位置，又分为上缠绕和下缠绕两种方式。我国在1995—1996年进口的三条3PE生产线均采用上缠绕方式，现阶段大多数厂家3PE涂层包覆工艺也采用上缠绕形式，所以上缠绕3PE成型是一种国内外通用，也是一种厂家或行业能普遍接受的成型方式，所以其优势不言而喻。但存在优势并不代表没有缺点，1999年天华化工机械及自动化研究设计院开发出下缠绕技术。

上缠绕技术（图7-13），挤出模具置于传输的钢管上部，挤出的片材膜下垂后贴附在钢管表面，采用导向辊对挤出膜片进行导向后缠绕，并采用柔性橡胶辊在管上部碾压密实涂层，并水冷定型。

下缠绕技术（图7-14），挤出模具置于传输钢管的侧下方，挤出片材膜从钢管底部以切角方向贴附缠绕，缠绕膜的碾压橡胶软辊在切角位置碾压密实涂层，最后采用水冷定型。

图 7-13　3PE 上缠绕成型

图 7-14　3PE 下缠绕成型

每套3PE成型装置并非针对一种管径进行涂装，一般需要适应较大的管径范围，例如φ150～426mm、φ219～1420mm或φ810～3000mm等，而在黏结剂和聚乙烯等塑性材料缠绕过程中，模具膜片挤出口距离钢管表面的参数-距离非常重要，距离过长容易造成膜片过薄，与钢管接触段膜片过窄，造成缠绕层数减少引起涂层减薄，更有甚者造成膜片撕裂，所以需要模具与钢管距离达到一个理想

的值的范围，一般大口径管的距离小于小口径管。

　　上缠绕是 3PE 最早的一项技术，模具上置，通过连接体与升降台上放置的挤出机（图 7-15）或地面放置的挤出机（图 7-16）相连，挤出的塑性片材在自身重力作用下从钢管上部的模具向下延展，搭覆在钢管表面，并通过导向轮张紧，软性橡胶涂层碾压辊碾压密实，形成防腐涂层。为保证理想的接触膜片宽度和膜片在钢管上的均匀搭接层数以及挤出膜片的理想厚度，需要根据不同管径调节模具的高度以及挤出膜片与钢管的切向位置。

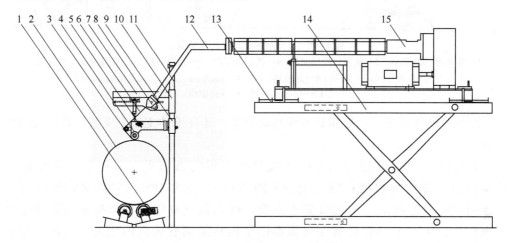

图 7-15　上缠绕装配及挤出示意图 1

1—传动滚；2—钢管；3—挤出片材导向轮；4—涂层碾压辊；5—压辊连接架；6—挤出片材；7—模具固定及调节架；8—模具；9—压辊架导向；10—调节架导向；11—立式支撑架及导向；12—连接体；13—挤出机轨道；14—液压升降台；15—挤出机

　　采用平台上置挤出机，挤出机的高度的调整可以通过液压升降台来完成，并且挤出机升降过程中带动直接连接模具上下移动，而模具在钢管上部的横向移动可以通过挤出机在轨道上的平移来实现。复杂的是，因为模具质量比较大，需要专门的模具支撑架，如图 7-15 采用可在立式支撑柱导向上安装的可滑动支撑架，支撑架上开有可以调整的模具固定孔，当模具调整到位后可以采用固定孔固定，而挤出膜片的导向轮和橡胶碾压辊也需要采用专门的固定架固定，并需要依据模具位置上下调整。

　　地面放置的挤出机（图 7-16）因为挤出机自身不带升降，模具需要通过移动挤出机的前后位置来进行调整。适应大口径钢管，模具需要升高时，首先松开连接体中间的转角器和模具支架固定螺栓，然后推动挤出机向钢管方向移动，升高吊具，平移模具，达到指定位置，锁紧模具和转角器，挤出机挤出段与连接体夹角变小。应用于小管径时，调整过程相同，挤出机反向移动，挤出机挤出段与连接体夹角变大。

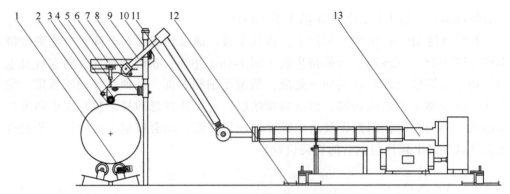

图 7-16　上缠绕装配及挤出示意图 2

1—传动滚；2—钢管；3—挤出片材导向轮；4—涂层碾压辊；5—挤出片材；6—模具固定及调节架；
7—压辊连接架；8—模具；9—连接体；10—调节架导向；11—立式支撑架及导向；
12—挤出机轨道；13—挤出机

为方便模具调整，一般模具不仅有固定架，还在整体支架上安装吊装模具的滑轨车。

下缠绕是在国内进口 3PE 生产线基础上进行改进的，采用挤出的塑性片材从钢管下部切向缠绕在钢管表面（图 7-17），因为 3PE 钢管涂层在传输过程中，钢管底部距离地面的高度基本不变，所以模具高度位置依据不同管径变化范围较小，生产不同管径钢管只需要调整模具距钢管表面的距离，以保证膜片的厚度、与钢管的切向位置以及均匀的缠绕层数。所以下缠绕技术中，模具采用固定在挤出机上的吊装架进行固定，相对于挤出机模具位置固定不变，调整时，移动挤出机来调整模具与钢管的距离，调整支撑螺栓来微调挤出机高度。

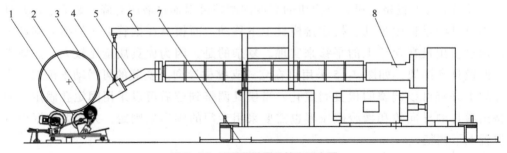

图 7-17　下缠绕装置及挤出示意图

1—传动轮；2—涂层碾压辊；3—钢管；4—板式模具；5—连接体；6—模具吊架；7—挤出机轨道；8—挤出机

3PE 涂层上下缠绕成型技术各有优缺点，并没有特定要求采用哪种成型技术，因此两种技术均可应用于 3PE 涂层涂装成型。虽然本节分析了两种技术的优缺点（表 7-13），但厂家可以按照自己的要求或场地限制进行选择应用，这里不对哪种成型技术进行推荐。

表 7-13　3PE 涂层成型技术

序号	项目	上缠绕	下缠绕	备注
1	挤出机布置	液压升降台架或地面布置	地面布置	液压升降台结构复杂，占地面积大，并需要专门控制系统
2	模具位置	钢管上方	钢管侧下方	上缠绕模具需要专门吊架，不能随挤出机调整位置
3	模具高度调整	根据管径范围大幅度调整	微调	上缠绕，必须在生产前完成调整
4	吊装架	安装地面吊架，吊装上吊装模具和连接体	模具和连接体吊装的吊架安装在挤出机上	下缠绕，模具和连接体可随挤出机移动
5	挤出机移动	升降，距离钢管前后移动	距离钢管前后移动	上缠绕，吊架吊装的模具与连接体必须通过吊装链轮和独立随动小车调整
6	附件	导向辊、软橡胶碾压平辊	软橡胶碾压平辊	安装空间占用大
7	初始搭膜	膜片下垂	人工拉伸	下缠绕操作空间狭小
8	机头适配器	结构复杂，熔体流道长，落地布置连接体长度增加	结构简单，熔体流道短	流道长带来的问题：熔体压降大（可达数兆帕），造成挤出机负荷加大，产量下降，挤出机磨损严重
9	占用空间	大	小	—
10	生产过程调整	不可调整	随时调整	上缠绕参数不可确定
11	生产参数确定	多次试验	生产过程	上缠绕适用于有经验的客户
12	更换管径	困难，针对不同管径，调节模具的相对位置时，需要调整挤出机高度，挤出机与钢管距离，同时通过吊装链和独立随动小车调整模具的相对位置，并在调整过程中，需要松开连接体连接关节	简单，调节机头位置只需要移动挤出机	上缠绕机头与钢管的距离随管径不同而变化，而下缠绕基本不变
13	聚乙烯涂层各向异性问题	聚乙烯离开模口至钢管表面距离较大，分子结晶取向概率加大，容易导致产生力学性能的各向异性	聚乙烯模口距离钢管表面近	各向异性直接导致涂层纵环向拉伸比加大
14	设备结构	较大	较小	—
15	检修	结构复杂	结构简单	—

7.5 3PE 生产线设计

为满足 3PE 涂层成型，整条生产线不但要包含钢管表面清理、加热、喷涂、缠绕、成型的各个单元设备，还需要钢管在生产过程中满足各单元设备连续运行的传动装置以及存放台架、上下管和传送机构。

7.5.1 传动线

3PE 钢管传动线由多台单组滚轮组成，满足钢管直线或螺旋向前传输，并通过滚轮的旋转速度来调整钢管行进速度，从而适应不同管径 3PE 涂装的要求。

7.5.1.1 直线传输滚轮

采用圆形模具负压包覆成型，钢管不沿自身旋转，滚轮组成的生产传输线只需要满足钢管直线传输的要求，一般采用 V 形传输滚轮组，每台传输滚轮由纺锤体 V 形轮、减速机电机和型钢底架组成，其结构如图 7-18 所示。

支撑架强度设计、单台滚轮设计、传动 V 形滚轮设计、传动速度设计主要由承载钢管的滚轮组数量来确定，一般按照管径范围内的最大管径进行计算，而传动轮组的数量一般按照钢管的长度确定，长度 8m 的钢管一般采用 2m 的间距，10 ～ 12m 或以上可采用 2m、2.5m 或 3m 的间距，而单组滚轮的承载强度计算一般为：$N=F/n$（n 为滚轮组数量）。

滚轮结构设计，一般设计经验要求 V 形滚轮针对钢管的包角 ≥ 70°，其他轮轴强度等按照强度计算值确定。高度参数确定，由钢管管底标高、模具高度共同确定。

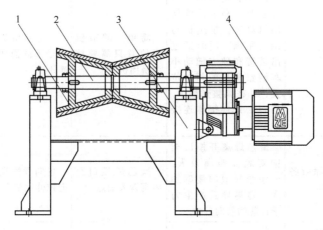

图 7-18　V 形滚轮结构示意图

1—V 形轮；2—传动轴；3—支架；4—减速机

7.5.1.2 螺旋传输滚轮

多组螺旋传动轮组成传动线，才能满足钢管的螺旋向前传动，多用于板式模具挤出缠绕生产线中，无论采用包覆法或缠绕法，实际上各种钢管外壁清理线均采用螺旋传输滚轮组成的生产线，是 3PE 生产过程中钢管传输主要采用的传动方式。

（1）定管底标高传动轮结构形式及其核算

管底标高是在缠绕过程中所确定的钢管底部与地面的高度是一个定值，对于上缠绕，模具调整根据管径变化，因此管底标高的变化不影响相关设备的操作。对于下缠绕和钢管外壁外抛丸除锈，模具位置和外抛丸机（下置抛头）的抛射距离一定，所以传动轮设计必须采用管底高度定值，指滚轮在管径范围内变化时，管底与地面的高度保持一致。其调整设计形式如图 7-19 所示。

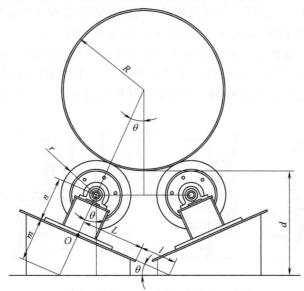

图 7-19　管底标高调整图

其中光管直径 R（mm）、传动轮直径 r（mm）、传动轮底架角度 θ（°）、传动轮底架端部与地面衍射距离 l（mm）、钢管距离地面的高度 d（mm）、传动轮中心与底架垂直距离 n（mm）为定值，传动轮中心与交叉点 O 的距离 m 为变量值，根据管径范围需要调整的值是交叉点 O 与底架端部点距离 L（mm）。

依据上述值来求得 L：

$$m = \frac{d+R}{\cos\theta} - (n+R+r) \tag{7-1}$$

则：$d+R=(m+n+R+r)\mathrm{con}\theta$

$$\tan\theta = \frac{m}{L+1} \tag{7-2}$$

则：$L = \dfrac{m}{\tan\theta} - 1$

（2）滚轮结构形式分类

钢管螺旋传输滚轮形式并不是重点，也没有任何一个国家或地方规范要求其为一种确定的结构形式，因此设备厂家的滚轮结构不尽相同，总结起来有以下几种情况：在设计、机加工等过程中采用的材料（型材、钢板）不同，铸造或焊接方式等不同，因为设计单位和加工厂家的能力问题，所形成的滚轮调整形式、精度等各不相同。

① 单组斜面滑动调整滚轮。

单台滚轮由斜面滚轮底座、传动轮、传动轮滚带滑板固定座组成 [图 7-20（a）]，每对轮组由两台滚轮对称安装组成，通过滑板在斜面上的滑动调整两台滚轮的开合度（间距），以适应不同的管径，每组滚轮安装在整体底架 [图 7-20(b)] 或直接在地面安装 [图 7-20（a）]，轮组可对称布置 [图 7-20(b)] 或错位布置 [图 7-20（c）]，错位布置可以适应小管径钢管的传输。采用此类型滚轮组，钢管的管底标高基本不发生变化。增加线性整体底架宽度，单组滚轮间距调整，并相应增大滚轮直径可以适应更大管径钢管的传输。均能适用于上、下缠绕。

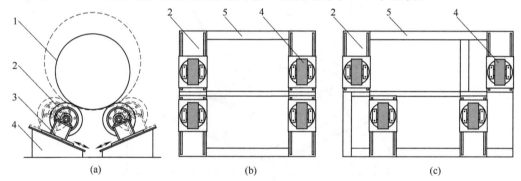

图 7-20　斜面滚轮组形式及其布置示意图
1—钢管；2—传动轮胎；3—滑板；4—斜面滚轮底座；5—整体底架

② 多组斜面滑动调整滚轮。

其立面结构形式基本与单组轮 [图 7-21（a）] 相似，通过滑板来调整滚轮组的滚轮间距，在整体滑板上安装多组滚轮 [图 7-21(b)]，大滑板整体在斜面上滑动，提高了调整速度，减少了现场安装时间。因为整体结构复杂，单组轮一般不错位布置，只适用于中大管径。管底标高也可以保持不变。均能适用于上、下缠绕。

③ 孔销调整传动轮（图 7-22）。

独立的轮胎及固定座沿对称中心的调整转轴旋转，提高或降低轮胎高度来调整两个轮胎之间的距离，并通过在固定立板上预先制作的调整系列销孔、穿插固定销轴来固定滚轮，以适应不同管径的要求。因采用了中心旋转方式，因此不同管径钢管的管底标高不同。

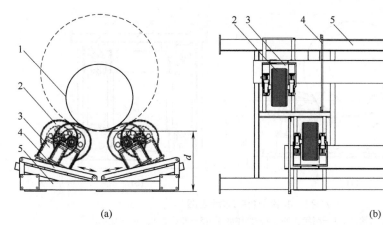

(a)　　　　　　　　　　　　　(b)

图 7-21　多组护板滑板是滚轮组布置形式

1—钢管；2—传动轮胎；3—滚轮支座；4—压板式滑道；5—整体支架

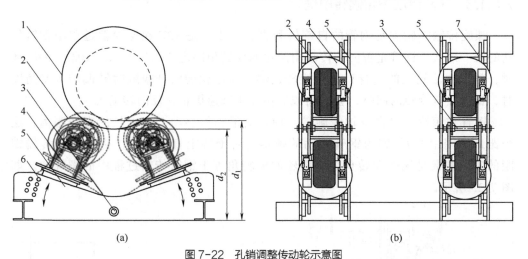

(a)　　　　　　　　　　　　　(b)

图 7-22　孔销调整传动轮示意图

1—钢管；2—传动轮胎；3—调整转轴；4—滚轮支座；5—固定立板；6—调整销孔；7—固定销轴

④ 水平滑动调整传动滚。

水平滑动传动轮组，传动滚中心与滚轮支座以及地面的高度相对固定，多个滚轮支座安装在一整体滑板上 [图 7-23（b）] 或单一轮座直接安装在整体底架滑道上，相对应的一组轮组或多个轮组相向（间距减小）或相对调整（间距放大），以适应不同管径的要求，如图 7-23（a）所示，采用此种结构，钢管的管底标高会根据管径范围发生变化 [图 7-23（a）中的 d 和 d_1]，只用于大口径钢管的传输。采用下缠绕时，模具高度需要根据管底标高进行调整。

每一种滚轮结构形式均有其优点或缺点，并非一种滚轮形式为最佳结构，并且任何一种滚轮不仅包含机加工件，还在加工组装过程中不可避免采用焊接方式，总会造成整体结构的形变，并且多组滚轮组的整体形式，会加大形变，所以如果需要保证精度，单组轮组形式是最佳设计方式。

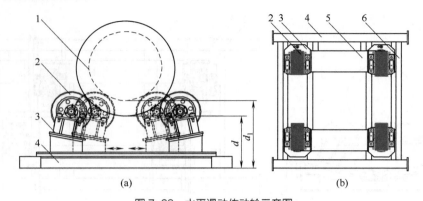

图 7-23　水平滑动传动轮示意图

1—钢管；2—传动轮胎；3—滚轮支座；4—整体底架；5—轮组滑板；6—底架滑道

7.5.1.3　螺旋传动滚轮偏转角确定

螺旋传输滚轮满足钢管的自旋转和直线行走，是 3PE 涂层涂覆过程中钢管传动的唯一形式。钢管是否向前传动由滚轮的偏转角决定（图7-24），当偏转角 $\theta°=0$ 时，放置在滚轮上的钢管只作自旋转运动，当滚轮逆时针或顺时针偏转一定角度时，钢管在自旋转的同时，会向前或后传动（减速机正、反向转动）。

钢管在滚轮上沿自身轴线旋转一周，会沿轴线移动一个定长的直线距离，这个距离（图中的 l）即为钢管传动的螺距。对于特定直径钢管，影响钢管传输螺距的唯一参数是滚轮偏转角度。滚轮的偏转角等于钢管传输过程中的螺旋角。如图 7-25 所示。

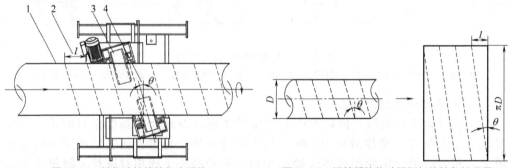

图 7-24　缠绕滚轮偏转角度调整

1—钢管；2—螺距 l；3—传动轮；4—偏转角 θ

图 7-25　钢管螺旋传动螺距与偏转角关系展开示意图

钢管传输的螺距计算公式如式（7-3）所示：

$$l=\pi D\tan\theta \tag{7-3}$$

式中，l 为螺距，mm；D 为钢管直径，mm；θ 为钢管传输螺旋角（滚轮偏转角），（°）。

3PE 侧成型（上缠绕、侧缠绕）采用螺旋传输滚轮，使挤出的聚乙烯片状膜按照一定的层数缠绕在被包覆的钢管表面，而膜的缠绕层数则由膜片与钢管缠绕接触点膜片的宽度和钢管的传输螺距决定。常规螺距选用值为 100 ～ 200mm，大口径钢管，螺距一般选取较小的值。螺距对应管径调整滚轮偏转度对应值见表 7-14。

表 7-14　钢管传动不同螺距对应管径调整滚轮偏转角度对应值

管外径 /mm	螺距 /mm	调整角度 / (°)	螺距 /mm	调整角度 / (°)	螺距 /mm	调整角度 / (°)
159		11.33		16.73		21.84
219		8.28		12.31		16.22
426		4.28		6.40		8.51
630		2.90		4.30		5.78
711		2.57		3.85		5.12
810	100	2.25	150	3.38	200	4.50
1016		1.80		2.69		3.59
1420		1.29		1.93		2.57
1620		1.13		1.69		2.25
2620		0.70		1.05		1.39
3060		0.60		0.89		1.19

7.5.1.4　滚轮设计

传动滚轮设计计算包含以下内容。

① 强度计算。单组或整体传动轮、单体支架以及整体支架强度。

② 滚轮组间距计算。管长或单管重量决定单组滚轮的间距，单管重量决定所需承载滚轮数量。例如，6m 长钢管，滚轮间距设计为 1.5m；12m 长钢管可以设计成 2m 或 2.5m；直径 3m、长 16m 钢管，管重 30t，轮间距设计为 1.2 ～ 1.5m。

③ 传动轮胎结构形式及其胎面材料选择。传动轮承载的轮胎分为压配式、充气式和包胶定制轮胎。压配式轮胎采用工厂预制钢圈外预制橡胶层，钢圈与轮毂采用液压等方式压紧配合，更换时只需要更换外压配轮胎，适用于重载管道传送。充气轮胎，采用汽车和工业机械轮胎，可以通过充气压力调整轮胎软硬度，适用于小管生产，更换方便，但管道的尖锐边角容易刺破轮胎。包胶定制滚轮，采用轮毂上直接包缠橡胶层，可根据需要调整橡胶层厚度、软硬度和耐温程度，但磨损后更换复杂。

轮胎材料采用普通承压耐磨橡胶、耐磨承压高温橡胶、耐磨承压聚氨酯橡胶等。胎面材料采用顺丁橡胶等普通橡胶，磨损胶粒容易污染钢管，采用聚氨酯橡胶可以提高耐磨度，建议钢管表面清理（抛丸除锈）完成后的传动轮胎面采用聚氨酯橡胶。

④ 滚轮直径的选择。滚轮直径决定了其承载能力，并影响钢管的传输速度。

⑤ 减速机速比以及电机功率。3PE 生产效率主要由钢管的传动速度决定，包含主设备等，其参数都必须与钢管的传输速度相匹配，而其值由滚轮直径、减速机速比决定，传动功率则由其承载决定。需要注意的是，大速比、低功率的减速机配置可以传输重载钢管，但会影响钢管传输效率，所以一般建议 3PE 钢管生产的减速机速比范围为 30 ～ 50。

7.5.2 钢管存放台架

任意一种平台按照堆放在其上的钢管数量、间距和重量，核算确定钢结构支腿的数量和结构，主要核算长期堆放可能造成的形变。在实际操作过程中，钢管冲击也容易造成形变。具体强度等核算可以通过力学分析来完成。

台架高度由传动轮高度、钢管管底距离地面高度、钢管举升装置类型和结构决定，并非随意确定。

台架长度，由各工艺位置，各工艺传输参数值确定。如抛丸传动工位与 3PE 涂层成型包覆工位的台架长度，以 813 钢管为例，预留抛丸主机 1.5h 的检修时间，则平台长度设计为 12m。共可以堆放 14 根钢管，一个钢管生产 6min，14 根钢管共计 84min。

7.5.3 外抛丸除锈

任何一种抛丸清理机，其抛丸器均固定在一个位置，如采用通过式下置抛丸器的抛丸机，钢管底部距离抛丸器有一个最佳值，如果钢管底面标高恒定不变，则最佳抛射距离不变，因此抛丸器与钢管底部距离的设定，由钢管传动线来确定（图 7-26）。

抛丸器抛射的弹丸呈扇形分布，距离越远，抛射面积越大，则金属磨料的抛射密度越小，因此抛射效率越低。对于钢管，管径越小，距离越远，不但抛射密度小，金属磨料接触钢管的磨料量也越小，也可以说金属磨料的有效抛射大幅度减小。对于足够大的待处理平面，抛丸器的最佳抛射距离是 600 ～ 1500mm[17]，为适应不同管径，建议选用钢管表面距离抛丸器距离为 600mm。所以外抛丸机进行设计安装时，根据钢管的管底标高，确定抛丸器距离地面的高度。

抛丸器型号和电机功率选型。根据要求的清理效率核算抛丸器及电机功率。清理效率指的是单位时间内所清理的钢管表面积（或行进速度）。

如 φ813mm 钢管，清理速度 2m/min，根据式（7-4）和式（7-5）进行计算：

$$Q=v\pi D\lambda/\eta \qquad (7\text{-}4)$$

$$W=Q/p \qquad (7\text{-}5)$$

式中，Q 为抛丸量，kg/min；v 为管速度，m/min；D 为管径，m；λ 为抛射

密度，kg/m² （取值 15）；η 为效率（φ813mm 钢管，取值 80%）；W 为电机功率，kW；p 为抛丸率，kg/（min・kW）。

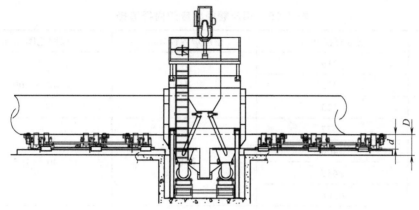

图 7-26　外抛丸机与传动滚轮、钢管管底标高关系示意图

计算可得：Q=957kg/min，W=64kW。

根据核算，抛丸器的功率大于两台 30kW 电机的功率。但当钢管管径更小时，清理效率会更低，可能达到 50%，并且抛射清理过程中，受金属磨料破碎量的影响，最终选用两台 55kW 功率的抛丸器来完成所要求的抛丸机配置。

7.5.4　中频加热

对于钢管这类在线涂装的工件，中频加热速度快、加热温度均匀、热功率稳定、无污染，因此其地位无可替代。

中频选型机设计一般由专业厂家完成，一般需要核算钢管传输速度区间内所需要的加热功率，通常情况下，中频感应含有有功功率和无功功率，无功功率包含电源、感应器发热，热传导以及热辐射等散失的功率，一般需要核算有功功率与热效率比值即可得出中频电源功率。

如 φ813mm 钢管，钢管壁厚 12mm，加热壁厚 8mm，清理速度 300m²/h（速度 1.96m/min），加热温度 200℃，初始温度 0℃，根据式（7-6）进行计算：

$$P=[C \times G \times (T-T_0)]/(0.24 \times t \times \eta \times 1000) \tag{7-6}$$

式中，C 为金属比热 [注：钢的比热为 0.12×10^3J/（kg・℃）]；G 为单位时间通过感应器的质量，kg；T 为加热温度，℃；T_0 为初始温度，℃；t 为加热单位工件所需时间（工作节拍），s；η 为综合热效率（取值 68%），%。

计算得：P=1200kW。则选用的中频加热功率为 1200kW（最大有效值）。

钢管通过感应炉间隙的选择。前文所述，通过式中频感应炉的钢管通过间隙一般取值为 50mm，如果把此值作为炉体设计确定项之一，则针对不同钢管直径需要采用不同的感应炉，所以在实际操作中，一般把间隙值放大到 100mm，这样一种感应炉加热器满足一种最佳管径，表 7-15 举例说明感应炉内径的选择。

表 7-15　相应管径感应炉内径选择

序号	钢管直径 /mm	感应炉内径 /mm	间隙范围 /mm
1	φ219	φ419	48 ～ 100
2	φ273		
3	φ323		
4	φ377	φ587	40 ～ 105
5	φ406		
6	φ457		
7	φ508		
8	φ630	φ811	50 ～ 90
9	φ711		
10	φ820	φ1010	50 ～ 95
11	φ910		
12	φ1016	φ1116	50
13	φ1220	φ1320	50
14	φ1420	φ1520	50

7.5.5　挤出缠绕参数确定

黏结剂和聚乙烯涂层通过与挤出机连接的模具挤出定尺寸的膜片，包覆在钢管表面，挤出机的参数由钢管传输速度、钢管直径、涂层厚度三个参数决定，通过材料性能以及上述参数核算的挤出量选择合适的挤出机型号。

对于 3PE 缠绕成型技术，其关键技术不是挤出量，而是挤出膜片的缠绕搭接。缠绕成型过程中，黏结剂与聚乙烯均采用挤出的片状膜单层（黏结剂）或多层搭接（聚乙烯）缠绕包覆在钢管表面。螺旋向前传输的钢管转动一周行进的直线距离称为螺距，是设计确定片状膜缠绕的主要参数，螺距决定了片状膜的缠绕宽度，因为这两个值是一定的。图 7-27 中钢管螺旋传输螺距为 D-d；图 7-28 钢管螺旋传输螺距为 l。

（1）黏结剂挤出片状膜缠绕

3PE 涂层中，黏结剂作为过渡层，黏结底层环氧粉末与外层聚乙烯，使三者成为一个整体。因此作为胶层，黏结剂涂层满足的条件是涂膜厚度均匀、无破损、维持在一定的厚度。所以 GB/T 23257 规定了黏结剂层厚度 ≥ 170μm，所以按照此厚度，挤出单层缠绕即可满足厚度要求。黏结剂挤出片状膜，从膜口挤出到拉升缠绕形成膜片，形状为梯形膜（图 7-27），缠绕的膜片宽度 D 小于膜口挤出膜片宽度，按照黏结剂层厚度均匀的要求，膜的搭接宽度 d 要足够小，理想状态以毫米计，但因为钢管传动滚轮的安装精度以及钢管的椭圆度和平直度的影响，一般要求膜片搭接宽度 $d < 10mm$。

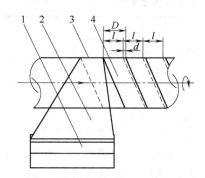
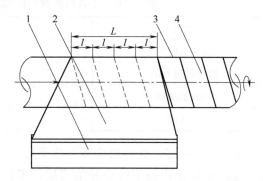

图 7-27　黏结剂挤出片状膜缠绕示意图　　　　图 7-28　聚乙烯挤出片状膜缠绕示意图
1—挤出片材模具；2—模具挤出膜；3—钢管；4—钢管缠绕膜

（2）聚乙烯挤出片状膜缠绕

3PE 涂层中，最外层的聚乙烯涂层是维持整个涂层厚度的关键指标，并且因为钢管管径的不同，涂层的厚度在 1.5 ～ 3.9mm 这样一个较大的区间变化，而粉末层和黏结剂层厚度基本不发生变化，所以聚乙烯层挤出片状膜要足够厚，且涂层厚度均匀，搭接层数按照比例取定值。聚乙烯同样挤出片状膜，拉伸成为梯形膜（图 7-28），需要根据厚度确定搭接层数，如挤出膜片接触钢管的厚度为 0.8mm，聚乙烯涂层厚度要求 3.2mm，则需要搭接 4 层，而膜的搭接宽度 l 与钢管传输螺距一致，所以需要通过调整挤出机的挤出量、模具距离钢管的间距确定缠绕接触片状膜宽度 L 和膜片的厚度。如上述，保证涂层厚度 3.2mm，搭接 4 层，则 $L/l=4$，缠绕时膜片厚度为 $\geq 0.8mm$。

7.5.6　影响 3PE 涂层生产速度的因素

钢管 3PE 涂层生产线设计涉及的因素非常多，包含钢管传输速度、钢管外抛丸机清理效率、中频加热效率、挤出机挤出量、水冷却，甚至是操作人员的熟练程度，并且各个因素之间相互关联。而其关键技术参数为涂层材料（环氧粉末、黏结剂和聚乙烯）的特性、钢管的直径以及涂覆段的传输速度。在实际操作中，包覆段设备布置的相关参数尤为重要。

如图 7-29 所示，3PE 涂层成型包覆段设备，除传动滚轮外，还包含中频加热、环氧粉末静电喷涂装置、黏结剂挤出机及模具、聚乙烯挤出机及模具、水冷却系统。在实际设备布置中，环氧粉末的性能以及挤出包覆要求起决定性作用，往往设备参数决定了涂层包覆的生产速度。如同表 7-16，涂层的最终性能由环氧粉末的性能决定，而当设备布置参数确定后，往往因为管径不同而影响到生产速度，所以说影响钢管 3PE 涂层生产速度的关键是以环氧粉末材料性能为前提，最终布置的水冷舱和粉末舱的间距起决定性作用。

表 7-16　环氧粉末涂料的性能特性及包覆要求 [2]

项目	性能指标
胶化时间 /s	≥ 12，且符合厂家给定值的 ±20%
固化时间 /min	≤ 3
黏结剂涂覆	粉末胶化状态下
水冷却	环氧粉末完全固化

按照标准所述，先通过中频加热钢管至 190 ～ 210℃，然后喷涂环氧粉末，在环氧粉末呈胶化状态下缠绕黏结剂层，最后缠绕聚乙烯层，并用水冷却。而设备布置间距所起的作用如下。

7.5.6.1　中频加热与粉末舱间距

如图 7-29 所示，中频加热功率效率由中频距离粉末舱间距以及粉末舱宽度决定，并且还需要考虑环境温度、钢管直径和钢管的传输速度等因素。首先需要确保中频加热钢管在进入环氧粉末静电喷涂舱前第一把喷枪时温度达到粉末胶化所需温度，并且确保钢管喷涂粉末后离开喷舱的温度不低于环氧粉末所需要的最低温度。为满足粉末胶化的最低温度要求，可以通过提高初始钢管的加热温度来实现，但由于环氧粉末的特性，不能无限提高钢管温度。一般尽量缩短中频加热圈与环氧粉末喷涂舱间距，取消中间支撑轮或压缩滚轮整体宽度。缩短间距后，同样中频加热功率下，就可以提高钢管传输速度。

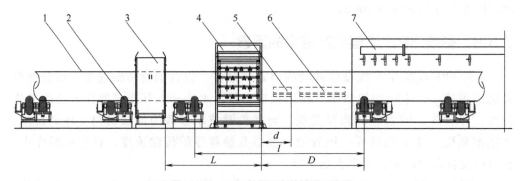

图 7-29　3PE 包覆段参数设置示意图

1—钢管；2—传动滚轮；3—中频加热圈；4—环氧粉末静电喷涂舱；5—黏结剂挤出模具；
6—聚乙烯挤出模具；7—水冷却系统

7.5.6.2　粉末舱与黏结剂模具间距

黏结剂在钢管表面缠绕，其最佳状态必须是保证离开粉末舱的环氧粉末层处于胶化状态，只有处于此状态，环氧涂层与黏结剂接枝活性基团才能反应黏结，确保其黏结强度。按照上表及图 7-29，最后一把粉枪距离黏结剂带远端的距离为 d（设计为 0.45m，实际板式模具挤出片材在钢管搭接处呈梯形膜状，所以实际距离小于 d），粉末胶化时间 $t \geqslant 12s$，则钢管直线运行速度 $\geqslant d/t$ m/s。在生产线设计中，生产速度与粉末胶化时间是相互制约的，因为长输管道工程的要求，3PE 涂覆的钢管直径越来越大，最大口径已经超过 2m，甚至达到 3.6m，所以钢管的速度越来越慢，如果无限制提高钢管运行的直线速度，则加热中频的功率和挤塑机的挤出量就需要无限放大，所以需要设计合理匹配的设备产能。须参照管径范围、时间、速度、粉末胶化时间等，表 7-17 中列出速度与管径以及粉末胶化的关系，供读者参考。

表 7-17　钢管直径、传输速度、粉末胶化时间的数值关系

钢管直径 /mm	设计防腐层生产速度 /(m²/h)	设计钢管直线行进速度 /(m/min)	粉末胶化时间 /s	距离 d/m	钢管直线运行速度 t/(m/min)	适应钢管直径 D/mm
711		2.28	12		2.25	$D \leqslant 813$
914		2.03	15		1.8	$813 < D \leqslant 914$
1219		1.52	20		1.35	$1016 \leqslant D \leqslant 1219$
1620	350	1.15	25	0.45	1.08	$1420 \leqslant D \leqslant 1620$
1920		0.97	30		0.9	$1820 \leqslant D \leqslant 1920$
2420		0.77	35		0.77	$2120 \leqslant D \leqslant 2420$
3060		0.6	45		0.6	$2620 \leqslant D \leqslant 3060$

相关标准[2] 提出了低温粉末的概念，同样基于环氧粉末胶化状态下缠绕胶层的考虑。实际上，针对生产管径、环境温度等，相关技术人员、材料厂家会根据管径速度进行调整，没有必要在标准中提出低温粉末概念。

7.5.6.3　粉末舱与水冷却前段的间距

3PE 涂层的层间黏结，涂层材料特性等决定了涂层的最终质量，而这三种涂层中环氧涂层性能占据主导地位，环氧涂层完成了与钢管金属基体的黏结以及与外涂层的黏结，所以应该保证其性能最佳。除保证材料性能以及涂覆过程中胶化状态下黏结剂涂层的缠绕外，还需要保证环氧涂层在水冷却前完全固化（$\geqslant 99\%$ 固化度），这样才能确保涂层中树脂原料和各种添加剂的完全反应，达到涂层固化后的最佳性能。如图 7-29 所示，粉末最后一把粉枪距离水冷第一组支撑轮距离为 D（假设为 3.5m），粉末固化时间 $T \leqslant 3min$，则钢管的运行速度 $v \leqslant D/T$ m/min，同样参照表 7-17 计算钢

管直径、传输速度和粉末固化时间之间的关系，见表 7-18。

表 7-18 钢管直径、传输速度、粉末固化时间的数值关系

钢管直径 /mm	设计防腐层生产速度 /（m²/h）	设计钢管直线行进速度 /（m/min）	粉末固化时间 /min	距离 d/m	钢管直线运行速度 t/（m/min）	适应钢管直径 D/mm
219		6.06				降速运行
273		6.8	1		≤3.5	
325		5.7				
530		3.5				D=530
630		2.95	1.18		≤2.95	D=630
711	350	2.28	1.53	3.5	≤2.28	D≤813
914		2.03	1.72		≤2.03	813＜D≤914
1219		1.52	2.2		≤1.35	1016≤D≤1219
1620		1.15	3			
1920		0.97	3		≤1.16	1420≤D≤3060
2420		0.77	3			
3060		0.6	3			

上表中，小于 φ530mm 的钢管，以固化速度为 1min 计算，钢管传输速度不能大于 3.5m/min，如果固化时间为 3min，钢管传输速度必须小于 1.16m/min。所以只能对材料进行改性，假如粉末固化时间小于 1min，则可以满足小口径钢管较高传输速度的要求。所以在 3PE 钢管涂覆过程中，无限制提高钢管 3PE 涂覆速度是一种错误的做法。

7.5.6.4 中小管径钢管提高 3PE 涂覆速度

静电喷枪与水冷区间距 D 由中频加热后支撑轮与钢管接触点以及水冷区距离 L（也称为钢管悬空段）决定。一般钢管长度为 10m 或 12m，如图 7-29 所示，传输滚轮到水冷区悬空段的距离 L 必须小于 5m，如果钢管长度为 8m，则必须小于 4m，否则在钢管传输过程中，钢管管端容易下垂。

因此在特定管长的情况下，悬空段距离会限定在一个特定范围，只有材料性能满足，才能提高中小管径钢管 3PE 涂层涂覆速度。如果材料性能无法满足，要提高钢管 3PE 涂层成型速度，就必须延长悬空段距离，而为防止钢管管端下垂，必须延长钢管的长度。在特定管长情况下，只能采用两支以上钢管进行点焊，3PE 涂层涂装完成后再进行切割，可以提高生产速度。

7.6　小结

3PE 涂层涂装技术、工艺、装备等在国内已经完全成熟。一套简单图纸或参照生产线现场，就能安装出一套新的生产线，但这样的生产线在某些细节方面会出现很多问题，例如工艺布局不合理、设备配置不当，缺少计算核算等，最终会影响 3PE 涂层的产品质量。

所以本章从 3PE 涂层所用材料、成型装备、工艺过程等方面进行了详细的描述，并总结了 3PE 生产线的设计以及技术关键点，可以为相关技术人员在生产线设计或实际生产时提供参考。图 7-30 展示了 3PE 生产线的三维视图。

图 7-30　3PE 生产线三维视图

参考文献

[1]　龚树鸣 . 长输天然气管道外防腐涂层选择 [J]. 天然气与石油，2001，19（1）：24-30.

[2]　中华人民共和国国家质量监督检验检疫总局，中国国家标准化管理委员会 . 埋地钢质管道聚乙烯防腐层：GB/T 23257—2017[S]. 北京：中国标准出版社，2017.

[3]　Normenausschuss Gastechnik（NAGas）im DIN，Normenausschuss Wasserwesen（NAW）im DIN.Polyethylene coatings on steel pipes and fittings-requirements and testing：DIN 30670[S].2012-04.

[4]　Iranian Ministry of Petroleum.Material and construction standard for three layer polyethylene coating system original edition：IPS-G-TP-335-2007[S].2013.

[5]　Shell International Oil Products B.V.& Shell International Exploration and Production B.V.External polyethylene and polypropylene coating for line pipe：DEP 31.40.30.31-2003-Gen[S].

[6]　French Standards Association.Steel tubes external triple-layer polyethylene based

coating application by extrusion: NF A49-710-88[S].

[7] International Organization for Standardization.Petroleum and natural gas industries—External coatings for buried or submerged pipelines used in pipeline transportation systems—Part 1: Polyolefin coatings (3-layer PE and 3-layer PP): ISO 21809-1-2018[S].

[8] TOTAL.Three layer polyethylene external coating for pipelines: GS EP COR 220-2009[S].

[9] Canadian Standards Association.Plant-applied external polyethylene coating for steel pipe: CSA Z245.21-18[S].

[10] Det Norske Veritas & Germanischer Lloyd.Factory applied external pipeline coatings for corrosion control: DNV GL-RP-F106-2017[S].

[11] European Committee for Iron and Steel Standardization.Steel tubes and fittings for onshore and offshore pipelines-external three layer extruded polyethylene based coatings: EN 10285: 1998[S].

[12] Mohinder L.Nayyar. 管道手册（第 7 版）[M]. 李国成等译 . 北京：中国石化出版社，2006：724.

[13] 张汝义 .3PE 防腐涂层层间黏结过程 [J]. 防腐保温技术，2006（2）：26-28.

[14] 中华人民共和国国家质量监督检验检疫总局，中国国家标准化管理委员会 . 熔融结合环氧粉末涂料的防腐蚀涂装：GB/T 18593—2010[S]. 北京：中国标准出版社，2010.

[15] 乔军平，何继龙，屈磊 . 大口径管道多管步进平移装置：CN 203094993 U[P].2013-07-13.

[16] 乔军平，房东高，何继龙，等 . 大口径管道多管板链式横移装置：CN 203581811U[P].2014-05-07.

[17] 王守仁，王瑞国 . 抛（喷）丸清理工艺与设备 [M]. 北京：机械工业出版社，2012：124.

全粉末高效复合涂层（high performance composite coating，简称 HPCC 涂层）[1] 是加拿大 SHAW 公司开发的一种在钢管上涂装的高效复合涂层。

8.1　全粉末涂层

8.1.1　涂层结构形式

HPCC 涂层结构是钢管表面涂装环氧粉末涂层，外层涂装中密度聚乙烯粉末，环氧粉末与聚乙烯涂层中间涂装化学改性的黏结剂粉末层[2]。

HPCC 涂层采用与 3PE 涂层材料性能相同或类似的三种材料，但因为三种材料的粉末态决定了其成型工艺不同于 3PE 涂层的圆模负压包覆法和挤出缠绕法。

包覆法或缠绕法形成的 3PE 涂层，除静电方式喷涂环氧粉末涂层外，黏结剂和外层聚乙烯采用挤出机热挤包覆成型方式，所形成的涂层在环氧涂层和黏结剂涂层、黏结剂涂层与聚乙烯涂层之间会形成明显的层间界面。

HPCC 涂层采用三种粉末态材料进行涂装，黏结剂层与环氧涂层间，黏结剂层与聚乙烯涂层间分别出现一个相互渗透的过渡层。过渡层加大了不同层材料的接触面，增加了活化反应点（环氧涂层与黏结剂）和相容区间（黏结剂与聚乙烯层），使得涂层成为真正意义上的整体结构。

文献 [3] 给出 HPCC 涂层结构 [图 8-1（a）]，实际上据笔者分析，涂层结构中含有过渡层，结构如图 8-1（b）。在对涂层进行微观检测时，验证了他的正确性，证明涂层为含有过渡层的整体结构。

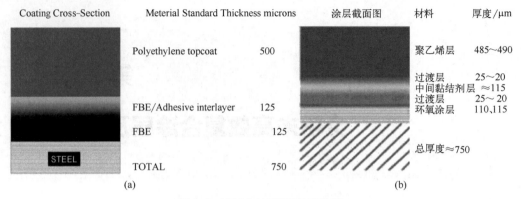

图 8-1　HPCC 涂层横截面结构图

8.1.2　材料及涂层性能

加拿大的 CSA Z245.21 标准明确规定了三层粉末涂层（全粉末涂层）结构，并且对涂层材料的性能指标提出了相应要求。

环氧粉末作为与钢管基体黏结的最基本涂层材料，其优越性是目前其他有机材料无法替代的。环氧树脂通过极性键、环氧、羟基等活性基团与钢管金属表面结合，以及涂料在锚纹中渗透黏结在钢管表面，并且高温固化形成牢固的网状结构涂层。材料性能指标见表 8-1。

表 8-1　环氧粉末性能指标 [4]

检验	验收标准		测试方法
固化时间	符合制造商的规范		条款 12.1
胶化时间	在制造商规定标称值的 20% 范围内		条款 12.2
含水量	最高 0.5%	CSA Z245.20	条款 12.3
	最高 0.6%		条款 12.4
粒度	150μm 筛网上保留的最大粉末量为 3.0%，且 250μm 筛网上保留的最大粉末量为 0.2%		条款 12.5
密度	50g/L 范围内或符合制造商规范		条款 12.6
热特性	符合制造商的规范		条款 12.7

注：参照了环氧涂层涂装标准的材料性能指标。

中间黏结剂粉末，与 3PE 涂层的中间黏结剂不同。首先黏结剂采用与聚乙烯材料相容的聚乙烯基材料，通过接枝等处理工艺，使其具备活性基团，与环氧树脂反应形成一个整体，并在黏结剂材料中混合一定比例的环氧粉末[1]，使其与环氧粉末底层的黏结更加牢固。材料性能要求见表 8-2[2]。

表 8-2 粉末黏结剂性能指标

检验	单位	验收标准	测试方法
流动速率 （190℃/2.16kg）	g/10min	黏结剂要求为制造商规定标称值的 20%	ASTM D1238
密度	g/cm³	在制造商规定标称值的 1% 范围内	ASTM D792 或 ASTM D1505
维卡软化点	℃	至少高于最高设计温度 10℃	ASTM D1525
脆性温度	℃	–50℃或更低	ASTM D746

聚乙烯材料致密、柔韧、成膜连续等特性，决定了其为防护层的最佳材料之一，可以防止砂砾冲击和根系穿透，并且与乙烯基黏结剂具备良好的相容性。材料性能见表 8-3[2]。

表 8-3 聚乙烯树脂性能指标

检验	单位	验收标准				测试方法
		LD	LLD	MD	HD	
密度	g/cm³	< 0.925		0.925 ～ 0.940	> 0.940	ASTM D792 或 ASTM D1505
断裂伸长率	%	≥ 600		≥ 600	≥ 600	ASTM D638；第四类样品；十字头速度 50mm/min
硬度	邵氏 D	≥ 45		≥ 50	≥ 60	ASTM D2240
热老化	MPa，%	≥ 150%（屈服时至少为原始拉伸应力的 65%）				条款 12.6
屈服拉应力	MPa	≥ 9.7		≥ 12.4	≥ 18.5	ASTM D638；Ⅳ型样品；横头速度 50mm/min
220℃氧气中的氧化-诱导时间，铝盘，无筛	min	≥ 10		≥ 10	≥ 10	ASTM D3895
脆化温度	℃	–70 或更低（F_{20}）		–70 或更低（F_{20}）	–70 或更低（F_{20}）	ASTM D746
耐环境应力开裂	h	≥ 300（F_{40}）		≥ 300（F_{40}）	≥ 300（F_{40}）	ASTM D1693（100% Igepal）
维卡软化点	℃	≥ 90		≥ 110	≥ 120	ASTM D1525
流动速率	g/10min	0.15 ～ 0.6	0.5 ～ 2.0	0.15 ～ 1.0	0.15 ～ 0.8	ASTM D1238 190℃/2.16kg

注：LLD 线性低密度聚乙烯，LD 低密度聚乙烯，MD 中密度聚乙烯，HD 高密度聚乙烯。

如果采用全粉末成型的 3PE 涂层，推荐的外护层材料为中密度聚乙烯粉末。

8.1.3 涂层基本参数

全粉末涂层在国内没有应用，所有参数指标均参照加拿大标准规范。涂层使用温度及其厚度参数见表 8-4 和表 8-5。

表 8-4　全粉末涂层使用温度 [5]

涂层类型	应用温度
熔结聚乙烯防腐层使用温度	-40℃～85℃

表 8-5　涂层最小厚度参数 [2]

钢管外径 /mm	底层厚度 /mm	黏结剂层厚度 /mm	聚乙烯层厚度 /mm		
			LD 或 LLD	MD	HD
所有管径	0.12	0.10	0.45	0.45	0.45

注：LLD 线性低密度聚乙烯，LD 低密度聚乙烯，MD 中密度聚乙烯，HD 高密度聚乙烯。

依据表 8-5 以及图 8-1，全粉末涂层的基本厚度约为 750μm，最厚为 1mm 左右，所以要达到 3PE 的厚度等级，必须采用额外补偿方式。

HPCC 涂层为三种粉末熔融结合的整体涂层，依据不同标准规范涂层性能指标见表 8-6 ～表 8-9[2]。

表 8-6　全粉末涂层试验要求性能指标

检验	验收标准	试验方法
阴极剥离（28d，20℃）	≤ 12mm（半径）	条款 12.3（CSA Z245.21）
阴极剥离（28d 最大设计温度）	供货商	
抗弯曲（弯曲 2.5°）	聚乙烯无开裂	条款 12.11（CSA Z245.21）
附着力（28d）	评级为 1 ～ 3	条款 12.14（CSA Z245.20）
抗冲击	≥ 3.0J/mm（实际总厚度）	CSA Z245.20 条款 12.12 条规定，除每毫米厚度外，CSA Z245.20 中直流漏磁检测仪的电压设置 [见条款 12.12.3 d）和 e）条] 应为每微米厚度 10V，最大值为 15000V

表 8-7　环氧底层性能指标

检验	验收标准	试验方法
胶化时间	材料供应要求（20%）	条款 12.2（CSA Z245.20）
阴极剥离（24h，65℃）	≤ 6.5mm（半径）	条款 12.8（CSA Z245.21）
附着力（24h，75℃）	评级为 1 ～ 3	条款 12.14（CSA Z245.20）

表 8-8　聚乙烯涂层性能参数

检验		验收标准	试验方法
屈服拉伸应力	LD 或 LLD	≥ 8.5MPa	ASTM D638；Ⅳ型样品；十字头速度 50mm/min
	MD	≥ 11.0MPa	
	HD	≥ 17.0MPa	
断裂伸长率		≥ 300%	ASTM D638；Ⅳ型样品；十字头速度 50mm/min

表 8-9　全粉末涂层产品性能指标

检验	验收标准	试验方法
阴极剥离（24h，20℃）	≤ 7mm（半径）	条款 12.3（CSA Z245.21）
抗弯曲（弯曲 2.5°）	聚乙烯无开裂	条款 12.11（CSA Z245.21）
附着力（24h，75℃）	评级为 1 ～ 2	条款 12.14（CSA Z245.20）

8.1.4　涂层特点

通过上面简述可知，全粉末涂层各组分从环氧粉末底层到聚乙烯外层是逐渐变化的，不像 3PE 涂层那样各层界限分明。这种防腐层结构是均匀连续的，从热固性的 FBE 到热塑性的聚烯烃之间材料的性能平稳过渡，不存在中间胶黏剂层的失效问题，因此涂层在温差比较大的情况下其内应力也大大减小。在加强型涂层中，整个涂层的厚度可以达到 1500μm[1]。

全粉末涂层具有以下几个显著特点。

（1）良好的层间黏结性能

涂层与钢管基体的黏结性以及涂层与涂层之间黏结性是考虑涂层性能不可或缺的重要因素。全粉末涂层因环氧树脂材料的优异性以及涂层层间渗透过渡的整体性，不但表现出与钢管表面优异的黏结性能，并且其整体性是目前其他多层结构涂层所无法达到的。

欧美相关机构按照美国试验与材料协会 ASTM 和加拿大标准协会 CSA 的规定，对全粉末涂层进行试验，涂层与钢管表面黏结强度的试验结果分别为 5A 和 1 级，都处于规定的最大值。非常好地证明了其优异的黏结性能。

（2）使用寿命长

熔结环氧粉末涂层（FBE）与钢管基体有着极强的附着力，目前的钢管防腐有机涂料中，没有哪种涂料能够超过环氧粉末。其作为防腐层极大地提高了整个涂层的耐腐蚀能力，因而也延长了防腐管道的使用寿命。此外，FBE 良好的黏结性使其具有极大的抗阴极剥离性能，从而也减少了管道服役过程中的阴极保护投资。

涂层采用三层全粉末结构，外涂层的柔韧性增强了整个涂层的抗冲击和耐根系穿透的能力，所以具备了 3PE 涂层的长寿命优点。

（3）涂层一体性结构

三层粉末逐层涂装方式，各层间过渡、渗透、熔融，这种独特的施工工艺可以使整个涂层熔结为一个整体，各层之间的黏结更密实。单从结构上可看作单层，极大地降低了多涂层结构分层和黏结性能丧失的风险。所以涂层的整体性能又优于 3PE 涂层。

（4）良好的焊缝填充性

全粉末涂层具有极好的涂覆均匀性和空穴填充性能（图 8-2）。在管道焊缝顶

图 8-2　焊缝处的涂层[3]

部成型的普通 3PE 涂层，厚度一般比管本体涂层厚度减薄 10%～30%。且焊缝根部涂层易包裹气泡，形成帐篷效应，与管壁不能很好地黏结，是整个涂层的薄弱环节。全粉末涂层可以很好地解决这个问题，采用粉末涂装，不存在涂层涂装过程中的碾压密实工序，并且焊缝两侧可以填满涂料，不会产生空洞，从而使焊缝颈区也达到与管本体同样的防腐效果。

（5）节省涂层材料

3PE 防腐层最薄弱的环节就是焊缝，因为其凸出管本体的特性，必然存在相比较管本体涂层的减薄。按照标准最低 10% 减薄量进行计算，如果全粉末涂层的焊缝与管本体涂层厚度一致，则管本体涂层同样可以减薄 10%，只计算 PE 外层，则可以节省 10%PE 材料的使用量。

（6）优异的抗冲击性能

HPCC 涂层结构中的最外层采用聚乙烯材料，聚乙烯涂层的抗力学性能和柔韧性，能够确保三层整体结构具备较高的抗冲击性能。经过实验室检测，在室温下（22℃）进行的抗冲击性试验表明，对于无漏点的全粉末涂层，在冲击能量值为 9.7J 时涂层产生破坏，远高于 CSA Z245.20 标准规定值 3J/mm（图 8-3），0℃冲击能量值为 10.2J，在 -30℃冲击能量值为 11J[6]。而 3PE 涂层的高抗冲击性正好体现在其超厚的聚乙烯外护层上。

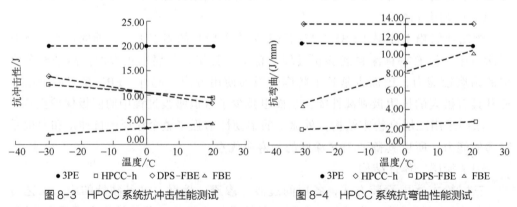

图 8-3　HPCC 系统抗冲击性能测试　　　　图 8-4　HPCC 系统抗弯曲性能测试

（7）抗弯曲性能

图 8-4 表示 HPCC 涂层在特定温度下与单层环氧（FBE）、双层环氧（DPS-FBE）和 3PE 涂层在弯曲性能上的对比[3]。明显可以看出，全粉末涂层的弯曲性能最好，在任何温度下均能够达到 13° 以上。这种优良的弯曲性能，使其能够在低

温条件下进行施工而不会对涂层造成破坏，尤其是在北方的寒冷季节，全粉末涂层的用途更为广泛。

（8）优异的结构形态

从全粉末涂层的微观结构来看（图 8-5），环氧底层中存在的微孔和瑕点要比聚乙烯层多，说明其孔隙率高。FBE 和聚乙烯层间界面非常致密，没有明显的孔隙、气泡或杂质。界面间因为黏结剂层非常薄，并且涂覆后颜色形态与聚乙烯层相似，因此无法分辨聚乙烯黏结剂层（过渡良好）。微观结构表明，聚乙烯层比环氧粉末层更加致密、所含颗粒更少。这是目前为止全粉末涂层结构最准确的表示，因此涂层与 FBE 涂层相比抗水或抗化学介质渗透性能更好[6]。

(a) 聚乙烯/环氧界面　　　　(b) 环氧层　　　　(c) 聚乙烯层

图 8-5　高效复合涂层结构形态（放大 400 倍）

（9）较低的吸水率

Howell 等[6]做了全粉末涂层的吸水率测试，用自制的盖有涂层膜的充水试验槽，采用三组膜厚不同的 HPCC 涂层试样，以试验槽中水的减少量表示涂层的吸水性，如图 8-6 所示。试验表明，无论哪种厚度涂层的渗透性引起的水量减少都在 1% 的范围内。聚乙烯层的孔隙率要比环氧层小得多，因此整个涂层的渗透性和吸水率都非常低，故聚乙烯层在涂层的吸水率性能中起最重要的作用。

（10）抗阴极剥离性能

抗阴极剥离测试在涂层性能测试中是一个非常重要的方面。在高效复合涂层的抗阴极剥离性能测试中，King 等[7]做了相关的重要试验，试验参照加拿大标准 CSA Z245.20[4]，分别在 23℃、65℃和 95℃三个温度下进行。试验结果如图 8-7 所示，证实了全粉末涂层良好的抗阴极剥离性能。

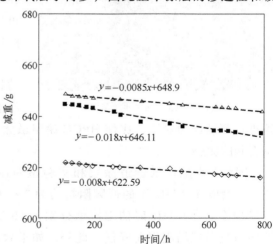

图 8-6　吸水性测试（试验槽重量与时间的关系）

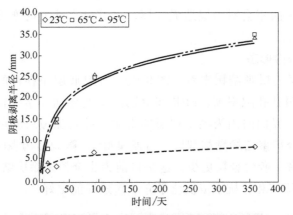

图 8-7 抗阴极剥离试验结果

（11）电化学阻抗谱测试

为了评价 HPCC 涂层的性能，1992 年 TCP 公司专门做了关于 HPCC 涂层的试用试验，试验用长约 170m、管径 φ1067mm 的 HPCC 涂层钢管，三个试验管段敷设在距压气站下游 2.7km 的地方，管道表面温度约 40℃。埋设土质为黏土沙地，水位较高，管段平均约一半表面位于水位以下。11 年后检测 HPCC 涂层性能。

图 8-8 EIS Plus 现场测试

现场进行涂层检测，试验方法采用电化学阻抗谱改进法 EIS Plus：将检测器（图 8-8 中 A）用带子固定在管道表面，也可以用磁铁代替固定带将检测器加以固定，因为在实验室试验时，磁铁磁场对涂层的阻抗响应并没有明显的影响。在 EIS Plus 检测时需要一个线路来连接，可以用一块小磁铁连接在一块除去涂层的地方（图 8-8 中 B）[7]。

为了评价 HPCC 涂层在使用 11 年后的性能，用两个从来没有经过试验，也没有遭受严酷环境使用的 HPCC 涂层样管进行测试作为对比，比样 HPCC 涂层虽然不是在同一时间制作的，试验时看作是新制的涂层。

图 8-9 就是现场管道涂层和实验室新制涂层的测试结果[7]。可以看出，新 HPCC 涂层在 0.1Hz 下的低频阻抗约为 $3 \times 10^{11} \Omega \cdot cm^2$，而现场使用 11 年的涂层和受损涂层在 0.1Hz 时的阻抗值分别为 $10^{10} \Omega \cdot cm^2$ 和 $4 \times 10^{10} \Omega \cdot cm^2$。很明显，涂层阻抗随现场应用而降低。此外，如果涂层在受损伤后投入使用，其阻抗会进一步降低，防腐性能也就随之降低。

试验结果表明，埋地的 HPCC 涂层长期使用性能良好。但要想涂层长期稳定的运行应保证涂层的完整性。

（12）施工工艺灵活性强

涂装工艺先进，可以满足用户的不同要求，适用于直径 400 ～ 1220mm 的管道，涂层厚度范围可以按照不同的涂层性能要求和技术规定调整，故具有很大的灵活性，且现场施工成本比较低。

通过对管道涂装的 HPCC 和 FBE 涂层的相关参数进行对比（表 8-10），可以明确 HPCC 涂层优于 FBE 涂层。表中的试验数据在进行涂层选用时可以作为参考。

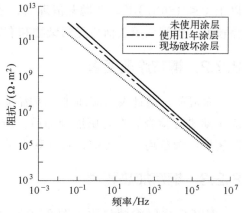

图 8-9　HPCC 涂层使用 11 年后的阻抗响应

表 8-10　HPCC 涂层与 FBE 涂层相关参数比较 [8]

涂层及性能指标		HPCC 涂层 750μm	FBE 涂层 350μm
抗弯曲（-30℃）/（°/ 直径）		＞ 5.5	2.5 ～ 4
抗冲击（-30℃）/J		7.5 ～ 11	1.5 ～ 3
热水附着力	75℃，24h	1	1
	75℃，28d	1	2 ～ 3
	95℃，28d	1 ～ 2	3 ～ 4
阴极剥离半径 /mm	23℃，28d	0 ～ 2.0	3.5 ～ 8.5
	65℃，48h	0 ～ 2.0	2.5 ～ 8.5
	65℃，28d	8 ～ 15	18 ～ 28

8.2　涂层成型工艺

HPCC 涂层采用环氧粉末、黏结剂粉末和聚乙烯粉末三种材料，在预加热高温钢管表面上逐层沉积后成型，工艺如图 8-10 所示。图中对 HPCC 涂层成型工艺过程进行了详细的描述，但其中绝大部分工艺流程等同于 3PE 涂层成型工艺，如进出管、上下管、外壁除锈、内外灰尘清除、冷却定型等。

8.2.1　表面处理

钢管或管件经抛丸处理后，除锈等级达到 Sa2½，锚纹特征要求达到 40 ～ 110μm[2]。在表面处理及后续工作中，钢管表面温度应至少高于露点温度 3℃

以上（＜150℃）[2]。在抛丸清理后，钢管表面质量必须经过目测等检查工序。在涂覆前，钢管金属表面应无污染物和有害物质，如灰尘、油渍、油脂、焊瘤等。

8.2.2 钢管涂覆要求

涂覆前，钢管表面应加热至所需温度，需对温度进行监测。涂覆的中间层厚度应定期进行检查。在防腐层冷却后，应目视检查整根钢管防腐层的外观和连续性。防腐层应颜色均一、光洁，且外观光滑、无漏点和其他对涂层质量有害的缺陷。

8.2.3 钢管加热要求

HPCC涂层涂装过程（图8-10），材料熔融及流平所需要的全部热量由加热的钢管本体提供。首先通过加热源（感应中频）把钢管加热到所要求的温度范围，在加热状态下对底层涂装的环氧粉末熔融，使其呈胶化状态，随即涂装的黏结剂粉末在胶化环氧粉末的热表面熔融并与环氧粉末层反应，最后涂装的聚乙烯粉末在钢管表面余热下继续熔融，并与熔融的黏结剂层渗透黏结，形成三层粉末涂层。

这种热状态需要满足三种材料最基本熔融的管体温度，并且也需要一个最佳匹配温度。温度过低，聚乙烯粉末层得不到足够的热量完成熔化并流平，但过高的温度会造成环氧粉末过早结束胶化，无法满足其与黏结剂层的反应。需要注意的是，外界环境对钢管加热后的余温影响比较大，粉末状材料的熔化主要依靠钢管加热后的蓄热，环境温度过低并且钢管管径比较大，钢管周向旋转速度所限，旋转一周后其温降有可能在5～10℃以上，并且粉末材料的涂覆幅宽范围往往大于钢管传输螺距（保证涂层材料的厚度），在粉末涂覆幅宽范围内完成钢管旋转次数，温度降有可能更大。

三种粉末材料中，环氧粉末根据钢管壁厚（温度降）、运行速度（环境温度影响）、粉末胶化固化曲线（最佳固化温度），要求加热的钢管表面温度为180～250℃（最佳为210～230℃）。黏结剂粉末和聚乙烯外层粉末受到钢管壁厚和外界环境温度等的影响，以及聚乙烯基两种材料所要求的涂层熔融、叠加（螺距确定叠加层数）、二次熔融、流平所要求的温度，钢管表面一般要求加热至220～250℃。

对于HPCC涂层涂装过程中加热温度的要求，以图8-11进行说明，钢管经过加热源（感应中频）加热至温度t，钢管传输至环氧粉末喷涂末端位置表面温度降到t_0，t_0要求满足末端环氧粉末涂装后的最低熔融温度，钢管表面温度降低至满足黏结剂熔融温度t_1，进行聚乙烯外层粉末涂装时，因整体涂层满足一定的厚度，依据钢管传输螺距需要多层叠加，胶黏剂粉末涂装的末端温度t_2必须满足聚乙烯粉末的熔融，并且钢管本体剩余热量满足粉末的进一步流平。

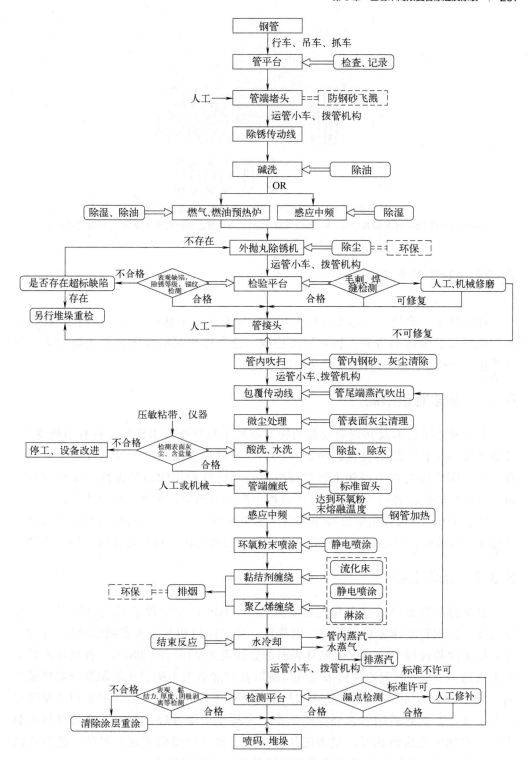

图 8-10　HPCC 涂层涂装工艺流程图

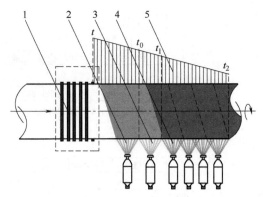

图 8-11 HPCC 三层粉末涂装温降示意图

1—中频加热；2—环氧粉末涂装；3—黏结剂粉末涂装；4—聚乙烯外层粉末涂装；5—温度降示意

8.3 成型工艺难点

对于 HPCC 涂层，实际操作的工艺过程并非想象中那么简单，采用帘幕流涂、流化床法或其他涂装方式，钢管温度控制与涂层厚度是必须考虑的关键因素。此外，还需要确定三种材料的温度和涂层厚度。

8.3.1 粉末制备限制

由于聚乙烯粉末及共聚物胶黏剂粉末都属于热塑性粉末涂料，具有遇热变软、冷却后又能硬化成膜的特性。所以在加工聚乙烯粉末的过程中粉末极易受热黏结在一起，所以需要在生产线上设有深冷装置，导致粉末的造价很高。现在国内在研究气流粉碎法，通过气流带走生产过程中产生的热量，但效率还是太低。

对于 Shaw 公司提出的三种粉末全部采用静电喷涂，必须对黏结剂粉末和聚乙烯粉末进行改性，使之具备带上静电的特性，否则无法采用静电喷涂法进行涂装。

8.3.2 温度控制

前面的钢管加热条目中我们已经阐述了，HPCC 涂层涂装过程的粉末熔融温度主要依据钢管本体加热后所储存的热量，按照国内相关工程实践以及材料特性，环氧粉末涂装过程中所要求的钢管表面加热温度为 230℃ 或 200℃，管径过大甚至要求低到 180℃，而聚乙烯粉末完成熔融以及熔融后流平所要求的温度一般要求达到 220 ~ 250℃，所以与环氧粉末加热温度出现了大的冲突，而如图 8-11（温度梯度图）所示，加热后钢管表面的储热是一个梯度下降过程，与粉末涂装材料所要求的温度梯度值恰恰相反，是否能从材料性能改性中得以实现？另外，是否可以采用补热方式（例如热烘烤）完成聚乙烯外涂层的更好流平。

补热。成膜前聚乙烯粉末涂料是以颗粒状附着在被涂物表面的。在受热条件下，聚乙烯粉末颗粒发生热熔、凝聚成膜，冷却后形成均匀坚固的膜层。在施工中控制好管道补热温度和时间对形成的涂膜性能起着至关重要的作用。不同类型的热塑性成膜物，达到熔融流平的温度和时间都不同，因此应根据具体要求加以控制。补热温度可在一定范围内变化，温度升高，流平时间可以缩短，但是烘烤温度过高，超过成膜物的耐热性，也难以保证涂层的质量；烘烤温度过低，流平时间延长，劳动生产效率降低。因此如果采用补热，一定要选择好合适的补热温度和时间。

8.3.3　涂层厚度

三层粉末涂层采用在线机械化涂装方式，与普通 3PE 涂层一样，涂层最终厚度由聚乙烯外层决定。但在实际采用全粉末进行涂装过程中，受温度、环境、工艺的影响，聚乙烯粉末涂层不能过厚，造成整体涂层厚度减薄，无法达到 3PE 涂层厚度或相关标准规范要求的厚度。所以涂层厚度以满足涂塑管规范要求为准。

8.4　粉末涂装工艺简述

HPCC 涂层涂装是一个除锈、加热、涂装和涂层定型的过程。粉末涂装的关键环节之一，就是如何高效地把三种粉末涂装在钢管表面，形成所要求的涂层结构，所以三种粉末的涂装工艺是必须关注的。

粉末涂料在钢管上的涂装方式比较多，而为满足 HPCC 三层粉末的涂装，文献资料和实际操作中主要有三种形式。

8.4.1　粉末静电涂装

文献 [1] 描述 HPCC 三层粉末涂层采用静电喷涂形式完成涂装（图 8-12）。采用静电发生器在喷枪与涂装钢管之间形成静电场，使得从喷枪飞出的粉末粒子带上静电，带静电的粉末在静电场作用下飞向钢管表面，沉积、贴附并熔融，形成一定厚度的涂层。静电粉末喷涂技术，涂层的上粉率高，成膜质量好，是管道粉末涂装采用的通用方式。

静电喷涂技术的关键是压缩空气送粉和粉末粒子带上静电。

压缩空气送粉满足粉末以一定压力、一定量离枪喷出，以满足涂装的初始粉末量，以及粉末平稳向待涂管道表面移动。粉末带上静电，是因为粉末粒子本身有一定的重量，完全采用压缩空气的压力使得粉末接触待涂表面，无论如何调整供气压力，总会在涂装工件表面产生反弹，造成上粉率急剧下降，如果减小粉末粒子的重量，质轻的粉末在空气压力下在未达到工件表面时就会四散飞溅，在外回

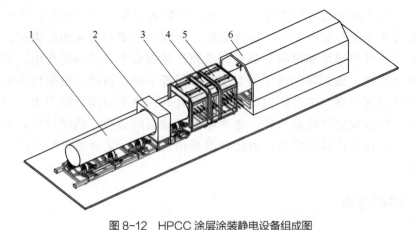

图 8-12　HPCC 涂层涂装静电设备组成图

1—钢管；2—加热中频；3—环氧粉末静电喷涂装置；4—黏结剂粉末静电喷涂装置；
5—聚乙烯粉末静电喷涂装置；6—水冷却装置

收的作用下，有可能大部分被吸走，所以提高上粉率的关键之一就是使粉末粒子带上静电，使得粉末粒子在静电场和空气压力的双重作用下飞向工件表面，从而在降低压缩空气压力的情况下提高上粉率。

粉末粒子带上静电。对于环氧粉末这种极性材料非常容易实现，而对于非极性的热塑性材料，例如聚乙烯粉末颗粒等，并未在相关文献中提到采用静电涂装方式使粉末粒子带上足够多静电来完成涂层涂装。

因为采用静电喷涂方式完成聚乙烯粉末涂层涂装存在以下几个方面的限制。

（1）粉末粒子的粒度

采用静电喷涂方式进行粉末涂装，要求粉末粒子的直径在 150μm（≈ 100 目），而聚乙烯粉末粒度一般为 50 目左右（250 ～ 300μm），已经无法满足带上静电的喷涂要求。此外，因粉末粒度过大，即便采用喷涂热吸附，因自身重量和粉末粒子回弹，造成上粉率低、涂层厚度薄的缺陷。如果达到所要求的粒度，则需要采用深冷法进行研磨，但材料的造价、工艺等方面无法满足，限制了涂料的推广应用。

（2）非极性材料

对于粉末静电喷涂工艺，重点要考虑粉末涂料颗粒接受电荷，保持电荷和电荷分布的情况，这直接影响到粉末对工件的吸附力和沉积效率。

环氧树脂等极性材料受到外加电场时，呈现出电性，极易带上静电，而聚乙烯粉末为非极性材料，不具备导电性，在粉末粒子中不添加任何电介质的情况下，即便经过静电场的作用也无法带上满足涂层涂装的静电。

虽然聚乙烯粉末颗粒介电常数为 2.2 ～ 2.3，体积电阻率 $\geqslant 10^{14} \Omega \cdot m^3$，就是因为其为非极性，即便经过电场带上静电，也容易失去电荷，并且其所带静电不足以克服粉末粒子自身重量完成涂层涂覆。所以在实际应用中，聚乙烯颗粒多采用火焰喷涂法而非静电喷涂方式。

综上所述，HPCC 涂层环氧粉末成膜可以通过静电喷涂方式进行涂装，而聚乙烯基的黏结剂和外层聚乙烯粉末层很难采用静电喷涂法完成涂层涂装，即便采用热喷涂法，因其粒度的限制，也无法达到所要求的厚度。

8.4.2　粉末淋涂法

通过在旋转向前传输加热的待涂钢管上部放置可调节的存料楔形漏斗，将塑料粉末呈幕帘状均匀地散布在已加热的钢管外壁上，由于钢管的转动，就会将撒在其上的塑料粉末熔融于外表面上，形成所需的涂塑膜（图 8-13）。

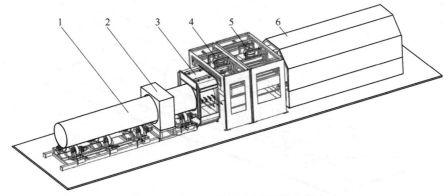

图 8-13　HPCC 涂层粉末淋涂法示意图

1—钢管；2—中频加热；3—环氧粉末静电喷涂；4—聚乙烯黏结剂粉末淋涂；5—聚乙烯粉末淋涂；6—水冷却

涂层涂装。环氧粉末采用静电喷涂，黏结剂粉末和聚乙烯粉末采用淋涂。工艺过程为：加热的钢管首先通过环氧粉末静电喷涂区域完成环氧粉末涂装，在热熔的环氧粉末表面通过钢管上置加粉楔形漏斗完成黏结剂粉末的撒涂，并在连续工位完成聚乙烯粉末的撒涂。

采用钢管本体的余热完成塑性黏结剂和聚乙烯粉末熔融流平，其关键技术点为：黏结剂粉末撒涂并熔融过程中，先期涂装的环氧粉末涂层必须处于胶化状态；涂层最终进入冷却定型工位前，聚乙烯层须完成熔融并流平。

粉末淋涂法。涂装过程中，楔形口流幕涂装的多余粉末会向外扩散，只要钢管本体热量足够，其中绝大部分飘洒的粉末在管径范围内可以黏附在钢管表面，因此这种方式比较适合于大口径管道，小口径管道粉末上粉率非常低。此外，淋涂方式，粉末层达到要求厚度，需要粉末在钢管传动的螺距范围内，多层叠加，因此要求钢管本体的热量足够才能满足要求，可能要增加钢管的加热温度，或者需要加长聚乙烯粉末楔形料斗的长度。采用流幕方式，粉末与钢管接触的面为线性，包裹面小，在热管范围内粉末热吸附能力低。所以流幕淋涂方式也不完全适合HPCC 涂层涂装。

8.4.3 流化床法

钢管粉末流化床法涂装，是把加热钢管的 1/2 或 2/3 浸入满足钢管长度并盛满沸腾粉末的流化床内，增大粉末与热钢管表面接触的包裹面，在旋转的钢管表面热吸附并熔融粉末材料形成涂层。

但对于 HPCC 涂层的三层结构，因为受环境温度以及施工工艺复杂性的影响，无法采用分三次整根浸涂方式来完成涂层涂装。

所以需要设计管道通过式流化床，使得加热钢管的局部管段浸入并连续不断地通过流化床。如同 3PE 涂层成型，在钢管连续螺旋向前传输的工序中完成环氧粉末静电喷涂、黏结剂粉末流化涂装和聚乙烯粉末流化涂装（图 8-14）。

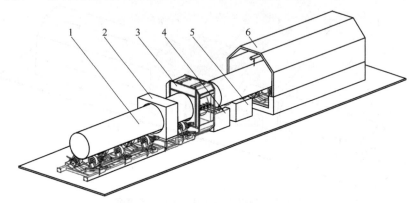

图 8-14　HPCC 涂层粉末流化床涂装示意图

1—钢管；2—中频加热；3—环氧粉末静电喷涂；4—黏结剂粉末流化床涂装；
5—聚乙烯粉末流化床涂装；6—水冷却

所以初步确定工艺的 HPCC 涂层涂装设备组成如图 8-15 所示，包括传动滚轮、加热中频、环氧粉末静电喷涂设备、通过式黏结剂粉末流化床、通过式聚乙烯粉末流化床、烟尘处理和冷却系统等。

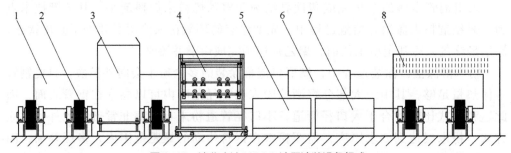

图 8-15　流化床法 HPCC 涂层涂装设备组成

1—钢管；2—传动滚轮；3—加热中频；4—环氧粉末静电喷涂装置；5—通过式胶黏剂粉末流化床；6—粉末烟尘处理装置；7—通过式聚乙烯粉末流化床；8—涂层冷却系统

其中关键技术就是需要设计钢管可以通过的小型流化床，这种流化床要求满足钢管通过时漂浮的粉末高度能够包裹钢管 1/3 底部，并且扩散粉末能够自动回收利用，满足生产的连续进行，流化床还需要在线加粉装置。

流化床设计简图如图 8-16 所示，流化床最显著的设计特征是钢管的通道。设计难点是，流化的粉末均匀稳定地飘浮在钢管通道内。

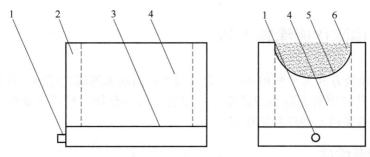

图 8-16 通过式流化床

1—进气通道；2—流化板；3—粉末回收槽；4—流化箱；5—钢管通道；6—流化粉末

流化床涂装方式能够满足全粉末涂层的涂装要求，并且粉末涂层能够均匀、多层黏附在钢管或其他涂层表面，并能够达到一定的涂层厚度。

8.5 粉末涂装改进工艺

为了解决全粉末涂层涂装过程中涂层厚度受限的缺陷，加拿大 Bredero SHAW 公司通过在三层粉末涂装完成的钢管上挤出缠绕一层聚乙烯防护层来解决[9]，并且涂层总厚度可以根据要求进行调整，所以改进的 HPCC 涂层涂装可采用上述三种成型工艺中的一种，外加第四层挤出聚乙烯的缠绕，以增加涂层厚度，达到 3PE 涂层所要求的厚度。图 8-17 就是环氧粉末静电喷涂、底胶和聚乙烯粉末流化床涂装，外加聚乙烯挤出缠绕涂装示意图。

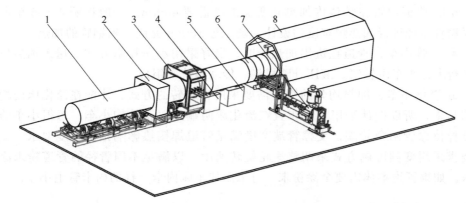

图 8-17 改进 HPCC 涂层涂装示意简图

1—钢管；2—中频加热；3—环氧粉末静电喷涂；4—黏结剂粉末流化床涂装；5—聚乙烯粉末流化床涂装；
6—聚乙烯缠绕层；7—聚乙烯层挤出机；8—水冷却

但是，上述改进工艺虽然集合了全粉末涂装后填充空穴、焊缝侧平滑过渡、层间相容以及侧缠绕，满足涂层厚度，但在实施过程中，因为在缠绕聚乙烯热挤出带的过程中，需要采用碾压滚轮进行聚乙烯叠加层的密实碾压，对于焊接钢管，同样会造成焊缝防腐层的减薄。

8.6 整体流化床涂装工艺

流化床涂装方式是把整体加热的钢管浸入布满粉末的流化床内，在管本体高温作用下，旋转的钢管粘附飘浮的粉末，逐层熔融并叠加，然后冷却形成固定厚度的涂层，一般多用于塑性粉末涂层。

8.6.1 设备组成

① 除锈机。钢管在涂装前须去除表面氧化皮及浮锈等，建议选用抛丸方式，普通钢管可采用连续的传动线送入抛丸除锈机内，异型或者非光面管道，建议采用抛丸小车把管道送入抛丸机进行清理。

② 流化床。因为涂层采用三层粉末结构，因此需要设置3台满足管道整体涂装的流化床，分别盛装环氧粉末、胶黏剂粉末和聚乙烯粉末。流化床尺寸要求大于涂装管道（工程中最大口径管道）外径。流化床设计成可升降结构，升降高度须满足飘浮的粉末包裹钢管底部三分之二以上。

③ 加热炉。流化涂装采用整体均匀管本体加热粘附熔融飘浮的粉末，在线通过式的加热中频已经无法满足管道加热要求（受外界环境影响，易造成管道首尾温差过大），所以需要设计管道整体加热炉。可以采用燃油或者天然气为热源燃料。炉体高度须高过最大口径的管道（包含管道平台及其预留风道等）。炉体宽度要求按照生产节奏进行设计，例如30min生产一根最大口径的成品管（每个工位10min），单根钢管在炉体内加热到所需温度需要40min，一般按照4～5根最大口径钢管直径进行加热炉宽度的设计，确保每30min完成一根钢管的加热。

④ 运管小车。管道在进出加热炉时，最好采用小车托举方式，送入加热炉内的平台上，小车由轮组、液压升降机构、传动系统等组成。

⑤ 流化小车。加热均匀的钢管需要采用自旋转的方式，才能在流化床内均匀粘附粉末，所以设计采用对称布置在流化床两端的双轮结构小车，每组小车的双轮支撑待涂管两个管端，支撑管端宽度满足管道焊接热影响预留长度要求，支撑轮要求采用变频可调方式来调整滚轮旋转速度，以满足不同管径的管道粉末涂装要求。如果管道本体需要全涂粉末，可采用如车床内卡一样的内卡管道小车。

8.6.2 工艺过程

① 除锈。待涂管道，通过抛丸机清除浮锈及氧化皮等，并在管道表面形成环氧涂

层厚度约三分之一到四分之一的锚纹特征（经验值，如有可能按照规范选取）。

② 加热。在加热炉内把钢管整体加热至 230℃左右，满足粉末涂覆要求。

③ 设备布置。3 台流化床依次按照环氧粉末、胶黏剂粉末和聚乙烯粉末平行布置，床间距要求粉末流化过程以及管道涂装过程不发生污染和干涉。流化小车一组两台，分别对称布置在流化床的两端，并在小车底部安装轨道。轨道长度须满足小车从环氧粉末流化床经胶黏剂到达聚乙烯流化床，并确保待涂管道能够停留在每个流化床的中心线位置。若条件允许，钢管加热炉宜布置在环氧粉末流化床侧，如果管道在加热炉内为横向移动，则加热炉应与流化床平行布置（图 8-18）。

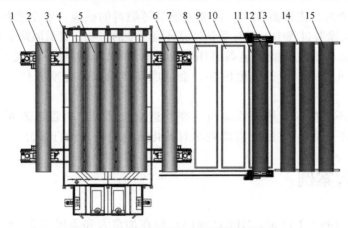

图 8-18　三层粉末流化床涂装设备布置图

1—预热炉进管小车；2—除锈后光管；3—小车轨道；4—预热炉；5—在加热管道；6—加热完成管道；7—加热炉出管小车；8—环氧粉末流化床；9—流化小车轨道；10—黏结剂粉末流化床；11—聚乙烯粉末流化床；12—正在流化的钢管；13—流化小车；14—固化管平台；15—成品管道

④ 粉末涂装。启动 3 台流化床，确保粉末流化均匀。采用升降小车或者天车等，把加热完成的钢管放置在流化小车上，并启动流化小车滚轮，变频调整合理的钢管旋转速度。

传送钢管至环氧粉末流化床中心线位置，升起流化床，通过钢管的初始热进行环氧粉末得热涂粘附，待环氧粉末层达到指定厚度，降下环氧粉末流化床。

传送钢管至胶黏剂粉末流化床中心线位置，升起流化床，利用涂覆环氧粉末层的余热进行胶黏剂粉末的热涂粘附，待胶黏剂粉末层达到指定厚度，降下胶黏剂粉末流化床。

传送钢管至聚乙烯粉末流化床中心线位置，升起流化床，利用涂覆胶黏剂粉末层的余热进行聚乙烯粉末的热涂粘附，待聚乙烯粉末层达到指定厚度，降下聚乙烯粉末流化床。

在进行粉末涂装过程中，钢管在每个流化床的旋转速度须根据每种粉末涂层厚度、钢管直径进行计算。

⑤ 成型。涂装完成的钢管通过吊装方式放置在两管端支撑的管垛，在自然环境下完成涂层的流平、冷却、固化成型。

8.6.3 优缺点

（1）优点

① 涂覆设备结构比较简单，易于设计加工。

② 工艺流程简捷，设备易操作，工人培训时间短。

③ 涂层整体性好，表面无接缝、过渡层等。

适合普通钢管、表面加筋等非面光管、大小头等异型钢管、球墨铸铁管等无法满足连续传动的管道涂装。

（2）缺点

① 设备庞大，占地面积大，需要天然气等燃料的供应，安全系数要求高。

② 在涂层涂装过程中，容易受到外界环境温度的影响，管道温降变化不易控制。

③ 材料需要改性才能满足高温环氧粉末涂装和较低温度下的聚乙烯粉末涂装。

④ 涂装过程中，由于温度影响，会造成环氧粉末的先期固化，易影响涂层的整体质量。

⑤ 因为环氧粉末为热固性涂料，在管道涂装过程中，管道表面涂层易形成影响产品质量的"质点"，因此需要随时对流化床内的粉末进行筛分。

8.7 工程案例

据记载，1992年以来，HPCC涂层已经在加拿大和美国的20多个管道工程中得到应用，管径范围 $\varphi406 \sim 1067\text{mm}$，管长从171m到545km。HPCC涂层在国外发展了二三十年，已经积累了相当多的应用经验，尤其是在严酷的环境条件下，包括岩石区、酸性岩石排水区和热管湿地等情况。

如加拿大的 Godin Lake Loop 工程，钢管规格分别为 NPS 36mm×100mm，NPS 36mm×120mm，管道长度分别为 2.0km 和 1.6km[10]。管道主线选用的是 Bredero SHAW 公司生产的 HPCC 涂层。涂层材料分别采用环氧粉末、聚乙烯胶黏剂和中密度聚乙烯，其中环氧底层厚度 $\geqslant 150\mu\text{m}$，中间胶黏剂层厚度 $\geqslant 125\mu\text{m}$，中密度聚乙烯层厚度 $\geqslant 750\mu\text{m}$，总涂层的厚度在 $1000\mu\text{m}$ 以上。涂层由 Trans Canada 公司进行涂覆，原材料及涂层都按照 CSA Z245.21-02（B2）标准进行检测，检测结果都完全满足各项规定，在装运前涂层无漏点缺陷。

此项工程的目的在于评价这项新技术在偏远严酷的条件下的使用性能及可靠性，在涂覆和施工过程中没有大的问题，进展非常顺利，甚至在 -45℃ 的低温条件下进行卸载、接管和弯曲等操作，对涂层也几乎没有造成损伤，现场接头和修复等环节也取得了很好的效果。

8.8 小结

本章对全粉末高效复合涂层（HPCC）喷涂工艺、性能测试和工程应用实例等进行介绍和综合分析，可以看出高效复合涂层是一种性能优越的新型管道防腐涂层，尤其适用于寒冷地区的油气管道防腐、寒冷气候条件下的施工以及海洋管道铺设，并且成本较 3PE 涂层低，是将来管道防腐发展的一个重要方向。

但是现在，国内全粉末涂装技术还不是很成熟，有一些具体问题有待更好地解决，属于试推广阶段，还不能完全被接受。有关全粉末喷涂新涂层的标准还没有发行，很多问题还表现得不是很明显。一旦受到人们的重视，新涂层的推广就非常顺利了。相信这项技术必将会在全国范围内进行推广。

以上 HPCC 涂层技术指标，均由加拿大标准 CSA Z245.21 和 SHAW 公司提供，在国内虽有大量文献提及，因为没有相关标准支持，所以相关数据支持并不明显。

最后一点，如果采用全粉末涂层，外层采用聚乙烯粉末热熔融流平，没有经过螺杆挤出机充分挤压、缠接、压缩，所形成涂层的厚度较薄，拉伸强度等应该低于挤出涂层，涂层的孔隙（未完全流平状态时）也相应大于螺杆挤出机挤出涂层，长时间运行可能会造成气液渗透。当然上述假设需要通过实验验证。

参考文献

[1]　Shiwei William，Nick Gritis，Adam Jackson，et al. 先进的陆地和海底管道涂覆技术 [J]. 油气储运，2005，24（12）：110-114.

[2]　Canadian Standards Association.Plant-applied external polyethylene coating for steel pipe：CSA Z245.21-18[S].

[3]　Shiwei William，Nick Gritis.Advanced onshore and offshore pipeline coating technologies[C].China International Oil& Gas Pipeline Technology（Integrity）Conference & Expo，2005.

[4]　Canadian Standards Association.Plant-applied external fusion bond epoxy coating for steel pipe：CSA Z245.20-18[S].

[5]　A.Castro，W.Kresic，B.Scott. "Corrosion Management and Construction Methodology for the 30" diameter enbridge athabasca pipeline[C].NACE Northern Area Western Regional Conference，Calgary，1999.

[6]　G.R.Howell，Y.F.Cheng.Characterization of high performance composite coating for the northern pipeline application[J].Progress in Organic Coatings，2007（60）：148-152.

[7]　King F，Been J，Worthingham R，et al.Laboratory and field investigations of the performance of HPCC coatings[C].International pipeline conference，Calgary，2004.

[8]　Niu L，Cheng Y F.Development of innovative coating technology for pipeline operation crossing the permafrost terrain[J].Construction & Building Materials，2008，22（4）：417-422.

[9]　C.N.C.Lam，D.T.Wong，R.E.Steeleet，et al.A new approach to high performance polyolefin coatings[C].Nace International Corrosion 2007 Conference & Expc，2007.

[10]　P.Singh，S.haberer，N.Gritis，et al.New developments inhigh performance coatings[C].BHR Pipeline Protection Conference，2005.

第 9 章

钢质弯管外涂层及涂装

钢质弯管外涂层是长输管道工程建设中，与补口差不多的涂层涂装薄弱环节。3PE 涂层作为长输管道建设中最主要的涂层结构，得到大面积的应用，这就为弯管涂层的涂装提出了相应的课题。

延长长输管道使用寿命，外涂层起到了 99% 的作用，这里面就包含弯管等管件的涂层，弯管等只有达到与主管道等同或接近的涂层结构、涂层类型以及涂层质量，才不会在弯管处形成管道长期运行的缺陷点。所以弯管等管件的涂层类型、涂装质量等与主管道同等重要。

长期以来，弯管作为特殊构件被归类到了管件中，所以 2019 年以前国内没有专门弯管涂层的标准规范。长输管道若采用 3PE 涂层，则相关标准未明确弯管的涂层类型和要求，所以弯管涂层参照了相应规范中补口和管件涂装技术的要求。

2019 年我国发布了《埋地钢质弯管聚乙烯防腐带耐蚀作业技术规范》（GB/T 37587—2019），虽然其中相关涂层参数存在争议，但涂层类型在工程实践中得到了应用。

9.1 弯管涂层及涂装工艺要求

长输管道建设中，弯管作为关键节点，为保证管道建设的长寿命，要求其外涂层满足管道涂层建设的最低要求。

9.1.1 涂层类型

（1）液态环氧涂层

涂层采用无溶剂环氧涂料进行涂装。涂层等级和厚度见表 9-1，性能指标见表 9-2。

表 9-1　弯管涂层等级和厚度[1]

序号	防腐等级	干膜厚度 /μm
1	普通级	≥ 400
2	加强级	≥ 600

　　无溶剂液体环氧涂料进行热煨弯管涂层涂装，国内外早有应用实例，我国的西气东输部分管道就采用了液体环氧涂料防腐层。其主要优点是与钢管表面黏结性优异、抗化学介质侵蚀、防腐性能好、阴极剥离半径小、使用温度范围宽、耐磨、施工简单、常温固化，满足现场施工要求。但机械强度差，抗冲击性弱。

表 9-2　无溶剂液态环氧涂层性能指标[1]

检测项目	性能指标	检测项目	性能指标
涂层外观	平整光滑	耐盐雾（3000h）	涂层完好
体积固含量 /%	100	剪切强度 /MPa	18.6
干燥时间（25℃）/min	160	耐阴极剥离（65℃，48h）/mm	4.2
附着力（48h，75℃）/ 级	1	耐阴极剥离（70℃，30d）/mm	13.5
耐 10J 冲击（常温）	无针孔	耐水性（90℃，30d）	涂层无起泡、开裂、脱落
抗弯曲（1°，常温）	无裂纹	耐 3% NaCl（常温 90d）	涂层无起泡、开裂、脱落
耐磨性（落砂）/（L/μm）	7.75	耐 10%H_2SO_4（常温 90d）	涂层无起泡、开裂、脱落
电气强度 /（MV/m）	27.44	耐 10% NaOH（常温 90d）	涂层无起泡、开裂、脱落
体积电阻率 /（Ω·m）	1.29×10^{16}	等质量碳酸镁和碳酸钙饱和水溶液（常温 90d）	涂层无起泡、开裂、脱落

　　2009 年投产的川气东送项目中，管径 1016mm 的热煨弯管选用的就是固含量≥ 99.5%（质量分数）的无溶剂液体环氧涂料，采用高压离心无气喷涂工艺进行涂装，干膜厚度为 1.0 ～ 1.5mm[2]。

　　（2）液态环氧复合热收缩带涂层

　　液态环氧复合热收缩带涂层是管道补口的基本形式，也多用于弯管等管件外涂层。涂层要求的等级和最小厚度参数见表 9-3。

表 9-3　弯管涂层等级及最小厚度[3]

无溶剂环氧底漆 / μm	热收缩套（片）			
	基材类型	管径 DN/mm	基材 /mm	胶层 /mm
≥ 150	普通型	≤ 400	≥ 1.2	≥ 1.0
		> 400	≥ 1.5	≥ 1.0
	高密度型	—	≥ 1.0	≥ 1.5

　　弯管热收缩带涂层在国内多个长输管道工程中被采用，但所得出的最终检测数据显示，热收缩带的防腐长久性能远低于直管部分的 3PE 或 FBE 防腐层（使用寿

命一般低于 20 年）。

（3）环氧粉末加复合胶带层（类 3PE 结构）

长输管道采用 3PE 涂层，弯管等管件的最佳涂层就是 3PE 涂层，环氧粉末复合胶带涂层这种类 3PE 涂层结构就是其最佳的一种表现，采用熔融的环氧粉末层外复合冷带层热熔成型。涂层厚度参见 GB/T 23257。

（4）环氧粉末复合 PE 或 PP 粉末涂层（双层粉末结构）

法国道达尔企业规范，是国外唯一专门针对弯管提出的涂层规范，涂层为双层粉末结构，与双层环氧粉末层不同之处在于，外层采用聚烯烃粉末。材料类型和厚度见表 9-4。

表 9-4　弯管双层粉末涂层材料类型及厚度[4]

项目	底层	面层
材料类型	防腐型环氧粉末	接枝反应的聚乙烯或聚丙烯粉末
厚度 /μm	≥ 150	参照业主要求或埋设要求

（5）单层熔结环氧粉末涂层（FBE）

热熔方式形成单层熔结环氧粉末涂层，涂层材料特性和厚度要求完全等同于钢管涂层的涂装要求，涂层厚度指标见表 9-5，材料性能指标见表 9-6[5]。

表 9-5　弯管单层熔结环氧涂层等级及厚度

序号	防腐等级	干膜厚度 /μm
1	普通级	≥ 300
2	加强级	≥ 400

表 9-6　弯管单层熔结环氧粉末涂料性能指标

序号	项目		单位	性能指标 单层熔结环氧粉末涂料	试验方法	
1	外观		—	色泽均匀，无结块	目测	
2	固化时间（230 ± 3）℃[①]		min	≤ 2，且符合粉末生产商给定范围		附录 A
3	热特性	ΔH	J/g	≥ 45，且符合粉末生产商给定范围	GB/T 39636—2020	附录 B
		T_{g2}	℃	≥ 最高运行温度 +40，且不低于 95		
4	湿含量		%	≤ 0.6		附录 C
5	胶化时间（230 ± 3）℃[①]		s	≤ 30，且符合粉末生产商给定范围		附录 D
6	粒度分布		%	150μm 筛上粉末≤ 3.0 250μm 筛上粉末≤ 0.2	GB/T 21782.1	
7	密度（230 ± 3）℃		g/cm³	1.3 ～ 1.5， 且符合粉末生产商给定值 ± 0.05	GB/T 39636—2020	附录 E
8	磁性物含量		%	≤ 0.002	JB/T 6570	

① 测试的试验温度可根据产品特性调整。

弯管单层熔结环氧粉末涂层必须在预制厂预制，主要优点是固化时间短，涂层质量优。缺点是抗冲击性和耐机械划伤性较差，与 3PE 涂层不能匹配，并且现场补伤工作量较大。

（6）双层熔结环氧粉末涂层（DPS FBE）。

双层熔结环氧粉末涂层参照直管双层环氧粉末涂层标准和弯管行业标准，两层热熔结合形成涂层，涂层厚度见表 9-7[5]。双层环氧粉末涂料性能指标见表 9-8[6]。

表 9-7　弯管双层熔结环氧涂层等级及厚度

序号	防腐等级	最小厚度 /μm		
		底层	面层	总厚度
1	普通级	250	350	600
2	加强级	300	500	800

注：一般底层厚度要求 ≥350μm，总厚度 ≥800μm[6]。

表 9-8　双层熔结环氧粉末涂料的性能指标

序号	项目	单位	性能指标		试验方法	
			双层熔结环氧粉末涂料			
			底层	面层		
1	固化时间（205℃）	min	≤ 3	≤ 3	GB/T 39636—2020	附录 A
2	热特性	—	符合粉末生产商给定范围	符合粉末生产商给定范围		附录 B
3	胶化时间（205℃）	s	≥ 12	≥ 12		附录 D
4	粒度分布	%	150μm 筛上粉末 ≤ 4.0；250μm 筛上粉末 ≤ 0.2	150μm 筛上粉末 ≤ 4.0；250μm 筛上粉末 ≤ 0.2	GB/T 21782.1	
5	挥发分	%	≤ 0.6	≤ 0.6	GB/T 6554	
6	磁性物含量	%	≤ 0.002	≤ 0.002	GB/T 6570	

国内已经研制成功专门用于弯管防腐的双层环氧粉末喷涂作业线，可以机械化施工，涂层质量得到有效保证，是国内目前长输管道使用比较多的弯管外防腐层。

2012 年投产的西气东输二线，管径 1219mm 的直缝埋弧焊热煨弯管和 2014 年中哈两国共同建设的中亚 C 线（哈国段）天然气管道项目中，管径 1219mm 的直缝埋弧焊热煨弯管，全部采用双层熔结环氧粉末防腐层（总厚度 ≥800μm）。

（7）聚烯烃（聚乙烯 / 聚丙烯）胶带防腐层

弯管涂覆采用聚乙（丙）烯胶黏带缠绕。聚烯烃冷胶带虽然抗力学性能好，但附着力差，使用寿命低于液态环氧复合热收缩带。

聚烯烃胶带以聚乙烯或聚丙烯材料为基材，底层覆合一层胶黏剂制成。胶带为冷带，优点是施工方便、灵活、效率高、防腐成本低。聚乙烯胶带质地软、薄，抗机械损伤能力差，与钢基体结合强度低，受温度影响大，阴极保护电流容易受到屏蔽，易产生应力腐蚀，并且抗蠕变性能差。聚丙烯胶带的背材采用纤维网状编织结构，解决了阴极保护屏蔽问题，但低温抗冲击能力弱。

1997 年投产的陕京一线，管径为 660mm（部分）的直缝埋弧焊热煨弯管采用了 TEK-RAP 公司的聚乙烯胶带为外防腐层。

（8）无溶剂聚氨酯防腐层 + 聚丙烯胶带

因为聚烯烃胶带层的缺点，一般采用刚性聚氨酯涂料作为防腐底层，聚氨酯涂料附着力、抗化学介质侵蚀性能好，并且通过复合外层聚烯烃胶带，提高了涂层整体性能。涂层厚度参数见表 9-9。

表 9-9　无溶剂聚氨酯复合聚丙烯胶带涂层材料类型及厚度

项目	底层	面层
材料类型	无溶剂聚氨酯	聚丙烯胶带
厚度 /μm	≥ 300	埋设要求

2005 年投产的陕京二线工程中，部分热煨弯管采用了无溶剂聚氨酯防腐层 + 聚丙烯胶带复合结构。底层的 Corropipe Ⅱ TX-15 型无溶剂聚氨酯涂层采用双组分高压无气热涂装。涂层厚度 500μm，网状增强纤维聚丙烯胶带厚度 1.8mm。

（9）环氧粉末 + 聚丙烯胶带涂层

由单层环氧粉末外复合聚丙烯胶带组成弯管防腐涂层，其抗冲击性能优于单层环氧粉末涂层和 100% 固含量刚性涂料外复合聚丙烯胶带涂层。涂层抗冲击强度达到 15 J 左右。涂层厚度参数见表 9-10。材料性能参数参阅陕京二线企业标准，具体见表 9-11 和表 9-12。

表 9-10　熔结环氧粉末层复合聚丙烯胶带涂层材料类型及厚度

项目	底层	面层
材料类型	熔结环氧粉末防腐层	聚丙烯胶带
厚度 /μm	≥ 300	管道铺设要求

表 9-11　底层熔结环氧粉末涂料的性能指标 [6]

序号	项目		单位	性能指标 单层熔结环氧粉末涂料	试验方法
1	外观		—	色泽均匀，无结块	目测
2	固化时间（230℃）		min	≤ 1.5，且符合粉末生产商给定范围	SY/T 0413—2002
3	胶化时间（230℃）		s	≤ 30	GB 6554—1986
4	挥发物含量		%	< 0.6	GB 6554—1986
5	热特性	ΔH	J/g	符合粉末生产商给定范围	SY/T 0315—1997 附录 A
		T_{g1}	℃		
		T_{g2}	℃		

序号	项目	单位	性能指标	试验方法
			单层熔结环氧粉末涂料	
6	粒度分布	%	150μm 筛上粉末≤ 3.0，250μm 筛上粉末≤ 0.2	GB 6554—1986
7	密度	g/cm³	1.3 ～ 1.5	GB 4472—1984
8	磁性物含量	%	≤ 0.002	GB/T 6570—1993

表 9-12　聚丙烯保护层性能指标 [7]

测试项目		技术指标	执行标准
剥离强度 /（N/cm）	对 FBE	≥ 30	GB/T 2792—1998
	对背材	≥ 20	
	对底漆	≥ 30	
基膜材料厚度 /mm		0.65 ± 0.15	GB/T 6672—1986
基膜拉伸强度 /mPa		≥ 60	GB/T 1040—1992
防腐胶带厚度 /mm		1.8 ± 0.2	GB/T 6672—1986
胶带宽度 /mm		150	—
击穿电压 /kV		≥ 20	—
吸水率 /%		≤ 0.35	SY/T 0414—2007
抗冲击 /J		≥ 12	SY/T 0315—1997
水蒸气渗透率 /（mg/cm³）		≤ 0.45	GB/T 1037—1988

　　2005 年投产的陕京二线，管径为 1016mm 的直缝埋弧焊热煨弯管部分采用熔结环氧粉末复合聚丙烯纤维增强胶带的防腐结构。2012 年投产的中缅油气管道工程，管径 1016mm 的直缝埋弧焊热煨弯管和 2014 年投产的西气东输三线管径 1219mm/1016mm 的直缝埋弧焊热煨弯管都采用了此种复合防腐结构。涂层为 300μm 的单层熔结环氧粉末防腐层复合 1.8mm 厚聚丙烯胶带防护层。

　　（10）无溶剂液体环氧防腐层 + 聚丙烯胶带

　　与熔结环氧粉末防腐层复合聚丙烯胶带的防腐结构类似，只不过把底层的环氧粉末层替换成了无溶剂环氧涂层。涂装工艺可以在容积允许的温度范围内进行喷涂和胶带缠绕，无需对钢管进行加高温，无溶剂环氧涂料采用高压无气喷涂，聚丙烯胶带采用热烤冷缠方式。涂层厚度参数见表 9-13。

表 9-13　无溶剂液体环氧复合聚丙烯胶带涂层材料类型及厚度

项目	底层	面层
材料类型	无溶剂环氧防腐层（干膜）	聚丙烯胶带
厚度 /μm	≥ 300	铺设要求

　　2010 年投产的榆林 - 濮阳 - 济南输气管道，管径 711mm/610mm 的直缝埋弧焊热煨弯管采用了无溶剂环氧防腐层复合网状增强纤维聚丙烯胶带防腐层结构，涂

层厚度分别为 500 ～ 1000μm 和 1.8mm。

上述弯管涂层结构中，除环氧粉末复合 PE 或 PP 粉末涂层、双层环氧粉末涂层和环氧粉末层复合聚丙烯胶带性能指标参照法国标准和国内行业规范外，其余涂层参数全部参阅了直管涂层的相关标准规范。

9.1.2 涂层涂装工艺要求

因为弯管结构形式的特殊性，并不能按照直管的方式进行外涂层涂装。所以为满足整个管道的长寿命运行，对弯管外涂层及其涂装工艺要求如下。

① 与长输管道主体涂层的一致性，或者接近主体管道涂层性能、结构以及质量。

② 涂装的便捷性，弯管由于其特殊的结构形式，需要选择一种方便快捷的涂装方式来完成涂层的涂装。

③ 涂层涂装的高效性。弯管在管道建设中，占比非常少，选择涂装工艺时，同样需要考虑涂装的效率，以降低人工等成本。

④ 采用机械涂装工艺代替人工涂装。

⑤ 开发新型涂装工艺，要求其合理性。为满足弯管涂层与直管涂层的一致性，所采用的成型工艺、工装等不能过于复杂，造成设备等投资过大。

⑥ 新工艺开发的适应性，满足系列管径的要求。

⑦ 新涂装工艺，尽量考虑直管涂层类型的要求。

⑧ 因为弯管涂层标准参数的不准确性，涂层要求参阅相关直管涂层涂装标准。

9.2 弯管国家标准涂装规范要求

2019 年颁布了中国国家标准《埋地钢质弯管聚乙烯防腐带耐蚀作业技术规范》（GB/T 37587—2019）[5]，是我国第一部专门针对弯管涂层涂装的标准规范。

9.2.1 标准规范规定的参数

标准规定了采用两种弯管涂层结构：一为复合带防腐层，底层为熔结环氧粉末层，外层为热熔的复合胶带层的三层结构（类 3PE 涂层）；二为热收缩带层，底层为无溶剂的液态环氧层，外层为热收缩套（带）的两层结构。

（1）复合胶带涂层

复合胶带涂层厚度及胶带规格参数见表 9-14 和表 9-15。

复合胶带为全新的产品形式及涂层结构，采用与直管 3PE 材料相同的胶黏剂和聚乙烯挤出热带复合而成，通过钢管本体的热与先期喷涂并胶化的环氧粉末层缠绕，贴附熔融黏结而成。

表 9-14　复合胶带防腐层等级[8]

序号	弯管公称直径 DN/mm	环氧粉末涂层 /μm	防腐层最小厚度 /mm
1	300 ≤ DN < 500		2.9
2	500 ≤ DN < 800	≥ 150	3.2
3	DN ≥ 800		3.7

焊缝防腐层允许减薄 20%

表 9-15　复合胶带宽度和厚度[8]

序号	公称直径 DN/mm	宽度 /mm	总厚度 /mm	胶层厚度
1	300 ≤ DN < 500	80 ~ 160	≥ 1.75	
2	500 ≤ DN < 800	100 ~ 200	≥ 1.90	300 ~ 500
3	DN ≥ 800	120 ~ 250	≥ 2.15	

（2）热收缩带涂层

热收缩带涂层厚度及热收缩带规格参数见表 9-16 和表 9-17。

表 9-16　热收缩带防腐层等级标准[8]

序号	弯管公称直径 DN/mm	环氧底漆层 /μm	胶黏剂层 /μm	防腐层最小厚度 /mm	
				普通级	加强级
1	DN ≤ 100			1.8	2.5
2	100 < DN ≤ 250	≥ 120		2.0	2.7
3	250 < DN < 500		≥ 170	2.2	2.9
4	500 ≤ DN < 800			2.5	3.2
5	800 ≤ DN ≤ 1200	≥ 150		3.0	3.7
6	DN > 1200			3.3	4.2

表 9-17　热收缩带（套）厚度[8]

序号	基材类型	管径 DN/mm	基材 /mm	胶层 /mm
1	普通型	≤ 400	≥ 1.2	≥ 1.2
		> 400	≥ 1.5	
2	高密度型	—	≥ 1.0	≥ 1.5

9.2.2　对弯管国家标准的疑问

（1）针对国标中规定的复合胶带层

表 9-18 是 3PE 涂层国家标准 GB/T 23257—2017 规定的涂层厚度参数，对照表 9-14 复合胶带涂层等级，笔者有几个疑问。

第一，环氧粉末涂层厚度值是按照什么标准来确定的？国标 GB/T 37587—2019 中环氧粉末涂层厚度取值 ≥ 150μm，与 GB/T 23257—2017 规定的相应管径系列的环氧粉末层厚度值不一致，而环氧粉末层是涂层质量长效运行要求的关键点。

表 9-18　三层聚乙烯涂层厚度等级 [3]

钢管公称直径 DN	环氧层厚度 /μm	胶黏剂层 /μm	防腐层最小厚度 /μm	
			普通级（G）	加强级（S）
≤ 100	≥ 120	≥ 170	1.8	2.5
100 < DN ≤ 250			2.0	2.7
250 < DN < 500			2.2	2.9
500 ≤ DN < 800			2.5	3.2
800 ≤ DN ≤ 1200	≥ 150		3.0	3.7
DN > 1200			3.3	4.2

第二，为什么复合胶带防腐层最小厚度只取 GB/T 23257—2017 标准规定涂层厚度值的加强级厚度？

第三，弯管涂层厚度取值是否可以按照国标 GB/T 23257—2017 规定选用加强级或普通级，或者因为冷带特性选择其他厚度值？

第四，复合胶带防腐层允许减薄 20% 的标注是否准确？因为复合胶带采用冷带热熔工艺，不完全等同于直管 3PE 涂层的热挤出缠绕工艺，其焊缝防腐层的减薄量需经过试验验证，建议为 10%。

（2）针对国标中规定的热收缩带层

对比表 9-16 和表 9-18，热收缩带的防腐层等级标准完全参照了 GB/T 23257 中 3PE 防腐层等级标准，这里有以下三点疑问。

第一，表 9-183PE 等级采用的是热挤出胶黏剂和聚乙烯热带缠绕，涂层相关指标与表 9-16 热收缩带性能指标差异较大，为何在防腐厚度等级上要采用统一标准？

第二，在弯管涂层上采用热收缩带受到带宽限制，热收缩带有一定宽度，进行冷缠绕时，因为热收缩套弧度的原因，总会产生收缩段的褶皱，这种褶皱进行回火时不能够完全消除，是涂层的一大缺陷，所以热收缩带建议采用窄带或热收缩套进行涂装才能保证产品质量。

第三，标准中规定的热收缩套产品厚度 ≥ 2.4mm（基材 + 底胶厚度，普通型）或 ≥ 2.5mm（基材 + 底胶厚度，高密度型）（表 9-17），均不能满足防腐层等级中的普通级 2.2mm 以下厚度，与标准规定自身矛盾。并且与 GB/T 23257—2017 所规定的热收缩带产品规格（表 9-3）矛盾，所以针对弯管的热收缩套涂装笔者同样不建议采用此标准。

如上所述，这就是为什么要求在弯管涂层及涂装工艺中，建议参阅相关直管涂层涂装标准规范要求。所以如果采用复合胶带的结构形式或热收缩带形式，笔者建议按照 GB/T 23257—2017 涂层厚度执行，热收缩套同样建议按照相关标准规范进行选取。

9.3　热收缩套（带）涂层成型

9.3.1　热收缩套涂层成型

弯管涂层涂装建议采用热收缩套，但对其尺寸以及结构有特殊要求，满足回火收缩时，收缩套不能发生褶皱的现象。

（1）热收缩套的选用

因为弯管曲率的原因，直的热收缩套为满足涂装要求，需要考虑套装后周向自由收缩率 [（200±5）℃，5min] ≥ 50%。因此需要根据弯管管径和曲率半径选择合适长度和套袖直径的热收缩套，满足热收缩套最大直径的收缩与最小收缩的合理量。套袖长度以刚接触弯管圆弧面、端部刚接触管内圆弧为宜，采用多组热收缩套拼装方式（图 9-1）。

还可以依据弯管的管径和曲率半径定制相应规格的弧形热收缩套，其涂层质量应更优于多组拼接式热收缩套，首先涂层收缩后箍紧力均匀，其次为整体结构（图 9-2），无多余搭接缝，涂层缺陷少。但这种热收缩套受到加工限制，理论上可以在小口径弯管上实现。当然也可以采用多组弧形热收缩套分段安装的方式。弧形热收缩套也可采用多组结构，进行搭接涂装。

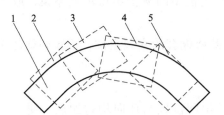

图 9-1　多组热收缩套在弯管上安装示意图
1—弯管；2～5—热收缩套

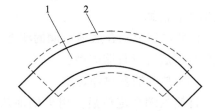

图 9-2　弧形热收缩套在弯管上安装示意图
1—弯管；2—热收缩套

（2）施工前准备工作

选取适合弯管管径和长度范围的热收缩套；准备空气压缩机、预热液化气罐和喷枪、打磨装置、除尘毛刷、棉布、喷砂（机械除锈）机、表面测温仪、压辊等。

在涂层喷砂除锈工位，采用吊装方式或弯管端头支撑方式，使弯管悬空等待涂装。

（3）弯管预处理

弯管表面存有水分或当管表面温度低于露点温度 3℃，须进行预热（火焰），预热温度要求达到 40～50℃（接触式测温仪测温）。

在表面处理工位，采用人工或机械喷砂方式，清除管表面浮锈等覆盖物，除锈等级达到 St3 级，锚纹深度应达到 30～70μm，并用压缩空气、毛刷等除锈、管表面的灰尘、覆盖颗粒等异物。确保涂装前管道表面的除锈等级和清洁度。在涂层涂装前，把多组热收缩套套入弯管，并滑动至弯管自由段，以不影响底漆涂刷为宜。

（4）底漆涂装

环境温度≥10℃时，按常温下表面防腐工艺进行。

双组分物料首先进行混配，搅拌3～5min（按同一方向），目的是混配均匀，并增加流动性，混配后静置10～30min后使用，采用人工刷涂或单组分无气喷涂机喷涂。也可采用双组分无气喷涂机，枪前预混后涂装。涂抹厚度按照工艺要求确定。环境温度<10℃时，按低温下表面防腐工艺进行。

冬季施工，采用电加热或水浴方式维持物料温度在30～40℃（由物料特性决定）。使用火焰加热器对弯管进行预热，预热温度40～50℃。

底漆为湿膜涂装，采用湿膜测厚仪检测湿膜厚度，底漆为干膜涂装，采用普通磁性测厚仪。干膜涂装方式，须采用预热方式确保底漆层表干（一般采用小火，3～5min即可）。

（5）热收缩套安装定位

底漆涂装完成，在漆膜状态规定的时间内（表干漆层不粘手），滑动预先安装的第一组热收缩套至弯管确定位置。注意对于湿膜涂层，去除隔离层前，预先清除热收缩套上的灰尘，并保持干净，在清洁的管段上去除热收缩套内胶层上的复合塑料薄膜隔离层。去除隔离层时注意薄膜内沾附的灰尘不得污染漆膜，取下包装膜和防粘纸。

湿膜涂层要求在底漆湿润的状态下进行热收缩套的安装定位，干膜必须待涂层固化定型后进行收缩固型。

（6）热收缩套热缩定型

将热收缩套定位后，用火焰加热器先从中间位置沿环向均匀加热，使中央部位首先收缩，然后再从中央向一边均匀移动加热，使热收缩套均匀收缩，并用辊子滚压或戴耐热手套用手挤压，将空气完全排出。至端部35cm处，将火焰调小，转从侧向向内加热胶面，至胶熔融后，再缓缓加热热收缩套，直至端部周向底胶均匀溢出。一端收缩好后再以同样方法加热另一端，直至端部周向底胶均匀溢出。加热时，必须按热收缩套产品的感温颜色变化要求严格控制加热程度。热收缩套大体收缩完毕后，用文火横向进行补火，火要均匀，使表面温度达到180～210℃，确保两边有热熔胶溢出。

第一组热收缩套收缩完成，滑动第二组热收缩套与第一组搭接，要求收缩完成的最少搭接长度为50mm，重复上述工序过程，完成热收缩套的回火收缩及其与底漆的黏结。同样方式完成剩余组热收缩套的滑动定位和回火收缩。

环境温度比较低时，要加长烘烤时间和准备保温设备对烘烤完的涂层进行保温。

9.3.2　热收缩带涂层成型

同直管热收缩带成型工艺一致，采用足够长的热收缩带缠绕在需要防腐的弯管表面，但要求热收缩带的宽度满足一定曲率的弯管表面缠绕时不得出现褶皱现象（图 9-3），否则在进行热烤回火时，容易出现层间搭接缺陷，从而造成涂层质量缺陷。

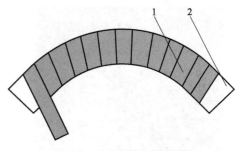

图 9-3　热收缩带安装示意图
1—热收缩带；2—弯管

（1）涂覆前工作

① 材料检验。按照工艺要求、业主规定、弯管管径、曲率半径等来选择热收缩带，并对进厂的热收缩带进行抽检，测定其厚度等物理参数。

② 依据防腐层的底层结构（湿膜、干膜等）要求，选择手工机械除锈方式或喷砂除锈方式。

③ 配备现场所用的空气压缩机和液化火焰加热器（液化气钢瓶输出压力 $P \geqslant 0.15\text{MPa}$）。

④ 准备测量尺、测温计、涂层压辊、防腐层打毛刷轮等。

（2）热收缩带防腐施工操作要点

① 预热。湿度较大或冬季施工，管段预热至 40 ～ 50℃（冬季，适当提高预热温度至 70 ～ 80℃），也可以按照工艺要求预热至露点 3℃以上。

② 除锈。手动机械除锈等级要求达到 St3，抛射除锈等级要求达到 Sa2½，锚纹深度 35 ～ 70mm（底漆类型）。

③ 弯管表面预处理后 2 ～ 4h 内（环境温度和湿度确定）应进行涂覆作业，表面返锈时，应重新进行表面处理。

④ 底漆的涂刷。

a. 预热。采用无污染热源将弯管预热到 40 ～ 50℃或 50 ～ 60℃（环境温度 ≤ 5℃）。

b. 底漆的涂刷。底漆一般为双组分涂料，涂刷前采用人工方式将双组分料充分混合并搅拌均匀（一个方向搅拌 3 ～ 5min），静置待用，过程中按照材料性能要求进行保温，预混的涂料可以采用人工涂刷和单组分无气喷涂机喷涂成膜。如果采用双组分无气喷涂机，可非预混直接进行吸料涂装，涂装过程要求料桶和管路进行加热和保温。底漆涂刷与热收缩带覆盖区域一致。

c. 在底漆尚湿润时（湿膜涂覆方式），迅速将印有搭接线端的热收缩带内层胶热烤至（火焰方式）发黏，迅速粘贴管端位置，将热收缩带一边开卷，一边连续加热（图 9-4），一边在弯管上进行张紧搭接缠绕（图 9-5），搭接宽度 20mm，并

图 9-4 热收缩带缠绕过程胶层热烤

图 9-5 弯管热收缩带张紧缠绕

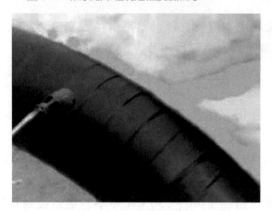

图 9-6 热收缩带热烤回火

用胶辊碾压展平，不得产生褶皱。要求热收缩带连续缠绕至整个弯管表面，预留焊接热影响区。

⑤ 湿膜涂覆要求必须在底漆尚湿润时安装热收缩带，安装热收缩带前不得加热已经涂好的底漆层。

⑥ 热收缩带回火（图 9-6）。用火焰加热器对热收缩带进行均匀加热，需将整个热收缩带加热 5 ～ 8min（依据内层胶熔融状态），使热熔胶充分熔融并从两端溢出，在热收缩带表面烤至柔软时，用软质胶辊碾压，碾出气泡。加热过程中火焰一定要覆盖热收缩带的边缘，以确保收缩完成后，不会发生翘边或卷边等现象。

9.4 热熔涂覆技术难点

上述弯管涂层的成型工艺均采用冷涂方式，即便受外部环境温度的影响，须对弯管本体进行加热，也是为适应防腐涂料的 40 ～ 50℃低预热温度，与 3PE 涂层等满足粉末涂料 200℃左右的加热温度相去甚远，并且除锈等外表面处理方式基本采用人工方式。

热熔涂覆就是把应用于直管道环氧粉末或 3PE 涂覆技术移植到弯管上面，以期弯管涂层达到或接近直管道涂层。而这项成型技术，其关键点就是弯管加热、弯管传输以及适应弯管涂装的相关设备。

9.4.1 弯管加热

涂层成型的关键点是：用加热弯管[9]后本体所储存的热量来熔融粉末层或者

复合胶带层，然后通过冷却来完成涂层的涂装。

以图 9-7 热量传递简图所示的 T_1 为管本体的加热温度，T_2 为涂装环氧粉末层后管体温度，T_3 为环境温度，按照温度梯度，$T_2 < T_1$，针对双层粉末涂层，T_1 为满足外层粉末熔融并达到要求厚度的最低温度，一般环氧粉末要求温度 T_1=200 ～ 220℃，PE 或 PP 粉末 T_2=230 ～ 250℃。针对复合胶带，由于采用一定厚度的黏结剂复合聚乙烯层，在短时间内满足复

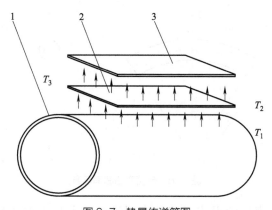

图 9-7　热量传递简图
1—弯管（钢管）；2—底层环氧粉末层；3—面层环氧粉末层（PE、PP 粉末或复合胶带层）

合胶带熔融黏结，要求胶黏剂全熔，聚乙烯层最少三分之一厚度熔融，要求温度 $T_2 \geqslant 230℃$，如果考虑环境温度 T_3 的影响，T_2 与 T_1 的温差应该在 20 ～ 30℃以上。所以满足弯管双层粉末或复合胶带外涂层的涂装，弯管的加热是关键。

弯管加热方案有两种：一种是加热炉整个加热方式，整根弯管在加热炉内加热后，涂装前弯管整体温度一致；另一种为通过式在线中频加热，中频加热工位通过段出口弯管与管体温度保持一致。

粉末涂装或复合带缠绕是沿着弯管外表面圆周，在管面从管初始端逐步向管尾端扩展，为减少热量损失，要求在粉末涂装位或胶带缠绕位，管本体的热量须维持在一个温度范围内，如果间距过长就会造成热量散失，而要求管本体更高的加热温度。

所以采用加热炉整体加热方式基本不可行，因为炉子加热的弯管出炉后涂装作业部位的远端散热非常快，在涂装过程中不能保证整体热的均衡性，要完成此类型涂层涂装，需要采用在线中频方式。而采用在线中频加热，就须考虑弯管的传输方式。

9.4.2　弯管传输

弯管采用中频在线加热，需要保证弯管连续传动。对于直管道，可以沿其轴线螺旋连续向前传输，并可通过传输工位上的加热中频进行连续加热，满足靠近加热工位的喷涂或缠绕工位的管本体温度的稳定，而由于弯管结构的特殊性，无法沿其轴线旋转传输[9-10]。

弯管唯一可以正确运行的轨迹应该是按照中心点 O 以一定的曲率半径 R 做圆弧运动（图 9-8），做圆弧运动的弯管在某点瞬时运行轨迹与不旋转直管传输的运行轨迹一致做直线传输。

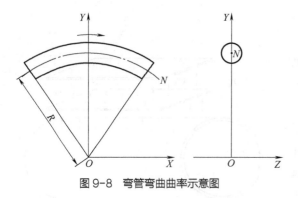

图9-8 弯管弯曲曲率示意图

（1）传输辊道

满足弯管圆弧运动的传动辊道结构特殊，为减少辊道滚轮与弯管传输过程中的摩擦力，以辊道宽度不干涉弯管弧度为基准。除辊道要求的宽度外，传输辊道可以设计成双约束传输辊道（图9-9）或单约束传输辊道（图9-10），双约束的单组辊道设计采用下支撑与左右约束立滚组成，双约束辊道，要求其刚度满足弯管传输时，能够把弯管限制在特定的曲率半径范围内，确保弯管传输更加平稳。单约束的单组辊道设计采用下支撑与单边约束立滚组成，辊道安装时，立滚设置在弯管内圈，传输时，弯管在一定范围内会出现摆动误差，对于弯管加热以及涂层涂装有一定影响。

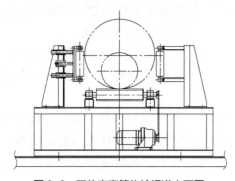

图9-9 双约束弯管传输辊道立面图

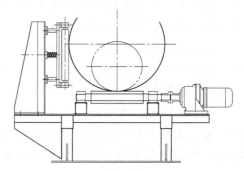

图9-10 单约束弯管传输辊道立面图

（2）弧形传输线

弯管圆弧传动由多组传输辊道组成的、适应弯管弧形布置的传输线来完成，并可以根据弯管曲率半径的不同，调节多组辊道来适应。弧形布置传输线如图9-11所示。依据弯管曲率半径 R 和圆心 O 来确定弧形传输线的布置，满足相应弯管沿弧形曲率进行传输。单组传输辊道可以通过地面预制的、不同位置的固定件进行移动。满足不同弯管的传输时，根据弯管曲率半径调整单个传输辊道位置，布置成新的弧形传输线，如图9-11中的1、2标识，分别满足不同曲率弯管传输的生产线布置。

（3）弯管传输驱动

① 传动辊道动力传输。与直管道的螺旋传输或直线传输一致，弯管传输的多组传输辊道组成弧形传输线，每组辊道自带动力系统（图9-9和图9-10），由动力系统提供传输辊道的下支撑辊，具备可调速度的转动能力。弯管放置在多组传输辊道上，传动时，启动辊道动力系统驱动多组辊道的下支撑辊旋转，带动弯管做圆弧运动，达到弯管传输的目的。

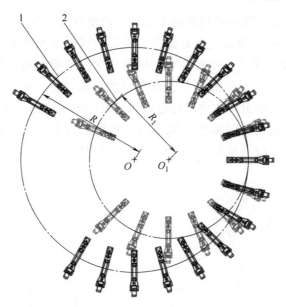

图 9-11　弯管传输轮安装调整示意图

1—大口径弯管曲率适应示意；2—小口径弯管曲率适应示意

　　运行过程：首先根据弯管的管径和曲率半径，调整传输辊道的位置（以涂装设备为固定点），形成与弯管曲率完全适应的弧形生产线，把需要涂装的弯管放置在涂装设备前的传输辊道上，启动传输辊道的动力系统，支撑轮旋转驱动弯管通过涂装设备进行涂层涂装。

　　② 动力臂回转牵引驱动。动力臂回转牵引传输机构（图 9-12 和图 9-13），由牵引臂、底座、旋转输送动力、推动臂、液压张紧装置和可更换弯臂组成。整套装置以安装底座为中心，通过旋转动力系统可以推动和牵引弯管在弧形传输线上

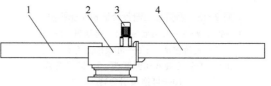

图 9-12　悬臂牵引弯管传输机构立面图

1—牵引臂；2—安装底座；3—旋转传输动力；4—推送臂

做圆弧运动。同样，为满足弯管平稳运行，须放置在弧形布置的传输线上。

　　根据弯管管径和曲率的不同，牵引臂和推动臂为伸缩机构，以适应弯管曲率半径。弯管传送生产线的传输辊道以涂装设备为固定点进行调整。牵引机构的固定底座在涂装设备与底座的直线范围内移动，并与地面预制的固定件固定，可以满足当牵引臂和推动臂长度发生改变时，能够适应调整后传输辊道的旋转半径。更换推送和接引弯臂的曲率与需要涂装的弯管曲率一致，保证弯管传输时的平稳，并且可更换弯臂的长度以涂层涂装设备所占用的弧度长度为基准，确保弯臂能够完全通过涂装设备而不影响弯管涂层的涂装。弯管管端液压张紧头，分别伸入弯管两端并张紧，满足弯管在传输线上的平稳运行。

运行过程：根据弯管的管径和曲率半径，调整弯管传输线的弧度位置，调整牵引和推送臂长度，移动固定支座并固定，确保伸臂前端与传输线支撑辊中心圆弧重合，并在圆弧线上摆动，更换推送和接引弯臂，弯管放置在涂装设备前的传输线上，接引弯臂先期穿过涂装设备，并与弯管前端固定，推送弯臂与弯管后端固定，启动旋转机构，牵引和推动弯管稳定通过涂层涂装设备，进行涂层涂装。

动力臂回转牵引为弯管提供传输动力，传输辊道组成的弯管传输线不再需要自身动力，所以传输辊道采用全被动辊，并且其结构为单约束传动辊道（图9-14）或无约束传动辊道。

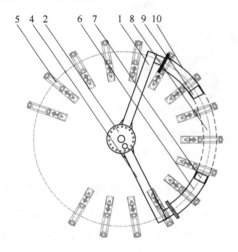

图9-13　悬臂牵引弯管传输机构俯视图
1—牵引臂；2—安装底座；4—推送臂；5—弧
形布置传输滚轮；6—可换推送弯臂；
7和9—弯管管端液压张紧头；8—防腐弯管；
10—可换接引弯臂

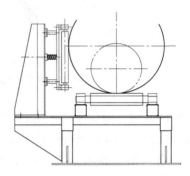

图9-14　单约束被动弯管传输辊道
立面图

动力臂回转牵引驱动的弯管传输成套装置，相比于传动辊道为动力的传输线，弯管传输更加稳定，传送效率高，能够适应多种口径的弯管进行涂层涂装。但整套机构比较复杂，故障率较高，机构调整时间长。

9.4.3　适应弯管传输的涂层涂装设备

圆弧运动的弯管传输，可参照管道直线运行的除锈设备和环氧粉末静电喷涂设备，采用360°周向布置的六台除锈抛丸器（图9-15），抛射的钢砂周向全覆盖管表面，满足弯管表面的除锈要求；360°周向布置的多组静电喷枪（图9-16），粉末散射全覆盖管道表面，可以完成弯管表面环氧粉末均匀喷涂上粉。而加热中频不受管道传输方式的影响，无论是螺旋还是直线行进的管道均可被均匀加热。

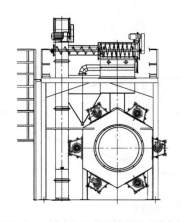

图 9-15 抛头行星布置管道外壁抛丸机

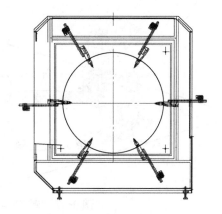

图 9-16 喷枪行星布置喷粉末舱

参照图 9-11 和图 9-13 传动轮布置图，弯管可以在传动轮上沿自己的曲率半径传输，如果把除锈装置、中频加热装置、喷粉装置等布置在弯管传输路线上，那么弯管热熔涂覆技术开发的先决条件已经完成。

9.5 双层粉末涂覆技术

弯管双层粉末涂层一般为：底层环氧粉末、面层改性环氧树脂。参照国家标准[5]，也可采用聚乙烯或聚丙烯粉末，如道达尔企业规范确定的底层环氧粉末加外层 PE 或 PP 粉末[4]。

9.5.1 双层粉末涂装设备布置

弯管传输、除锈、粉末涂装设备设计完成，就可以设计满足弯管双层粉末涂层在线热涂成型的涂装工艺。

成型设备布置（图 9-17）。多组传动辊道按照弯管曲率呈环形布置，传动滚轮为多组组合式，相互之间用特殊结构连接在一起，当管径或者弯管的曲率半径发生变化时可以对滚轮进行调整，提高整个传动线的适应能力。传动轮和内侧靠轮同时作用，不同弧度的弯管在传输线上均能平稳运行，传动速度可根据需要进行调节。按照工艺设计，在环形辊道的进管位置安装抛头行星布置的抛丸除锈机，360° 圆周布置的抛头满足弯管周向除锈的要求；环形辊道出管端设置有水冷却系统，保证涂覆粉末层后的管道冷却以及涂层的最终定型；进入冷却水系统前按照进管方向分别放置通过式中频加热装置、环氧粉末静电喷涂装置以及面层环氧粉末静电喷涂装置或 PE（PP）粉末喷涂装置。

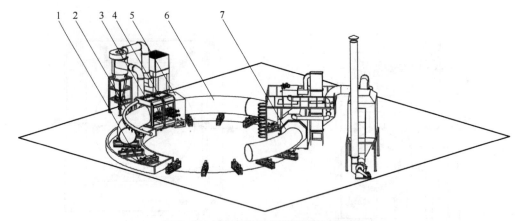

图 9-17　弯管双层粉末成型装置三维视图

1—弯管传输辊道；2—水冷系统；3—面层粉末喷涂系统；4—环氧粉末喷涂系统；5—中频加热装置；

6—弯管；7—弯管抛丸除锈装置

9.5.2　双层粉末涂覆工艺

弯管双层环氧粉末生产线分为两部分：外壁抛丸清理生产线和涂覆缠绕成型生产线；这两个部分是完全独立的，单独运行，抛丸除锈为前处理，涂覆涂装为涂层成型。

外壁抛丸清理部分：弯管上传动线→抛丸除锈→除锈后检测。

双层粉末涂覆成型部分：弯管上传动线→中频加热→环氧粉末喷涂→热熔、流平→面层粉末喷涂→热熔、固化、流平→冷却→检测→弯管下线。

（1）总体要求及准备工作

在涂覆前，应就每种弯管类型、直径（相同直径最大壁厚者）、曲率半径以及各涂覆原材料间的匹配性进行工艺评定试验，以满足抛丸作业线、涂覆作业线与原材料以及涂覆工艺的良好匹配。

按照弯管管径调整抛丸除锈和粉末涂覆涂装的传动辊道位置，以适应弯管按照自身的曲率在辊道上做弧形运动。

依据粉末的性能要求和涂覆参数，确定弯管的传输速度和加热温度。依据弯管的直径、传输速度，确定粉末喷枪数量和喷枪的覆盖面积等。

（2）双环氧涂层成型工艺（图 9-18）

① 表面预处理。

先清除弯管表面油脂、污垢、焊剂及毛刺，在对弯管预热后进行抛（喷）丸除锈，除锈前弯管表面应不低于露点温度 3℃，除锈质量应达到 GB/T 8923.1 规定的 Sa½ 级要求。锚纹深度达到 50～90μm。

将除锈后的弯管表面的灰尘及磨料采用压缩空气和毛刷等工具清扫干净。要求表面灰尘度不低于 GB/T 18570.3 规定的 2 级。

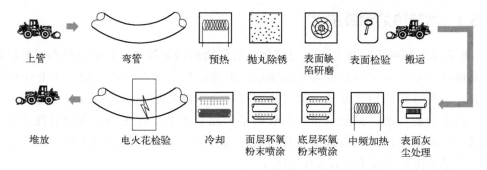

图 9-18　弯管双层粉末涂装工艺流程图

如有必要或者要求，抛丸后的弯管表面应按 GB/T 18570.9 规定的方法检测弯管表面的盐分含量，弯管表面的盐分不应超过 $20mg/m^2$。

完成表面处理的弯管应在 4h 内进行涂覆，超过 4h 出现返锈或表面污染，应重新进行表面处理。如果环境湿度过大，管道存放时间要求低于 4h。

② 环氧粉末静电喷涂。

涂覆时，先用试验管段在生产线上调节预热温度及底层的厚度，各项参数符合规定后方可正式生产。

启动传动辊道，驱动弯管弧形旋转通过中频加热装置，对弯管进行加热，加热温度按照环氧粉末的性能要求进行，最高不能超过 275℃。

③ 面层环氧粉静电喷涂或 PE（PP）粉末喷涂。

完成底层环氧粉末喷涂的弯管继续传动，在粉末胶化状态下，喷涂面层粉末，利用管本体的余热熔融粉末，形成预制涂层。要求涂层均匀，无流淌、漏涂、凝块等缺陷。

④ 冷却定型。

完成喷涂的弯管传动经过水冷却系统，进行冷却定型，对于双层环氧粉末涂层，要求冷却前保证环氧粉末层 99% 的固化度，PE（PP）层要求完全熔融流平。

9.6　冷带热熔涂覆技术

要使得弯管涂层达到与 3PE 涂层一致的结构，除环氧粉末涂层外，还需要在环氧粉末层外涂底胶和聚乙烯层，而因为弯管的特殊结构，无法自旋转缠绕底胶和聚乙烯带，庞大的挤塑机也无法绕弯管旋转，所以需要采用另外一种方式进行底胶和聚乙烯的缠绕成型。

由于弯管的特殊结构，需要通过管本体的余热来熔融环氧粉末，形成底层防腐层，二次熔融复合涂层黏结形成 3PE 结构涂层，涂层结构与涂料性能参照国家标准 GB/T 23257—2017。

9.6.1 冷带热熔涂装技术

粉末涂装按照前节描述，通过弯管弧形传输后均匀加热，360°行星布置的静电喷涂枪可以在弯管表面形成均匀的涂层，但为在弯管表面完成近似于 3PE 结构的涂层，采用直管的传送方式，通过挤塑机热挤出聚乙烯热带进行缠绕在弯管上没有一点实现的可能。只能采用同弯管的粉末涂装工艺，首先满足弯管沿自身曲率的圆弧运动，再通过冷带缠绕后热熔的方式完成三层结构涂层的涂装，以期弯管的外涂层结构更接近于直管 3PE 涂层。

（1）材料性能

3PE 涂层的环氧粉末属于热固性涂料，静电吸附热熔是最佳涂覆方式，黏结剂中间层由聚乙烯改性制得，主链基本保持聚乙烯的分子结构，加工性能上具有聚乙烯的特征：加热熔融、挤压流动，而外层的聚乙烯更具有高分子塑性材料的一切特性，可以预先把黏结剂和聚乙烯制成定宽并且很薄的复合冷胶带。

热塑性材料，在恒压下随温度变化共有可逆的三态（图 9-19）：玻璃态、高弹态、黏流态[11]，3PE 的层间黏结就是在最底层环氧粉末胶化状态下与黏流态的黏结剂和外层聚乙烯完成黏附的，在黏流态存在的温度范围内，都适用于缠绕成型，既然三态是可逆的，作为热塑性材料的黏结剂和外层聚乙烯，冷却后重新熔融至黏流态，材料的性能完全满足 3PE 的防腐蚀性能要求，所以可以把黏结剂和聚乙烯层先制成冷却的胶带，缠绕后二次熔融黏附在钢管表面。

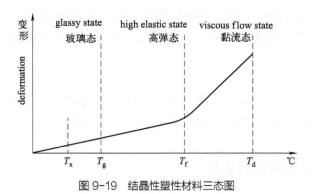

图 9-19 结晶性塑性材料三态图

（2）复合带加热熔融[9]

复合冷胶带的加热熔融应基于钢管基体表面的热传导方式（图 9-7），假设此时钢管基体（含环氧粉开始胶化或胶化后涂层）的温度为 T_2，在外界环境温度 T_3 可以接受的范围内，把复合带底层的胶黏剂带从高弹态完全转变成黏流态与胶化的环氧粉末进行化学和物理结合，复合胶带的外层聚乙烯胶带同样由高弹态向黏流态进行转变，此时因为聚乙烯外层冷带较厚，会出现一个高弹态与黏流态过渡的共存状态，底部聚乙烯层在黏流态下与黏结剂层经碾压辊碾压熔融结合，并相互渗透，成为一个整体。

复合冷带热熔成型是在挤出热带成型技术基础上改进的。首先，预热钢管表面，使之达到环氧粉末所需的胶化固化温度，并且环氧粉末胶化是一个放热过程。此时钢管表面的温度达到 200～230℃，满足达到黏流态黏结剂要求的160～220℃和外层聚乙烯 170～230℃。

实际生产过程中，弯管的本体温度和热传导肯定会受到环境温度的影响，只有小口径弯管以及保温措施好的情况下，环境温度才不会对冷带熔融的成型造成影响。

大口径热煨弯管缠绕成型过程中传输速度较慢，会存在两种情况：其一温度虽满足冷带热熔，但粉末在黏结剂胶带熔融前已经固化，熔融后的黏结剂层与环氧粉末层丧失了化学结合力，虽然黏结剂与聚乙烯层形成了良好的黏结，但与环氧粉末层分层。一般选用固化时间延长的环氧粉末来解决存在的问题。其二管体温度不足以熔融复合冷带，而当提高管本体温度时，就会降低粉末胶化时间，加速固化，即便复合冷带熔融也无法与粉末黏结，并且管本体温度提高极有可能改变钢管焊缝的组织，造成涂层长期运行缺陷，此时需要采用外接加热装置在冷却前只对已缠绕的冷带进行加热。

（3）复合冷胶带

挤压成型的 3PE 专用黏结剂和聚乙烯冷胶带按照相关标准的规定，黏结剂带厚度≥170μm，聚乙烯胶带厚度为 0.5～3mm，复合冷带按照涂层最终厚度参数制成一层胶带，也可采用预制薄带进行两层或三层缠绕，达到要求的涂层厚度。可采用独立胶带和复合胶带。

预制黏结剂和聚乙烯两种独立的冷胶带，分别进行缠绕，此时黏结剂胶带过薄，在张紧力作用下带就会拉断，造成废管，并且双缠绕工位，增加了外层聚乙烯冷带缠绕的时间间隔，造成热量损失或粉末先期固化，形成隐患。所以在挤压成型冷带的过程中，胶黏剂和聚乙烯两种带可以在高弹态（层间不得有气泡）下，黏结剂胶带复合在聚乙烯胶带底部（定宽）形成复合胶带，增加张紧耐受力，更进一步提高防腐层的质量。

复合胶带采用挤出的高密度（或依据相关标准）聚乙烯带与胶黏剂带直接热合，不使用其他黏合剂。复合带宽度为 50～200mm，成卷包装。

钢质弯管防腐复合缠绕带生产工艺有以下几种[12]。

① 冷带后复合。聚乙烯带和胶黏剂带分别通过板式模具和压延辊挤出，压延制成所需厚度的卷材（冷却定型），然后两种带分卷展开辊压热合，形成复合结构，最后分切成不同宽度的带材。

② 先聚乙烯冷带定型，后热复合胶黏剂。聚乙烯先通过挤出压延生产线制成所需厚度的成卷带材（冷却定型），然后放卷与挤出机挤出的胶黏剂熔融带辊压热

合，形成复合结构，最后分切成不同宽度的带材。

③ 先胶黏剂冷却定型，后热复合聚乙烯带。胶黏剂先通过挤出压延生产线制成所需厚度的成卷带材（冷却定型），然后放卷与挤出机直接挤出的聚乙烯熔融带辊压热合，形成复合结构，最后分切成不同宽度的带材。

④ 热压延聚乙烯和胶黏剂分别挤出成熔融带，直接辊压热合，形成复合结构，经压延、冷却、卷绕，最后分切成不同宽度的带材。

（4）复合带缠绕机

弯管无法通过管自身的旋转进行带的缠绕，这里可以设计一种可以旋转的行星机构（图9-20），定位置沿弯管中心线进行自旋转，把带缠绕在沿一定曲率半径旋转的弯管表面，这种结构在机械设计中不难实现。

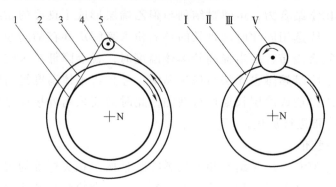

图9-20 弯管复合带缠绕机示意图

1（Ⅰ）—弯管；2（Ⅱ）—旋转驱动机构；3（Ⅴ）—带轮；4（Ⅲ）—复合带；5—导向轮

塑性冷带在常温下具有一定的收缩性，要求严密地贴合在弯管的表面，复合带必须张紧，所以需要在缠绕机上设置张紧装置。

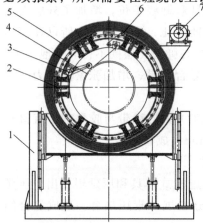

图9-21 缠绕机设计视图[13]

1—支架；2—液压升降；3—弯管；4—压辊；
5—胶带；6—胶带导向轮；7—传动减速机

冷带熔融过程中，带受热不会达到完全均匀，那么局部受热的表面会出现鼓包等，需要采用安装在缠绕机上、具有一定硬度的橡胶压辊进行碾压，使得涂层更加均匀平滑。

缠绕机设计视图如图9-21所示。

缠绕机的组成。缠绕机由独立动力控制的回转胶带轮、进行缠绕的回转轮（带独立动力系统）、适应管径的可升降支撑底座、胶带导向滚轮、胶带压辊系统等组成。

缠绕作业。首先将复合冷带开卷后缠装在缠绕机回转胶带轮上，弯管通过时，把胶带头部压紧黏结在弯管管端，开启胶带回转轮动力控制系统，同时开启缠绕回转轮动力控制系统，确保胶带回转轮和缠绕回转轮同时绕管子轴线转动。通过传动系统设定，缠绕传动轮旋转把胶带均匀缠绕在弯管表面，胶带回转轮旋转方向与缠绕传动轮旋转方向相反，作用是将胶带轮上的胶带进行开卷，逐步均匀地把胶带传送到弯管表面，缠绕期间通过碾压滚轮对胶带进行碾压密实。

为保证胶带张紧缠绕在弯管表面，需要设计计算合理的缠绕轮和胶带回转轮的转动速度，并且相互匹配，并且要求胶带在缠绕到弯管表面的过程中，胶带的张紧程度一致，即为同等张力，但在胶带缠绕过程中，胶带轮上的胶带层厚度逐渐减小，在原旋转速度下，张力会发生变化，所以须采用恒张力系统来控制缠绕带轮的旋转速度，以期达到缠绕张紧的恒定值。

9.6.2　冷带热熔涂装设备布置

弯管复合带热熔涂装 3PE 成型技术，由天华化工机械及自动化研究设计院有限公司于 2005 年开发成功，并在四川油建内江容器厂建成全国第一条弯管涂装生产线，涂层成型技术要求完全参照 3PE 直管涂层标准。

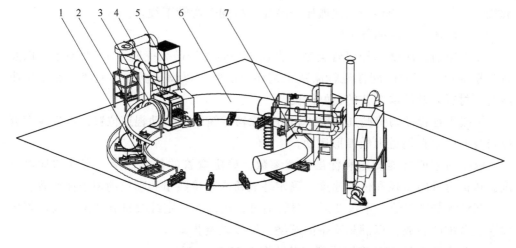

图 9-22　弯管三层复合胶带热缠绕成型装置三维视图[14]

1—弯管传输辊道；2—水冷系统；3—复合胶带缠绕装置；4—环氧粉末喷涂系统；5—中频加热装置；
6—弯管；7—弯管抛丸除锈装置

弯管复合带涂层成套设备与双层粉末涂装设备布置基本相同（图 9-17），按照弯管曲率多组传动辊道呈环形布置，根据不同弯管管径和曲率半径环形布置的多组辊道可以进行调整；按照工艺设计在环形辊道的进管位置安装抛头行星布置的抛丸除锈机，360°圆周布置的抛头满足弯管周向除锈的要求；环形辊道出管端设置有水冷却系统，保证涂覆粉末层后的管道冷却以及涂层的最终定型；进入冷却水系统前按照进管方向分别放置通过式中频加热装置、环氧粉末静电喷涂装置；在环氧粉末静电喷涂装置和水冷却系统中间放置复合胶带缠绕机。为降低涂装过程中加热弯管的热损失，加热中频、环氧粉末静电喷涂设备、复合胶带缠绕机的中间间隔尽量短，并且为增加复合带的熔融，如果需要可以在带缠绕机和冷却水系统之间增加补热装置。

3PE 生产线外抛丸除锈与防腐层涂装为两个完全独立的工位，所以同理要求采用独立的环形传动线上布置抛丸机，满足单根弯管的外表面除锈要求，而非如图 9-17 和图 9-22 所示安装在涂覆线上，因为抛丸除锈的效率往往与涂层涂覆效率不匹配，另外因为弯管的长度等，造成弯管上下困难。

9.6.3 冷带热熔涂覆工艺

整个弯管复合带外防腐生产线的生产工艺流程分为两部分：外壁抛丸清理部分和涂覆缠绕成型部分；这两个部分是相对独立的，可以单独运行，也可以同时运行。

外壁抛丸清理部分：弯管上传动线→抛丸除锈→除锈后检测。

涂覆缠绕成型部分：弯管上传动线→中频加热→环氧粉末喷涂→胶化→复合带缠绕→远红外二次加热→二次碾压→冷却→检测→弯管下线。

（1）总体要求及准备工作

在涂覆前，应就每种弯管类型、直径（相同直径最大壁厚者）、曲率半径以及各涂覆原材料间的匹配性进行涂覆工艺评定试验，以满足抛丸作业线、涂覆作业线与原材料以及涂覆工艺的良好匹配。

按照弯管管径调整抛丸除锈线和粉末涂覆除锈线的传动辊道位置，以适应弯管以自身的曲率在辊道上做弧形运动。

依据粉末的性能要求和涂层涂覆参数，确定弯管的传输速度、弯管的加热温度。依据弯管的直径和传输速度，确定环氧粉末喷枪数量和喷枪的覆盖面积等。

调整缠绕机参数，不仅要适应弯管通过，还需要设定缠绕机旋转速度与弯管传输速度匹配的参数，以满足冷带的缠绕、搭接以及张紧等。

（2）冷带热熔 3PE 涂层成型工艺（图 9-23）

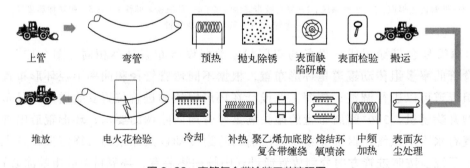

| 上管 | 弯管 | 预热 | 抛丸除锈 | 表面缺陷研磨 | 表面检验 | 搬运 |

| 堆放 | 电火花检验 | 冷却 | 补热 聚乙烯加底胶复合带缠绕 | 熔结环氧喷涂 | 中频加热 | 表面灰尘处理 |

图 9-23 弯管复合带涂装工艺流程图

① 表面预处理。

先清除弯管表面油脂、污垢、焊剂及毛刺，在对弯管预热后进行抛（喷）丸除锈，弯管在环形传输线上行走进入清理室进行表面抛丸除锈。传输采用连续输送方式，在不同直径和不同曲率半径的情况下需要调整传动滚轮的位置，抛丸主机固定不动。

除锈前弯管表面应不低于露点温度 3℃，除锈质量应达到 GB/T 8923.1 规定的 Sa½ 级要求。锚纹深度达到 50 ～ 90μm。

将除锈后弯管表面的灰尘及磨料用压缩空气和毛刷等工具清扫干净。要求表面灰尘度等级不低于 GB/T 18570.3 规定的 2 级。

如有必要或者要求，抛丸后的弯管表面应按 GB/T 18570.9 规定的方法检测弯管表面的盐分含量，弯管表面的盐分应不超过 20mg/m²。

完成表面处理的弯管应在 4h 内进行涂覆，超过 4h 出现返锈或表面污染，应重新进行表面处理。如果环境湿度过大，管道存放时间要求低于 4h。

② 环氧粉末静电喷涂。

涂覆时，先用试验管段在生产线上调节预热温度及底层的厚度，各项参数符合规定后方可正式生产。将弯管表面加热至涂料要求的温度，用测温仪进行连续测量，以准确控制弯管表面温度。

启动传动辊道，驱动弯管弧形旋转通过中频加热装置，对弯管进行加热，加热温度按照环氧粉末的性能要求进行，最高不能超过 275℃。实际加热温度由环氧粉末特性决定。

启动环氧粉末静电喷涂装置，进行环氧粉末涂层涂装。

③ 复合带缠绕。

启动缠绕机进行复合带缠绕，复合带缠绕时应在环氧粉末胶化过程中进行。复合带缠绕时，应确保复合带之间及弯管焊缝两侧的复合带辊压密实，并防止压伤带表面。复合带螺旋缠绕搭接宽度不小于 50mm。

对缠绕后形成的防腐层进行碾压，如果需要采用外热源补热，碾压时防腐层表面的二次加热温度不超过防腐层表层的熔化温度。复合带成卷使用，不允许使用过程中，更换复合带，长度方向必须预先热熔压接，压接聚乙烯与胶黏剂错层熔融，搭接长度应大于 50mm。

④ 涂层冷却定型。复合带缠绕、熔融、碾压平整后采用水冷却，使涂层定型，并控制冷却水量，满足弯管管体最终温度低于 60℃。

⑤ 涂层管端处理。管道焊接热影响区不能预留涂层，需采用行星打磨装置清理管端的防腐层，确保端部预留光管区 100 ～ 150mm，并且要求涂层端面打磨成 30°倒角，复合带涂层外预留 20mm 的环氧粉末层，以防止防腐层剥离或翘起。

环氧粉末涂层加复合带热熔涂装示意图及其产品如图 9-24 和图 9-25 所示。

图 9-24 弯管复合带生产示意图

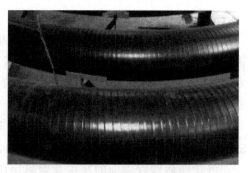

图 9-25 复合带涂层成品管

9.7 小结

弯管防腐层的涂装，以达到或接近直管段防腐层标准为基准，并依据钢管运行环境、工况条件等进行设计。在现有的涂层类型中，液态涂料、热收缩带、双层环氧的涂层性能均能够达到相关规范的要求，但采用复合冷带 3PE 涂层，因为要求用钢管的本体热熔融粉末层以及胶黏剂和聚乙烯带复合层，在实际操作中，钢管本体的热总不能满足要求，并受到外界环境的影响，会出现粉末提前固化以及聚乙烯层未熔融等缺陷，从而造成整个涂层的剥离，所以针对复合冷带 3PE 涂层成型，工艺设计、装备设计要求考虑多方面因素，以期达到最佳涂层质量。

参考文献

[1] 国家能源局. 埋地钢质管道液体环氧外防腐层技术标准：GB/T 6854—2012[S]. 北京：石油工业出版社，2012.

[2] 解蓓蓓，韩文礼. 钢质热煨弯管用无溶剂液体环氧涂料的研究 [J]. 涂料工业，2011（9）：57-60.

[3] 中华人民共和国国家质量监督检验检疫总局，中国国家标准化管理委员会. 埋地钢质管道聚乙烯防腐层：GB/T 23257—2017[S]. 北京：中国标准出版社，2017.

[4] TOTAL.Polyethylene and Polypropylene coatings for bends and fittings：LGS GR COR 225—2010[S].

[5] 国家市场监督管理总局，国家标准化管理委员会. 钢质管道熔结环氧粉末外涂层技术规范：GB/T 39636—2020[S]. 北京：中国标准出版社，2020.

[6] 中国石油北京华油天然气有限责任公司. 陕京二线管道工程埋地钢质管道热煨弯头防腐层施工及验收规范：Q/SY JS0026—2003[S].

[7]　刘小利，张晓东，邓震，等.钢质热煨弯管的环氧粉末＋聚丙烯胶带涂层防腐结构施工技术 [J].石油工程建设，2011，37（1）：61-63.

[8]　国家市场监督管理总局，国家标准化管理委员会.埋地钢质弯管聚乙烯防腐带耐蚀作业技术规范：GB/T 37587—2019[S].北京：中国标准出版社，2019.

[9]　乔军平.大口径热煨弯管三层 PE 防腐涂层技术研究 [J].腐蚀科学与防护技术，2010：22（6）：543-546.

[10]　牛辉，张学增，刘树林，等.钢质弯头熔结环氧粉末外防腐层涂覆装置：CN1365859A[P].

[11]　高峻刚，李源勋.高分子材料 [M].北京：化学工业出版社，2002：5.

[12]　郑明嘉，陈力，王大中，等.钢质弯管新型防腐技术 [J].环境技术，2007，25（1）：30-32，38.

[13]　张永宏，乔军平，何继龙，等.用于钢质管道弯头三层聚乙烯外防腐涂覆生产线中的缠绕机：CN 201020178511.X[P].2019-12-29.

[14]　乔军平，张永宏.大口径钢质弯管三层聚乙烯防腐层成型装置：CN 201120096638.1[P].2011-11-16.

第 10 章

管道内涂层

10.1 前言

管道内涂层——采用有机或者无机材料在流体输送的管道内表面涂装的一层致密结构，以隔离管道与输送流体的直接接触，这层致密结构可以填充管道表面原有的粗糙孔穴，使流体接触面成为一个连续光滑的表面，减小流体流动的阻力。同时可以防止造成管道本体的冲蚀或因流体中所含的腐蚀介质造成管道腐蚀，从而延长管道的使用寿命。所以管道内涂层一方面起到减阻作用，另一方面起到防腐蚀作用。

同管道外涂层一样，内涂层选用的材料除需要满足与管本体牢固结合外，还需要保证涂层的持久性（耐冲蚀、防腐等）。除特定的内衬金属涂层外，管道内涂层多采用无机或有机涂层，并以有机涂层为主。

早在 1947—1948 年，内涂层技术就已经应用于含硫油气的集输管道。1953 年，第一次应用于干气管道[1]。20 世纪 60 年代以来，内涂层技术得到了迅速发展。而对于输水管道，使用内涂层的时间要早于油气管道，例如在 20 世纪 30 年代，美国首先采用水泥砂浆衬里作为埋地给水钢管的内壁防腐层，而日本、新加坡、马来西亚也都有相关应用[2]。

10.1.1 内涂层分类

（1）以使用功能划分

分为内防腐涂层和减阻涂层两种，虽两者所要求达到的目的略有不同（内防腐涂层要求性能更高），但在涂层选材、涂覆工艺及防护方法上完全相同。

内减阻涂层是随着管道输送介质的多元化而发展起来的，始于 20 世纪初，国外大规模应用在 20 世纪 50 年代。其主要特点是涂层较薄，特殊情况焊缝接口处可以不采用补口措施，主要目的为降低流体输送的管内阻力，辅助以防腐蚀作用。可以采用带有机溶剂的稀涂料进行涂装，绝大部分用于天然气输送管道。

内防腐涂层主要用于天然气管道和城市自来水、污水管道，具有以下显著特点和经济效益：使管内壁光滑，粗糙度减小，节约动力；防腐蚀，防泄漏，延长钢管使用寿命一倍以上，并降低了维修费用；减少管内壁上的沉积物，降低了生产成本；有效地防止了管内壁的锈蚀等。多采用无溶剂厚浆型涂料进行涂装，必须进行补口，厚度较减阻涂层厚。

（2）以涂层材料类型划分

分无机材料涂层和有机材料涂层。无机材料应用最为广泛的是水泥砂浆（20世纪 30 年代），初始应用于输水的钢管或铸铁管道。

有机材料涂层是现阶段输水和油气类介质应用最多的，因其化学稳定性好、与金属基体的结合力强、耐磨损等优良特性，无可替代。其使用的最早记载是 1940年美国得克萨斯州使用酚醛树脂对酸性原油油井套管进行内涂作业。这类涂料包含环氧树脂、聚乙烯树脂、聚氨酯树脂等。

（3）以涂料存在形式划分

分为液态和固态涂料涂层。如双组分的液态环氧，用于天然气输送管道的减阻涂层，以及无溶剂液态环氧的防腐涂层。固态环氧粉末或聚乙烯粉末的内防腐涂层应用在输水管道和矿用瓦斯气输送上。这种界限区分对于有机类涂料更加容易，而对于水泥砂浆，其存在状态为固态，如砂子、水泥等，涂装时以黏态（添加水、添加剂）存在，只能以固态进行划分。

10.1.2　内涂层应用效果

管道内涂层最初出现的目的究竟是以防腐为主还是以减阻为主，抑或是两者兼而有之，目前并无定论，从最初应用的水泥砂浆衬里来看，其目的是获取高纯度的水，而油田套管第一次采用酚醛树脂涂层目的是防止结蜡，所以降低管道冲蚀和管道内表面的粗糙度应该是管道采用内涂层的首要目的。

1953 年美国在天然气管道中首次采用了内涂层，并在 1958 年首次进行了典型的 Refugio 天然气管道内涂层试验。试验结果表明，管道涂覆内涂层后的流动效率提高了 6%[3]，从而使得内涂层应用后的减阻效果通过实验验证。所以人们才认识到管道内涂层增输的重要性（涂层的减阻作用）。只是内涂层对于效率的作用，各种文献描述并不一致，H.G.Fasold 博士及 H.N.Wahle 于 1993 年发表文章提出如果管道采用内涂层，流体的输送量可以提高 14% ～ 21%。需要明确的是数据的不一致与试验条件有关，所以实际应用中内涂层对流体输送效率的提升应该在 5%～10%。其实这样的结果与流体介质的特性以及介质中的杂质含量有直接关系。

（1）采用内涂层达到的应用效果

内涂层的代表性材料就是液态或固态环氧涂料或无机水泥砂浆涂料，采用涂料达到的各自效果如下[4]。

① 液体涂料或粉末涂料涂层。a.可降低流体在管道内的摩阻，改善介质流动性，提高输送效率；b.由于摩阻系数减小，降低流体传送压差，减少增压装置和建站数量；c.可防止管内表面腐蚀，减少管道事故，延长管道的使用寿命；d.可避免管道内表面结垢和结蜡，从而可减少清管次数，降低清管作业所需的动力；e.可避免锈蚀等污染物产生，防止对输送介质产生污染，保护介质的品质；f.涂覆后的管道内表面光滑，有助于对裂纹、腐蚀坑等缺陷的检测。

② 水泥砂浆衬里。水泥砂浆不仅机械强度高，而且还具有以下特性：

a.浸透作用。水泥砂浆衬里的水渗透界面处的溶液具有强碱性，可在钢管表面形成化学防腐保护薄膜。此外，浸透作用使衬里与管道内表面承受与管道内介质相同的压力，可瞬间释放积聚的能量，当管内压力突然降低时，不至于因压差而造成衬里崩裂。

b.附着力大。水泥砂浆衬里的环形薄壳结构，通水后在水化作用下膨胀，紧压在管道内表面，其张力比只靠黏结的涂料附着力大得多，故水泥砂浆衬里不易脱落。

c.抗压强度大。一定厚度、环拱结构的水泥砂浆薄壳抗压强度大，在钢管壁厚不变的情况下，可增加管道强度；在管道强度不变的情况下，可减小钢管壁厚。

d.具有弹性。衬里由细小的颗粒组成，具有一定的弹性，在一定范围内可经受住钢管直径的变化和管道的弯曲、扭曲变形。

e.自愈合性强。水泥砂浆衬里具有自愈合性，对于因养护不当失水而造成的宽度不大于1.6mm的裂缝，通水后在水化膨胀作用下，可自行愈合。

（2）内涂层的经济效益及投资回报[5]

内涂层对天然气管道而言，管径越大，经济效益越高。气体管道获得的经济效益比液体管道高。投资回收期与燃料成本成正比，一般为3～5年。

管道内涂层的投资占管道总投资的12.5%～13%。管径小、距离短时，投资比例会增高，相反则降低。与没有内涂层管道相比，总使用寿命可以延长一倍以上，减少了管道检修次数，增加了管道运行时间，减少了管道泄漏造成的环境污染，所以内涂层带来的经济效益和社会效益是可观的。

（3）内涂层选材原则

① 涂层材料性能必须符合涂层特性要求（减阻或防腐），在施工或运行过程中不得造成人体伤害、环境污染。

② 涂层与基体黏结特性和涂层自身特性符合技术要求，如剪切强度、耐压和黏结强度、湿态附着力、涂层表面光滑度、密度、耐磨性、化学稳定性等。

③ 耐高温特性。例如钢管内外涂层采用"先内后外"涂装方式，要求涂层能经受住 250℃ 短时间高温的烘烤处理。

④ 涂料特性要求满足涂装工艺要求，实际操作一般是涂装工艺满足涂料特性，例如液态涂料选择单组分泵、双组分泵等成型装置，一次成膜或多次成膜等成型工艺。

⑤ 无论防腐或减阻涂层，优先选择无溶剂型涂层材料，如无溶剂液态或固态涂料。

10.1.3　内涂层发展及应用

油气管道内涂层应用的初始目的是防止管内蜡沉积，改善流体流动。全球天然气干线管道第一次采用内涂层，是 1953 年在美国一条直径为 508mm 管道上 [6]。1955 年美国田纳西天然气管道公司第一次采用胺固化环氧树脂覆盖层材料对长距离输气管道进行内涂覆作业，并在 1958 年首次进行了典型的 Refugio 天然气管道内涂层试验 [3]。

1955 年以来，世界范围内长输管道工业建设中，应用减阻内涂层的干线输气管道工程越来越多 [7]。

1962 年加拿大，直径 $\varphi 400 \sim 1050mm$ 管道采用厚度为 35μm 的环氧涂层 [1]。

1973—1983 年，阿尔及利亚至意大利穿越地中海输气管道工程（Trans—Mediterranean Gas Pipeline），所有管道采用环氧树脂进行了内涂覆。

1984—1990 年，英国北海距离为 1746km 的天然气管道采用了减阻内涂技术。

1990 年，挪威至比利时的 Zeepipe 天然气长输管道（全长 810km，管径 $\varphi 996mm$，输气压力 16MPa），采用内涂覆 40 ～ 60μm 厚的环氧树脂层，内焊口处裸露总计 13km（占全长的 1.6%）未做处理。

截至 1995 年，加拿大最大的 NOVA 天然气公司，76% 的气管道（全长约 7200km）都采用了内涂层 [7]。

2000 年 10 月竣工的加拿大到美国 Alliance 天然气干线管道（长 2998km，管径 $\varphi 914 \sim 1067mm$，高压输送），内壁喷涂 50μm 厚（干膜厚度）双组分液体环氧树脂作为减阻涂层 [6]。

1973 年，Madison 化学公司生产的刚性聚氨酯用于球墨铸铁管的内外壁保护涂层，取得了良好的防腐效果。

1990 年，瑞士 Vonroll 铸管厂，研制成功球铁管外壁涂覆无溶剂聚氨酯的技术，并实现了连续生产 [8]。

1988 年胜利油田引进美国 Freecom 公司的赛克 54 陶瓷材料 9828L，生产海底内涂管道 30km[9]。

我国管道内涂层发展滞后于国外，20世纪60年代才开始在输水管道采用水泥砂浆衬里，如天津引滦工程（长14.5km、管径 φ2500mm）；上海黄浦江上游引水工程（长3.3km、管径 φ240～300mm）；北京水源九厂一期工程（长54km、管径 φ2200mm）和（长29km、管径 φ1000～2200mm）输水管道；南京自来水公司（长11km、管径 φ700～1600mm）；大连引水工程（长16km、管径 φ1400mm）及徐州水厂引水工程（长16km、管径 φ1600mm）等[2]。

自20世纪60年代中后期开始，我国的天然气管道建设有了较大的发展，已建成各种管径和输送压力的主干线几千千米，但没有设计内涂层，一般采用添加缓蚀剂的方法减缓内部腐蚀。虽然，科研单位和油田也进行了一些管道内涂层技术的研究，但主要是在防腐型涂料的研究和应用上。

20世纪80年代，华北油田设计院、中国石油天然气总公司工程技术研究院与海军总后勤装备研究所共同研制了H87和H8701等液体环氧涂料。

2002年7月开始建设的长4000km西气东输管道，减阻涂层采用中国石油集团工程技术研究院研制的双组分常温固化涂料AW-01，节省了3座压气站，减少了一次性投资7亿元，每年节约运行费1.55亿元[10]。

20世纪80年代中期，华北油田开始研制FBE及其涂覆工艺，并主要用于内防腐。

1995年，大庆从美国CR公司进口了一条熔结环氧粉末生产线，进行直径 φ57～326mm管道内涂。

2011年开始，我国把环氧粉末内涂层大面积应用到输水管道上。

环氧粉末内涂层成型由于其成型工艺复杂，成为制约其发展和大规模应用的瓶颈，直到2007年天华化工机械及自动化研究设计院开发出环氧粉末在线内涂技术，才得到大规模发展。2008年我国第一条环氧粉末内涂层在线加热涂装生产线在潍坊东方钢管厂建成，2011年在平顶山南水北调配套工程中，内环氧粉末外3PE涂层（长28.426km，直径 φ800mm）第一次成功应用，成为国内输水工程的规范性涂层结构。

10.1.4　相关标准规范

当内涂层得到应用时，相关的标准规范也同步被编写出来，如针对减阻涂层的推荐规范、液态防腐涂层的标准、环氧粉末的相关标准规范和水泥砂浆衬里的标准等，不仅针对钢质管道，有些标准也是为铸铁管道编写的。

针对减阻涂层，最通用的一项技术标准为1968年美国石油学会（API）制定的《输气管道内涂层的推荐准则》（英文名：Recommended Practice for Internal Coating of Line Pipe for Non-corrosive Gas Transmission Servic），最新版本 API

RP 5L2—2012（2015），并且该标准受到国际上诸多生产商、管道设计者、施工者与运营者的一致遵守。

英国天然气理事会于 1970 年、1977 年先后发布了 GBE/CM1《钢管和管件内涂层施工方法》和 GBE/CM1《钢管和管件内涂层材料技术规范》，于 1993 年修订后得到欧共体认可，成为目前欧洲通行的内涂层技术标准。

我国石油行业标准 SY/T 0442《钢质管道熔结环氧粉末内防腐层技术标准》，只规定了防腐涂层。

涂层及其衬里相关标准规范见表 10-1。

表 10-1　标准规范

液态涂料涂层				
序号	标准号	最新版本	中文名	英（外）文名
1	EN 10339	2007	陆上和海上输水钢质管道防腐用内部液体环氧树脂衬	Steel Tubes For Onshore And Offshore Water Pipelines — Internal Liquid Applied Epoxy Linings For Corrosion Protection
2	API RP 5L2	2015	输气管道内涂层的推荐准则	Recommended Practice for Internal Coating of Line Pipe for Non-corrosive Gas Transmission Service
3	AWWA C210	2015	钢质水管和配件用液体环氧涂层和衬里	Liquid-Epoxy Coatings and Linings for Steel Water Pipe and Fittings
4	SY/T 0457	2019	钢质管道液体环氧涂料内防腐层技术标准	—
5	SY/T 6530	2019	非腐蚀性气体输送用管道管内涂层	—
6	JIS G3443-4	2020	输水用涂覆钢管 - 第 4 部分：内表面环氧树脂涂装	水輸送用塗覆装鋼管 - 第 4 部：内面エポキシ樹脂塗装
环氧粉末内涂标准规范				
1	API RP 5L7	2015	管道用无底漆内熔结环氧涂层的推荐实施规程	Recommended Practice for Unprimed Internal Fusion Bonded Epoxy Coating of Line Pipe
2	AWWA C213	2022	钢质水管和配件用熔结环氧树脂涂层和衬里	Fusion-bonded Epoxy Coating and Linings for Steel Water Pipe and Fitting
3	SY/T 0442	2019	钢质管道熔结环氧粉末内防腐技术标准	—
4	JIS G5528	2016	铸铁管内环氧树脂粉末涂装	ダクタイル鋳鉄管内面エポキシ樹脂粉体塗装
水泥砂浆衬里标准规范				
1	AWWA C205	2018	车间用 ≥ 100mm（4In.）钢质水管的水泥砂浆保护衬里和涂层	Cement-Mortar Protective Lining and Coating for Steel Water Pipe—4 In.（100mm）and Larger—Shop Applied

序号	标准号	最新版本	中文名	英（外）文名
2	AWWA C602	—	≥ 100mm（4In.）水管的水泥砂浆衬里	Cement–Mortar Lining of Water Pipelines in Place—4 In.（100mm）and Larger
3	ISO 4179	2005	压力管道和非压力管道用球墨铸铁管和配件 - 水泥砂浆衬	Ductile Iron Pipes And Fittings For Pressure And Non-Pressure Pipelines—Cement Mortar Linings
4	AS 1281	2001	钢管和管件水泥砂浆衬里	Cement Mortar Lining Of Steel Pipes And Fitting
5	GB/T 17457	2019	球墨铸铁管和管件水泥砂浆内衬	—
6	ISO 16132	2016	球墨铸铁管和配件：水泥砂浆衬里用密封涂层	Ductile Iron Pipes And Fittings—Seal Coats For Cement Mortar Linings
7	T/CECS 10	2019	埋地给水钢管道水泥砂浆衬里施工及检测规程	—
8	SY/T 4074	2016	钢质管道水泥砂浆衬里机械涂覆技术规范	—
9	SY/T 0321	2016	钢质管道水泥砂浆衬里技术标准	—
聚氨酯涂层				
1	EN 15655-1	2018	球墨铸铁管、管件和附件、球墨铸管和管件有机衬里的要求和试验方法. 第1部分：管道和管件的聚氨酯衬里	Ductile iron pipes，fittings and accessories-Requirements and test methods for organic linings of ductile iron pipes and fittings Part 1：Polyurethane lining of pipes and fittings
2	AWWA C222	2018	钢质水管和管件内外聚氨酯涂层	Polyurethane Coatings for the Interior and Exterior of Steel Water Pipe and Fittings
3	SY/T 4109	2016	钢质管道及储罐无溶剂聚氨酯涂料防腐层技术规范	—

10.2　液态环氧内减阻涂层

减阻内涂层是将液态环氧涂料涂装到钢管内壁，以改善钢管内表面的粗糙度，从而减少管道在输送介质时产生的摩擦阻力。

有关研究表明，采用减阻内涂层后可增加 5% ～ 30% 的天然气输量，一些国外专家认为，输送能力提高 1% 即可证明内减阻涂层成本具有合理性。

10.2.1　涂层及涂料的特点

（1）采用内减阻涂层的优点[11]

① 可以降低管道内表面的摩擦阻力，延长清管周期，减少清管次数（防止结

蜡），还可以防止流体中的硫化氢、二氧化碳和水汽的内腐蚀，确保长输管道的长期、安全、稳定运行。可保证介质的纯度，并消除腐蚀介质对压缩机等可能造成的危害。

② 压力一定时可提高输气量，提高流体传输效率。在输量一定的前提下，可缩小管径，节约钢材。例如，目前国产钢管的表面粗糙度约为 25μm，采用内涂层后管道内表面粗糙度会降到 5μm 以下（理论要求 10μm 以下），从而降低理论摩擦系数最高约 20%，相同管径和压力下理论输送系数上升 5% ~ 30%；相同压力和输气量下理论上减小输气管道管径 6%。

③ 投资回收期短，经济效益高。如对原设计 120 亿 m^3/a 天然气输量的输气管道，采用减阻耐磨内涂层后，输气量的增加值按照 12% 计算，增加了 14.4 亿 m^3/a，按管输费 0.9 元 /m^3（人民币）的价格计算，每年的效益为 13 亿元。可在管道通气一年内回收 5.855 亿元的内涂层投资。

④ 资金理论效用高。同样依据年供气 120 亿 m^3 左右进行计算，管道投资约为 400 亿元，则每亿 m^3 供气量管道需投资 3.33 亿元。采用内减阻涂层，每年 120 亿 m^3 供气中有 12% 靠内涂层使输气量增加得来，折合约 14.4 亿 m^3，则 5.855 亿元（管道内涂层投资）等效 49.62 亿元的资金理论计算值。

⑤ 增大压气站间距，减少压气站数量；减小压缩机的动力消耗。例如"西气东输"工程项目中，原设计 22 座增压站，采用减阻耐磨内涂层后减少为 19 座。

（2）内涂层技术缺陷 [12]

① 管径范围受限。管内输送的天然气，若是不满足输干线管道或小管径输气管道，流体在管内流动大多处于混合摩擦区湍流，甚至光滑区湍流，则减阻效果不明显，甚至无效果。单纯以经济效益考虑，出现收支为负数的情况，可以解释为不宜采用内减阻涂层。所以在天然气管道涂层设计时，当管径大于 400mm 时才考虑是否应用内涂层。目前国内外管道内涂层的应用均以管径大于 500mm 输气管道为限。

② 涂装技术受限。管道建设长度多为成百上千千米，内减阻涂层的涂装方式一般采用施工前单管涂覆、施工时组焊的方案，效率低下，大口径、长距离无法一次成型。

③ 涂装工艺条件限制。管道进行内外涂层涂装或施工现场组焊时，不可避免地要进行二次加热，由于内外涂层的耐热性不同，很难保证已经成型的内涂层不出现损毁现象，并且焊接后的补口质量差异等会严重影响到减阻效果。

④ 二次修补困难。管道内涂层长时间使用过程中，随着冲刷或材料变性等，不可避免地出现涂层磨损和脱落现象，若进行二次修补，则必须停产、清管、拆装等，因此涂层的修补比焊接管口的涂层补涂还要困难。

（3）内减阻涂层要求 [13-14]

减阻内涂层性能须适用于天然气管道减阻。

① 表面光滑平整。可降低输气过程中的管道表面摩擦阻力，起到增输效果。西气东输工程要求涂层的表面平均粗糙度小于 10μm。

② 高耐磨性和硬度。减阻涂层长期接受流体冲刷，并且涂层较薄，仅为 50 ~ 75μm，在提供光滑涂层界面的同时，涂层在流体输送过程中流体本身或流体中的杂质以及在管道检修过程中的内清管器均会造成磨损，因此要求涂层具有较好的耐磨性和硬度。

③ 良好附着力。黏结性决定了涂层在工作过程中是否会发生脱落现象，因为只有与钢管本体附着力良好才能保证涂层在流体输送以及清理检修过程中不脱落。

④ 冲击性能。管内输送流体的压力会发生较大的变化，所以涂层须承受力的反复变化。

⑤ 涂装工艺的易用性。液态树脂涂料可采用喷涂技术在常温条件下进行连续作业。SY/T 0442（1997版）曾经提出过环氧粉末内减阻涂层，但其加高温成膜方式增加了涂层成型的难度，并且在实际操作中，涂层质量也难以保证。

⑥ 良好的耐热性。涂装工艺决定了涂层材料的性能，长输管道需要进行内外涂层涂装，采用某些工艺来完成外涂层涂覆时，要求内涂层能够耐受 220 ~ 240℃ 的高温，而不破坏已经成型的涂层结构及其黏结力。

⑦ 耐化学介质侵蚀。内减阻涂层虽然以减阻为主要目的，但同样会受到流体中所含的腐蚀介质的侵蚀，耐一定程度的化学侵蚀，也是内减阻涂层所必须具备的特性。

⑧ 涂层材料不应含有任何可能在涂层使用中释放出来、对管道输运气液质量有害的物质。

⑨ 涂层材料，包括修补材料，在随后进行高达 300℃ 的外部涂层热循环时，不得降解或产生有害蒸气。

（4）液体环氧树脂涂料特点

1957 年，美国天然气协会（AGA）曾对 38 种不同类型的天然气管道内减阻涂层涂料进行对比、分析和筛选，得出的最终结论是：环氧树脂类涂料最适合作为天然气管道的减阻涂料。对输气管道内涂层而言，环氧树脂涂料具备以下特点。

① 附着力优异。环氧树脂是一种极性材料，分子结构中含有大量的羟基和醚键等活化基团，涂料在固化过程中环氧基团能与钢管界面的金属原子反应，形成牢固的化学键，增强了涂层与金属基体的黏结力。

② 优异的光滑度、耐磨性和硬度。由于环氧树脂中分子链的苯环结构以及固化后涂层高的交联密度，固化后能够形成类似瓷釉的光滑坚硬涂层，且柔韧性好、抗渗透性强、抗划伤性好、耐水耐溶剂性好、耐撞击性优异。

③ 优异的耐腐蚀性。由于环氧树脂分子主链结构中的醚键具有非常高的化学稳定性，因此交联固化后形成的涂层具备优异的抗酸碱性能。

④ 优异的抗冲击能力。高压输气管道，压力不断在变化，环氧树脂固化时的体积收缩率仅为 2% 左右，且热膨胀系数小，因此涂层能够耐受温度和应力的变化冲击，另外环氧树脂分子中刚性的苯环和柔性的羟基能够使固化后涂层坚硬而柔韧，物理力学性能更加良好。

10.2.2　涂层及涂料性能指标

在可查阅的减阻涂层标准和规范中，针对非腐蚀性气体的输送内涂层，规范中所描述的涂料类型以液态组分为主。

标准规范规定的涂料和涂层的基本性能如下。

① SY/T 6530（2019 版）《非腐蚀性气体输送用管道管内涂层规范》规定的涂料性能指标见表 10-2 ～表 10-4。

表 10-2　单种组分物理性能

性能		验收准则	方法
溶剂型			
密度 /（g/L）	基料	供方规定值 ±25	ASTM D1475
密度 /（g/L）	固化剂	供方规定值 ±25	ASTM D1475
溶剂馏程范围		供方规定值 95%	ASTM D1078
基料沉淀物		最小 4 级	ASTM D1309（试验） ASTM D869（报告）
固化剂馏程范围		最小 4 级	ASTM D1309（试验） ASTM D869（报告）
溶剂型			
密度 /（g/L）	基料	供方规定值 ±25	ASTM D1475
密度 /（g/L）	固化剂	供方规定值 ±25	ASTM D1475
基料沉淀物		最小 4 级	ASTM D1309（试验） ASTM D869（报告）
固化剂馏程范围		最小 4 级	ASTM D1309（试验） ASTM D869（报告）

表 10-3　混合组分物理性能

性能		验收准则	方法
固相体积含量	溶剂型	供方规定值 ±1%	附录 A
固体含量	无溶剂型	≥95%	GB/T 31361—2015 附录 A
细度		最小 Hegman4 级（≤50μm）	ASTM D1210
粗糙颗粒		200 目筛上无残留	ASTM D185 （除丁基溶剂作为洗涤液外）

表 10-4 涂料的物理性能

性能	验收准则	方法
溶剂型		
流挂性	在涂覆于垂直表面时，无不均匀现象	10℃、37℃和66℃喷涂在钢表面以形成最小 76μm 的干膜
适用期	25℃，≥3h，黏度值最大增加 100%，250g 样品	GB/T 31416
黏度	±5s	ASTM D1200 25℃，4 福特杯
无溶剂型		
流挂性	在涂覆于垂直表面时，无不均匀现象	10℃、37℃和66℃喷涂在钢表面以形成最小 100μm 的干膜
适用期	25℃，≥1h，随温度升高而缩减，黏度值最大增加 100%，250g 样品	GB/T 31416
黏度	供方规定值 ±5%	GB/T 9751.1

② API 5L2-2002（2015，第 4 版）《Recommended Practice for Internal Coating of Line Pipe for Non-corrosive Gas Transmission Service》（汉译：非腐蚀性气体输送用管道管内涂层规范）（表 10-5）。

表 10-5 双组分液体环氧内涂层的性能指标

试验项目	指标	试验方法
针孔（湿膜）	无针孔	API 5L2 附录 G
针孔（干膜）	无针孔	API 5L2 附录 G
盐雾	API 5L2 附录 B	ASTM B117，500h
水浸渍	在距离边缘 6.3mm 范围内无水泡[①]	饱和碳酸钙蒸馏水溶液 100% 浸泡，室温，21d
甲醇与水等量混合	在距离边缘 6.3mm 范围内无水泡[①]	100% 浸泡，室温，5d
剥离	API 5L2 附录 C	API 5L2 附录 C
弯曲（弯曲直径≥13mm）	无剥落、无黏着损失、无裂缝	ASTM D522
附着力	除切口外任何位置无脱落	API 5L2 附录 D
硬度	在（25±1）℃，最低 94Buchholz	DIN 53 153
气压起泡	无鼓泡	API 5L2 附录 E
摩擦	最小磨损系数 23	ASTM D968，方法 A
水压起泡	无鼓泡	API 5L2 附录 F

① 允许轻度软化。

③ Q/SY GJX 141（2012 版）《油气管道工程钢质管道内壁减阻涂层技术规范》规定（表 10-6 ～表 10-9）。

表 10-6　单种组分物理性能

组分	性能	性能指标	方法
基料	密度 / (g/cm³)	1.25 ～ 1.45 且符合涂料供应商给定值 ± 0.024	GB/T 4472
	沉淀物 / 级	≥ 4 且符合涂料供应商给定值	ASTM D1309（试验） ASTM D869（报告）
固化剂	密度 / (g/cm³)	0.85 ～ 1.05 且符合涂料供应商给定值 ± 0.024	GB/T 4472
	沉淀物 / 级	≥ 4 且符合涂料供应商给定值	ASTM D1309（试验） ASTM D869（报告）

表 10-7　混合组分物理性能

性能	性能指标	试验方法
固相体积含量	≥ 45% 且符合涂料供应商给定值 ± 1%	附录 A
细度	最小 Hegman4 级（50μm）	ASTM D1210
粗糙颗粒	74μm 筛全部通过	ASTM D185（除使用丁基溶纤剂作为洗涤液外）

表 10-8　按比例稀释后物理性能

性能	性能指标	试验方法
流动性	在涂覆于垂直表面时无不均匀现象	10℃、37℃和 66℃喷涂在钢表面以形成最小 76μm 的干膜
适用期	25℃，3h 内黏度值最大增加 100%[①]，样品 250g	ASTM D1200
黏度	60 ～ 150 s 且符合涂料供应商给定值 ± 5s	ASTM D1200

① 在满足涂覆作业要求时，可使用较短的适用期。

表 10-9　钢质试片涂层实验室性能

试验项目	验收指标	试验方法
盐雾试验	涂层应无起泡，拉拔撕裂长度≤ 3.2mm	附录 B
水浸泡	距试样边缘 9.3mm 以内无起泡[①]	碳酸钙饱和溶液，100% 浸泡，室温，21d
体积 1∶1 的水与甲醇混合液的浸泡试验	距试样边缘 9.3mm 以内无起泡[①]	100% 浸泡，室温，5d
剥离	涂层不应以条状被刮去，而应成片剥落，搓捻时，剥落应呈粉状颗粒	附录 C
弯曲（弯曲直径≥ 13mm）	目视检查，试片涂层应无剥落或开裂	ASTM D522
附着力	除切口处外其他位置不得有任何剥离	附录 D
布氏硬度（Buchholz）	≥ 94（25 ± 1）℃	ISO 2815
气压起泡	无起泡	附录 E
耐磨性	最小磨损系数 23	ASTM D968 方法 A
水压起泡	无起泡	附录 F
镜面光泽	光泽度≥ 50（60°光泽仪）	ASTM D523

① 允许轻度软化。

注：实验室试片涂覆后的干膜厚度应为（51±5）μm。本规范虽然参考 API RP 5L2 标准，但部分内容也形成了我国自成体系的规范要求。

④ EN 10301：2003，《Steel Tubes And Fittings For On And Offshore Pipelines—Internal Coating For The Reduction Of Friction For Conveyance Of Non Corrosive Gas》（汉译：岸上及海底管道用钢管及配件　非腐蚀性气体输送用减少摩擦的内涂层）规范规定涂层性能指标（表 10-10）。

表 10-10　涂层涂装性能指标

属性		要求	试验方法
外观和连续性		颜色均匀性、光滑和无流挂、漏涂或其他不利于涂层质量的缺陷	—
干膜厚度（δ）		$60\mu m \leqslant \delta \leqslant 100\mu m$	附录 B
附着力测试横切试验		最低等级 1	EN ISO 2409
布氏硬度		$\geqslant 94$	EN ISO 2815
弯曲试验		$\leqslant 13mm$	EN ISO 6860
固化实验 [30min，（23±2）℃]		无涂膜软化、起皱或起泡	EN ISO 2812-2
针孔试验（目测）	75mm×25mm×1mm玻璃试件	针孔数≤1（湿膜）	附录 E
		针孔数≤5（干膜）	
针孔试验（湿海绵试验）①		针孔数≤ $1/100cm^2$	附录 F

注：① 试件目测无针孔。

⑤ 内减阻涂料 AW-01 性能指标。

AW-01 是中国石油集团工程技术研究院针对国内外市场开发的内减阻涂料。AW-01 涂料及涂层的基本物理化学性能详见表 10-11[13]。

表 10-11　AW-01 天然气管道减阻耐磨涂料及涂层性能指标

测试项目		AW-01 涂料性能	API RP 5L2 标准要求
固含量 /%		72	—
附着力（划格法）		0 级	0 级
冲击强度 /cm		50	—
耐盐雾		500h 涂层完好	500h 涂层完好
磨损系数		29	$\geqslant 23$
弯曲试验（1.27cm 不开裂）		通过	通过
硬度		95	$\geqslant 94$
细度 /μm		$\leqslant 40$	$\leqslant 50$
耐热性（250℃，45min）		涂层完好，附着力为 0 级	—
气压起泡（8MPa）		无起泡	无起泡
水压起泡（16MPa）		无起泡	无起泡
常温浸泡	等体积甲醇＋水（5d）	涂层无变化	涂层无变化
	$CaCO_3$ 饱和溶液（21d）	涂层无变化	涂层无变化

10.2.3 施工工艺

（1）进管检查

钢管表面预处理前的必须工序：检查钢管本体缺陷（椭圆度、弯曲度等）、表面的表观缺陷、潜在缺陷和污染物及管面污染程度。

（2）管体预热

标准规范规定钢管在内除锈前，内表面必须干燥，管体温度应高于露点温度3℃，且环境温度不低于10℃，相对湿度不大于80%。一般采用的加热方式有：外热源加热（中频加热、燃气预热）、内壁热风烘干、内壁天然气明火加热。

（3）内抛丸除锈

钢管内表面，最佳的除锈方式就是钢磨料击打处理，一般 φ406mm 以下管道采用喷砂除锈方式，φ406mm 以上（包含 φ406mm）采用内壁抛丸形式。除锈要求等级 Sa2½，粗糙度要求 30 ～ 70μm[15] 或 R_{y5}=25 ～ 60μm[16]。

（4）内表面吹扫

内抛丸除锈后的钢管，内壁沾附灰尘和清理磨料，采用高压风机或压缩机所提供的高压空气进行内吹清理，防止涂层与基体之间出现隔离层。

（5）内表面除盐

表面盐分测定值超出 20mg/m² 时，需要用清洁水进行冲洗。但在实际操作中，因为除锈后的钢管采用磷酸液酸洗和高压水冲洗，管表面返锈速度较快，不易控制。

（6）管口端非涂装层预留

为了降低焊接热影响，管端预留段长度一般为（55±5）mm。一般采用预留端部贴纸或刷涂料方式。

（7）涂装前预热。涂覆过程钢管表面温度保持在 10 ～ 60℃。

（8）涂层的涂装

内减阻涂层涂装多应用于大口径钢管，采用的方式有离心旋杯式和无气喷涂式。液态减阻涂料为双组分涂料，所以其准备工作有两种方式。

① 涂料预混合搅拌后涂装。双组分涂料在涂装前按照要求的比例把基料和固化剂置入混合罐中，在一定的温度下混合搅拌均匀，并静置半小时待用。采用旋杯式涂装，把混合好的涂料倒入旋杯车体的涂料舱并送入管道内，旋杯高速旋转离心涂装。

无气喷涂机涂装，采用单组分无气喷涂泵，吸入混合好的物料进行涂装。

② 枪前混双组分喷涂机涂装。双组分涂料不采用预先混合和静置，选用双组分无气喷涂机，采用机械配比或电子配比方式（满足双组分物料混合比），双泵按照一定的配比分别吸入树脂基料和固化剂，在喷枪前端的预混舱内进行涂料加压混合后瞬间释放，在高压下达到均匀混合目的，并均匀涂覆在管内表面。双组分

泵建议选用电子配比，精度更高。

（9）内涂层挥发气处理

因为减阻双组分涂料中含有较多的挥发性溶剂，因此涂层涂装完毕后必须用干燥、洁净的空气清除挥发性气体。

（10）固化

减阻涂层涂装完成后，必须经历表干和实干两个过程。表干一般采用加热炉把钢管整根置入炉内，在60℃的温度下，经过40min的静置，达到表干要求。完成表干的钢管，管端采用塑膜封口防止灰尘、飞虫等污染，置于空气环境中，依据涂料特性24h或72h实干。

涂层干膜厚度溶剂型 ≥ 38μm，无溶剂型 ≥ 60μm。

10.2.4 减阻涂料发展趋势

当前国内采用的减阻涂料是溶剂型液体环氧，溶剂含量高达40%～50%，涂装、涂层固化过程中均有大量的溶剂挥发出来，对人体造成极大的伤害，并且容易污染环境，因为溶剂的存在会造成涂层针孔以及降低涂层性能等，所以内减阻涂料的无溶剂化成为一种趋势[17]。

（1）无溶剂内减阻涂料

国外的内涂涂料正转向无溶剂化。英国的E.WOOD公司开发了具有一定防腐性能的内涂层，喷涂厚度100μm左右。而加拿大Bredero Shaw公司则开发出无溶剂环氧内减阻涂料，在工厂喷涂的厚度只有65μm，仍能满足API RP 5L2的要求，并已经进行工业推广[18]。国内相关文献也提出了无溶剂内减阻涂料。但因为减阻涂层所要求的厚度等特性，无溶剂内减阻涂料存在一些技术难题，需要逐步完善。

① 无溶剂内减阻涂料使用的液态环氧树脂分子链比溶剂型涂料使用的环氧树脂分子链短，提高了交联密度的同时，也使涂层脆性增加，柔韧性降低。

② 无溶剂涂料由于黏度大，需要的喷涂压力大，喷涂薄涂层时容易产生漏点，因此无溶剂内减阻涂料的现场涂装工艺需要采取降低涂料黏度的措施。

③ 无溶剂涂料黏度大于溶剂型涂料，喷涂厚度低于100mm的漆膜有一定难度，需要调整喷涂工艺。

（2）粉末涂料

SY/T 0442—1997《钢质管道熔结环氧粉末内涂层技术》标准中规定了内减阻环氧粉末涂层，但在2010年和2018年修订版中，删除了相关内容。

因为成型技术的局限性，所以环氧粉末涂料要求适应现有涂装技术或进行技术改进以适应现有涂料。

（3）水性涂料

水性涂料是降低VOC排放最有效的途径。水性涂料采用水性胺类固化剂，固含量为 45% ～ 55%，水性环氧树脂固含量为 45% ～ 60%。管道用减阻水性环氧涂料采用 1 ∶ 1.1 或 1 ∶ 1.2 混合涂装，胺 / 环氧当量比为 1 ∶ 1.1 时性能最优 [19-20]。不过，水性环氧涂料目前停留在实验室和小规模应用阶段，大规模应用还需要长期验证。

（4）紫外光固化内减阻涂料

钢管内涂用的紫外光固化内减阻涂料出现在专利文献中 [21]，描述这种涂料具有固化速度快（0.1 ～ 10s）的优点；镜面光泽度达到 90（Gardiner60°）以上；表面粗糙度 $R_a \leqslant 3\mu m$；无挥发性溶剂。可以说是现有涂料中非常理想化一种涂料，但这种涂料目前只停留在文献层面，达到最终工业应用还有很长的路要走。

（5）形貌减阻

形貌减阻技术 [22] 是在管道内涂层表面添加仿生减阻沟槽，以达到减阻的目的。该技术是在防腐预制厂内在管道内壁加工出带有与管道轴向平行的纹理的内涂层，该纹理对流体起到整流、梳理作用，使天然气的输送阻力可以在原来内涂层的基础上进一步降低，达到降低管道摩阻、提高管输量的目的。但这种应用于航空工业的形貌减阻技术，能否照搬应用于长输管道涂层的建设中，还需要从技术可行性、资金投入等多方面考虑，有可能也仅仅是一个具备噱头的技术构想。

（6）适用于富气型天然气输送的涂料 [23]

天然气的输送分为干气输送工艺和富气输送工艺两种：天然气经处理脱除水、硫化物和凝析液（NGL）的输送工艺指的是干气输送；而富气输送工艺是天然气在管输前只将其中的水、硫化物和部分液体脱掉，而乙烷、丙烷、戊烷等重烃气则保留在天然气混合气流中一起输送。与干气输送相比，富气输送压力高达 10 ～ 12MPa。所以对涂层要求更加严苛。

① 减阻涂料与金属基材要求更高的附着力，以避免压力变化冲击造成涂层脱落。

② 涂料及涂层性能不得受重烃气组分的影响。由于在富气组分中含有大约 8.5% 的乙烷、丙烷等重烃气成分，这些成分虽然对金属材料不具备腐蚀性，但可能会进入减阻涂料的有机涂层中，并产生一定的溶胀，从而影响涂层的长期使用寿命。

③ 相较于普通减阻涂层的高耐磨性，高输送压力会加大气体流速，增加对涂层的冲刷，因此对涂层的耐磨性提出了更高的要求。

10.3 液态环氧内防腐涂层

管道内防腐涂层和减阻涂层，究其起源，并不能确定哪种涂层形式最先出现，但从最先应用在天然气输送的管道来看，内涂层最先提出的应该是减阻的概念。

液态环氧内防腐涂层并非字面意思的纯具备防腐性能的涂层，而是以防腐为主、兼顾减阻的内涂层，与减阻涂层完全不同的是，防腐涂层多应用于水、油等液相流，涂层厚度为减阻涂层的 3～5 倍以上。

10.3.1　涂层及涂料特点

液态环氧是内防腐涂层重点推荐的一种材料，主要为无溶剂型，分多次成膜成型和一次成膜成型。

（1）液态环氧内涂层特点

① 高的耐腐蚀性能。这是内防腐涂层要求具备的首要特性，液相流中含有溶解氧、H_2S、CO_2 等，是一个比较强的腐蚀环境，所以涂层需要耐酸碱和化学介质侵蚀。

② 涂层致密性、高耐磨度和与基体强的黏结力。流体输送需要非常高的输送压力，在压力冲击下，对涂层的致密性和黏结力提出了更高的要求。

③ 涂层具备良好的电绝缘性，可防止电化学腐蚀。

④ 耐微生物、耐霉菌，不易变质失效。

⑤ 高光滑度。流体输送最大的阻力就是管道的表面粗糙度，所以内防腐涂层不仅要具备防腐效能，还要求非常高的光滑度，以最大限度降低液相流动的沿程阻力，降低输送动力，提高输送效率，减少清管次数等。

（2）无溶剂液态环氧涂料特点

无溶剂型环氧涂料属于高固含量（几乎达到100%）的双组分涂料。具备以下特点。

① 高固含量，环保，无溶剂，可一次成膜至要求的厚度。成膜厚、不易产生裂纹。

② 涂料中不含挥发性有机溶剂，在反应固化过程中收缩率极低，在干燥成膜过程中不会因溶剂挥发留下孔隙。

③ 涂膜致密性极佳，能有效抵挡水、氧等腐蚀性介质透过涂层而腐蚀钢材，对环保非常有利。

④ 干燥迅速。经施工涂装后，能很快干燥成膜。

⑤ 不收缩——无伸长力。不含溶剂的环氧涂料在熟化过程中不收缩，涂层在干燥后没有伸长，这是无溶剂环氧涂层经久耐用的主要特点。

⑥ 固化后性能优异。固化周期短，成膜硬度高。采用 100% 反应型活性环氧树脂，无游离胺残留。

⑦ 耐蚀性好。具有良好的耐水性、耐油性、耐酸碱性、耐盐雾腐蚀等化学特性，同时具有优良的耐磨、耐冲压、耐洗刷性等物理特性。

⑧ 涂料黏度大，成膜设备要求高，对环境和涂料温度要求高，固化温度要求

严格。

（3）无溶剂环氧涂料的施工特点

无溶剂与溶剂型环氧涂料的最大区别在于，涂料制造及施工应用过程中不需要采用挥发性有机溶剂作为分散介质，环氧涂料固体含量近 100%，在达到相同涂膜厚度的情况下，所需要的涂料量比采用溶剂型环氧涂料少，一次可达膜厚要求。无溶剂型环氧涂料只含不足 0.5% 的溶剂，减少了溶剂挥发对空气的污染，安全环保[24]。

（4）防腐涂层所用涂料比较

防腐涂层所用涂料以溶剂型和无溶剂型为主，具体差异见表 10-12。

表 10-12　有溶剂与无溶剂涂料比较

序号	溶剂型环氧涂料	无溶剂型环氧涂料
1	有机溶剂含量高，污染环境，损害人体	几乎无溶剂挥发，对环境污染小
2	多层涂覆，工作效率低，时间长	一次涂膜成型
3	涂层中有针孔等，不致密	涂层密实，各项性能优良
4	涂层固化后，仍有残留溶剂析出	自身无（低）溶剂
5	能源浪费，增加工序，工效降低，成本高	成本低
6	防腐蚀性能低	渗透系数低，防腐性能好，寿命长久
7	涂料用量大，材料费高	100% 成膜，涂料用量小

10.3.2　涂层及材料性能指标

液态环氧内防腐涂层，我国标准规定可应用于油气和水输送，国外可以查阅的标准主要以输水为主。

（1）SY/T 0457—2019《钢质管道液体环氧涂料内防腐技术规范》

本标准规定的液态环氧内涂层适于输送介质温度不高于 80℃ 的原油、成品油、天然气、水的钢质管道。所用涂料包括溶剂型和无溶剂型，其中的防腐层厚度等级、涂料性能和涂层性能分别规定如下（表 10-13 ～ 表 10-15）。

表 10-13　内涂层等级厚度

序　号	内防腐层等级	干膜厚度 /mm
1	普通级	≥ 200
2	加强级	≥ 300
3	特加强级	≥ 450

表 10-14　液体环氧涂料性能指标

序号	项目		性能指标				试验方法
			底漆		面漆		—
			溶剂型	无溶剂型	溶剂型	无溶剂型	
1	细度 /μm		≤ 100	≤ 100	≤ 100	≤ 100	GB/T 1724
2	干燥时间（25±2）℃	表干 /h	≤ 4	≤ 4	≤ 4	≤ 4	GB/T 1728
		实干 /h	≤ 24	≤ 16	≤ 24	≤ 16	
3	不挥发含量 /%		≥ 80	—	≥ 80	—	GB/T 1725
				≥ 98		≥ 98	GB/T 31361
4	耐磨性 （1000g/1000r CS17 轮）/mg				≤ 120	≤ 120	GB/T 1768

注：对无溶剂环氧涂料，可采用底面合一型涂料。

表 10-15　液体环氧防腐层性能指标

序号	项目		性能指标	试验方法
1	外观		表面应平整、光滑、无起泡、无划痕	目测或内窥镜
2	硬度		≥ 2H	GB/T 6739
3	耐化学稳定性 （90d）	10%NaOH	防腐层完整、无起泡、无脱落、无开裂	GB/T 9274 甲法（浸泡法）
		10%H$_2$SO$_4$		
		3%NaCl		
4	耐盐雾性（1000h）级		1 级	GB/T 1771 GB/T 1766
5	耐油田污水（80℃，1000h）		防腐层无起泡、无脱落、无开裂	GB/T 9274
6	耐原油（80℃，30d）		防腐层无起泡、无脱落、无开裂	GB/T 9274
7	附着力（拉开法）/MPa		≥ 10	GB/T 5210
8	耐弯曲（1.5°，25℃）		涂层无裂纹	SY/T 0442
9	耐冲击（25℃）/J		≥ 6	SY/T 0442

注：试件采用复合涂层，涂层干膜厚度（200±50）μm；本表中第 6 项仅适用于输送原油介质的内防腐层。

（2）AWWA C210-15《Liquid-Epoxy Coatings and Linings for Steel Water Pipe and Fittings》

美国自来水标准，只应用于输水管内涂层。规定的涂料性能和涂层参数分别见表 10-16 和表 10-17。

表 10-16　液态环氧性能要求

项目		要求	
		最小	最大
浸泡试验，30d	去离子水	通过	—
	硫酸 1%（质量比）	通过	—
	氢氧化钠 1%（质量比）	通过	—
阴极剥离		—	10mm
介电强度		10V/μm	—

表 10-17　液态环氧涂层质量控制要求

项目	要求
外观	—
固化度	25 次往复摩擦
干膜厚度	≥ 406μm
电火花检漏	无漏点
黏度 ASTM D4541（Method E）	800psi

（3）EN 10339：2008《Steel tubes for onshore and offshore water pipelines Internal liquid applied epoxy linings for corrosion protection》

规定了输水管内液态环氧涂层，要求输水温度不超过 50℃。性能指标见表 10-18。

表 10-18　涂层所需属性摘要

属性	要求
外观和连续性	颜色均匀，外观光滑，无缺陷
干膜厚度 /μm	≥ 320
布氏硬度	制造商规定
检漏（湿海绵 60 ～ 90V，电火花 5V/μm）	无漏点
附着力等级（23±2）℃	2 或更高
管端预留 /mm	协议确定（推荐 ≥ 50）

10.3.3　涂层涂装工艺

内液态环氧涂层目前以无溶剂涂料为主，所以涂层的成型工艺以无溶剂涂料的性能为基础进行工艺选定和设备选型。

（1）设备选型

无溶剂环氧涂料，固含量高达 99.5% 以上，因其黏度较高，对喷涂设备提出了较高的要求。双组分混合后静置期非常短，反应过程快，受温度影响较大，须采用高压无气喷涂装置一次涂覆，要求设备配置如下：a. 采用高压缩比双组分无气喷涂机；b. 双组分泵，对于涂料的混合方式调整采用电子配比方式，以适应涂料特性的更改；c. 设备泵体和涂料管路具备加热和保温功能，以满足涂料最理想化流态的使用温度；d. 喷涂设备增加枪前物料混合舱，两种组分在混合舱内充分混合后喷出；e. 喷枪头固定机构具备可调整功能，满足枪口距离管表面的最佳喷涂距离。

（2）涂层涂装工艺

① 涂覆工艺评定。正式涂覆前，应通过工艺试验确定涂覆工艺参数和工艺规程。

② 涂料准备。涂料涂装前应充分搅拌均匀，并按照涂料性能，调整涂装设备参数（混合比、温度等）。一般情况下涂料不宜加稀释剂，但特殊情况下可适当加

入配套稀释剂，加入量不得超过涂料说明书中的规定。

③ 除锈及涂装面清理。采用抛丸击打方式清理钢管表面浮锈，要求钢管表面温度高于露点 3℃，表面清理等级达到 Sa½，表面灰尘度等级 2 级以上。

锚纹深度按照涂覆标准规范进行：如 35 ～ 75μm[25]，R_z=50 ～ 90μm[26] 或 50 ～ 100μm[27]。管表面含盐量不超过 20mg/m²。

④ 涂装条件。涂覆时钢管温度应高于露点温度 3℃，混合涂料温度不应低于 10℃。钢管内防腐层涂覆施工时，应在涂料生产商推荐的涂覆温度范围内对钢管及管件进行预热。当环境相对湿度大于 85% 时，应对钢管除湿后作业。严禁在雨、雪、雾及风沙等气候条件下露天作业。采用焊接方式，管端不涂防腐层 50 ～ 150mm。

⑤ 涂层涂覆。采用高压无气喷涂工艺，要求喷枪行走匀速，涂料送给应保证雾化良好，涂料扇面叠加均匀。涂层应平整、无流挂、无划痕。

涂覆过程中，应对湿膜厚度进行检测。防腐层的固化应按涂料生产商推荐的固化方法及固化时间进行。

10.4 环氧粉末内涂层

应用于钢质管道的有机涂料，热固性的环氧粉末至今处于无法替代的地位。

环氧粉末主要作为防腐内涂层（厚度原因），绝少应用于减阻涂层，包括油田小口径套管（或钻杆）或大口径输水管道上。虽然国内行业标准 SY/T 0442—1997《钢质管道熔结环氧粉末内涂层技术标准》提出了厚度 ≥ 50μm 的环氧层作为减阻涂层的条目，但在新修订版中此条目已经被删除。

10.4.1 涂层及涂料特点

（1）内环氧粉末涂层优点

强耐腐蚀性、耐高温性、良好的耐磨性能、良好的湿态附着力、优异的耐化学侵蚀、优异的耐温度冲击和耐流体压力冲击。

（2）环氧粉末涂料特点

① 粉末涂料的熔融黏度低，涂膜流平性好；固化时没有副产物产生，涂膜外观平整、光滑，基本上没有针孔等缺陷。

② 附着力好。由于环氧树脂分子内有羟基，对金属底材的附着力强，不需要底漆。

③ 涂膜硬度高，耐划伤性好。

④ 由于在环氧树脂结构中既有双酚 A 骨架，又有柔韧性好的醚链，因此，涂膜的力学性能良好。

⑤ 在成膜物结构骨架上没有酯基，比聚酯环氧粉末涂料的耐腐蚀性和耐化学

品性能好。

⑥ 固化剂品种的选择范围宽，主要有双氰胺、双氰胺衍生物、咪唑类、环脒类和酚醛树脂等。

⑦ 涂料应用范围广，涂装适应性好，可采用多种方法进行涂装。

10.4.2　涂层和涂料性能指标

环氧粉末的涂层及材料特性主要参照的是我国及国外相关标准规范。

（1）涂层厚度指标

根据不同标准规范，表 10-19～表 10-21 列举了三种涂层厚度。

表 10-19　涂层厚度一 [28]

防腐层等级	最小厚度 /μm
普通级	≥ 300
加强级	≥ 500

表 10-20　涂层厚度二 [29]

项目	指标	
	最小	最大
涂层厚度 /μm	305	粉末厂商推荐

表 10-21　涂层厚度三 [30]

项目	品质规定
厚度 /μm	管道平直段 ≥ 300

注：铸铁管。

（2）环氧粉末性能指标

不同规范标准规定粉末特性见表 10-22～表 10-25。

表 10-22　环氧粉末特性 [28]

序号	试验项目		质量指标	试验方法
1	外观		色泽均匀，无结块	目测
2	固化时间 /min		粉末厂家给定指标 ±20%	附录 A
3	胶化时间 /s		粉末厂家给定指标 ±20%	GB/T 16995
4	热特性	$\Delta H/(J/g)$	≥ 45	附录 B
		$T_{g2}/℃$	≥ 95 且高于运行温度 40℃	
5	不挥发物含量 /%		≥ 99.4	GB/T 6554
6	粒度分布 /%		150μm 筛上粉末 ≤ 3.0 250μm 筛上粉末 ≤ 0.2	GB/T 21782.1
7	密度 /（g/cm³）		1.3～1.5	GB/T 4472
8	磁性物含量 /%		≤ 0.002	GB/T 6570
9	烘烤时质量损失（230℃，5min）/%		≤ 1.0	GB/T 21782.7

表 10-23　环氧粉末特性[31]

项目	质量指标	试验方法
比重	粉末厂商 ±0.05g/mL	
粒径	≤0.1%（25μm 筛上粉末）	
保质期	粉末厂商规定	
胶化时间	粉末厂商规定 ±20%	
固化温度	260℃（粉末厂商提供的固化时间）	API 5L7 RP（2015）相关章节
玻璃转化温度	粉末厂商规定	
反应势能	粉末厂商规定	
含水量	最大 0.50%	
总挥发物含量	最大 0.6%	

表 10-24　粉末特性[29]

项目	要求		测试方法
	最小	最大	
比重（23℃）/（g/cm³）	1.2	1.8	AWWA C213-2015 相关章节
粒度分布（150μm 筛上粉末）/%	—	2.0	
胶化时间（204±2℃）/s	7	粉末厂商建议	

表 10-25　涂料性能[30]

项目	质量指标	试验方法
比重 /（g/cm³）	≤1.8	JIS K5101-11-1
附着性	按试验结果的分类，设为 0 或 1	JIS K5600-3
耐滑落性	由于冲击而变形，没有裂痕或剥落	JIS K5600-3（6）
耐切割性	没有裂缝或剥落	JIS K5600-2
挠性硬度	硬度 H 的铅笔，没有异常	JIS K5600-5-4
耐中性盐水喷雾性	不生锈、膨胀或剥落	JIS K5600-7-1
耐低温、高温冲击试验	没有裂纹、剥落、膨胀或白化	—

注：应用于铸铁管。

（3）涂层性能指标

标准规范不同，涂层性能指标略有不同，具体见表 10-26 ～ 表 10-30。

表 10-26　实验室涂覆的环氧粉末涂层性能[28]

序号	试验项目	质量指标	试验方法
1	外观	平整、色泽均匀、无起泡和开裂及缩孔，允许有轻度橘皮状花纹	目测
2	热特性：$\mid \Delta T_g \mid$/℃	≤5 且符合粉末厂给定特性	附录 B
3	（65℃，-3.5V，24h）或（65℃，-1.5V，48h）耐阴极剥离 /mm	≤5	SY/T 0315
4	黏结面孔隙率（级）	1 ～ 3	SY/T 0315

续表

序号	试验项目		质量指标	试验方法
5	断面孔隙率（级）		1～3	SY/T 0315
6	抗 3°弯曲（-30℃）		无裂纹	附录 C
7	抗冲击（8J）		无漏点	附录 D
8	附着力（95℃，24h）（级）		1～2	SY/T 0315
9	拉开法附着力 /MPa		≥ 20	GB/T 5210
10	电气强度 /（MV/m）		≥ 30	GB/T 1408.1
11	体积电阻率 /（Ω·m）		≥ 1×10^{13}	GB/T 1410
12	耐盐雾（1000h）		涂层无起泡、无开裂、无开裂	GB/T 1771
13	耐化学腐蚀	10%HCl（常温 90d） 3%NaCl（常温 90d） 10%H$_2$SO$_4$（常温 90d） 10%NaOH（常温 90d）	无起泡、无开裂、无软化、无剥离	SY/T 0315
		原油（80℃，90d） 原油污水（80℃，90d） 汽油（常温，90d） 煤油（常温，90d） 柴油（常温，90d）	无起泡、无开裂、无软化、无剥离	SY/T 0315
14	耐磨性（1kg/1000r，CS 17 轮）/mg		≤ 35	GB/T 1768
15	耐高温高压试验 （80℃，6.9MPa，168h）		无起泡、无开裂、无软化、无剥离	附录 E
16	耐热水浸泡 （T_{max}，28℃）	附着力	1～2	SY/T 0315
		拉开法附着力	≥ 20	GB/T 5210
17	吸水率（80℃，28d）/%		≤ 15	GB/T 1034

表 10-27　内环氧涂层性能要求[31]

项目	质量指标	试验方法
磨损	最大 20mg	
黏附	最小 5000psi[34.5MPa] 或 2500psi[17.2MPa] 最小值 （2500psi 最小值仅适用于采用附录 9 试验方法）	
高压釜	无起泡、裂纹、分层或其他使钢基体暴露在腐蚀性介 质中的缺陷	
阴极剥离	0.31 英寸（8mm）最大平均半径	API 5L7 RP-1988
耐化学性	（23±3）℃温度下 90d，无起泡现象	（2015）相关章节
灵活性	为 3.76°/PD 弯曲（-18℃）	
热水浸泡	最大值：3 级	
冲击	15in-lb（1.70J），最小值	
侵蚀	小于 10%	
盐雾	无起泡；无黏附力损失	

表 10-28　环氧涂层性能要求[29]

项目	指标		测试方法
	最小	最大	
表观	颜色和光泽均匀；无起泡、鼓包和针孔	—	AWWA C213-2015 相关章节
抗冲击 / N·m	11.3	—	
抗弯曲	通过	—	
剪切附着力 / kPa	20685	—	
抗渗透（60℃）/%	≥ 10	—	
耐磨性，5000 次循环损耗 /mg	—	300	
水浸泡（95℃）	1～3 通过，4～5 失败	—	
体积电阻率	1.1×10^{15}	—	
介电强度 / (V/mm)	39.4	—	
阴极剥离 /mm	—	15	

表 10-29　涂层质量要求

项目	指标		测试方法
	最小	最大	
电气连续性测试	—	无缺陷	AWWA C213-2015 相关章节
黏结力	不易移除	—	
涂层厚度 /μm	305	粉末厂商推荐	

表 10-30　涂层性能要求[30]

项目	品质规定
厚度 /μm	管道平直段 ≥ 300
针孔检测	火花检漏无针孔
固化度	不发生缺失或脱落
外观	无异物混入，涂抹后不会有涂漏，表面光滑，均匀

注：铸铁管。

10.4.3　内涂层涂装技术

10.4.3.1　真空吸涂

真空吸涂粉末涂装方式，对需要内涂的管道的管端进行封闭，作用于管一端的负压装置（抽风系统）在管内形成负压，通过与另一端管口相连的粉末通道把粉末吸入管内进行涂装。

真空吸涂方式需在管内腔形成需要传送粉末的足够大负压，所以受到设备结构的影响，此成型工艺只能应用在 φ159mm 以下的小口径管道。

依据设备的组成和管道直径以及长度，采用的工作方式有两种。

（1）双工位涂装（图 10-1）

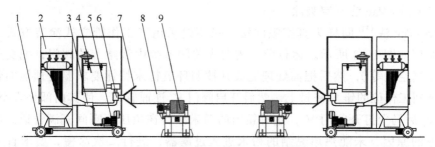

图 10-1　双工位真空吸涂示意图[32]

1—传动轮；2—粉末回收装置；3—负压装置；4—供粉箱；5—负压风机；6—吸涂送粉转换阀门；
7—锥形密封罩；8—管道；9—转辊

采用两台相同的送粉及吸涂设备，每台设备可以通过阀门控制送粉通道和负压通道的启闭，工作状态下相对应的两台设备的启闭是完全相反的，以满足涂装管道和送粉系统以及负压系统形成通道。

实际操作过程：加热后的钢管放置在旋转滚轮上，吸涂设备在轨道上相向移动，锥形封头封闭管两端，切换左端的设备阀门，开启粉末送粉通道，关闭负压通道，同时切换右端设备的阀门开启负压通道，同时关闭送粉通道，启动转滚驱动管道旋转，开启负压风，在管内负压作用下吸附粉末进行涂装，负压无法清除的多余粉末可以开启左端设备送风（同时关闭粉末通道）阀门，用压缩空气加负压系统进行清理。对于管径较大或管长较长的管道，在涂装过程中，可左右两台装置切换进行涂装。

（2）单工位涂装（图 10-2）

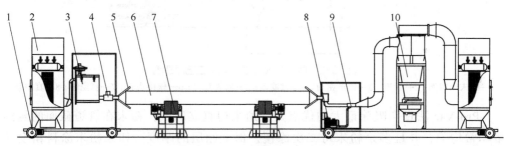

图 10-2　单工位真空吸涂示意图

1—传动轮；2—粉末回收装置；3—供粉箱；4—吸涂送粉转换阀门；5—锥形密封罩；6—管道；7—转滚；
8—负压风机；9—负压装置；10—双级回收系统

单工位涂装采用了两台完全不同的设备，主工作设备为粉末供粉系统，由粉箱、粉末回收装置、送粉系统组成，辅设备以负压装置和粉末回收系统组成。

工作过程为：锥形罩密封的加热管道旋转，开启负压设备，并在管道与供粉设备所形成的密封通道内抽吸粉末贴附在热的钢管表面，对于管径和长度较大的管道，在供粉设备上可以开启送粉压缩空气助力粉末输送，完成涂装。

（3）Pro-Vac 法真空吸涂

Pro-Vac 法[33]同样为真空吸涂法，只不过采用了工作管立式涂装方式，涂装工艺原理如图 10-3 所示。运行前，需要先关闭系统中管路上的阀门，把真空罐抽真空（真空泵等），然后把前处理完成并按照环氧粉末特性要求温度预热的管道垂直夹装到工作位的锥形密封上，然后开启阀门 V_2 连通管道，使其内部呈真空状态，关闭 V_2 后马上打开阀门 V_1，这时箱内的粉末涂料在负压下瞬间充满管道。因为粉末流速的原因，未能热熔黏结的粉末进入过滤器，进行二次涂覆，要求首先关闭阀门 V_1，并打开阀门 V_3、V_4，经适当停滞后打开阀门 V_5，使滞留在过滤器中的粉末涂料再返回管道，在管道余热下二次涂覆，未沉积的粉末涂料进入回收装置，然后关闭阀门 V_3、V_4，涂料回到粉末涂料箱。

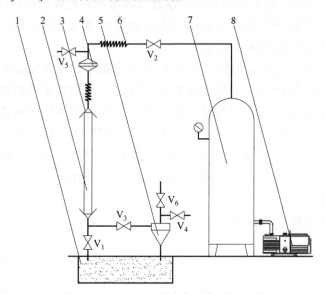

图 10-3　Pro-Vac 法真空吸涂工艺原理图

1—粉末涂料箱；2—管道；3—锥形密封；4—过滤器；5—回收装置；6—软接头管；7—真空罐；8—真空泵

Pro-Vac 法真空吸涂最大的优点是管道采用直立形式，粉末在管道截面的悬浮量非常均匀，并且多余粉末可二次涂覆，保证涂层的厚度。如果粉末涂料箱设计成流化床形式，更能保证涂料流动的均匀性。其缺点是无法适应大管径，工装设备比较复杂，回收系统如果设计出现缺陷，热粉末容易结块，形成涂层质点造成废管，操作工序比较复杂，建议设计为程序控制，减少人工操作。

（4）真空吸涂设计要点

真空吸涂的技术关键点是在管道内部形成负压，并且要求足够大的吸附压力，以保证进粉端粉末舱粉末浸满管道，并确保粉流均匀。所以需要风量和风压达到要求，才能保证水平放置管道内的粉末颗粒悬浮和均匀流动。

粉末流输送时，如果负风压过大，粉末停留时间短，粉末上粉率低。风力过小，粉末沉降迅速，易造成涂层薄厚不匀。所以，负压设计需要考虑悬浮粉末颗粒自身的重量。

风压合理状态下，因粉末自身重量，粉末会在管道下部（管道水平放置）集聚形成高浓度区，这是管内涂装过程中粉末涂装最理想的一种方式，粉末更容易黏附在钢管表面，所以为确保满管涂装，要求钢管自旋转。

采用粉箱供粉方式，常规结构粉箱粉末在底部沉积，只靠负压吸出沉积粉需要较高压力，会造成粉末在管内停留时间过短，成膜时间过长，并且箱内沉积粉末容易集结成团，造成涂层质点缺陷，因此供粉箱需要设计成流化床结构，负压作用于粉末流化区。

管道内形成负压，需满足管端与输料和负压管道之间密封，因此密封结构不但要求采用锥形结构，并且锥形罩采用与供粉和负压管之间连接的动密封结构，确保钢管旋转时不产生泄漏，保证足够压力，并防止粉末飘散。

负压内涂，首先加热管道到 200℃左右，在涂装过程中，环氧粉末处于通流状态，粉末上粉率 70% 已经是一个很高的值，所以有一部分粉末会被回收再利用，而此时粉末颗粒已经被加热，因此需要设计风管冷却装置，并且需要采用两级回收，以确保二次利用或防止热粉末黏结。

10.4.3.2 鲁齐法（Lurgi 法）涂装

鲁齐法[34] 涂装实际是气压送粉和引风吸粉的双动力粉末涂装，其技术关键点是低温熔融加高温固化过程。低温熔化粉末，多余粉末受温度影响小，回收粉末的可利用率高。

（1）压缩空气强制送粉（图 10-4）

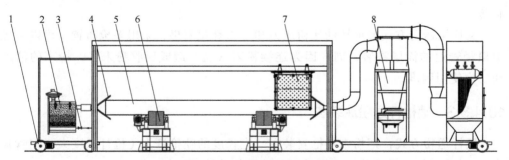

图 10-4　压缩空气送粉内涂示意图

1—传动轮；2—供粉箱；3—压缩空气；4—锥形密封罩；5—管道；6—转滚；7—移动中频；
8—回收及引风系统

压缩空气鼓送环氧粉末在未加热的管道内循环流动，管道尾端与粉末回收系统连接，并且回收风机形成的负压对管道内流动的粉末起到加速作用，并且使得粉末在管道内散布更加均匀。当粉末加空气的混合气流在管道内均匀流动时，开启中频加热圈，从管子的一端向另一端移动进行加热（要求加热温度刚好满足环氧粉末半熔融），当半熔融涂层形成要求的涂层厚度时，停止粉末流输送，二次移动中频加热线圈，使得半熔融涂层完全熔融、流平、固化。钢管在涂装过程中，在旋转滚上做自旋转。

压缩空气强制送粉涂装方式上粉率低，并且粉末输送量小，因此适用小管径。

（2）文丘里泵加喷枪送粉（图10-5）

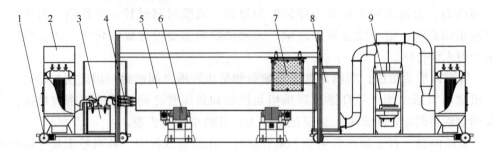

图10-5　文丘里喷枪送粉内涂示意图

1—传动轮；2—粉末回收装置；3—供粉箱；4—文丘里送粉枪；5—管道；6—转滚；7—移动加热中频；
8—粉末回收舱；9—双级回收系统

采用文丘里泵形成的负压抽吸在流化粉箱内流化的粉末，并以一定的送粉压力送入管内，连接出口管端回收粉末舱粉末回收风机，产生一定的抽吸压力，带动已经送入管内粉末向管口连续流动，同样当粉流均匀后，开启可以滑移的中频加热装置沿出口管端向进口管端移动，并确保加热温度满足管内粉末处于半熔状态，最终形成要求的均匀涂层厚度，停止供粉，并移动中频加热装置加热半熔涂层达到要求的固化流平度。在涂层涂装过程中，钢管沿自身轴线进行自旋转。

文丘里送粉方式增加辅助送粉压力和粉末雾化效果，采用多枪布置，可以满足中口径管道的涂层涂装，同样因为连续粉末气流，造成回收粉末多，粉末的清理和二次使用困难。

10.4.3.3　喷枪杆送粉涂装法

枪杆送粉方式，把粉末喷枪安装在一定长度的喷枪杆上（枪杆长度大于钢管长度），并将枪杆远端喷枪送入钢管另一端进行喷涂[35]。

（1）在线加热方式

在线加热方式，采用瞬间加热的固定热源（如加热中频），包含固定加热源钢管传动或滑移加热源钢管不传输两种工艺方式。

① 固定加热源加热（图10-6）。

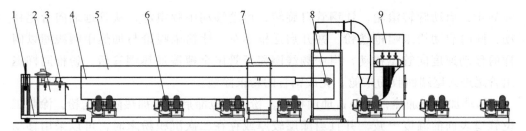

图 10-6　喷枪杆送粉固定加热源加热涂装示意图[35]

1—送枪小车；2—粉末箱；3—送粉泵；4—喷枪悬臂；5—管道；6—管道传动轮；7—加热中频；
8—粉末喷枪；9—粉末回收系统

在管道传输的管路上加装固定加热中频装置，管道在传动轮上螺旋传动，通过加热中频加热管道，并涂装粉末。涂装前，带有粉末喷枪的悬臂穿过管道，枪头在粉末回收系统的回收舱内停止，开启传输滚轮，螺旋传动钢管通过加热中频，加热钢管至粉末熔融并胶化的最低温度，当传输管道的前端进入回收舱，启动粉末喷枪进行粉末内涂层涂装。管道传输完成即粉末喷涂完成。

固定加热源加热以管道螺旋传输为主要工作方式，从管道前端进入粉末舱开始到管尾离开粉末舱结束，工作效率高，喷枪距离加热中频距离一致，可保证粉末熔融温度。但因为采用压缩空气为动力输送粉末，送入的压缩空气会携带粉末在管内飘浮，因此出口管端须设置跟随管口逸出粉末回收装置。随着管道传输，飘浮的粉末会沉积在已涂覆涂层的热管道表面，形成二次涂层。因此此工艺过程的缺点比较明显，原因是固定加热源，随着管道表面温度的不断降低，二次浮粉达不到粉末熔融的温度，最终涂层表面光滑度达不到要求，并且采用移动回收，不可避免会出现逸粉现象，造成环境污染。

② 移动加热源加热（图 10-7）。

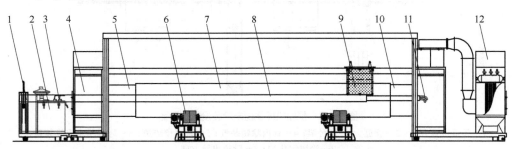

图 10-7　喷枪杆送粉移动加热源加热喷涂示意图

1—送枪小车；2—粉末箱；3—送粉泵；4—单级回收；5—回收延长罩1；6—转管滚轮；7—管道；8—喷枪杆；
9—移动中频电源；10—回收延长罩2；11—粉末喷枪；12—粉末回收系统

采用半圆式的移动中频加热线圈。待涂覆管道放置在固定的旋转滚轮上，驱动管道两端回收装置，把回收粉末舱罩在管外或管内，带有粉末供粉机构和送粉装置的送枪小车把安装在喷枪杆远端的粉末喷枪送入管远端粉末回收系统的回收舱并静止，启动旋转滚轮，让钢管自旋转，启动移动中频电源，从管远端向管尾移动，同时启动粉末喷枪送粉，并开启送枪小车，让粉末喷枪与加热中频线圈以同样的移动速度向管尾移动，当中频线圈移至管尾全覆盖加热钢管后，粉枪同样退出管尾进入尾端回收粉末舱，完成钢管的粉末涂装。

移动加热源加热，设备占地面积小，粉末喷枪滞后中频加热随动送粉，涂装工位管道表面的温度一致，并且当涂层较厚或存在二次沉积粉末时，可以采用移动中频对涂层进行二次加热，可确保涂层的质量和流平度。采用图示半圆形加热中频，热效率较低。

对于任意一种形式的在线粉末涂装工艺，为保证涂层良好的流平度和固化度，建议增加固化炉，以保证产品的最终质量。

（2）预加热方式

管道内环氧粉末涂装，基本采用普通热喷枪（某些大口径管可以采用静电喷枪）进行热喷涂，即在钢管表面加热后进行喷涂。而预加热方式与在线加热方式的不同之处在于，需要涂装的管道在能够容纳整根管道的预热炉内进行加热，在达到所要求涂覆的温度后，在加热炉外的涂覆工位进行涂装，涂装后的管道二次进入固化炉，高温流平固化。设备组成包含预热炉、带枪杆的喷枪、送枪小车、粉末回收系统以及高温固化炉。布置如图 10-8 所示。

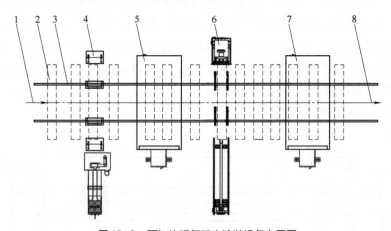

图 10-8　预加热环氧粉末涂装设备布置图

1—管道进管方向；2—管道；3—管台架；4—管内除锈装置；5—管道预热炉；6—环氧粉末内涂装置；
7—涂层固化炉；8—管道出管方向

1995 年 8 月大庆油田从美国 CR 公司进口的内环氧粉末涂装设备，采用的就是预加热环氧粉末涂装工艺，适应管径 $\varphi87 \sim 323mm$。预加热方式采用了二次固化炉，粉末的流平度和固化度最优，但设备占地面积大，投资高，在喷涂工位的加热管道温降较大，粉末的熔融程度不一致，涂装过程中容易造成管内粉末脱落现象。

10.4.3.4　管内静电喷涂

环氧粉末材料采用带静电方式喷涂（图 10-9），以提高其上粉率。对于在线加热或预热后管道内粉末的涂装，虽然也可以采用静电喷枪，但受到很多制约：管内空间限制，静电喷枪难以实现最佳涂装距离（除大口径管道），预加热的钢管严重影响管内静电喷枪的使用。

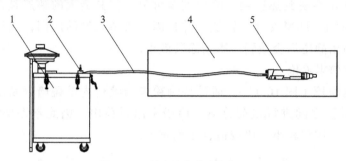

图 10-9　管内静电喷涂示意图

1—环氧粉末箱；2—文丘里送粉泵；3—环氧粉末送粉管；4—涂装管道；5—粉末静电喷枪

常规可采用的粉末静电喷枪有三种：内置高压静电喷枪、外置高压静电喷枪和摩擦静电喷枪。

（1）内置高压静电喷枪

如果是大口径钢管，可以采用内置高压静电喷枪。喷枪的布置有两种方式：一常规喷枪立面布置 [图 10-10（a）]，采用要求数量的喷枪垂直布置；二采用特制弯角度喷枪 [图 10-10（b）]，保证喷枪嘴垂直布置，多组喷枪密闭空间减小，满足较小口径管道的生产。上述布置方式同样适用于其他形式的静电喷枪。

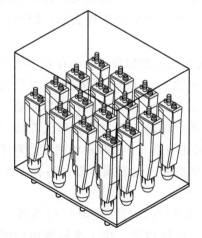

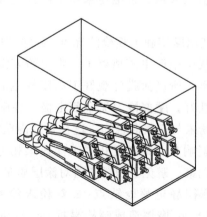

(a) 常规静电喷枪排布示意图　　　　　　(b) 弯式静电喷枪排布示意图

图 10-10　大口径管道内环氧粉末涂覆静电喷枪排布示意图

　　静电喷枪在管道内涂覆受到诸多条件的限制，首先要求满足粉末喷涂的最佳距离（适应管径范围有限）；管内热量不能对喷枪造成影响，例如产生结块堵枪现象；防止因热影响造成漏电事故。

（2）外置高压静电喷枪

　　枪体积小于内置高压静电喷枪，在管道内进行粉末涂装时，可以满足更小的管径，高压模块不会受到热影响，喷枪安全可靠。但其最大的缺点是，外置高压容易产生高压泄漏，环境安全性较低，并且因为管道长度的原因，高压衰减非常严重，产生的高压静电场会减弱，影响涂装效果。

（3）摩擦静电喷枪

　　摩擦静电喷枪（图10-11），通过特制粉末与喷枪内壁碰撞以及反复摩擦，粉末与喷枪内管壁之间进行电荷分离，使粉末涂料荷电。因此不需要高压发生器，喷枪结构简单，体积较小，比较适合多枪布置。

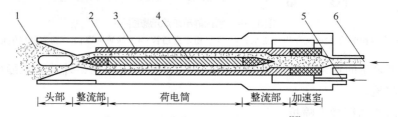

图10-11　摩擦荷电静电粉末喷枪结构[35]

1—带电粉末粒子；2—荷电通道；3—荷电材料1；4—荷电材料2；5—加速空气通道；6—粉末涂料通道

　　选用强电阴性材料作为喷枪枪体。两物体摩擦时，弱电阴性材料产生正电，强电阴性材料产生负电。喷涂时，粉末粒子之间的碰撞以及粉末粒子与强电阴性材质的枪体之间摩擦，使粉末带上正电荷，枪体内壁产生负电荷，此负电荷由接地线引入大地。带电粉末粒子离开枪体飞向工件，吸附在工件表面，经固化形成涂膜。

　　使用摩擦静电喷枪的优点：a.涂装时，因为粉末摩擦带电，不存在静电场，因此空气中不产生游离离子，带电粉末沉积时不会出现上下分层现象，沉积粉末不会脱落，所以涂膜外观好于高压静电的粉末涂装。b.没有高压静电发生器，使用安全性好。摩擦枪内无金属电极，在喷涂中不会出现电极短路引起火花放电导致引燃粉末与空气混合物。这在管道内壁涂装时尤为重要。c.喷枪喷射距离对于粉末沉积影响小，距离变化时喷涂效果相近。d.摩擦枪内无金属电极，不会存在电极积粉现象，避免了积粉脱落对涂层质量造成影响。

　　摩擦静电喷枪缺点：a.对粉末涂料有一定的选择性，需要进行改性以适应摩擦枪；b.摩擦造成喷枪易损；c.与高压静电喷枪相比，粉末摩擦带电的吸附能力要弱一些；d.摩擦静电喷枪对环境（湿度）、气源（含水量、气压）要求更加严格。

10.4.3.5　冷涂后加热法

环氧粉末静电喷涂设计目的是在异形或边角的构件上完成粉末涂层的均匀涂装，最初应用的是冷喷涂，采用高压静电方式在构件表面沉积粉末后进行加热熔融并流平固化。

采用普通静电枪，在冷钢管内表面进行粉末喷涂，并沉积一定厚度的环氧粉末层，然后在加热装置中进行加热，完成涂装。粉末最佳涂装距离 200 ～ 300mm，受到枪体的体积限制，比较适用于中大口径管道。成膜厚度为 50 ～ 100μm。

采用摩擦静电枪，同样在管道表面沉积粉末并加热熔融形成涂装层。摩擦静电枪体积小，喷射距离低至 50mm，因此可以适应小管径涂装。成膜厚度为 50 ～ 150μm。

因此钢管内壁进行环氧粉末静电冷喷是完全可以实现的，但对于流体输送管道来说，采用静电冷喷后加热形成的环氧粉末涂层厚度只有 50 ～ 100μm，无法形成防腐要求的厚涂层，并且管道冷涂后在加热过程中，受到震动容易脱落，或在加热过程中，易形成漏点。

10.4.3.6　滚涂法

滚涂工艺[36]也叫旋转成型或回转成型工艺，是 20 世纪 50 年代在欧洲发展起来的。涂覆方法和设备简单，设备组包括加热炉、支撑旋转滚轮、送料槽、固化炉。工艺过程为：经过预热炉加热的钢管放置在旋转滚轮上并旋转，定长尺寸的送料槽装满定量环氧粉末，送入热钢管，并均匀倾倒在钢管内壁（禁止一次性倾倒），钢管旋转过程中依据管热量进行黏附涂装，涂层熔融后的钢管送入固化炉进行涂层固化流平。

热滚涂工艺是无压成型，离心力也不会施加在制品上，因此无内应力、无取向性或残余应变，且是整体成形，无浪费，无弃物污染环境，仅改变加料量并调节钢管转速即可生产预期膜厚的涂层。该工艺成型简单，适应性强，设备及涂覆工具结构简单，加工制造方便迅速，成本低廉。但要求送料槽容积截面非常均匀，并受人工因素影响大，容易造成涂层不均匀。

10.4.3.7　在线热喷系统设计

管道环氧粉末内涂可采用热涂方式或冷涂方式。当采用大型加热炉进行固化时，涂层成品率较高，但效率低；采用冷喷，涂层厚度达不到要求。

在线涂装方式虽然快捷方便，但所得到的粉末涂层质量缺陷明显。常规的粉末喷枪采用压缩空气送粉方式，普通开式喷枪或静电喷枪，大量的粉末会被从管内逸出的压缩空气带走，造成极低的上粉率，并在粉末逸出的过程中，沉降的粉末会沉积在已经熔融流平的涂层表面，而此时钢管表面的热量不足以完全熔融沉积

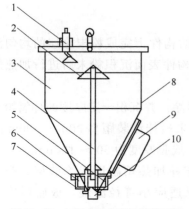

图 10-12　加压式粉末涂料供粉装置
1—粉量调节器；2—空气散流罩；3—粉末涂料；4—空气管路；5—筛孔板；6—流动空气；7—粉泵；8—加压筒体；9—振荡器；10—压缩空气通道

粉末，造成粗糙的涂层表面。所以管道内粉末涂层的在线热涂技术关键是需要改进粉末的送粉装置，稳定送粉量，减少压缩空气量，降低管内逸粉量，这样才能提高上粉率，减少粉末二次沉积情况的发生。相关文献[35]提出了加压式送粉装置（图 10-12），采用密闭的粉末罐，使罐内粉末保持在一定的压力下，在极低压缩空气量下迅速送入粉末喷枪位，完成粉末涂装。

加压式供粉装置由漏斗式粉末涂料槽、振荡器、喷射器（粉泵）、多孔板组成。从粉末涂料槽底部通压缩空气时，气流碰到伞形板逆向流动，使粉末涂料流化，流化的粉末涂料从槽的上部输送到喷枪。供粉量由输送空气压力和粉量控制器进行调节和控制。这种供粉装置有如下优点：a. 不受粉末涂料槽中涂料量的影响，粉末涂料流化状态好；b. 适用于大喷粉量的喷涂；c. 空气用量少，对被涂物凹部的涂覆效率高；d. 驱动部位少，不容易出故障。

上述加压送粉装置结构比较复杂，所以潍坊东方钢管厂开发了一种结构简单的加压送粉装置（图 10-13）。采用密闭加压罐，加压罐由筒体、底部流化床、压缩空气管路、出粉管路、压力表、压力平衡阀等组成。首先在密封罐中加入足量粉末并密闭，通入压缩空气，通过阀门调节达到要求压力，并使管内粉末悬浮，需要输送粉末时，开启送粉阀门，在极少量的压缩空气作用下，把粉末送入喷涂枪。

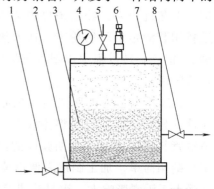

图 10-13　加压罐送粉装置[37]
1—压缩空气进气口；2—流化床；3—粉末；4—压力表；5—放气阀；6—压力阀；7—粉末加压罐；8—送粉管路

采用加压送粉装置虽然可以降低压缩空气量，但如果采用常规的粉末喷枪，因加压罐内压力等级的变化，喷枪出口的粉末均匀度比较低，所以东方钢管厂在开发送粉机构的同时配套开发了一种新型旋转叶片抽负压喷枪（图 10-14）。

粉末喷涂枪采用高速旋转的气动电机带动叶片形成负压，把粉末吸出并撒涂在光管内表面。其关键设备是由压缩空气作为动力的气动电机，并设计合理的粉末空腔和进气通道。

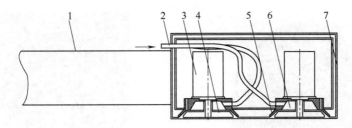

图 10-14　动力旋转叶片喷粉枪体 [37]

1—喷枪杆；2—送粉管；3—气动电机；4—旋转叶片；5—粉末流通道；6—粉末腔；7—喷枪腔体

10.4.4　内涂层涂装工艺

（1）工艺评定

正式涂装前，按照粉末厂家推荐的涂覆参数拟定涂覆工艺，并以涂覆工艺涂装管段或管件，并截取试件进行参数测定直到符合要求。

（2）表面处理

钢管表面涂覆之前，去除附着在钢管表面的油脂及其他杂质，并预热钢管，保持钢管表面温度高于露点 3℃。要求除锈等级 Sa2½ 级，表面锚纹深度应在 50 ～ 100μm，或 38 ～ 100μm[32]。除锈后，管内表面吹扫清理，要求表面清洁度等级 2 级。

检测管表面盐分含量，不应超过 20mg/m²。

（3）粉末涂覆

用于涂覆的压缩空气必须清洁、干燥、无油污。应采用无污染的热源对钢管进行均匀加热。预热温度应在涂料生产厂推荐的范围，要求≤ 275℃ [28] 或≤ 260℃ [29]。

按照工艺评定确定的涂覆工艺进行防腐层涂覆。钢管的保温和冷却应满足环氧粉末涂料的固化要求。固化后的防腐层应采用空气冷却或水冷却。钢管两端预留段的长度应满足设计要求。

10.5　水泥砂浆衬里内涂层

水泥砂浆涂层是在铸铁管道或钢管内表面（图 10-15、图 10-16）涂装一层水泥砂浆作为水等流体输送的改善型衬里。水泥砂浆衬里防腐钢管常温涂覆，自然固化，施工简便，特别适合现场使用，其涂层结构如图 10-17 所示。

水泥砂浆衬里钢管可用于：a.市政工程：适用于高层建筑给水、热网供热、自来水工程、燃气输送、埋地输水等管道；b.石油化工：石油输送管道、化工制品、印染等行业输送腐蚀性介质的工艺管道；c.污水处理：污水处理排放管、污水管以及生物池防腐工程；d.农业：农业灌溉用管、深井管、排水管等管网。

图 10-15 铸铁管水泥砂浆衬里

图 10-16 钢管水泥砂浆衬里

10.5.1 材料特点

水泥砂浆衬里用普通的水泥、一定粗细的黄沙与添加剂，按照设计的配合比，拌制成砂浆，通过专用的施工机械设备涂覆到管道内壁，形成一定厚度的砂浆涂层，凝固后成为衬里。

① 水泥砂浆作为内防腐材料的优点：热膨胀系数与钢铁接近，涂覆容易，黏

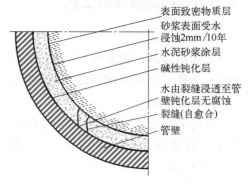

图 10-17 水泥砂浆防腐层结构[39]

结性好；使用寿命长，经济，损耗少；属于无机材料，无毒，使用安全可靠；具有亲水性，涂覆条件简单，常温下即可作业；材料便宜，使用方便。

② 水泥砂浆作为内防腐材料的缺点[39]：黏结快，作业时间短，影响进度和质量；有离鼓、剥落的可能；脆性材料，在起吊、运输中可能开裂；涂层较厚，增加了工作量和相应费用；涂层较厚，小口径管道施工作业困难；衬里表面封闭性差，容易结垢。

10.5.2 衬里技术指标

现有规范标准给定的水泥砂浆衬里厚度值等参数并不完全相同（即便工作管材一致），所以水泥砂浆衬里涂层厚度及材料特性、混合比例等均需要参照相应的标准规范。

（1）衬里类型

水泥砂浆衬里根据水泥类型、添加剂不同以及成型方式不同等进行分类，具体见表 10-31。

（2）衬里厚度参数

不同标准规范中水泥砂浆衬里的厚度参数不同，笔者归纳整理的数据见表 10-32～表 10-37。

表 10-31　衬里类型 [40]

水泥类型	编号	添加剂	编号	成型方式
高炉矿渣水泥，硅酸盐水泥	CEM IIIA[1]，CEM I[1]	无添加剂	N	离心涂装
高炉矿渣水泥，抗硫酸硅酸盐水泥	CEM IIIB[1]，CEM I-HS[2]	液化添加剂	L	喷射涂装
铝酸钙水泥	CEM CAC[2]	树脂添加剂、矿物添加剂	R、M	人工涂装

注：1 参照 EN 197-1；2 参照欧洲或其他相关标准；3 针对钢质管道。

表 10-32　水泥砂浆衬里厚度及公差 [41]

序号	钢管公称直径 /mm	最小衬里设计厚度 /mm	最大衬里设计厚度 /mm	衬里厚度公差 /mm
1	200	9.5	16	± 1.6
2	250	9.5	22	
3	300	9.5	22	
4	350	9.5	22	
5	400	11	25	
6	450	11	25	
7	500	13	28	
8	600	13	28	+3.0，−1.6
9	700	13	28	
10	800	13	28	
11	900	14	32	
12	1000	16	35	
13	1200	19.5	36	
14	1400	19.5	38	
15	1600	18.5	39	
16	1800	19.5	41	

注：应用于钢质管道，采用风送挤涂法衬里施工时，管道底部衬里厚度公差可为 +3.0mm。

表 10-33　球墨铸铁管水泥砂浆衬里涂层厚度 [42-43]

序号	公称直径 DN /mm	内衬厚度 /mm		最大裂纹宽度和径向位移（饮用水）/mm	最大裂纹宽度（部分满流污水管）/mm
		公称值	某一点最小厚度		
1	40 ～ 300	3	2	0.8	0.6
2	350 ～ 600	5	3	0.8	0.7
3	700 ～ 1200	6	3.5	1	0.8
4	1400 ～ 2000	9	6	1.2	0.8
5	2200 ～ 2600	12	7	1.5	0.8

表 10-34 钢质管道、球墨铸铁管和铸铁管推荐水泥砂浆衬里厚度（mm）[44]

公称直径 DN/mm	管类型			偏差
	旧钢管	新旧灰铸铁和球墨铸铁管	新钢管	
100～250	8.0	4.8	9.3	-1.6，+3.2
280～580	10.0	9.4	8.0	
600～900	11.1	8.0	10.0	
≥900	14.3	8.0	13.0	-1.6，+4.8

注：应用于钢管、球墨铸铁和铸铁水管，硅酸盐水泥和砂混合比为 1 ：1.5（体积比）。

表 10-35 钢质供水管道水泥砂浆衬里厚度[45]

公称直径 DN/mm	公称厚度 /mm	公差 /mm
100～250	6	-2，+3
275～575	8	
600～900	10	
＞900	13	-2，+5

注：钢质输水管道。

表 10-36 岸上和海底用管道水泥砂浆内衬涂层厚度[40]

管道外径 D/mm	涂层厚度	
	标准厚度 /mm	最小厚度 /mm
D≤273	4.5	3
273＜D≤610	6	4
610＜D≤914	8	6
914＜D≤1220	10	8
D＞1220	14	12

表 10-37 管道及管件水泥砂浆衬里涂层厚度[46]

管道外径 D/mm	涂层厚度	
	厚度 /mm	偏差 /mm
100≤D≤273	9	±3
273＜D≤762	12	±4
762＜D≤1219	16	±4
1219＜D≤1829	19	±4

（3）应用材料要求及混配

① 配合比例。

a. 钢质管道。现有规范标准对水灰比和砂灰比给定了一个范围值，表 10-38 和表 10-39 可作参照。

表 10-38　水泥砂浆配合比表（质量比）[41]

序号	水泥		粉煤灰	火山灰	砂	外加剂
	硅酸盐水泥	油井水泥				
1	—	100	—	15	170	—
2	—	—	—	67	—	—
3	100	—	10	—	150	1.5 ～ 2.1
4	100	—	—	—	150	1.5 ～ 2.1

表 10-39　混合比例要求 [40]

名称	比值（质量比）		
砂灰比	2.5	1.7	1.0
水灰比	≤ 0.42	＜ 0.40	＜ 0.37

按重量计算，水泥砂浆衬里应由一份水泥和不超过三份骨料组成；水泥的自由水含量：每 43kg 水泥的砂浆衬里混合物不得超过 28.4L；混合物的酸溶性氯离子（ Cl⁻ ）含量，以水泥质量分数表示，不得超过 0.15%[45]。

AS 1281 明确规定管径≤ φ762mm，骨料和水泥的混合质量比≤ 2 ：1，管径＞ φ762mm，骨料和水泥的混合质量比≤ 3 ：1。水灰比应尽可能低，水灰比没有设定上限，因为最佳配比取决于配合比、内衬管道的直径以及将砂浆涂在管道上的方法。离心方式砂浆衬里的水灰比一般在 0.25 ：1 ～ 0.40 ：1.0 之间。

b. 铸铁管。硅酸盐水泥和砂混合比为 1 ：1.5（体积比）[44] 或按质量计，砂浆应由至少一份水泥与 3.5 份砂子组成（即质量比 S/C ≤ 3.5 ）[42]。

② 材料性能。

a. 钢质管道水泥砂浆衬里。钢质管道水泥砂浆衬里拌和料所用材料应符合下列规定（表 10-40）。

表 10-40　材料要求 [41]

序号	材料名称	标准要求
1	水泥	a. 当输送的水中不含可溶性硫酸盐时，应选用水泥标号不低于 42.5 的硅酸盐水泥、普通硅酸盐水泥、矿渣硅酸盐水泥、火山灰质硅酸盐水泥及粉煤灰硅酸盐水泥，水泥质量应符合现行国家标准《通用硅酸盐水泥》GB 175 的规定。 b. 当输送的水中含可溶性硫酸盐时，可选用油井水泥。当水中可溶性硫酸盐含量＜ 1000mg/L，选用国家标准《油井水泥》GB/T 10238 中规定的 B 级、C 级、D 级、G 级或 H 级中抗硫酸盐型（MSR）水泥。 c. 水中可溶性硫酸盐含量≥ 1000mg/L，选用国家标准《油井水泥》GB/T 10238 中规定的 B 级、C 级、D 级、G 级或 H 级高抗硫酸盐型（HSR）水泥
2	砂	a. 砂应坚硬、洁净、级配良好。砂中云母含量不应大于 1%，坚固性循环检验后的质量损失率应小于 8%。 b. 砂使用前应用筛网筛选。衬里用砂应全部通过 1.18mm 的方筛孔；对于 0.5mm 的方筛孔，筛余量应为 0 ～ 5%；对于 0.3mm 的方筛孔，筛余量应为 49% ～ 60%；对于 0.15mm 的方筛孔，通过量不应超过 5%

序号	材料名称	标准要求
3	粉煤灰	粉煤灰应有质量检验报告和产品合格证。粉煤灰使用前应进行质量复验，质量应符合现行国家标准《用于水泥和混凝土中的粉煤灰》GB/T 1596 的规定
4	火山灰	火山灰应有质量检验报告和产品合格证。火山灰使用前应进行质量复验，质量应符合现行国家标准《用于水泥中的火山灰质混合材料》GB/T 2847 的规定
5	外加剂	a. 外加剂应有产品合格证及使用说明书。外加剂质量应符合国家现行标准规定。外加剂不应污染水质和腐蚀钢材。 b. 输送饮用水时，应选用经卫生部门鉴定、符合相关标准的外加剂
6	水	应清洁，不应含有泥土、油类、酸、碱、有机物等影响衬里质量的物质，宜采用生活饮用水

AWWA C205 标准提出了加固网，包含水泥等材料的要求见表 10-41。

表 10-41　相关材料要求 [45]

序号	材料名称	标准要求
1	加固网	a. 线材。钢丝直径 ≥ 2mm（W 0.5）。应符合 ASTM A82 的要求。除非买方另有规定，无须镀锌。 b. 钢丝网。采用 2×4 W0.5×W0.5 焊接钢丝网。钢丝应符合 ASTM A185 或 ASTM A497 的要求。除非买方另有规定，钢丝网钢筋可卷曲或无边。 c. 带状网。带状网应为 25mm×25mm 的 18 号钢丝网或 38mm×38mm 的 17 号钢丝网。钢丝应符合 ASTM A82 的物理化学要求，网孔不得卷边
2	硅酸盐水泥	a. 砂浆用水泥应符合 ASTM C150。除非买方指定特定类型，否则可使用 Ⅰ 型、Ⅱ 型或 Ⅴ 型。 b. 取样和试验应符合该标准中指定的单个 ASTM 规范。当经验表明，集料来源对碱有反应时，最大碱含量应为 0.60%。 c. 如果水泥的温度超过 150°F（66℃），在冷却到或低于该温度之前，不得使用
3	细骨料	a. 水泥砂浆用细集料应由天然砂或碎石或砾石制成，并应符合 ASTM C33 的分级。经买方批准，制造商可修改级配，以提供最大密度的衬里和涂层。 b. 对于水泥-砂浆衬里的厚度为 ≤ 13mm，100% 的细集料应通过美国标准 4 号筛
4	配制水	水应符合 ASTM C94 的适用要求。水可以是新的或再生的混凝土工艺水，并且不得含有有害的油、酸、强碱、盐或有机物
5	添加剂	水泥砂浆可含有符合 ASTM C494 要求的减水剂、凝结控制剂。任何掺合料不得含有有害的氯化物。如果买方有规定，应告知买方任何掺合料的类型和数量
6	养护剂	养护水泥的养护剂-砂浆衬里和涂层应符合 ASTM C309
7	底漆	如有规定，应在水泥砂浆衬里或涂层支撑处的裸钢表面涂上防锈底漆，其厚度不得影响正确安装接头所需的间隙

b. 铸铁管道水泥砂浆衬里。水泥砂浆骨料和配制水要求见表 10-42 和表 10-43。

表 10-42　材料要求[42]

序号	材料名称	标准要求
1	水泥	采用硅酸盐水泥，并要求符合相关标准规范，根据流体介质，使用水泥的类型应由生产厂自行确定，也可由供需双方协商决定
2	砂子	使用的砂子应具有由细到粗的受控粒度分布，应洁净，并由惰性的、硬的、坚固的和稳定的颗粒组成。 对砂子的有机物含量和含泥量有具体要求，并规定砂子中粒度小于 75μm，含泥的质量分数不应超过砂子总量的 2%
3	配制水	配制砂浆用的水可以是饮用水，也可以是既对砂浆无害，也对管道中输送的水无害的水。对于能始终满足这一要求的固态矿物颗粒，允许存在于配制水中
4	添加剂	添加剂不应危害内衬的质量和输送水的水质

水质要求。推荐使用饮用水，如使用循环水等需要满足表 10-43 要求。

表 10-43　可接受的循环水指标[46]

水质指标	浓度限值 /（mg/L）	试验方法
溶解固体总量	≤ 3000	APHA 2540
氯（Cl⁻）	≤ 500	APHA 4500
硫酸盐（SO_4^{2-}）	≤ 800	APHA 4500
钠（Na⁺）	≤ 300	APHA 3111
油和油脂	≤ 50	APHA 5520
酸碱度	> 5.0	APHA 4500

c. 水泥砂浆层性能要求。输水管道的水泥砂浆层抗压强度不应低于 38MPa，密度不应低于 2.16g/cm³，水泥砂浆坍落度取 60 ～ 80mm。当钢管公称直径小于 1000mm，坍落度不宜高于 120mm。对于公称直径 ≥ 450mm 的管件，应在其表面点焊钢丝网[41]。

d. 限制材料的添加比例。砂浆衬里要求对骨料中的部分材料进行限制，见表 10-44。

表 10-44　限制应用材料[44]

材料	最大允许添加量（质量比）
页岩	1
黏土块	1
除页岩和黏土块以外的云母和有害物质	2

（4）建议涂覆速度

管道内水泥砂浆衬里涂装，除少量修补采用人工外，基本采用机械涂覆。按照进料量、涂覆速度、钢管直径等，建议涂覆速度见表 10-45。

表 10-45　砂浆衬里涂覆作业工作速度 [47]

公称直径 /mm	衬里厚度 /mm	涂覆作业工作速度 /（m/min）
400 ～ 600	11 ～ 13	3.0 ～ 4.0
700 ～ 1200	13 ～ 16.5	2.0 ～ 3.0
1400 ～ 1600	17.5 ～ 18.5	1.5 ～ 2.5
1800 ～ 2200	19.5	1.5 ～ 2.5

10.5.3　衬里涂覆技术

10.5.3.1　成型技术简介

管道水泥砂浆衬里施工工艺由手工涂抹逐渐发展到机械涂覆，每种技术都有存在的合理性，都有优点和缺点。

（1）人工涂抹

对于工人能够进入的管道，人工涂抹是水泥砂浆衬里最初采取的方式。人工操作的优点是操作简单、对工人的技术水平要求低，可以随时进行施工，不受场地限制，不受人员数量限制；但缺点非常多：工人的劳动强度大，并且在实施过程中受人的力量所限，涂抹厚度有限，一般一次为 3 ～ 5mm，采用抹子压紧和涂抹，所以涂层的密实度不够，顶层涂装涂层黏结力差，在管内壁形成的环拱结构强度不够，达到要求厚度需多次涂抹，厚度不均匀，并且为避免出现超薄点，手工涂抹要比机械涂抹的内衬厚度标准适当加厚。

（2）锥形塞拖拉法

美国在 1920 年开发出工厂涂覆方式——拖拉法 [45]。把需要涂装的管道端对端，将带有绳索的锥形塞（抹光机构）放置在管道前端，塞顶部灌装足够量的水泥砂浆，然后将塞从管道中拖出，实现衬里涂装。因锥塞头前端灌装水泥砂浆，牵引力过大，对管道的施工长度有一定限制，所以又开发出安装砂浆喷涂旋转喷头的锥形塞，一边拖动，一边送料，一边涂覆，一边抹光，新型涂覆法延长了管道施工长度，降低了拖拽力，并且涂层的均匀度基本得到了保证，它兼具喷涂法和初期的拖拉法的优点，在小口径长距离管道的（DN ≤ 500mm）施工中得以实现，但不适用于大口径管道。

（3）风送挤涂法

风送挤涂法与锥形塞拖拉法是两种动力源完全不同的成型方法，拖拉法以牵引绳为拖拽力，风送挤涂法以压缩空气为推动力，并且因为动力源各异，挤涂设备结构完全不同。风送挤涂器由多组串联套装的与钢管内径相适应的柔性皮碗组成，并带有砂浆分流和挤涂器定位装置（图 10-18）。

在待涂管道首端放入挤涂器，并在一定的间隔处设置封堵器，在挤涂器和封堵器之间预装水泥砂浆，以压缩空气为动力源并作用于挤涂器尾端，使挤涂器以一定的速度推动水泥砂浆从管道首端平稳地移向尾端，在挤涂器推动过程中，柔性的橡胶皮碗受压变形，使水泥砂浆以一定厚度均匀挤涂在管道内壁上。

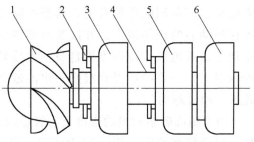

图 10-18 风送挤涂器结构示意图[49]

1—分流装置；2—扶正装置；3、5、6—橡胶皮碗；
4—骨架

该工艺一次施工距离为 1 ～ 3km，适合管径范围 φ100 ～ 529mm，施工速度快，补口少。采用风送挤涂工艺，美国最长施工距离 10km，我国已达到 9.2km。

风送挤涂工艺，如果选用普通水泥砂浆，由于水泥砂浆自身特性的影响，衬里涂层会出现上薄下厚、漏涂、起皮剥落等缺陷。所以须选用适应风送挤涂工艺的优质水泥砂浆[48]。

（4）机械小车离心喷涂抹光法[2]

采用一种离心旋转喷头把水泥砂浆均匀地喷涂在管道内壁，并依据喷涂量和喷涂机的行走速度、喷头的旋转速度来控制水泥砂浆层的厚度，是水泥砂浆衬里涂覆较普遍采用的方法。砂浆喷浆机（图 10-19）的主要结构为砂浆离心喷头和抹光机构，由水泥料罐、送进小车等进行辅助。涂覆时，首先在水泥料罐中装入足够量的水泥砂浆，并送入待涂覆的管道内部，按照管径和衬里厚度，设定小车行走速度、喷头旋转速度、水泥砂浆喷涂量，并在衬里涂覆后立即采用抹光装置抹平，从而得到光滑的水泥砂浆衬里。

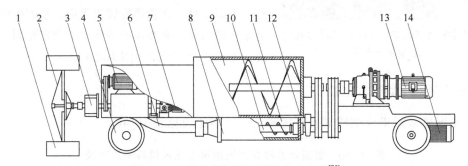

图 10-19 水泥砂浆衬里喷涂设备示意图[50]

1—水泥抹；2—张紧钢丝；3—水泥喷头；4—小车行走轮；5—喷头转动电机；6—水泥送料管；7—水泥涂抹旋
转电机；8—水泥螺杆泵；9—水泥储料罐；10—水泥传送螺杆；11—水泥喷射舱；12—水泥下料口；
13—水泥送料电机；14—小车行走电机

（5）管道自旋转离心成型法

为满足大口径管道衬里涂装，拖拉法之后出现的就是离心法，1936 年在国外开始使用。水泥砂浆衬里离心成型法与喷枪离心喷涂法完全是两个概念，一般仅应用于工厂预制的单根管道。其基本原理是整支需要内衬水泥砂浆的管道水平放置在带动力的旋转滚上，并按照所需的涂层厚度往内送入定量水泥砂浆后，动力驱动使该管道以一定速度沿自身高速旋转，在离心力的作用下，砂浆均匀涂覆于管内壁上，经养护后得到很好的水泥砂浆衬里，并且钢管的旋转速度越高，时间越长，涂层越均匀。

为了提高砂浆衬里的强度及与管道的黏结力，国外又研究出在砂浆衬里层中间加一层金属网的方法[45]。在涂浆前，将编制好的金属丝网点焊到钢管内壁上，然后进行水泥砂浆涂覆，使金属网与砂浆层成为一体，紧紧附着于管道内壁上。离心法的技术关键是水泥砂浆合理配比、管道旋转速度（管径范围、涂层厚度）及砂浆衬里的养护。

（6）喷涂和离心成型相结合的方法[51]

上述几种水泥砂浆衬里的涂覆方法各有优缺点，按照常规涂装技术的发展，两种涂装技术融合，必将发挥各项技术的优点。喷枪喷涂法，水泥砂浆可以在涂覆节点处定量供料，减少水泥砂浆的浪费；离心法，可以保证衬里的密实度和涂层厚度的均匀。

图 10-20　水泥砂浆衬里喷涂与离心法相结合涂装示意图

喷涂加离心成型法就是采用连续送料和管道旋转产生离心力，把水泥砂浆均匀地涂覆在钢管表面。其实现过程：预涂覆的管道在旋转机构上自旋转并产生一定的离心力，钢质管状水泥砂浆送料机构送入管道前端，并连续不断出料，把水泥砂浆浇涂到管道内部，并且送料管匀速后退过程中不断出料，在管道旋转过程中，水泥砂浆均匀涂在管内壁，并在离心力作用下紧密贴附，形成均匀水泥砂浆衬里（图 10-20）。

10.5.3.2　成型技术比较

水泥砂浆衬里成型技术各有优缺点，具体比较见表 10-46。

表 10-46　管道水泥砂浆衬里涂覆工艺及机具使用比较

施工工艺	操作方式	管径范围 /mm	适用范围	缺点
人工涂抹	人工操作	≥600	操作简单，尤其适合特大管径	涂层厚度不均，浪费材料
锥形塞拖拉法	伸缩牵引锥形塞	≤500	长距离涂装，旧管修复	涂层厚度不均
风送挤涂法	风送挤涂器、压缩空气	100～529	1～3km 长距离涂装	对材料和挤涂器结构有特殊要求

续表

施工工艺	操作方式	管径范围 /mm	适用范围	缺点
离心喷涂法	专用喷浆机：旋转离心喷涂，同步抹平	≥ 500	适于单根工厂预制和现场长距离涂装	厚度不均，表面有抹光螺纹线，易开裂
自旋转离心法	动力驱动管道自旋转离心装置	大、中、小口径	单根涂装，工厂预制涂层	特大口径管道无法施工，涂层厚度有限，断面分层明显，易开裂
喷涂和离心结合法	水泥砂浆悬臂喷涂枪、动力驱动管道自旋转离心装置	219 ~ 3150	单根涂装，管长 6 ~ 16m	断面稍有分层

10.5.4　衬里涂覆工艺

水泥砂浆衬里成型方式分为以下两种。a. 单根预制。在工厂单根生产养护形成水泥砂浆层，在施工现场进行组对焊接，然后采用补口机器人进行补口。单根预制可以采用离心方式或离心加喷涂方式进行，衬里强度高、密实度好、涂层均匀。b. 管道连接后整体涂覆。管道按照一定长度（以施工工艺为主）组对焊接，在施工工地进行衬里施工，一次可满足上千米的施工，管端补口数量少于单根管道组焊方式，效率高于单根管道。

（1）涂覆前准备工作 [41]

砂浆衬里施工环境温度 ≥ 5℃，否则采取保温措施。根据管径、预制方式（单根、整线）选择涂覆工艺，并选用相应的涂覆方式和机具。按照施工工艺要求，水泥砂浆拌和严格控制配合比，搅拌时间为 2 ~ 5min，涂装和使用时须对拌和料取样检验。使用温度宜控制在 10 ~ 32℃，并要求搅拌好的水泥砂浆应在初凝前用完。

对于分层涂覆水泥砂浆衬里，后一层水泥砂浆衬里的施工应在前一层水泥砂浆衬里初凝后、终凝前进行。长距离需要现场施工的待涂管道，规格应相同。

（2）管内表面清理

水泥砂浆衬里涂覆前应先清除管内的杂物，并应保持管内表面干燥。对于钢质管道，在现场进行管道整体涂覆时，钢管内表面应采用动力工具进行除锈，除锈等级为 Sa2 级。

采用单根预制时，钢管内表面应采用喷射除锈，除锈等级应达到 Sa1 级。对于铸铁管道，要求清理所有外来物、松散铁鳞和其他任何损害金属基体与衬里之间的物质。管内壁的任何凸起不得超过涂层厚度 50%，否则必须进行处理。

（3）管内表面冲洗润湿

为使衬里与管道内表面更好地结合，清理后应进行冲洗润湿，并排除积水，对于易生锈的管道，如钢管冲洗润湿后应在 4h 内进行衬里施工。

（4）水泥砂浆衬里涂覆

① 风送挤涂法（图 10-21）[49]。

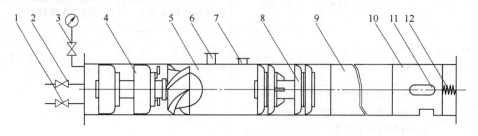

图 10-21 风送挤涂示意图

1—压缩空气进气；2—排气；3—压力显示；4—棘突器；5—发送装置；6—砂浆入料口；7—排气口；
8—封堵器；9—待涂管道；10—接收器；11—泄压孔；12—缓冲器

采用风送方式用水湿润管道表面。一般采用封堵器形式，在两个封堵器中间充满清水，冲淡管内灰尘和浮锈，便于水泥砂浆黏结。

通过无线控制确定挤涂器的准确位置，并通过调整压缩空气的压力来控制其前进速度。挤涂器的行进速度≤2m/s[47]。

为保证砂浆挤涂器前面的水泥砂浆始终形成一个砂浆柱，在水泥砂浆的前面增加一个封堵器（可用清管器代替）。

为了保证管道末端水泥砂浆衬里的质量，分流扶正式砂浆挤涂器的末端设有回收装置。多遍挤涂时，第一遍的挤涂厚度不得低于总厚度的 50%，后一遍挤涂应该在前一遍挤涂衬里初凝后、终凝前进行。衬里抹光时，水泥与沙的质量比例为1 : 0.6，并要求采用无刮痕的胶皮碗。

② 自旋转离心涂覆。管道放置在动力旋转滚上，为保证钢管高速旋转的稳定，建议采用柔性带旋转滚。采用鼓风机进行鼓风，以降低管内的水含量。按照管径和衬里厚度，管内预先平铺给定量的水泥砂浆，开启旋转滚，钢管旋转，在离心力作用下。砂浆贴附在管表面形成衬里层。

③ 涂覆机喷涂。带有抹平机构的自旋转喷涂小车，按照管道直径、长度、涂层厚度，在储料箱内预装定量水泥砂浆，在小车自身行走动力的作用下送入管道末端。

开启送浆泵及物料螺旋传输装置，并启动砂浆旋转喷头，把砂浆均匀喷涂在管道内壁，同时启动自旋转抹平机构，在小车匀速后退的过程中，抹平砂浆衬里表面。

当小车退出管端时完成衬里涂装，并封闭管端，进行养护。

④ 喷涂加离心法。内壁清理完成的待涂管道放置在动力旋转滚上。喷涂水泥的悬臂喷枪在小车带动下将喷枪头送入管尾端，启动砂浆喷涂泵，把砂浆喷涂在管道表面，同时启动管道旋转滚并后退喷枪小车。

喷涂在管表面的水泥砂浆在管子离心力作用下，均匀贴附在管表面形成所需要的涂层。涂层涂装完成，通过风压或倾斜管道，排出管内多余的水。

（5）水泥砂浆衬里养护

① 国内标准规定 [47]。

a. 水泥砂浆衬里的养护可采用自然养护法和蒸汽养护法。现场施工管段的内衬宜采用自然养护法；工厂预制的钢管和管件水泥砂浆衬里可采用蒸汽养护法或自然养护法。

b. 自然养护法。应在水泥砂浆衬里施工后 2h 内密封管道，管道安装前应保持密封。养护温度不应低于 10℃，养护时间不应少于 8d。未回填的部分现场施工管段，当管道表面温度超过 35℃时，应用湿草袋等物品覆盖。

c. 蒸汽养护。在水泥砂浆衬里施工完成 2h 内，用密封套把钢管两端密封住，管道安装前应保持密封。

蒸汽养护应在水泥砂浆衬里施工后 2 ～ 4h 开始。若环境温度高或湿度低，可缩短上述时间；相反应延长上述时间。养护室温度应为 57 ～ 74℃，养护时间不应少于 18h。养护室的升温或降温速度不应超过 0.6℃/min。

② 国外标准规范规定 [45]。

衬里涂装完成后，须立即移至养护区。可以采用加速养护法、湿养护法或加速养护和湿养护相结合的方法进行养护。按照时间比为 5h 的湿养护和 1h 的加速养护交替。在任何情况下，总的养护时间应等于 96h 的湿固化时间。养护期间，混凝土衬里应持续保持湿润，直到完成最短的养护期。

a. 湿养护。只有在最低环境温度持续超过要求的最短养护期内温度 4℃时，才能使用湿养护。低于温度 10℃以下的都不允许采用湿养护。

b. 到达养护区后，完成涂装的 30min 内，如果指定了外涂层，则应在涂抹外涂层前，用塑料或湿麻布覆盖管端至少 24h。如果未指定水泥砂浆外涂层，则应在装运前将衬里湿润养护 96h。

c. 加速养护。到达养护区域后，完成涂装的 30min 内，可开始加速养护。在最终涂装或水泥砂浆初凝前（以先发生者为准），不得连续加热 4h 使管道温度升高至 35℃以上。环境蒸汽应保持在 32 ～ 52℃，在相对湿度不小于 85% 的条件下，至少养护 6h。

d. 替代养护方法。如果买方允许，可替代固化方法，前提是制造商使用的方法产生的固化衬里与规范中规定的相同。

10.6　100% 固含量刚性聚氨酯内防腐涂层

聚氨酯或聚脲材料是国内多年来相关机构竭力推广的一种防腐材料，但相关技术人员所接触的大多为弹性体材料，而 100% 固含量刚性材料，才是行业推广的重点。

近年来因为环境问题，无溶剂涂料或水性涂料的发展势在必行。20世纪70年代，瑞士Vonroll铸管厂研发了球墨铸铁专用无溶剂聚氨酯涂料[52]，并通过验证最终应用到管道行业。

我国青岛海洋化工研究院、江苏化工研究所、烟台华特聚氨酯有限公司也相继开发了无溶剂聚氨酯涂料，广泛应用于石油、化工、交通、海洋、建筑、水利、矿山、环保和娱乐设施等的装饰和保护[54]。

刚性聚氨酯涂料，由于其形成的涂膜致密坚硬，硬度可达（70±5）邵氏度，可以应用于≤50℃输水及污水管（球墨铸铁）[54]和输送介质原油、水、天然气最高设计温度≤90℃的钢管。

10.6.1 涂料及涂层特点

（1）涂料特点[55]

① 100%固体含量聚氨酯防腐涂料不含任何溶剂或挥发性的有机化合物，涂层通过化学反应形成的聚氨酯涂层致密性好，不会产生针孔和漏点。

② A、B两组分涂料及其反应物中均不含有胺类、煤焦油等有毒物质，涂层涂覆过程中不会对环境造成污染，对人体无害。

③ 涂料及反应物都不易燃，施工过程中安全性能好。

④ A、B组分涂料混合后固化速度非常快，并可在1～30min任意调整，两组分经混合喷出后，一般在1min内即可表干，5～10min即可完全固化，从而大大加快现场施工进度。

⑤ 多道涂层喷涂时，每道涂层之间的时间间隔非常短，可涂装所需要的任意厚度，而且中间过程产生污染的可能性较低，形成完全一致的整体涂层。

⑥ 涂料A、B两组分发生反应形成涂层的过程是一个放热过程，可以加快反应速度，可在特殊的低温环境下施工（例如野外补口作业）。

（2）涂层优点

管道内衬除了应具有与外壁防腐层一样优异的抗化学腐蚀性、强有力的附着力以及抗机械损伤能力外，还需要优异的耐磨性能，聚氨酯耐磨防腐涂层材料与一般耐磨防腐涂层相比具有以下特性：

① 化学稳定性好。100%固含量聚氨酯涂层具有优异的抗化学腐蚀作用，可以满足自来水、污水、海水等介质的输送及强腐蚀性土壤的埋设。

② 良好的抗水渗透能力。经检验，100%固含量聚氨酯涂层致密性高，在蒸馏水或稀的盐溶液的渗透下，抗渗能力远高于其他涂层。

③ 具有较高的力学性能。涂层满足外力冲击要求。

④ 耐冲刷和气蚀性能好。管道内壁因为受到流动的液体冲刷，同时存在腐

蚀作用和机械磨损。聚氨酯涂层的固有特性决定了聚氨酯内衬具有良好的耐磨蚀性能。

⑤ 水力性能好。管内涂层越光滑，流体输送的阻力越小。聚氨酯涂层不含溶剂，固化完全，涂层表面封闭完好，不易结垢，可长期保持内壁的光滑性。

⑥ 涂层抗弯性好。聚氨酯层与管本体有良好的附着力，以及涂层本身足够的拉伸强度决定了涂层良好的抗弯能力。

10.6.2　涂层及涂料性能指标

（1）SY/T 4109（2016 版）《钢质管道及储罐无溶剂聚氨酯涂料防腐层技术规范》规定了用于管道内外防腐的无溶剂聚氨酯涂层厚度 ≥ 500μm（全系列管径），其中材料和涂层性能指标可见表 10-47 和表 10-48。

表 10-47　管道内外防腐用聚氨酯涂料性能指标要求

序号	项目			指标	测试方法
1	细度 /μm			≤ 100	GB/T 1724
2	固含量 /%			≥ 98	GB/T 1725
3	干燥时间	喷涂型	表干 /min	≤ 30	GB/T 1728
			实干 /min	≤ 90	
		刷涂型	表干 /min	≤ 90	
			实干 /min	≤ 360	

表 10-48　管道内外防腐用聚氨酯涂层的技术指标要求

序号	项目	性能指标	试验方法
1	附着力级 /MPa	≥ 10	SY/T 0315
2	阴极剥离（65℃，48h）/mm	≤ 12	SY/T 0315
3	耐冲击力 /J	≥ 5	SY/T 0315
4	抗弯曲（1.5°）	涂层无裂纹和分层	SY/T 0315
5	耐磨性（CS17 砂轮，1kg/1000r）/mg	≤ 100	GB/T 1768
6	吸水性（24h）/%	≤ 2	GB/T 1304
7	硬度（Shore D）	≥ 65	GB/T 2411
8	耐盐雾（1000h）	涂层完整，无起泡、无脱落	GB/T 1771
9	电气强度 /（MV/m）	≥ 20	GB/T 1408.1
10	体积电阻率 /（Ω·m）	1×10^{13}	GB/T 1410
11	耐化学介质（10%H_2SO_4、30%NaCl、30%NaOH、2 号柴油，30d）	涂层完整、无起泡、无脱落	GB 9274
12	浸泡实验（2 号柴油，常温，28d）	—	GB 9274
13	浸泡实验（输送介质，最高设计温度，28d）	—	GB 9274

（2）AWWA C222—2018《Polyurethane Coatings for the Interior and Exterior of Steel Water Pipe and Fittings》规定的涂料和涂层的性能指标见表 10-49 和表 10-50。

表 10-49　聚氨酯材料性能要求

特性	要求	试验方法
阴极剥离（30d）/mm	≤ 12	ASTM G8
抗弯曲	无开裂或分层	ASTM D522
抗冲击性 /（N·m）	≥ 8.5	ASTM G14
耐磨性（每 1000r/s 损失）/mg	≤ 100	ASTM D4060
耐化学介质（10%H$_2$SO$_4$、30%NaCl、30%NaOH、2 号柴油，30d）	质量、长度或宽度变化 5%	ASTM D543
介电强度 /（V/mil）	≥ 250	ASTM D149
吸水率 /%	≤ 2%	ASTM D570
硬度（Shore D）	≥ 65 肖氏硬度	ASTM D2240
黏附力（钢表面）/ kPa	10350	ASTM D4541

表 10-50　涂层特性要求

特性		要求	测试方法
外观		光滑，无气泡、裂纹、起泡、分层或其他可见缺陷	—
干膜厚度 /μm	内涂层 /μm	≥ 508	SSPC-PA 2
电火花检漏		无漏点	NACE SP0188/ NACE SP0274
黏结力（钢表面）（基底温度 18 ～ 29℃）/ kPa		10350	ASTM D4541

（3）EN 15655-1：2018《Ductile iron pipes，fittings and accessories -Requirements and test methods for organic linings of ductile iron pipes and fittings Part 1：Polyurethane lining of pipes and fittings》规定的涂层厚度参数见表 10-51（输水管）、表 10-52（污水管），聚氨酯涂层吸水率和耐化学侵蚀质量变化的要求见表 10-53，涂层性能要求见表 10-54。

表 10-51　输水管道涂层厚度

DN/mm	最小涂层厚度 /μm	测试电压 /kV
80 ～ 2000	800	4

表 10-52　污水管道涂层厚度

DN/mm	最小涂层厚度 /μm	测试电压 /kV
80 ～ 700	800	4
800 ～ 2000	1000	5

表 10-53　聚氨酯涂层吸水率和耐化学侵蚀质量变化的质量要求

试验条件	单位	测试方法	测试要求
质量变换（100d，50℃去离子水浸泡）	%	浸泡实验	≤ 15（重量增加）
质量变化（后续干燥）	%	EN ISO 62 方法 3	≤ 2（重量增加）
质量变化（10%，50℃硫酸溶液浸泡 100d）	%	浸泡实验	≤ 10（重量增加）
质量变化（后续干燥）	%	EN ISO 62 方法 3	≤ 4（重量增加）

表 10-54　涂层性能要求

特性		性能要求
最小冲击强度 /J		≥ 50
断裂伸长率 /%		≥ 2.5
涂层电阻率	0.1mol/L NaCl 溶液浸泡（100d）（23±2）℃ /（Ω·m²）	≥ 10⁸
耐磨性 [100000 次移动（50000 次循环）]/mm		≤ 0.2

注：涂层材料满足供水水质要求。

（4）BASF 公司生产的聚氨酯涂料性能指标

BASF 公司生产的聚氨酯涂料，产品编号：Elastocoat Ac 72376R/72375T，性能指标见表 10-55。

表 10-55　100% 固含量聚氨酯涂料性能指标

项目		测试方法	结果
阴极剥离（28d）/mm		ASTM G95	4.5
抗冲击 / in-lb		ASTM G14	> 154
对钢材黏结力 /MPa		ASTM D4541	> 14.48
耐磨性 /mg		ASTM D4060	10
耐化学浸泡	10% H_2SO_4/%	ASTM D543	4.74
	30% NaCl/%		1.03
	30% NaOH/%		0.60
	30% #2 柴油 /%		−0.08
介电强度 /（V/mil）		ASTM D149	530
吸水性 /%		ASTM D570	1.79
硬度（邵氏 D）		ASTM D2240	80
抗弯曲		ASTM D522	通过

10.6.3　涂层成型工艺

管道内壁喷涂聚氨酯涂料成型工艺如图 10-22 所示。

（1）涂装前的形式检验

正式生产前，采用喷涂所用的聚氨酯涂料在现场喷涂管段进行形式检验。检验要求见表 10-56。

表 10-56 形式检验表

项目	性能指标
冲击强度（常温）/MPa	5
抗弯曲（1.5°）	涂层无裂纹
阴极剥离（65℃，48h，-1.5V）/m	≤ 13
附着力（75℃，48h）级	1 ～ 2

（2）表面清理

对于涂装的钢管或球墨铸铁管进行表面清理，去除油污、杂质等后进行喷砂除锈，并形成要求的粗糙度，一般钢管内表面锚纹特征要求 30 ～ 100μm。如需要，除锈前需进行预热。

（3）涂装准备

聚氨酯涂料内涂覆为单根间断工作，待涂管道需放置在涂装工位，采用可驱动滚轮支撑管端，并按照要求驱动管道自旋转。加热 A 组分涂料至 65 ～ 75℃，加热 B 组分涂料至 35 ～ 45℃，并保温。

（4）涂料涂覆

悬臂杆带喷枪伸入管端，启动双组分高压无气喷涂机，按照比例（最理想混合比为 1∶1）分别吸入保温的 A、B 组分涂料，在喷枪前段混合后喷涂到旋转的管道内壁表面，在喷枪退出过程中，完成整管涂装。

喷枪处压力为 35MPa 左右，最佳喷涂距离 400mm。

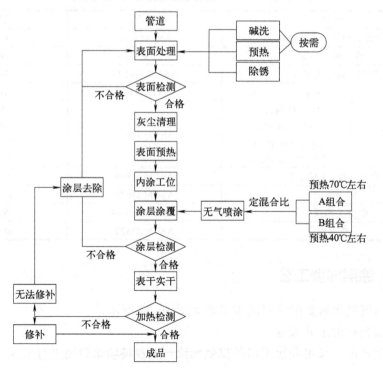

图 10-22 管道内壁喷涂聚氨酯涂料成型工艺

（5）固化

按照涂料性能要求和温度范围要求，完成涂层的表干以及最终完全固化过程。钢质管道管端要求预留 50～150mm 未涂段。

10.6.4　涂层比较

100% 固体硬质（刚性）聚氨酯涂料及其涂层与其他涂料及其涂层的比较，见表 10-57～表 10-60。

表 10-57　管道用典型弹性聚氨酯、弹性聚脲和刚性聚氨酯涂料的性能

项目		聚氨酯弹性体	聚脲弹性体	100% 固含量刚性聚氨酯
对钢材黏结力（粗糙度 50μm）/MPa		4.83～15.2	3.45～13.79	7.895～29.58
阴极剥离（3%NaCl，23℃，30d，-1.5V）/mm		10～35（剥离半径）	25～38（剥离半径）	3～15（剥离半径）
耐化学浸泡（1000h）	20%NaOH	通过	通过	通过
	10%H$_2$SO$_4$	通过	通过	通过
	25%H$_2$SO$_4$	通过	通过	通过
	3%NaCl	通过	通过	通过
	汽油	失败	失败	通过
	甲苯	失败	失败	通过
介电强度 /（V/μm）		5～20	5～20	10～30
伸长率		50%～1500%	20%～1000%	3%～50%
抗冲击性（完全固化，1mm DFT）/（N·m）		9.04～22.6	9.78～22.6	3.39～14.13 4.52～18.08（陶瓷改性）
肖氏硬度		A20～D65	A20～D65	D50～D95
Taber 磨损性（1kg，1000 次循环，全固化）/mg		20～40（减重）	60～70（减重）	30～60 或 10～30（陶瓷改性）（减重）
拉伸强度 /MPa		7.895～13.79	9.58～29.58	24.13～48.27
吸水性（48h，50℃）		5%～15%	5%～16%	1%～2%

表 10-58　典型 100% 固体弹性聚氨酯、弹性聚脲和硬质聚氨酯涂层的应用特点比较[56]

项目	100% 固含量聚氨酯弹性体	100% 固含量聚脲弹性体	100% 固含量刚性聚氨酯
应用温度	-20～65℃	-40～50℃	-40～65℃
表干	10min～2h（23℃）	3～120s（23℃）	30s～45min（23℃）
硬干	1～12h（23℃）	1～3h	1～1.5h
干燥养护	3～36h（23℃）	2～5h（23℃）	10min～4.5h（23℃）
重涂时间	30min～24h（23℃）	1min～12h（23℃）	5min～8h（23℃）
浸润养护	12h～7d（23℃）	12～48h（23℃）	45min～48h（23℃）
最终固化	7～10d（23℃）	7～10d（23℃）	5～7d（23℃）
养护温度，干	-30～80℃	-45～150℃	-40～125℃

项目	100%固含量聚氨酯弹性体	100%固含量聚脲弹性体	100%固含量刚性聚氨酯
养护温度，湿	−30～50℃	−45～150℃	−40～125℃
干膜厚度（钢基体）	0.76～1.5mm	1～1.5mm	0.38～0.75mm
干膜厚度（混凝土）	1.5～3.8mm	1.5～3.8mm	1～2mm
表面光洁度	平滑到有光泽	橘皮看起来很光滑	平滑到有光泽

表 10-59   几种常用的管道涂料与 100% 固体硬质聚氨酯的比较

涂料系统	优点	缺点	使用
FBE	优良的耐腐蚀性、耐磨性	抗冲击性低、成型工艺复杂、补口受限	油气、输水管道
溶剂型或100%固体分环氧树脂	经济；历史悠久；采用无气喷涂设备；同材质补口	固化缓慢；低温固化能力差；冲击力和柔韧性差；溶剂型涂料易污染环境	天然气输送管道、部分输水管道
水泥砂浆衬里	最小的健康和安全或环境问题；快速应用；无破裂；充分证明和记录的历史；便宜；	易损坏；不能在寒冷天气使用；增加管道重量；减小管道直径和管道容量；难以应用于预制管道（弯管、管件等）；耐磨性和耐化学性差	输水铸铁管、钢管内衬
聚乙烯内衬	总应用成本低，应用简单；非常经济	限制阴极保护；易损坏	管道内衬修复
100%固含量聚氨酯	低温固化；快速凝固；优异的耐磨性和抗冲击性；黏合性；	需要使用多组分系统；应用复杂；对水分敏感	所有工厂、现场涂装的主管道（钢管、铸铁管）

表 10-60   100% 固体含量聚氨酯涂层与液体环氧树脂涂层性能比较表 [57]

涂层类型	含溶剂环氧	100%固含量环氧树脂	100%固含量聚氨酯
附着力 ASTM D4541/MPa	8.8	9.4	13.8
耐磨性（ASTM D4060，1kg，1000 次循环下重量损失）/mg	122	183	50
耐阴极剥离（ASTM G95，3%NaCl，−1.5V，30d，20℃下剥离半径）/mm	15	15	8
抗冲击强度（ASTM D2794）	5J	5J	10J
弯曲性能（ASTM D522，2 英寸心轴弯曲180°）	未通过	未通过	通过
盐雾试验（ASTM B117，1000h）	通过	通过	通过
吸水率（ASTM D570，50℃，48h）	2%	2%	2%
耐化学腐蚀（ASTM D714，1000h）（20%NaOH，3%NaCl，3%H_2SO_4，汽油）	通过	通过	通过

10.7　其他类型内涂层简介

10.7.1　无机非金属涂层

虽然管道有机涂层的性能一直在不断改进，但始终不能从根本上消除其自身存在的缺陷，于是产生了新型的无机涂层，因为无机材料具备不老化、耐腐蚀、耐磨损、耐温性能优异等特点。

10.7.1.1　无机涂层类型

（1）陶瓷涂层

陶瓷涂层是将特殊的陶瓷材料涂覆于管道表面形成的，主要有氧化铝、氧化锆、氧化铬以及复合物陶瓷涂层等。

陶瓷涂层它能改变基体表面的形貌、结构及化学组成，赋予基底材料新的性能：耐磨、耐蚀、防粘、高硬度、耐高温、生物相容性和绝缘性以及高化学稳定性等。20 世纪 90 年代，美国 Freecom 公司设计了高度改良的以亚微级陶瓷颗粒为填料的环氧树脂系列产品，主要由陶瓷粉、环氧树脂、固化剂组成，命名为塞克54。研究表明，陶瓷涂层比玻璃鳞片类涂层有更长的寿命，不易脱落，并且耐磨、耐蚀性能优异，耐冲击力也很强，并具有良好的韧性和绝缘性[9]。目前已有自蔓延高温合成离心涂覆、热喷涂、化学反应法等较成熟的制备方法。其推广瓶颈是一次投资过大。

（2）搪瓷涂层

搪瓷涂层是类似玻璃的物质。搪瓷涂层是将钾、钠、钙、铝等金属的硅酸盐加入硼砂、硼酸、碳酸钾、碳酸盐等溶剂，喷涂在金属表面烧结而成。为了提高搪瓷的耐蚀性，可将其中的 SiO_2 成分适当增加，这样的搪瓷由于耐蚀性好被称为耐蚀玻璃。由于搪瓷涂层没有微孔和裂纹，因此能将钢铁及基体与介质完全隔开，起到防护作用。

搪瓷涂层具有极强的耐腐蚀性能。用它对钢质管道进行防腐将极大提高防腐水平。

俄罗斯 20 世纪 80 年代已开始生产搪瓷涂层管道，搪瓷涂层致密性、耐蚀性、耐磨性优异。我国北京伟业科技发展有限公司开发出"热喷玻璃（釉）防腐技术"，在金属管道内外壁上形成玻璃与金属的复合无机防腐涂层，玻璃釉料可根据防腐性能的要求、金属膨胀系数和工艺特点的不同进行配置，能应用于给排水、化工、石油、天然气管道等诸多领域[58]。

以基层是普通碳钢、内部是搪瓷的管道为例，其价格是不锈钢管的 1/2 至 2/3。搪瓷涂层耐蚀性、耐磨性均优于陶瓷涂层，而且涂层表面光滑，可以起到减阻作用。

生产工艺流程：管道喷砂除锈→管道预热→高温喷洒玻璃釉料→保温、冷却→质量检测。

该技术一改传统搪瓷"整体入炉、整体搪烧"工艺，采用火焰喷涂连续生产技术，操作简单、自动化程度高、设备简单，而且管道内外壁可同时涂覆，生产效率高，成本大幅下降[59]。

钢管搪瓷涂层的特点。

① 长寿命。无机玻璃釉涂层永不老化，可以大幅度地提高管道的使用寿命。

② 安全。玻璃（釉）涂层理化性能非常稳定，适合在各种苛刻条件下应用。

③ 耐腐蚀。玻璃（釉）涂层可耐各种化学介质侵蚀，防腐性能优越。

④ 内减阻及耐磨性好。玻璃（釉）涂层内壁光滑，硬度高，流动阻力小，具有很强的耐磨性和很好的介质流动性。

⑤ 耐候性强。玻璃（釉）涂层耐高温、耐严寒、抗氧化、抗紫外线辐射等，在 -50 ～ 300℃温度范围内长期使用涂层无变化。

⑥ 无毒、无害、无污染。由于玻璃釉料的主要成分是硅酸盐，所以在生产和使用过程中无毒、无害，没有任何污染；涂层绝不会影响输送介质的质量。

⑦ 造价低廉。玻璃（釉）涂层管道价格一般不超过进口环氧粉末制作的防腐管造价。用玻璃（釉）防腐的管道可替代不锈钢管道，而造价仅为不锈钢的四分之一左右。

⑧ 用途广泛。玻璃（釉）涂层管道可广泛应用于石油、天然气、化工、供水、排污、电力、水煤浆等诸多行业。

（3）无机厚浆型涂料

相关文献 [60] 提出了新型无机厚浆型涂料。采用碱（水玻璃）激发高纯度的偏高岭土作为金属表面的防腐蚀水性涂料。涂料配合采用水玻璃加改性剂（$NaH_2PO_4 \cdot 2H_2O$）、增强剂（ZnO）、偏高岭土和有机黏结剂（环氧树脂）按照顺序混配，并搅拌，形成均匀黏稠浆状体。施工时把涂料涂抹在管道表面，涂层厚度约 200 ～ 350μm，在 25℃和相对湿度（60±5）%下进行养护形成涂层。

无机厚浆涂料在管道上的应用迄今为止基本空白，就上述涂料也未见其应用实例，虽然是管道涂料发展的一个方向，但在目前，应用前景并不明朗。

（4）纳米改性无机材料涂层[58]

腐蚀防护涉及的表面材料特性由微观结构决定。例如，除 TiO_2 外，SiO_2、ZnO、Fe_2O 等纳米粒子，也可以有效增强有机材料的抗紫外线能力，使耐老化性显著提高。而其他颗粒微小的纳米粒子，能增加材料的密封性，达到更好的防水、防腐效果。对于无机涂层材料，对其结构进行纳米化，也能达到明显改善其塑性、韧性的目的。

10.7.1.2 无机（陶瓷、玻璃）涂层成型技术简述

（1）热喷涂法

热喷涂技术 1910 年由瑞士的 M.U.Sehoop 发明。该技术通过火焰、电弧或等离子体等热源，将某种线材或粉末状材料加热至熔化或半熔化状态，并加速形成高速熔滴，喷向基体表面形成涂层。实际生产中应用比较广泛的有火焰喷涂法（包括线材火焰喷涂、粉末火焰喷涂、超声速火焰喷涂、爆炸喷涂等）、等离子弧喷涂和电弧喷涂。

如图 10-23 所示，管道玻璃（釉）涂层涂装即采用了热喷涂技术，将玻璃釉料经过高温喷枪热喷熔在金属管道内外壁上，形成一种无机非金属复合涂层（硅酸盐玻璃熔体）。

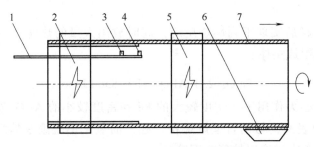

图 10-23　管道内热喷瓷涂层示意图[61]

1—输料管；2—加热中频；3—底釉喷嘴；4—面釉喷嘴；5—涂层封闭中频；
6—加热缓冷装置；7—管道

管道热喷生产所需的主要设备有：除锈设备、管道传送设备、中频加热设备、冷却设备、高温火焰喷枪、制氮机组、电火花测试仪等。

（2）自蔓延高温合成技术

自蔓延高温合成（self-propagating high temperature synthesis，简称 SHS）也称燃烧合成（combustion synthesis，简称 CS），它是一种利用化学反应自身放热使反应持续进行、最终合成所需材料或制品的新技术。是苏联科学家 Merzhanov 于 1967 年首先提出的由粉末原料合成材料的一项新技术。其原理是利用高放热反应的热量使化学反应自动持续下去，由于 SHS 方法具有生产过程简单、反应迅速、消耗外部能量少、产品纯度高的优点，在材料制备中获得较多应用。目前，利用 SHS 技术已能合成数百种陶瓷与金属间化合物等材料，同时，SHS 方法也为表面涂层技术开辟了一个新领域[62]。

① 离心法[63]。日本小田原修等于 1981 年提出离心 - 铝热法（centrifugal thermit process）。利用自蔓延高温熔融加离心共同作用（图 10-24）。在离心力作用下，熔体按密度大小分层，大密度的组分与钢管基体结合，小密度的陶瓷组分涂覆在钢管内壁，形成陶瓷涂层。

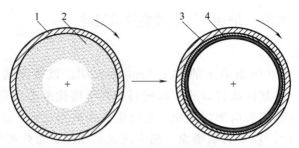

图 10-24 离心复合原理图

1—钢管；2—Fe_2O_3+2Al 混合剂；3—Fe 层；4—Al_2O_3 层

其过程和原理如下[64]。

a. 将燃料和氧化剂混合物 - 铝热剂（Fe_2O_3+2Al）置于钢管内，使钢管旋转，并点燃铝热剂。

b. 铝热剂点燃后实现下列燃烧反应，同时放出大量的热能，并还原出液态 Fe 与生成的氧化铝组成熔体：

$$Fe_2O_3+2Al=Al_2O_3+2Fe \quad 836 \text{ kJ/mol}$$

c. 在旋转离心力作用下，密度较大的 Fe 和密度较小的 Al_2O_3 发生分离，液态铁位于钢管的内表面，与钢管壁熔焊在一起，而氧化铝凝聚在熔焊后管子的内表面形成 Al_2O_3 陶瓷内衬涂层的复合钢管。

采用不同的燃料和氧化剂可以获得不同陶瓷涂层内衬的钢管或金属管。

② 反应熔着法。日本佐多延博开发了一种称为反应熔着法（reaction fusion adhesion，RFA）的技术，利用铝热反应，但是不加离心力的作用。可用于直管或弯管的表面涂装[64]。

RFA 法利用下列铝热反应在构件内表面形成陶瓷涂层[65]：

$$3Fe_3O_4+8Al \longrightarrow 4Al_2O_3+9Fe+3280\text{kJ/mol}$$
$$Fe_2O_3+2Al \longrightarrow Al_2O_3+2Fe+840\text{kJ/mol}$$
$$3FeO+2Al \longrightarrow Al_2O_3+3Fe+846\text{kJ/mol}$$

铝热反应产生的高温使反应物处于熔融状态，钢管中在反应物料上形成了由金属 Fe 及陶瓷两相熔体组成的熔池，由于 Fe 的密度大于涂层相的密度，在重力作用下，两熔体分离，Fe 沉积于熔池的底部，熔融的涂层相浮于熔池的上部。随着自蔓延反应的进行，液面逐渐下降，导致 Fe 的液相和陶瓷液相依次附在钢管内壁并结晶凝固，从而在钢管内壁形成连续均匀的涂层。其原理如图 10-25 所示。

熔着法工艺：将混合好的反应粉末按一定的充填密度充填在管子内部，管子上、下均设引管，引管内的充填密度应与管内相同。将这样准备好的管子垂直放，并使下部中空，以便于反应残渣的排放。从上部点火引发铝热反应，就会产生铝热反应连续进行的过程（图 10-26），由于该反应体系的温度高达 3000℃以上，超

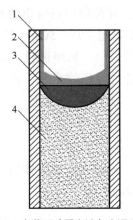

图 10-25　自蔓延（重力法）高温合成技术
原理图[62]

1—陶瓷层；2—熔融 Al₂O₃；3—熔融 Fe；
4—铝热剂

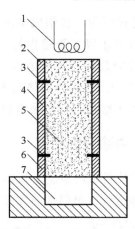

图 10-26　自蔓延高温熔附成型技术示意图[62]

1—点火电阻丝；2—引管；3—石墨垫片；4—待涂钢
管；5—铝热剂；6—托管；7—残渣排放槽

过了反应产物 Al_2O_3 和 Fe 的熔点，因此反应产物均处于熔融状态。由于 Fe 液和 Al_2O_3 液的密度不同，结果熔融的 Al_2O_3 液浮在 Fe 液的上面而使液相分层。随由上至下的铝热反应的进行，高熔点的 Al_2O_3 先与金属管壁接触而冷却、凝固形成了 Al_2O_3 陶瓷层。当反应到达管子底部时，集聚的铁液及剩余的熔融物作为残渣自管子底部排出[66]。

影响因素如下[64]。

① 对反应物的预热。在 SHS 反应前对反应物预热，一方面可以除去其中的水分杂质，并提高体系的反应温度；另一方面可使陶瓷熔体黏度减小，从而使陶瓷涂层厚度下降。当预热温度在 80℃以上时，陶瓷涂层厚度随预热温度增加而减小。

② 装料密度的影响。装料密度对 SHS 的燃烧速度有重要影响，随装料密度的增加，内衬陶瓷涂层厚度、相对密度、钢管的抗压和抗剪强度增大，陶瓷层硬度有所降低.

③ 添加剂的影响。添加剂的影响机理与上述的离心法 SHS 技术中的添加剂影响相同，即适当、适量的添加剂可降低陶瓷熔体凝固点，促进陶瓷层的致密化，明显改善涂层的性能。铝热反应的添加剂有 SiO_2 和 CrO_3 等。

10.7.2　聚烯烃薄膜衬里

聚烯烃塑料薄膜内衬技术是借鉴国外旧管道翻衬法修复工艺技术而开发的三层结构聚烯烃膜内衬，采用三层复合共挤成膜，系指主防腐层、增强层、增黏层的三层复合，膜厚为 0.2～0.5mm。与钢管间的黏合，采用底层聚烯烃黏合胶。这里借鉴了聚烯烃材料的优点，黏附增强附着力，发挥各自的功能。

其工艺过程为：挤塑机挤出对应管径的聚乙烯壳，并按照内衬管道的长度进行截取（长度要求满足管道内衬，并在管两端预留长于管道 20 ～ 50mm 长度）；通过人工或穿管装置送入管道内，对中；送入加热贴附工位，采用通过式加热装置（如加热中频），将钢管加热到 80℃左右，并在塑料管内鼓压缩空气，使其贴附在管内壁；人工修切去除多余内衬聚乙烯壳；冷却定型，并堆放。

10.7.3 内涂 PE 粉末

钢管塑性粉末内涂层，长输管道输送中绝少采用，一般多应用于穿线管以及矿用瓦斯气输送管。材料性能和涂层要求见表 10-61 和表 10-62[67]。

表 10-61 PE 粉末材料性能

项目	指标	检验方法
密度 /（g/cm³）	＞ 0.91	GB/T 1033
拉伸强度 /MPa	＞ 9.80	GB/T 1040.1
断裂伸长率 /%	＞ 300	GB/T 1040.1
维卡软化点 /℃	＞ 85	GB/T 1633
不挥发物含量 /%	＞ 99.5	GB/T 2914
卫生性能（输送饮用水）	符合 GB/T 17219 的规定	

表 10-62 涂层厚度

公称尺寸 DN/mm	涂层厚度 /mm
15 ～ 65	＞ 0.4
80 ～ 150	＞ 0.5
200 ～ 300	＞ 0.6

聚乙烯（PE）粉末属于热塑性材料，加入一些助剂，经混炼、挤出、粉碎而制成。一般以聚合类树脂为基本成分，加入少量的稳定剂、润滑剂或增塑剂（也可不加）制取而成，具有优良的耐化学腐蚀性、韧性和延伸率等。特点是受热后软化，具有可塑性，且可反复塑制。

用于涂塑钢管的热塑性粉末涂料主要是线性低密度聚乙烯粉末涂料，最具发展前途的是聚苯硫醚粉末涂料。

内涂塑工艺的原理是把被涂装的管子加热到塑料粉末的熔点以上，将塑料粉末喷涂到管道内表面，通过管道的蓄热，熔化塑料粉末，并使其黏附在管子内表面，形成连续均匀的涂膜。

与传统的喷漆工艺相比。内涂塑工艺具有如下特点：不需稀料，施工对环境无污染，对人体无毒害，涂层外观质地优异，机械强度高，喷涂施工固化时间短，涂塑层防腐耐磨性好，不需底漆，施工简便，不会出现喷漆工艺中常见的流淌现象。

涂层的附着力主要取决于粉末涂料自身的性能。为提高涂塑层对钢管基体的附着力，对材料进行改性（如增加极性），并对钢管表面进行涂装前预处理，采用喷丸或磷化处理等增加涂层的附着力。

塑料的力学性能会随着温度的升高而降低，因此各种涂层一般都有一个使用温度上限，超过这个上限，涂层的性能将会显著变差，失去防腐蚀能力，甚至脱落堵塞管道。聚乙烯粉末涂塑钢管在低于 60℃ 温度条件下使用。

钢管预热温度根据塑料粉末的品种而定，聚乙烯粉末熔融温度一般控制在 250℃ 左右。实际生产中，预热后管道保温时间也很重要，保温时间与热容量有关，热容量要求大，保温时间要长些，通常控制在 20 ～ 30min，或者可以按粉末生产厂家的要求来确定预热工艺。

10.8　液态涂料内涂技术及设备

10.8.1　空气喷涂

管道涂层的液态涂料涂装，初期涂装方式为空气涂装。采用压缩空气为动力输送源，将涂料从料筒中输送至喷枪，在喷嘴处与空气混合的涂料分散成雾滴状，喷射在被涂表面，形成均匀分布的涂层。因在涂料输送过程中与压缩空气一起传送并喷出，因此也称为"有气喷涂"（图 10-27），常用的压缩空气压力为 0.4 ～ 0.6MPa[68]。

空气喷涂法效率高于人工刷涂和滚涂，所得到的涂层厚度也比较均匀。但采用此喷涂方法存在很多缺点。

① 压缩空气作为动力源并使涂料雾

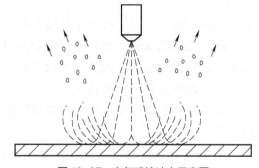

图 10-27　有气喷涂冲击示意图

化，因漆雾中混合空气，空气的存在无论其含量高低，都会影响涂层质量。低品质的空气潮湿、低温、带杂质（油、水、灰尘）等，涂层缺陷会非常明显；高品质的空气（完全符合涂料输送雾化要求），在涂层固化过程中，残余空气的逸出也会造成气孔或鼓包现象。

② 涂料浪费严重。采用空气喷涂，涂装过程为开路形式，压缩空气散逸时必定会携带大量的涂料。

③ 污染严重。涂料飘散在空气中，造成人体伤害和环境污染，即便采用有效的废料处理措施，设备的投资造价或能源浪费也很严重。

④ 高固含量，高黏度的涂料无法采用空气喷涂。涂料因为黏度过大，雾化效果会非常差，采用稀释剂等折中方法，不但浪费材料，也会加大涂层缺陷。高黏

度涂料长距离输料也会增加管路堵塞的概率。

10.8.2 高压无气喷涂

高压无气喷涂通过柱塞泵，直接将涂料加压至 9.5～30MPa，通过高压输料软管，送至涂料喷枪，在高压作用下，涂料在离枪瞬间剧烈膨胀并雾化成微小的液滴膜，均匀涂布在管道表面，形成涂层。高压无气喷涂过程中，涂料在输送、加压、释放过程中，完全不与空气接触，故简称无气喷涂。

（1）高压无气喷涂机的工作原理

高压无气喷涂机是利用动力源（压缩空气或液压油），通过换向阀门，使低压圆盘活塞在压力作用下，上下往复运动，并在活塞杆的带动下，高压缸内的圆柱活塞同时做上下往复运动，使高压缸涂料加至所需高压。

高压无气喷涂机的工作原理如图 10-28 所示，设动力源的压力为 P，

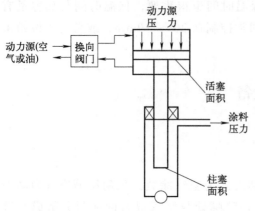

图 10-28 高压无气喷涂机工作原理 [68]

低压缸圆盘面积为 A，高压涂料缸内圆柱面积为 a，则涂料的压力 p 为：$p=PA/a$。

高压无气喷涂机的增压原理就是两活塞面积之比，A/a 的比值越大，涂料的增压越高。根据此原理，改变活塞面积比，可以制造不同压力比的无气喷涂机。

（2）高压无气喷涂机特点

高压无气喷涂已经被广泛应用到了钢管液态涂料涂层的涂装，主要有以下几个特点 [68]。

① 没有压缩空气参与，消除了其对涂层质量的影响，也不会因压缩空气的散逸，造成涂料损失（图 10-29）。

② 由于涂料的压力高，离枪瞬间涂料加压膨胀并迅速雾化，能够快速渗透到钢管基体表面所形成的锚纹坑内，并且迅速湿润钢基体并与之紧密结合，使涂层具有良好的附着力。

③ 依据涂料特性（固含量、黏度等），单次成膜厚度（干膜）可以适应50μm、300μm，甚至 500μm 以上，对于防腐型高黏度涂料可以一次成膜，减少了喷涂次数。

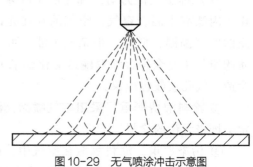

图 10-29 无气喷涂冲击示意图

④ 高压无气喷涂机压力最高可达 30MPa 以上，所以可以适用于 100% 固含量

的双组分涂料的喷涂。

⑤ 采用高压输送涂料，涂料离枪幅膜扇面宽度可达 300 ～ 500mm，出料量为 500 ～ 3000mL/min，因此更适合大口径管道的涂装。

⑥ 选用不同的喷枪和喷涂机，可应用于小管道内涂。

（3）柱塞式和隔膜泵特点

柱塞泵是用直流电动机带动柱塞做往复运动将涂料吸入的，加压后排出，由于其柱塞裸露，且柱塞在涂料中工作，在涂料磨损作用下柱塞损坏非常快，一旦配备口径较大的喷嘴，其柱塞往复频率提高，加剧柱塞的磨损，机器寿命短。而更换柱塞价格非常昂贵，如果电压不正常也将直接导致工作直流电的不正常。另外，由于大幅来回往复运动，柱塞泵的工作脉动很大，使喷涂不稳定，但柱塞泵初始吸料较快是其优点。

隔膜泵采用电动机带动活塞做往复运动（注意，活塞并不直接接触涂料），再推动隔膜运动，将涂料吸收加压后推出，通过喷嘴喷向涂装物体，由于活塞在防磨损的油中工作，经过渗透硬化处理的活塞更不易损坏，加上高分子材料制成的高抗绞隔膜使隔膜泵寿命进一步提高。运行可靠是隔膜泵的又一长处，故障率极低，对电压要求低，对环境要求低，维修容易，维修费用仅为柱塞泵的五分之一左右。

10.8.2.1　大口径管道内涂

管道建设中，液态涂料的内涂层主要有减阻型和防腐型两种，涂料类型主要有高溶剂型、低溶剂型和无溶剂型，一般依据涂层材料选用适合的无气喷涂机。

（1）单组分喷涂机预混后涂装（图 10-30）

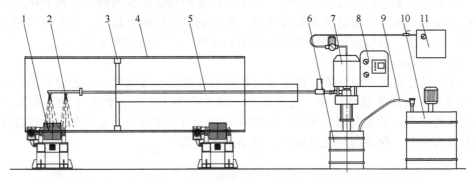

图 10-30　双（单）组分液态涂料管内高压无气喷涂示意图及设备组成图（单泵）

1—旋转滚轮；2—涂料喷枪；3—喷枪管内支撑；4—涂装管道；5—涂料电伴热输料管；6—涂料；
7—输送柱塞泵；8—泵控制面板；9—涂料输送管；10—涂料搅拌及静止罐；11—压缩空气系统

单组分喷涂机预混后涂装是管道内液态涂层在国内最先采用的涂装方式，对所应用的双组分 A、B 涂料，在涂料间内的保温混料罐中按照要求比例进行定量混合并搅拌，对搅拌均匀的涂料按照涂料性能要求的温度保温静置 30min 左右后，喷涂机吸入涂料，并加压送入管内喷枪进行涂装。

单组分喷涂机预混后涂装一般只适用于溶剂型双组分涂料的涂装，喷涂后清洗混料罐和管路的溶剂消耗量非常大，容易造成人体伤害和环境污染，所以建议采用双组分喷涂机进行替代。

（2）双组分喷涂机枪前混合涂装（图10-31）

双组分喷涂机是当前管道内涂层涂装行业中广泛采用的涂装设备，其技术关键点是加装了双组分涂料的枪前静态混合器。双组分泵按照所设定的涂料混合比例分别吸入A、B组分涂料，并通过保温输料管送入静态混合器，经过充分混合后再经过喷枪喷出，涂覆至钢管内表面。

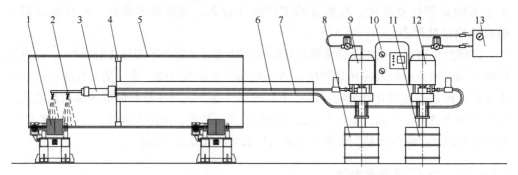

图 10-31　双组分液态涂料管内高压无气喷涂示意图及设备组成图（双泵）

1—旋转滚轮；2—涂料喷枪；3—双组分静态混合器；4—喷枪管内支撑；5—涂装管道；6—A组分涂料电伴热输料管；7—B组分涂料电伴热输料管；8—A组分涂料；9—A组分涂料输送柱塞泵；10—双组分泵控制面板；11—B组分涂料；12—B组分涂料输送柱塞泵；13—压缩空气系统

双组分喷涂机枪前预混后涂装，不仅可以应用到溶剂型涂料，其最大优点是还可以应用到100%固含量的双组分涂料，所得到的涂层更加均匀，对于厚浆型涂料可以一次成膜，所以应该是液体涂料管道内涂唯一推荐的成膜工艺。

（3）静态混合器

静态混合器是双组分喷涂机涂装过程中最关键的设备组件。静态混合器要求具备强剪切性、高效混合作用、最小的压力降（小阻力）以及内芯不能存在阻碍涂料输送的死角。典型的设计如图10-32所示（只作为参考），采用套筒内焊接交叉分流混合内芯，保证物料充分混合，又不产生压力降，

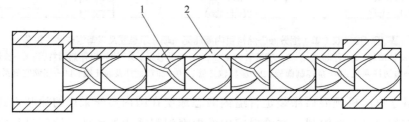

图 10-32　典型双组分涂料静态混合器结构图

1—交叉混合内芯；2—套筒

10.8.2.2　高压无气喷涂的施工方法

① 选择适宜的喷枪及喷嘴大小、喷涂距和适当的喷涂压力。此时，应考虑泵的排量、涂料的物理状况、被涂物件表面的形状特征以及涂膜的质量要求等。

② 在喷涂之前，双组分涂料应混合均匀，同时有一定的活化期。涂料需经过滤，去掉漆皮等杂质。涂料的黏度一般不需用稀释剂调整，若需调整时，严格按产品说明书要求用量（一般小于涂料用量的 5%）。

③ 喷枪应与钢管内表面垂直，距表面 30 ～ 40cm。喷枪的喷涂速度应与钢管的旋转速度、行进速度匹配，以免产生流挂和涂层不匀。

④ 每一层涂膜与前一层涂膜的搭接约 50%，以便获得完整、均匀的涂层。

⑤ 喷涂完毕后，管路及喷枪等内部的涂料清理干净，不允许残余涂料，并用稀释剂清洗管道和喷枪内部。

⑥ 如果采用预混后喷涂，尽量精确计算涂料用量，避免浪费。

10.8.2.3　高压无气喷涂操作中常见的故障和排除方法

影响高压无气内涂层成膜的主要因素有枪距、喷涂扇面角度、喷枪运行方向及速度（钢管旋转速度等）等（表 10-63 和表 10-64）。

喷枪口与被涂钢管内表面的距离称为枪距。枪距过小，喷涂压力过大，反冲力也大，容易出现涂层不均匀现象，而且喷涂扇面宽度小，使被涂物局部喷料过多，涂膜过厚；枪距过大，喷涂压力损失大，涂料易散失，而且喷幅过大，使被涂物局部喷料过少，涂膜达不到厚度要求。

表 10-63　高压无气喷涂操作中常见的故障和排除方法 [70]

故障现象	可能原因	排除方法
泵产生空吸，无涂料输出	管路中吸入空气；管道、滤网、喷枪、喷嘴堵塞；柱塞松动、脱落；涂料黏度过大，吸不进柱塞泵，缺料，管路接头渗漏或太窄	①打开放泄阀，放出空气；②拆开清洗、更换；③拧紧，重新装配；④稀释涂料或加热；⑤添加涂料；⑥拧紧或更换
液压不足	进风压力太小、密封圈磨损、柱塞缸零部件产生磨损泄漏、喷嘴磨损	增大风压，应大于 0.4MPa；换密封圈或在其上抹润滑油，检查、调整、更换磨损部件
压力波动大	喷嘴孔径太大、柱塞单向阀动作失灵、蓄压器等有关部件泄漏	选择合适的喷嘴孔径、清洗或更换单向阀
雾化不足	漆压不高、喷嘴不合适或喷嘴磨损，涂料黏度大，空气管道或空压机堵塞	调整压力比、更换合适孔径的喷嘴、适当添加稀释剂、消除管路堵塞
喷嘴堵塞	喷嘴过滤器被堵塞或损坏、涂料中有异物或过滤不良、涂料搅拌不足、喷枪清洗不良	清洗或更换过滤器、加强涂料过滤、搅拌均匀、拆洗喷嘴喷枪

续表

故障现象	可能原因	排除方法
喷枪漏漆	喷枪针形阀磨损、密封填料损坏、顶针复位弹簧失效、调节螺母位置不当	研磨或更换密封填料、更换弹簧、调整正确位置
压力表显示无涂料	高压软管堵塞、喷枪管道堵塞、中间加热器内涂料过热阻塞	检查、清洗或更换软管、拆洗零部件

表 10-64　高压无气喷涂施工中的异常现象及解决措施 [70]

异常现象	可能原因	解决方案
流挂	喷涂操作错误	熟悉操作、培训
	喷枪距被涂工件太近	最佳距离 30cm
	喷枪行枪角度不对	行枪时喷枪应与被涂表面垂直
	喷枪控制器没开到最大、过度重叠	喷射幅膜应有理想搭接宽度，行枪结束应及时关闭喷枪
	过量堆积	除上述可能，检查喷嘴选择是否正确，喷嘴是否损坏
	过量稀释	每种涂料都有规定的黏度、固含量和漆膜厚度，不能在涂料稀释后仍按规定的漆膜厚度施工。因此，除非确实需要，一般不能稀释涂料
条痕（鼠尾）	喷嘴选用错误	选用较小的喷嘴
	喷嘴损坏	用新的喷嘴
	幅膜搭接错误	应准确沿着前面的湿膜进行喷涂
	涂料温度太低	增加压力或加热涂料
漆膜太厚	喷涂操作错误	选用较小喷嘴，喷枪与表面呈直角
干喷	雾化过度	降低压力
	喷嘴太小	换用较大喷嘴
	操作错误	缩短喷枪与被涂表面的距离，在边缘处瞄准到位后开枪，使喷枪与被涂表面呈直角
漆雾过多	雾化过度	降低压力
	喷枪距被涂表面太远	30cm
	稀释剂用量太多	只能加入规定的稀释剂
针孔	涂膜太厚	减小湿膜厚度
	雾化不足	增加压力
橘皮	稀释不够	加入规定级的稀释剂
	涂料温度太低	加热涂料
	不能形成湿膜	检查稀释剂是否正确
起泡	被涂表面有铁锈或油脂	喷涂前彻底脱脂
	被涂表面有水	被涂表面温度必须在露点以上
	溶剂在涂层下聚积	使用低挥发性溶剂

　　喷涂扇面与被涂物面应保持相互垂直，喷枪运行的方向要始终与被涂物面平行，与喷涂扇面垂直，以保证涂层的均匀性。喷枪运行速度要稳，运行速度不稳，

涂层厚度不均匀；运行速度过快涂层太薄，过慢涂层太厚。

提高涂料压力能增加涂料喷出量，但完全依靠提高涂料压力增加喷出量是不可取的，这会降低设备的使用寿命，最好的方法是更换较大直径的喷嘴。

涂料密度及喷枪与所处的高度差都会造成不同的压力损失，使实际涂料喷出量发生变化，因此必须根据这些因素来确定实际涂料喷出量[69]。

10.8.3 小口径管道内涂设备

（1）旋杯内涂小车

旋杯涂装技术。装满涂料的旋杯内涂小车（图10-33）送入管道内，涂料被送到高速旋转的旋杯上时，由于旋杯旋转运动产生离心作用，涂料在旋杯内表面伸展成为薄膜，并获得巨大的加速度向旋杯边缘运动，在离心力作用下破碎为极细的雾滴，沉积于管道内表面，形成均匀、平整、光滑的涂层。旋杯转速：空载时25000r/min，带负荷30000～60000r/min。

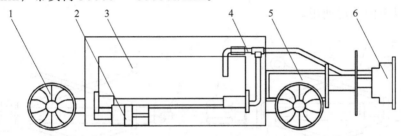

图10-33　液态涂料小管旋杯内涂小车[71]

1—行走轮；2—涂料泵；3—液体料舱；4—输料管；5—旋杯驱动电机；6—涂料旋杯

在离心力的作用下由旋杯甩出的液流受两种力的作用分散成雾滴：一种力是由气-液间相对运动产生的摩擦力，称为速度雾化；第二种力是旋杯旋转时产生的巨大离心力，在离心力的作用下加速分裂雾化，称为离心雾化。液体的离心雾化机理分为三类：直接分裂为雾滴、液丝分裂成雾滴、膜状分裂成雾滴[72]。

因为旋杯技术最初应用于汽车工业，其形成的涂膜优越性不言而喻，并且因为其高速旋转特性和涂料最佳雾化特性，所以在狭小管内空腔，涂料雾化膜能够均匀涂覆在管壁。

根据管径范围，旋杯可以设计成双层或三层结构，在小口径管道，设计旋杯前出料，形成空心锥状延长膜，满足涂膜的最佳距离。

旋杯式涂装小车采用涂料舱跟随供料，所以对涂料的黏度要求比较严格，须严格控制无溶剂涂料的使用。无溶剂涂料涂装，建议采用双涂料舱，双工作泵，旋杯前安装静态混合装置来完成预料混合和涂装。

（2）内孔喷涂机

管道内孔喷涂机其设计理念是小管径设计，之后延伸到中小口径管道的内壁涂装，其优点是可以外接高压无气喷涂机，完成小管道的内壁涂料喷涂。涂料在无气喷涂机的作用下通过特制的喷嘴雾化后，均匀地喷在管道内表面，从而实现管道涂装。

锥形固定喷头喷涂机（图 10-34），涂料离枪后形成中空锥形雾化涂料膜，接触管内壁进行涂装。锥形涂料膜的雾化程度和距离由无气喷涂机决定，所以只能满足直径 50 ～ 300mm 管道的涂装，并且为达到更好的雾化效果，锥形喷头的出膜间隙足够小，所以只能满足黏度不高于 80Pa·s（4 号福特杯）的涂料，无溶剂涂料受到了限制。

旋转喷头喷涂机（图 10-35）的主体结构与锥形喷头的主体结构完全相同，只是枪头结构采用力臂杆加单孔出料枪嘴，涂料在高压作用下，离枪时产生一定的偏转力矩，带动枪头旋转，所形成的扇形膜周向运动，喷涂在管内壁，因为旋转喷头产生的离枪动能提高了涂料的喷射距离，并采用特殊孔隙（满足出料压力）的枪嘴，所以可以满足无溶剂涂料涂装，管径范围可达到 1200mm，但无法在管径 300mm 以下的管道使用。

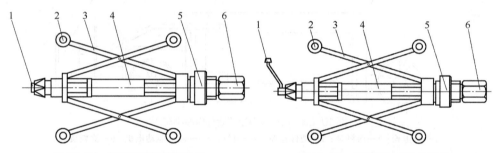

图 10-34　锥形固定喷头喷涂机　　　　　图 10-35　悬臂旋转喷头喷涂机
1—固定雾化喷嘴；2—管内支撑滚轮；3—滚轮支架；　　1—悬臂旋转雾化喷嘴；2—管内支撑滚轮；3—滚轮
4—导流管；5—滚轮张紧调节手轮；　　　　　支架；4—导流管；5—滚轮张紧调节手轮；
6—涂料接口　　　　　　　　　　　　　6—涂料接口

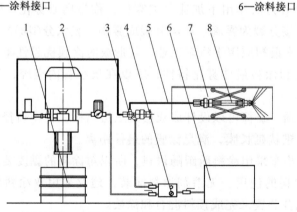

图 10-36　高压无气加内孔喷涂机管道喷涂示意图
1—涂料桶；2—高压无气泵；3—自动喷枪；4—气路控制器；5—输料管；6—空压机；7—涂装管道；
8—内孔喷涂机

小孔喷涂机一般选配单组分喷涂机，材料预混后进行涂装（图 10-36），所以对材料的黏度等级有一定要求，一般采用一根管一桶料。

参考文献

[1] 张宗荣.国内外管道内壁涂层技术的综述 [J].油气储运，1985，4（3）：41-46.

[2] 曲国华，王剑华.大口径埋地输水管道水泥砂浆内衬防腐蚀技术 [J].石油工程建设，1997（5）：27-30.

[3] 林竹，张丽萍，秦延龙，等.天然气管道减阻型涂料的研究和应用 [C]// 全国重防腐与高新涂料及涂装技术研讨会，2002.

[4] 桑运水，刘鸿升，王允.输送管道在线检测安全评价及修复技术 [M].北京：中国石油大学出版社，2005：142.

[5] 石仁委.天然气管道安全与管理 [M].北京：中国石化出版社，2015：28-29.

[6] 胡士信，陈向新.天然气管道减阻内涂技术 [M].北京：化学工业出版社，2003.

[7] 刘广文，钱成文，于树青，等.天然气管道内涂层减阻技术 [M].北京：石油工业出版社，2001.

[8] 李军，李宁，白占顺.聚氨酯防腐涂层球墨铸铁管及其在给水排水埋地管道中的应用 [C]// 中国城镇水务发展国际研讨会暨中国城镇供水排水协会年会，2010.

[9] 金家仁，高兆鑫，于志鑫.赛克 54 柔性陶瓷涂料及其应用 [J].石油工程建设，1999（5）：11-13.

[10] 《当代中国石油工业》编委会.当代中国石油工业 1986—2005（上卷）[M].北京：当代中国出版社，2008：310.

[11] 杨晓鸿，宋光森.金属涂料防腐蚀技术 [M].武汉：湖北科学技术出版社，2001：2.

[12] 中国石油管道公司.油气管道化学添加剂技术 [M].北京：石油工业出版社，2010：66.

[13] 林竹，秦延龙，黄骁卓，等.天然气管道减阻耐磨涂料的研究和应用进展 [J].腐蚀与防护，2003，24（5）：206-209.

[14] American Petroleum Institute.Recommended practice for internal coating of line pipe for non-corrosive gas transmission service：API RP 5L2-2015[S].

[15] 国家能源局.非腐蚀性气体输送用管道管内涂层：SY/T 6530—2019[S].北京：石油工业出版社，2019.

[16] European Committee for Standardization.Steel tubes and fittings for on and offshore pipelines—Internal coating for the reduction of friction for conveyance of no corrosive gas：BS EN 10301：2003[S].

[17] 曹鹏，李海坤.输气管道内减阻涂料发展现状 [J].广州化工，2013，41（6）：35-36.

[18] Graham A F, Morse J.Development of a new solvent free flow efficiency coating for natural gas pipelines[C].Rio Pipeline Conference & Exposition, 2005.

[19] 丁武斌, 孙健, 李芳.天然气管道用减阻耐磨防腐水性环氧涂料及其制备方法: CN 103013284 A [P].2015-03-18.

[20] 常道阳, 吴淑丽, 黄晓峰, 等.一种水性内减阻防腐涂料的制备及性能研究 [J].中国涂料, 2015（10）: 38-40, 47.

[21] 李芳, 孙健, 任飙, 等.紫外光固化钢管内减阻涂料: CN 102079937 A[P].2011-06-01.

[22] 张德远, 雄悦滚, 姜兴刚, 等.天然气管道内壁涂层形貌的滚压成型方法及其滚压成型装置: CN 101818836 A [P].2010-09-01.

[23] 林竹, 刘本华, 刘书国.输气管道减阻涂料现状及发展趋势 [J].上海涂料, 2004, 42（1）: DOI: 10.3969/j.issn.1009-1696.2004.01.005.

[24] 於庆丰.无溶剂环氧涂料在川气东送管道弯管防腐的应用 [J].中国高新技术企业, 2009（16）: 31-32.

[25] 国家能源局.钢质管道液体环氧涂料内防腐技术规范: SY/T 0457—2019[S].北京: 石油工业出版社, 2019.

[26] European Committee for Standardization.Steel tubes for onshore and offshore water pipelines internal liquid applied epoxy linings for corrosion protection: EN 10339: 2007[S].

[27] American Water Works Association.Liquid-epoxy coatings and linings for steel water pipe and fittings: AWWA C210-15[S].

[28] 国家能源局.钢质管道熔结环氧粉末内防腐层技术标准: SY/T 0442—2018[S].

[29] American Water Works Association.Fusion-bonded epoxy coating for the interior and exterior of steel water pipelines: AWWA C213-2015[S].

[30] 日本規格協会.ダクタイル鋳鉄管内面エポキシ樹脂粉体塗装: JIS G5528-2014[S].

[31] American Petroleum Institute.Recommended practice for unprimed internal fusion bonded epoxy coating of line pipe: API RP 5L7（2015）[S].

[32] 段举合.一种用于管件内吸涂的粉房: CN 107930942 A[P].2018-04-20.

[33] 南仁植.粉末涂料与涂装技术 [M].3 版.北京: 化学工业出版社, 2014: 407.

[34] 《油气田腐蚀与防护技术手册》编委会.油气田腐蚀与防护技术手册（上）[M].北京: 石油工业出版社, 1999.

[35] 乔军平.钢质管道内外环氧粉末喷涂一次成型新工艺 [J].油气储运, 2009, 28（7）: 76-78.

[36] 段光远.大口径钢管热滚涂专用熔结环氧粉末涂料的研究 [C]// 中国粉末涂料与涂装年会, 2012.

[37] 桑洪涛, 于志松, 陈丽芳, 等.一种粉体涂装设备及涂装工艺: CN 201610760204

A[P].2016-08-30.

[38] 孔进, 于军亭, 郭忠. 市政管道施工技术 [M]. 北京：化学工业出版社, 2004: 166.

[39] 叶莉. 管道内防腐水泥砂浆技术综述 [J]. 新疆石油科技, 1994（2）：76-80.

[40] European Committee for Standardization.Steel tubes and fittings for onshore and offshore pipelines-internal lining with cement mortar: EN 10298: 2005[S].

[41] 国家石油和化学工业局. 钢质管道水泥砂浆衬里技术标准:SY/T 0321—2016[S]. 北京：石油工业出版社, 2016.

[42] 中华人民共和国国家市场监督管理总局, 中国国家标准化管理委员会. 球墨铸铁管和管件 水泥砂浆内衬: GB/T 17457—2019[S]. 北京：中国标准出版社, 2019.

[43] International Organization for Standardization.Ductile iron pipes and fittings for pressure and non-pressure pipelines — Cement mortar lining: ISO 4179: 2005[S].

[44] American Water Works Association.Cement—mortar lining of water pipelines in place—4 In.（100mm）and Larger: AWWA C602-17[S].

[45] American Water Works Association.Cement–mortar protective lining and coating for steel water pipe—4 In.（100mm）and Larger-Shop Applied: AWWA C205-18[S].

[46] Standards Australia International.Cement mortar lining of steel pipes and fittings: AS 1281-2001[S].Standards Australia International Ltd.2001.

[47] 国家能源局. 钢质管道水泥砂浆衬里机械涂覆技术规范: SY/T 4074—2016[S]. 北京：石油工业出版社, 2016.

[48] 田广墅, 董学旺. 风送挤涂法聚合物水泥砂浆衬里材料的研制 [J]. 石油工程建设, 1991, 17（3）：27-29.

[49] 刘鸿升, 田宗民, 张玉成, 等. 管道水泥砂浆衬里风送挤涂器的研制 [J]. 石油工程建设, 1992（1）：15-17.

[50] 岑相国, 葛兴吾, 徐玉林. 地下管道水泥砂浆涂衬机: 2276877Y[P].1998-03-15.

[51] 高愉. 管道水泥砂浆衬里的施工工艺及配套机具的比选综述 [J]. 市政技术, 2014, 32（3）：159-161

[52] 吕龙云, 郝东江, 丁学谊, 等. 球墨铸铁——环氧涂衬复合管的研究与开发 [J]. 管道技术与设备, 2001（2）：5-7.

[53] 盛茂桂, 邓桂琴. 新型聚氨酯涂料生产技术及应用 [M]. 广州：广东科技出版社, 2001.

[54] 国家市场监督管理总局, 国家标准化管理委员会. 球墨铸铁管和管件聚氨酯涂层: GB/T 24596—2021[S]. 北京：中国标准出版社, 2021.

[55] 朱泽民, 张国洲, 张祥.100% 固体含量刚性聚氨酯涂层技术在油田储罐内防腐中的应用 [C] 西部油田腐蚀与防护论文集 // 长春, 2007.

[56] Shiwei William Guan.100% solids polyurethane and polyurea coatings technology: Chemistry, Selection, and application[C]//The 2nd China International Corrosion

Control Conference Beijing，2002.

[57] 陈亚明，张国洲，吴尚.100% 固体含量聚氨酯防腐涂层技术及应用 [C]// 第三届中国国际腐蚀控制大会技术推广文集，2005.

[58] 管锡珺.市政公用工程新技术概论 [M].青岛：中国海洋大学出版社，2008：160.

[59] 张宝岭，陈玉华，孟凡刚，等.管道无机非金属防腐涂层研究现状 [J].管道技术与设备，2005（2）：39-38.

[60] 刘海锋，崔学民，张伟鹏，等.低成本制备铁基金属表面防腐蚀无机涂层 [J].稀有金属材料与工程，2008，37（21）：341-343.

[61] 王勇，赵卫民，韩彬，等.钢管表面结构对热喷玻璃涂层的影响 [J].中国表面工程，2000，13（4）：41-44，4.

[62] 仝健民，李继红.铝热—自蔓延高温合成钢管内表面陶瓷涂层的工艺研究 [J].中国表面工程，1995（2）：7-11.

[63] 袁润章.自蔓延高温合成技术研究进展 [M].武汉：武汉工业大学出版社，1994：151.

[64] 周元康，孙丽华，李晔.陶瓷表面技术 [M].北京：国防工业出版社，2007.

[65] 平井章三.管内面のセラミック厚膜ライニング方法.日本，C23C 20/00[P].1993-2-23.

[66] 耿建芳，李海林，吴东棣.铝热反应熔附成型陶瓷涂覆技术的研究 [J].华东理工大学学报，1997（2）：224-227.

[67] 中华人民共和国住房和城乡建设部.给水涂塑复合钢：CJ/T 120—2016[S].北京：中国标准出版社，2016.

[68] 上海市化学化工学会，上海涂料公司.高压无气喷涂 [M].北京：机械工业出版社，1991.

[69] 李鹤林.中国焊管 50 年 [M].西安：陕西科学技术出版社，2008：268.

[70] 刘振宇.涂料涂装技术强制性标准认证全书 [M].长春：吉林摄影出版社，2002.

[71] 叶明，王开怀，孟庆春.管道内防腐涂层自动补口机：CN200910020424[P].2010-12-29.

[72] 王子恺，郭华进，杨光华.浅谈旋杯喷涂在汽车涂装中的应用 [J].现代涂料与涂装，2010，13（10）：51-54.

第 11 章

管道涂层补口

焊接后的管道因为焊接热等的影响，在管道焊接前必须预留一定长度的未涂段。为保证涂层的连续一致性，须在管道焊接完成后对未涂段进行涂层补涂。所以补口就是对管道连接段（焊接或其他形式）进行涂层补涂的部分，使管本体与焊接段的涂层连续一致。补口包括管道外防腐层补口、内涂层补口以及保温层补口等。

11.1　防腐外补口材料类型及结构

管道外防腐补口技术与干线管道防腐层技术的发展紧密相关，20 世纪 50 年代到 70 年代，为石油沥青补口；70 年代到 80 年代为环氧煤沥青补口、煤焦油瓷漆和聚乙烯胶黏带补口等；80 年代后，则采用液态环氧、环氧粉末、液态环氧加热收缩套等补口材料和技术。

随着石油沥青、煤焦油瓷漆及环氧煤沥青等传统补口材料退出市场，各种新型材料和涂覆工艺不断涌现，如聚乙烯、聚丙烯热收缩带（套）、聚氨酯液体涂料、无溶剂液态环氧、黏弹体、聚合物网络补口材料等。

11.1.1　材料类型及选用

（1）防腐层补口材料类型见表 11-1[1-2]。

（2）依据防腐层类型对补口材料的选用情况见表 11-2。

（3）依据敷设形式的补口材料选用情况见表 11-3。

表 11-1　补口防腐层类型

补口防腐层类型	补口材料
热收缩材料防腐层	玛蹄脂型聚乙烯热收缩材料
	热熔胶型聚乙烯热收缩材料
	热熔胶型聚丙烯热收缩材料
	压敏型聚乙烯热收缩材料
	纤维增强型聚乙烯热收缩材料
液态涂料防腐层	液态环氧涂料
	液态聚氨酯涂料
聚合物胶黏带防腐层	聚乙烯防腐胶黏带
	聚乙烯防腐胶黏带 + 聚乙烯防腐外带
	聚乙烯防腐胶黏带 + 聚丙烯胶黏带
黏弹体防腐胶带防腐层	黏弹体胶带 + 聚乙烯胶带（聚丙烯胶带）
	黏弹体胶带 + 压敏型热收缩材料
环氧粉末材料防腐层	单层环氧粉末
	双层环氧粉末
弹性体	三元乙丙橡胶弹性体
	氯丁橡胶弹性体
环氧复合涂层	在环氧涂层上火焰喷涂的聚丙烯粉末
	在环氧涂层上热缠包扎的聚丙烯胶黏带 / 片材
	在环氧涂层上注模成型的聚丙烯
	在环氧涂层上火焰喷涂的聚乙烯粉末
	在环氧涂层上热缠包扎的聚乙烯胶黏带 / 片材
纤维增强树脂	纤维增强的环氧树脂
	纤维增强的乙烯基酯

表 11-2　依据涂层类型选用补口材料

序号	管道防腐层类型	补口材料选用
1	三层结构聚乙烯防腐层	热熔胶型聚乙烯热收缩材料、液体环氧涂料、液体聚氨酯涂料，玛蹄脂型聚乙烯热收缩材料、压敏胶型聚乙烯热收缩材料
2	三层结构聚丙烯防腐层	热熔胶型聚丙烯热收缩材料
3	单（双）层熔结环氧粉末防腐层	单（双）环氧粉末涂料、液体环氧涂料、热收缩材料
4	聚乙烯胶黏带防腐层	聚合物胶黏带材料

表 11-3　管道敷设的补口材料选用

序号	管道敷设类型	补口材料选用
1	山岭隧道段管道支墩方式敷设	玛蹄脂型聚乙烯热收缩材料、压敏胶型热收缩带、黏弹体防腐胶带 + 聚合物胶黏带
2	山岭隧道段管道覆土方式敷设	黏弹体防腐胶带 + 聚丙烯胶黏带和黏弹体防腐胶带 + 压敏胶型热收缩材料

续表

序号	管道敷设类型	补口材料选用
3	水域隧道穿越段管道	玛蹄脂型聚乙烯热收缩材料、压敏胶型热收缩材料、黏弹体防腐胶带＋聚合物胶黏带
4	定向钻穿越段、石方段管道	热熔胶型热收缩材料、纤维增强型热收缩材料、液体聚氨酯涂料、液体环氧涂料、环氧粉末涂料

11.1.2　结构形式

11.1.2.1　液态涂料补口

液态涂料是最直接的补口材料，可以对焊接补口部位和涂层搭接部位进行整体刷涂。涂层结构如图 11-1 所示。现阶段采用的液态涂料是与管本体黏结性能强、防腐性能好的环氧树脂、聚氨酯等。

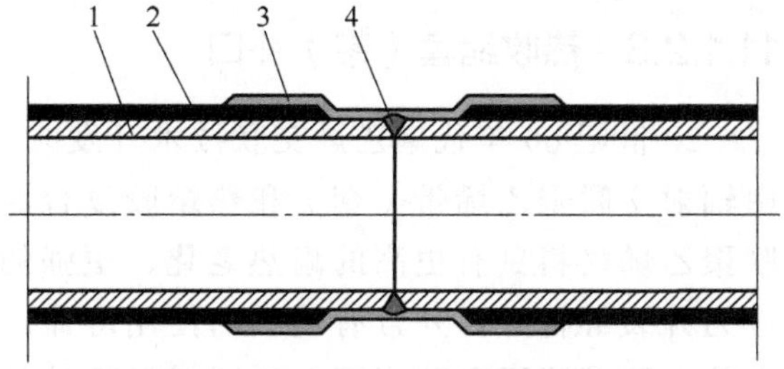

液态环氧树脂与钢管基体紧密结合，防腐能力远高于普通的防锈漆。涂料逐渐从有溶剂涂料发展成无溶剂涂料，更加环保，涂层质量更高。

图 11-1　液态涂料补口结构示意图

1—钢管；2—防腐层；3—液态补口涂层；4—焊缝

液态环氧涂层对于土壤的应力和力学性能抗性强，防腐性能好，不会产生阴极保护屏蔽。但在低温或者潮湿的环境下固化时间长，施工性能比较差，与管本体涂层结合力差，尤其与聚乙烯层的黏结，并且涂层成膜后脆性大、强度低、不耐冲击。并不适用单独的补口涂层结构，最初只应用于单或双层 FBE 防腐层管道补口。

对于 3PE 涂层补口，如果一定要用液态涂料，必须对搭接的聚乙烯外护层进行打毛，然后涂刷液态涂料（图 11-2）。但建议涂料选用无溶剂聚氨酯，这种涂料的最大优点除与钢管基体的良好黏结效果和优异的防腐性能外，与聚乙烯搭接层亦有良好的黏结性，这是液态环氧所不具备的。而且刚性聚氨酯涂层又有良好的抗冲击能力，并且采用的高压无气喷涂方式，补口速度快，质量可靠。该涂料优点能够弥补聚乙烯热收缩材料补口的不足，所以是性能最优异的液态补口涂料，但同样建议与热收缩带等配合使用。

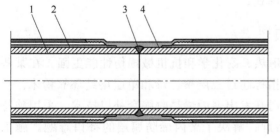

图 11-2　3PE 防腐层液态涂料补口示意图

1—钢管；2—3PE 涂层；3—焊缝；4—液态涂料涂层

11.1.2.2 聚乙烯胶黏带补口

聚乙烯胶黏带基材为聚氯乙烯或聚乙烯带，内壁复合胶黏剂，施工时以冷缠的方式进行。施工前，预处理的焊接补口段先涂刷与胶黏剂配套的底漆，然后螺旋缠绕聚乙烯胶带（图 11-3），涂层厚度由管本体防腐层要求等级确定。

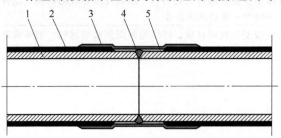

图 11-3　缠绕胶带补口示意图

1—钢管；2—防腐层；3—聚乙烯胶带层；4—焊缝；5—底漆层

聚乙烯胶带补口的优点是施工速度快，无需加热，操作简单，机械强度高。缺点是黏结力较差，防水性能低，受环境因素影响较大。主要应用于主管道防腐层材料相同的管道补口。

11.1.2.3 热收缩套（带）补口

20 世纪 60 年代聚乙烯交联技术开发成功。辐射交联聚乙烯热收缩带（套）是由辐射交联聚乙烯带（套）和热熔胶复合而成的材料。相比普通聚乙烯，辐射交联聚乙烯材料具有更高的耐热老化、更强的机械强度、耐化学介质腐蚀、耐环境应力开裂等特点，并且有较长的使用寿命。较高的黏结强度，热熔胶可以黏结管本体、防腐漆层和防腐层。涂层材料整体具备抗剪切强度高、抗剥离强度高、抗老化能力强、密封性能好等优点。

施工时，将聚乙烯热收缩带（套）包覆在补口处均匀加热，内层胶随之熔化，同时收缩带（套）回缩紧密贴附在钢管表面，达到密封防腐的目的。但单独的热收缩带与管本体防腐层和钢管基体黏结性能差，剥离强度低，在补口处易引起管道腐蚀。所以为达到补口段更好的防腐效果，一般采用底层复合环氧底漆的双层结构（图 11-4），现有工艺中环氧底漆在干膜或湿膜状态下与收缩带胶层实现了较好黏结，大大降低了现场补口的难度。

聚乙烯热收缩带适用于 3PE、环氧粉末及其他管体防腐层的补口。尤其对于 3PE 涂层，是目前最常用的补口结构形式。

11.1.2.4 三层聚丙烯热收缩带补口[3]

与聚乙烯材料相比，聚丙烯材料耐热、耐化学和抗机械损伤性能更强，在某些特殊环境，多层聚丙烯防腐系统性能指标超过三层聚乙烯和单层熔结环氧粉末。

2001 年，加拿大 Canusa-CPS 公司开发出聚丙烯热收缩套补口技术，采用独特的交联聚丙烯基膜和改性聚丙烯黏结剂，解决了聚丙烯防腐层的补口难题。施工时，先用外加热源预热管段焊缝预留部位，并涂覆底漆，然后按热收缩套施工技术安装聚丙烯热收缩套（图 11-5）。

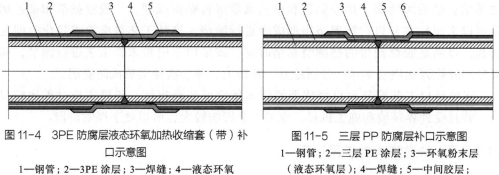

图 11-4　3PE 防腐层液态环氧加热收缩套（带）补
口示意图

1—钢管；2—3PE 涂层；3—焊缝；4—液态环氧
补口层；5—热收缩套（带）

图 11-5　三层 PP 防腐层补口示意图

1—钢管；2—三层 PE 涂层；3—环氧粉末层
（液态环氧层）；4—焊缝；5—中间胶层；
6—外聚丙烯热收缩带层

聚丙烯热收缩套具有极好的附着力和卓越的防腐性能，具有安装简单、施工方便的特点。新型聚丙烯热收缩套既能用于 3PE 和多层聚丙烯涂层管道补口，又能用于熔结环氧粉末防腐层管道补口。

11.1.2.5　环氧粉末补口

管道焊接段使用环氧粉末补口（图 11-6），主要应用于环氧粉末防腐的主管道，加热管本体后采用静电喷涂方式。环氧粉末涂层与钢管基体黏结力强，与环氧防腐层热熔黏结方式是渗入打毛的环氧涂层搭接区域。

但是补口时对现场机具要求高，工艺控制非常严格，对环境和气候特别敏感，实际施工中影响因素很多，质量最难以保证，成本高。

11.1.2.6　3PE 结构层补口

3PE 结构层指的是采用与 3PE 管本体完全相同的结构形式和材料进行补口（图 11-7），对 3PE 涂层是比较理想化的一种补口。

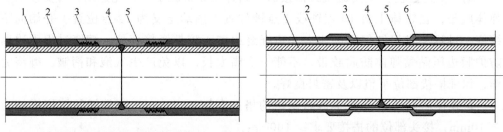

图 11-6　环氧粉末防腐层环氧树脂（液态、固态）
补口示意图

1—钢管；2—环氧粉末层；3—搭接过渡层；4—焊缝；
5—环氧粉末（液态环氧）补口层

图 11-7　3PE 防腐层结构补口示意图

1—钢管；2—3PE 涂层；3—环氧粉末层；4—焊缝；
5—中间胶层；6—外聚乙烯层

选择的材料同样为环氧粉末、热熔胶黏剂和热熔聚乙烯。首先通过外加热的方式加热补口段管体，并且温度达到环氧粉末熔融温度；然后喷涂环氧粉末进行熔融黏结；最后缠绕聚乙烯胶黏带和聚乙烯带进行贴附成型。一般胶黏剂和聚乙烯带可以采用柱塞泵进行注射挤出形成带进行缠绕，这种工艺要求粉末胶化时间足够长，以满足胶黏剂带的热缠绕黏结时间。或采用三层粉末新工艺进行涂装，同样要用外热源加热管本体，分别熔融三种粉末，并一次涂装形成防腐层。

这种补口工艺容易对已经成型的管本体涂层造成损坏，所以实施过程比较复杂，并且受外界环境和施工机具、施工工艺影响较大，所以处于探索阶段。

11.1.2.7 黏弹体 + 外护带补口

黏弹性是既具有弹性固体，又具有黏性流体的双重特性，因此表现出良好的黏结性能以及抗蠕变性能，损坏时具有一定程度的自愈合能力。

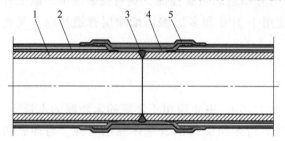

图 11-8 黏弹体 + 外护带补口示意图
1—钢管；2—3PE 涂层；3—焊缝；4—黏弹体防腐带；
5—外护带

采用"黏弹体 + 外护带"双层结构（图 11-8），可供选择的机械外护层包括胶黏带、热收缩外护带、纤维复合材料外护带等，依据使用部位和环境的不同，可选择不同的外护带。优点是施工现场对表面处理要求低，没有除锈要达到 Sa2½ 级的要求，可直接黏结于 3PE、3PP/FBE 等防腐涂层，能彻底密封补口部位，阻断水分浸入，施工质量容易控制，受施工环境及施工人员影响较小，轻微机械损伤可自我修复，外护带包覆在外部，提供机械保护[4]。具体涂层性能指标可以参见《埋地钢质管道外防腐层保温层修复技术规范》（SY/T 5918—2017）相关内容。

施工工艺过程：采用缠绕式搭接法对黏弹体胶带施工，首先选用合理宽度的黏弹体胶带，在管体上自 10 点钟或 2 点钟位置（顶端定义为 12 点位置）开始向下缠绕，过程要求保持轻柔的张力，边缠绕边按压胶带搭接部位，缠绕过程中边撕防护膜边压贴黏弹体防腐胶带，不能一次撕太长，以免产生气泡和褶皱。缠绕完毕，保证搭接部位平整以及密封良好。

黏弹体防腐胶带与管本体防腐层的搭接宽度≥50mm，胶带间的缠绕搭接宽≥10mm，接头部位的搭接要求≥100mm。

热收缩压敏带，具体施工方法和普通热收缩带相同，施工前补口搭接部位的管体防腐层应打磨到表面粗糙，并在补口前进行加热。

热收缩压敏带的安装须均匀加热并配合滚轮滚压，使热收缩压敏带均匀收缩，完全固定在管道补口位置。热收缩压敏带周向搭接≥100mm，其收缩后与管本体防腐层搭接宽度≥100mm。

图 11-9 为某管道黏弹体 + 热烤压敏带补口现场开挖，以验证这种补口涂层的优越性。

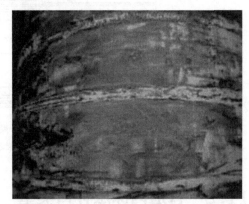

图 11-9 去除外护带后黏弹体外观和未腐蚀管体外观[5]

11.1.2.8 聚合物网络涂层

聚合物网络涂层（图 11-10）（PNC）是 3M 公司专为 3PE 防腐管道开发的一种聚烯烃补口材料，含有聚烯烃和环氧树脂成分，两种组分的协同效应使其比单一组分的补口材料具有更优良的特性。PNC 具有极强的化学反应性能，可直接作用于熔结环氧（FBE）和聚烯烃（PE、PP）表面，有效增加了涂层的可靠性，不需要额外的黏结剂；具备优良的防腐和抗机械损伤性能；适于很宽的操作温度范围和所有水深海域；现场补口操作容易，速度快，自动化程度高，而且对操作人员的技能水平要求较低。

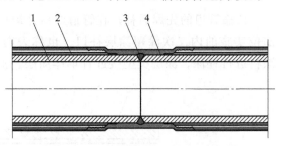

图 11-10 聚合物网络涂层补口示意图
1—钢管；2—三层聚烯烃涂层（FBE 涂层）；3—焊缝；
4—聚合物网络涂层

11.1.2.9 矿脂带 + 聚乙烯防护层

矿脂带防腐蚀系统包括底漆、腻子、矿脂带及外防护层（图 11-11）。底漆、腻子、矿脂带均为憎水材料，隔绝了水汽的渗透，阻止了腐蚀的发生，同时在矿脂带中加入的缓蚀材料也减缓了腐蚀速率，该系统最大优点为表面处理要求低，手工除锈达 St2 级即可，施工速度快，单个补口现场施工时间约为 30 ～ 40min，特别适合现场修复以及水网地带的施工[5]。

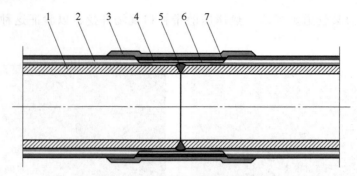

图 11-11 矿脂带 + 聚乙烯防护层补口示意图

1—钢管；2—三层聚烯烃涂层（FBE 涂层）；3—聚乙烯防护层；4—腻子；5—焊缝；6—底漆；7—矿脂带

11.2 管道内涂层补口类型

为保证管本体内涂层的连续性，焊接段也需要进行涂层的二次涂覆（补口），涂层的补口方式归纳为以下几种。

11.2.1 补口段焊后补涂

长输管道的先焊后补是在管道对口并焊接完成后，对预留的热影响区以及焊接部位实施的内二次涂覆涂层补口，也称为内涂补口。补口段采用液态涂料或粉末涂料进行补涂，涂层类型接近管本体涂层。涂层结构形式如图 11-12 所示。

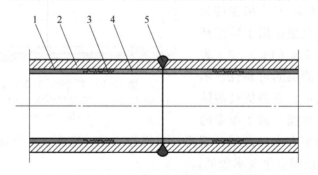

图 11-12 涂装涂层内补口结构示意图

1—内涂层；2—钢管；3—补口与本体过渡涂层；4—补口涂层；5—焊缝

液态涂料补口为焊后内涂层补口的最基本形式，因为内补口面预处理时，不需要进行预加热，涂装时采用高压无气喷涂机、旋杯等离心涂装方式进行。这类补口，采用机械传送方式，把表面处理机构、粉尘清理机构、液态涂料涂覆机构采用动力输送装置送到管道内壁补口处进行作业。因此管道内涂层焊接后补涂需要专门的涂装机械。

（1）内液态涂料补口工艺（图 11-13）

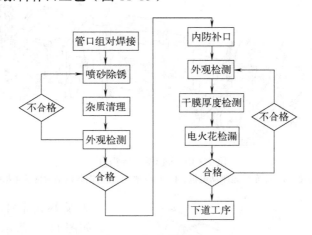

图 11-13　内液态涂料补口工艺

（2）内补口机械

内涂层补涂需要专门的清理和涂装机械，现列举几组内涂机械。

① 内补口离心抛丸除锈机。

内补口抛丸除锈机（图 11-14）采用离心喷射原理，通过高速旋转的叶片把除锈钢砂喷射至钢管内壁进行除锈，基本结构参照了外抛丸除锈装置，包含钢砂舱、钢砂螺旋输送装置、分丸轮等，并且为防止管内钢砂无法回收，安装了防砂飞溅的毛刷，安装的负压风扇形成的负压可以回收钢砂至钢砂料舱，灰尘等通过滤网洁净后排出。满足 $\varphi 89 \sim 426mm$ 钢管内除锈要求，并且除锈等级可以达到 Sa2½ 级，高于钢丝刷除锈要求，并能形成一定的锚纹深度。

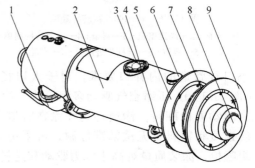

图 11-14　内补口抛丸除锈机[6]
1—主动行走轮；2—车体；3—负压风扇；4—被动行走轮；5—毛刷内挡板；6—磨料灌注口；7—抛丸轮；8—摄像头；9—外毛刷堵板

② 钢丝刷内除锈机。

钢丝刷打磨除锈在管道补口中应用非常广，对于大口径管道的内补口前除锈，钢丝刷是最理想的一种除锈方式。采用旋转的钢丝刷轮，对需要补口的管内壁进行刷磨除锈。图 11-15 中设计了一种比较复杂的管内壁除锈装置，采用安装在旋转轴上的锥形钢丝刷在周向旋转的同时，钢丝刷自旋转对需要除锈部分进行清理，并且在除锈小车上安装有灰尘回收装置和清扫毛刷，满足除锈后进行涂料喷涂的清洁度，除锈等级可以达到 St3 级。

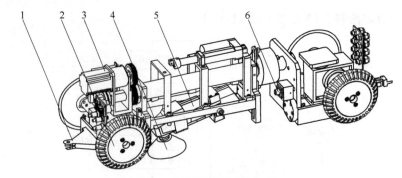

图 11-15　钢丝刷内除锈机[7]

1—牵引；2—主动轮；3—小车行走驱动电机；4—钢丝刷轮；5—钢丝刷动力传输电机；6—检测摄像头

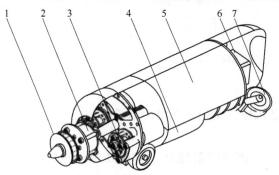

图 11-16　管道内涂料旋杯喷涂车[8]

1—旋杯；2—高速电机；3—料泵；4—动力与控制单元；
5—料舱；6—丝杠步进电机；7—车轮

③ 旋杯式涂料内喷涂车。

如图 11-16 所示，管道内旋杯补口喷涂车自身具备传动轮，车体上携带涂料箱和旋杯式涂料喷枪，喷枪与 1000r/min 的高速电机相连，料箱内涂料通过料泵输送至旋杯喷枪，在高速电机作用下达到雾化效果，喷涂涂料至管内补口段。可以满足 $\varphi 60 \sim 400mm$ 管道的补口要求。

④ 多喷枪式气动旋转喷涂车。

旋杯式涂料喷枪只能满足小口径管道的内补口要求，对于大口径管道可以采用多喷枪式气动旋转喷涂车（图 11-17），压缩空气驱动多组枪头，涂料在输出枪口瞬间，其中一部分产生切向力驱动喷枪旋转，涂料均匀喷涂在管道内壁，但采用压缩空气驱动时，喷枪的旋转速度和物料量无法精准控制。可采用气动电机控制喷枪转速，涂料泵输料至多组喷枪，涂装质量远高于气力驱动和送料。

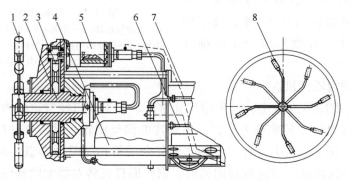

图 11-17　多喷枪式气动旋转喷涂车[9]

1—多枪头喷射器；2—空心轴；3—齿轮减速机；4—料罐；5—气动电机；6—输料管；7—压缩空气管路；
8—喷射器主视图

⑤ 组合式内补口车。

采用液态涂料进行内补口，要求几组独立的内补口车进行组合，包含动力、除锈、内涂车以及检测等，组合结构如图 11-18 所示。操作人员通过无线操控系统控制组合式内补口车进入管道，并准确定位焊口位置，抛丸除锈车以离线抛丸的方式将钢砂抛至钢管焊口预留部位进行抛丸除锈，除锈等级 Sa2½ 级，并产生适合涂层涂覆的锚纹深度和粗糙度。回收车通过真空吸附将留在管道内壁的钢砂彻底回收，并清除残留的灰尘和磨料。喷涂车将双组分液体环氧涂料通过高速旋转的旋杯喷涂至管道内壁的管端预留部分，并达到项目要求的内补口涂层厚度，且与钢管内壁涂层有相应搭接。

图 11-18　内补口组合除锈及喷涂车

1—动力车；2—抛丸除锈车；3—砂、尘回收车；4—涂料喷涂车；5—涂料喷枪

11.2.2　焊接不锈钢短接内衬补口

这是一种免补口技术，结构如图 11-19 所示。在进行管道内涂层涂装前，选用薄壁不锈钢圈，钢圈壁厚≤1mm，钢圈长度大于钢管焊接的热影响区，钢圈内端头与钢管内接触面用不锈钢焊条进行焊接，外端头与工作管端面焊接，不锈钢圈外露长度3mm，防止水汽浸入夹层，特别要求焊接前夹层内表面和不锈钢圈外表面进行预热干燥处理。

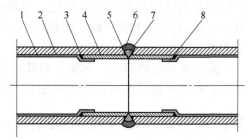

图 11-19　不锈钢内衬补口结构示意图

1—管本体内涂层；2—钢管；3—不锈钢内衬与钢管内焊缝；4—不锈钢内衬；5—内衬与钢管端部焊缝；6—电弧焊接焊缝；7—氩弧焊接焊缝；8—内衬过渡内涂层

焊接完成的工作管按照常规方式进行内涂层涂装，端部涂层长度要求搭接至不锈钢圈内表面，搭接长度≥50mm。

涂装完成的工作管对口焊接，先采用钨极氩弧焊对对接不锈钢进行打底焊接，然后用电弧焊覆盖整个焊缝。完成焊接的钢管只进行外表面防腐涂层补口处理。

11.2.3　内衬不锈钢短接防腐补口

以非焊接方式安装不锈钢短接内衬，并采用密封圈对涂层和热影响非涂装区域进行密封，涂层结构如图 11-20 所示。

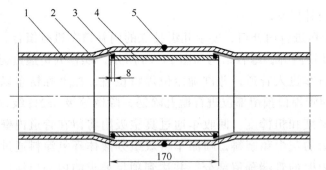

图11-20　微扩口不锈钢芯子涂层结构图 [10]

1—微扩口钢管；2—防腐层；3—密封圈；4—不锈钢芯；5—焊缝

不锈钢短接两侧外端部加工安装橡胶密封环的沟槽，长度和管径按照扩口内径和长度来确定。弹性密封圈结构要求内圈平面，外圈圆弧。

施工过程，首先对完成内涂层（也可扩口后进行内涂层涂装）的管道管端进行扩口，然后在焊接前扩口段内衬不锈钢短接。安装不锈钢短接前，短接密封槽内进行密封圈的安装，要求密封圈的弧面朝外，平面贴合凹槽底部。将装好密封胶圈的不锈钢短接一端插入钢管扩口中，并将需要焊接的第二根扩口钢管套入短接，采用拉力器等拉紧两管口，管口间隙要求为0～2mm，然后按管道对接方式进行焊接。

此补口，利用了不锈钢的耐腐蚀性能，管道焊接前采用快捷安装方式，在微扩口管端的涂层区间安装隔离层，并通过弹性密封圈隔绝介质，防止腐蚀的发生，确保管道内防腐性能一致。此技术应用于中小口径管道连接的内补口，主要应用于管径700mm及以下钢管。

采用此类结构形式，如果密封圈密封不严，会造成焊缝和端部腐蚀现象，并且无法应用于长输管道或特殊流体输送的补口。

11.2.4　对口焊接不锈钢短接补口

对于特殊环境用途的内涂层管道，也可以焊接不锈钢短管作为补口方式（图11-21），在涂层涂装前依据管径和壁厚选用不锈钢短管，并对口焊接在碳钢管上，然后进行内涂层涂装，涂层延展过渡至不锈钢短管，涂层延展长度≥50mm，然后再进行工作管对口焊接。因为为双金属过渡，若外补口涂层或内过渡涂层出现破损，会加速管道的腐蚀。

11.2.5　内衬短管补口

与上述普通型不锈钢短接不同，本工艺采用的短接为特制多沟槽结构（图11-22），材质为涂塑钢质接头、聚四氟乙烯接头、酚醛玻璃钢等，与内衬不锈钢短接不同，其结构采用双密封，并增加安装隔热层的槽形结构。但施工过程与内衬不锈钢短接一致。

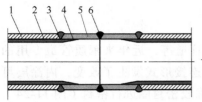

图 11-21　小口径对焊短节涂装涂层内
补口结构示意图

1—钢管；2—内涂层；3—异种钢对焊焊
缝；4—过渡涂层；5—不锈钢短节；
6—不锈钢对焊焊缝

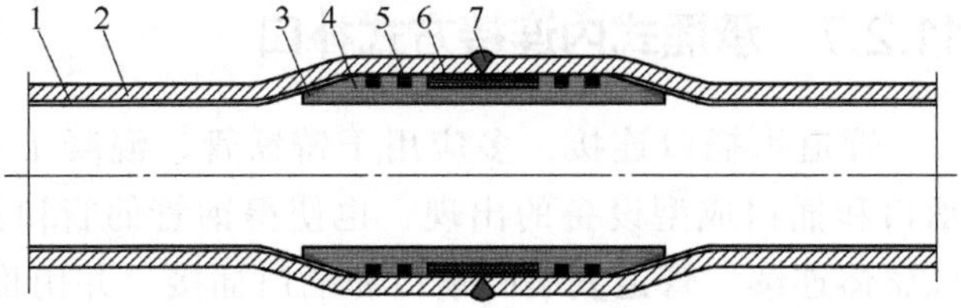

图 11-22　内衬短管补口结构示意图[11]

1—内涂层；2—钢管；3—密封胶；4—内衬短管；5—密封环；
6—高温隔离层；7—焊缝

为防止形变，要求接头材料具备一定的刚度和强度。因为短接较厚，扩孔内径较大，只能用于小口径管道，实际应用于特殊环境。

11.2.6　UB 滑套内补口

UB 滑套是套内涂覆特殊涂层、外表面包覆阻热材料的补口钢套。

UB 滑套补口也是内衬短管的一种方式，滑套为钢质结构并涂塑，滑套上为密封沟槽和高温衬垫安装沟槽，可以应用于中型口径管道。除密封圈外，管道滑套结构增加了柔性密封材料，对涂层和 UB 滑套接缝进行密封（图 11-23）。

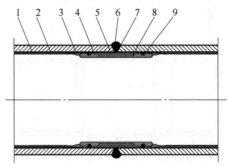

图 11-23　UB 滑套内补口结构示意图[12]

1—管本体内涂层；2—钢管；3—密封胶层；4—UB
滑套；5—隔热钢带；6—焊缝；7—垂直定位器；
8—耐高温隔热层；9—密封圈

UB 滑套补口适合于内径＜ 250mm，压力≤ 35MPa 的输油、输气、注水以及排污管，适用于任何温度不高于 204℃的腐蚀介质的输送。

UB 滑套主要特点。

① 安装的隔热材料（陶瓷纤维隔热布等）能有效隔绝焊接时的高温，防止破坏原有涂层。

② 特制的 O 形密封圈形成了极好的密封，可以防止腐蚀介质浸入无涂层空间内。

③ 涂层和 UB 滑套接缝用专用胶密封（热固性环氧玛蹄脂，利用焊接传递的热量固化），使内涂层和滑套完整连续。

④ 钢套的垂直定位器与焊接打底焊肉很好地融合。

⑤ 滑套能够被 X 射线 100% 穿透，焊缝探伤不受影响。

⑥ 管道安装 UB 滑套后可以进行常规的管道试压和管道清理工作。

11.2.7 承插式内连接方式补口

管道承插口连接，多应用于铸铁管、混凝土管道等，近年来钢质管道专用的承口和插口成型设备的出现，也使得钢管的管口连接形式发生了改变，内涂层可以整体连续，管道安装时承口和插口插接，并用橡胶密封圈进行密封（图11-24），可以应用于给排水管道。

11.2.8 镀、喷合金涂层补口

先在预留的管端内壁进行喷镀合金处理，如化学镀、堆焊、喷焊、喷涂耐蚀合金或其他材料，然后进行管道内防腐，在现场焊接时选择合理的焊接材料、焊接工艺等，在焊缝及其附近形成耐蚀防护体系，这样管接头内表面就由耐蚀金属层和与之匹配的耐蚀打底焊缝组成一层可靠、稳定的内防腐层。

如在钢管两端头高温下渗入较活跃的铝，形成一层小于1mm的合金层，现场焊接采用专用渗铝焊条进行焊接，从而在焊后处和管端头形成一致的合金层，达到防腐补口机构（图11-25）[13]。

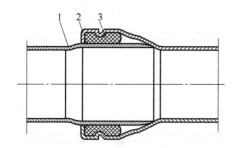

图11-24　无补口钢管承插式胶圈密封（或钢圈加胶圈）结构示意图
1—插口；2—橡胶密封；3—承口

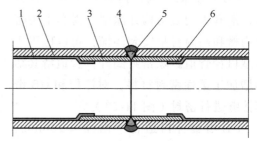

图11-25　镀、喷合金涂层内补口结构示意图
1—管本体内涂层；2—钢管；3—镀、喷合金涂层；
4—电弧焊焊接焊缝；5—打底焊缝；
6—内衬过渡内涂层

11.3 外防腐热收缩带机械化补口

11.3.1 为什么采用机械化补口

防腐管道的3PE涂层或环氧粉末涂层，采用热收缩带（套）补口时，基本采用人工为主、辅助工具的方式。而对长输在役管道补口段检测过程中，发现补口段密封层普遍失效的现象，并且造成了管体腐蚀。密封层失效现象：热收缩带

（套）黏结胶层与环氧底漆分层；底漆起泡脱落；底漆与管本体无黏结等。这些现象的存在虽然与环境有极大关系，但归根结底与人工操作密不可分。

① 除锈前，采用明火方式预热管表面并除湿时，管口的预热温度不匀，或受环境影响，管段返锈或二次结露，造成除锈无法达到要求的质量标准。

② 手工除锈，喷砂枪移动速度的不稳定造成除锈和锚纹覆盖率、锚纹深度不达标，飞扬的灰尘造成管段污染，在漆膜与管本体形成隔离层。

③ 涂漆前，管表面温度过低时，采用明火方式预热造成管表面温度不均匀，低于管表面漆膜黏结的最佳温度，从而造成漆膜黏结分层。如果火焰燃烧不足会产生较多的炭黑，极易造成管表面二次污染，在漆膜与管表面形成隔离层，造成漆膜黏结力的下降或丧失，从而使底漆起泡或脱落。

④ 人工烘烤方式，造成补口管段以及搭接层等预热温度不足或过热。

⑤ 热收缩带人工烘烤，烘烤速度、温度不均匀造成热收缩带回火不到位，致使带底部胶层未充分熔融，热收缩带与管体或 PE 搭接区黏结质量缺陷。

⑥ 大口径管道热收缩带采用手工烘烤安装作业时，需要多人同时作业，因管径大造成作业人员衔接出现问题，并不能完全兼顾管道各个部位，造成胶层熔融效果差。

⑦ 管道干线补口，完全采用人工作业时，不可避免会在冬雨季施工，低温环境下火焰加热方式，使补口质量更难以保证。

11.3.2　热收缩带防腐层机械化补口设备

为保证管道防腐层补口质量，工艺过程中须采用机械化作业。机械化补口专门用于热收缩带补口的设备包括密闭喷砂设备、中频加热设备、红外加热设备及配套的动力、行走设备等。机械化作业有：管段预热、机械自动化除锈、底漆无气喷涂、热收缩带机械安装、自动加热回火、自动碾压等。

（1）开合式回转机构

机械喷砂补口装置就是把手持式的喷砂枪安装在特殊设计的机构上，在管道外壁进行回转并往复，均匀地清除管道的浮锈。同样，加热装置也需要安装在这样的机构上，满足加热要求。这样的机构称为开合式回转机构。

根据管径一般设计为三瓣或两瓣开合机构（图 11-26）[14-15]，为减轻重量，机构为框架式，开合处设计有铰链进行闭锁，内接触管面的内圈安装有带动力的主动轮和从动轮，保证机构均匀往复回转，并因为支撑轮的存在，使机构的外机架与管表面形成均匀的间距，如需安装喷枪类装置，在与机架连接的横杆上安装电动滑杆。

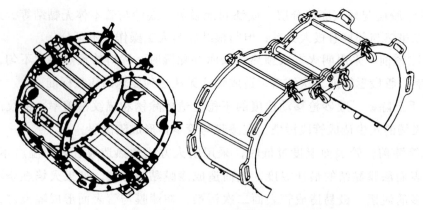

图 11-26 开合回转机构

（2）自动喷砂装置 [16-17]

管道外表面自动喷砂技术解决了手工喷砂除锈的缺陷。采用自动喷砂技术可以均匀、连续地处理整个需要补口的部位，表面处理质量及效率将大幅提升。

按照设计，自动喷砂枪安装在特制的开合式回转机构上，并且喷砂枪能够横向往复移动，磨料覆盖横向管面，回转机构在管表面可以周向做 130°（三把喷砂枪）或 190°（两把喷砂枪）往复运动，磨料覆盖横向周向管面。

人工采用的手持式喷砂枪为开放式结构，即便安装在特制的回转机构上，在除锈过程中，砂砾、废砂、灰尘还是会四处飞溅，并且造成除锈后的管表面及环境重度污染，所以必须设计一种特制的密闭并带回收系统的喷砂枪。

密闭喷砂枪在枪口外围增加回收套管和环形尼龙刷等封闭装置（图 11-27），使得喷砂环境形成一个小型的密闭空腔，密闭空腔外接真空泵，并通过管道与丸砂分离装置相连，分离装置外接砂罐和粉尘回收装置。

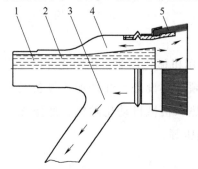

图 11-27 密闭喷枪结构示意图
1—进砂通道；2—除锈磨料；3—磨料回收通道；4—回砂环形通道；5—枪头柔性密封

工作时，喷砂枪紧贴管表面，环形尼龙形成封闭环境，喷砂枪工作时所喷出的钢砂、破碎的砂砾以及粉尘等通过真空泵的负压沿管道送至丸砂分离装置，可用的磨料回收至砂罐重新利用，粉尘进入除尘装置进行处理。

环形尼龙可以防止磨料飞溅，并随喷枪移动对补口区域的粉尘进行清扫。这种设计的喷砂枪配合回转机构，可以实现喷砂除锈过程的自动化。该装备在除锈的同时，可将喷出的磨料进行自动回收、分离和利用，实现磨料密闭循环使用，减少了环境污染，并最大限度地提高磨料的利用率。在保证质量的同时，最大程度地减轻操作人员的劳动强度。

（3）管段加热装置

加热是采用热收缩套外加底漆补口的关键，现阶段热收缩套均采用手持火焰枪加热方式，而诸多因素，如火焰喷枪本身存在的加热不均匀问题，施工人员技术水平、责任心差异等，都会对补口质量产生影响。热收缩带补口加热机具保证了加热的均匀性，消除了人工操作对补口质量的影响，提高了补口质量。

在线加热装置按照中频加热装置（图 11-28）[18-19] 进行设计，将中频感应电缆安装在回转机构中，在开合铰链处，通过接线板导通，形成闭环，然后接通电源进行加热。

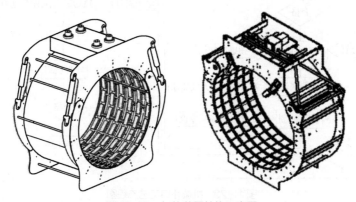

图 11-28　加热装置结构示意图

对于热收缩套的回火装置，只需要加热安装完成的热收缩带，可以采用热烤方式或远红外加热方式，所以可以在回转机构上安装陶瓷电加热片或红外加热装置，对热收缩套的表面进行二次加热。

在回火加热装置中，随着热收缩套逐渐软化，可以考虑增加碾压滚轮，确保热收缩带软化贴附。

在实际应用中，采用自动涂漆、热收缩带自动缠绕等机构，会增加施工时间，影响施工进度，建议采用人工方式进行。

11.3.3　机械补口工艺流程

机械补口采用机械化除锈以及在线加热系统等完成，工艺流程如图 11-29 所示。

（1）检查清理工序

管道对焊接补口区域喷砂除锈前，须将焊接段裸露钢管表面的油污、灰尘等清理干净。清除焊接区的毛刺、焊渣、焊瘤、飞溅物等。

修复翘边、开裂的防腐层，直至防腐层与钢管完全粘附牢固，3PE 防腐层要求防腐层坡口小于 30°。清理防腐层两侧 300 ～ 400mm 区间内的油污、灰尘等，必要时采用火焰或有机溶剂进行清理。

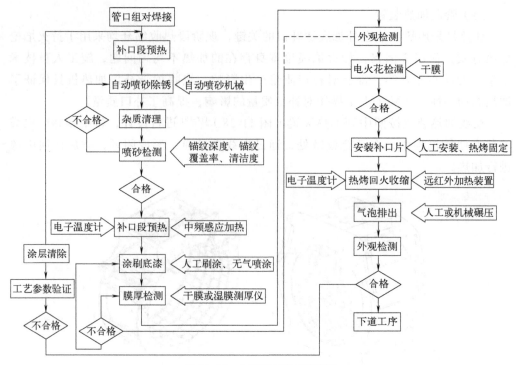

图 11-29　机械补口工艺流程图

（2）中频加热驱潮

补口段除锈前，当工作环境相对湿度大于 85%、焊接段钢管温度低于露点温度 5℃时，须进行预热。带有中频加热板的回转支架安装在管道外表面，固定并接通导向电块，使得加热板形成回路，滑动至需要加热的补口区域，接通电源，将钢管管口温度预热到 40～50℃后，关停中频，移动中频加热装置至非补口区域。

管表面温度测量。红外测温仪（需根据环境进行校准）可以在加热过程中进行管表面温度的测量，接触式温度计只能在中频停止工作时进行测量。

（3）喷砂除锈

采用干燥、洁净的磨料对补口钢管表面进行喷砂处理。将安装有三把密闭喷砂枪的自动除锈电驱动回转执行机构装卡于管道待除锈的补口段外表面，喷砂枪与钢管表面垂直距离约 200mm。

喷砂时喷枪以电控方式匀速沿回转机构的滑动轴往复移动，以 130° 的回转角做往复运动，满足管表面均匀除锈的要求，管道表面除锈等级应达到 GB/T 8923 规定的 Sa2½ 级，锚纹深度 40～90μm（热收缩带补口），锚纹深度 50～100μm（聚氨酯补口）[20]。除锈后采用压缩空气、吹风机或毛刷清除表面磨料、灰尘，由与喷砂相连的回收系统进行回收利用或清洁。表面清理后，待涂表面暴露时间不得超过 2h。

自动喷砂磨料采用混合的合金钢丸和钢砂，要求的粒径为 0.8 ～ 1.2mm，硬度在 HRC40 ～ 50 范围内，丸砂比例 3 ∶ 1。

（4）清除灰尘

喷砂除锈后，采用钢丝毛刷对钢管表面和管体 3PE 搭接表面进行打毛，以达到拉毛效果，拉毛区域应均匀，无连续 1cm 光滑区域，打毛深度为 0.3 ～ 0.5mm。拉毛完成，用绒布等清理表面灰尘，要求清洁布不得掉线、掉毛而黏附在锚纹坑内。

（5）涂刷底漆前预热

将非工作区域的中频加热器滑移至焊接补口位置，接通电源进行管口加热。加热过程中采用远红外等非接触式测温仪监测管表面温升，当补口段管表面温度达到 110℃时，关闭中频加热器停止加热，并滑移中频加热回转支架至非工作区域。

采用中频预热，避免了火焰对管体表面的二次污染，使无溶剂环氧底漆有良好的附着力。

（6）涂刷底漆

预热完毕，采用人工或无气喷涂方式进行底漆涂刷。双组分底漆要求在涂装前的适用期内按比例进行配制，要求搅拌均匀，保温（30 ～ 40℃）等。

底漆涂刷。采用干膜补口时仅对补口管体金属部位进行涂刷；湿膜补口则需对补口段金属管体及管本体搭接防腐层全部进行涂刷。

常温下人工干膜涂刷，要求采用二次涂刷方式。以圆周为基准，管顶设为钟表盘的 12 点，先将等量一半的底漆倒在 11 点与 13 点位置，在底漆流淌过程中用刷子沿管道周向均匀涂刷，使之覆盖整个补口段金属表面，然后将剩余底漆倒在 12 点两边，进行二次均匀涂刷。涂刷过程中需要反复竖刷，并将气泡赶尽。实干后用磁性测厚仪进行接触式测厚。

极寒环境干膜施工。同样采用两遍涂刷的方式，要求第一道底漆涂刷完成后使用中频对底漆加热至（105±5）℃，须表干后涂刷第二道底漆，涂刷完后二次中频加热固化、实干。

湿膜涂刷要求一次性涂刷并达到要求厚度。测厚采用梳式湿膜测厚仪。

（7）安装热收缩带

采用湿膜进行补口，应在底漆涂刷完毕后立即安装热收缩带，在此过程须防止灰尘等污染漆膜。采用干膜进行补口，须在底漆完全检验合格后才能进行热收缩带的安装。涂层检测完成后，立即使用中频设备对管口进行加热，当加热温度达到 PE 层温度 90℃（不同管面温度的最低点温度）时停止加热，开始安装热收缩带。

热收缩带安装。以焊缝为中心，平铺热收缩带至管体上，热收缩带搭靠在管顶端下部 1 点位置，火焰热烤将一端热黏结在管体上，另一端绷紧缠绕热熔黏结在热收缩带一端（≥80mm搭结），最后将固定片热熔烘烤至熔融，黏结在搭接处，并滚碾至平整、牢固。

（8）中频二次回火加热

非工作区的中频加热设备滑动至补口区，接通电源热收缩带进行二次回火加热，采用红外线测温仪测量热收缩带表面温度，当热收缩带表面最低点温度达到115℃时（或供应商要求），关机停止加热。

二次回火加热时间由接触式测温仪或红外线测温仪，通过测量加热后搭接区周向均匀分布的四点热熔胶的温度确定。热熔胶熔融温度符合热收缩带供应商的要求。

回火后移开中频加热器，在热收缩带胶层熔融状态下，采用滚轮辊碾赶压气泡，温度降低后可采用火焰进行补热，赶压气泡完成，采用胶条对固定片左右两端进行密封。

11.3.4　底漆加热收缩带人工补口与机械补口的比较 [21-23]

11.3.4.1　工序过程比较

底漆加热收缩是当前管道防腐的主要补口结构形式，工序过程比较见表11-4。

表 11-4　机械与人工补口工序比较

工序	机械补口	人工补口
管口预热	中频在线，加热均匀，效率高，安装工作复杂	人工火焰烘烤，加热不匀，燃烧不充分，易出现烟气污染
除锈	密闭喷砂枪，封闭回收系统，除锈均匀，效率高，安装工序复杂	手持钢丝刷、电动钢丝刷或手持喷砂枪，效率低，除锈不均匀，除锈等级低
涂底漆	手工刷涂或手持喷枪（无气、空气）喷涂	
管口二次加热，底漆实干	中频在线，易控制，加热均匀	手持火焰烘烤，局部加热，热效率低，工序时间长，容易造成过热
安装热收缩带	人工热烤搭接	
热收缩带收缩至管体	人工火焰热烤黏结	
回火	中频在线、远红外、接触式陶瓷加热片加热回火方式，整体同步加热，热效率高	手持火焰烘烤回火

11.3.4.2　生产效率

机械补口与人工补口生产效率比较见表11-5和表11-6。工序记录表见表11-7。

表 11-5 机械补口与人工补口效率比较（min）

工序	机械补口	人工补口	备注
管口预热	4（65～75℃）	5（40～50℃）	—
除锈	4	8	机械补口：自动喷砂；除锈等级 Sa2½
涂底漆	2	2	人工或无气喷涂，无全自动机械方式
管口二次加热，底漆实干	4（100～110℃）	5	机械补口：中频在线；手工加热：温度不匀，不能保证底漆完全实干，并有二次污染
安装热收缩带	2	2	根据口径大小，时间不一
热收缩带收缩至管体	5	5	人工火焰
回火	5	10	机械：中频在线（红外加热、陶瓷片接触式加热）
时长	25	37	—

注：φ813mm×11mm 管道，环境温度 -5℃，干膜方式补口。安装相应机械工装时间未计算。

表 11-6 管径 φ1219mm 机械补口与人工补口试验测定值

工序	方案	机械方式		人工方式
管口喷砂	铸钢砂，机械化喷砂处理	喷砂时间为 7min，磨料循环利用率≥90%	除锈等级 Sa2½ 级、锚纹深度 50～100μm	12min
PE 搭接区处理	喷砂处理打毛	增加喷砂宽度，延长喷砂时间为 1min	与喷砂同步进行	6min
管口预热	中频预热	6min	20℃左右时，7min 达到 150℃以上	18min
底漆涂刷	人工	2min	—	2min
热收缩带安装	人工	5min	—	5min
收缩回火	红外收缩回火	10min	热收缩带收缩时间为 5min，收缩温度最终到达 170℃。红外回火 200℃需要 5min	25min

表 11-7 机械化补口工序参数记录表

序号	工序名称	参数及质量要求	实际检测值	检测仪器	辅助时间 /min	生产时间 /min
1	除潮	40～60℃	50～60℃	红外测温仪	1	3
2	喷砂除锈	Sa2½ 50～100μm	Sa2½ 50～180μm	锚纹测试仪	12	13
3	预热	50-60℃	55～65℃	红外测温仪	5	2
4	涂刷底漆	≥400μm	≥400μm	湿膜卡尺	2	5
5	底漆烘干	100～110℃	100～120℃	红外测温仪	3	3
6	安装热收缩套	平整无气泡	平整无气泡	目测	3	15
7	回火	150～160℃	150～180℃	红外测温仪	5	13

注：φ1219mm×18.4mm（螺焊）/22mm（直缝），干膜施工。

采用中频预热或加热，在工况条件相同的情况下，针对大口径管道，可以确定加热时间，提高加热效率，补口质量高于人工。

底漆加热收缩带补口，机械化预热和自动喷砂是机械补口的关键。对于大口径管道，从时间和涂层质量上均优于人工补口方式，尤其适用于特殊环境，如严寒地带的补口，但因为工作的复杂性，道路崎岖、不方便通行的山区，则难以采用。

实际应用中，机械补口针对大口径管道和寒冷地区具备非常大的优势，采用机械加热方式弥补了人工加热的不均匀性和低效率。

西气东输三线补口应用实际操作时间远高于上述，虽然机械补口的效率比较低，但产品质量远高于人工补口。

11.3.4.3 机械补口技术特点

（1）工艺过程

机械补口中除锈、预热、加热以及回火等工序采用机械装置替代人工。

除锈前除湿采用中频预热，安全可靠，不产生烟气，不会污染管道表面，不考虑工装的安装时间，加热效率和温度均匀性均高于人工火焰。钢管表面有油污时，不能清除干净，需要采用火焰或有机溶剂擦拭。

3PE 防腐层，为了保证热收缩套与聚乙烯层的黏结，可以采用人工方式对搭接部位的聚乙烯层进行打毛和极化处理（火焰极化、电晕处理、等离子极化等），在聚乙烯表面增加接触面积（增加锚固点）和极性基团，同时增加聚乙烯对底漆的润湿程度，以提高黏结强度。对于补口段钢管基体，要求其表面状态的除锈等级、灰尘清理等级等，同样要保证底漆层与钢管金属基体的黏结和渗透，杜绝底漆层出现剥离现象。

采用人工方式（手持钢丝刷、电动钢丝刷或手持喷砂枪）进行补口段除锈，除锈等级低（St3），无锚纹（钢丝刷）或锚纹深度小（手持喷砂枪），并且灰尘大，钢砂飞溅，容易造成人体伤害和环境污染。机械除锈采用密闭式喷砂枪加在线回收系统，除锈等级可以达到 Sa2½ 级，锚纹深度 $\geqslant 50\mu m$，并且除锈效率高，除锈过程中不会污染环境、不会对人体造成伤害。

采用底漆干膜涂装工艺，需要加热进行漆膜实干，这时中频加热的优点远多于人工烘烤，人工烘烤会出现温度不匀导致漆膜二次污染。中频电源温度场均匀，效率高，为透热方式加热，钢基体中会存有一定热量，并且从管内壁向管外壁传导，如果漆膜需要加热到 $100 \sim 110℃$，则管表面温度升到 $95℃$ 或 $100℃$ 时即可停止，由管道蓄热来完成涂层固化，固化度更高，完全达到漆膜实干的要求。

安装完成的热收缩带回火，采用人工局部加热方式逐渐外延完成全部加热要求，效率低，烘烤温度不均匀。可以采用中频等加热方式进行回火。因为集肤效应，管内壁蓄热向外传递，所以当胶层要求达到 150℃时，管本体温度可能达到 140℃，对于管本体的 3PE 涂层容易损伤聚乙烯层。而回火的目的是加热热收缩带胶层，并使之熔融黏结，建议采用远红外或陶瓷片接触式加热装置，只针对热收缩套进行加热。而钢管本体并不积蓄热量，不会对漆膜和聚乙烯层造成损坏。

（2）自动加热

机械补口中，自动加热是整个工艺过程中的关键工序，尤其针对大口径管道和冬季施工，补口涂层质量是人工无法达到的。热收缩套补口结构形式确保补口质量的关键因素在于底漆与钢管界面、底漆与管本体防腐层（3PE 或单层环氧涂层）搭接层、底漆与热收缩带的热熔胶、热收缩带的热熔胶与管本体防腐层（3PE 或单层环氧涂层）的搭接层等黏结是否成功。

底漆和热熔胶之间的黏接强度和涂层质量，完全取决于单独体系（底漆）以及底漆和热熔胶两种材料之间的反应温度和反应时间。环氧类底漆快速反应温度为 60℃左右，满足热熔胶中的羧基组分与底漆中的环氧组分的最佳反应温度（120℃）。热熔胶与 3PE 涂层搭接段的聚乙烯层之间的黏结取决于黏结时两种材料的状态，一般热收缩带的热熔胶熔融温度在 120℃左右。3PE 防腐层的聚乙烯熔融温度在 140℃左右（高密度聚乙烯 132℃），只有二者同时达到熔融态，才能形成良好的黏结[16]。

自动补口的加热方式有两种：一种为中频感应加热；另一种为远红外等辐射加热，感应加热针对钢管本体，在管本体内蓄热，并进行散热，在涂层界面进行热传导和加热；辐射加热在对涂层进行加热后，热传导至钢管本体。对于要求热量的涂层界面，如除锈前除湿和涂装底漆前的钢管预热以及要求涂漆后的漆膜实干等均可以采用中频感应加热方式，钢管透热加热涂层或进行除湿。

对于热收缩带的回火以及加热 3PE 涂层搭接区的聚乙烯层，要求温度达到 140℃以上。采用感应加热进行蓄热传导，按照温度梯度要求，钢管本体温度最高，从 3PE 聚乙烯层到外层的底胶依次降低，对于补口段，漆膜层温度同样高于底胶层，热效率反而低。采用辐射加热方，热量由外向内传递，一次性呈递减温度梯度，能够更好地满足熔融和黏结的要求。无论采用何种自动加热方式，都不会对涂层界面或管体造成污染，并且热量传递非常均匀。

机械化补口并非完全不需要人工参与，要求人工辅助。为达到最佳补口效果，机械化补口方式降低了手工烘烤对补口质量的影响，升温速度快，恒温蓄热时间有保障，施工流水作业，施工效率较高；解决了目前长输管道工程建设中热收缩套补口手工烘烤存在的弊端，避免了热收缩套热熔胶熔融问题，提高了补口的安装质量。

11.4 外防腐干膜、湿膜补口

湿膜和干膜是指热收缩套复合漆膜补口结构涂层在钢管本体上涂覆的底漆状态，所以干膜和湿膜是以漆膜的表面状态或干燥固化度来进行区分的。湿膜是安装热收缩带时底漆瞬时涂装的湿润状态和未固化状态；干膜为安装热收缩带时涂装的底漆完全固化的实干状态。

底漆的作用：一是满足金属基体的防腐蚀；二是作为过渡层满足热收缩带热熔胶与底漆及金属基体良好的黏结。

湿膜安装主要目的是实现热熔胶与底漆理论上的化学黏结，使整个安装体系具有良好的黏结密封性能。环氧底漆湿膜作为过渡层，通过底漆对 PE 及钢管表面的浸润和黏结，环氧底漆中的极性基团与热收缩带热熔胶中接枝的极性基团（马来酸酐）产生化学反应，从而保证热收缩带的剥离强度[24]。

干膜安装。底漆实干后安装热收缩带，保证了底漆的完整性和连续性，使底漆具有防腐性，实现了热收缩带和底漆的防腐"双保险"目的。干膜安装需底漆实干，经检测合格后方可安装热收缩带，故安装时间比湿膜时间长，但可采用流水作业，提高工效。由于热收缩带安装时底漆已经实干，不可能依赖热熔胶与底漆发生化学反应增加黏结力，层间的结合完全依靠热熔胶的物理黏结。因此，与传统的湿膜安装相比，需要调整底漆和热熔胶的配方才能满足要求。3PE 涂层的 PE 搭接区完全依靠热熔胶与聚乙烯层有良好的物理亲和作用，与 PE 层形成良好的黏结。热熔胶与 PE 均是塑性材料，热胀冷缩特性相似，而且前者具有一定的柔韧性，可随外界环境应力的变化发生柔性形变，而不至于在黏结界面发生应力集中。因此，与刚性的环氧材料相比，热熔胶对 PE 的黏结更加可靠[24]。

11.4.1 漆膜安装工艺过程

（1）湿膜安装工艺

补口段钢管表面加热除湿、除锈清灰。钢管表面喷砂除锈至 Sa2½ 级，锚纹深度 50 ～ 100μm，钢管表面的浮尘彻底除尽。

3PE 涂层的聚乙烯表面做好搭接定位标志，聚乙烯搭接部位加热拉毛并进行极化处理。

底漆涂刷前，对管体表面加热至 50 ～ 70℃，对聚乙烯防腐层搭接部位表面适当加热，有效加热宽度达到 150mm，表面预热到 60℃。

在钢管和聚乙烯搭接部位涂覆无溶剂环氧底漆，若底漆温度过低造成涂刷不便，可将底漆 A 组分适当加热。涂刷均匀，防止底漆在管顶部堆积以及管底部底漆过薄。底漆涂刷厚度 ≥ 150μm，也可以采用两层底漆进行涂刷。

在底漆湿态下直接安装热收缩带、固定片、密封条等。

回火。热收缩带整体收缩完成后，对热收缩带整体二次加热 3 ～ 5min 后回火，热收缩带表面加热温度要求达到 130 ～ 160℃（约 150℃）。

针对湿膜或干膜底漆，工艺流程如图 11-30 和图 11-31[25] 所示。

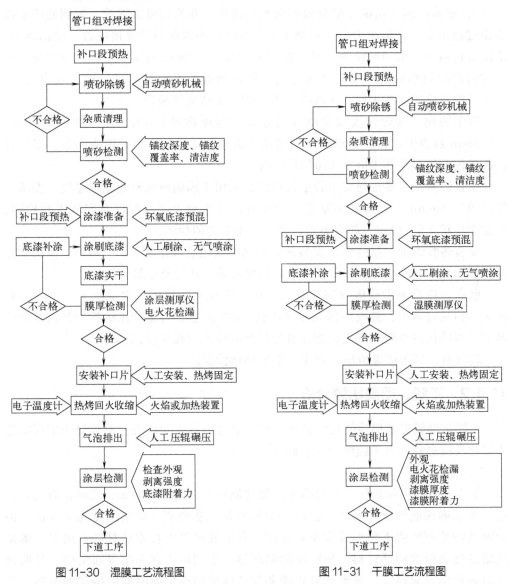

图 11-30　湿膜工艺流程图　　　　图 11-31　干膜工艺流程图

（2）干膜安装工艺

喷砂除锈前，将补口部位的钢管表面预热至 40 ～ 50℃，并保持钢管表面干燥。钢管表面除锈等级达到 Sa2½ 级，锚纹深度要求 50 ～ 90μm。

聚乙烯表面预热、拉毛。在聚乙烯表面做好搭接定位线标志，对聚乙烯防腐层搭接段（≈150mm）进行预热（≈100℃），同时用钢丝刷对两侧宽度 ≤ 110mm

聚乙烯层进行拉毛。

涂覆前预热，把钢管表面预热到 70 ～ 75℃。

底漆涂覆。先将 1/4 左右的底漆倒在管顶（12 点）分界线两边（11 点与 1 点位置），底漆流淌时用刷子沿管道周向均匀涂刷，并均匀覆盖钢管，等到底漆层在刷涂过程中有少许的阻力时，再把 1/4 左右的底漆倒在钢管管顶位置，涂刷均匀。依次进行第三、第四遍涂刷，整个涂刷要求在 3 ～ 5min 内完成。应注意焊缝、聚乙烯防腐层缺损处的涂覆。底漆涂刷一般不覆盖防腐层拉毛过渡层。底漆实干，实干后的底漆表面应平整、无流挂、无开裂、无橘皮等缺陷。

表干固化。将焊口表面涂刷好的底漆均匀加热到 110℃，并持续 1 ～ 2min，3 ～ 5min 后表干。具体要求如下：用指压法检测漆膜，不粘手即为固化。用红外线测温仪测得温度在 100 ～ 110℃范围内。

漆膜检测。底漆达到实干后进行检测。采用干膜测厚仪检测漆膜厚度，要求平均厚度 ≥ 400μm，控制最小厚度 ≥ 350μm。并用电火花检漏仪对底漆进行检漏，检漏电压按 2 kV 设定。如有要求，须进行附着力的检测。

安装热收缩带。热收缩带安装前应加热使底漆表面达到 80 ～ 90℃，搭接聚乙烯两侧达到 110 ～ 120℃。安装完成后热烤收缩，并安装密封胶条。

回火。热收缩带整体收缩完成后，应对热收缩带整体二次加热 8 ～ 12min 后回火。回火过程中，热收缩带表面应达到 160℃左右。可用指压法检查热熔胶熔化情况，以确认热熔胶是否充分熔化并保持熔化状态，保证黏结良好。

赶气泡。采用压辊滚压、密实，形成整体涂层。

11.4.2 干膜、湿膜比较分析

干膜与湿膜主要描述的是安装热收缩带前漆膜的表观状态，湿膜处于漆膜的慢速固化反应过程，而干膜则是快速固化完成实干。

（1）湿膜法

优点：安装操作简便，热收缩带的烘烤温度低，安装时间短，现场易施工。缺点：无法确保底漆是否固化，涂层外观等质量无法检测，涂层厚度无法保证，因为流淌特性有可能不能形成完整的漆膜。环氧底漆是极性刚性材料，而聚乙烯是高结晶度非极性塑性材料，热胀冷缩和环境产生的应力在黏结界面集中，且两种材料表面能差异较大，导致环氧底漆和聚乙烯的结合会随时间的推移而削弱，甚至丧失。并且底漆防腐性能低于其作为过渡的黏结层性能，所以一旦热收缩带与聚乙烯搭接部位、固定片处密封失效，即使底漆均匀地填充了钢管基体、聚乙烯拉毛间隙，但由于很难保证形成完整的漆膜，所以在底漆覆盖不完整和密封失效的情况下会出现较严重的腐蚀。

湿膜法工艺，热收缩带复合的热熔胶成膜树脂为接枝的马来酸酐，与底漆中环氧树脂反应条件是：≥ 180℃、≥ 40min。马来酸酐与底漆环氧树脂尚未反应时，底漆已固化完成，因此两者很难发生化学交联。湿膜热收缩带剥离强度试验发现，热熔胶／底漆（钢基体和聚乙烯基体）均表现为界面剥离破坏，以此印证热熔胶与底漆间理论上的化学黏结基本未实现，剥离试验确认复合体系中界面剥离的最薄弱点和应力集中点是剥离界面，所以会在管道运行过程中，因温度和环境应力引起的黏结缺陷极易沿界面发展，形成连续的腐蚀介质通道，并最终导致黏结失效[24]。

（2）干膜法

优点：底漆真正在被涂表面干燥固化成膜，可进行涂层完整性、漏点、厚度以及附着力检测，涂层厚度不受热收缩带施工影响，漆膜中所含的溶剂和稀释剂则挥发到大气中了，不会包裹在热收缩带，使整个防腐层密封效果更具长效性。缺点：补口时间长，施工速度慢。

干膜法施工，底漆迅速发生反应完成固化，而热熔胶与底漆的反应速率则非常慢，所以底漆表干后，热熔胶与底漆之间的黏结是以氢键为主的物理黏结。补口段漆膜涂层独立完整，不受热收缩带施工的影响，减少了对热收缩带密封性的依赖，即使热收缩带出现失效，完整的底漆仍能提供防腐蚀保护。

（3）干膜补口和湿膜补口工艺对比见表 11-8。

表 11-8　两种热收缩带安装工艺对比 [26-27]

对比项	湿膜工艺	干膜工艺
黏结机理	化学黏结（未实现，实际多数为物理黏结）	物理黏结
机理差异（搭接区）	环氧底漆为刚性材料，PE 为塑性材料，两种材料热胀冷缩性质相差较大，黏结效果较差	PE 和热熔胶均为塑性材料，热胀冷缩性质相似，黏结效果好
热收缩带	辐射交联聚乙烯，内表面为常规热熔胶	辐射交联聚乙烯，内表面的热熔胶具有更好的黏合性和耐高温性能
防腐底漆	规范要求的双组分无溶剂环氧树脂底漆湿膜厚度一般为 150μm	双组分无溶剂环氧树脂底漆，固化时间比湿膜防腐底漆短。要求干膜厚度为 300μm
表面清理	管表面喷砂除锈不低于 Sa2½ 级，锚纹深度 50 ～ 100μm	管表面喷砂除锈不低于 Sa2½ 级，锚纹深度 50 ～ 100μm
安装工艺	①管体表面加热至 50 ～ 70℃。②PE 搭接处拉毛加热，钢管和 PE 搭接处均涂刷底漆，底漆在湿润状态下直接安装热收缩带	①管体表面加热至 140 ～ 170℃。②PE 搭接处拉毛加热，只在钢管表面涂刷底漆，底漆实干后，安装热收缩带
漆膜结构	漆膜厚度不均，涂层整体性差	底漆干燥后再安装热收缩带，可以保证漆膜的完整性
工作效率	热收缩带加热温度低，操作简单，安装时间短（5 ～ 7min）。操作简便，热收缩带的安装时间短，现场施工人员容易接受	热收缩带加热温度高，操作相对复杂，安装时间长（20 ～ 25min）。在流水线作业下，可大大缩短补口时间。干膜底漆对温度较为敏感，冬季低温情况下干膜补口的时间相对较长

续表

对比项	湿膜工艺	干膜工艺
质量控制	①底漆只是过渡黏结层，主要靠热收缩带防腐； ②湿膜工艺安装过程的底漆厚度及完整性无法保证，其安装质量不好控制； ③热收缩带安装后短时间内需要通过辊轮，在受力较大的情况下，湿膜安装的热收缩带承压性较差	①漆实干后再安装热收缩带，使底漆和热收缩带均具有防腐功能，双层保护效果更好； ②干膜实干后进行检测，合格后才能安装热收缩带，能够保证底漆厚度和完整性，有利于控制整体质量； ③强制加热后，底漆完全固化，安装热收缩带后便可承受较大压力
防腐可靠性	热收缩带密封失效，补口套很大可能失效	双层保护结构，热收缩带起隔绝防护作用，即使补口套失效，底漆起第二层防腐作用
成本	相对更经济，价格比干膜低	干膜补口带的价格比湿膜的价格贵10%～20%
应用效果	安装比较快捷，但底漆膜厚度和完整性难以保证，从长远效果看，防腐质量不如干膜安装	底漆真正地在被涂表面干燥固化成膜，具有更好的防腐密封效果，现场各项检查指标符合规范要求。通过流水作业可以提高安装效率，并保证防腐质量

因为湿膜法的优点非常明显，尤其针对受外界环境影响较大的施工现场。缩短施工时间是确保涂层质量的关键节点之一，所以只要能采用性能优异的改性底漆，建议使用湿膜法进行施工。

湿膜法补口在 3PE 钢管防腐领域利用率更高，如果底漆和热收缩带热熔胶产生化学反应而完全黏结形成一体，收缩带和底漆就会形成一个完整体系。

要想满足湿膜质量的施工要求，底漆性能必须满足高固含量或无溶剂，强附着力，良好的抗介质渗透和耐蚀性，干燥速度快，施工方便。

（4）改性湿膜

中石油工程技术研究院研制[28]的双酚 F 型环氧树脂漆，在干、湿膜下安装均能实现良好的黏结：①剥离试验（底漆与湿膜热收缩带黏结，保温 3～5min，24h 自然冷却，测力计测试），剥离强度介于 120～180N/cm，热收缩带与补口底漆的剥离状态多为胶层内聚剥离破坏，说明补口底漆和胶层之间的黏结力大于胶层的内聚力。②耐水密闭性试验（70℃，120d），各补口管段热收缩带无鼓泡、无剥离，膜下无水，剥离强度没有明显下降，变化无规律。底漆与钢铁的结合力良好，表面平整光滑，剥离强度在 170N/cm 以上。

虽然干膜补口凭借其优点已成为管道防腐补口的通行做法，但如果经过改性的湿膜底漆可以达到干膜补口的质量要求，建议采用湿膜①②进行补口。

11.5　外防腐补口应用实例

11.5.1　热收缩带补口

热收缩片或热收缩片加底漆补口方式，是主流管道防腐层最常采用的，而热收缩带相比于热收缩套可以按照管径进行任意尺寸的裁剪，但又有自身缺陷，因为有纵向搭接层，必须采用密封胶条和补口片进行二次密封，所以整体性比热收缩套差。补口过程如图 11-32 所示。

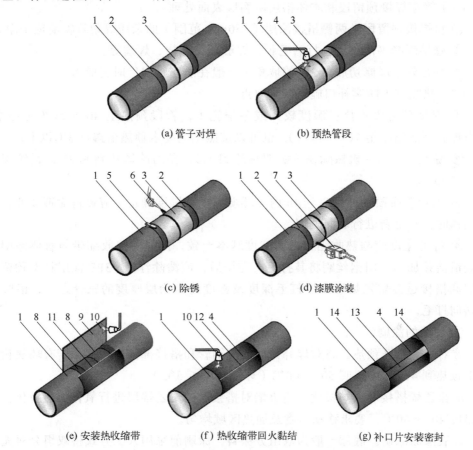

(a) 管子对焊　　　　　　　(b) 预热管段

(c) 除锈　　　　　　　(d) 漆膜涂装

(e) 安装热收缩带　　　(f) 热收缩带回火黏结　　　(g) 补口片安装密封

图 11-32　3PE 热收缩带防腐层补口三维示意图

1—管本体防腐层；2—预留底层防腐漆层；3—补口段管本体；4—管表面预热装置；5—防腐层打毛刷；6—管表面除锈装置；7—底漆涂刷装置；8—补口防腐漆层；9—热收缩带；10—补口带预热装置；11—纵向密封条 1；12—纵向密封条 2；13—补口片；14—密封胶条

（1）补口前工作

① 材料检验。按照工艺要求、补口管道的管径、防腐涂层的结构形式（3PE、FBE 等）、涂层厚度（普通级或加强级防腐）来选择热收缩带，并对进厂的热收

缩带进行抽检，测定其厚度等物理参数。对于使用的补口带目测检查表面应平整、无气泡、麻坑、裂纹，无氧化变质现象，热收缩套（带）胶层应无裂纹，内衬护薄膜应完好。

② 依据防腐层的底层结构（湿膜、干膜等）要求，选择手工 / 机械除锈方式或喷砂除锈方式。

③ 配备现场所用的空气压缩机和液化火焰加热器（液化气钢瓶输出压力 P ≥ 0.15MPa）。

④ 准备测量尺、测温计、涂层压辊、防腐层打毛刷轮等。

（2）管道焊接预留段和本体搭接防腐层表面处理

① 将焊接预留段及两侧搭接涂层（150mm 范围）的杂质等附着物清理干净。

② 修整焊缝平滑过渡，打磨毛刺、焊渣、飞溅物、焊瘤等。

③ 3PE 外涂层修切成 ≤ 30° 的坡角（一般在防腐管出厂时完成）。

（3）热收缩带防腐补口施工操作要点

① 焊接预留段预热：湿度较大或冬季施工，管段预热至 40 ~ 50℃（冬季，适当提高预热温度至 70 ~ 80℃），也可以按照工艺要求预热至露点 3℃以上。

② 除锈：手动 / 机械除锈等级要求达到 St3，抛射除锈达到 Sa2½，锚纹深度 35 ~ 70μm。

③ 钢管表面预处理后 2 ~ 4h 内（环境温度和湿度确定）应进行涂覆作业，表面返锈时，应重新进行表面处理。

④ 打毛宽度应与热收缩带覆盖宽度基本一致，同时将热收缩带与管体涂层搭接处清洁并加热，用钢丝刷将其打毛，完毕后，应清除浮渣；3PE 涂层打毛预留环氧层和搭接过渡聚乙烯层涂层打毛深度及密度约为涂层厚度的三分之一，沿竖向及斜向打毛。

⑤ 底漆的涂刷。

a. 对焊补口区预热。将对焊补口部位的钢管和搭接部位的涂层（若有环氧粉末层）预热到 40 ~ 50℃或 50 ~ 60℃（环境温度 ≤ 5℃）。

b. 聚乙烯搭接层火焰极化。用火焰对搭接层的聚乙烯层进行氧化加热极化，加热温度 40 ~ 60℃，要求移动速度及加热区域均匀。

c. 底漆的涂刷。底漆一般为双组分涂料，涂刷前采用人工方式将双组分料充分混合并搅拌均匀（一个方向搅拌 3 ~ 5min），静置待用。在混料、搅拌、静置过程中按照材料性能要求进行保温，预混的涂料可以采用人工涂刷和单组分无气喷涂机喷涂成膜。如果采用双组分无气喷涂机，可直接进行吸料涂装，涂装过程要求对料桶和管路进行加热和保温。底漆涂刷与热收缩带覆盖区域一致。

d. 在底漆尚湿润时（湿膜涂覆方式），迅速将印有搭接线端的热收缩带内层胶热烤到（火焰方式）发黏，迅速粘贴在对焊补口段对称部位（周向位置 10 点），用胶辊碾压展平，并沿轴向边缘处安放一根胶条 [图 11-32（e）]。

⑥ 湿膜涂覆要求必须在底漆尚湿润时安装热收缩带，安装前不得加热已涂好的底漆层。

⑦ 完全缠绕热收缩带前，将其另一端内胶层热烤至发黏，并沿钢管周向绕至搭接线，搭接前在完全搭接的区域基材表面加热，再对准粘贴，用压辊辊压粘紧，并在外搭接部位安装纵向密封胶条 [图 11-32（f）]。

⑧ 固定片的安装。将固定片展平，并用火焰加热内胶层使其发黏变亮，迅速压贴至热收缩带接缝处，往返加热辊压展平，确保黏结牢固。如果天气较冷，可以采用单边加热黏附的方式。

⑨ 加热热收缩带。为确保在加热热收缩带过程中，胶层热气的正常散失，加热前需要在带的两端安装衬垫（木衬），然后用火焰加热器对热收缩带从中央向两侧均匀加热，逐渐收缩至端部。加热过程中须防止固定片与热收缩带分离，且全过程中火焰一定要覆盖固定片。

⑩ 防止翘边。当热收缩带收缩至端部时，取出衬垫后继续加热，直至端部缩紧密实。一般要求火焰应覆盖热收缩带的边缘数秒（火焰中心对准带边，一半覆盖热收缩带，一半覆盖管本体涂层），使之收缩密实，防止收火后翘边。端部收紧要求完成一遍后再进行下一端部，除非两人同时操作。

⑪ 辊碾密实。当热收缩带收缩完全后，需将整个热收缩带加热 5 ～ 8min（依据内层胶熔融状态），使热熔胶充分熔融并从两端溢出，当热收缩带表面热烤柔软时，用软质胶辊辊压出气泡。加热过程中火焰一定要覆盖热收缩带的边缘，以确保收缩完成后不会发生翘边或卷边等现象。

a. 热收缩带完全收缩后，先径向（带缠绕方向）从下至上，后轴向（带宽度方向）微偏移从上至下不断均匀来回加热，加热时间 5 ～ 8min，使带内热熔胶充分熔融，并使整个补口部位的温度保持在 130℃以上，加热过程中火焰移动应连续、不跳跃，并适当超过热收缩带两端的边缘。

b. 5 ～ 8min 的加热时间可保证一次完成黏结，克服环境变化所带来的一系列影响，使补口带黏结质量得到保证。

c. 热收缩带收缩完成后切忌马上收火，火焰缓慢撤离加热区，以确保发黏、流动的热熔胶与湿膜（湿润状态的底漆）完全黏结。

⑫ 热收缩带收缩、二次加热黏结完成后，热熔胶须从带纵向两端溢出，并在热收缩带表面柔软时，用碾压辊挤出气泡。

⑬ 安装密封胶条。热收缩带热缩黏结碾压完成后，在固定片的两端各安装一根约 150mm 长（按照管径范围）的密封胶条封边，使之与热收缩带溢出的胶成为整体 [图 11-32（g）]。

⑭ 热 - 收缩带与管本体聚乙烯层搭接宽度应≥ 100mm；热收缩带的周向搭接

宽度应≥80mm。

11.5.2 热收缩套补口

热收缩套的补口质量要优于热收缩带，但在施工过程中要满足对焊前的热收缩套的安装，只适用于少量短距离补口施工，否则容易造成移管、焊接等人为因素导致的补口套污染或破损。其具体施工过程如图11-33所示。

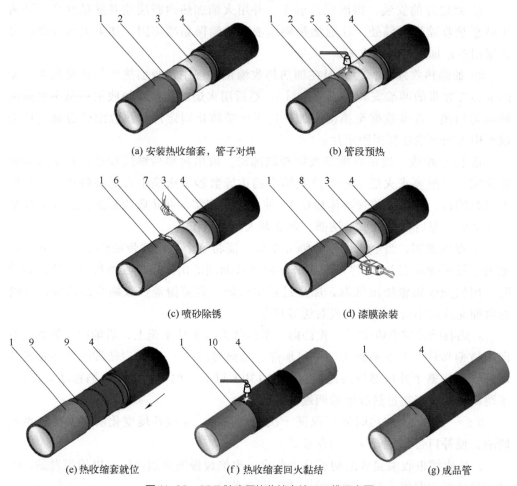

(a) 安装热收缩套，管子对焊　　　　　　(b) 管段预热

(c) 喷砂除锈　　　　　　(d) 漆膜涂装

(e) 热收缩套就位　　　(f) 热收缩套回火黏结　　　(g) 成品管

图11-33　3PE防腐层热收缩套补口三维示意图

1—管本体防腐层；2—预留底层防腐漆层；3—补口段管本体；4—管表面预热装置；5—防腐层打毛刷；
6—表面除锈装置；7—底漆涂刷装置；8—补口防腐漆层；9—补口带；10—补口带预热装置

（1）施工条件

当存在下列情况之一且无有效防护或加热措施时，不应进行露天补口施工：雨、雪、风沙，或风速达到7.9m/s以上天气；空气相对湿度＞85%或环境温度低于5℃；需补口的管体表面温度低于露点温度3℃，或者低于涂料供货商推荐的温度。

（2）施工前准备工作

按设计和施工规范要求对补口进行检查、验收及保管，选取适合管径范围的热收缩套；在管道对焊前，把热收缩套套入管道，并滑动至管本体防腐层。准备空气压缩机，补口预热液化气罐和喷枪，打磨装置，除尘毛刷、棉布，喷砂（机械除锈）机，表面测温仪，压辊等。

（3）管口预处理

环向焊缝及其附近的毛刺、焊渣、飞溅物、焊瘤等应清理干净。防腐层端部不得有翘边、开裂等缺陷，要求其与钢管完全黏附，并在补口前确保防腐层坡口小于 30°。

管段表面存有水分或当管表面温度低于露点温度 3℃，对补口部位的管端和管本体搭接区域防腐层进行预热（火焰或中频等整段加热装置），预热温度要求达到 40 ～ 50℃（接触式测温仪测温）。

钢管表面喷砂除锈等级应达到 Sa2½ 级或手工除锈 St3 级，锚纹深度应达到 30 ～ 70μm（除锈方式），表面灰尘度等级应不低于 2 级。

除锈后与补口施工的时间间隔不超过 2 ～ 4h（视空气湿度），管表面出现返锈现象，应重新进行表面处理。

如有要求，应对补口的管段表面除盐。

（4）搭接区防腐层表面处理

对管体防腐层搭接表面进行粗糙化处理，可以采用木工锉、钢丝刷、喷砂等方式进行，要求形成轻度粗糙、均匀的表面，但不得损伤、污染防腐层表面。

焊道两侧管本体防腐层的处理宽度应在 5 ～ 10cm（视热收缩套搭接区域长度而定）。

（5）气体极化聚乙烯搭接层

搭接区聚乙烯层表面极化处理可以选用气体极化、电晕极化或高温火焰处理等。采用气体极化方式时，因为其污染环境，对人体有害，应用时须按照要求进行。

一般要求极化处理完成后，应对气体全部进行回收处理，不应直接排放；极化用刺鼻性气味气体，非极化操作人员应远离极化区域 10m 以上且不得站在下风口作业。

气体极化方式：采用塑料膜将表面喷磨处理后的补口搭接区域进行覆盖，并采用胶带密封，用工具刀在密封膜上开小孔（20mm 左右），开孔后挤压密封膜排除空气，处理剂输气针头插入密封膜输气，密封膜鼓胀后关闭输气阀门，拔出输气头并黏结密封针孔保持 10min。10min 或 48h 内均可去除密封膜（图 11-34）。要求在极化后 10min 内涂装底漆。

图 11-34 气体极化处理

（6）底漆涂装

环境温度≥10℃时，按常温补口表面防腐工艺进行。双组分物料首先进行混配（一个方向搅拌 3～5min），目的为混配均匀，并增加流动性，混配后静置 10～30min（以物料特性）后使用，采用人工刷涂或单组分无气喷涂机喷涂。也可采用双组分无气喷涂机枪前预混后涂装。涂抹厚度按照工艺要求确定。环境温度＜10℃时，按低温补口表面防腐工艺进行。

3PE 涂层补口，底漆必须覆盖预留环氧涂层，而不覆盖 PE 层。

冬季施工，采用电加热或水浴方式维持物料温度在 30～40℃（物料特性决定）。补口前使用火焰或中频加热等方式预热焊接补口区域，预热温度 40～50℃。

底漆为湿膜补口，采用湿膜测厚仪检测湿膜厚度；底漆为干膜补口，采用普通磁性测厚仪。干膜方式，须采用预热方式确保底漆层表干（一般采用小火，3～5min 即可）。

（7）热收缩套安装定位

底漆涂装完成，在漆膜状态规定的时间内（表干漆层、不粘手），滑动预先安装的热收缩套至补口确定位置，注意对湿膜涂层，去除隔离层前，预先清除大于热收缩套宽度的与底漆相接的管本体防腐层上的灰尘，并保持干净。在清洁的管段上去除热收缩套内胶层上的复合塑料薄膜隔离层，注意薄膜内黏附的灰尘不得污染漆膜。去除隔离层的热收缩套滑动至补口位置，取下包装膜和防粘纸。

（8）热收缩套热缩定型

将热收缩套定位后，用火焰加热器先从中间位置沿环向均匀加热，使中央部位首先收缩，然后再从中央向一边均匀移动加热，使热收缩套均匀收缩，并用辊子滚压或戴耐热手套用手挤压，将空气完全排出。至端部 35cm 处，将火焰调小，转从侧向向内加热胶面，至胶熔融后，再缓缓加热热收缩套，直至端部周向底胶均匀溢出。一端收缩好后再以同样的方法加热另一端，直至端部周向底胶均匀溢出。加热时，必须按热收缩套产品的感温颜色变化要求严格控制加热程度。热收缩套大体收缩完毕后，用文火横向进行补火，火要均匀地使表面温度达到 180～210℃，并确保两边有热熔胶溢出。

为在预热过程中更好地排除热空气，可在套与管本体防腐层搭接端，安装衬垫（木衬类），两边用尺子测量均匀，在热收缩套边上用木塞撑起，尽量和钢管同心。

气温比较低时，要加长烘烤时间，准备保温设备对烘烤完的补口处进行保温钢管直径 φ200mm 以下钢管补口热收缩套一人操作，φ200～1016mm 可两人操作，φ1016mm 以上最好三人操作。

11.6　小结

　　管道防腐层补口质量在长输管道的长期运行中至关重要。因为长输管道本体涂层采用现有最佳的材料和最新的技术，均能够在涂覆厂内完成涂层涂装，并经过一系列严格的检测检验，其涂层的涂装质量完全满足管道设计年限内的使用要求。

　　反观防腐层的补口则必须在管道建设现场来完成，一些应用于主管道上的涂料和涂装工艺无法应用于补口段上，并且施工现场环境复杂，如冬雨季、沙尘天气、水网地带、高山、深沟等，造成本身低于主管道防腐材料的涂装工艺更加难以实现。并且施工人员的素质等也影响到了补口涂层的质量，国内某工程，出现采用国外进口材料而造成补口失效的案例，而国外同样工程则从未有过。

　　所以为提高防腐层的补口质量，首先需要研制适用于现场的补口材料和施工工艺，其次需要研究代替人工的补口机械，把人工的失误降到最低。更重要的是对施工人员进行全面的补口操作培训，并针对不同的施工环境制定不同的补口操作规程。最后严格施工现场的检查验收，杜绝带病管段涂层铺设运行。

参考文献

[1] 中华人民共和国住房和城乡建设部.管道外防腐补口技术规范：GB/T 51241—2017[S].北京：中国计划出版社，2017.

[2] International Organization for Standardization.Petroleum and natural gas industries-External coatings for buried or submerged pipelines used in pipeline transportation systems-Part 3：Field joint coatings：ISO 21809-3：2016[S].

[3] 陶志刚，王龙，赵建国.油气管道外防腐补口技术研究进展 [J].油气储运，2014，33（ 7）：DOI：10.6047/j.issn.1000-8241.2014.07.002..

[4] 杨景荣，邰永红，陈阳，等.大口径长输管道外防腐层补口采用黏弹体 + 热收缩压敏带施工技术 [J].中国石油和化工标准与质量，2013（2）：103.

[5] 孙海明，刘立群，张海雷.管道 3LPE 防腐蚀层补口失效原因及建议 [J].腐蚀与防护，2016（1）：60-63.

[6] 高书田，邱杰，康燕，等.用于管道内补口的抛丸车：CN109129209 A[P].2019-05-17.

[7] 贾东升，何林，徐宏科.一种用于管道内部的全自动打磨除锈装置：CN210704176 U[P].2020-06-09.

[8] 薛小刚，刘振江.一种管道内补口喷涂车：CN203525977 U[P].2014-04-09.

[9] 孙克刚，陈兵剑，田宝洲，等.长输管道内补口防腐施工装置：CN2770806 Y[P].2006-04-12.

[10] 赵艺.小口径螺旋焊管的内防腐补口形式探讨 [J].新疆钢铁，2017，33（1）：19-21.

[11] 欧莉，刘鸿升，于家顺，等.小口径管道内补口工艺技术研究 [J].油田建设设计，2001（1）：68-70.

[12] 张桂基，康学君.涠洲终端排污海管内涂层和现场补口的技术选择 [J].中国海上油气（工程），2000（4）：17-19.

[13] 徐忠苹，韩文礼，张彦军.焊后不补口法在小口径管道内防腐中的试验研究 [C]// 全国油气田管道及储罐腐蚀与控制技术应用研讨会，2012.

[14] 徐昌学，曾惠林，乐天，等.管道补口密闭自动除锈机：CN103016905 A[P].2013-04-13.

[15] 郭敏利，周号，刘艳利，等.开合式防腐补口中频加热装置：CN201779399 U[P].2011-03-30.

[16] 朱琳，白树彬，徐昌学，等.热收缩带机械化补口技术在长输油气管道建设上的应用 [J].腐蚀与防护，2016，37（11）：929-931.

[17] 王志刚，昌喜军，高象杰，等.一种用于管道外焊缝循环喷砂除锈装置的专用喷头：CN102601743 A[P].2012-07-25.

[18] 王长江，张国权，郭奇超，等.一种管道加热设备及方法：CN108626520 A[P].2020-07-10.

[19] 王来臻，胡海伦，龙斌，等.一种管道补口加热装置：CN207990001 U[P].2018-10-19.

[20] 国家能源局.埋地钢质管道机械化补口技术规范：SY/T 7477—2020[S].北京：石油工业出版社，2020.

[21] 叶春艳，张鹏，康景波，等.热收缩带中频加热补口施工技术 [J].石油工程建设，2012，38（5）：49-50.

[22] 管道科学研究院防腐小组.热收缩带机械化补口工艺的研究 [S].2014-05-15.

[23] 刘锋，曾传银.机械化热收缩带补口在西气东输三线的应用 [J].管道技术与设备，2015（3）：41-43.

[24] 叶春艳，董彬，张鹏，等.热收缩带干、湿膜安装工艺研究 [J].腐蚀科学与防护技术，2012，24（3）：263-264.

[25] 廖宇平，谭同斌，李华，等.热收缩带中频加热安装施工工法 [S].中国石油天然气管道局科技中心，2011.

[26] 赵兴民，高睿，高晓蓓.无配重层海底管道外防腐补口工艺方案 [J].油气储运，2019，38（3）：356-359.

[27] 任红英，窦忠亮，黎志昌.干膜热熔胶型热收缩带在城市燃气管道防腐补口施工中的应用 [J].城市燃气，2019（10）：20-24.

[28] 韩文礼，徐忠苹，李爱贵，等.新型热收缩带补口专用配套底漆研究 [J].全面腐蚀控制，2010（12）：28-32，43.

第 12 章

管道涂层失效

运行管道的涂层对钢质管道提供接近百分之百的保护，但管道涂层在涂装、堆放、运行等过程中不可避免地出现失效，导致管道运行缺陷。全面分析涂层产生缺陷的可能因素，有效预防缺陷产生或找到已形成缺陷涂层功能的恢复方法，是减少管道失效，提高管道运行寿命的重要技术要素。

涂层失效包含两层意思：一是 NACE 0169 标准的定义，即涂层已超过其有效使用寿命或经评价认为已全部失效，此时维持阴极保护的运行已不再经济；二是涂层早期失效或部分失效。下面讨论涂层早期失效或部分失效的情况。

导致管道失效的因素非常多，图 12-1 归纳总结了失效的因素，其中最不可控的就是涂层失效。

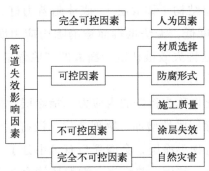

图 12-1　管道失效影响因素归类

涂层失效的发展模式是：涂层缺陷—环境介质渗入—附着力降低—鼓泡—防腐层破损—防腐层绝缘电阻降低—涂层失效。

本章中的涂层失效分析，主要是指常用涂层，如三层聚烯烃涂层、环氧涂层以及补口失效分析。

美国韦尔登（Weldon D.G.）[1]提出涂层失效原因：误用涂料、涂层缺陷、涂料选择错误、涂层应用环境不适当，除涂层的应用环境外，其余三个原因都与涂料自身有关。对于管道涂层，除涂料自身原因、涂层所处的环境外，基体的前处理不彻底、涂层成型工艺选择不当等都会引起涂层失效。

12.1 涂层失效原理

涂层失效与应力作用的关系：涂层受到一个或多个因素产生的应力作用，应力的大小、程度超过涂层在应力环境下的正常预期，则涂层失效定义为应力作用；若涂层因结构设计不当或材料选择错误等，在正常应力环境下失效，应力就不是涂层失效的原因[1]。

机械应力。定型涂层受到作用力时，必定会发生形变。作用力包括土壤应力、热胀冷缩、冲击振动以及其他形式的外部应力。此外，还有水（溶剂）或其他化学介质造成的涂层溶胀。

内应力。涂层固化为收缩过程，液态涂料干燥期间的溶剂挥发或粉末涂料固化期间的交联反应即为收缩。当涂料的聚合物链流动性降低，涂层无法进一步收缩时，就会产生内应力。环氧涂层固化时通过收缩消除内应力，如果基材强度高，不易形变（如钢基体），涂层附着力良好，内聚强度较低，不可能发生收缩，会以龟裂的形式消除内应力，涂层内聚强度高，与基材附着良好，将会在涂层与基材结合处产生永久应力，在这种情况下，当涂层遭受外部应力时，涂层最终会失效。如果结合力差，则会剥离。

收缩应力。复合涂层结构（如双层），底漆附着力好、强度高、坚硬，则会产生永久内应力；如果强度低，无法抵御面漆消除内应力所产生的收缩应力时，就会发生底漆内聚开裂，这种失效被认定为面漆的"收缩应力"，是面层为消除其自身应力而传递到底层的应力行为。

物理老化。物理老化也称为特殊的内应力，指涂层性能随时间发生变化，主要涉及聚合物和塑料，如涂层脆性增加，物理老化，没有发生化学变化。

化学腐蚀。有机聚合物类涂层，会遭受与有机小分子相同类型的化学反应。

老化应力。工业大气、酸雨、热、光、潮湿环境会对涂层造成很大破坏。

渗透气泡。水和氧透过涂层渗透到基体导致腐蚀，是涂层失效的主要原因。无机盐、酸和碱很难通过大多数涂层，基层表面由于盐分污染会导致水溶性介质或部分水溶性溶剂渗透。

管道涂层的缺陷在涂装、运输、施工、运行、补口等各个环节都可能出现，各个环节涂层缺陷各不相同，只有通过具体分析才能根据缺陷类型找出质量控制的方法，从而得到高质量的涂层。

12.2　管道 3PE 涂层涂装缺陷及控制

管道 3PE 涂层的质量由内因和外因共同决定。内因靠材料保障，外因靠 3PE 涂层涂装工艺实现。

12.2.1　翘边缺陷

（1）翘边缺陷[2]分类

翘边缺陷，主要表现为以下几个方面。

① 整体防腐层翘边（图 12-2）。环氧粉末、中间黏结剂与聚乙烯层黏结完整，但环氧粉末与钢管基体表面脱粘，形成翘边。

② 中间黏结剂与环氧粉末表面脱粘，形成翘边。

③ 聚乙烯层与中间黏结剂表面脱粘，形成翘边，也属于防腐层间分层（图 12-3）。

④ 缠绕成型时，聚乙烯层与聚乙烯层之间分层。

⑤ 三层防腐层的中间黏结剂或环氧粉末层缺失造成防腐层间黏结缺陷，形成翘边。

⑥ 堆放（过程）环境引起防腐层翘边。

图 12-2　涂层整体翘边图

图 12-3　分层翘边缺陷图

（2）缺陷分析

防腐层翘边实际上是防腐层端部变形，均由应力导致。在 3PE 涂层成型过程中，可导致翘边的作用力只有冷却定型时的收缩应力，这是因为冷却时的收缩应力大于材料间界面的黏结力。此外，防腐层端部边沿实际上是收缩应力作用的集中区域，涂层冷却时周向收缩应力使得涂层向钢管侧收缩，有利于防腐层粘贴紧密，导致材料间界面黏结强度小于收缩应力（受各涂层成型过程中多种因素的影响），层间材料内聚破坏产生剥离应力，同样造成层间防腐层的剥离，从而引起翘边。

材料间界面黏结强度小于收缩应力，除与 3PE 成型的设备以及材料有关外，还与成型工艺、外界环境等因素密切相关。

① 前处理造成缺陷。钢管表面覆盖物（未处理或二次污染），在钢管表面形成隔离物膜，导致熔融环氧粉末与加热钢管界面间未形成有效黏结，容易形成整体防腐层翘边。

② 加热造成翘边。钢管加热温度低于环氧粉末熔融所要求的温度，导致静电附着于钢管表面的部分甚至全部环氧粉末未熔融，难以在钢管基体表面进行熔态浸润和化学键合，导致未形成有效黏结。此外，当喷粉过厚、粉末颗粒度不均或过大时，即使钢管加热温度达到要求，但因成型到冷却时间间隔设置较短，传导热来不及使粉末完全有效熔融，也会导致此类缺陷，宏观表现为粉末层内聚破坏。产生原因如下。

a. 中频设备设计缺陷。未考虑钢管传动速度、钢管壁厚，无法确保钢管加热电流的透入度[3]。

b. 钢管加热过程中，多采用红外线测温仪测量钢管温度，由于受到漫反射、测量距离等影响，所测温度与实际有一定差距。

c. 管接头设计缺陷（图12-4）。管接头保证钢管的连续稳定传动，采用等厚壁钢管车制或钢板卷焊而成。中频感应加热为透热过程，管接头与钢管的接触面位置大于在防腐层端头规定的预留尺寸时，钢管的壁厚增加，虽表面预热后初步达到粉末胶化规定的温度，但在进入粉末喷涂前的时间里，由于热传导引起温降，则管外壁温度有可能低于粉末胶化温度，即便达到胶化温度，粉末喷涂完成后，热继续向内传导，表面温度持续降低，在规定时间内未胶化，此时环氧粉末层会与钢管脱粘或与中间黏结剂脱粘。

d. 冷却水或冷凝水倒灌。3PE成型采用水冷却进行定形，在钢管传输过程中，传动线定位钢管管底标高一致，或出管端标高高于进管端，冷却水就会从管前端向管后部倒流，并在管接头处积聚。管端虽经中频加热，但由于水的冷却作用，造成管端温度过低，粉末难以胶化。在冬季施工时，即使出管端标高低于进管端，此时虽不会产生冷却水倒流，但进管端钢管温度较低，管内产生的大量水蒸气遇到钢管急冷，冷凝水会沿进管端向出管端流动，也会在管接头处积聚，降低管端温度，引起粉末未胶化。

e. 环境温度较低。保温措施不当，引起钢管表面散热加剧，同样造成粉末未胶化。

③ 工艺过程造成翘边。

a. 管端缠纸造成翘边（图12-5）。为方便管端部位的聚乙烯层打磨，采用缠纸方式在环氧粉末与钢管之间形成隔离层，若隔离纸超过预留宽度，就会形成隔离翘边。

b. 粉末胶化引起翘边。3PE成型对传动速度要求严格，必须在粉末胶化状态下

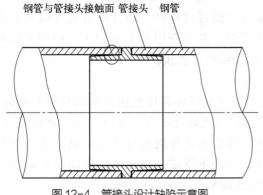

钢管与管接头接触面 管接头 钢管

图 12-4 管接头设计缺陷示意图

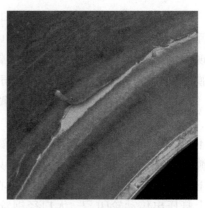

图 12-5 缠纸引起翘边缺陷

完成中间黏结剂的缠绕，粉末胶化时间比较短，钢管传动速度必须与粉末胶化时间匹配。钢管传输速度过慢，则可能出现粉末已经固化后才进行中间黏结剂的涂覆；过快则粉末未胶化。这些都会造成中间黏结剂与环氧粉末层分层。

c. 粉末固化引起翘边。钢管表面温度过高，环氧粉末固化反应太快，中间黏结剂包覆前，环氧树脂官能团过度消耗，失去和胶黏剂的化学键结合，并可能发生轻度焦化，降低中间黏结剂层与环氧层的化学键合，此时极易造成防腐层翘边[4]。

d. 欠粉区域出现翘边（图 12-6）。喷枪堵塞、粉箱缺粉、空压机偷停、喷枪距离钢管表面太远等，造成静电粉末喷枪停喷，出现欠粉区域，只涂覆了中间黏结剂层和聚乙烯层，形成缺陷。

e. 中间黏结剂欠搭接造成翘边（图 12-7）。当钢管传输速度过大或挤膜速度过慢，中间黏结剂带拉伸变窄，导致缠绕出现欠搭接，聚乙烯带与环氧粉末层直接搭接，影响黏结强度。此类缺陷表观看似聚乙烯挤出带翘边，实际上是中间黏结剂成型引发的质量缺陷。

图 12-6 欠粉引起缺陷

图 12-7 欠胶翘边

由于钢管存在挠度或钢管管口不圆，两根管道连接处出现错口，钢管表面和中间黏结剂的相对位置出现波动，中间黏结剂膜过度拉伸，膜片终点宽度过窄，出现中间黏结剂欠搭接；带挠度的钢管使管端，甚至管中部上下起伏，中间黏结剂膜受到的拉伸力时大时小，也会导致中间黏结剂欠搭接。

④ 原料之间黏结引起分层（图 12-8）。

分层的原因是层间熔合不好，当使用的材料熔体强度低而又追求焊缝厚度时，不得不降低聚乙烯的挤出温度，温度低造成层间熔合不好。大口径钢管蓄热量大，缠绕包覆后不易冷却，使得加工只能在相对低的钢管道速度和相对低的挤出温度下进行，以避免包覆层因温度高在短时内冷却不下来，造成后续传动轮在防腐层上赶压出传动轮印[5]。大口径钢管易出现此现象。

中间黏结剂塑化状态不好或聚乙烯挤出带塑化不好，亦会导致中间黏结剂膜与环氧粉末底漆黏结强度不足；碾压辊轮因设计缺陷或长时间使用压力不足，造成膜之间无法压接密实，同样会引起分层缺陷。

⑤ 露天堆放形成缺陷。

还有一类防腐层端部翘边并不发生在成型过程中，而是在产品成型后的长期露天储存过程中发生。该质量缺陷产生的内因仍是材料成型时形成的残余应力。在成型过程中，翘边形成相当于残余应力被松弛掉，但如果未形成翘边（如黏结强度略大于残余应力），则残余应力被存留在材料中，该残余应力的松弛过程很长。外因则是环境条件的作用。当成型管长时间露天堆放时，管表面存留的雨水会沿防腐层搭接界面渗透扩散，导致界面间黏结强度降低。风力对防腐层搭接的剥离作用亦会导致界面间黏结强度降低。因为 3PE 防腐层在露天堆放时随气温的变化而热胀冷缩，PE 层的热胀冷缩程度与钢管不同，而且 PE 层坡口较薄，反复缩胀使 PE 层产生温差应力疲劳，导致 PE 层与基体界面间黏结强度降低，从而在坡口处形成翘边[6]（图 12-9）。

钢管端头裸露部分受到潮湿空气的侵蚀，发生腐蚀，产生腐蚀氧化物，并且通过水分渗透，氧化物向端头防腐层扩展，从而引起防腐层下腐蚀，造成防腐层脱粘，引起翘边（图 12-10）。

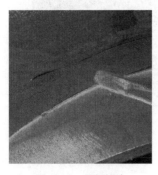  

图 12-8　层间翘边　　　　图 12-9　长期堆放造成翘边　　　图 12-10　堆放腐蚀造成翘边

12.2.2　焊缝防腐层缺陷

　　直缝焊钢管和螺旋焊钢管在 3PE 外防腐（缠绕法）成型过程中，由于焊缝几何突变的特点、自身缺陷（如焊缝凸出的余高、毛刺、尖锐的凸起焊瘤、鱼鳞状焊波、收弧坑、咬边等）的存在以及成型工艺参数变化的影响，极易导致焊缝区防腐层产生各类缺陷，严重时可直接导致成品焊缝区开裂，形成废品，更危险的是带有缺陷的外防腐钢管在投入工程运行后，有可能因缺陷的发展形成早期开裂，导致工程管道提前腐蚀失效。

　　（1）焊缝区 3PE 外防腐层缺陷[7] 种类

　　3PE 涂层成型过程中，焊缝区外防腐层主要缺陷为：焊缝区防腐层开裂；焊缝侧防腐层减薄；焊缝侧防腐层分层；焊缝防腐层坡口缺陷。

　　（2）缺陷成因分析

　　① 焊缝区防腐层开裂原因分析（图 12-11）。螺旋焊钢管或直缝焊钢管，3PE 防腐层成型后，焊缝区时常发生某一段或全焊缝区防腐层破裂。

　　a. 焊缝几何突变致防腐层开裂。根据标准规定，允许用于制备长输管道的钢管焊缝留有一定的余高（≤ 2.5mm），使焊缝区焊肉高于钢管面，形成焊缝几何突变。对防腐层应力开裂的影响主要有两方面：一是由于焊缝留有余高，同宽度、同高度膜口挤出的熔态塑料片在钢管上包覆时，焊缝区形成的防腐层必然较钢管区偏薄，如果焊缝余高超过标准规定，则该厚薄比更为严重。众所周知，当塑料壳厚薄不均时，不仅导致塑料层形成环向本体强度差，产生引发应力开裂的薄弱环节，更为严重的是在冷却定型过程中，将导致收缩残余应力在薄区积累。换句话说，就是残余应力在焊缝区防腐层集中；二是由于几何突变形成的焊缝余高，在同等加热条件下，厚度不同的钢基体蓄热能力不同，钢管区与焊缝区形成热容差，此类热容差如果不在冷却条件下有效消除，对焊缝区防腐层开裂也有严重影响。

　　b. 成型工艺热环境防腐层开裂。成型工艺热环境对防腐层应力开裂的影响可按三个过程进行分析：加热过程、水冷却过程、室温冷却过程。加热过程的影响主要表现在使焊缝区与钢管区形成热容差。前已述及，在同等的中频加热条件下，因焊缝余高的存在，焊缝区的蓄热能力大于钢管，如果焊缝余高超过标准规定，则此热容差更为严重。水冷却过程的影响主要表现在使焊缝区与钢管区形成不同的残余热能。由于焊缝区蓄热能力大，在同等冷却条件下，如果水冷却参数设置不足，成型冷却后焊缝区所蓄积的残余热能大于钢管区，该残余热能具有经热传导使焊缝区塑料层被二次加热的能力，致使该区塑料层温度高于钢管区塑料层。换句话说，导致该区塑料层强度低于钢管区塑料层。室温冷却过程的影响主要表现在使钢管的焊缝区与钢管区形成不同的冷却收缩速度。当成型钢管下线后，随着防腐层在室温下的进一步冷却收缩，受焊缝区残余热能的影响，该区域塑料被再次加热，故其冷却收缩速度总是慢于钢管区，加之钢管区偏厚防腐层冷却收缩面积总量远大于焊缝区偏薄防腐层冷却收缩面积总量，其影响不言而喻。

图 12-11　热应力开裂

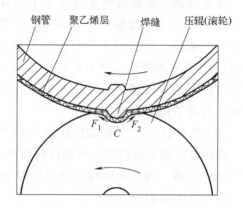

图 12-12　碾压焊缝防腐层示意图

c. 焊缝缺陷防腐层开裂。为保证挤压聚乙烯涂层的质量，标准规定钢管焊缝的余高 ≤ 2.5mm，且焊缝应平滑过渡。对于某些进厂钢管，如果焊缝余高超标或焊缝表面存在毛刺、尖锐的凸起焊瘤等缺陷时，由于此类缺陷能够在成型塑料内层留下明显的表面伤，冷却收缩残余应力将进一步在损伤处集中，导致塑料层产生初始裂纹。此时，在已形成裂纹两尖端处只需很小的劈压应力（由残余应力转化而成），就可使该裂纹迅速扩展。不管因何种原因产生的裂纹，一旦形成都将持续发展，直至塑料本体内聚集的残余应力松弛到小于裂纹发展所需应力为止。

d. 碾压防腐层开裂（图 12-12）。中间黏结剂与聚乙烯以及聚乙烯与聚乙烯之间的黏结，通常是依靠热熔态塑料自身的熔融能力，并在碾压辊碾压作用下密实。在缠绕法成型过程中，层与层之间会包入空气，影响热熔态塑料自身熔结能力的发挥。所以 3PE 生产线必须设置碾压工序以排除空气，且通过碾压辊施压，增加层与层之间的熔融结合强度。碾压辊一般要求具有耐高温、高弹性的特点。但由于钢管焊缝留有一定的余高，进行碾压辊碾压作业时，当碾压辊的弹性小、硬度大时，在碾压焊缝处碾压辊自身产生的形变小，此处的防腐层产生严重的碾压变形，使焊缝区防腐层厚度进一步变小。在随后的水冷却过程中，防腐层冷却收缩生成的残余应力集中，形成如图 12-12 所示的 F_1 和 F_2 作用力，可能在缺陷处 C 点引起焊缝防腐层撕裂。同样，如果在冷却过程中冷却水量和冷却时间不足，橡胶传送棍也会在冷却前端造成焊缝防腐层应力集中，引起开裂。

综上所述，焊缝区防腐层应力开裂实际上是上述一种或多种因素复合叠加、联合作用的结果。其中焊缝几何突变的存在是基本条件，由此导致了焊缝区与钢管区基体热容差和外防腐层厚度差及强度差的形成。成型工艺热环境的变化是必要条件，由此导致了焊缝区与钢管区外防腐层冷却收缩残余应力分布不均匀，且在焊缝区形成收缩残余应力集中。而焊缝缺陷和碾压作用的存在是促进条件，由此导致了焊缝区外防腐层原始缺陷的形成，加速了应力开裂。就防腐层开裂的形成过程而言，应经历原始微裂纹生成、表面裂纹生成、防腐层整体开裂三个阶段；就其力学破坏性质而言，开裂实际上是焊缝区防腐层的本体强度低于在该区集中的冷却收缩残余应力的必然结果。

　　② 焊缝侧防腐层减薄。缠绕式 3PE 防腐层在成型过程中，由于实际存在焊缝的几何突变，由膜口挤出的熔融塑料带在焊缝区的减薄是正常的，也是可以通过技术参数设定加以补偿使之满足技术标准要求的。下面所讨论的焊缝侧防腐层减薄是指在碾压辊或传送胶辊的作用下以及高分子塑性材料的冷却收缩导致的非正常不可预见性的质量缺陷。

　　a. 碾压造成焊缝防腐层减薄。由图 12-13 可以看出，焊缝 A 侧的过渡较 B 侧大，在 3PE 成型过程中，碾压辊在经过焊缝区时在 B 处因受到焊缝余高的阻碍发生形变，在达到焊缝余高的最高点时，阻碍消除，在 A 处松弛形变，换句话说就是 B 处防腐层承受的碾压力大于 A 处。由于受到碾压力作用，B 处 PE 向 A 处流动，而当 A 处受到碾压力作用时，由于碾压辊处于形变松弛状态，后点承受的碾压力总是大于前点，又由于压辊旋转的导向牵引作用，使 A 处 PE 无法向 B 处流动，冷却定型后 B 处防腐层就会减薄（图 12-14），导致厚度不达标，严重时将导致防腐层应力开裂。而当焊缝两侧过渡不均匀时，减薄也会不均匀。

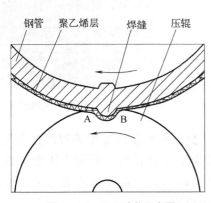

图 12-13　碾压减薄示意图

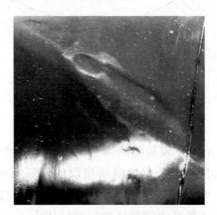

图 12-14　焊缝侧防腐层减薄缺陷

　　b. 冷却过程造成减薄缺陷。进入水冷区，防腐层的表面首先被冷却，在焊缝区，焊缝蓄热并高于钢管基体，此区聚乙烯层外硬内软，经轮胎碾压时焊缝顶部的 PE 变形，减薄量大。变形减薄的过程如图 12-15 所示，图中 F 是轮胎对 PE 施加压力的方向。焊缝 PE 内部较软的部分在 F 力的作用下向压强较小的焊缝 A、B 两侧流动。由于进入初冷状态，这一流动变形是塑性的，无反弹或反弹性较小。凹陷大都出现在焊缝先接触轮胎的一侧，也有出现在另一侧的个别现象[8]。

c.材料引起焊缝减薄。热聚乙烯层在挤压过程中熔体黏度必须合适。熔体黏度低，熔体流动性就好，但保持形状的能力却很差，在外力作用下极易变形。相反，熔体黏度很高，会造成流动和成型困难。

分子量小的聚乙烯在同等温度下的熔体黏度要低于分子量高的聚乙烯（即MFR值越大，熔体黏度越小）。提高聚乙烯加工温度可降低其熔体黏度，尽管有利于熔体延伸，但保持形状的能力变差，3PE在加工过程中在碾压辊的压力下易于变形，致使焊缝处的聚乙烯熔体厚度更易变薄[5]。

③焊缝侧防腐层分层（图12-16）。钢管本体与焊缝两侧是平滑过渡的，环氧粉末采用静电喷涂热熔技术，因此在焊缝两侧不会形成涂覆缺陷，涂覆非常均匀，除非有大的过渡坑。中间黏结剂层与外层聚乙烯多采用缠绕法，挤出膜包覆在钢管上必须有一定的张紧力，这样形成的膜才会薄厚均匀，外表光滑，此时在焊缝过渡处会形成一个空腔层，如果过渡处平缓，则空腔会自动消除，即便对于可能形成的空腔，在形成之前通过高弹性的碾压辊在形变作用下也可以消除。因此焊缝侧防腐层分层只会有三种情况：一是受碾压辊缺陷的影响；二是内应力的影响；三是温度的影响。

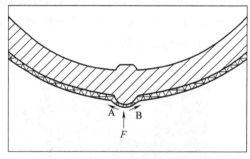

图12-15　冷却挤压减薄示意图

图12-16　焊缝侧分层翘起图

a.碾压辊缺陷的影响。碾压辊硬度较大，虽然压辊整体支撑装置回弹力足以消除碾压辊形变对焊缝防腐层的碾压影响，减少了应力开裂，但由于压辊本体形变小，焊缝两侧的防腐层未受到足够形变产生的碾压力，造成聚乙烯与聚乙烯层以及聚乙烯与中间黏结剂层黏结压力不足，造成分层。

b.内应力的影响（图12-17）。焊缝根部夹角不同引起应力集中。管体防腐层的内应力随着外界温度的变化而变化，但各点的应力都是一致的，其合力指向管体。焊缝处就不同了，焊缝侧与管体的夹角不同，夹角大的一侧PE层厚，形成的收缩内应力大，在太阳照射下，内应力就会大于粉末与钢材表面的黏结力，形成分层。

受到硬度大传动滚轮的碾压而产生应力。直缝管传动时，采用缠绕法，钢管螺旋传动，A侧焊缝在冷却水段首先接触传动滚轮，一般的传动滚轮硬度较高，对接触焊缝侧防腐层施压变形，经冷却定型，相应的分子运动被冻结。但由于是急冷，大分子来不及通过分子的热运动达到稳定的聚集态结构，在受到日光暴晒时，随着环境温度的升高，大分子解冻，分子的热运动将重新开始聚集态结构重排，此时将产生一个收缩内应力，这个内应力作用于焊缝的侧面就会产生一个剥离开焊缝的力 F，当力 F 大于环氧粉末与焊缝侧钢本体的离子键结合力或与中间黏结剂的化学键结合力时，就会在 B 侧焊缝形成空腔 D。所以生产后受阳光照射，温度升高，在 PE 记忆效应应力的作用下，防腐层焊缝分层容易发生在焊缝前侧[9]。

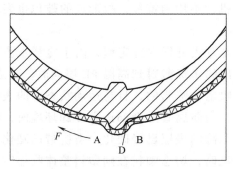

图 12-17　应力影响示意图

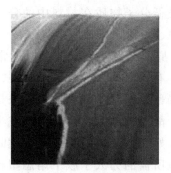

图 12-18　焊缝处坡口缺陷

c. 加热温度影响。3PE 涂层成型过程多采用中频感应加热，热由钢管外壁向内传导，最后达到均匀。焊缝处的钢本体厚度大于钢管基体，由于传热引起焊缝处温度较低，亦会对粉末胶化产生影响，容易引起分层，但这种情况比较少见。

④ 焊缝防腐层的坡口缺陷（图 12-18）。为保证管道现场焊接、补口，一般采用车刀形式或钢丝刷轮，在成品 3PE 管的两端防腐层处形成 30° 左右的坡口。但由于车刀无回弹性，容易破坏焊缝，而钢丝刷轮由于设计原因，存在回弹力差、波动、转动不均等缺陷，造成焊缝处受力大，容易形成焊缝处防腐层破损、无过渡，从而造成补口困难。

12.2.3　表观质量缺陷

3PE 涂层相关标准中，表观质量是验收防腐质量的基本条件。虽然某些缺陷并不会影响防腐质量，但大多数情况下，缺陷处的防腐层总与整体防腐层存在差异：分子结构、拉伸取向、应力集中等，在埋地或其他环境中，缺陷处可能首先出现破损、介质渗透，并逐渐波及整个防腐层或直接渗透至基材，造成腐蚀。所以 3PE 防腐层的表观质量缺陷[10]不容忽视。

3PE 防腐层的表观质量缺陷归纳起来由以下三个因素单方面或共同作用：原材料、前处理和生产工艺过程。

（1）防腐层表面麻点（图 12-19）

防腐层表面生成直径 1mm 左右的半球形或半椭圆形鼓包，鼓包分布呈现不均匀、随机特征，严重影响制成品防腐层表观质量。原因有二。

原因一，PE原材料中含有微量在高温环境下可体积膨胀的低分子物质，如空气、水、溶剂或低分子挥发物，原材料在塑化挤出过程中，该类低分子物质受热体积膨胀，但限于挤出机及成型膜口空间位阻效应，被压迫在材料体积内难以释放，一旦挤出膜口，立即膨胀，但其仅为微量，其产生的膨胀应力尚不足以破坏包裹它的PE层，否则将形成表面麻坑。又由于其膨胀速度大于挤出速度，其膨胀应力在未完全离开膜口即已完全释放，故其鼓包形状为半球形或半椭圆形。由于该类低分子物质在材料中的分布具有随机、不均匀特征，故形成的鼓包也表现为随机、不均匀分布。

原因二，防腐层成型时通常采用喷淋方式进行水冷定型，由于冷却水膜不均匀，有水珠沿某一喷射角喷溅，当喷射出的水珠溅射到高温PE层面时，造成PE层局部点表层急冷，由于水珠是按某一喷射角喷溅的，且与运动状态下的表面接触，故局部急冷点呈半球形或半椭圆状。当防腐管道全部进入冷却环境时，防腐层开始整体冷却收缩定型，此时受水珠急冷的表层已经硬化，当携带已硬化塑料层膜所需的力大于膜下熔态塑料本体强度时，熔态塑料在随塑料整体收缩时，与已硬化塑料在收缩应力作用下断开，形成真空泡。

（2）鼓包（图12-20）

 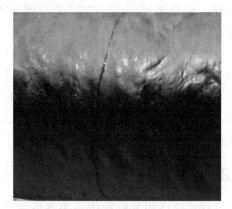

图12-19　麻点缺陷图　　　　　　　　　　图12-20　鼓包缺陷图

防腐层出现鼓包表明在鼓包区防腐层与钢管间黏结力已经丧失，并严重影响防腐层在使用中的抗阴极剥离能力。

有机高分子材料任何质量缺陷的形成均与应力形成、应力作用方向有关，鼓包的形成亦如此。

原因一，防腐层缠绕成型时在膜层下夹裹未除净的残余空气，在热缠绕成型时，钢管表面的热空气未完全从界面间排出，残留在钢管与塑料层界面间，在碾压过程中，热空气与塑料层同步压缩，表观看上去成型质量尚可。在冷却过程中，由于采用的冷却方式为外急冷，加之塑料导热能力极差，表皮塑料层迅速冷却硬化，但实际并未形成黏结强度。如果冷却时间或冷却水量不足，则钢管并未冷透，在钢管中留有的大量余热（如钢管温度大于标准规定的60℃时）在防腐层定型后释放，二次加热残余空气及防腐层，空气体积膨胀形成的膨胀应力导致经二次加热使本体强度降低的防腐层形成鼓包。在自然环境冷却条件下，防腐层首先冷却硬化定型，当包裹的空气冷却时，防腐层鼓包因已硬化定型并不随空气冷却收缩而收缩，形成表面鼓包。

原因二，即使在防腐层与钢管界面间未夹裹残余空气，若钢管在冷却后余热过高，在二次加热防腐层后，亦会引发塑料本体膨胀，而二次自然环境冷却时，由于塑料是自外向内冷却，故冷却收缩是自内向外收缩，若基体表面处理存在局部缺陷，冷却收缩产生的应力可导致局部缺陷处界面间黏结强度降低，严重时将导致缺陷处界面脱粘，形成鼓包。

（3）外表面皱褶（图12-21）

3PE防腐层成型过程中，不管采用包覆法或缠绕法，中间黏结剂和聚乙烯膜与钢管表面总存在一个空气层，包覆到钢管表面前，必须赶出这个空气层，否则会在钢管表面和防腐层之间形成空气膜，该气膜在压辊碾压作用下，因塑料膜的封闭作用无法排除，在封闭区域内沿碾压方向呈波纹状来回流动，在水冷作用下，形成皱褶，严重时可造成防腐层破裂（图12-22）；缠绕法中，碾压用胶辊因自身或碾压过程中存在的种种缺陷，也会搓碾防腐层造成表面皱褶：①胶辊硬度（邵尔氏）过高，压辊胶面与防腐层接触后无形变；②压辊与防腐层接触压力过大，接触面发生形变后，对防腐层继续施加碾压力；③压辊胶层的厚度过薄，发生形变后，辊芯与防腐层直接接触；④压辊旋转不畅，发生停转或抖动导致对防腐层搓碾形成皱褶。

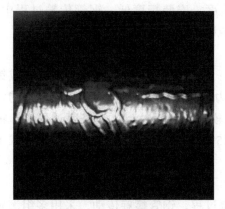

图12-21　皱褶缺陷图

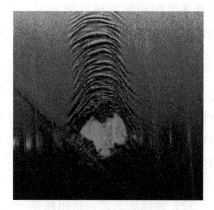

图12-22　碾压破损图

（4）搭接缺陷（图12-23）

搭接缺陷一般出现在缠绕法中，涂层表面出现定距离、均匀、定宽高出标准防腐层厚度的螺旋防腐带，虽不会影响钢质管道的防腐蚀性能，但影响外观的光滑度，并且为了防腐所需的最小厚度，势必会引起材料的浪费。

这是因为底胶层缠绕幅宽与传动速度、滚轮角度等参数不匹配，造成过搭接（图12-24），当进行聚乙烯缠绕时，就会在防腐层表面形成均匀、定宽的凸出搭接段。

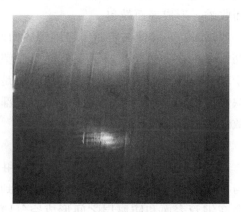

图12-23 搭接缺陷图   图12-24 底胶过搭接图

（5）防腐层薄厚不匀

薄厚不均会影响防腐的效果，过厚则容易造成防腐原料的浪费。引起防腐层厚度变化的原因较多：挤膜模具的模口间隙调整精度不高，挤出膜过厚或过薄；模口间隙未按照比例进行调整，因为挤出整幅膜在同样间隙下，膜中间薄而两边厚；挤出设备某些加热段加热管（板）损坏，测温仪表精度不高等，造成挤出膜加热不匀；原料性能未达标也会引起膜的厚度超标；挤出膜的厚度、速度与钢管传输速度不匹配引起覆膜厚度不匀；设备设计精度、安装精度低，钢管传输过程中，钢管甩动过大，造成拉膜。以上原因都会造成防腐层薄厚不匀或过厚。

（6）防腐层外表面均匀拉痕

防腐层表面出现均匀划痕的主要原因是：聚乙烯和底胶原料中混入石粒或钢砂，并且某些生产线的挤出设备未安装"磁力分离器"、液压换网器或换网器的钢丝网破损，造成石粒或钢砂破坏挤膜模口，模口上出现拉痕。在挤膜过程中，模口破损处会出现过厚或过薄的痕道（图12-25），当包覆在钢管的表面，就形成了均匀的划痕。

（7）表面压痕（图12-26）

3PE缠绕法工艺，挤出膜是一个拉伸缠绕过程，钢管螺旋传动，采用多组滚轮组成，多采用充气轮胎或包胶滚轮组成，而充气轮胎采用工程机械或其他车类轮胎，当防腐完成的钢管进入水冷段，如果冷却水量过小，虽然防腐层表面已经冷却硬化，但钢管内的余热向外传导，进一步软化外防腐层，当接触外表不光滑的滚轮时，通过碾压造成表面压痕，对于较轻的表面压痕，一般不会影响到防腐的性能，但压痕过大，就成为不合格防腐管。

图 12-25　挤出膜拉痕图

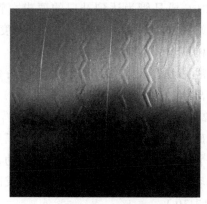

图 12-26　表面压痕

（8）缩孔缺陷（图 12-27）

缩孔缺陷由聚乙烯原料受潮引起。聚乙烯原材料在湿度大的环境中颗粒表面由于静电吸附作用吸附水分，在挤出过程中，水分子受热但由于空间位阻效应，被压缩在材料中，当经过模口释放时，受热的水分子产生的膨胀应力破坏防腐层，形成一个个均匀的小孔，当经过水的急剧冷却，孔受到应力内缩，形成缩孔，此缺陷严重影响防腐层的质量，所以一定要严格加以控制。

（9）钢管端坡口污染（图 12-28）

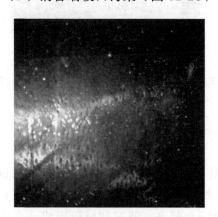

图 12-27　缩孔缺陷

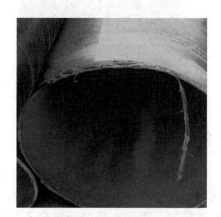

图 12-28　管口污染

钢质管道为方便现场对口焊接，都留有一定坡度的坡口，而管端坡口在 3PE 生产过程中，会黏附环氧粉末或 3PE 破损层，由于环氧粉末与钢管的结合力非常大，遗留层用普通方式难以去除，造成工作难度和工作量的增大。此类缺陷由于防腐过程中两管对口处未缠绕预留防腐层坡口的牛皮纸，造成环氧粉末直接黏附在钢管管端坡口上，形成污染。

（10）防腐层坡口缺陷

3PE 成品管为达到补口的要求，管端 10 ～ 15cm 的防腐层必须去除，并且防腐层端头必须形成小于等于 30° 的坡度，称之为防腐层坡口。坡口成形采用钢丝刷轮磨刷或车刀类工具切削成型。

常见坡口缺陷为：一、局部端头容易形成刷口破损、不均匀，端口与钢管口的距离出现大的弧形过渡（图 12-29），主要原因：1）钢丝刷轮与防腐层接触力过大；2）钢管弯度太大；3）钢管自旋转速度与刷轮转速比例不协调。二、过度磨刷，破坏完整防腐层，坡口是成型工具在端头打磨，为形成定长预留段，需要安装钢管限位装置，防止钢管左右窜动，采用钢丝刷轮，在防腐层作用时形成的摩擦力容易带动钢管移动，当无限位或限位设计缺陷时，刷轮前伸就会破坏防腐层（图 12-30）。

图 12-29　管端防腐层坡口不均匀图

图 12-30　坡口过打磨缺陷

采用车刀方式进行坡口成型，在焊缝处容易形成 90 度的断口，为补口造成隐患，并且也极易破坏焊缝。

12.2.4　材料缺陷

管道外防腐之所以采用三层结构设计，其核心思想就是要发挥熔结环氧与钢基体优异的黏结性能和良好的防腐性能，而黏结剂中间层就是将底层熔结环氧和抗机械性能好、吸水率低的外层聚乙烯有机地结合起来，使三种材料形成一个完整的防腐层[11-12]。

三者能否有机结合由内因和外因决定，内因是三种材料具备进行化学或物理结合的条件，如活性反应基团、分子极性、线型结构等，外因是保证三者结合的工艺条件，如反应温度、压力等。内因靠材料作保障，外因靠 3PE 涂层涂装工艺来保证。

（1）熔结环氧粉末底层

环氧粉末涂料的特性能否充分展示，取决于环氧树脂的结构，添加剂的物理化学性质和固化条件等。因此，对环氧粉末中各组分合理选择是粉末涂料设计的关键。

由于环氧粉末所用添加剂不同或添加量的差别，会影响到环氧粉末与金属基体的离子键结合，降低涂层的力学性能、防腐性能以及与中间胶层的化学黏结性能。

① 固化剂。固化剂的选择不当对熔结环氧涂层质量的影响主要表现在如下四个方面：一是会产生挥发性副产物，不但对人体造成伤害，还会在金属基体和熔结环氧界面间形成隔离层，造成黏结缺陷；二是与成膜物质达不到良好的混匀性，在生产过程中易形成凝胶化粒子，形成固体质点[13]，在粉末熔融流平时，这些颗粒以质点（颗粒）的形式存在于涂膜上，不仅易形成表面缺陷，而且在固化时易引发收缩应力集中，形成涂层微裂纹；三是若使用过量的固化剂，不仅会导致环氧树脂的交联反应提前，如在流平过程中固化反应就开始进行，导致涂层平整性下降，更为严重的是可能会终止固化反应时链的增长，导致固化交联的体型大分子的分子量降低，从而使固化物的力学性能降低，材料变脆；四是固化剂用量不足，不能保证完全固化，不仅难以形成界面黏结强度，而且易于受后续成型作用的影响，导致底层涂膜成型不均匀，降低抗阴极剥离能力。

② 增韧剂。增韧剂能够改善熔结环氧的抗冲击强度及耐热冲击性能，提高其抗阴极剥离强度，还可控制成膜温度和时间。但是，增韧剂如加入量过多，会使熔结环氧的力学性能、电性能、耐药性，特别是耐溶剂性和耐热性产生不良影响；加入量少，会直接影响到涂层外观质量。

③ 流平剂。流平剂是一种活性颜料，在涂层中既起着降低材料表面张力、提高表面质量的作用，亦起着屏蔽美化作用，同时也起着电化学保护作用。但是活性颜料的阴极保护作用增加了界面间的阴极反应趋势，随界面间离子浓度的不断增加，在渗透压作用下，增加了水向界面间的渗透，从而加大了涂层与金属的分离趋势，这种副作用不利于涂层的防腐蚀。所以流平剂的添加量需要非常精确。

④ 填料。填料用量对涂层的吸水率影响最大。随着填料用量的增加，在临界体积百分比以下时，涂层的吸水率是降低的，但超过临界体积百分比，随着填料用量的增加，涂层致密性下降，孔隙率增加，吸水率上升。所以填料用量是影响涂层吸水率和涂层致密性的关键性因素[14]。此外填料用量的增加还会降低涂层的抗冲击性能和涂层表面质量。

（2）中间黏结剂层

共聚物黏结剂是通过马来酸酐化学接枝改性聚乙烯形成的共聚物，其分子结构接枝侧链上含有可与熔结环氧分子结构中活性基团（羟基）进行化学反应的活性基团（羧基），因此可与已固化的熔结环氧作用形成共价键（酯键）。此外，由于接枝共聚物的形成，打破了聚乙烯对称分子结构的电子偶极平衡，使之转化为极性共聚物，使熔结环氧与共聚物黏结剂分子间范德华力增强，有效提高了两者界面间的黏结强度，使之牢固地黏结在一起。

① 黏结强度低。

a. 接枝率低。即在 PE 分子链上接枝的酸酐量不足，导致与环氧树脂进行反应产生化学键合的数量减少。

b. 游离酸酐量大。导致游离酸酐量大的原因，一是马来酸酐与聚乙烯在进行接枝共聚反应时，添加的酸酐量过大，在共聚条件下无法有效消耗；二是在接枝过程中，加入的酸酐与自由基因为碰撞的概率或反应条件问题使之不能完全接枝到聚乙烯分子链上，必然有未参加反应的酸酐以游离状态存在，造成接枝率低。并且游离酸酐还能带来如下负面影响：刺激性气味大；熔膜易产生微气泡，严重影响黏结强度。

② 剥离强度低。

a. 挤出机螺杆转速对线性低密度黏结剂剥离强度产生较大的影响，由于螺杆转速增加，物料在挤出机中的停留时间缩短，一部分引发剂没有分解，影响了接枝反应程度[15]，剥离强度降低。

b. 少量交联抑制剂的加入，可以提高胶的剥离强度，还可以有效地防止接枝过程交联反应的发生，使接枝反应更加安全，易于控制，不加交联抑制剂，接枝物有些粗糙，挤出成膜后表面不光滑（图 12-31）。交联抑制剂用量过多会降低接枝效率。

c. 虽然增加马来酸酐用量胶的剥离强度会增加，但当达到一定量后，剥离强度反而减小。马来酸酐用量增加，其与大分子自由基的碰撞概率增加，导致接枝率增加，胶的剥离强度增大，与此同时也会增加与初级自由基的碰撞机会，影响初级自由基变成大分子自由基，使引发效率降低，接枝率反而下降，剥离强度减小。

d. 引发剂同样影响胶的剥离强度，随着引发剂用量的增加，胶剥离强度增加，但当达到一定量以后，胶的剥离强度增加缓慢，这是因为引发剂增量超过一定值后，由于初级自由基可发生双基终止及其他副反应，因此，大分子自由基数目增加缓慢，导致胶的剥离强度增加缓慢，用量过多会引发线性低密度聚乙烯产生凝胶，从而使接枝过程难以控制[16]。

③ 热老化。在挤出接枝过程中，聚乙烯容易产生热老化，所以添加抗氧剂，不仅可以减少聚乙烯的热老化，同时可以提高酸酐的使用寿命。但不同品种、不同用量的抗氧化剂对黏结强度有相当大的影响，因此需要合理选用。

④ 交联等副反应。主要是游离酸酐引起，因为进行接枝改性反应，我们只希望接枝率越高越好，所以需要添加阻聚剂，以保证黏结强度、剥离强度等，减少副反应发生。

⑤ 胶膜厚、易断（图 12-32）。主要原因是主体聚乙烯中凝胶量、酸酐不稳定等。因此选择合适牌号的聚乙烯做骨架材料、设法降低凝胶量是解决问题的关键。凝胶量的不均匀造成熔体流动速率不稳定，胶在同等挤出转速下挤出量忽大忽小，因此膜厚也忽高忽低。

图 12-31　中间黏结剂缺陷

图 12-32　黏结剂热挤出膜图

（3）聚乙烯外保护层

3PE 最外层的聚乙烯，分子链仅有少量的短链支化高密度聚乙烯（HDPE），它具有良好的抗水渗透性、电绝缘性、耐老化性以及工艺性能和力学性能，使它成功地用于 3PE 防腐涂层。

① 熔膜缺陷。

a. 离模膨胀。PE 在挤出成型温度下呈现为黏弹性液体，其离模膨胀是熔体弹性的表现。熔体进入模孔时流线收缩，在流动方向上产生纵向速度梯度，使熔体在拉伸方向发生弹性变形；熔体在模孔内流动时由于剪切应力和法向应力差的作用，熔体也会产生弹性形变，当熔体离模后应力解除就会出现弹性恢复，宏观表现为熔体的离模膨胀。熔体的离模膨胀本质上是由聚合物黏弹性决定的，但其发生的程度却与成型模具结构、成型工艺条件密切相关。如离模膨胀随剪切速率的增加而增加，当剪切速率不变时，离模膨胀随温度的升高而降低，当剪切速率和温度不变时，离模膨胀随分子量增加和分子量分布加宽而增加。此外离模膨胀还受模孔长径比、入口几何形状及熔体在模孔内的流速等影响。离模膨胀的大小对制品尺寸的稳定性具有很大影响，对制品的力学强度也有一定的影响。

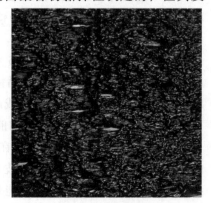

图 12-33　鲨鱼皮缺陷图

b. 鲨鱼皮症。鲨鱼皮症（图 12-33）是发生在挤出物（熔体流柱）表面上的一种缺陷，这种缺陷可自挤出物表面发生闪光起，变至表面呈与流动方向垂直的许多具有规则和相当间隔的细微棱脊为止。关于其起因有两种观点：一种观点认为是挤压模口对熔体表面所产生的周期性张力引发的；另一种观点认为是熔体在高剪切应力作用下，在模孔内形成相对于模壁的滑移流动导致的。研究与实践证明，鲨鱼皮症与口模的进口角度和直径无关，只是在挤出物出口的线速度达到临界值时才产生；分子量低，分子量分布宽的聚合物在挤出温度高、挤压速率低的条件下不易产生鲨鱼皮症；提高口模末端温度有利于减少这种症状；这种症状与口模的光滑程度和制模材料关系不大。

c. 熔体破碎。熔体破碎是挤出熔体表面出现粗糙或外形发生畸变以至支离或断裂的总称。表面粗糙的代表性缺陷是橘子皮状，外形畸变的代表性缺陷是尺寸周期性起伏的波纹状、竹节状和螺旋状，支离或断裂即是熔体破碎。熔体破碎产生的机理至今仍未完全清楚，现在的解释为：聚合物熔体在模孔内流动时，各点所受应力不尽相同，各区域熔体的流速亦不同，导致模壁区熔体黏度偏低形成不稳定流动，出现脉动，因此离开模口后所表现的弹性恢复就不可能一致，导致熔体表面出现粗糙或外形发生畸变，如果弹性恢复的力已不为熔体强度所承受，就会导致熔体表面形成细微而密集的裂痕以至成块破碎。现在已知的对熔体破碎有影响的因素为：熔体破碎只能在剪切应力或速率高至一定值后才发生；临界剪切应力或速率随口模的长径比和挤压温度的提高而上升；剪切应力或速率随着聚合物分子量的降低和分子量分布的增加而上升；熔体破碎与口模光滑程度的关系不大，但与制模材料关系较大；如果使口模的进口区流线型化，常可使临界剪切应力或速率增大十数倍。

② 纵横向性能差异。当熔融的聚乙烯从挤出机模头挤出时，因为是在挤出压力作用下，会发生一定程度的取向现象。3PE防腐层的纵横向性能的差异与所用聚乙烯的结构有密切关系。有些聚乙烯树脂生产膜，纵向耐撕裂能力极差，不用费什么劲就能将其呈直线状扯成二片（图12-34），这是由树脂本身的结构决定的。就改善此性能而言，共聚物优于均聚物、分子量分布宽的优于分布窄的、高分子量的优于低分子量的[5]。

③ 交联等副反应（图12-35）。聚乙烯老化的最终结果是聚乙烯发生的交联反应，这种反应导致了聚乙烯制品韧性下降，脆性增加，大分子的分子链发生收缩，制品出现开裂，外观粗糙不平或起皱，丧失了使用价值。添加抗氧剂和光稳定剂可有效阻止聚乙烯大分子的自动催化氧化的进行，以提高制品的使用寿命。

④ PE的光氧老化。聚合物在光的照射下是否稳定，分子链是否断裂取决于光的波长和聚合物的键能，光的波长与光的能量有关，波长越短，能量越大。紫外线的波长为 $200 \sim 400nm$，其能量为 $250 \sim 580kJ/mol$；红外线的波长为 $1000nm$ 以上，其能量相当于 $125kJ/mol$。而各种键的离解能为 $167 \sim 586kJ/mol$。由此可

图 12-34　取向性引起撕裂

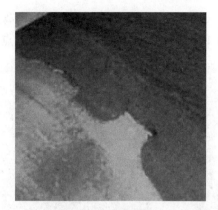

图 12-35　材料副反应

见，紫外线对聚合物的危害是最严重的。幸好太阳射到地球表面的光，其波长一般在 300nm 以上，所以聚合物分子多数不离解，只呈激发状态。但若有氧存在时，如聚乙烯的 R—H 键，被激发了的 C—H 键，与氧作用（O—O），容易把氢拉出来。形成氢过氧化物，开始自动光氧化过程，引发自由基的链式反应。

$$RH+O\!\!-\!\!O \rightarrow R+O\!\!-\!\!OHR+O\!\!-\!\!O \rightarrow R\!\!-\!\!O\!\!-\!\!O+RH \rightarrow R\!\!-\!\!O\!\!-\!\!O\!\!-\!\!H+R$$

炭黑是光屏蔽剂，具有极佳的抗紫外线作用。它可以挡住有害光的直接照射，从而保护分子链免受破坏。例如添加炭黑能提高聚合物的耐光性。但是，炭黑加入聚乙烯中要求具有良好的分散性能，因为炭黑的分散效果不仅影响到抗紫外线作用，而且影响到原料的性能和加工。采取将炭黑先进行预分散，再与聚乙烯混合的方法。这样炭黑分散程度高，保证了夹克料的性能。

12.3　运行管道 3PE 涂层失效

3PE 涂层管道埋地运行过程中，防腐层失效一般表现为：防腐层剥离、外力对防腐层的破坏（机械、土石或根系）；微生物对 3PE 防腐层的破坏；应力开裂等。

12.3.1　防腐层剥离

（1）涂层剥离状态

① 环氧粉末层与管体完全剥离（无腐蚀产物）。3PE 涂层剥落，环氧底层完全脱离钢管本体（图 12-36），全部黏结在底胶层上，环氧层可见部位洁净，无锈蚀产物和灰尘以及其他附着物。

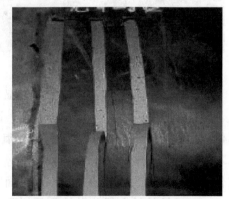

图 12-36　3PE 涂层完全剥离[17]

② 环氧粉末层与管体整体剥离（有腐蚀产物）。3PE 层与管体整体脱离（图 12-37），FBE 层表面附着黑褐色点蚀痕迹，腐蚀产物较多。

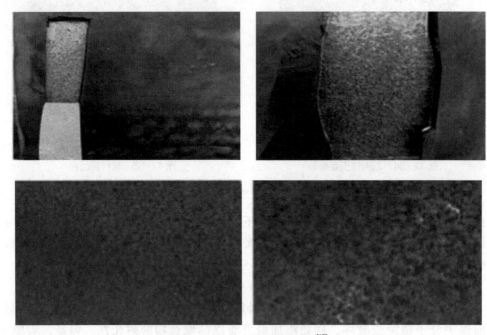

图 12-37　3PE 涂层整体剥离[18]

图 12-38　部分剥离[17]

③ 3PE 涂层与管体局部剥离。

3PE 涂层与管体局部剥离，可见基材上部分黏结环氧树脂，甚至底胶层（图 12-38）。

（2）剥离原因分析[19]

① 涂装过程前处理缺陷导致的剥离失效。钢管表面污物（未处理或二次污染），在钢管表面与环氧粉末层间形成隔离层，导致熔融环氧粉末与加热钢管界面间隔离，易造成局部剥离现象。

② 涂装过程的成型工艺缺陷导致的剥离失效。

a. 涂层完好却发生大面积剥离。说明在整体涂层的各个体系中，涂层与钢管基体间内聚强度最低。主要原因是环氧底层在涂装时，被涂钢管给出的传导热太低，不足以使环氧粉末有效熔融、活化，难以在钢管基体表面进行有效的熔态浸润和化学键合，导致环氧粉末与钢管界面间未形成有效的黏结。

b. 可见基材上部分黏结环氧树脂，甚至底胶层。说明在整体涂层体系中，熔结环氧粉末涂层层间形成的内聚力不均衡。主要原因是环氧底层涂装时，被涂钢管的传导热不均衡。

钢管温度过高，使环氧粉末在成膜流平不良且致密度不够的条件下发生固化反应，导致环氧粉末层内聚强度较低，且钢表面各区域形成的结合力不均衡。在胶黏剂包覆前，环氧树脂官能团过度消耗，部分甚至完全失去和胶黏剂的化学键结合能力。温度过高，熔结环氧层甚至可能发生轻度焦化。

温度较低时，虽然环氧粉末涂层实现了有效熔融、活化，且在钢管基体表面进行了有效的熔态浸润和化学键合，但由于成型温度较低，环氧粉末层未形成有效的交联、固化，亦导致环氧粉末层内聚强度较低。

此外，环氧粉末来不及固化，还将导致涂层阴极剥离检验不合格。严重时，粉末层没有或固化不彻底，整根管道一段或全部都丧失黏结力。

涂层涂装过程中，热防腐层迅速冷却到环境温度时会受到收缩应力的影响，并且在管道安装和试运行过程中，外部应力最终作用到钢管本体与熔结环氧粉末（FBE）的界面上时，同样会加剧防腐层的剥离。

③ 管道运行环境导致的剥离失效。

由于管体金属与 3PE 涂层随温度变化有不同的热胀冷缩率，长期冷热交替运行后，涂层会与管体发生剥离。

在 3PE 防腐层中，熔结环氧粉末（FBE）与钢管本体黏结，体现了涂层的黏结强度。但如果作用在防腐层上的应力超过黏结强度，就会发生涂层剥离。聚乙烯涂层的热胀冷缩大约是钢材的十倍，土壤应力与聚乙烯层的热胀冷缩是引起涂层剥离的主要原因，所以当防腐层受到土壤的应力作用以及涂层受温度和压力波动作用时，防腐层会有一定程度的热诱导应力。当然这种情况的出现，也是材料缺陷或者涂层成型工艺缺陷所造成的，也可能是 3PE 涂层并不适合运行管道环境或者输送相关特性的介质。

④ 材料缺陷导致的剥离失效。

正确的材料配方非常重要，例如环氧粉末直接影响其与管道金属的黏结性能，环氧粉末原材料及成品涂层的检测要求限制含水量和挥发分含量等。对 3PE 用环氧粉末涂装试片，要求附着力和阴极剥离，还要求断面孔隙率、界面孔隙率、抗弯曲能力。如果缺乏严格的检测要求及指标，加入过多填料的环氧粉末进入涂覆车间，可导致成品管道涂层性能降低。

12.3.2　机械损伤

涂层表面在施工过程中所受到的外力损伤，包括机械、石块冲击，人为磕碰等（图 12-39）。一般涂层涂装良好的情况下，只在外力损伤周围防腐层发生剥离，而远离损伤区域，防腐蚀层与基体的附着力良好。

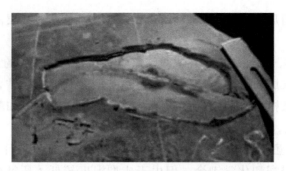

图 12-39　涂层机械损伤[18]

12.3.3　植物根系破坏

埋地钢管在植物根系茂盛区域，根系向下穿透、延伸会缠绕在管道外表面，产生挤压甚至穿透埋地管道的防腐层[20]，造成管道防腐层失效。因此，埋地管道即便采用抗穿透的 3PE 防腐涂层，也要求所经过的地域应无深根植物。

12.3.4　涂层的起泡

当涂层局部点与黏结基材或涂层之间失去黏性脱粘所形成的半球形凸起，肉眼可见至数毫米直径。气泡是涂层发生缺陷的前兆，当为热固性或液态涂料涂层时，气泡极易破损造成基材露底和腐蚀[21]。涂层起泡的条件是：涂层之间或与涂装基材之间失去黏结力；有产生气体或液体泡的来源；外界有一定的推动力。

（1）涂层的吸水性

涂层置于水溶液（水或者电解质）中通常会吸收 0.1% ～ 3.0% 的水，电渗透促使涂层润胀后体积增大，产生的内应力大于附着力，就会起泡。

（2）涂层的渗透性

涂层无法完全阻止水或蒸汽的渗透。正常情况下，涂层可以看作为一种半透膜，水（汽）透过后形成高、低浓度差并产生渗透压，助推起泡。这种渗透主要发生在热固性或液态涂料的涂层，对于三层聚烯烃等渗透性低的涂层则不会出现。

（3）破坏处起泡

破损点的裸露钢管表面腐蚀成为阳极，划痕处呈碱性为阴极。假如涂料采用耐碱性弱的基料，会因皂化导致的水溶性渗透压和腐蚀引起的电渗双重作用，造成破损点附近涂层起泡。

（4）基体表面前处理引起的起泡

涂层与底材之间存在润湿不良、尘土、油污、可溶性盐等。当管道运行在高湿环境下，水或水蒸气透过涂层在这些地方凝结。当温度升高时，会膨胀产生应力，从而导致气泡的产生、扩大。

（5）溶解于涂料内的气体随温度升高释放[22]

对于溶剂型涂料，在湿膜状态下，工艺会造成溶剂残留，导致涂膜变软，残留溶剂会增加涂膜对水的吸收和涂料中潮气的转移，导致附着力丧失，涂层起泡。并且随着涂层表面温度的变化，残留溶剂本身也会产生足够的蒸气压，促使涂层起泡。

12.3.5 阴极剥离

在管道运行过程中，3PE 涂层会发生阴极剥离，分为剥离有孔状态和剥离无孔状态两种。发生阴极剥离有以下原因[23]。

① 在管道施工或运行过程中局部破损，则大地中的杂散电流就会从破损处流入管道，引起管、地电位负向移动，发生析氢反应，促使涂层进一步剥离，当电流从破损处流出时会形成腐蚀缝隙，导致防腐层的剥离。

② 3PE 涂层的最外层 PE 层发生破损时，土壤中的水或电解质会浸入环氧层，并渗透扩散至涂层与金属的界面，引发电化学反应，产生的碱性环境以及积聚的腐蚀产物会破坏涂层与金属之间的结合键，引起涂层剥离。

③ 特高压电力的干扰以及其他条件会引起管道阴极保护电位的剧烈振荡或大幅度偏移，导致管道析氢，从而引起防腐蚀涂层的剥离。

对于 3PE 防腐层，阴极剥离常发生在涂层破损处，加速了涂层剥离。对于完整涂层，则很少发生阴极剥离现象。

12.4 管道 3LPP 涂层失效

三层聚丙烯（3LPP）管道防腐层在我国应用较少，本节的失效事故主要针对阿拉伯联合酋长国阿布扎比油田。受影响的有输气和输油管道，而输气管道的问题更严重，发生的范围也更大。主要的失效事故类型包括聚丙烯开裂和防腐层与钢管底材发生剥离。

聚丙烯开裂事故既发生在干线管道上，也发生在现场管道焊缝防腐层补口上。现场管道焊缝补口材料，包括挤压成型的聚丙烯补口片和热喷涂成型的聚丙烯粉末涂层。

表 12-1 归纳了 3LPP 防腐层失效[24] 类型。

表 12-1　管道 3LPP 防腐层失效类型

序号	防腐层失效类型
1	3LPP 涂层整体与钢管表面剥离（图 12-40）
2	聚丙烯防护层发生开裂（图 12-41）
3	补口聚丙烯层发生开裂（图 12-42）

续表

序号	防腐层失效类型
4	补口层下发生局部腐蚀（图12-43）
5	补口热喷涂聚丙烯粉末层发生开裂
6	地上管道聚丙烯涂层发生开裂和分层
7	阴极保护测试桩焊缝周围聚丙烯层发生开裂
8	熔结环氧粉末（FBE）层与现场焊缝聚丙烯补口层颜色发生变化

图 12-40　3LPP 涂层钢管表面剥离

图 12-41　聚丙烯防护层发生螺旋状开裂

图 12-42　补口聚丙烯层沿焊缝发生开裂

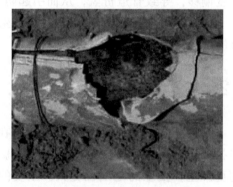

图 12-43　焊缝补口聚丙烯层下发生局部腐蚀

12.4.1　涂层剥离

聚丙烯涂层吸水率低，抗水渗透，所以聚丙烯涂层剥离时阴极保护电流无法穿透聚丙烯层来保护钢管，当焊缝聚丙烯补口层开裂时，防腐涂层就会发生分层，或者熔结环氧粉末（FBE）层与钢管本体发生剥离，或者 FBE 层与聚丙烯胶黏剂层间界面发生剥离。假如是 FBE 层与钢管本体发生剥离，则剥离会迅速扩展，造成整个补口段聚丙烯层分层剥离。阴极保护电流能够穿透涂层裂纹，但是无法穿透约 300mm 宽的补口段外护层。如果处在干湿交替环境会加速剥离，因为环境潮湿时，阴极保护电流能够穿透防腐层下一定的距离，但是，当环境变干燥时，保护电流则无法穿透，残留在钢管表面的盐水等腐蚀介质会继续腐蚀钢管。

12.4.2 防腐层的开裂

（1）聚丙烯层紫外线降解

聚丙烯材料无法抗紫外线，长时间暴露在紫外线下，聚丙烯层就会降解成许多碎片。所以聚丙烯外防腐管道无法用作架空管道。

（2）聚丙烯外防护层的热氧化降解

聚丙烯材料易发生热氧化降解。一般适应3LPP防腐层生产的聚丙烯树脂里需要加入稳定剂。如果聚丙烯氧化，会使聚丙烯聚合物失去韧性、抗张强度和拉伸强度，涂层开裂概率增加。

（3）3PP涂层中的残余应力

3PP涂层涂覆时，加热状态下聚丙烯热膨胀系数比钢材高出一个数量级，因为热性能不匹配，所以会在防腐层里产生很高的残余应力。当3PP涂层管道在高温下使用时，在热和紫外线的作用下发生断链，造成抗张强度降低，当聚丙烯层的抗张强度低于其残余应力时，聚丙烯层就发生开裂了。

12.4.3 截取管段管端涂层分层

FBE涂层热膨胀系数比聚丙烯涂层的热膨胀系数低。在3PP防腐层本体系统中，FBE层的残余应力最小，而聚丙烯外防护层的残余应力最大。在管段截断部位，管端应力集中非常高，所以会在管端截断的涂层部位发生分层事故。

12.5 FBE涂层失效分析

钢质管道的熔结环氧粉末（FBE）涂层是目前钢管涂装的最佳防腐涂层。但即便是最佳涂层，也存在各种缺陷[25]。

12.5.1 缺陷类型

（1）孔隙

孔隙（图12-44、图12-45）就是在涂层固化成型后在其表面或内部存在不连续部分。粉末涂料输送以空气为载体，FBE热固化过程中微量的空气或涂料的挥发分封闭在涂层中或冲破涂层形成孔隙。

（2）气泡

良好的FBE涂层需要屏蔽水、氧、其他介质渗透，此外，其与基材的最佳附着力也是必需的。环氧涂层对金属的附着力包括化学键、极性键和物理嵌合。但当水浸入涂膜后，水分子透过涂膜到达基材表面，置换极性基团，或者渗透到孔隙界面后扩展，则在渗透压和热膨胀作用下产生气泡（图 12-46）。

图 12-44　常规 FBE 涂层黏结面外观孔隙　　　　图 12-45　FBE 涂层断面孔隙

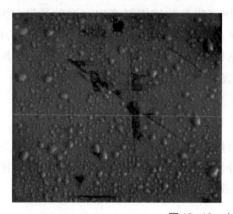 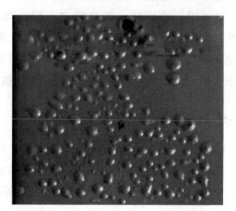

图 12-46　水煮起泡的涂层

（3）漏点

漏点是指防腐层上的不连续点或贯通的未涂区域，但微小漏点肉眼无法检测。孔隙、气泡等均会引起涂层漏点。漏点产生的主要原因：一基材处理，如锈蚀点、覆盖物、二次污染等均会造成涂层欠涂区域出现；二涂料中的空气夹裹涂料在热基材表面沉积，涂层固化后，空气泡破裂产生漏涂区；三涂料受潮或者基材底部水分附着，涂料固化成膜过程中水分热膨胀冲破涂膜，造成涂层不连续；四因为涂料中添加剂添加不合理，同样导致涂层在固化过程中固化度降低，添加剂过度挥发，形成缺陷；五不合理的漏点检测，对涂层进行 100% 电火花漏点检测，是涂层涂覆质量必须进行的检测环节，但 FBE 涂层 300～500μm 的厚度，如果检漏电压过高，反倒会击穿连续的涂膜，造成漏点（肉眼不可见）。

（4）损伤

损伤是指涂层涂装后的管道在二次搬动、运输、施工等过程中人为或者机械造成破损。破损面积的大小决定了管道是否需要进行重涂或修补。

FBE 涂层的小面积损伤，可以用无溶剂双组分环氧涂料修补（图 12-47）。

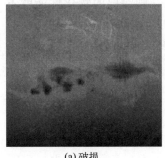  

(a) 破损　　　　　　　　　(b) 清理　　　　　　　　　(c) 修补

图 12-47　涂层破损及其修补

（5）脱层

脱层是附着力不好导致的涂层与基材脱离。缺陷与前处理、涂料质量、涂覆工艺等有关。环氧粉末不含溶剂，属于热固性涂料，在极短时间内从黏流态转换成涂膜，涂料流动和润湿基材的能力有限，所以前处理质量较液体涂料更为重要。

FBE 涂层的优点是致密性和与基材优异的黏结力，这样才能达到最佳的管道防腐性能。以涂层与钢铁表面分子间的次价键的极性吸引力为例，如氢键和范德华力，吸引力与分子间距离的 6 次方呈反比，越近越大；但吸引力范围必须在 5 次方以内才有效，即氧原子直径的 3 倍以内，所以基材表面若有油污，即便单分子也会超过 5，使涂层降低附着力，或脱层而失效。

12.5.2　缺陷因素分析

（1）基材前处理

未处理的钢管基体表面都覆盖着氧化皮铁锈，氧化皮上有许多缝隙，会渗透水和氧气或者其他腐蚀介质，并且氧化皮的电极电位比金属铁高 $0.15 \sim 0.20V$，在腐蚀性介质作用下易与钢管表面构成微电池，从而发生电化学腐蚀。

此外，未处理的钢管表面会存在与涂层之间的物理隔离层，造成涂层与基材完全分层。

抛喷丸处理后的管道表面会有一定的粗糙度和锚纹，不但增大了与涂层的接触面积，还对涂层增加物理锚固作用，增加 50% 以上的涂层结合力。

（2）FBE 涂层的涂覆工艺

涂料在最佳固化条件下，才能获得物化性能良好的涂层。环氧粉末涂装采用管本体的热来完成，但对钢管的加热，在涂料涂覆及涂层成型过程中是一个矛盾的存在：钢管表面需要足够的热量来满足涂料胶化和冷却之前的完全固化，同时，固化前涂层必须完成在管道表面的润湿、浸透和流平，要求钢管预热不能过高。环氧粉末是热固性涂料，固化过程的一系列化学反应，要求在一定温度下、一定时间内完成，如果反应未完全，固化率达不到95%以上，则涂层的物化性能就不能实现，涂层中的树脂还是脆的预聚体，没有强度和韧性，就谈不上防护钢管。粉末固化温度高于260℃时，涂层分子链易断裂，造成降解、分解等副反应，达不到应有的性能。所以不完全固化或过固化对涂层质量都是有害的。因此，想要获得综合性能好的FBE涂层，需要良好的前处理，合格的环氧粉末和适宜的涂覆工艺，否则涂层失效不可避免。

12.6　液态环氧内涂层成型过程常见缺陷

天然气长输管道大多采用液体环氧材料作为内涂层，液态环氧是以环氧改性树脂为基料的A、B双组分常温固化涂料，环氧树脂为成膜物质，采用胺类固化剂。涂料的A、B组分经充分混合后随即喷涂到管的内壁上成膜。管道内涂层质量由喷涂设备、喷涂工艺以及原材料决定，在任何一个环节出现问题都会造成涂层缺陷，引起防腐成本增加或管道输送隐患。

内涂层减阻技术要在管道应用中要想取得优良的技术经济性，就必须重视管道内涂层的施工质量。钢管表面预处理是内涂层施工技术中最重要的环节，是涂层质量极为重要的外界保障因素，直接影响涂层与管道表面的黏结力。表面处理不当，如潮湿表面、积灰、锚纹深度超标等，容易造成涂层质点、针孔、缩孔、气泡等缺陷[26]。

内涂覆施工工艺过程是决定涂层质量的关键因素。只有施工工艺和技术选择得当，才能生产出高质量的减阻涂层，否则容易产生厚度不匀、涂膜螺旋线、流淌、流挂等涂层缺陷。

涂料是管道内涂层施工的基础，涂料质量的好坏直接影响涂层性能和使用寿命，必须具备良好的耐压性、柔韧性、黏结性、耐磨性和硬度。否则会出现涂层薄厚不均、剥离、橘皮等缺陷。笔者按照涂层缺陷的状态进行了以下分类。

12.6.1　缺陷类型

（1）质点

涂层局部表面形成一个个明显的颗粒（图12-48），严重影响涂膜的表观质量，造成废管。形成原因：钢管内除锈过程中，无论采用内喷丸或内抛丸，总会在管内积存磨料，如果清除不干净或者管内除锈后空气中的微粒二次沉积，此时涂料喷涂成膜后，磨料（杂质）颗粒就会在涂层上形成一个个质点。

（2）气泡和针孔

涂料成膜后在涂膜表面生成针孔（图 12-49）或者是在涂膜表层以下存在气泡（图 12-50）。这两种缺陷产生的原因是相同的，只不过气泡处于涂层内，而针孔存在于涂膜表面。在高湿度环境中进行喷涂，容易产生气泡，在成膜过程中由于表面张力的作用，气泡上升至涂膜表面，经流平后得到平整的涂层。但如果包裹在涂膜表层以下就会形成气泡，在涂膜表面上破裂、无流平就会形成针孔。

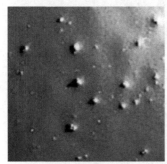 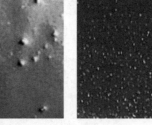 

图 12-48　质点　　　　　　图 12-49　针孔　　　　　　图 12-50　气泡

缺陷产生的原因有：①待涂涂料在搅拌过程中进入的空气未能充分静置消除；②喷涂过程中带入压缩空气；③粗糙的底材表面吸附的空气在涂装时，由于涂料液润湿不良残留在底材表面上；④涂料黏稠、压力过小、喷涂时行进小车速度过快、喷嘴有阻挡物等原因使喷涂雾化效果不理想而产生气泡[27]；⑤如有固体异物落在涂膜表面，它在下沉过程中由于"隧道"作用，也会产生气泡。

气泡伴随涂层固化过程发生。气泡产生必须具备两个基本条件：一是涂层具有透水透气性；二是涂层与底材之间存在附着缺陷，如漏涂、润湿不良、砂眼等。当在高湿度场合或与水接触时，水或水蒸气透过涂膜凝结在这些空穴处，当温度升高时，它们膨胀产生应力，促进附近的涂层附着破坏，从而导致气泡的扩大。所以底材经预处理后，表面一定要清除干净，不得留下电解质、粉尘、油脂等影响涂料附着的杂质；控制表面锚纹深度，深度太大容易产生漏涂空穴，必然导致气泡[27]。

（3）缩孔和露底

平滑涂层表面出现随机分布、大小不一的缩孔（图 12-51），有的露出底材称为露底（图 12-52），在涂装中属于重大缺陷。产生的主要原因：存在与涂料表面张力不同的不连续相——原因物质：①低表面能的油脂，过量的硅油，压缩空气带来的矿物油；②与涂料体系不相容的溶剂；③气泡；④固体粉尘；⑤没有处理好的低表面能或含水表面。

原因物质与涂料接触的方式也会引起缺陷：①底材上存在原因物质，预处理不好就涂装；②涂装时原因物质混入涂料中；③涂装后原因物质掉在涂膜上[28]。

图 12-51 缩孔

图 12-52 露底

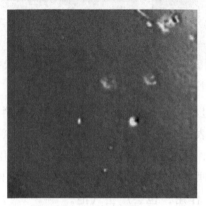

图 12-53 凹坑

图 12-54 橘皮

（4）凹坑

减阻耐磨涂料在喷涂施工过程中有时局部涂层会出现大小像黄豆粒一样的小坑（图 12-53），凹穴处涂层明显较薄，甚至漏底，造成这一现象的原因是钢管在喷砂时液压油漏在了管道表面，导致管道表面张力不均。

（5）橘皮

涂料涂装时形成如橘皮那样凹凸不平的涂层（图 12-54）。橘皮产生的根源在于涂膜不能很好地流平。在涂膜干燥过程中，由于溶剂蒸发，从微观上分析涂层的表面与内部是不一样的。即表层的树脂浓度高于涂层内部，从而产生表面张力梯度以及黏度梯度。

涂料的黏度上升至一定程度后停止流动，或涂料的浓度上升至屈服值（塑性值）以上停止流动，都会引起不良流平而产生凹凸不平的结果。在喷涂时，由于溶剂选择不当，如含有过量的挥发速度快的溶剂或稀释剂；涂装环境温度过高或过度通风；喷枪距离太远；涂料黏度过高等都可能导致橘皮的产生。所以为减少橘皮缺陷的产生，喷涂时要严格执行涂装工艺：①调配适当的溶剂，改善涂料的流平性；②选择合适的喷枪，控制空气压力，保证涂料充分雾化；③控制涂膜厚度，保证足够的晾干时间和流平；④调整正确的喷枪距离和角度[28]。

（6）结皮和脱落

涂膜在使用过程中出现目测可见的裂纹，最终导致涂膜破坏，是一种致命的缺陷。造成涂膜开裂的两个基本条件是：涂膜内部存在缺陷；涂膜承受应力。从微观角度看，无论涂装多完美的涂层其内部不可避免地存在针孔、漏涂以及气泡等缺陷。成膜过程中由于溶剂挥发，体积收缩必然产生应力。在堆放或使用过程中，由于温度变化、形变及承受负荷等因素也必然产生应力，综合表述为涂膜的内应力，内应力大于涂膜的内聚能时就必然发生涂膜开裂。

（7）流挂、流滴和流淌

涂膜在成膜过程中由于重力的作用向下流动，这种状态保持到成膜之后，从而形成表面不平、上下涂膜厚薄不均等状态。根据流痕的形状又可分为流挂（图12-55）、流滴（图12-56）和流淌（图12-57）。

图 12-55　流挂

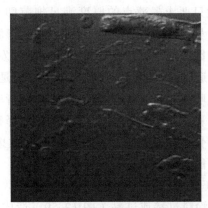

图 12-56　流滴

流挂的产生与涂料在涂装过程中和干燥过程中的流动性或流变特征有关。有时也与底材处理有关，例如在附着不良的光滑表面上涂装也容易出现流挂。

流滴的形成与设备构造缺陷或喷枪磨损有极大关系，采用无气喷涂时高压泵压力调节不均、空气喷涂时压缩空气气量不匀、涂料形成湍流或脉动、喷枪磨损影响涂料雾化同样形成上述涂膜界面，造成涂料积聚，形成流滴现象。

流淌现象的原因是涂膜过厚，虽然已经表

图 12-57　流淌

干，但未实干，在重力作用下涂料大面积向下流动，形成比流挂更加严重的现象。

组分中固化剂含量过少同样引起流淌。

为防止上述缺陷产生，需要采取以下措施：①正确选择溶剂和稀释剂，控制涂料黏度及干燥过程中的黏度变化；②涂装时严格膜厚管理，对喷涂的各种参数（涂料量、空气压力、行枪速度、角度、方向、距离等）均需要有明确规定；③严格涂装环境管理，包括适宜的温度、湿度、换气及通风、温升等[27]；④严格设备管理，定期检查喷涂设备及其附件。

（8）螺旋线

喷涂过程中管道内涂层形成螺旋状的欠涂区（图12-58），造成这一现象的原因是：喷嘴随时间的延长被磨损，造成喷涂压力不均；钢管旋转和喷枪移动速度不匹配，造成均匀螺旋状欠涂区域出现。缺陷避免办法：更换喷嘴；匹配钢管旋转与喷枪移动速度；提高雾化效果。

（9）厚度偏差

厚度缺陷主要表现为涂层薄厚不均。要完全达到理论的均匀是不可能的，所以一般只要求最薄点的厚度满足规范即可。但如果厚薄相差过大，且内减阻涂料的固含量在50%～60%，很可能造成湿膜个别区域过厚。湿膜过厚会引起涂层流挂，还会因溶剂不易挥发引起针孔等不易发现的缺陷，从而影响涂层的质量。

造成涂层薄厚不均匀的主要原因是喷涂时涂料的雾化效果差；喷涂时钢管的转速、喷枪运动速率和涂料喷涂在钢管轴向上的有效宽度配合不当。一般情况下只要涂料黏度适宜、喷涂压力参数选择得当，按照规定更换滤网和枪嘴，保证涂料的雾化效果并不难。如果涂料雾化效果没问题，检查中还发现严重的厚度不均匀，就可能是喷涂的螺距没有调整好[29]。

（10）涂料缺陷

涂料过稀或过黏（图12-59）造成无法成膜或雾化效果差。产生原因除液态环氧两种组分混配比例以外，就是原材料自身存在问题：环氧树脂含量过少，低成本树脂或助剂含量过高。流挂和流平是涂料开发和涂装遇到的最常见问题之一。开

图12-58　螺旋线

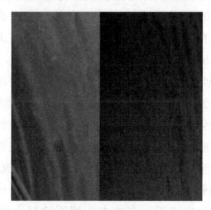

图12-59　涂料过稀或过黏

发能够满足施工或涂装要求的、具有一定触变性的涂料是防流挂的基础。针对不同的涂料选择防流挂助剂和流平剂的适当组合是有效的解决途径之一，将两者协调统一起来是助剂发展的方向。

（11）外力破损

吊装堆放运输过程中，由于受到锐、钝器击打，吊索刮擦等极容易出现涂层破损，应该避免外力冲击，选用软吊带，禁止采用吊钩等坚硬装置，确保已经成型涂层的完整性。

（12）二次污染

涂层表面黏附灰尘、飞虫、枯叶等外界杂质，造成涂膜表面二次污染。涂膜未表干或表干后未实干，外界杂质，在风以及其他外力作用下，黏附在涂膜表面，或破坏表干层后形成黏附。需要采用彩条布或其他柔性塑料封堵管端，防止二次污染，造成废管。

12.6.2　质量控制

涂覆过程中的质量控制包括：钢管外观质量、钢管预热温度、表面除锈等级和锚纹深度、涂料混合比例、搅拌速度、涂料喷涂压力、湿膜厚度、加热固化温度控制等。这些过程必须符合技术标准的规定和工艺技术的要求。在涂覆过程中对这些质量点进行有效的检测和控制，是确保涂覆层质量必不可少的措施。因此在实际生产中应采取以下措施。

① 原材料的质量控制。选择合格的涂料是生产出合格管的关键，在原材料供应商提供了出厂检验合格证的同时，对每一批次原材料进行入厂验收，并指定其将样品送到国家计量认可的实验室进行检验。

② 除锈质量控制。钢管除锈必须达到规定的清洁度和表面粗糙度。对于特定管径，将钢丸和钢砂按一定比例混合，在钢丸打磨掉表面脏物的同时钢砂打磨出标准要求的锚纹度，并清除表面尘埃，对于湿润管表面，在除锈前必须进行预热干燥。

③ 涂覆质量控制。涂覆前钢管管体温度必须高于露点温度3℃，以防止钢管表面结露受潮，影响涂层质量，通常在常温条件下施工工艺性较好。涂覆完立即进行湿膜厚度测试，并检查涂层外观质量；每小时及生产参数改变或生产中断时，必须进行针孔检测；每班次在距管端1m左右进行一次挂片模拟试验。

④ 最佳喷涂工艺选用。高压无气涂装效率高，涂料黏度适用范围广，避免了压缩空气中的水、油、灰尘对涂膜造成影响，喷涂后涂层均匀，不带针眼气孔，并能有效减少涂料和溶剂雾滴对环境的污染。

⑤ 成品质量控制。经过固化炉固化的涂层，在专用灯光的照射下检查，表面应光泽、厚度、颜色均匀，无垂滴、流淌、橘皮等。对极小的沙粒、脏物等打磨后进行补涂。用磁性测厚仪测量涂层厚度，以上各项指标均符合标准要求后按业主要求喷涂标识，取下端头胶带装好管箍即可入库。

12.7　收缩带补口失效

热收缩套补口是 95% 以上的长输管道采用的管道外补口形式，在实际运行过程中，长输管道的大部分失效均发生在补口段。热收缩套的失效就是产生了剥离，造成涂层的剥落后引发管道的腐蚀。

12.7.1　黏结失效

收缩套补口结构是收缩套的熔融胶层黏结防腐层和补口管本体的底漆层，并辅助补口片和密封条进行密封。当密封条或补口片的胶层脱落时，热收缩套的胶层黏结面也会出现黏结失效的现象。所以一般的黏结失效表现在热收缩套热熔胶与管主体的 PE 层（3PE 防腐层）脱粘以及与管本体底漆层的分离，这种现象一般会同时出现，或先期出现胶层与 PE 层脱粘后延伸至管本体层。当胶层黏结失效时，腐蚀介质渗入管道补口段的金属基体，造成管道补口处的金属产生腐蚀（图 12-60 和图 12-61）。还有一种现象是热收缩套黏结失效，但腐蚀介质未渗透至管本体，环氧底漆起到了保护作用（图 12-62）。这种情况，虽然未引起管体腐蚀，但也不利于管道长期运行，也属于补口层失效。

(a) 热熔胶与PE防腐层密封失效　　　　　(b) 热熔胶与管体密封失效

图 12-60　密封失效的两种形貌

图 12-61　聚烯烃热收缩带与管体失黏现象图[30]

(a) 热收缩带拆除前　　　　　　(b) 热收缩带拆除后

图 12-62　补口热收缩带失效而环氧底漆起到保护效果 [31]

12.7.2　防腐底漆失效

　　热收缩套的防腐底漆层就是为防止底层金属的腐蚀而起到进一步防护的作用，当热收缩套底胶与底漆之间渗入腐蚀介质时，能够保护金属层不受腐蚀。但因为底漆层自身的特性，当涂层出现缺陷时，防腐底漆同样会失效。环氧底漆失效主要表现为补口处钢管金属本体涂刷的环氧底漆漆膜不完整，底漆从金属表面脱落（部分或全部），如图 12-63 所示。

(a) 底漆从金属表面脱落　　　　　　(b) 底漆漆膜不完整

图 12-63　底漆失效的两种形貌 [32]

12.7.3　热收缩套开裂

　　补口涂层热收缩套开裂表现形式为局部裂纹或贯穿性裂纹。横向裂纹，主要因为加热温度过高且加热时间较长，热收缩套发生过度收缩；环向裂纹的出现一般为材料老化所致，在多年的埋地管道上，热收缩套上出现裂纹的概率比较少。

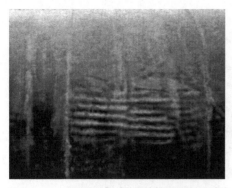

图 12-64　土壤载荷造成热收缩套褶皱形变[33]

12.7.4　热收缩套蠕变

热收缩套属于易于蠕变的涂层，管道在埋地土壤的作用下，导致热收缩套在管道左右两侧水平线位置出现褶皱（图 12-64），并且可能导致出现阴极屏蔽。

同样因为土壤应力，土壤湿润时膨胀或干旱时收缩，或者土壤的整体移动，作用力到达管道表面时就会造成涂层褶皱的出现。

12.7.5　补口失效原因分析

（1）表面处理

补口段钢管本体未按要求进行表面处理，包括除湿、除油、除锈等，造成管体表面含有隔离层，无法满足漆面与金属本体的黏结，并且如果选用的砂丸质量和粒径等不合格，造成除锈以外的锚纹等不达标，同样会造成热收缩套黏结失效。

对于近海生产基地或表面处理的磨料中含有可溶性盐，表面处理后可溶性盐会残留在管体表面，由于环氧底漆的内外渗透压不同，水汽将透过环氧底漆渗入到钢管表面，与可溶性盐结合造成钢管表面腐蚀而剥离防腐层。

石英砂在高压下与管体撞击，石英砂粉末嵌入到表面锚纹中，很难清除，这将削弱底漆与管体的附着力，导致底漆不能与钢管表面直接接触，造成涂料的附着力降低，影响底漆的使用寿命。

（2）预热温度

热收缩套必须采用热烤模式熔融胶层，收缩聚烯烃层，使其收缩黏结在 PE 搭接段和补口段底漆层上，如果烘烤温度不足或不均匀、局部胶层未熔化，特别是 PE 搭接区域，导致热熔胶未达到完全密封效果，就会产生密封缺陷，如整体脱层（图 12-65）或翘边缺陷（图 12-66）[31]，腐蚀介质进入补口热收缩带内导致管体腐蚀。对于大口径管道，多数情况下，更容易造成补口缺陷。

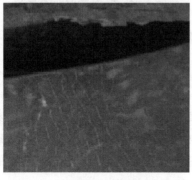

图 12-65　热收缩带整体脱层　　　　　图 12-66　热收缩带翘边及管体腐蚀情况

（3）火焰加热的相关缺陷

环氧树脂黏结在钢管本体表面，在某些特殊环境下进行底漆涂装前，要对管本体进行预热，传统采用燃烧液化石油气，其燃烧产物中含大量的水汽和二氧化碳，会在冷的钢管表面产生冷凝液，污染已除锈的钢管表面，或火焰的不完全燃烧产生炭黑，在底漆和管本体间形成隔离层，造成底漆附着力急剧下降，从而引起补口失效。

（4）热收缩带的安装缺陷

3PE 防腐管道补口采用底漆湿膜法施工，需要在环氧底漆表面干燥前完成热收缩带补口的操作，以保证胶层与膜之间化学交联的形成。

施工现场的诸多条件限制了热收缩带的安装，也容易造成热收缩套剥离、失黏：首先，热收缩带安装过程中，因为挤压等外力有可能导致底漆损伤、脱落或者减薄；其次，热烤热收缩套过程中，热收缩带从中间向两边收缩的过程会使补口区域底漆中间薄两边厚，导致底漆不能均匀附着在钢管表面，并且安装热收缩带后不能确定底漆是否真正完全固化。

（5）搭接部位回火缺陷[30]

热收缩带与 PE 层的黏结失效：一方面有加热温度的影响；另一方面是 PE 层未打毛以及未进行极化处理，造成热熔的胶层与 PE 层之间的黏结力降低，从而产生分层缺陷。

3PE 涂层外层的聚乙烯是非极性材料，与热收缩套胶层黏结只能通过机械嵌合或分子扩散，采用物理嵌合要求搭接面必须打毛，热熔胶熔融后渗入聚乙烯缝隙中进行结合。实际操作过程中，热收缩带的回火温度达不到材料要求的最低温度，或者回火时间不够长，就不能保证环氧底漆与胶的黏结，也不能保证热熔胶与 PE 层之间的黏结，造成热收缩带（套）两端的密封能力下降，搭接部位的剥离强度降低。

（6）"湿膜"安装技术造成的缺陷

湿膜法是在涂刷底漆并完成后立即安装热收缩补口带的施工方法，底漆层此时处于湿润状态，湿膜法施工的补口很难保证形成完整的漆膜，在底漆覆盖不完整的情况下补口处往往会出现较严重的腐蚀。

热收缩带胶层与补口段环氧底漆层通过化学键连接形成化学黏结，在环氧树脂处于胶化状态时，胶层中马来酸酐作为环氧树脂的固化剂参与环氧树脂固化分子交联，可形成可靠的化学黏结。故采用湿膜工艺时，钢管的预热温度低或不预热。但现场进行热收缩带补口作业时预热温度如果过高，导致固化剂参与环氧树脂固化分子无法形成交联，这是导致剥离、失黏的主要原因。

（7）材料问题[34]

聚烯烃热收缩套补口满足三位一体，管本体、环氧底漆与热收缩套黏结在一起，其中热熔胶是整个聚烯烃热收缩带补口材料体系中的核心。

① 热熔胶层厚度。由于聚烯烃与所附着的热熔胶弹性模量相差较大，在较大负荷下应变差异时间会产生剪切应力，此时应力分布是不均匀的。当热熔胶层厚度越大时，剪切强度降低，并且胶黏剂固化收缩而产生的收缩应力较大，这些内应力都将导致补口层强度的下降。但是胶层厚度越薄，越容易造成缺胶现象，使强度降低，并使得应力集中系数增大，应力分布更不均匀，造成强度下降。

② 抗剪切应力。埋地管道在土壤环境中，管道补口处热收缩带主要受到纵向或者轴向剪切应力的作用，如搓碾和挤压等。所以在热收缩套产品中抗剪切是一个重要指标。

③ 剥离强度。剥离强度用来衡量热收缩套抵抗裂缝扩展的能力。降低胶黏剂的弹性模量，增加断裂伸长率，可以降低补口层的应力集中程度，增加强度。但是，弹性模量的降低会促使其自身内聚强度下降，引起黏着强度下降，所以胶黏剂的弹性模量和断裂伸长率须在一个可控的范围内。

长期在较高温度下工作的管道，温度变化会直接影响热熔胶的力学性能。热熔胶玻璃化转变温度影响黏结强度，在玻璃态时，热熔胶的剥离强度低，而在玻璃化转变区，剥离强度则达到最大值。

④ 疲劳强度。作用于涂层下的交变应力是疲劳强度发生改变的主要原因，在其作用下涂层黏结强度会不断下降。交变应力作用于胶层，一会造成热熔胶的分子链产生滑移、断裂、重排、定向等变化；二热熔胶内摩擦会使局部温度升高，加速其内部结构的改变。所以在交变应力作用下，首先胶层应力集中处会发生激烈的结构变化，其次会产生细微裂缝并持续扩展，使黏附强度不断下降，直到最终破坏。

⑤ 热熔胶老化性能。热熔胶遇热后会发生物理变化（软化和熔融）和化学变化（热分解和热氧化分解）。温度超过玻璃化转变温度时，力学性能呈降低趋势，温度达到熔点或分解温度，黏附性完全丧失。水对热熔胶的黏附影响较大，水分子渗入胶层，会破坏分子间的氢键及次价键，增塑引起力学性能下降。此外，水分子驱使胶黏剂分子链断裂，导致黏附强度下降；同时，水分子极性大，沿极性界面渗透时，易取代胶黏剂分子，从而大幅降低胶黏剂的黏附强度。土壤中的酸碱盐等腐蚀产物对热收缩带的黏结层同样会产生部分不利影响。

⑥ 蠕变。蠕变是材料在恒定应力作用下，材料形变随时间变化的现象。例如黏弹性的聚合物在持续应力的作用下会发生蠕变。

热收缩套黏结接头抗蠕变的两大特性：一是在给定的应力水平下，接头发生破坏的时间（持久性），二是在持续应力作用下，胶黏剂层沿着作用方向发生的位移（蠕变）。

搭接接头在恒定或者交变负荷的作用下，胶黏剂层上因应力分布不均，一般集中在搭接的端部，造成端部搭接位的蠕变程度最突出。胶黏剂蠕变与交联密度和模量有关，一般在玻璃化转变温度以下，交联密度对蠕变影响不大，如果高于玻璃化转变温度，交联密度对蠕变有强烈的影响。多数厂家对于热收缩带抗蠕变性能指标不重视，并因无相关标准要求，国内厂家并不能提供该性能的检测指标。

⑦ 黏着初始强度。热熔胶的组分中含有一定量的增黏树脂，主要起增加黏附初始强度的作用，但是增黏树脂有量的要求，因为其自身强度较低，若添加量过大，虽然初始黏附强度提高，但长期运行会造成热熔胶自身内聚降低等问题，影响使用寿命，且增黏树脂量对热收缩带的抗蠕变性能同样有影响。此外，增黏树脂多为大分子材料，其熔融性能较差，添加过多的增黏树脂，不利于热熔胶的熔融和浸润。现场应用时，如果热熔胶产生大量拔丝现象，极有可能是增黏树脂使用过量造成的。

12.8　阴极保护的主要失效模式

（1）欠保护

欠保护是指防腐涂层的管段没有得到很好的阴极保护，管道长度短则几米，长有可能上千米。这时如果发生涂层破损，则阴极保护无法起到相应的二次防护作用，造成管道腐蚀以及腐蚀加剧的现象产生。

（2）过保护

在某些特定的条件下，过量的阴极保护电流会损坏涂层（阴极剥离）。

（3）干扰/杂散电流

杂散电流在土壤中流动，从管道的某一部位流入，并在管道中流动一段距离后，又从管道流入土壤，过大的杂散电流流入会造成管道局部过保护，一般情况下杂散电流流入的部位得到保护，流出部位发生腐蚀。

干扰/杂散电流对管道阴极保护系统的影响，通常发生于管道电接触点附近管段，其程度受制于干扰源的强度、土壤状况以及涂层缺陷的数量及面积等。

（4）阴极屏蔽[35]

阴极屏蔽指在水或土壤中阻碍或分流被保护管道的阴极保护现象，主要有两种：一种是有机涂层阻碍电流流动，如聚烯烃涂层剥离时会产生电流屏蔽，由于涂层剥离而导致的阴极屏蔽任何地面的测试都检测不出来；另一种保护管道的其他金属结构对电流的分流，如保护套管与管道短接、海管配重层内加强筋与管道短接。

① 绝缘屏障层引起的屏蔽。管道周围所形成的绝缘屏障层，如大型岩石等，在屏障层与管道之间可能是土壤或者水，施加的阴极保护电流将无法穿过屏障层到达涂层缺陷处，对管道起到保护作用，或者即便穿过也不能对管道形成充分的

保护。

② 套管所引起的屏蔽。例如穿越管道，穿越处的管道与套管电性接触，当套管与管道出现短接时，套管外部收集的阴极保护电流沿着套管流向管道和套管间电连接点，阴极保护电流通过金属连接点处流向工作管道，然后沿工作管道返回到阴极保护站。此时，没有阴极保护电流穿过套管壁流向管道表面，使得位于套管内的管道处于自由腐蚀状态。一般情况下，管道通道是管道与套管间的环形空腔，积聚有大量的水等电解质。

③ 海管配重层内的加强筋引起的屏蔽。海管配重层内的加强筋与管道电接触时，产生阴极屏蔽以及腐蚀的情况，与套管类似。

④ 密集区的屏蔽。在罐区、泵站等的管道同样可能产生阴极屏蔽，这主要由地下金属结构物密集而导致的。

12.9 管道维护

管道维护就是采用经济合理的方式满足在役管道或检修管道正常运行的过程。这里包含运行管道涂层完整性的在线检测和管道涂层修复等。

12.9.1 管道建设及运行期间存在的问题

长输管道建设，短则几十公里，多则上千公里，首先需要确保其在设计周期内安全稳定地运行，但在此过程中，无法保证管道任何一点不发生腐蚀或其他形式的破坏，所以长输管道建设和运行过程总是存在很多问题。

（1）建设施工留下的安全隐患

长输管道建设施工要求极为严格，即便如此也存在各种的安全隐患，例如管道材质的选取出现偏差，涂层涂装过程中涂覆工艺出现偏差，涂层材料质量出现偏差，装卸搬运出现偏差，管道安装过程出现野蛮施工等均会造成管道的运行隐患。

（2）缺乏长效运行的安全保护机制

管道的长期稳定运行离不开完整的安全制度的约束，因为人为因素占管道发生隐患概率的45%以上，缺乏责任心，缺少监督激励机制，管道运行的检查、巡查玩忽职守，未仔细检查，为管道安全运行留下隐患。

（3）管道建设工程中造成隐患

埋线埋设深度，电气轨道间距，冻土层的要求，森林、植被地区管道建设不符合要求等。但在实际施工过程中，也会出现违规的情况，并且管道建设后沿线的违规爆破、采矿等，都会造成管道发生损坏。

（4）盗窃行为危害管道运行

打孔窃取原油或天然气是沿线管道经常出现的人为破坏因素，盗窃后，不进行管道恢复，对管道运行和周围环境、居民造成极大的安全隐患。

（5）自然灾害危害管道运行

长输管道所经过的地理环境、地形十分复杂，地质情况各不相同，丘陵、高山、沙漠、戈壁、江河或冻土区以及地震多发区等，一旦发生灾害就会造成管道运行事故。

12.9.2　长输管道安全运行维护措施

12.9.2.1　安全意识的建立

（1）提高管道维护的思想认识

长输管道的运行意义重大，是从管理人员到一线员工都必须意识到的，因为其关乎民生、工业建设，甚至国防安全等。不仅需要提高个人责任心，还需要建立完善的奖惩制度以及监督检查制度，使人员从思想上、意识上认识到管道长期维护的重要性。

（2）建立健全管道保护法律法规

从国家、政府层面制定更加完善的管道保护法律法规，对危害行为、违法行为进行惩罚，对施工企业进行行为规范，对管道建设和运行进行科学维护和管理，严格上报制度，后建服从先建原则，地上服从地下原则。

（3）加强管道建设的质量管理

管道建设包含选材、涂装、焊接、敷设、掩埋以及阴极保护等全过程，而这个过程中，需要对管道运行的地质环境、海洋环境、大气环境进行充分的了解，也是管道设计的首要条件，所以管道建设严格按照相关规范标准进行，并且在建设的全过程，监督、验收要遵照执行，满足管道安全运行的要求。

（4）加强管道运行的安全保护

管道运行的安全保护贯穿于其全周期过程，从建设初期到管道最终报废，这里面包括完善的巡线制度，完善的应急预案，健全管道的安全生产机制，防止盗线情况发生、防止跑冒滴漏情况发生。

（5）加大运行管理的科技投入

加大管道维护的科技投入，引进管道运行的完整性在线检测技术，采用更新或多种技术联合涂层检漏方式，准确及时地在管道腐蚀穿孔前，判定涂层缺陷点的位置和大小，做到提前检测，早发现，早修补，及时排除隐患。

12.9.2.2　防腐层完整性检测

管道建设的最重要防护就是涂层，涂层不存在缺陷或缺陷可控，才能确保管道在设计周期内安全可靠运行。但管道涂层不存在缺陷的可能性极小，为确保其完整性，需要对其在运行过程中的状态进行完整性在线检测。

管道涂层检测技术是建立在直流或交流信号的基础之上，因为检测技术在结构、性能等方面的差异化，检测的最终功能不完全一样。

防腐层完整性检测技术主要有下述几种[36-37]。

（1）标准管/地（p/s）电位

该方法是常用的检测技术。采用万用表电压挡，测试接地硫酸铜参比电极与管道上某一点之间的阴极保护电位，通过电位分布情况来区别当前与以往电位的偏差，来检测涂层缺陷。这种检测技术不需要开挖埋设管道，直接在每1km检测桩上测数据，但缺点是当涂层阴极屏蔽时检测结果待定，所以这种检测技术需要经验丰富的检测人员来操作并进行数据分析。

（2）密间距电位检测（CIPS）

密间距电位检测，测量点间距1～5m，是国外评价阴极保护系统的首选标准方法。通过在有阴极保护的管道系统上测量埋地管电位沿管道的变化来判定阴极保护和防腐层是否有效。

（3）直流电位梯度（DCVG）

管道涂层出现破损时，可以检测流至埋地管涂层破损的CP电流在土壤介质上产生的电位梯度（IR降），并通过计算其百分比来判断涂层缺陷的情况。可以检测埋深2～10m的涂层裸露点，直流电位梯度检测技术最大的优点是可以发现运行管道遭到腐蚀的情况。

（4）漏磁式智能检测（在线检测ILI）

漏磁式智能检测主要用于运行管道腐蚀穿孔之前，判定管道内、外壁因涂层破损而造成腐蚀引起的壁厚变化。

管内运行的检测器所携带的磁铁将管壁完全磁化后，形成一个纵向全圆周的磁场回路。当管内壁或外壁存在缺陷时，管壁内的磁力线就会围绕缺陷点重新分布，造成一部分磁力线泄漏出来进入到周围介质形成的漏磁场。传感器检测泄漏的磁场后输出相应的感应信号，通过对数据分析来判定管道涂层破损后造成的管道内壁或外壁腐蚀。

（5）皮尔逊检测技术

皮尔逊检测技术（简称Pearson法）。不需CP电流，通过发射机向检测管道加载一个频率为1000Hz沿管道传播的交变电流信号，当涂层存在缺陷点时，就会在其周围形成一个交变电场，可以通过信号接收机接收的信号强弱来判定缺陷点的大小，检测电场的存在和电场的中心位置，即可判定防腐层缺陷点的准确位置。

（6）C-SCAN检测技术

通过信号发生器对需要检测埋地钢质管道加载频率937.5Hz的交流信号，正常的信号沿管道传递时，其强度按照对数均匀减弱，可以通过平均对数衰减率来推算出该管段的平均绝缘电阻率。当电流急剧下降时，初步确定管道涂层有破损点或异常。然后再通过 C 扫描密集检测方式就可以对涂层缺陷点进行精确定位。

12.9.2.3 管道涂层修复

当采用在线检测技术发现管道表面涂层缺陷时，如果缺陷点在不断扩大或阴极保护不足以提供足够的保护时，就需要对涂层的缺陷点进行修复，以期涂层的保护能够达到管道初期设计的运行寿命。

（1）内涂层修复

管道内涂层出现缺陷、破损，会引起层下腐蚀。并且涂层脱落，也会阻塞流道。涂层冲蚀后，粗糙度增大，流体阻力增加。所以为了满足管道寿命周期内的稳定运行以及减阻等要求，必须进行涂层修复。内涂层修复的特殊性在于，管道必须停输并清管才能进行，一般采用衬塑料管的方式进行。

① 旧管道内涂层清除。旧涂层清除是管道修复的第一步。通常采用高压水射流冲击剥离、药剂浸泡方式或机械清理方式。

高压水射流方式清理管内壁涂层。水流通过高压泵高速、高压冲击涂层表面，是清管最主要的工作方式。小口径管道，受到距离限制，大口径管道，高压泵能够整体进入管道，则满足长距离管道清理的要求。

化学药剂浸泡清除。采用堵管器中间灌注可以清除涂层（漆膜）。长距离管道采用间断方式进行，并在清除过程中，补充药液和随时清除杂质，保证浸泡性能和管道畅通。

机械方式。采用钢丝刷轮或喷砂的方式清除旧涂层。在实际操作过程中，旧管道内壁烘干为干燥状态，才能采用机械外力进行清理。

但现阶段的环氧涂层等应用时间短，实际运行过程中，并未出现需要修复的案例，并且这类涂层在钢管表面附着力大，很难清除，为旧管修复提供了一个新课题。

② 内防腐层修复。主要有翻转内衬法、塑料穿管法、涂料涂布固化法，这三种修复工艺的特点见表 12-2。

表 12-2 管道内涂层修复工艺比较[38]

修复方法	翻转内衬法	涂料涂布固化法	塑料穿管法
适用管道	全部	金属	大部
适用管径 /mm	$114 \sim 2050$	$33.5 \sim 920$	$60 \sim 610$
一次施工长度 /km	1	10	0.1
通过弯头 90°	能	能	不能
与管壁贴附	可调	黏结	不能
支管道漏点封闭处理	不需要	需要	不需要
对清管要求	St3	Sa2½	不高
使用寿命 /a	$30 \sim 50$	平均 20	$30 \sim 50$

a. 翻转内衬法。以纤维增强软管或编织软管作为管内衬里，施工前软管贴附管内壁面浸透热固性树脂。衬管时，采用水压或气压将软管以翻转方式送入管道，并使浸透树脂的面贴附在管道内壁。软管整线贴附完成后，软管内通热水或蒸汽，使热固性树脂胀撑定型，黏附在修复管道内壁，形成完整的衬里，达到修复内防腐层的目的。

b. 塑料穿管法。穿管法是把作为衬套的塑性管壳，如聚乙烯塑料管等，采用牵引的方式通入待修复管道，然后充胀密实管壁形成新涂层。包含套装灌浆法、缩径法、折叠变形法、溶胀树脂热固法等。而对于纤维增强类塑料管，则采用溶胀树脂热固方式。

c. 套装灌浆法[39]。把小于待修管内径的塑性管壳采用牵引法送入管道，然后在管壳外壁和待修管内壁之间的空隙内灌注水泥砂浆、聚氨酯泡沫塑料或其他防水类材料，形成灌浆层和塑料管壳两层结构。

d. 缩径法[39]。先期将塑料管壳缩径，牵引入待修管道后扩径贴附形成新涂层。第一种方式：先期冷拔塑料管壳缩径，穿套后利用其记忆功能扩径，称为冷拔缩径法；第二种方式：对管壳加热，通过牵引以及缩径装置缩小管径至待修管内经90% 左右，进行牵引穿管后，采用压缩空气或加压水使其膨胀贴附，称为热轧缩径法。第三种方式：不对管壳加热，采用辊压和牵引方式使管壳缩径过程中进行牵引穿套，取消牵引后，因记忆性恢复后贴附。

e. 折叠变形法。通过折叠使塑性管壳缩径，牵引穿套后，从带压水或压缩空气管壳截面恢复贴附在待修管内表面。

f. 熔胀树脂热固法。纤维增强塑料管成型过程有牵引、充胀贴附、热固化黏结。贴附面浸渍树脂的塑料管通过牵引方式送入修复管道后，软管内通入压缩空气使其膨胀浸渍树脂面，贴附在修复管内壁，然后以热蒸汽方式鼓胀加热树脂，使软管黏附在修复管内壁[39]。

③ 涂料涂布固化法。此工艺采用液态涂料，用喷涂方法涂覆到管道内壁上，常温或加温固化成新的管道内防腐层。多采用液态环氧树脂或液态聚氨酯等，成型工艺可参照管道液态涂料内补口，对修复表面预处理要求高，需要采用喷砂等方式清理管内表面，所以在清理和涂装过程中，需要保证管内壁干燥。

（2）管道外防腐层修复

管道外防腐层发生破损，只要管道涂层破损表面不发生腐蚀，或发生腐蚀后钢管壁厚裕量仍旧能够满足管道在其设计寿命内运行，就可以对防腐层进行修复，以保证管道的正常运行。其修复方式比内涂层简单，修复过程中，不需要停止管道运行以及清空管道。

施工步骤与方法：①开挖埋地管道，清空周围影响管道清理以及涂层涂装的覆土，并满足待修管道段悬空；②去除管道表面涂层，可采用刷轮或喷砂方式，并且在旧涂层去除过程中，同时清除管道表面涂层破损部位的锈蚀层；③采用热收缩带加底漆、冷缠胶带、液态涂料等涂覆材料进行防腐层补涂，涂覆要求按照相关的标准规范进行。

常见的外防腐层推荐修复材料及结构见表 12-3[40]。

表 12-3　常见管道防腐层修复材料及结构

原防腐层类型	局部修复		补口修复	大修
	缺陷直径≤30mm	缺陷直径>30mm		
石油沥青、煤焦油瓷漆	石油沥青、煤焦油漆、冷缠胶带、黏弹体+外防护带	冷缠胶带、黏弹体+外防护带	黏弹体+外防护带、冷缠胶带	无溶剂液态环氧/聚氨酯、无溶剂环氧玻璃钢、冷缠胶带
熔结环氧、液态环氧	无溶剂液态环氧、黏弹体+外防护带	无溶剂液态环氧、黏弹体+外防护带	无溶剂液态/聚氨酯、黏弹体+外防护带	
三层聚乙烯/聚丙烯	热熔胶棒+补伤片、黏弹体+外防护带	黏弹体+外防护带、压敏胶热收缩带、聚烯烃胶黏带	黏弹体+外防护带、无溶剂液态环+聚烯烃胶黏带、压敏型热收缩带	

12.10　小结

长输管道受到外部环境和内输介质的作用，不可避免地出现涂层失效的情况，所以失效是一个完全无法避免的概率问题。

但是管道涂层在涂装过程中的质量问题则是完全可以避免的。涂层质量的提高，可以降低管道运行过程中失效的概率。但我们也明白并没有完全适合运行环境的万能涂层，所以要提高涂层的质量，使之适应运行环境，优异的涂料是必须的，满足涂料涂装的最佳涂覆工艺是相辅相成的。

管道建设过程中，涂层的涂覆贯穿于整个建设周期。但管道补口防腐层、弯管等管件涂层质量更容易成为管道运行过程中腐蚀的薄弱环节，因为长输管道的失效中，补口和管件涂层的缺陷占据了一大部分，所以管道建设中，管道涂层、补口涂层、管件涂层占据了同样重要的地位。这就要求，在管道正式运行前，每一个点的涂层都必须达到最终质量要求。

优异的涂覆工艺需要匹配的涂装设备以及合格的原材料，并且还需要优秀的员工及严格的检验监督过程，才能有效地控制好涂层涂覆每一道工序的质量，才能生产出合格的产品。所以保证管道涂层运行期间完整运行，要求做到以下方面。

（1）适应工作环境的优异涂层涂料；

（2）满足管道长寿命的最佳涂层结构；

（3）与管道相匹配的弯管、三通等管件涂层材料和涂层结构；

（4）适应管道涂装并与涂料匹配的涂层涂装工艺；

（5）与涂装工艺匹配的涂层涂装设备；

（6）与管道涂层相融合的补口层材料以及最佳的涂层结构；

（7）与施工环境相匹配的补口施工工艺；

（8）满足现场施工、匹配施工工艺的现场施工机具；

（9）技术全面、责任心强的涂层涂装施工人员；

（10）完整的涂层涂装、涂层质量、材料检测等监督检验过程；

（11）管道在线检测装置和涂层缺陷判定定位装置；

（12）管道涂层缺陷在线修复材料、技术及装备；

（13）匹配度最佳的阴极辅助保护措施。

参考文献

[1] 德怀特 G. 韦尔登 . 涂层失效分析 [M]. 杨智，雍兴跃，译 . 北京：化学工业出版社，2011.

[2] 乔军平，张嗣仅 . 全面分析管道三层 PE 防腐层缺陷（一）：翘边缺陷 [J]. 全面腐蚀控制，2009（1）：38-40.

[3] 车存仁 . 管道防腐涂装的感应加热设备 [J]. 工业加热，2004，33（1）：48-51.

[4] 廖宇平，程书旗 . 3PE 防腐层缺陷成因分析与防范 [J]. 防腐保温技术，2005，13（3）：26-30.

[5] 王金亮，李华，聚乙烯的熔体行为对 3PE 工艺性能的影响 [J]. 防腐保温技术，2002（10）：16-19.

[6] 谢涛，李建忠 . 3PE 防腐管管端涂层翘边缺陷分析 [J]. 油气储运，2006，25（2）：60-61.

[7] 乔军平 . 全面分析管道三层 PE 防腐层缺陷（二）：焊缝防腐层缺陷 [J]. 全面腐蚀控制，2009（2）：41-44.

[8] 马有标 . 焊缝防腐层减薄的原因和减少焊缝防腐层减薄的方法 [J]. 防腐保温技术，2005，13（4）：11-14.

[9] 马有标 . 3PE 防腐钢管焊缝翘边的原因和防止措施 [J]. 防腐保温技术，2005，13（3）：19-25.

[10] 乔军平，郭新萍 . 全面分析管道三层 PE 防腐层缺陷（三）：表观质量缺陷 [J]. 全面腐蚀控制，2009（3）：14-16.

[11] 乔军平，郑卫京 . 全面分析管道三层 PE 防腐层缺陷（四）：原材料缺陷 [J]. 全面腐蚀控制，2009，23（4）：25-29.

[12]　张汝义 . 3PE 防腐涂层层间黏结过程 [J]. 防腐保温技术，2006，14（2）：26-28.

[13]　南仁植 . 粉末涂料与涂装实用技术问答 [M]. 北京：化学工业出版社，2004：231-232.

[14]　田爱民 . 熔结环氧涂层制备及其性能研究 [D]. 北京：北京航空航天大学，2000.

[15]　王金亮 . 3PE 用胶黏剂原理和现象分析 [J]. 防腐保温技术，2003，11（3）：36-40

[16]　张秀斌 . 油气管道三层防腐用改性聚乙烯夹克底胶的研究 [J]. 辽宁科技大学学报，2000，14（1）：32-35.

[17]　张贻刚，韩文礼，张彦军，等 . 长输管道 3PE 防腐蚀层失效分析 [C]// 第十九届全国缓蚀剂学术讨论会论文集，2016.

[18]　李振军 . 西部地区高强钢管道三层聚乙烯防腐蚀层的剥离性能 [J]. 钛学术，2018，39（7）：DOI：10.11973/fsyfh-201807012.

[19]　Ali Ehsan Nazarbeygi，Ali Reza Moeini. 伊朗三层聚乙烯管道防腐层剥离的调查 [J]. 防腐保温技术，2010（3）：83-85.

[20]　代卿，青树勇 . 天然气管道三层 PE 防腐层的常见失效模式 [J]. 内蒙古石油化工，2011（6）：71-72.

[21]　李焱 . 防腐蚀涂层的失效分析 [J]. 上海涂料，2008（9）：36-39.

[22]　刘宗晨 . 涂层起泡原因及控制 [J]. 上海涂料，2005（7）：57-59.

[23]　杨大慎，熊道英，王垚等 . 管道 3PE 防腐蚀涂层剥离的原因分析 [J]. 腐蚀与防护，2020，41（10）：67-72.

[24]　AliN Moosavi.Failure analysis of three layer polypropylene pipeline coatings[R]. 阿布扎比：陆上石油公司 . 王向农，译 .

[25]　毕学振 . 熔结环氧粉末涂料涂层的失效分析 [J]. 涂料技术与文摘，2016，37（3）：2-9.

[26]　乔军平，张涛，李生军 . 钢质管道液态环氧内涂层成型过程常见缺陷分析 [J]. 焊管，2009（1）：48-52.

[27]　杜建伟，张静 . 减阻耐磨涂料在输气管道上涂装时的问题探讨 [J]. 特种涂料与涂装特刊，2006（7）：35-36.

[28]　刘登良 . 塑料橡胶涂料与涂装技术 [M]. 北京：化学工业出版社，2002.

[29]　崔超，刘忠胜 . 内减阻技术简述及涂层缺陷与对策 [J]. 现代涂料与涂装，2007，10（7）：50-52.

[30]　刘元洪，李长勇，李良均 . 三层 PE 防腐管道补口质量缺陷及其解决办法 [J]. 天然气，2015，35（5）.

[31]　李玲杰，韩文礼，徐忠苹 . 西气东输一线埋地管道补口材料失效分析 [J]. 天津科技，2014（10）：79-83.

[32]　孙海明，刘立群，张海雷 . 管道 3LPE 防腐蚀层补口失效原因及建议 [J]. 腐蚀与防护，2016（1）：60-63.

[33]　陈志昕，蔡克，张良，等 . 在役管道涂层及阴极保护失效模式探讨 [J]. 腐蚀与防护，2010（3）：24-27+30.

[34] 罗锋，王国丽，窦鹏，等.管道热收缩带补口失效原因分析及相关对策研究 [J]. 石油规划设计，2012，23（1）：11-15.

[35] A.W. 皮博迪.管道腐蚀控制 [M]. 吴建华，许立坤，译 . 北京：化学工业出版社，2004：32-38.

[36] Han Xingping. 埋地管道腐蚀、涂层缺陷检测技术 [J].Natural Gas Industry，2001，21（1）：108-111.

[37] 贾向炜，李英杰，武汉安耐捷科技工程有限公司 . 埋地管道防腐层检测中的组合技术 -C 扫描与皮尔逊方法的完美结合 [C]// 全国埋地管道腐蚀控制和检测评估工程技术交流会，2008.

[38] 中国腐蚀与防护学会 . 石油工业中的腐蚀与防护 [M]. 北京：化学工业出版社，2001：302-304.

[39] 刘勇 . 塑料管插入法修复旧管道 [J]. 石油工程建设，2008，34（4）：44-47.

[40] 国家能源局 . 埋地钢质管道外防腐层保温层修复技术规范:SY/T 5918—2017[S]. 北京：石油工业出版社，2017.